本书由中国社会科学院创新工程项目、
国家自然科学基金专项项目
——中国贸易投资开放发展：基本规律、宏观效应与"双循环"新发展格局构建（72141309）、
国家自然科学基金面上项目
——突发性公共卫生事件的全球价值链重构效应：基于生产网络结构一般均衡模型方法（72073142）
资助出版

全球价值链
理论与测度

中 | 国 | 经 | 验

China's Experience

倪红福 著

THE THEORY
AND
MEASUREMENT
OF GLOBLE VALUE CHAIN

社会科学文献出版社
SOCIAL SCIENCES ACADEMIC PRESS (CHINA)

目录

第八章

中国各区域在全球价值链中的作用及其变化

第九章

生产分割的演进路径及其影响因素

第十章

全球价值链中产业"微笑曲线"存在吗？

第十一章

全球价值链人民币实际有效汇率的测度及结构解析

第十二章

什么削弱了中国出口价格竞争力？

第十三章

垂直专业化与危机中的贸易下滑

第十四章

全球价值链中的累积关税成本率及结构

第十五章

全球价值链中的关税成本效应分析

第十六章

全球价值链中企业的位置及其结构变化

第十七章

"双循环"新发展格局的全球价值链测度分析

第一章 绪 论

一 研究背景

在当前互联互通的全球价值链时代，世界各国已经形成了"你中有我，我中有你"的格局。对世界和中国经济问题的客观理性认识，离不开对全球价值链的科学认识。

一是，全球价值链已成为世界经济的主导性特征，是全球生产循环的最本质内容，全球价值链理论和方法是国际前沿和热点研究领域。近 30 年来，国际贸易的本质发生了巨大变化，技术、制度和政治发展使得生产过程在全球布局，生产过程日益碎片化和分散化。各国积极参与全球生产网络体系，各自从事生产过程中某一具体环节，通过进口大量零部件等中间品进行全球生产，导致全球乃至一国之内的大量中间品贸易。据统计，全球贸易中有近 2/3 属于中间品贸易。Xing 和 Detert（2010）对 iPhone 价值链的"麻雀式"的解剖分析发现：100 美元的 iPhone，中国提供中间环节的组装和加工获取的增加值不到 3.6 美元（3.6%），其余的增加值基本被德国、日本、美国等国家获得。从高技术含量的波音飞机、汽车、iPod 到日常用品、芭比娃娃等玩具，我们都能看到这种全球价值链分工现象。随之，在宏观和微观层面对全球价值链的测度方法日益完善，全球价值链理论和方法已经成为国际贸易研究领域的前沿和热点，国际贸易将近 1/3 的最新论文都与全球价值链相关，甚至有学者称全球价值链贸易理论为"新新新贸易理论"。还有专家认为，如果全球价值链不是国际贸易的代名词，那也是国际贸易的近义词。因此，全球价值链贸易理论和方法是解释当前国际经济现象最有说服力的工具，也是当前学术界和政策界的研究热点。

二是，积极融入全球价值链分工体系是中国创造世界经济奇迹的重要因素之一，也是构建中国开放型经济学的重要理论和方法。全球价值链是全球分工的必然趋势，是跨国制造业企业在全球范围内优化资源配置的结果。从发展历程来看，全球供应链早期以欧美为制造中心，二战后逐步发展成为以欧美德日为第一梯队、亚洲四小龙为第二梯队的全球供应链体系。21世纪以来，中国在全球价值链分工中的地位显著提升，取代日本成为亚洲贸易中心。美国、中国、德国成为全球供应链体系的三个区域中心。改革开放以来，我国积极主动地融入全球价值链，中国制造的产品畅销全球，中国成为"世界工厂"。自2001年加入WTO以后，中国在许多方面调整政策以适应国际贸易规则，并不断加大开放力度、缩减"负面清单"，优化投资环境和营商环境，吸引全球优秀的跨国公司在中国设立工厂以及研发部。2009年，我国成为全球第一大出口国，2010年又成为全球第一大制造国。到2019年末，中国制造业增加值高达39019.6亿美元，约占中国GDP的27.2%。[①] 自2008年国际金融危机以来，中国对全球经济增长的贡献率超过30%，中国已经深度融入全球价值链，成为全球供应链的重要参与方，也是全球供应链的核心环节之一。从某种意义上说，要科学认识我国开放型经济体系，从全球价值链视角的剖析是必要条件。

以1978年底中共十一届三中全会召开为标志，中国进入改革开放时代。这有两层含义。第一，改革与开放是同时发生的，也是紧密联系、相互促进的。改革是开放条件下的改革，开放也在改革过程中得以推进。所以，国内经济发展与融入全球经济是相互交织的。第二，对外开放又是具有独立和确切内容的。初期的对外开放带有实验性和地域性，从建立经济特区、开放沿海城市和沿海省市等方面入手，及至20世纪90年代，中国为加入WTO做出努力，开始全方位地拥抱经济全球化。无论是从经济特区的成功经验来看，还是从高速经济增长与深度对外开放的一致性来看，都可以得出结论：中国是对外开放和全球化的获益者。中国在全球贸易和分工中的地位不断提高，逐渐成为全球最大贸易国，被称为"世界工厂"，是全球产业链和价值链的重要节点。

显然，中国对外开放走出了一条既符合本国国情又遵循发展规律的独特道路，初步形成了中国特色的开放型经济体系，以其独特特征与卓著成就引起世界广泛关注。然而，中国缺乏自己的理论对这一伟大实践进行科学解释。我们称之为"对外开放成就之问"。在对外开放方面确实取得了很大的成就，我们取得这些成就的理论依据是什么？或者怎么去总结起作用的理论？如果从西方的国际经济学来看，主要是新古典或者新新贸易理论。若我们按照李嘉图的比较优势理论，实际上很难解释中国取得对外开放的成绩和面临的一些问题。对

---

① 数据来源：国家统计局。

于中国来说，为什么加入 WTO 取得了这么巨大的成就？一个重要因素就是我们融入了全球价值链分工体系，至少这是一个非常重要的因素。开放发展是我国走向繁荣富强的必由之路。习近平总书记指出："人类的历史就是在开放中发展的。任何一个民族的发展都不能只靠本民族的力量。只有处于开放交流之中，经常与外界保持经济文化的吐纳关系，才能得到发展，这是历史的规律。"[①] 总之，中国创造的世界经济奇迹，实际上与中国积极融入全球生产分工体系是密不可分的。积极融入全球价值链分工体系是我国对外开放成功和经济发展的重要因素之一。对中国开放型经济的学理探讨离不开全球价值链理论和方法。全球价值链理论和方法对开放现象的解释是具有国内和国际共性的，这不仅被国内学界广泛接受，西方学者也会认可。全球价值链理论和方法为开放型经济学提供了一个统一逻辑和分析框架。

三是，在全球价值链视角下构建"双循环"新发展格局，产业链供应链稳定与安全是题中应有之义。构建新发展格局，是根据我国发展阶段、环境、条件变化做出的战略决策，是事关全局的系统性深层次变革。2020 年 4 月 10 日在中央财经委第七次会议上，习近平总书记提出形成以国内大循环为主体、国内国际双循环相互促进的新发展格局。自此以后，习近平总书记在各大重要会议上多次讲述"新发展格局"。如习近平总书记在 2021 年 1 月 11 日省部级主要领导干部学习贯彻党的十九届五中全会精神专题研讨班上指出，"进入新发展阶段、贯彻新发展理念、构建新发展格局，是由我国经济社会发展的理论逻辑、历史逻辑、现实逻辑决定的"。[②] 习近平总书记在庆祝中国共产党成立 100 周年大会上的讲话中再次谈道："立足新发展阶段，完整、准确、全面贯彻新发展理念，构建新发展格局，推动高质量发展"。[③] 改革开放之初，中国市场不够成熟，国民经济"二元结构"矛盾突出，且国际产业结构转移正在进行。基于劳动力资源丰富和低成本的比较优势，中国实施了出口导向的外向型发展战略。中国企业积极参与全球供应链和价值链，通过发挥低价劳动力的优势参与全球分工，对资源产品进行初级加工和深加工，再转至国际市场销售从而迈向价值链中高端。当然这种国际代工的参与方式很难在国际贸易中取得长期竞争优势，

---

① 慎海雄主编：《习近平改革开放思想研究》，人民出版社，2018，第 281 页。
② 《习近平在省部级主要领导干部学习贯彻党的十九届五中全会精神专题研讨班开班式上发表重要讲话》，人民网，http://jhsjk.people.cn/article/31996276，2021 年 1 月 11 日。
③ 《习近平：在庆祝中国共产党成立 100 周年大会上的讲话》，中国政府网，http://www.gov.cn/xinwen/2021-07/15/content_5625254.htm，2021 年 7 月 15 日。

也难以通过品牌和技术获取较高的附加值。与此同时，中国的居民消费水平有所提升，轻重工业在国民经济中所占比重同样有所调整，内外循环的经济发展格局有所优化。但同样存在着区域间经济发展不平衡，居民贫富差距增大，国企改革出现企业破产和工人下岗等问题。2001 年加入 WTO 后，中国对外贸易迅速发展，企业参与全球供应链和价值链的程度进一步加深，进一步通过先进技术与设备的引进与吸引外资促进了国内工业水平发展，以"两头在外、大进大出"的方式推动外循环的发展。2006 年以前，中国对外贸易依存度持续上升，从 1988 年的 20.00% 上升到 2006 年的 64.48%，外循环对中国经济的增长做出了突出贡献。然而随着我国经济发展水平逐步提高，这种外循环的经济发展模式也暴露出经济过于依赖投资和出口、收入分配地区差距扩大、生态环境恶化等种种弊端。① 自 2008 年国际金融危机以来，我国经济已经在向以国内大循环为主体转变，经常项目顺差同国内生产总值的比率由 2007 年的 9.9% 降至 2020 年的不到 1%，国内需求对经济增长的贡献率有 7 年超过 100%。以 2019 年为例，中国进出口总额 31.56 万亿元，GDP 为 99.09 万亿元，贸易总额占 GDP 的比重达到 31.85%；然而贸易顺差仅有 2.92 万亿元，仅占 GDP 的 2.95%。中国经济结构发生了内生转变，内需已经成为中国经济发展的主要动力，外需的增长作用已经大大减弱。与此同时，外生不确定性导致的外需失速/下降与高级要素外部供给受阻也对中国经济产生了重要影响。2008 年国际金融危机以来，发达国家经济增长乏力导致其国内需求增长缓慢，导致中国产品的外部需求失速。美国对中国高科技企业的围剿，制约了中国对芯片等"卡脖子"高科技产品这一类高级要素的获取能力。全球疫情引致供应链断裂和重构，直接影响了中国产业链的安全。面对这一不利外部环境，世界各国都在寻求经济发展方案，中国的战略则是形成以扩大内需为战略基点的国内国际双循环相互促进的新发展格局。

全球生产分工和国际贸易的新发展，促使了国际贸易的新理论和方法（全球价值链核算）的产生，同时也要求新的战略布局与之相适应。党中央提出的"以国内大循环为主体、国内国际双循环相互促进的新发展格局"的战略布局，正是应对全球产业链的发展趋势和保障供应链安全的关键策略。首先，全球产业链是双循环在供给侧的集中体现，国内国际双循环相互促进的主要体现是国内价值链和国际价值链的协调高效安全循环和运转。全球价值链是由在全球范

---

① 数据来源：中国海关总署。

围的研发设计、加工制造、市场营销等生产过程构成的链条或网状结构，其本身就构成了一种生产循环，包含国际价值链和国内价值链的协调高效安全循环和运转。其次，全球价值链管理理念是双循环新发展格局和新发展理念的具体体现。加快构建新发展格局，关键是要做到对新发展理念中创新发展、协调发展、绿色发展、开放发展、共享发展的一体把握、协同推进。而全球价值链管理是一种集成的管理思想和方法，全球价值链管理战略的核心理念是整合、合作、协调、共享。整个供应链管理系统是包括制造商、供应商、仓库、配送中心和渠道商等一起来进行产品研发设计、制造加工、运输、分销以及销售的管理过程，整个管理过程是环环相扣的，中间缺少了任何一个环节都会造成整个供应链的停滞状态，因此全球价值链管理需要整合、合作和协调，最终实现利益共享，这些理念正是新发展理念的体现。再次，促进产业向价值链高端攀升，摆脱低端锁定和增强产业竞争力，必须构建以国内大循环为主的新发展格局。没有强大的内部经济循环体系和基本盘，难以形成不断提升的竞争力和驾驭全球资源配置的能力。国内大循环的发展是未来国际大循环提升和顺畅运转的基础，是中国竞争力和价值链地位提升的关键，是摆脱传统比较优势低端锁定的关键，是建立安全高效经济体系的关键。最后，构建自主可控的全球价值链，是双循环新发展格局的关键。改革开放以来，中国凭借传统低成本优势迅速嵌入全球价值链分工体系，驱动了国内经济增长和产业竞争力提升。然而，作为"世界工厂"，我国在资源型产品、工业制成品甚至服务贸易领域尚缺乏国际定价权，价值链的核心部分和关键领域高度依赖国外供给，产业发展严重受制于人，产业发展无法做到自主可控。构建自主可控的价值链，既是我国走出"低端锁定"困境，从低附加值向高附加值价值链优势转化的重要手段，也是推动我国从"制造大国"走向"制造强国"的必经之路，进而推动高质量发展和建成双循环新发展格局。

四是，对当前时局和经济发展问题的理性认识和破解，离不开全球价值链理论和方法。全球价值链理论和方法在中国政策实践领域具有重要的应用价值。首先，对中美贸易摩擦一些问题的客观理性认识需要从全球价值链视角重新分析。出于意识形态上的严格分野以及对中国发展的忌惮，以美国为首的西方国家对中国极限施压，发动数轮攻势，将"修昔底德陷阱"中所谓"守成国"对"崛起国"的恐慌炮制成了失理、失据、失真的"中国威胁论"，中美经贸摩擦甚至脱钩是我国现代化进程中可能面临的重要风险之一。2017 年，美国宣布对中国发起"301 调查"，企图对中国实施单边裁决，这也标志着中美贸易摩擦拉开帷幕。次年 3 月，特朗普正式宣布对于进口钢铁和铝分别征收 25% 和 10% 的关税，并逐渐对除中国外的其他国家实施关税豁免。作为回应，中国对美国出口中国的多项产品中止关税减免或加征 25% 关税。几个月后，美国再次列出加征 25% 关税的 500 亿美元中国进口商品清单，并于 7 月开始对 340 亿美元中国进口商品正式实施关税加征政策。随后，中美相继发布关税加征计划，局势愈演愈烈。时至今日，中美关系发展至 "脱钩" 级别，对中国经济带来不利冲击。针对中美贸易摩擦的一些问题也需要从全球价值链视角进行分析，如中美贸易顺差高估问题、中国出口产品技术威胁问题等。[①] 基于全球价值链视角的分析也是中国回应国际问题的重要依据。例如，2018 年 9 月，国务院新闻办公室发布了《关于中美经贸摩擦的事实与中方立场》白皮书，白皮书不仅多次直接提到 "全球价值链"，且主要利用全球价值链方法和思路从六个方面澄清了中美经贸摩擦的事实。

其次，新冠疫情及俄乌冲突等重大事件影响和重构全球产业链、价值链。在中美经贸摩擦叠加新冠疫情、俄乌冲突的冲击下，全球价值链面临多重挑战。新冠疫情加速全球百年未有之变局的演进，更凸显了现代供应链脆弱的一面。自 2020 年新冠疫情发生以来，世界上绝大多数国家经历了经济增速的快速下滑，不少国家陷入经济负增长，疫情对于未来经济的影响同样具有较强的不确定性。2022 年，俄乌矛盾迅速升级并转化为军事冲突，其未来局势及对中国经济影响的不确定性较强。疫情和俄乌冲突加速全球产业链供应链的解构。一方面，在短期内将对全球经济带来负面冲击；另一方面，长期来看，将重塑国际经济格局，加剧全球产业链供应链的解构风险，中断全球分工。全球产业链与供应链内向化、本土化、安全化将成为主流。全球产业大范围的分工将收缩甚至停滞。受意识形态、民族文化等多方面因素影响，未来产业布局和分工将更倾向于在各方面相似的局部区域中进行，我国参与全球产业链分工的机会减少，甚至面临脱钩风险。实现中国产业链升级和安全，既是全球价值链重构的被动需求，也是保障新发展格局得以高质量构建的主动应对。

最后，经济发展中的结构性问题与全球价值链分工也是密切联系的。中国经济发展过程中面临的结构性问题需要从价值链视角来认识和解决。中国经济增速从高速转向中高速，问题在于结构，包括产业结构、城乡结构和收入分配结构等。我们经常提及 "结构" "新结构" 等，结构就是产业间的联系，这是

---

① 参见倪红福（2017，2018，2020a）的分析。

中国面临的现实问题，本质上也是产业链分工问题。

二 现实中的全球价值链及其洞见

（一） 全球价值链视角下的中美贸易摩擦

近 30 年来，全球生产方式和国际贸易的本质发生了巨大变化，技术、制度和政治发展使得生产过程在全球布局，生产过程日益碎片化和分散化。根据联合国商品贸易统计数据库（UN Comtrade）统计数据进行测算，2013 年全球中间产品出口额占全球总出口额的比重高达 69.32%。由此可见，中间品贸易在全球贸易中已经占据了绝对主导地位，这一国际经济的新特征正是全球价值链深入演进的必然结果。各国积极参与全球生产网络体系，各自从事生产过程中的某一具体环节，通过进口大量零部件等中间品进行全球生产，形成了全球乃至一国之内的大量中间品贸易，由此全球形成了一种"你中有我，我中有你"的全球价值链分工网络体系。随着全球价值链的深入发展，传统的总值贸易统计、国际贸易理论和方法的缺陷日益明显，会掩盖一些真相，进而引发两国之间的贸易摩擦。那么，我们如何从全球价值链的视角看待中美贸易摩擦？这是摆在我们面前不得不回答的重要时代命题。

1. 海关贸易统计高估了中国对美国的贸易顺差

中美贸易摩擦的直接根源，是美国认为中国对美国存在巨额贸易顺差。按美国官方统计，2017 年美中贸易逆差 3752 亿美元；根据中国海关统计，中美货物贸易顺差为 2758 亿美元，中美服务贸易则为逆差。无论是美国还是中国的统计口径，都揭露出一个不争的事实，如果仅从数据上看，中国对美国贸易顺差的确巨大。特朗普政府简单地从数据出发，认为美国在与中国开展贸易的过程中吃了大亏，从而损害了美国人的利益，故标榜美国优先的特朗普政府挑起针对中国的贸易摩擦，就不让人感到惊奇了。

然而，如果从全球价值链视角来审视中美贸易顺差，我们会发现中美贸易顺差并没有那么大。根据增加值贸易测算数据，中国对美国的增加值贸易顺差大致为海关统计的贸易顺差的 70% 左右，在我国的出口产品中，国内增加值率大致为 75%。也就是说，传统的海关总值统计数据，在一定程度上会极大地高估中美贸易顺差。这是因为，随着全球价值链的深入发展，中间品贸易占了很大比重，而传统海关统计数据是对过境全产品的统计，无法精确区分产品增加值的具体来源，即它到底是由哪个国家创造的，这会带来"重复统计"问题。"重复统计"会高估各国之间的价值贸易额，尤其会高估发展中国家的贸易顺差。我们知道，大部分发展中国家，在发展的初期，以加工贸易的形式融入全球价值链，处于全球价值链的低端，由本国实际创造的增加值并不多。以苹果手机的生产为例，在苹果手机 100 美元的出口额中，仅有 3.63 美元的价值是由中国创造的，而其他的价值则是由美国、德国和日本等国家创造。如果苹果手机最后在中国组装加工成产成品出口，那么，在海关的出口统计中，会把这100 美元全部统计为中国的价值创造。显然这是不合理的。

2. 全球价值链造成了中国"高技术产品"出口的假象

中美贸易摩擦不仅是中美贸易顺差使然，更重要的是受到美国对中国高技术迅猛发展的恐慌的驱动。从美国公布的 500 亿美元和 2000 亿美元的加征关税清单可以看出，具有高科技特点被加征关税的产品金额占比较大。如核反应堆、锅炉、机器、机械器具及其零件的进口额占美国总加征额的 20.23%；电机、电气设备及其零件，录音机及放声机、电视图像、声音的录制和重放设备及其零件、附件的金额占比为 27.60%。① 从本质上看，中美贸易摩擦其实是技术战，根本目的是遏制中国高科技产业的发展，阻碍中国从全球价值链低端迈向全球价值链中高端。典型案例是，2018 年，美国商务部在美东时间 4 月 16 日宣布，禁止美国公司向中兴通讯销售零部件、商品、软件和技术 7 年，直到 2025 年 3 月 13 日，致使中兴通讯的发展陷入困境。

从按产品技术分类的传统海关统计数据来看，我国高技术产品出口占总出口的比重达 30% 以上。但是我们需要冷静思考，这些高科技产品的价值，到底多少是由中国实实在在创造的？全球价值链分工体系导致了一个明显的现象：一国出口的产品并非全部由本国生产。尤其是对发展中国家而言，其出口的高技术产品大部分是在本国进行简单组装加工，核心零部件都是从发达国家进口的。因此，基于传统总值贸易统计数据的出口产品技术分类方法存在较大的瑕疵，很容易高估（低估）经济体高技术产品出口的占比。例如，美国和中国都出口笔记本电脑，可是中国出口的笔记本电脑需要进口大量的计算机核心零部件，如英特尔（Intel）公司的中央处理器（CPU）。而中国实际上处于附加值低、技术含量低的组装加工生产环节，但在传统总值贸易统计口径下会误认为中国出口了高技术含量的笔记本电脑。按此计算的出口结构，完全可能高估中

① 数据来源：国家统计局。

国出口高技术产品的占比，造成中国高技术产品出口量很大、出口额很高的假象。这带来的主要问题就是让不了解中国国情的美国政府，误认为中国高科技行业已经非常强大，会威胁到美国的地位。

3. 中美贸易摩擦实际上是全球贸易摩擦

当今全球经济已经成为密不可分的统一体，全球价值链的广度和深度也不断拓展，各国通过全球价值链构成的全球性生产网络参与国际竞争。这一典型事实决定了我们需要从全球生产网络体系的角度来看待两国的经贸关系。全球价值链中任何一方出现问题，基本上都会牵涉第三方。从这个角度来看，没有单纯两国之间的贸易，中美贸易摩擦并不是中美的贸易摩擦，而是全球范围的贸易摩擦。例如，如果美国不允许从中国进口汽车，受影响最大的可能是美国福特公司，因为福特汽车大部分是在中国生产的。美国提高中国汽车的关税，有可能对福特公司造成很坏的影响。也许在一定程度上不需要我们对其进行反制，美国很多大企业就会去游说美国政府。

在全球价值链分工体系中，中美加征关税，不仅会对中美产生影响，而且会对世界其他国家产生影响；不仅会对加征关税的产品造成影响，也会对下游产品造成影响。若对进口的中间品征税，进口中间品价格上升，虽然保护了进口竞争上游产业，却使以该产品为中间投入的下游产业受到损害，因此下游部门的成本上升，进而价格提高，这又会进一步被传递到更下游的部门，从而使整个价格系统发生变化。与之对应，资金、劳动力将跨部门流动、重新组合，使得各部门的劳动力需求量、工资收入水平都发生变化。这时，保护措施的效应取决于被保护产业与其他产业间的利益、消费者福利和政府税收等多方面的均衡。笔者利用全球投入产出价格模型的模拟分析表明，若中美都对所列500亿美元产品加征25%的关税，将使中国和美国的价格水平分别平均提高0.40个百分点和7.83个百分点。在现行关税体系下，新兴经济体如巴西、中国等的相关行业受到的影响一般比较大，而且各国相关行业参与全球价值链的程度越深，该行业的关税累积成本就越大，受到的影响就越大。

（二）白皮书中全球价值链相关内容和逻辑

2018年9月24日，国务院新闻办公室发布《关于中美经贸摩擦的事实与中方立场》白皮书，从六个方面澄清了中美贸易摩擦的事实，还阐明了中国对中美贸易摩擦的政策立场，期望中美贸易摩擦能够得到有效的解决。在该白皮书中，不仅多次直接提到"全球价值链"，而且白皮书分析的方法和思路都建立在对全球价值链深刻认知的基础上。从白皮书中，我们可以看到研究全球价值链的重要价值，而且也可以掌握未来全球价值链的研究内容。

1. 白皮书中与全球价值链有关的内容

白皮书中几十处提到全球价值链，以下我们摘录一些内容。在前言部分提出："双方通过优势互补、互通有无，有力促进了各自经济发展和产业结构优化升级，同时提升了全球价值链效率与效益，降低了生产成本，丰富了商品种类，极大促进了两国企业和消费者利益。"第一部分"中美经贸合作互利共赢"中有如下主要内容。（1）中美双边贸易互补性强。美国居于全球价值链的中高端，对华出口多为资本品和中间品，中国居于中低端，对美出口多为消费品和最终产品，两国发挥各自比较优势，双边贸易呈互补关系。（2）中美经贸合作促进了中国经济发展和民生改善。在经济全球化背景下，中国与美国等国加强贸易和投资合作，相互开放市场，有利于中国企业融入全球产业链价值链，为中国经济增长带来了可观的外部市场。（3）促进了美国产业升级。在与中国经贸合作中，美国跨国公司通过整合两国要素优势提升了其国际竞争力。苹果公司在美国设计研发手机，在中国组装生产，在全球市场销售。

第二部分"中美经贸关系的事实"中有如下主要内容。（1）这是国际分工和跨国公司生产布局变化的结果。随着全球价值链和国际分工深入发展，跨国公司利用中国生产成本低、配套生产能力强、基础设施条件好等优势，来华投资设厂组装制造产品，销往包括美国在内的全球市场。（2）若以贸易增加值方法核算，美国对华逆差将大幅下降。中国对外贸易具有大进大出特点，中美贸易亦是如此。据中国商务部统计，从贸易方式看，中美贸易不平衡的61%来自加工贸易。中国在很多加工制成品出口中获得的增加值，仅占商品总价值的一小部分，而当前贸易统计方法是以总值（中国对美出口的商品全额）计算中国出口。（3）世贸组织和经合组织等从2011年起倡导以"全球制造"新视角看待国际化生产，提出以"贸易增加值核算"方法分析各国参与国际分工的实际地位和收益，并建立了世界投入产出数据库。以2016年为例，据中国海关按照传统贸易总值的统计，中国对美顺差额为2507亿美元；但若根据世界投入产出数据库，从贸易增加值角度核算，中国对美贸易顺差为1394亿美元，较总值方法减少44.4%。

第三部分"美国政府的贸易保护主义行为"中有"美国存在大量扭曲市场竞争、阻碍公平贸易、割裂全球产业链的投资贸易限制政策和行为，有损以规则为基础的多边贸易体制，并严重影响中美经贸关系正常发展。"

第五部分"美国政府不当做法对世界经济发展的危害"中有如下主要内容。（1）美国政府采取的一系列极端贸易保护措施，破坏了国际经济秩序，伤害了包括中美经贸交往在内的全球经贸关系，冲击了全球价值链和国际分工体系，干扰了市场预期，引发国际金融和大宗商品市场剧烈震荡，成为全球经济复苏的最大不确定因素和风险源。（2）当前，全球经济已经深度一体化，各国充分发挥各自在技术、劳动力、资本等方面的比较优势，在全球经济中分工合作，形成运转高效的全球价值链，共同分享价值链创造的经济全球化红利。尤其是以跨国公司为代表的各国企业通过在全球范围内配置资源，最大限度降低了生产成本，提高了产品和服务质量，实现了企业之间、企业与消费者之间的共赢。（3）美国政府通过加征关税、高筑贸易壁垒等手段在世界范围内挑起贸易摩擦，以贴"卖国标签"、威胁加税等方式要求美资跨国公司回流美国，将严重破坏甚至割裂全球价值链，冲击全球范围内正常的产品贸易和资源配置，并通过各国经贸的相互关联，产生广泛的负面溢出效应，降低全球经济的运行效率。比如，汽车、电子、飞机等行业都依靠复杂而庞大的产业链支撑，日本、欧盟、韩国等供应链上的经济体都将受到贸易收缩的负面影响，并产生一连串的链式反应，即使美国国内的供应商也会在劫难逃。根据中国商务部测算，美国对华第一批 340 亿美元征税产品清单中，有 200 多亿美元产品（占比约 59%）是美、欧、日、韩等在华企业生产的。包括美国企业在内，全球产业链上的各国企业都将为美国政府的关税措施付出代价。（4）国际货币基金组织 2018 年 4 月 17 日发布的《世界经济展望》报告指出，关税和非关税贸易壁垒的增加将破坏全球价值链，减缓新技术的扩散，导致全球生产率和投资下降。

第六部分"中国的立场"中有："以世界贸易组织为核心的多边贸易体制是国际贸易的基石，是全球贸易健康有序发展的支柱。中国坚定遵守和维护世界贸易组织规则，支持开放、透明、包容、非歧视的多边贸易体制，支持基于全球价值链和贸易增加值的全球贸易统计制度等改革。支持对世界贸易组织进行必要改革，坚决反对单边主义和保护主义。"

2. 对全球价值链研究的相关启示

从以上的内容摘要我们可以看到，几乎白皮书中每一章节的内容都涉及全球价值链的内容。从这个角度来看，只有理解了全球价值链的内涵，才能深刻理解白皮书的核心内容。白皮书在中美贸易摩擦、学术研究和写作等方面为我们提供不少启示。其一，从目前的国内外形势来看，中美贸易摩擦将是一场持久战，必将重塑全球价值链和国际分工体系。对于这一点我们应该有充分的心理准备，只有做好最坏的打算，才能寻求相关的应对策略，而不会手忙脚乱。特朗普政府对中国挑起贸易摩擦，主要指责中国对美国征收的关税过高，对美国不公平，所以美国主要运用关税的手段来解决中美的贸易分歧。但我们知道，形成这一格局，并不是中国刻意为之，而是在目前的全球价值链格局下，中国生产的最终产品中包含很多来自美国的增加值。然而，在短期内全球价值链的格局很难改变，这就决定了双方的贸易摩擦是持久的。我们需要做的，是思考如何推动中国产业从全球价值链中低端迈向全球价值链中高端，增强中国在全球价值链体系中的影响力和控制力。其二，我们应该从全球价值链的视角，去研究为何会形成当前的关税格局，以及全球价值链是如何影响不同国家的贸易政策的。比如，美国等发达国家对发展中国家产品征收的关税，为何比发展中国家对美国等发达国家征收的关税要低呢？尤其是当存在大量中间品贸易时，又会如何影响全球范围内的贸易政策呢？这些问题，都需要我们进一步深入研究。

（三）理性认识我国产业链供应链的稳定性和竞争力

有效维护中国产业链供应链的稳定性和竞争力，是维护经济发展和社会稳定的关键之举，也是确保国家安全与应对风险的重要手段。对于产业链供应链，从微观企业视角来看，一般多称为"供应链"，从中观或宏观视角来看，一般称为产业链。近年来，全球产业链已成为世界经济的主导性特征，生产过程日益碎片化和分散化。全球产业链给世界带来巨大效益的同时，也产生了一个致命的风险：一旦某一生产环节出现危险，将产生连锁反应，破坏整个产业链、价值链、供应链。企业运作、贸易政策、地缘政治、自然灾害和疫情等都可能引起供应链中断，进而给节点企业和社会带来巨大损失。

经济政策的不确定性、中美贸易摩擦、新冠疫情、俄乌冲突等冲击都有可能导致全球产业链中断，影响产业链安全。目前，我国产业链、供应链存在以下风险因素。一是逆全球化趋势和全球贸易保护主义有所抬头。2008年国际金融危机以后，逆全球化和全球贸易保护主义就成为一种潮流，并进一步在全球蔓延。很多国家为了维护本国的单边利益，采取各种贸易保护主义措施，对全球产业链供应链稳定造成很大影响。欧美各国政府越来越依赖贸易保护主义和"重振制造业"计划。美国在经济、政治、军事等各个方面对中国进行全面遏制，以经济民族主义对抗经济全球化潮流，用单边主义和保护主义对抗多边主义和自由贸易。特别是，新冠疫情后不确定、不稳定因素明显增多，外加俄乌冲突等极端事件，会给作为全球最大货物贸易国的中国带来很大负面影响，使进出口额大大降低，从而影响中国产业链供应链的稳定。

二是，关键核心技术有待提升。一个国家在关键核心技术上有没有主导力和控制力，直接关系一国的产业链供应链稳定和安全。新中国成立以来，虽然很重视对关键核心技术的攻关，也取得了一些成效，但整体而言，中国目前许多产品仍然高度依赖进口，中国制造在一些领域的研发和生产依然存在难以攻破的技术难关，如在高端数控机床、芯片、光刻机、医疗器械、发动机、高端传感器等领域都存在"卡脖子"问题。

三是，新冠疫情和俄乌冲突等重大事件的影响不容忽视。一般来说，新冠疫情将从企业倒闭、产业外迁和中间品进出口中断三个维度对产业链供应链产生影响。新冠疫情导致企业生产经营困难，使得整个产业链供应链遭受较大的冲击。同时，新冠疫情可能加剧产业外迁速度。受这次疫情的影响，原来想但来不及外迁的企业，可能加速外迁。新冠疫情使得各国政界和企业家认识到：全球供应链存在巨大外部突发风险，即便存在中国这样稳定的"世界工厂"，仍不能"把鸡蛋放到一个篮子里"。新冠疫情的全球蔓延也可能导致我国中间品进出口大幅下降甚至中断。俄乌冲突持续升级，成为全球经济发展的重大不确定因素，俄罗斯和乌克兰的能源、大宗商品和地缘优势将在不同领域对全球产业链供应链产生深远影响。一方面，在短期内将对全球经济带来负面冲击；另一方面，长期来看，叠加疫情冲击，将重塑国际经济格局，加剧全球产业链供应链的解构风险，中断全球分工。全球产业链供应链内向化、本土化、安全化将成为主流。全球产业大范围分工将收缩甚至停滞。受意识形态、民族文化等因素影响，未来产业布局和分工将更倾向于在各方面相似的局部区域进行，我国参与全球产业链分工的机会减少，甚至面临脱钩的风险。

虽然当前我国产业链供应链面临不少风险，但更应该看到我国具备维护产业链供应链稳定的巨大优势。这主要体现在以下几个方面。第一，社会主义制度优势。自新中国成立以来，中国办成了各种大事、难事，从"两弹一星"到完成南水北调、建成青藏铁路等，也成功应对了各种风险挑战，从亚洲金融危机到汶川地震、2008年国际金融危机和新冠疫情。我们之所以能够办成各种大事、克服各种困难、抵御各种风险，从根本上说在于中国特色社会主义制度优势。在中国共产党的坚强领导下，全国一盘棋、上下一条心，集中力量办大事；面临任何风险，一方有难、八方支援，我国都有信心也有能力抵御各种风险。因此，社会主义制度优势，是中国维护产业链供应链稳定的最大底气。第二，中国国内超大规模市场优势。2019年，我国GDP已经接近100万亿元，中国成为世界第二大经济体、制造业第一大国、货物贸易第一大国、商品消费第二大国、外资流入第二大国，我国外汇储备连续多年居世界第一位，已经形成了超大规模的经济基础。我国具有规模庞大、需求多样的国内消费市场，形成了世界上最大的中等收入群体。超大规模的市场优势，是我国经济发展中形成的新比较优势，是保持经济稳中向好和民生改善的重要支撑，是我国经济社会应对风险挑战的基础，也是中国维护产业链供应链稳定的重要保障。第三，完整产业链的优势。经过 70 余年的奋斗，我国在产业体系建设方面取得了举世瞩目的成就。中国现在已经成为世界上唯一一个拥有完整产业体系的国家，我国具有最完整、规模最大的工业供应体系，拥有 41 个工业大类，207 个中类，666 个小类，拥有联合国产业分类中的全部工业门类。作为"世界制造中心"，在世界 500 多种主要工业产品当中，中国有 220 多种工业产品的产量居全球第一位。[①] 正是因为拥有较完整的现代工业体系，中国产业具备了较完善的配套能力，保证中国经济在外界不可控因素冲击下仍具有巨大的韧性，回旋余地大，任何时候都有维护产业链供应链稳定的实力。

认识到我国产业链供应链面临的风险因素的同时，更要看到我国产业链供应链存在的优势，应多措并举、精准发力，提升中国产业链供应链的稳定性和竞争力。第一，要深化供给侧结构性改革，充分发挥我国超大规模市场优势和内需潜力，构建国内国际双循环相互促进的新发展格局。第二，要实施产业基础再造和产业链提升工程，巩固传统产业优势，强化优势产业领先地位，抓紧布局战略性新兴产业、未来产业，提升产业基础高级化、产业链现代化水平。第三，要发挥新型举国体制优势，加强科技创新和技术攻关，强化关键环节、关键领域、关键产品保障能力。第四，要加强国际协调合作，共同维护国际产业链供应链安全稳定。

三 研究目的和意义

（一）研究目的

笔者近年来持续跟踪研究全球价值链的理论及其应用，在测度方面开展了

---

① 《工信部：500 种主要工业产品中 我国有 220 多种产品产量位居全球第一》，2024 年 7 月 5 日，https://baijiahao.baidu.com/s? id＝1803709178542193430&wfr＝spider&for＝pc。

大量研究，并注重解决现实问题。同时，在全球价值链主题的教学和研究过程中，发现很多研究者或学生对全球价值链的一些理论掌握得不系统和不全面，尤其是对基于全球投入产出模型的测算方法的理解存在不足，且经常存在混淆和错误之处。为此，笔者将平时研究中的所思所想和对一些重大现实问题的研究，以一本书的形式全面系统地展示出来。本书的首要目的是全面系统地介绍全球价值链研究前沿，尤其是全球价值链测度方法体系。其次，从全球价值链视角理性客观认识中国问题。通过全球价值链的理论和方法，对中国参与全球价值链面临的问题（如中美贸易摩擦、人民币汇率问题、双循环测度等）进行深入分析，形成中国经验和方案，为中国经济发展转型以及发展中国家参与全球价值链分工提供参考。再次，形成一套完整的分析全球价值链问题的理论和方法工具，构建一套与模型匹配的基础数据库和工具包。最后，总结、丰富并创新解释中国对外开放巨大成就的中国特色社会主义政治经济学，为构建开放型经济学理论和方法体系添砖加瓦。

（二）研究意义

1. 理论意义

本书在研究视角和理论模型方法方面做出了一些新探索和贡献。

第一，从全球价值链视角，考察和测度中国的出口技术、人民币汇率、国内国际循环、关税等经济发展和结构问题。鉴于全球价值链的本质是全球分工问题，分工是经济现象的最底层逻辑。亚当·斯密指出：分工促进经济发展。因此，从全球价值链分工视角来考察中国经济问题，抓住了问题的本质。本书从全球价值链视角对中国贸易、产业、金融等各领域问题进行全面系统分析，并拓展了一些定量测度方法。例如，针对中国出口技术含量情况，从全球价值链分工的视角解读就会发现，中国很多高技术产品仍处于组装加工阶段，技术含量比较低，为此又从生产工序视角，利用全球投入产出模型开发了国内、国际技术含量的测度方法，并对此进行了实证测度，有力地回击了"中国技术威胁论"。关于国内国际双循环新发展格局的研究，本书从经济循环的概念出发阐述"新发展格局"，进而构建了包括供给和需求端的国内国际循环测度指标和基于全球价值链的国内国际循环 GDP 分解方法，并利用 WIOD 数据进行了实证测算分析。

第二，丰富了全球价值链测度理论和方法，提出了一些基于全球价值链的新概念和新测度方法。近年来，在宏观和微观层面对全球价值链的测度都取得了突破性的进展，这些新的测度方法日益完善，成为全球价值链的研究热点（Hummels et al.，2001；Koopman et al.，2014；Wang et al.，2013；Johnson and Noguera，2012）。虽然这些测度方法从不同角度来测度和分析全球价值链的特点，但是也存在一些不完善之处。本书根据研究问题，对相关理论基础模型进行扩展，对这些测度变量进行改进。如生产长度指标，本书从增加值传递的角度，重新对生产长度进行定义，以在统一的框架下考察所有的生产长度（或上游、下游）。如价格竞争力指标，一般以实际有效汇率来衡量，本书拟在全球价值链视角下，基于Patel等（2014）的增加值实际有效汇率测度思路和方法，从一般均衡模型框架中截取一部分模型来重新定义分行业全球价值链出口实际有效汇率，以更加精细地考虑价格竞争力的变化。

第三，尝试深化和拓展开放型经济理论研究，为构建中国特色经济理论添砖加瓦。改革开放40多年来，中国对外开放走出一条既符合本国国情又遵循发展规律的独特道路。我国经济发展取得举世瞩目的巨大成就。目前我国已成为世界第二大经济体、第一大货物出口国，利用外资和对外投资规模位居世界前列。对外开放成就巨大，但中国尚缺乏成体系的理论对这一伟大实践进行科学解释，即"对外开放成就之问"。传统的西方经济学理论能解释中国对外开放的巨大成就吗？显然不能。例如，改革开放以来，中国制造业融入全球分工体系，国际竞争力不断提高，支撑了中国对外贸易持久发展的奇迹，然而用传统国际贸易的比较优势理论是难以直接解释的。中国坚持对外开放与独立自主、自力更生的统一。我们坚持走渐进式对外开放之路，寻找一条积极、安全、高效的途径逐步走向贸易自由化，这条道路与西方理论推崇的模式不同。此外，所谓"中国技术威胁论"、中国贸易顺差过大等一些问题背后的深刻逻辑，用西方国际贸易教科书中的理论也难以解释。显然，除了充分借鉴国外的科学理论和方法外，我们需要构建自己的开放型经济理论。本书以习近平新时代中国特色社会主义思想为指导，尝试以全球价值链理论和方法来构建开放型经济学理论和方法体系，形成立足中国自身实践、演绎"中国故事"的理论认识和逻辑框架。例如，本书从全球价值链视角分析了中美贸易摩擦，利用技术含量的生产工序测度方法回击"中国技术威胁论"，全球价值链实际有效汇率的测度结果很好地解释了人民币升值问题和"以邻为壑"的贬值政策的另一种机制。

2. 现实意义

本书主要利用全球价值链分工思想及测度方法对中国的一些重大现实问题

进行深入分析，对于解释中国经济发展奇迹和应对面临的风险具有重要的参考价值，具有一定的现实意义。首先，本书从全球价值链视角对中国开放经济发展事实和经济规律的系统总结与分析，有利于不断丰富发展习近平新时代中国特色社会主义经济思想，有助于加快构建中国特色哲学社会科学学科体系、学术体系、话语体系，也能为实现第二个百年奋斗目标和中华民族的伟大复兴提供宝贵的历史经验和启示，为世界经济现代化进程贡献中国智慧和中国方案。

其次，本书的一些研究有助于增加对高质量发展、新发展格局、产业链安全等国家战略和重大政策的认识和理解，为相关课题做学理上的支持和阐述。例如，准确认识中国现阶段的经济发展格局，是制定中国未来较长一段时间经济发展政策的重要参考。科学合理测度分析国内国际经济循环的情况，有助于清晰理解当前中国经济发展新格局，有助于准确地找到中国经济发展新格局的政策着力点。科学测度国内国际双循环新发展格局有助于回答以下问题：中国经济双循环新发展格局的演变趋势是怎样的？如何从定量角度定义和衡量中国是否已经实现了以国内大循环为主体的新发展格局？国内循环与国际循环对中国经济增长的贡献如何？

最后，本书是国内鲜见的一本全面系统地测度全球价值链，并将相关方法体系应用于研究中国现实问题的著作，有助于后来者系统学习和将文章写在祖国大地上。本书对全球价值链的基础知识和方法（国民经济核算和投入产出分析）的介绍，有助于从根源上理解全球价值链测度方法体系，从而能正确地理解基于全球投入产出模型的全球价值链测度指标的优势和不足，避免研究中的误用。本书在模型、数据、方法和研究框架方面有所突破，可能形成一套基础数据库和多主体、多维度、全方位的方法和工具箱，这些都能为后续研究提供支撑。本书对中国问题的研究方法也具有一定的借鉴意义，坚持辩证唯物主义和历史唯物主义，从国情出发，从中国实践中来、到中国实践中去，使理论和政策创新符合中国实际和具有中国特色。

四 本书的逻辑与结构

本书的组织按两个线索进行。一是以全球价值链的测度研究方法为主线，先介绍研究的预备和基础知识，即全球价值链分析用到的基本概念、基本方法和模型，再利用拓展的方法和工具深入研究现实中的重大问题，如出口技术含量问题、人民币实际汇率和双循环新发展格局测度问题。由此本书形成了理论基础篇和中国经验篇的大逻辑框架。二是对具体重大现实问题的研究遵循定性认识、定量分析再定性结论的逻辑，也即从现实问题的定性分析、理论阐述和科学定量测度出发，在此基础上进行实证分析，最后回到解决现实问题和应对措施上。

具体地，本书分为上、下两篇。上篇为理论基础篇，包括全球价值链核算基础：国民经济核算（第二章），投入产出分析方法（第三章），全球价值链的基本概念、特征和发展脉络（第四章），全球价值链贸易理论与测度文献综述（第五章），全球价值链测度方法（第六章）。下篇为中国经验篇，主要包括中国出口技术含量动态变迁及国际比较（第七章）、中国各区域在全球价值链中的作用及其变化（第八章）、生产分割的演进路径及其影响因素（第九章）、全球价值链中产业"微笑曲线"存在吗？（第十章）、全球价值链人民币实际有效汇率的测度及结构解析（第十一章）、什么削弱了中国出口价格竞争力？（第十二章）、垂直专业化与危机中的贸易下滑（第十三章）、全球价值链中的累积关税成本率及结构（第十四章）、全球价值链中的关税成本效应分析（第十五章）、全球价值链中企业的位置及其结构变化（第十六章）、"双循环"新发展格局的全球价值链测度分析（第十七章）、中国经济双循环的动态变迁与国际比较（第十八章）和全球价值链的未来研究方向（第十九章）。

五　本书的特色和创新之处

本书的特色与创新之处主要体现在如下五个方面。

第一，全面性和综合性。本书是一本全面系统介绍全球价值链测度理论、方法及其应用的著作，据作者所查，应该是国内少有的全面系统研究全球价值链测算及其应用的专著。本书对全球价值链测度理论和方法做了全面系统的介绍，从最基础的国民经济核算、投入产出分析方法到全球投入产出模型，再到多国多部门的一般均衡模型，都进行了全面的介绍。结合全球价值链测度中用到的核心知识，对国民经济核算和投入产出方法进行梳理和介绍，在此基础上，对全球价值链测算经典文献进行了全面系统的解读和推演，从最早单国投入产出模型（Hummels et al.，2001）的垂直专业化到 Wang 等（2017b）的全球价值链参与度和位置的综合测算，对其思想和核心观点、方法技巧进行了重新思考和拓展。然后改进了全球投入产出模型，并将其应用到中国现实问题的研究中。本书对全球价值链的研究既有基础理论高度，也有应用宽度，且对各种经济问题从全球价值链视角进行系统分析，所研究问题涉及宏观、产业、贸易、技术创新、发展战略等多个领域。

第二，基础性和理论性。本书非常注重对基础知识的深刻理解，要求对基本方法和数据从本质上进行理解，然后进行创新。例如对投入产出模型方法的介绍中对 Leontief 逆矩阵的本质进行了详细的阐述，这也是理解全球价值链测算和分解的经济学意义的基础，并对投入产出分析方法这些基础知识进行新的经济学意义解读。本书的研究不是对已有测度指标的计量应用，而是在对现实经济学意义理解的基础上，对全球价值链测度模型进行改进，进行理论创新，使其具有新的经济学意义，再在改进方法的基础上进行实证测算和计量分析，具有较强的理论性。例如本书中对人民币实际有效汇率的测算，我们考虑全球价值链的因素，创造性提出了全球价值链实际有效汇率新概念，并在多国多部门一般均衡模型基础上推演出基于出口、增加值和产出的全球价值链实际有效汇率，并进行了结构分解。

第三，学科交叉性和多维性。全球价值链的理论方法和应用具有非常强的学科交叉性。早在 20 世纪 90 年代，许多学者开始关注全球商品链（Global Commodity Chain，GCC）的研究（Gereffi and Korzeniewicz，1994），主要聚焦于行业案例研究。这些研究实际上是从管理学和社会学的视角进行的。现阶段经济学科对全球价值链的测算分为宏观和微观测度，宏观测度主要是基于投入产出模型，故与投入产出分析方法交叉融合，微观测度是基于加工贸易的微观企业数据，这又与微观企业研究交叉融合，且这些测算都要用到国民经济核算数据，因此，全球价值链测算研究涉及国民经济核算、投入产出分析和宏观经济等研究。此外，本书研究的中国现实问题，实际上涉及多个学科且研究问题具有多维性。例如本书中对全球价值链人民币实际有效汇率的研究，就涉及国际金融学中汇率、宏观经济学中一般均衡模型、投入产出经济学的分析方法等内容。

第四，理论模型的创新性与拓展性。本书中的全球价值链测算理论和方法，具有较好的创新性。本书主要遵循提出问题，基于全球投入产出表数据，构建模型推导全球价值链新的测算方法，然后实证测算并分析问题，进而解决问题的研究思路。相比于同质性 DSGE 模型、可计算一般均衡模型（CGE），以及所谓的计量实证方法，它们的算法基本上是标准化的，分析研究的问题具有针对性，大部分缺乏创新性。本书对出口技术含量测度的研究中，针对中国出口技术复杂度较高和"技术威胁论"的错误认识，我们提出了基于全球投入产出模型的生产工序的技术含量新测度方法，在理论模型和算法方面具有创新性，然后实证测算并分析中国出口技术含量的变迁，研究结果表明中国各行业的全部技术含量、国内技术含量及其指数仍处于世界的最低水平，与美日法等国家的差距较大，根本无法构成对这些发达国家的技术威胁。本书也提出了嵌入中国次区域的全球投入产出表，并开发了新的全球价值链参与度指标。在全球价值链人民币实际有效率汇率研究中本书提出了基于出口、增加值和产出的全球价值链实际有效汇率的新概念、新方法。在第十六章，我们提出了基于广义增加值平均传递步长的全球价值链位置的新定义方法，并与 Wang 等（2017b）的全球价值链位置方法进行对比。此外，这些全球价值链测度方法还可以进一步拓展，用于测量贸易成本的放大效应、贸易限制指数，相关测度指标可以进一步进行计量实证，分析其决定因素和影响。

第五，学术观点的新颖性和价值性。本书通过对不同中国经济问题的研究，提出了一些具有价值的新观点。（1）中国加入 WTO 后，进一步扩大对外开放，积极融入全球价值链分工体系，这并没有对中国出口产品的技术升级带来不利影响，反而在一定程度上促进了中国出口产品的技术升级，改善了中国在全球价值链分工体系中的地位。中国贸易出口的技术水平和结构并没有超越发展中国家的水平，且远低于发达国家水平，中国出口产品的技术升级任重道远。（2）美日等发达国家制造业的国内生产阶段数下降幅度大于国际生产阶段数上升幅度，导致其全球生产阶段数有所下降，美日等国家制造业外迁趋势明显，国际和国内外包呈替代关系。（3）产业层面的"微笑曲线"不具有普遍意义，企业层面的"微笑曲线"并不能直接用来指导国家宏观层面的产业和贸易政策。（4）从全球价值链视角来看，IMF 和 BIS 传统方法计算的实际有效汇率低估了人民币实际有效汇率升值幅度，且低估程度呈扩大趋势。（5）从贸易成本视角来看，我们发现关税的成本并不是特别高，即使考虑放大效应后，全球层面的累积关税成本也只占 0.1656%，还不到 1%。这样，中美贸易摩擦中单单加征关税，对贸易成本的影响相对较小，加征关税更多的是一种心理影响。（6）如果单纯基于国内经济循环和国际经济循环的新增经济流量看，在数量上国内经济循环的主体地位基本确立。但是，并不能由此认为新发展格局已经基本形成。新发展格局的关键内涵是畅通经济循环，本质特征是实现高水平自立自强。新发展格局的"以国内大循环为主体"不仅仅体现为中国经济国内循环流量在整体经济循环量中占比高、中国的 GDP 增长主要依赖国内经济循环，还主要体现为以国内高水平自主创新为主驱动经济循环畅通无阻、以持续扩大国内需求为主不断做大经济循环流量、以发挥国内大循环主导作用为主促进国内国际双循环畅通。

上篇

理论基础篇

第二章　全球价值链核算基础：
国民经济核算

国民经济核算体系的发明被称为 20 世纪的 "世纪杰作"。国民经济核算（National Accounting）对整个国民经济管理具有重要意义。具体而言，国民经济核算是按照一套既定体系对一定时期内经济体整体运行情况的全面详细刻画。所谓 "国民经济核算"，主要是指在一定时期内对国民经济总体的宏观经济核算，以监测宏观经济的运行状况、评估宏观经济及协调经济系统的正常运行。

国民经济核算体系发展与演进中存在两大重要体系。其一，高度集中的计划经济国家孕育的物质产品平衡表体系（System of Material Product Balance，MPS），新中国成立初期中国国民经济核算主要采用这种核算体系；其二，诞生于市场经济国家的国民账户体系（System of National Accounts，SNA），增加值核算①和投入产出核算是国民经济核算的重要内容，这也是全球价值链核算的基础内容。因此，为了从源头上理解全球价值链核算，我们有必要对国民经济核算内容做一下简要的介绍，且侧重阐述与全球价值链核算相关的内容。

国民经济统计是宏观经济理论与实践分析的基础，我们在日常生活中经常听到的 GDP、经济增速等就是最基本的宏观经济统计数据。经济学家熊彼特（Joseph Schumpeter）曾指出，如果不了解收集统计数据的具体方法和这些方法在认识论方面的背景，就不能从这些数字中获得真正有用的信息。因此，我们将首先介绍国民经济核算的基本问题和方法。具体而言，本章将围绕国民经济核算的原理和方法展开，首先阐述国民经济核算的含义及其发展历史，然后介绍国内生产总值核算、投入产出分析及其他基本核算方法，让读者能够对宏观经济中常见的统计数据有基本的了解。

---

① 增加值在经济管理中也被称为附加值。从增加值形成过程来看，增加值是生产者当期生产的产值扣除消耗产品的价值。从收入形成过程来看，增加值用于支付不同生产要素收入，即增加值等于所有要素收入之和。

一　国民经济核算发展历程

国民经济核算旨在通过一套连续、系统的数据，显示国民经济过程及其成果，为监测、分析和评估经济运行提供动态有效的信息。围绕国民经济核算所形成的一套理论和方法称为国民经济核算体系。国民经济核算体系最早可以追溯到英国经济学家威廉·配第（William Petty）。20世纪30年代经济大萧条时期，人们愈发感受到国民经济统计工作对于政府决策的重要性，国民经济核算体系应运而生。1953年，联合国统计委员会公布了《国民账户体系及其辅助表》，SNA正式诞生，而这也成为全球第一版国民经济核算体系：SNA—1953。

SNA—1953提供了一个衡量国民收入和生产统计的基本框架，在后来的50余年里，经济和统计学家结合生产力发展的实际需求和经济核算理论的进步，不断修改和完善国民经济核算体系，分别形成了SNA—1968、SNA—1993和SNA—2008。其中，SNA—1968在SNA—1953的基础上吸纳了资金流量核算、资产负债核算和国际收支核算等内容，一方面丰富了国民经济核算体系的内容，另一方面也增强了体系的适用性，使它能够更好地服务于宏观经济分析和决策。SNA—1993的修改可以总结为如下几点。一是更新体系，使之更适应当时的经济形势。20多年间，全球经济社会已经发生了巨大的变化，通货膨胀成为宏观经济分析中备受关注的问题，SNA—1993也因此加强了对物价指数等的核算，以更好地反映通货膨胀及其对其他统计指标的影响。此外，SNA—1993突出了政府消费等指标，增加了对服务业、金融市场等的关注，还引入了环境经济核算，使得核算体系整体更加贴近现实经济情况。二是澄清和简化体系，使统计人员能够根据实际情况确定核算方法，灵活变通。三是调整概念、定义等，让SNA—1993与其他统计标准之间保持更强的协调性和一致性。SNA—2008沿用至今，相比于SNA—1993，SNA—2008的修改和完善主要体现在两个方面。首先，同SNA—1993一样，SNA—2008引入了更多符合当时经济形势的指标，如知识产权产品、金融衍生工具等。其次，将整个体系分为主干和延伸两个部分，延伸部分包括反映对外关系、产业关联等的其他核算表，进一步丰富了核算体系的内容和层次。

发展至今，SNA已经成为包括中国在内的众多市场经济国家进行经济核算与分析的基本工具，在宏观分析和政府经济决策中扮演着重要的角色。但是，在新中国成立后很长一段时间内，中国使用的核算体系是MPS。

1952~1985 年，我国仿照苏联方法，利用 MPS 核算社会总产值、工农业总产值等，并于 1954 年将核算范围扩大到生产、分配等领域，为当时的经济判断和决策制定提供了重要的数据统计资料。1985~1993 年我国国民经济核算体系开始从 MPS 向 SNA 转变。自 20 世纪 70 年代末起，我国开始实施经济体制改革，SNA 开始进入人们的视野。1985 年，国家统计局首次引入 SNA 中的国民生产总值指标，在之后的一段时间内，我国研究制定的国民经济核算体系中都表现出 MPS 和 SNA 并存的特点，直到 1993 年，SNA 成为全球通用体系，而 MPS 则随之被取消。1993 年至今，我国全面转向 SNA。为了更好地适应经济体制改革的需要，进入全球市场，与国际接轨，我国于 2003 年正式发布《中国国民经济核算体系（2002）》，启用 SNA，经过多年总结研究于 2017 年正式发布《中国国民经济核算体系（2016）》。这不仅是对中国国民经济核算工作的系统总结与改进完善，而且为未来一段时间的中国国民经济核算提供了重要方向。

二 国内生产总值核算基本问题和方法

在国民经济核算体系中，国内生产总值（Gross Domestic Product，GDP）是最能反映一国经济总体情况的指标，也是衡量政府政策成败的尺度。因此，本章首先介绍国内生产总值及其相关指标的核算方法，并借助这一核算方法考察中国近年来国内生产总值的特征及变化规律。

（一）国民经济活动与循环框架

在正式进入国内生产总值核算基本问题和方法的学习之前，我们首先用一张图来观察国民经济核算的主要工作。如图 2-1 所示，在产品和服务市场上，厂商将生产出的产品或服务投放到市场，市场需求和供给情况决定其销售价格和销售数量。此时，消费者购买到满意的商品，形成居民消费，付出的钱形成企业利润。在要素市场上，厂商雇用劳动力，租赁资产等投入生产，并根据劳动力、资产等要素的贡献大小支付工资。此时，企业付出要素成本，劳动者和资本所有者获得收入。

不难看出，整个国民经济循环涉及产品生产、流通、消费、分配等过程。如果再引入金融机构和金融市场，还包括储蓄和投资的过程，再引入开放经济，则还包括进出口等过程。这些过程所涉及的宏观经济指标，也都在国民经济核算体系范围内，国家通过统计和监测这些经济指标，了解国民经济循环的动向，

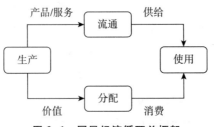

图 2-1　国民经济循环总框架

鉴别其中可能存在的问题。例如，一个经济体的宏观经济目标通常包括以下几个方面：稳定的经济增速、稳定的价格水平、充分就业和国际收支平衡。要实现这些目标，首先就要了解如何衡量它们。其中，经济增速通常以实际同比增长率来衡量，价格水平通常用物价指数衡量，就业情况的度量使用失业率、新增就业人数等指标，反映国际收支情况的是国际收支平衡表。在这些指标中，除就业外均可以直接被包含在国民经济核算体系中。也就是说，要对这些经济目标进行统计和监测，离不开国民经济核算。

不仅如此，为了更好地实现这些目标，确保经济的高质量发展和居民福利水平的切实提高，我们不仅需要了解上述几个简单指标，还要统计和观测与之相关的众多宏观经济变量及其变化规律。例如，在产品和服务流通中，产品和服务的总产值固然是国民经济核算的重要内容，但产业的结构也需要及时关注。因为只有这样，才能明晰产业的调整方向和政策的实施方向。再如，在要素市场上，劳动者报酬等要素收入的大小和占比同样包含在国民经济核算中，通过计算和比较，可以得到一个经济体劳动、资本等要素的份额，进而判断经济体的经济结构特点及其变化。除此之外，通过监测金融市场相关的投资、储蓄等数据，还可以帮助判断一个经济体是否存在泡沫化、金融资本挤出实体投资等情况。总体而言，国民经济核算描述了国民经济运行各方面的情况，提供了一个完整的宏观数据体系，为宏观经济分析和预判打下了坚实的基础。

（二）国内生产总值的计算规则

国内生产总值是在一定时期一国（或地区）境内生产的所有最终产品和服务的市场价值。我们从该定义入手，解释国内生产总值的具体计算规则和方法，辨析在现实中哪些经济活动可以被纳入 GDP 的计量范畴。

"一定时期"。国内生产总值衡量既定时期的产出规模，对于一个国家而言，这个期限通常设为一年或者一个季度。由此可见，GDP 是一个流量概念，和资本、财富、储蓄不同，它只衡量该时段内生产和支出的变化情况。

"一国（地区）境内"。GDP 涉及的所有经济活动必须发生在该国（地区）的地理范围内。例如，一个外国企业家在本国投资办厂，所获得的收入应该计入本国 GDP，而一个本国国籍的居民在国外所获得的收入则不计入本国 GDP。

"生产的"。GDP 以生产的时间而不是售出的时间计算。例如，某玩具公司生产了一辆玩具汽车并以 100 元的价格出售给顾客，这 100 元计入 GDP。一段时间后，该顾客将玩具以 80 元的价格转手卖给另一个消费者，此时的 80 元不再计入 GDP。这一点是符合经济学逻辑的，试想一个地区不生产任何新产品，只是不断地将市场上现有的产品反复转手倒卖，则其当年的经济流量是零。

按照以上的说法，GDP 的计算仅以企业生产为准绳，那么如果企业生产的产品未曾售出，会对 GDP 产生什么样的影响？此时分两种情况。第一，假设这些产品已经损坏，无法再售出。从支出角度分析，现在和以后都不会再有消费者购买该产品，总支出不会有所改变；从收入角度分析，企业利润下降，但为这些损坏的产品付出了人力或物力成本，整个经济体的总收入不变。此时，这些损坏的产品对收入和支出都没有影响，并不产生价值，也不计入 GDP。第二，这些产品只是暂未售出，滞留在企业仓库中。同样从支出角度分析，当期没有消费者购买该产品，我们假设这些产品是企业购买，以备日后销售；从收入角度，支付给工人的工资增加，经济总支出也随之增加。因此，这些产品的价值应当计入 GDP。值得注意的是，以后企业再将存货卖出时，视为二手市场上的转手倒卖，不再重复计入 GDP。

"所有产品和服务"。GDP 是对经济体中所有产品和服务价值的衡量，其中值得一提的是住房服务价值的计算方法。对于租房群体来说，他们支付租金购买住房服务，这一租金很自然地被视为 GDP 的一部分。但对于居住在自有住房的群体来说，他们同样享受了住房服务，却没有向他人支付费用，为了将这些住房服务纳入 GDP，相关部门按照市场价格估算这些住房服务的价值。从收入-支出角度来说，也可以视为他们是向自己支付房租，导致总支出和总收入同时增加。

"最终"。现实经济中绝大多数产品从原材料到产成品要经历多个生产阶段，每多经历一个生产阶段，产品的附加值也往往会增加。例如，一个玩具汽车最开始是一系列零部件，假设其总价值是 50 元。经过加工组装成为汽车，价值达到 90 元，然后包装为成品，超市售价为 100 元。此时零部件生产商以 50 元的价格卖出原材料，加工厂以 90 元的价格卖出中间产品，超市则以 100 元的价格售出最终产品，三者都是市场中流通的产品。区别在于：零部件生产商和加工厂生产并出售的商品并不能被称为"最终"商品，它们的价值都转让给了超市，形成超市的最终售出品。换句话说，零部件生产商、加工厂和超市分别创造了 50 元、40 元和 10 元的附加值，最终形成了 100 元的 GDP。

"市场价值"。对于一个只生产一种商品的经济体来说，GDP 可以用产品数量的简单相加来衡量，但在现实经济中，一个经济体产品和服务的数量很多，我们无法再用"10 个面包+5 个苹果+……"的形式来衡量经济总量的大小，必须采取一定的手段，统一多种产品和服务的价值单位，将它们整合为一个衡量指标。这一手段就是市场价格，市场价格代表了购买者对产品或服务的支付意愿和出售者对它们的价值预期，更体现了市场对它们的总体价值的估计，因此，我们使用产品和服务的市场价值来衡量 GDP 的大小。值得注意的是，我国实行社会主义市场经济，商品一般都在市场上出售，能够较容易得到对应的价格和市场价值，但也有一些产品和服务，如上面提到的自有住房带来的住房服务、政府提供的服务是不进入市场的，则通常以成本估计等形式计入 GDP。

GDP 能够较全面有效地衡量经济总量的大小，但同时也存在一些问题。例如，在这样的计算方式下，人们的家庭劳动总是不计入 GDP 的，而提供相同服务的家政工作者的劳动所得则计入 GDP。此外，GDP 只反映经济收入的情况，而不考虑经济活动对环境资源造成污染的代价。自然资源的损耗和环境质量的下降不会减少 GDP，治理环境污染的经济活动产生的收益反而会造成 GDP 的虚增。

（三）GDP 核算的三种方法

GDP 有三种表现形态，即价值形态、产品形态和收入形态，分别对应三种计算方法：生产法、支出法和收入法，这三种方法分别从不同的角度反映国内生产总值及其构成特征。

生产法以总产出扣除中间投入后的增加值度量经济总量，是最为常用的 GDP 统计指标。这一方法以行业增加值为基础，因此在报告 GDP 的同时，也报告三大产业和更为细分行业的增加值数据。目前，我国公布的季度 GDP 同比增速和总量数据即基于生产法得出。

在季度数据编制过程中，我国统计部门将国民经济划分为 17 个行业，其中 14 个行业增加值数据采用相关指标推算法，即依据符合行业走势的相关指标进行推算。另外 3 个行业（工业、农业和建筑业）增加值数据采用增加值率法，即当期总产值乘以上年同期增加值占总产值的比重得到。而在年度数据编制中，国民经济将被划分为 94 个行业，产值分别通过直接计算、子行业产值、经济普查数据估算等方法获得，涉及面更广，误差也更小。

收入法从生产形成收入的角度对生产活动成果进行核算，定义为所有常住单位在一定时期内创造并分配给常住单位和非常住单位的初次收入之和。具体而言，根据收入形态不同，收入法将 GDP 分为劳动者报酬、生产税净额、固定资产折旧和营业盈余四个组成部分。

在实际统计过程中，收入法有两个数据来源：一个是投入产出表，然而投入产出表仅在年份为 0、2、5、7 的时期编制，公布时间一般滞后两年，时效性较差；另一个是统计年鉴公布的分地区收入数据，可以将各省份收入数据加总得到全国数据。这两种方法得到的 GDP 差距很大。例如，投入产出表报告的 2010 年 GDP 为 40.36 万亿元，而加总各省的方法得到的 GDP 为 43.70 万亿元，两者相差 3 万亿元以上。相比之下，收入法最为滞后，且仅有年度数据。

支出法从生产活动成果最终使用的角度来计算经济总量，是从需求面衡量经济总量的指标。最终用途包括消费、投资和净出口三类，计算方式为 GDP = 最终消费+资本形成总额+货物和服务净出口。其中，消费指居民和政府购买的产品和服务，包括非耐用品、耐用品和服务；投资包括企业对工厂设备、器材等的购买，存货的增加和居民对新住房的购买；净出口则由该国与其他国家的贸易产生，衡量该国卖给其他国家的产品和服务的净价值。

在实际统计过程中，用支出法核算 GDP，统计部门需要掌握居民和政府消费支出、资本形成总额、库存变化及净出口等方面的数据。其中居民消费支出数据来自国家统计局对城市和农村居民的调查，政府消费支出数据由财政部提供，资本形成总额数据以国家统计局的固定资产投资调查及国土资源部的数据为基础，净出口数据由海关及外管局的数据汇总得到。当然，由于统计不全或存在居民隐瞒消费支出等情况，支出法核算出的 GDP 数据也可能低估 GDP 的实际规模。

（四）实际 GDP 和名义 GDP

通过以上核算方法，我们可以得到一个关于经济体体量大小的绝对数据，但这个数据是否反映了该时间段内社会福利水平的高低？为了回答这一问题，首先观察 GDP 的计算公式：

GDP＝产品 A 数量×产品 A 价格+产品 B 数量×产品 B 价格+产品 C 数量×产品 C 价格……

当所有产品和服务的价格均为现期市场价格时，我们将这一 GDP 称为名义 GDP。不难看出，名义 GDP 的增长一方面来自总产量的增加，另一方面也可能来自价格的上涨。但如果只是价格上涨导致 GDP 提高，那就意味着实际的商品和服务数量并没有变化，企业没有多生产任何商品，居民的福利也不会因此提高。鉴于此，经济学家进一步采用实际 GDP 指标来减少价格因素的影响，更好地衡量经济产出带来的福利水平。实际 GDP 将所有产品和服务的价格均设定为基期市场价格，以测度在价格保持不变的情况下实际经济产量的变化。

比起名义 GDP，实际 GDP 能够更准确地衡量当期的经济体量相比于基期的增长率，但随着时间的推移，基期的价格水平也会逐渐过时，无法再反映当前的市场供求关系，反而容易带来新的误导。因此，通常每隔一段时间，就需要重新选择一次基期，我国自开始核算国内生产总值以来，就有 1952 年、1957 年、1970 年、1980 年、1990 年、2000 年、2005 年、2010 年、2015 年 9 个不变价基期。[①]

（五）国民经济的其他衡量指标

除 GDP 外，衡量国民经济体量的指标还包括国民生产总值（Gross National Product，GNP）、国民收入（National Income，NI）、个人可支配收入（Disposable Personal Income，DPI）等。其中，GNP 定义为某一时期内一国永久居民生产的所有最终产品和服务的市场价值，即：

GNP＝GDP−国外居民在国内所得收入+国内居民在国外所得收入

国内居民在国外所得收入−国外居民在国内所得收入也被定义为国外净要素收入，当国内居民在国外赚取的收入大于国外居民在国内赚取的收入时，即存在正的国外净要素收入。从 GNP 中扣除资本折旧，即得到国民生产净值（Net National Product，NNP），进一步进行其他统计上的调整，得到国民收入。国民收入衡量一国全体国民的总收入，或全部生产要素所得到的报酬，根据获得者类型，国民收入可以分为雇佣人员报酬、租金收入、企业利润等。

更进一步，从国民收入到个人收入还要进行若干调整。一是扣除企业留存

---

① 资料来源：国家统计局。

收入和上缴的所得税。企业的全部利润都可以被认定为国民收入，但只有发放给股东或雇佣人员的部分才成为他们的个人收入。二是扣除个人向政府缴纳的社会保险费用等，再加上政府向个人的转移支付，以计算政府部门对个人的净转移。三是扣除间接税，因为它没有形成任何个人或企业的直接收入。四是扣除企业利息，加上居民的个人利息收入，并将政府债务带来的利息收入考虑在内。此后，再减去个人的税费支出，即得到居民的个人可支配收入，这也是国民经济体系中与居民福利最接近的宏观经济变量之一。

（六）中国国内生产总值构成的特征及其变化规律

中国统计部门每个季度发布根据生产法计算出的 GDP 数据，每个年度发布生产法和支出法计算出的名义 GDP。通过不变价格计算，还可以进一步得到实际 GDP 及其增速。具体而言，按生产法核算的 GDP 数据包括初值、修正值和终值。最受关注的初值数据通常会在第二年的 1 月 20 日左右发布。此后，随着原始数据的扩充，信息逐渐完备，统计部门会进一步发布更完整的修正值数据。待所有信息完备后，国家统计局会在来年年中发布终值数据。

2020 年，我国生产法 GDP 为 101.6 万亿元，同比增长 2.3%。如图 2-2 所示，从生产角度看，工业是我国经济中的主要行业，2020 年占比为 30.8%，房地产业虽然在 GDP 中的占比仅为 7.3%，但由于其为最终需求行业，决定上游产业链，包括建筑业以及部分工业行业的需求，所以房地产市场变化对我国经济依然至关重要。

生产法 GDP 由各行业增加值加总得到，从三大产业增加值的增速波动来看，我国经济波动由第二产业主导。这是因为第二产业在经济中权重较高（37.8%），且自身增速波动较大（见图 2-3）。相比之下，第一产业则增速较为平稳且权重较低，难以对经济增速产生显著影响。因此，通过跟踪工业增加值等占比更大的月度工业数据，可以初步判断经济走势。

支出法 GDP 与生产法 GDP 的名义值存在微小误差，2020 年支出法 GDP 为 102.6 万亿元，与当年生产法 GDP 相差约 1 万亿元。从结构来看，2020 年固定资本形成总额占比 42.5%，表明我国经济对投资具有高度依赖性。居民消费占比 37.7%，政府消费占比 16.6%（见图 2-4）。从经济增长动力看，投资和消费对经济增长的贡献更大，净出口的贡献相对较小甚至可能为负（见图 2-5）。

收入法 GDP 是各类 GDP 指标中公布时间最为滞后的。一般来说，劳动者报酬和企业盈余是收入法 GDP 的主要部分。例如，2017 年收入法 GDP 为 84.7

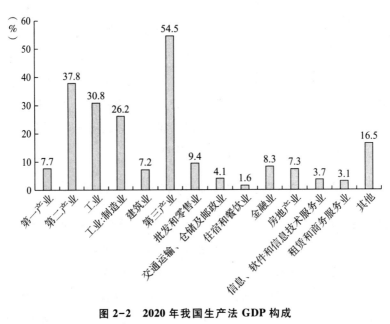

图 2-2　2020 年我国生产法 GDP 构成

数据来源：WIND。

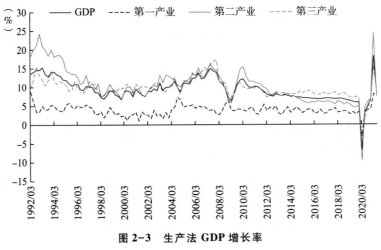

图 2-3　生产法 GDP 增长率

数据来源：WIND。

万亿元，其中劳动者报酬占比 47%，营业盈余占比 25%，而生产税净额与固定资产折旧的占比均为 14%。从各分项占比变动看，1990 年以来，固定资产折旧和生产税净额占比较小，且变化幅度较小，劳动者报酬和营业盈余占比较大，且波动较大（见图 2-6）。

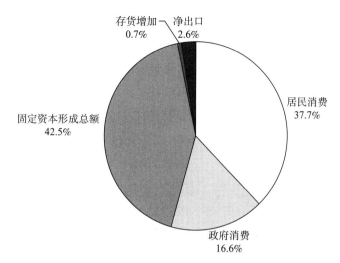

图 2-4　2020 年我国支出法 GDP 构成

数据来源：WIND。

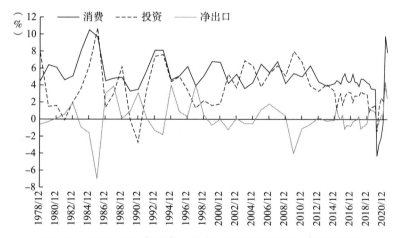

图 2-5　1978~2020 年消费、投资、净出口对 GDP 增长的拉动

数据来源：WIND。

三　投入产出分析及其应用

（一）投入产出核算

投入产出数据是全球价值链核算的基础数据，投入产出分析方法也是全球

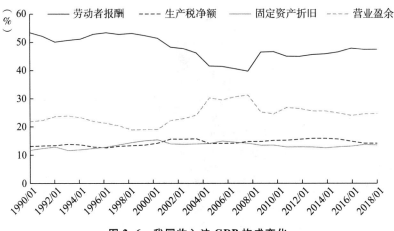

图 2-6　我国收入法 GDP 构成变化

数据来源：WIND。

价值链测度的基本方法，本部分我们将简要地介绍投入产出核算，后文将详细介绍投入产出分析方法。

投入产出核算是反映各种产品生产投入来源和去向的棋盘式表格，其基础是美国著名经济学家列昂惕夫（Wassily W. Leontief）所创立的投入产出表（Input-Output Table），这是一项曾经获得诺贝尔经济学奖的杰出工作。经过 70 多年的发展，投入产出表已经成为联系经济理论与现实的不可或缺的桥梁，应用非常广泛。

表 2-1 是中国 2018 年的三部门投入产出表，让我们从这张最简单的投入产出表开始，了解投入产出核算。

投入产出表行指标代表产品的投入，即某一部门的产品流向何处，行标题依次为三次产业中间投入及合计、劳动者报酬、生产税净额、固定资产折旧、营业盈余、增加值合计及总投入。列指标代表产出，即某一部门的产出来自何处，列标题依次为三次产业中间使用及合计、消费支出、固定资本形成总额、存货变动、资本形成总额、出口、最终使用合计、进口和总产出。举例来说，表 2-1 显示，第一产业投入了 1.4 万亿元至本产业、6.2 万亿元至第二产业、0.7 万亿元至第三产业作为中间投入①。此外，第一产业中还有一部分产品被直接作为最终使用品，形成了约 3.0 万亿元的消费支出、0.2 万亿元的固定资本、0.1 万亿元的出口和 0.1 万亿元的存货。表 2-1 显示，这一部分总计约 3.4 万

---

① 中间投入的含义为，将产品以半成品等形式出售给各个产业，继续生产成为最终消费品。

表 2-1 2018 年中国投入产出表

单位：亿元

投入 \ 产出		第一产业	第二产业	第三产业	中间使用合计	消费支出	固定资本形成总额	存货变动	资本形成总额	出口	最终使用合计	进口	总产出
中间投入	第一产业	14056	62050	7231	83337	29673	1851	1123	2974	1178	33824	5894	111267
	第二产业	20717	819171	144156	984044	120391	347400	8962	356361	141367	618119	138408	1463755
	第三产业	8256	218428	279377	506061	345706	58463	1430	59893	33149	438748	24332	920477
	中间投入合计	43029	1099649	430764	1573442	495769	407713	11515	419228	175694	1090691	168634	2495498
增加值	劳动者报酬	66672	151636	256719	475027								
	生产税净额	-3508	64971	34856	96319								
	固定资产折旧	2740	50765	80193	133698								
	营业盈余	2334	96734	117944	217012								
	增加值合计	68238	364107	489712	922057								
总投入		111267	1463755	920477	2495498								

数据来源：国家统计局。

亿元。此时，将中间使用合计与最终使用合计相加，再减去进口产品，则可以得到第一产业总产出水平。从表 2-1 前四行不难看出，我国第二产业规模最大，使用中间品也最多，第一产业规模最小，使用中间品规模也最小。

现在，我们换一个角度，观察第一列的数据。总体来说，这一列反映的是各部门对于第一产业的中间投入和增加值情况。例如，第一产业向本产业投入 1.4 万亿元，向第二产业和第三产业分别投入 2.1 万亿元和 0.8 万亿元，中间投入总计为 4.3 万亿元。也可以理解为，为了生产 11.1 万亿元的第一产业产品，三大产业共消耗中间品 4.3 万亿元。此外，第一产业的生产还需要各项生产要素的投入，例如劳动投入 6.7 万亿元，因此获得劳动者报酬 6.7 万亿元，同理，生产税净额、固定资产折旧和营业盈余分别提供 -0.4 万亿元、0.3 万亿元和 0.2 万亿元的增加值，共同形成了 11.1 万亿元的总投入。这些投入最终必将形成产出，并作为第一产业产出投入各个部门，即总投入总是等于总产出。从表 2-1 来看，我国三次产业的投入产出结构各有差异，第一产业和第三产业的要素投入占比相对更高，中间投入占比相对更低，而第二产业则以中间投入为主，要素投入居次要地位。

总体而言，投入产出表可以分为四个象限。表格左上角的 4×4 矩阵形成第一象限，表示中间投入/中间流量数据，即各部门之间的投入-产出关系。在这一矩阵中，同一个数据既可以反映某一产业对其他产业的投入，也可以反映某一产业未来实现产出需要消耗的其他行业中间品的数量。表格右半部分和下半部分分别是第二象限和第三象限，表示最终使用和要素投入数据，只具有一种含义，能让我们更清晰地了解各产业产品的来源和流向。

（二）投入产出分析在宏观经济中的应用

事实上，投入产出表与此前提到的 GDP 核算方法息息相关。根据生产法，GDP 是经济中所有部门的产品增加值之和，反映在投入产出表中即表格左上角矩阵中三大产业的总产出减去中间投入。根据收入法，GDP 来自各个部门对经济产出的贡献，即等于投入产出表中劳动者报酬、生产税净额、固定资产折旧和营业盈余之和。最后，根据支出法，GDP 最终形成了居民部门、政府部门、企业部门等的支出，因此也可以写成是消费支出、固定资本形成总额、存货变动和净出口之和。利用表 2-1 简单验算可得，三者的确是等价的。

一个问题是，GDP 常被理解为经济总产出，那为什么 GDP 不等于所有产业的产出之和呢？答案就在投入产出表的中间流量数据中。每个产业的产出只有一部分被直接使用，成为"最终产品和服务"，而另一部分则被投入其他部门成为中间品，没有被直接使用。当然，这一部分的价值也并没有消失，它们投入各个产业，提高各产业产品的附加值，最终也会反映在 GDP 中。

在实际的宏观经济分析中，投入产出表最基本的应用就是对投入产出系数的计算。依然以表 2-1 为例，表中显示，第三产业向第一产业的投入量为 0.8 万亿元，占第一产业总投入（总产出）11.1 万亿元的 7.2%，这可以理解为，为了得到 11.1 万亿元的第一产业产出，需要直接消耗 0.8 万亿元的第三产业产品，0.072 也通常被称为直接消耗系数，用字母 a 表示。直接消耗系数能够反映一个经济体中生产结构的基本特点。如果以 a_{ij} 代表第 j 个部门的生产中直接消耗的第 i 个部门产品的比例，那么 a_{ij} 越大，说明该部门对第 i 个部门的直接依赖程度越高。例如，在表 2-1 中，第一产业对第二产业和本产业的直接依赖程度较高，而对第三产业的直接依赖程度较低。

当然，除了直接消耗，第 j 部门还可能会"间接"消耗第 i 部门的产品。例如，在第一产业的生产中用到了 2.1 万亿元的第二产业产品，这些第二产业产品的生产也离不开第三产业的投入。因此，第一产业生产对于第三产业产品的实际消耗不止 7.2%，而是高于 7.2%，我们也将直接消耗和间接消耗加总形成的消耗系数称为完全消耗系数。根据完全消耗系数，我们可以更准确地了解一个部门和其他部门之间的生产关联程度，更好地辨认对其他部门生产和整体经济发展具有关键性影响的部门。除此之外，投入产出方法还可以用于影响分析，即在表中引入各种经济政策或经济事件，分析事件会给投入产出的哪一部分带来直接影响，又将如何通过各部门间的产业关联形成外部性，最终影响整体经济规模和产业结构。

实质上，投入产出表是对一般均衡理论的简化，能够详细地刻画生产部门之间的联系，却没有详细阐述消费者等其他部门之间的转移支付行为。此外，投入产出表相当于用一组线性方程描述各部门的生产行为，却没有刻画不同要素之间存在的替代关系。因此，在后期的宏观经济分析和学术研究中，人们逐渐进行了更多更符合现实的拓展研究，如引入其他市场主体的优化行为（见图 2-7），如消费者和政府部门；引入 CES 生产函数等非线性方法；形成动态模型。

四　其他基本核算方法与宏观经济分析

在 SNA 中，国民经济核算共有五大基本核算内容。除国内生产总值核算和

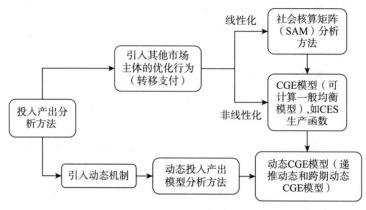

图 2-7　投入产出方法的拓展方向

投入产出核算外，还包括资金流量核算、资产负债核算和国际收支核算，分别考察一个经济体各部门间的资金分配和转移、资产负债结构和国际经济往来情况。

（一）资金流量核算与收入分配

资金流量核算主要考察社会整体资金的运行过程、收入分配活动及相关的金融活动，内容覆盖一段时间内各个机构和部门的收入分配、支出、资金融通等情况，在宏观经济分析和管理中发挥着重要作用。

资金流量核算形成非金融和金融两张资金流量表，其中非金融资金流量表主要反映经济中收入分配、支出和非金融投资情况，金融资金流量表则主要记录机构和部门的金融交易过程。作为国民经济核算的重要组成部分，资金流量核算服从国民经济核算的总体原则。首先，使用权责发生制。以交易的达成时间，而不是钱款的到账时间作为核算时间标准。其次，采用了复式记账法。对于非金融交易表，一个机构或部门的收入总是会同时体现在另一个机构或部门的支出中；对于金融交易表，一个部门的资产增加也会对应另一个部门的负债增加。

同上一节一样，我们通过国家统计局发布的 2019 年资金流量表来简单地观察资金流量核算的主要内容。如表 2-2 所示，资金流量表采用交易项目-机构或部门的结构，列标题包括五大部门：非金融企业部门、金融机构部门、广义政府部门、住户部门和国外部门，每一个部门下分"运用"和"来源"两栏，前者代表该部门使用的资源，或为这些资源支出的资金流量，后者代表该部门的资金收入。行标题包括增加值、财产收入、经常转移、实际最终消费、总储蓄等内容，大致可以划分为四个部分：收入初次分配，收入再分配，收入使用和资本转移、非金融投资。

收入初次分配是生产活动创造的价值在参与生产活动的生产要素所有者及政府之间的分配。[①] 以非金融企业部门为例，2019 年，非金融企业部门获得了 61.2 万亿元的增加值，视为增加值的"来源"，即资金流入。这些增加值首先需要用于分配给在生产过程中有所贡献的各项生产要素，形成该部门的"运用"，即资金流出，分配的额度则取决于生产要素的价值及其对生产过程的贡献。从表 2-2 来看，非金融企业部门的增加值中，有 26.7 万亿元作为劳动者报酬支付给劳动者，3.3 万亿元作为利息支付给资本所有者，2.6 万亿元作为红利支付给股权所有者，0.85 万亿元作为地租支付给土地所有者。此外，政府会对企业增加值征收生产税，并通过各项产业政策支持企业生产，因此产生生产税净额 8.9 万亿元。从另一个角度出发，非金融企业部门资金流入各项要素所有者手中，成为其他部门的"来源"。劳动者向各个部门提供劳动，获得劳动者报酬，这些报酬将加总形成住户部门的劳动者报酬；同理，资本和土地的所有部门向各个部门提供生产要素，获得投资收益，形成该部门的"来源"，各个部门缴纳的生产税净额则形成广义政府部门的生产税净额收入。

至此，国民收入完成了初次分配，各项要素所有者按照生产贡献获得初次分配收入。由于各个部门在生产活动中均扮演了多重角色，例如，住户部门既是劳动和资本要素的提供方，也是劳动、利息等多项要素的使用者，因此获得的初次分配收入也是资金流入和流出的综合。住户部门的初次分配收入就可以写成：

$$住户部门初次分配收入=增加值+劳动者报酬+财产收入-劳动者报酬运用$$
$$-生产税净额运用-财产收入运用$$

同理，其他部门的收入都可以通过不同收支项目的加减得到。[②] 不难发现，对于增加值而言，非金融企业部门是其主要贡献方，占比高达 62.1%，住户部门占比为 20.0%。金融和广义政府部门占比较低，分别为 7.7% 和 10.2%。在初

---

① 定义引自国家统计局 2017 年发布的《中国国民经济核算体系（2016）》。
② 非金融企业部门/金融机构部门初次分配收入=增加值+财产收入-劳动者报酬运用-生产税净额运用-财产收入运用；
广义政府部门初次分配收入=增加值+生产税净额+财产收入-劳动者报酬运用-生产税净额运用-财产收入运用。

表 2-2　2019 年我国资金流量表（非金融交易）

单位：亿元

交易项目	非金融企业部门		金融机构部门		广义政府部门		住户部门		国内合计		国外部门		合计	
	运用	来源	运用	来源	运用	来源	运用	来源	运用	来源	运用	来源	运用	来源
一、净出口												-9173.5		-9173.5
二、增加值		612165.0		76250.6		100788.0		197311.5		986515.2				986515.2
三、劳动者报酬	266647.3		20824.0		89252.9		136534.1	513472.1	513258.3	513472.1	982.9	769.2	514241.2	514241.2
四、生产税净额	88545.5		7593.5		300.2	97932.4	1493.2		97932.4	97932.4			97932.4	97932.4
五、财产收入	67270.1	30341.9	82159.7	69160.0	12026.9	27491.7	12944.6	44429.9	174401.2	171423.5	17845.6	20823.3	192246.8	192246.8
（一）利息	32617.0	21767.9	71315.5	67931.1	9767.6	7608.6	12930.0	35223.3	126630.1	132530.9	9287.0	3386.2	135917.1	135917.1
（二）红利	26165.2	8435.2	7174.7	1228.8		11257.3		3466.6	33339.9	24387.9	8435.2	17387.2	41775.1	41775.1
（三）地租	8481.7					8496.2	14.5		8496.2	8496.2			8496.2	8496.2
（四）其他	6.1	138.9	3669.5		2259.3	129.6		5740.0	5935.0	6008.5	123.4	49.9	6058.4	6058.4
六、初次分配总收入		220044.0		34833.4		124632.1		604241.6		983751.2				983751.2
七、经常转移	33720.1	2342.9	15377.5	7250.5	69978.9	120718.6	86691.4	76162.5	205767.9	206474.3	1786.6	1080.1	207554.5	207554.4
（一）所得税、财产税等经常税	28428.1		8875.7			47702.6	10398.8		47702.6	47702.6			47702.6	47702.6
（二）社会保险缴款						64049.0	64049.0		64049.0	64049.0			64049.0	64049.0
（三）社会保险福利					53980.0			53980.0	53980.0	53980.0			53980.0	53980.0
（四）社会补助	508.9				15749.4			16258.3	16258.3	16258.3			16258.3	16258.3
（五）其他	4783.1	2342.9	6501.8	7250.5	249.6	8967.0	12243.5	5924.2	23778.1	24484.5	1786.6	1080.1	25564.7	25564.7
八、可支配总收入		188666.8		26706.4		175371.8		593712.7		984457.7				984457.7
九、实物社会转移					58469.6			58469.6	58469.6	58469.6			58469.6	58469.6

续表

交易项目	非金融企业部门 运用	来源	金融机构部门 运用	来源	广义政府部门 运用	来源	住户部门 运用	来源	国内合计 运用	来源	国外部门 运用	来源	合计 运用	来源
十、调整后可支配总收入		188666.8		26706.4		116902.2		652182.3		984457.7				984457.7
十一、实际最终消费					106974.1		445657.7		552631.7				552631.7	
(一) 居民实际最终消费							445657.7		445657.7				445657.7	
(二) 政府实际最终消费					106974.1				106974.1				106974.1	
十二、总储蓄		188666.8		26706.4	12927.4	9928.2		206524.6		431825.9		-7116.0		424710.0
十三、资本转移		12889.7			11745.7	15.0			12927.4	12904.7	15.0	37.7	12942.4	12942.4
(一) 投资性补助		12889.7							12889.7	12889.7	15.0		12889.7	12889.7
(二) 其他					37.7	15.0			37.7	15.0		37.7	52.7	52.7
十四、资本形成总额	263867.2		2160.9		43901.1		116749.5		426678.7				426678.7	
(一) 固定资本形成总额	259055.6		2160.9		43890.8		117344.0		422451.3				422451.3	
(二) 存货变动	4811.6				10.3		-594.5		4227.4				4227.4	
十五、其他非金融资产获得减处置	59255.4				-23941.8		-35313.6							
十六、净金融投资	-121566.2		24545.5		-22943.6		125088.8		5124.5		-7093.3		-1968.8	

数据来源：国家统计局。

41

次收入分配中，住户部门占比最高，达到 61.4%。其次才是非金融企业部门，占比为 22.4%。金融机构和广义政府部门则占比较低。五大部门的总收入即为前文提到的国民收入。

初次分配形成了各部门的初始收入，在此基础上，各经济主体还有可能获得额外的转移收入，或是反过来向政府缴纳所得税，通常这一过程被称为收入的再分配过程。通常来说，收入再分配过程在政府的引导下完成，旨在改善收入不平等情况，提高社会公平程度。收入的再分配过程可以分为两类：一类是机构或部门向其他部门无回报地提供产品、服务等，导致资金流出；另一类则是其他机构或部门向本部门无偿转移收入，导致资金流出。再分配形式首先包括经常税、社会保险等，其中经常税包括个人或企业所得税、财产税，但不包括生产税，社会保险缴款和福利通常同广义政府部门和住户部门相关，住户部门向政府缴纳社会保险，形成社会保险缴费，政府部门向住户部门提供各项保险，形成社会保险福利。社会补助依然主要为住户部门提供，但提供方不止广义政府，还包括非金融企业部门。依然以前两列，即非金融企业部门"运用"和"来源"为例，该部门缴纳了 2.8 万亿元的所得税、财产税等经常税，又为住户部门提供了少量社会补助，还有 0.2 万亿元的其他经常转移净额，最终形成的可支配收入低于初次分配收入。在可支配收入的基础上再引入实物社会转移过程，即可得到调整后可支配收入。实物社会转移通常只在住户部门和广义政府部门之间进行，指政府向居民免费提供的产品和服务。由于经常转移和实物社会转移都只在部门间进行，因此经历再分配过程后，整个经济体收入总额不变，只是各部门的收入份额发生了变化。

从具体数据（见图 2-8）来看，广义政府部门的收入份额提高了 5.1 个百分点，非金融企业部门、金融机构和住户部门的收入份额则分别降低了 3.2 个、0.8 个和 1.1 个百分点，说明更多的收入通过税收等形式进入广义政府部门，为政府公共政策的实施和全社会居民福祉的提高提供了坚实的保障。在实物社会转移之后，非金融部门和金融机构部门的收入份额不变，广义政府部门收入转移至住户部门，使得住户部门收入份额较初次分配时提高了 4.8 个百分点。

值得注意的是，如果仅考虑国民可支配收入，则国民可支配收入＝国民总收入＋来自国外的经常转移净额，国外向国内的经常转移净额大于 0 时，国民可支配收入高于国民总收入，反之则会低于国民总收入。一般来说，发展中国家更容易接收到其他国家的无偿转移，使得国民可支配收入提高。从我国 2019 年

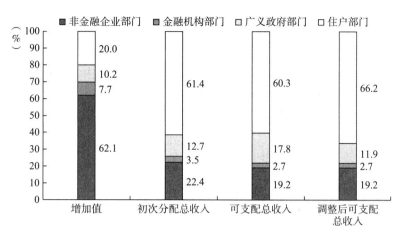

图 2-8 各部门收入份额

数据来源：国家统计局。

的情况来看，国外向国内的经常转移略大于国内向国外的经常转移，国民可支配收入略高于国民总收入。

调整后的可支配收入是各部门可以用于消费的最大金额，但各市场主体一般不会将其全部用于消费，而是部分用于最终消费，部分用于储蓄。以住户部门为例，该部门最终消费为 44.6 万亿元，形成储蓄 20.7 万亿元。非金融企业部门和金融机构部门不消费，则储蓄等于调整后的可支配收入。

资金流量表的最后一部分刻画经济体中的资本转移和非金融投资过程。如表 2-2 所示，资本形成总额主要指各部门对厂房、设备、存货等资本的投资，其他非金融资产获得减处置，主要指商誉等不包括在资本形成总额中的投资。扣除掉所有投资项后，剩余项则为净金融投资。该项也是非金融交易表和金融交易表的连接之处。

在学习金融交易表之前，我们先来观察和总结非金融交易表的整体特点。不难发现，对于每个交易项目而言，社会资金总是从一些部门流出，又流入另一些部门，也就是说，各部门的"运用"总额一定等于"来源"总额。以表中劳动者报酬一行为例，国内各部门均使用劳动作为生产要素，形成的"运用"总额为 51.4 万亿元，"来源"总额与之相等。

与非金融交易表不同，金融交易表（见表 2-3）主要反映各部门间的金融交易及其规模、结构。其中通货指市场上流通的纸币和硬币，存贷款分别指客户存入金融机构和从金融机构借出的款项，保险准备金指保险方为投保人索赔等事项预先准备的款项，证券投资基金份额指投资者作为集体中的一分子进行

表2-3 2019年我国资金流量表（金融交易）

单位：亿元

交易项目	非金融企业部门		金融机构部门		广义政府部门		住户部门		国内合计		国外部门		合计	
	运用	来源	运用	来源	运用	来源	运用	来源	运用	来源	运用	来源	运用	来源
净金融投资	-55099		35147		-54651		86856		12254	0	-12254		0	
资金运用合计	39036		228475		9649		167908		445067		1558		446625	
资金来源合计		94134		193328		64300		81051		432813		13812		446625
通货	358		-2204	3981	80		3537		3975	3981	6		3981	3981
存款	33079			139960	8456		102916		142246	139960	3166	5452	145412	145412
（一）活期存款	6705			32601	-1665		27561		32601	32601			32601	32601
（二）定期存款	26236			108770	11404		71129		108770	108770			108770	108770
（三）财政存款				301	301				301	301			301	301
（四）外汇存款	4693		-103	2077	754		-256		5088	2077	2441	5452	7528	7528
（五）其他存款	-4556		-2102	-3789	-2338		4482		-4514	-3789	725		-3789	-3789
证券公司客户保证金	2231		873	5191	243		1550		4898	5191	293		5191	5191
贷款		67631	157962	2331		7356		76539	157962	156858	-402	702	157560	157560
（一）短期贷款与票据融资		31743	52427					20684	52427	52427			52427	52427
（二）中长期贷款		51762	106278					54516	106278	106278			106278	106278
（三）外汇贷款		-1587	-548	-82		44		-9	-548	-1634	-402	685	-949	-949
（四）委托贷款		-12618	-9633	-39		-1524		4530	-9633	-9651		18	-9633	-9633
（五）其他贷款		-1670	9438	2453		8836		-182	9438	9438			9438	9438
未贴现的银行承兑汇票	-4757	-4757	-4757	-4757					-9513	-9513			-9513	-9513

续表

交易项目	非金融企业部门		金融机构部门		广义政府部门		住户部门		国内合计		国外部门		合计	
	运用	来源	运用	来源	运用	来源	运用	来源	运用	来源	运用	来源	运用	来源
保险准备金	1448			15994		7549	22095		23543	23543			23543	23543
金融机构往来			-8430	-11058					-8430	-11058	-4386	-1758	-12816	-12816
存款准备金			-8547	-8838					-8547	-8838	-290		-8838	-8838
债券	662		117247	42387	-103	47205	293		118100	117976	3221	3345	121321	121321
（一）政府债券	-5		46610		19	47205	30		46655	47205	1521	971	48176	48176
（二）金融债券	52		41869	42167	-71		26		41876	42167	1295	1005	43172	43172
（三）中央银行债券			276									56	276	276
（四）企业债券	615	28384	28492	341	-51		237		29293	28384	405	1314	29898	29898
股票	5292	6046	964	3729	332		2113		8701	9776	3098	2023	11799	11799
证券投资基金份额	3426		1341	7971	374		2380		7521	7971	450		7971	7971
库存现金			-276	-267					-276	-267		-9	-276	-276
中央银行贷款			-4930	-4930					-4930	-4930			-4930	-4930
其他（净）	-6899	3655	-20629		267	254	33023	1512	5762	5762			5762	5762
直接投资	6740	10749				1936			6740	10749	10749	6740	17489	17489
其他对外债权债务	-2545	-1488	1192	1291					-1353	1739	1739	-1353	386	386
国际储备资产			-1331						-1331	-1331		-1331	-1331	-1331
国际收支错误与遗漏		-16086								-16086	-16086		-16086	-16086

数据来源：国家统计局。

投资时投资者的持有份额。当部门获得该项金融资产时，计入"运用"，即资金流入，当部门投资该项金融资产时，计入"来源"，即资金流出。当金融资产投资大于金融资产获得时，存在资金净流出，净金融投资大于0；反之，当金融资产投资小于金融资产获得时，则存在资金净流入，净金融投资小于0。

（二）资产负债核算与宏观风险

资产负债核算是国民经济核算体系五个部分中唯一以存量核算为主的一项，如果说其他四项核算是在衡量当期的经济成果的话，那么资产负债核算就是在衡量期初和期末的财富量，即回答"家底厚不厚"的问题。[①] 早在1968年SNA中，资产负债表就被纳入国民经济核算体系，成为重要组成部分。多年来，资产负债核算在预测生产和消费能力、制定国民经济长期规划等多个方面发挥了重要作用。

根据国家统计局2017年发布的《中国国民经济核算体系（2016）》，资产负债核算衡量我国常住单位经济资产和负债存量及其变化，反映某一时点各部门和总体资产负债总量、结构及期初期末变化情况。编制出的资产负债表包括期初、期末资产负债表和资产负债交易变化表、资产负债其他变化表，其中前两张表是对于某一时点经济存量的核算，后两张表是对于存量变化情况的核算。和另外四项核算相比，资产负债核算的难度相对更高，因为计算资产和负债时，往往需要参考报表编制时的市场价格对产品和服务的价值进行估计。具体而言，根据《中国国民经济核算体系（2016）》，我国通常采用永续盘存法给固定资产估价，存货的估价则按照核算时的市场价格进行。土地等资源的价格估计方法分为两种，在能够得到市场价格信息的情况下，按照核算时的市场价格估计；在无法得到市场价格信息的情况下，采用减记重置成本法等进行估值。金融资产和负债的估值方法则与是否在金融市场上经常性进行交易活动相关。

值得注意的是，资产负债表不仅被包括在国民经济核算体系中，也是各企业财务报表的重要内容，但两者在资产类别、估值方法等多方面均存在差异。例如，企业资产负债表中包括资产、负债和所有者权益，而国民资产负债表则分为资产、负债和资产净值三大部分。此外，住户部门等机构或部门本身不编制资产负债表，但它们的资产和负债要计入国民资产负债表中，因此，国民资

[①] 高敏雪：《为中国国民资产负债核算启动而"鼓"与"呼"》，中国政府网，https://www.gov.cn/xinwen/2017-11/01/content_5235973.htm，2017年11月1日。

产负债也不能被简单地视为所有企业资产负债的加总。

表 2-4 展示了期初/期末资产负债表的基本样式，其中列标题仍然为五个部门，每个部门下设"运用"和"来源"两栏，"运用"栏反映该部门的资产存量，"来源"栏反映该部门的负债存量。行标题反映固定资产、存货等各类资产，以及金融负债和资产净值等的情况。其中，资产包括金融资产和非金融资产两大类，非金融资产又分为生产资产和非生产资产。负债均为金融负债，分类标准与金融资产类似。资产净值则是资产和负债的差额，反映某一时点上经济体整体财富水平的高低。因此，非金融资产仅记录在"运用"一栏，金融资产和金融负债分别记录在"运用"和"来源"栏中，资产净值也记录在"来源"栏中。一般来说，非金融企业部门和政府部门的金融资产存量低于负债，而住户部门的金融资产存量高于负债。资产净值作为国民财富水平的代表性指标，一方面可以理解为国内各部门资产净值之和，即等于国内所有"运用"栏之和减去所有"来源"栏之和；另一方面也可以理解为国内非金融资产和对外金融资产净值，后者表示国内持有的国外金融资产净值。

与资金流量表类似，该表格中也包含两类平衡。一类是部门内平衡。在任一部门内，资产、负债和资产净值总满足：

$$期初/期末资产 = 期初/期末负债 + 期初/期末资产净值$$

即该部门内所有"运用"栏存量数值之和等于所有"来源"栏存量数值之和。另一类是部门间平衡。对于金融资产和负债，存在：

$$国内所有部门金融资产之和 + 国外持有国内金融资产$$
$$= 国内所有部门负债之和 + 国外对国内金融负债$$

除此之外，资产负债交易变化表反映资产负债交易带来的资产负债变化，同样包括资产变化、负债变化和资产净值变化三类，指标间满足：净值变化 = 资产变化 - 负债变化。与之对应，资产负债其他变化表则反映除交易活动外的因素，包括估算价格变化、资产物量其他变化等对资产负债变化的影响。其中，估算价格变化是指在核算期内价格的变化给资产持有人和负债人带来的影响。例如，价格上升时，资产方受益，而负债方受损。资产物量其他变化通常来自不存在交易的经济事件，如新资源的发现、自然灾害的发生等。

总体而言，资产负债的四张表共同记录了经济体的资产负债存量及其变化情况，四张表之间满足：

$$期末资产（负债） - 期初资产（负债） = 资产（负债）交易变化 + 资产（负债）其他变化$$

表 2-4 资产负债表样表

交易项目	非金融企业部门		金融机构部门		广义政府部门		住户部门		国内合计		国外部门		合计	
	运用	来源	运用	来源	运用	来源	运用	来源	运用	来源	运用	来源	运用	来源
资产合计														
非金融资产														
（一）生产资产														
固定资产														
存货														
贵重物品														
（二）非生产资产														
自然资源														
合约														
租约														
许可														
商誉														
营销资产														
金融资产														
（一）通货														
（二）存款														
（三）贷款														
（四）股权														
（五）股权和投资基金份额														

续表

交易项目	非金融企业部门		金融机构部门		广义政府部门		住户部门		国内合计		国外部门		合计	
	运用	来源	运用	来源	运用	来源	运用	来源	运用	来源	运用	来源	运用	来源
债务性证券														
保险准备金														
社会保险基金雇员股票期权														
金融衍生品和雇员股票期权														
国际储备														
其他														
负债合计														
（一）通货														
（二）存款														
（三）贷款														
（四）股权														
（五）股权和投资基金份额														
债务性证券														
保险准备金														
社会保险基金雇员股票期权														
金融衍生品和雇员股票期权														
国际储备														
其他														

资产负债表可以用于分析金融结构、经济效益等多方面的情况。举例来说，为了刻画金融市场的发展程度及其与非金融市场的关联性，经济学家们设置金融相关比和负债比率指标，前者定义为某一时点的金融资产与非金融资产之比，后者则定义为金融负债/（非金融资产+金融资产）。通过观察金融相关比，可以了解一个经济体中金融与非金融体系的关联程度及金融在经济发展中的作用，而负债比率则主要反映该经济体的偿债能力。当然，同企业财务报表分析一样，这些指标也体现了一个经济体的宏观风险大小，当负债比率明显增加时，可能提示金融负债过高，宏观风险增加。除此之外，为了更准确和详细地刻画金融结构和经济效益情况，经济学家还定义了多类相关派生指标，如金融中介率指标反映金融机构持有的金融资产在总金融资产中的占比。

（三）国际收支核算与国际经济活动

国际收支核算是国民经济核算体系五大部分中同国际经济活动相关程度最高的核算，它记录了一段时间内常住单位[①]和非常住单位之间所有经济收支及资产负债存量情况，全面刻画了一个经济体的国际经济活动。具体而言，国际收支核算包含四种类型的对外经济活动：对外贸易、对外投资、对外收入分配和对外转移。其中对外贸易包括货物和服务贸易，对外投资包括直接和间接投资，对外收入分配包括投资收入和劳动收入分配，这三类都具有交易的性质，即使用货币等工具与其他国家交换。而对外转移则通常是无偿的，体现为经济体之间的捐赠、援助等，包括经常转移和资本转移两项。

国际收支核算的主要内容就是编制国际收支平衡表和国际投资头寸表。国际收支平衡表主要反映一段时间内对外经济活动的流量，国际投资头寸表则主要反映对外经济存量及其变化。从记账单位来看，由于涉及多个国家的货币，国际经济活动的计价标准也往往多种多样，为了便于数据分析与比较，我国按照交易日的市场汇率对交易金额进行换算，最终国际收支平衡表采用人民币、美元和SDR作为计价单位，国际投资头寸表则仅采用美元和SDR作为计价单位。[②]

表2-5是2010~2020年以人民币计价的国际收支平衡表，为了便于学习，

---

① 其中，"常住"一词理解为在该经济体居住时间超过一年的住户、企业等，住户的常住与否取决于其住址所在地，而不是工作所在地，企业的常住性则主要根据企业长期从事经济活动的地区来判断。

② SDR即特别提款权（Special Drawing Right），由国际货币基金组织按照各会员国的认缴比例分配，可以用于向其他会员国换取外汇，偿还国际债务。2016年，人民币被正式纳入SDR篮子，至此，SDR篮子中包含五种主要货币：美元、欧元、人民币、日元和英镑。

表格中略去了更详细的分类项。可以看到，国际收支平衡表包含三大项目：经常账户、资本和金融账户及净误差与遗漏。前两个项目下方都分为贷方和借方，贷方记录收入及负债增加项，借方均以负号显示，记录支出及资产增加项。当贷方与借方之和大于 0 时，存在国际收支顺差，当贷方与借方之和小于 0 时，存在国际收支逆差。

经常账户主要记录经济体的对外贸易、非贸易往来（如旅游、货运等）和国际转移（如国际援助等），可以细分为货物和服务、初次收入、二次收入。货物和服务项理解起来较为容易，贷方表示货物或服务的出口，借方表示货物或服务的进口。初次收入是指跨国提供生产要素（劳动、资本等）时获得的要素回报，包括劳动工资、投资收益等，贷方表示国外向国内支付的报酬，借方表示向国外支付的报酬。二次收入指跨国的经常转移，贷方表示国外对国内的经常转移，借方则表示国内对外的经常转移。资本和金融账户主要涉及各种非金融投资和金融交易，资本账户贷方表示国外向国内的资本转移或本国非金融资产获得，借方表示向国外提供的资本转移或本国非金融资产的处置。金融账户资产方表示向国外提供的资金，负债方表示国外向国内提供的资金。净误差与遗漏主要处理国际收支账户的总体平衡性，由于数据来源的差异等诸多可能存在的问题，国际收支账户往往存在不平衡的情况，因此，统计部门通常使用净误差与遗漏项来补偿前两个账户的差额。同国内生产总值核算等相比，国际收支核算不关注产品的生产和消费过程，也不考虑非生产资产，这是因为国际收支核算主要反映一个经济体同其他国家的经济往来，因此只考虑货物和服务的贸易额，而不区分它们的用处和生产特征。

从具体数字上看，2010 年，我国货物和服务进口 9.7 万亿元，出口 11.2 万亿元，总体表现为顺差，且后来的十年间，我国货物和服务始终表现为顺差。初次收入项中贷方为 1.0 万亿元，借方为 1.1 万亿元，即国外向国内要素所有者支付的报酬更多。资本和金融账户逆差 1.2 万亿元，主要体现在金融账户上。

国际投资头寸表主要反映经济体对外经济活动产生的资产和负债存量，包括资产和负债两大账户，其中资产项目包括直接投资、证券投资、金融衍生工具、其他投资和储备资产，负债项目包括直接投资、证券投资、金融衍生工具和其他投资，头寸净额则为当期资产与负债的差值。其与国际收支平衡表共同构成完整的国际账户体系，记账单位、核算方式等都与国际收支平衡表类似，且核算项目与国际收支平衡表的金融账户相同（见表 2-6）。

表 2-5　2010~2020 年中国国际收支平衡表

单位：亿元

项目	2010 年	2011 年	2012 年	2013 年	2014 年	2015 年	2016 年	2017 年	2018 年	2019 年	2020 年
1. 经常账户	16043	8736	13602	9190	14516	18266	12638	12685	1882	7116	18709
贷方	125015	142541	151074	160568	168534	163251	163269	185304	195272	202232	207187
借方	-108972	-133805	-137472	-151378	-154018	-144985	-150631	-172619	-193391	-195116	-188478
1. A 货物和服务	15057	11688	14636	14552	13611	22346	16976	14578	6053	9173	25267
贷方	112036	129637	137298	145865	151302	147099	146177	163847	175694	181617	187926
借方	-96979	-117948	-122662	-131312	-137691	-124753	-129201	-149268	-169641	-172444	-162659
1. B 初次收入	-1765	-4547	-1251	-4822	817	-3287	-3701	-1090	-4038	-2764	-7204
贷方	9630	9314	10547	11411	14706	13915	15042	19554	17745	18828	16673
借方	-11395	-13861	-11797	-16233	-13889	-17202	-18743	-20645	-21783	-21592	-23876
1. C 二次收入	2751	1595	217	-540	88	-794	-637	-804	-133	706	645
贷方	3349	3590	3230	3292	2525	2236	2050	1902	1833	1787	2588
借方	-598	-1996	-3013	-3832	-2437	-3030	-2687	-2706	-1966	-1080	-1943
2. 资本和金融账户	-12488	-7893	-8107	-5331	-10394	-5653	1951	1212	9901	1800	-7266
2. 1 资本账户	314	352	270	190	-2	19	-23	-6	-38	-23	-6
贷方	326	363	287	276	119	32	21	15	20	15	11
借方	-13	-11	-18	-86	-121	-12	-44	-22	-58	-38	-17
2. 2 金融账户	-12802	-8246	-8376	-5522	-10392	-5672	1974	1218	9939	1823	-7260
资产	-44178	-39763	-25210	-40377	-35657	773	-15426	-28604	-23873	-18009	-42918
负债	31376	31518	16833	34856	25265	-6445	17400	29822	33812	19831	35657
3. 净误差与遗漏	-3555	-842	-5495	-3859	-4122	-12613	-14589	-13896	-11783	-8916	-11443

数据来源：国家外汇管理局。

表 2-6　2010~2020 年国际投资头寸表

单位：亿美元

项目	2010 年末	2011 年末	2012 年末	2013 年末	2014 年末	2015 年末	2016 年末	2017 年末	2018 年末	2019 年末	2020 年末
净头寸	14841	15348	16781	18184	16103	16989	19849	20652	21075	22996	21503
资产	41424	47551	52353	60205	64839	62232	65788	71915	74327	78464	87039
1 直接投资	3393	4435	5519	6913	9225	11560	14237	18450	20015	22366	24134
1.1 股权	2343	3312	4117	5002	7807	9725	11938	15949	17023	19341	20844
1.2 关联企业债务	1050	1123	1402	1911	1418	1836	2300	2501	2993	3026	3290
2 证券投资	2586	2063	2428	2620	2683	2685	3724	4992	5065	6575	8999
2.1 股权	645	883	1320	1566	1670	1692	2207	3044	2786	3853	6043
2.2 债券	1941	1180	1108	1055	1012	993	1518	1948	2279	2722	2955
3 金融衍生工具	0	0	0	0	0	36	52	59	62	67	191
4 其他投资	6304	8495	10527	11867	13938	13889	16797	16055	17505	17226	20149
4.1 其他股权	0	0	0	0	0	1	1	54	69	84	89
4.2 货币和存款	2051	2942	3906	3751	4453	3598	3653	3611	3896	3962	4865
4.3 贷款	1174	2232	2778	3089	3747	4569	5768	6373	7097	6963	8389
4.4 保险和养老金	0	0	0	0	0	172	123	101	106	135	166
4.5 贸易信贷	2060	2769	3387	3990	4677	5137	6145	5319	5972	5604	5972
4.6 其他	1018	552	457	1038	1061	412	1107	597	364	479	668
5 储备资产	29142	32558	33879	38804	38993	34061	30978	32359	31680	32229	33565
5.1 货币黄金	481	530	567	408	401	602	679	765	763	954	1182
5.2 特别提款权	123	119	114	112	105	103	97	110	107	111	115

续表

项目	2010年末	2011年末	2012年末	2013年末	2014年末	2015年末	2016年末	2017年末	2018年末	2019年末	2020年末
5.3 国际货币基金组织的储备头寸	64	98	82	71	57	45	96	79	85	84	108
5.4 外汇储备	28473	31811	33116	38213	38430	33304	30105	31399	30727	31079	32165
5.5 其他储备资产	0	0	0	0	0	7	2	5	-2	0	-5
负债	26583	32203	35573	42021	48736	45243	45940	51263	53252	55468	65536
1 直接投资	15696	19069	20680	23312	25991	26963	27551	27257	28271	27964	31793
1.1 股权	14711	17842	19425	22149	24076	24962	25370	25150	25858	25296	28814
1.2 关联企业债务	985	1227	1255	1163	1915	2002	2181	2107	2413	2668	2979
2 证券投资	4514	4227	5467	5985	8343	8583	8483	11775	11628	14526	19545
2.1 股权	4336	3856	4724	5097	6893	6384	6168	8405	7506	9497	12543
2.2 债券	178	371	742	889	1449	2200	2316	3370	4122	5029	7002
3 金融衍生工具	0	0	0	0	0	53	60	34	60	65	122
4 其他投资	6373	8907	9426	12724	14402	9643	9844	12197	13294	12913	14076
4.1 其他股权	0	0	0	0	0	0	0	0	0	0	0
4.2 货币和存款	1650	2477	2446	3466	5030	3267	3166	4365	4833	4245	5266
4.3 贷款	2389	3724	3680	5642	5720	3293	3205	3922	4169	4605	4555
4.4 保险和养老金	0	0	0	0	0	93	88	100	109	135	167
4.5 贸易信贷	2112	2492	2915	3365	3344	2721	2883	3523	3931	3644	3719
4.6 其他	222	106	277	144	207	172	408	188	154	189	267
4.7 特别提款权	0	107	107	108	101	97	94	100	97	97	101

数据来源：国家外汇管理局。

　　通过国际收支核算，可以全面考察分析一国的对外经济活动情况。例如，通过国际收支平衡表的总量和结构，可以得到一段时间内对外经济活动的总规模和结构特点。通过对比货物和服务进出口与同时期的国内生产总值，可以得到对外贸易在国民经济中的重要程度，即外贸依存度。同理，还可以分别得到进口和出口依存度，用于分析进出口贸易特点对于国民经济的影响。此外，通过观察储备资产和外贸额的比值，可以得到资产储备对该经济体国际金融的保障程度，当储备资产相对较少时，可能反映该经济体在特殊情况应对和国际债务清偿方面的保障力度不足。

第三章　投入产出分析方法

投入产出核算是国民经济核算体系的重要组成部分，它在协调专业统计和实现国内生产总值三种计算方法方面具有重要作用。在此基础上发展出来的投入产出分析是一个强有力的分析工具，已被广泛应用于生产分析、需求分析、价格分析、能源和环境分析等领域。

投入产出分析方法最初由美国经济学家瓦西里·列昂惕夫（Wassily Leontief）创立。他于 1936 年发表了投入产出方面的第一篇论文《美国经济制度中投入产出的数量关系》，并于 1941 年出版了《美国经济结构（1919~1929）》一书，详细地介绍了"投入产出分析"的基本内容；1953 年出版了《美国经济结构研究》一书，进一步阐述了"投入产出分析"的基本原理和发展。鉴于列昂惕夫"投入产出理论"的卓越贡献，1973 年他被授予诺贝尔经济学奖。因此，投入产出模型又经常被称为"列昂惕夫模型"。

值得指出的是，列昂惕夫曾在 20 世纪 20 年代参加了苏联中央统计局编制国民经济平衡表的工作，因此，其"投入产出分析"曾受到 20 年代苏联的计划平衡思想的影响。当然，依照列昂惕夫的说法，"投入产出分析"的理论基础和所使用的数学方法，主要源自 1874 年瓦尔拉斯在《纯粹政治经济学要义》中首次提出的"一般均衡模型"。因此，列昂惕夫认为投入产出模型是"古典的一般均衡理论的简化方案"。

一　投入产出分析的基本概念、框架和特点

（一）基本概念

投入产出表也可看作一个细化到部门的模型数据库，它能够反映生产过程中的中间投入和要素投入。投入产出分析作为一种数量分析方法，不仅反映经济系统各部分（如各部门、行业、产品）之间的投入与产出间的数量依存关系，还用于经济分析、政策模拟、经济预测、计划制订和经济控制等。它主要

由投入产出表和投入产出数学模型两部分构成。投入产出分析中的投入反映经济活动中的各种消耗及其来源；相应地，产出反映经济活动中的成果及其使用去向。投入产出表是反映一个经济系统各部分之间的投入与产出间数量依存关系的特殊的棋盘式表格。投入产出模型则是基于投入产出表，运用线性代数工具构建的数学模型。投入产出法的基本作用是：通过编制投入产出表和构建模型，清晰地揭示国民经济各部门、产业结构之间的内在联系，特别是能够反映国民经济中各部门、各产业之间在生产过程中的直接与间接联系，以及各部门、各产业生产与分配使用、生产与消耗之间的平衡（均衡）关系。

（二）基本框架与特点

尽管投入产出表基本形式较为简单，但投入产出表能够折射出经济体中复杂的经济关系，因此可作为较好的经济分析工具。投入产出表按计量单位的不同可分为实物型表和价值型表，实物型表是以实物量单位编制的，价值型表是以货币单位编制的。在实际应用中，主要使用价值型投入产出表。

表 3-1 由纵、横两条粗线划分为四个部分，按左上、右上、左下、右下的顺序分别称为第 I 象限、第 II 象限、第 III 象限及第 IV 象限。

表 3-1 投入产出表基本表式

投入		中间使用				最终使用				总产出
		部门 1	部门 2	$\cdots$	部门 n	消费合计	资本形成	净出口	合计	
中间投入	部门 1	x_{11}	x_{12}	$\cdots$	x_{1n}	c_1	s_1	e_1	y_1	X_1
	部门 2	x_{21}	x_{22}	$\cdots$	x_{2n}	c_2	s_2	e_2	y_2	X_2
	$\vdots$	$\vdots$	$\vdots$	$\vdots$	$\vdots$	$\vdots$	$\vdots$	$\vdots$	$\vdots$	$\vdots$
	部门 n	x_{n1}	x_{n2}	$\cdots$	x_{nn}	c_n	s_n	e_n	y_n	X_n
初始投入	固定资产折旧 d_i	d_1	d_2	$\cdots$	d_n					
	劳动者报酬 v_i	v_1	v_2	$\cdots$	v_n					
	生产税净额和营业盈余 m_i	m_1	m_2	$\cdots$	m_n					
总投入		X_1	X_2		X_n					

第 I 象限：是由 n 个部门纵横交叉组成的一张棋盘式表格，即表中的 x_{ij}（i，$j=1$，2，$\cdots$，n）。从横向看表示第 i 部门分配给第 j 部门的产品价值量；从纵向看表示生产第 j 部门产品对第 i 部门产品的消耗量。它反映了国民经济各部门之

间的生产与分配的联系，这种联系为分析部门的比例和运用数学方法进行平衡计算提供了重要数据。

第Ⅱ象限：由 n 个部门的各行和最终使用的各列纵横交叉而成，说明了各部门产品作为最终使用的数量。最终使用包含消费（c）、资本形成（s）及净出口（e）。值得注意的是，第Ⅱ象限的关系主要取决于社会经济因素，而第Ⅰ象限中的关系主要取决于技术因素。

第Ⅲ象限：由增加值各行与 n 个部门的各列交叉而成，主要反映各部门的净产出价值，显示国内生产总值的初次分配情况。它包含固定资产折旧（d）、劳动者报酬（v）及生产税净额和营业盈余（m）。

第Ⅳ象限：该象限理论上应该记录一些内容，第Ⅱ象限记录了消费、投资及进出口等，属于消费侧；第Ⅲ象限则记录了劳动与资本报酬，属于生产侧。据此可判断，上述两象限之间缺少收入报酬的分配情况，因此，第Ⅳ象限则承担起该功能。该象限由最初投入和最终使用两部分交叉组成，由第Ⅱ象限在垂直方向延长部分和第Ⅲ象限在水平方向延长部分交叉所得，称为再分配象限，表示各部分在第Ⅲ象限提供的最初投入通过资金运动转变为第Ⅱ象限最终使用的过程，以反映国民收入再分配的情况。但由于资金运动和再分配的运动过程及机理较为复杂，难以在一个简单的象限中准确、完整地描述出来，因此投入产出表一般不考虑该象限。

实际中的投入产出表通常包含第Ⅰ象限、第Ⅱ象限、第Ⅲ象限，有些学者为进行相关研究则编制第Ⅳ象限。社会核算矩阵（Social Accounting Matrix，SAM）是用矩阵方法表示的国民经济核算体系，在投入产出表基础上增加了各类机构信息，如居民、政府、世界其他地区的收支流，以能够反映政策变动对经济整体的全面影响；而且社会核算矩阵中的商品部门、产业部门和机构部门都可根据所分析的问题需要加入到一个一致的框架下，以平衡、封闭的矩阵形式表示生产部门、要素和各类机构间的联结关系。

从以上投入产出分析的基本框架可知，投入产出表详细刻画生产部门之间的经济技术联系，但没有详细刻画消费和机构之间的转移支付。理论上，投入产出表所反映的部门之间的联系，是生产技术经济联系。因此，表3-1中第一部分是投入产出表的核心部分，即所反映的主要是部门之间的生产技术联系，但也反映经济联系，特别是在价值型表的条件下，因为这时表中各元素受价格和各种结构变动的影响。

基于投入产出表，可以构建一组方程组来描述这些经济技术联系，形成一些简化的线性模型。由于是利用一组线性方程组刻画生产行为，因此无法刻画不同要素之间的替代作用。实质上这是经济学中一般均衡理论的简化，只详细刻画了生产行为。为此，投入产出模型分析方法向着以下三个方向发展：①加入刻画其他经济主体的优化行为（家庭、政府）；②非线性方法，生产函数（CES，道格拉斯函数）；③动态模型。

二　投入产出分析的基本原理

（一）基本模型

投入产出表既可用于分析一个地区的经济活动、一个部门（行业）的经济活动，也可用于研究国际经济关系。投入产出模型由平衡表与平衡方程构成，平衡表是投入产出表的基本表式，也包括其他根据不同目的编制的投入产出平衡表，不同类型表中的数据具有大体相同的平衡关系。

1. 行向平衡模型

表3-1中，水平方向表示经济部门的产品分配使用去向，各种产品使用相加之和等于总产出，其平衡关系为：

$$中间产品+最终产品=总产出 \tag{3-1}$$

即按行建立的价值模型为：

$$\sum_{j=1}^{n} x_{ij} + y_i = x_i \quad (i = 1, 2, \cdots, n) \tag{3-2}$$

其中，x_{ij} 表示 j 部门生产时消耗的 i 部门产品的价值量；y_i 表示 i 部门用于最终消费的价值量；x_i 表示 i 部门总产出。

将直接消耗系数代入上面公式，则行向模型也可以用矩阵表示为：

$$AX + Y = X \text{ 或 } X = (I - A)^{-1}Y \tag{3-3}$$

2. 列向平衡模型

表3-1中垂直方向表示产品生产中的各种投入要素，包括中间投入和初始投入。初始投入包括固定资产折旧、劳动者报酬、生产税净额和营业盈余，中间投入与初始投入之和等于总投入，其平衡关系是：

$$中间投入+初始投入=总投入 \tag{3-4}$$

即按列构建的价值模型为：

$$\sum_{i=1}^{n} x_{ij} + N_j = X_j \qquad (3-5)$$

其中，N_j 表示第 j 部门的初始投入。

用矩阵形式表示为：

$$(I - A_c)X = N \ 或 \ (I - A_c)^{-1}N = X \qquad (3-6)$$

其中，N 为各部门初始投入列向量，A_c 为中间投入系数矩阵，是一个对角矩阵，即：

$$A_c = \begin{bmatrix} \sum_{i=1}^{n} a_{i1} & 0 & \cdots & 0 \\ 0 & \sum_{i=1}^{n} a_{i2} & \cdots & 0 \\ \vdots & \vdots & \ddots & \vdots \\ 0 & 0 & \cdots & \sum_{i=1}^{n} a_{in} \end{bmatrix} = \begin{bmatrix} a_{c1} & 0 & \cdots & 0 \\ 0 & a_{c2} & \cdots & 0 \\ \vdots & \vdots & \ddots & \vdots \\ 0 & 0 & \cdots & a_{cn} \end{bmatrix} \qquad (3-7)$$

（二）投入产出分析的主要系数

1. Leontief 逆矩阵核算框架

乘数分析是投入产出方法论的核心内容之一。基于投入产出表可以引申出几种主要的系数，包括直接消耗系数、完全消耗系数、影响力系数、感应力系数及固定资产折旧系数等，以此反映经济体的经济关联。

（1）直接消耗系数与完全消耗系数

一个产业要生产产品既要消耗别的产业提供的产品，本身的产品也要被别的产业所消耗，从而构成了产业与产业之间的相互消耗关系。

直接消耗系数又称为投入系数或技术系数，反映产业之间相互直接提供产品的依赖关系。一般用 a_{ij} 表示，定义为生产单位产值 j 产品直接消耗的 i 种产品的价值。其计算公式为：

$$a_{ij} = \frac{x_{ij}}{x_j} \ (i,j = 1,2,\cdots,n) \qquad (3-8)$$

式中，x_{ij} 为 j 部门生产时要消耗 i 部门产品的价值量。

用矩阵形式表示投入产出表中各部门间的直接消耗系数，即直接消耗系数矩阵：

$$A = \begin{bmatrix} a_{11} & a_{12} & \cdots & a_{1n} \\ a_{21} & a_{22} & \cdots & a_{2n} \\ \vdots & \vdots & \ddots & \vdots \\ a_{n1} & a_{n2} & \cdots & a_{nn} \end{bmatrix} \tag{3-9}$$

完全消耗系数是某产品 j 生产单位产值最终产品对另一产品 i 的完全消耗价值量，记作 b_{ij}，即某产业生产单位产值产品对各产业产品直接消耗量和间接消耗量的总和。例如，交通运输业要提供交通运输服务不仅直接使用了汽车，由于汽车生产直接消耗了钢材，因此交通运输服务也就间接消耗了汽车生产所需的钢材。完全消耗系数是对直接消耗和间接消耗关系的全面、综合反映，它比直接消耗系数更全面和深入地反映产业间的经济技术关系。

完全消耗系数矩阵记作 B，其与直接消耗系数矩阵 A 具有下列关系：

$$B = (I - A)^{-1} - I \tag{3-10}$$

（2）中间消耗系数与增加值系数

①中间消耗（投入）系数。中间消耗系数是各部门的中间消耗与该部门的总产出之比，用 a_{cj} 表示。它也等于直接消耗系数矩阵各列之和。反映该产业的总产值中外购的实物产品和服务产品（即中间产品之和）所占的比重，也就是该产业对其上游产业总体的、直接的带动能力的反映。其公式为：

$$a_{cj} = \frac{C_j}{X_j} = \frac{\sum_{i=1}^{n} x_{ij}}{X_j} = \sum_{i=1}^{n} a_{ij} \tag{3-11}$$

由于总投入＝中间投入＋增加值（初始投入），在总投入一定的条件下，某一产业的中间投入和增加值呈此消彼长的关系。从另一个角度来看，增加值就是该产业的附加值，因此，增加值率低、中间投入率高（以增加值率 50% 为界）的产业，一般被认定为"低附加值、高带动能力"的产业，反之为"高附加值、低带动能力"的产业。

②增加值系数。增加值系数是各部门的增加值与该部门的总产出之比，用 a_{yj} 表示。它等于固定资产折旧系数、劳动者报酬系数与生产税净额和营业盈余系数之和。其公式为：

$$a_{yj} = \frac{y_j}{X_j} = 1 - \sum_{i=1}^{n} a_{ij} = a_{dj} + a_{vj} + a_{mj}$$

$$a_{dj} = \frac{d_j}{X_j}, \qquad a_{vj} = \frac{v_j}{X_j}, \qquad a_{mj} = \frac{m_j}{X_j} \qquad (j = 1, 2, \cdots, n) \qquad (3-12)$$

式中，a_{dj} 为（直接）固定资产折旧系数，a_{vj} 为（直接）劳动者报酬系数，a_{mj} 为（直接）生产税净额和营业盈余系数。

（3）中间需求率与最终需求率

中间需求率（h_i）是指国民经济对第 i 产业的产品的中间需求量（中间使用）与该产品的总需求量（中间需求量+最终需求量）之比。某一产业的中间需求率越高，表明该产业就越具有提供中间产品（生产资料）的性质。由于任何产品不是作为中间产品，就是作为最终产品（消费资料），所以中间需求率+最终需求率=1。具体计算公式如下：

$$h_i = \frac{\sum_{j=1}^{n} x_{ij}}{\sum_{j=1}^{n} x_{ij} + Y_i} \qquad (3-13)$$

通过计算各产业的中间需求率，可以把握一个产业有多少数量产品用于生产消费和生活消费，因此可以利用投入产出表中的中间需求率系数初步确定该服务业是属于生产性服务业还是属于生活性服务业[①]。国内外学者也基于投入产出表进行了一系列研究，Marshall（1988）利用英国 1968 年和 1979 年投入产出表研究了英国生产性服务业的投入结构，发现生产性服务业的占比高于制造业的占比，生产性服务业在服务业的投入占比上升。Khayum（1995）对美国服务业增长的产业关联效应进行了研究；Antonelli（1998）基于意大利、法国、英国和德国 20 世纪 80 年代后半期的投入产出数据，分析了信息通信技术（ICT）与知识密集型商务服务业（KIBS）之间的"协同演进"（co-evolution）关系以及它们的产出弹性；Windrum 和 Tomlinson（1999）比较分析了英国、德国、荷兰和日本四国知识密集型服务业（KIS）对国民产出和生产率的影响；程大中（2008）使用较为全面的投入产出数据对我国生产性服务业的发展状况进行了国际比较；李江帆和朱胜勇（2008）采用投入产出法对"金砖四国"生产性服务业的水平、结构及影响进行了经验研究。本章与上述研究的共同之处是都使用了投入产出方法。李华香和李善同（2014）则运用投入产出表测算了区位基尼系数、集中率、区位熵等不同指标，分析不同地区的城市服务业的空间分布特征及演变趋势。

[①]　一般认为中间需求率大于 50%，就把该服务业划分为生产性服务业，反之则为生活性服务业。

（4）感应力系数、影响力系数

产业波及是指在国民经济产业体系中，某一产业部门的变化按照不同的产业关联方式，引起与其直接相关的产业部门的变化，然后导致与后者直接和间接相关的其他产业部门的变化，这一过程持续进行，乃至影响能力逐渐减弱的过程。产业波及包括两个方面内容：一方面是某一产业的某一个因素（产量、价格、消费等）发生变化后，对国民经济产业体系产生的影响；另一方面是国民经济体产业体系某一因素（产量、价格、消费等）的总量或者所有其他产业都发生变化，对某一产业产生的影响。产业波及程度可以用感应力系数和影响力系数来反映。

①感应力系数。感应力系数反映某一产业受到国民经济发展的拉动作用，感应力系数大于 1，说明该产业的感应能力在全国产业中居平均水平以上。感应力系数越高的产业，国民经济发展对该产业的拉动作用越大，从另一个角度来看，该产业对国民经济发展不可或缺的程度就越高，即具有基础产业和瓶颈产业的属性，应该得到优先发展。感应力系数（又称前向关联系数）的公式为：

$$\delta_i = \frac{\sum\limits_j b_{ij}}{\frac{1}{n} \sum\limits_j \sum\limits_i b_{ij}} \tag{3-14}$$

改进的感应力系数公式为：

$$\delta_i = \frac{\sum\limits_j b_{ij} \cdot \alpha_j}{\frac{1}{n} \sum\limits_i \sum\limits_j b_{ij} \cdot \alpha_j} \quad (i,j = 1,2,\cdots,n) \tag{3-15}$$

其中 α_j 作为权重，这样计算的感应力系数表示 i 部门产品感应力与国民经济部门平均感应力相比的程度。

②影响力系数。影响力系数反映国民经济某一部门增加一个单位最终使用时，对国民经济各部门所产生的生产需求波及程度。影响力系数（又称后向关联系数）的公式为：

$$\theta_i = \frac{\sum\limits_j b_{ji}}{\frac{1}{n} \sum\limits_i \sum\limits_j b_{ij}} \tag{3-16}$$

其中，$\sum\limits_j b_{ji}$ 为列昂惕夫逆矩阵的第 j 列之和，表示 j 部门增加一个单位最终使用时，对国民经济各部门产品的完全需要量；$\frac{1}{n}\sum_i\sum_j b_{ij}$ 则表示列昂惕夫逆矩阵列之和的平均值。

此外，b_{ij} 可采用完全消耗系数，也可采用构成列昂惕夫逆矩阵的完全需求系数，后者不仅包括对中间产品的需求，还包括对最终产品自身的需求，因而反映了某部门的最终产品对经济活动总产出的影响。

改进的影响力系数的公式为：

$$\theta_j = \frac{\sum_i b_{ij}}{\sum_j (\sum_i b_{ij})\alpha_j} \quad (j=1,2,3,\cdots,n) \qquad (3-17)$$

其中 α_j 作为权重，表示第 j 部门最终产品占国民经济最终产品总量的比重，称为"最终产出构成系数"，改进的影响力系数不再是某部门的影响力与国民经济各部门平均影响力的比值，而是受到年度最终产品的实际构成的影响。

一个产业的影响力系数越高，它对国民经济发展的拉动作用就越大，发展这些产业对经济增长越能发挥放大效应，因而其成为国民经济发展的主导产业。

（5）最终需求的生产诱发系数

最终需求对某一产业的生产诱发系数（ω_{il}）等于该产业的各种最终需求项目（消费、投资、出口等）的生产诱发额除以相应的最终需求项目的合计所得到的值，实际上就是各最终需求对某一产业的生产的拉动效果的乘数。具体计算公式为：

$$\omega_{il} = \frac{\sum_{j=1}^{n} x_{jl} B_{ij}}{\sum_{j=1}^{n} x_{jl}} \quad (i,j=1,2,3,\cdots,n;l=1,2,3,\cdots,m) \qquad (3-18)$$

x_{jl} 为 l 类最终需求对 j 产业的产品需求数额，B_{ij} 为完全消耗系数，也就是列昂惕夫逆矩阵中对应的系数。

生产诱发系数可以揭示各最终需求项目对各产业的生产诱发作用的大小，从而提供了一种可以判断应该增加哪种类型的最终需求（消费、投资、出口）才能对某一产业的生产产生最大的诱导作用的方法，并可据此划分消费拉动型、投资拉动型和出口拉动型产业。

2. Ghosh 逆矩阵核算框架——使用分配系数

Augustinovics（1970）最早将 Ghosh 模型引入产业关联分析，使得研究人员意识到从产品分配角度构建的 Ghosh 模型能够为测度前向关联效应提供相对合理的支撑。Jones（1976）基于完全供给系数（Ghosh 逆矩阵）构建了前向关联的测度方案，并较为充分地论证了其分析价值。Ghosh 模型利用棋盘式的格局能很好地反映国民经济各部门之间错综复杂的联系，而且能很好地体现供给侧的经济结构变化。Ghosh 模型与 Leontief 投入产出模型的区别与联系见表 3-2。

表 3-2 Ghosh 模型与 Leontief 投入产出模型的区别与联系

项目	Leontief 投入产出模型	Ghosh 模型
数学表达式	$x_i = \sum_{j=1}^{n} x_{ij} + y_i$	$x_j = \sum_{i=1}^{n} x_{ij} + vA_j$
矩阵表达式	$X = (I - A)^{-1} Y$	$X^T = VA(I - A^T)^{-1}$
技术系数	$a_{ij} = \dfrac{x_{ij}}{X_j}$	$a_{ij}^T = \dfrac{x_{ij}}{X_i}$

注：Y 为 j 部门的增加值。

（三）投入产出分析示例

本章我们将 2017 年全国的 149×149 投入产出表归并为第一产业、第二产业、第三产业、最终使用、增加值（初始投入）。具体结果如表 3-3。

表 3-3 2017 年三部门的全国投入产出表

单位：万元

产品 \ 行业		中间使用			最终使用	总产出
		第一产业	第二产业	第三产业		
中间投入	第一产业	146837892	646915462	56915379	250571606	1101240340
	第二产业	218132153	7632445005	1282589499	4420364712	13553531368
	第三产业	81746761	1947117070	2332479007	3561220746	7922563585
	中间投入合计	446716807	10226477537	3671983885	8232157064	22577335292
增加值	固定资产折旧	22853924	404541579	675857774		
	劳动者报酬	652709226	1392227931	2187743123		
	生产税净额	−34106164	643361522	340530687		
	营业盈余	13066547	886922799	1046448117		
	增加值合计	654523533	3327053831	4250579700		
总投入		1101240340	13553531368	7922563585		

根据直接消耗系数的求解方法，表 3-4 给出了 2017 年直接消耗系数矩阵。

表 3-4 2017 年直接消耗系数矩阵（A）

直接消耗系数	第一产业	第二产业	第三产业
第一产业	0.1333	0.0477	0.0072
第二产业	0.1981	0.5631	0.1619
第三产业	0.0742	0.1437	0.2944

$$A = Z\hat{X} = \begin{bmatrix} 0.1333 & 0.0477 & 0.0072 \\ 0.1981 & 0.5631 & 0.1619 \\ 0.0742 & 0.1437 & 0.2944 \end{bmatrix} \qquad (3-19)$$

从表 3-4 可知，2017 年我国的最终需求如下：

$$f = \begin{bmatrix} 250571606 \\ 4420364712 \\ 3561220746 \end{bmatrix} \qquad (3-20)$$

完全消耗系数：$B = (I-A)^{-1} - I = \begin{bmatrix} 1.1909 & 0.1450 & 0.0454 \\ 0.6342 & 2.5531 & 0.5922 \\ 0.2544 & 0.5351 & 1.5426 \end{bmatrix}$ $\qquad (3-21)$

根据前面的相关公式和表 3-3 提供的数据，表 3-5 列示了 2017 年中国三大产业的各主要系数。

表 3-5 2017 年中国投入产出表各主要系数

主要系数	第一产业	第二产业	第三产业
中间消耗系数	0.4056	0.7545	0.4635
增加值系数	0.5365	0.2455	0.5944
影响力系数	0.7208	1.4911	0.7881
感应力系数	0.2546	1.8559	0.8895

数据来源：作者根据 2017 年中国投入产出表核算。

第四章 全球价值链的基本概念、特征和发展脉络

一 全球价值链的基本概念和特征

(一) 全球价值链基本概念

迈克尔·波特于 1985 年在其所著的《竞争优势》一书中首次提出价值链概念，他指出，"每一个企业都是在设计、生产、销售、发送和辅助其产品的过程中进行种种活动的集合体，所有这些活动都可以用一个价值链来表示"。价值链包括基本价值活动和辅助价值活动，这些互不相同但又相互关联的经营活动构成了一个企业创造价值的过程，即价值链。波特的价值链被认为是传统意义上的价值链，其偏重以单个企业的观点来分析企业内部的价值活动、企业与供应商和顾客可能的连接，为企业层面的价值创造分析提供了一个简明的工具。Antràs（2019）对全球价值链的定义为：产品或服务在由生产者抵达消费者的过程中，每一阶段均有附加值产生，并且该过程至少有两个生产阶段发生在不同的国家或地区。Ponte 等（2019）指出全球价值链是从产品（或服务）的设计到最终使用以及进行回收利用或者重复使用的一系列活动，这些活动包括研发、设计、生产及销售等。联合国工业发展组织（UNIDO，2002）指出，一旦企业供应链在全球布局，就形成了全球供应链，进而就出现了全球产业链、全球价值链。全球价值链是指为实现商品或服务的价值而连接生产、销售、回收处理等过程的全球性跨企业网络组织，涉及从原料采购和运输、半成品和成品的生产和分销，直至最终消费和回收处理的整个过程，包括所有参与者和生产销售等活动的组织及其价值、利润分配。

产业链的思想起源于英国古典经济学家亚当·斯密有关分工的论述。早期的

西方经济学家认为产业链主要是制造业企业内部的活动，随着资本主义生产的扩大，新古典经济学派的代表人物马歇尔（Alfred Marshall）把分工的范围扩展到企业与企业之间，强调企业间分工的重要作用，这应该是现代产业链理论的真正来源。尽管产业链的思想源于西方古典经济理论，但长期以来西方学者并没有将产业链作为一个独立的经济组织层次来进行系统的研究，而是将研究的中心放在产业链的表现形式上（邵昶和李健，2007；程宏伟等，2008）。改革开放后，国内学者根据不同的研究背景和视角定义了产业链。在分析不同学者给出的产业链定义的异同的基础上，刘富贵和赵英才（2006）将产业链的定义归纳为：产业内或产业间的不同企业，以产品为对象，以投入-产出为纽带，以满足用户需要为目标，以价值增值为导向，依据特定的逻辑联系和时空布局形成的上下关联、动态的中间组织。

供应链是指围绕核心企业，通过对信息流、物流、资金流的控制，从采购原材料开始，到制成中间产品以及最终产品，最后由销售网络把产品送到消费者手中，将供应商、制造商、分销商、零售商与最终用户连成一个整体的功能性网链结构。

对于产业链、价值链与供应链，我们发现这些定义具有两个本质特点，一是生产分工。从经济学角度来看，分工是产业链、价值链、供应链的本质。Baldwin（2013）认为产品的生产分工经历了两次极为关键的"分拆"（unbundling），即蒸汽革命带来动力革命的第一次大分工、信息和通信技术（ICT）进步带来信息革命的第二次大分工，并且每一次"分拆"都使产品生产的地理区域进一步扩大。二是生产循环。产业链、价值链、供应链是经济循环在供给侧的具体体现。产业链、价值链与供应链都体现着研发设计、加工制造、市场营销等过程中构成的链条或网状结构，其本身就构成了一种生产循环，同时也是整体经济循环在供给侧的具体体现。当这种生产循环仅局限于一国（地区），就形成了国内价值链，构成国内大循环的主要部分；当延伸到多个国家（地区），就形成了国际价值链，成为国际大循环的核心部分。因此双循环新发展格局在供给侧方面的具体体现是全球价值链。

但是，产业链、价值链和供应链还是有一定区别的。一是物质与价值的区分。供应链传递的是产品与服务，是对物质供需和流通情况的考察，供应链管理的核心是降低链条的运作成本、提高效率，关注供求之间的有效对接；价值链传递的则是存在于产品或服务中的价值，是对价值创造和利益分配的考察，价值链管理的核心是创造价值、提高效益，关注价值创造能力的提高。二是宏观与微观的区分。产业链反映的是上下游企业之间在原材料、技术、中间产品和服务等方面的交换关系。供应链是产业链的基础，产业链是多种供应链的综合体。供应链更侧重微观企业的管理和决策，而产业链和价值链相对宏观，政府管理部门更多地从产业链和价值链的视角进行管理和决策。同时，产业链是价值链的物质基础，是价值实现和价值增值的载体；价值链从产业链各环节所实现的价值增值角度进行考察，反映产业链各环节的价值增值情况。

全球价值链理论解释了产品从生产到销售的过程在全球经济中的布局。一般来说，全球价值链被分成技术环节、生产环节以及营销环节。不同的研究领域也将全球价值链的这种现象称为"全球商品链""垂直专业化""生产分割""外包""生产片段化"等。

（二）全球价值链的基本特征

不同研究者的研究领域和目的不同，对全球价值链的定义也不同，但是他们对全球价值链本质的理解是一致的，即全球价值链的本质特征是全球生产分工。全球价值链的终极逻辑就是分工，分工和贸易是分不开的，有分工就有贸易。但与之前的产业间分工不同的是，全球价值链分工是一种产业内甚至产品内的分工。

技术迭代与组织变革成为全球跨国生产重组的重要因素。19世纪蒸汽机的发明加速了生产的空间分离（Baldwin，2016），20世纪70年代国际生产分工模式初步形成。自20世纪60年代开始，中间品贸易份额飙升，垂直专业化分工获得了快速发展，在国际贸易中的地位不断提高。垂直专业化分工作为贸易增长的主要模式，显著促进了经济增长（Hummels et al.，2001；Yi，2003）。国家间分工从最终产品的生产演化为生产环节的专业化生产，国际贸易活动也从货物贸易（trade in goods）逐渐向生产工序日益细化的任务贸易（trade in tasks）转变，这种转变更能充分利用各国资源禀赋差异及各生产工序不同的经济规模从而实现更大规模的专业化生产与分工利益（Hummels et al.，2001；Koopman et al.，2014；王直等，2015）。在过去的几十年里，科学技术的进步与经济体制的完善极大程度推动了生产过程在全球范围内的重组，零部件生产、组件组装及售后服务往往分散于世界各地，越来越多的商品被贴上"世界制造"的标签。

毋庸置疑，科技革命是推动全球生产分工的根本动力，历次科技革命均对国际经济格局产生了深远影响。从历史上看，全球化经历了两次"松绑"过程。第一次科技革命解决了社会化生产和远洋运输的"能源动力"问题，比较优势使得各国的生产和消费发生空间分离，国际生产分工实现了第一次"松绑"，但该时期各节点拥有相对独立完整的生产链，并未实现真正意义上的全球生产分工。第二次科技革命和第三次科技革命实现了交通运输和通信技术的飞跃式发展，以产品内分工为主要形式的全球价值链成为全球生产分工的典型特征，全球化实现了第二次"松绑"。当前，以人工智能为代表的新一代技术革命浪潮势必对社会生产和国际分工产生革命性和颠覆性影响。

全球价值链的兴起使不同国家的制造业竞争力轮廓愈加清晰，全球价值链已成为全球经济运行的中枢系统（Cattaneo et al.，2010；Baldwin，2016）。伴随全球价值链在国际贸易与全球 GDP 中的份额与日俱增（Fernandez-Stark and Gereffi，2019），全球价值链研究也风靡学术界。全球价值链的相关研究能够提供一个系统的框架来解释与预测全球价值链的诞生、影响因素及未来趋势，为后续研究奠定重要基石。

二 全球价值链的演变历程与逻辑

当前生产过程日益碎片化和分散化，全球价值（产业）链已经成为经济的主导。回顾过往，世界经济格局的重大变动很大程度上受经济全球化浪潮的影响。从经济学角度来看，分工是产业链发展的本质，经济全球化进程一定伴随着国际分工的深化，比较优势成为产业链各环节在国家或地区之间进行空间配置的决定性因素，世界价值创造体系在全球范围内出现了前所未有的垂直分离和重构。

（一）全球价值链的演变历程

1. 第一阶段：英国工业革命至第二次世界大战

（1）国际环境。从英国工业革命到第二次世界大战结束，随着全球产业分工的发展，世界经济逐步形成了以少数国家为核心和其他国家为外围的相对简明的结构，在资本主义市场经济发展过程中这一结构逐渐趋于复杂化。始于 15 世纪的海外殖民扩张在 19 世纪末 20 世纪初达到高潮，新兴的工业化国家对棉花、羊毛、铁、铜、锡、煤炭等原料的需求取代了对消费品的需求，同时这些工业化国家不断开辟世界市场以消化本国生产的工业制品，到 20 世纪初，殖民国家及殖民地已经占全世界 85% 的陆地面积。

（2）分工格局。这一时期工业产品生产和农产品、原材料、初级产品生产之间的分工更加明确。少数资本主义发达国家利用这种国际分工剥削其他国家，积累大量财富。当时的英国作为"世界工厂"，它所生产的钢铁、煤炭、机器、纺织品均在世界上占有极大的比重，商船队几乎垄断了当时世界的航运，工业品畅销全球，而其殖民地、附属国则成为英国工业品的销售市场和专门向它提供原料、农产品的基地。这其实是一种资本主义宗主国对殖民地、半殖民地国家与地区进行侵略、掠夺、剥削的不平等的国际分工。到20世纪初，远离欧洲纷争的美国逐步取代英国，其在全球工业品产量中的占比达到36%，而同期英国的份额跌至14%，到第二次世界大战结束时，美国已成为当时全球经济的绝对主导力量。

2. 第二阶段：第二次世界大战后至2008年国际金融危机

（1）国际环境。在战后的一段时间里，世界各国经济经历了恢复和调整，美国、日本等发达国家的经济增速和收入迅速提高，一些新兴部门取得长足发展，使得一些劳动密集型产品或低端生产环节缺乏市场竞争力，行业发展压力越发明显，特别是日本企业竞争力的迅速提高，对美国相对成熟的行业构成一定程度的威胁。这迫使美国企业通过结构调整加以应对，比如美国1963年实行"生产分享项目"政策，主要目的是利用海外低成本劳动力完成产品的组装和最终工序的操作，当完工产品回到美国市场时，可以享受减免关税等优惠政策。与此同时，新兴经济体相对封闭的旧发展模式的可持续性受到质疑，为了寻求经济增长新契机，新兴经济体纷纷打开国门，通过扩大和加深国际市场联系来谋求发展。比如当时"亚洲四小龙"实行出口导向型政策，积极吸引外国大量资金和技术，全面参与国际分工，利用廉价的土地和劳动力优势适时调整经济发展策略，在短时间内实现由农业国向工业国迈进。世界经济两大板块的互动，使得产品内分工大范围产生。美国这样的出口政策，在20世纪60年代被很多发达国家效仿，这些政策导致"工序国际转移"与"工序国际分工化"（郑胜利，2005），同时一些东亚和拉美的发展中国家承接发达国家的工序外包业务，提供了产业链全球分工所需的"另一半"链条，全球生产链在20世纪60年代后期逐渐兴起。

（2）分工格局。这个阶段的全球产业链体系由全球多国参与的产业链水平分工向垂直化分工转变，主要体现在产业链上的各个环节可以独立地在全球范围内不同的地理空间内完成，由跨国公司主导的全球性生产网络和贸易网络开始形成，进而促进全球价值链的形成。这一阶段的全球产业链有三个明显的特征，一是产品内分工是主要的分工形式。分工不仅将产品工序进一步细化，而且将具有内在联系但空间离散的经济活动打造成具有整合性功能的结构和系统。产品内分工把生产的投入产出关系拓展为供应链结构，从而把生产创造活动转化为价值链结构。二是形成了地方产业集群的"嵌链"发展。虽然国际分工会使价值链各个环节在全球空间上呈现离散分布格局，但是分离出去的价值链环节一般具有高度的地理集聚特征。这一特征使得地方产业集群成为全球产业链条中的一部分，并逐渐融入全球生产网络。三是产业结构的国际化程度提高。一国的产业结构变动既影响周边国家，同时又作为整体影响整个产业链。

以半导体行业为例，20 世纪 50 年代至 80 年代中期，美国一直处于绝对的领先地位。随后，日本、韩国、中国相继发展半导体产业，使得半导体产业的中心逐渐向东亚转移，一种全球范围内的生产空间等级第一次凸显出来，且生产过程的不同阶段存在明显的地理分层。随着分工体系不断深化，典型半导体产品的生产过程涉及多个国家，运输距离超过 2.5 万英里。与 20 世纪 50 年代相比，如今的半导体产业生态已经发生了重大变化。各国依据自身发展需要和禀赋优势构建了全球经济循环体系，世界生产消费以及利益分配格局发生转变。在全球投资消费格局中，发达国家主要扮演消费者的角色，发展中国家主要承担投资者的角色。发达国家依靠自身的科技和先进生产力，掌握着产业金字塔尖，控制着整个产业价值链的各个关键环节，如核心标准和核心贸易规则的制定，在全球范围内依据产品标准配置资源，形成标准控制下的众多产品"模块"生产者，占据着"微笑曲线"的两端。而发展中国家为了实现赶超，依托资源和劳动力成本比较优势，大力吸引外资发展制造业，形成了以投资为主的经济模式，往往处于"微笑曲线"的低端，利润空间较小。

3. 第三阶段：2008 年国际金融危机后至今

（1）国际环境。21 世纪初国际经济格局发生深刻变化，世界经济发展呈现如下特征。①科技迅猛发展。以信息技术为主导的高新技术发展日趋快速化、综合化、深入化和广泛化，大大提高了信息生产、传递、储存和处理等过程的能力和效率。互联网凭借其通用性、交互性、开放性和共享性特征开始向生产领域进军，对生产要素、组织模式、用户角色、业务形态和企业管理模式都产生巨大的冲击，产业链上下游也在互联网平台上集聚，将生产过程的各个环节以数字化的方式打通，不仅提高了传输效率，还降低了交易成本，改变了成本结构。全球产业分工格局伴随着互联网的飞速发展重新进行调整。②逆全球化思潮盛行。自 2008 年国际金融危机之后，逆全球化趋势进一步在全球蔓延。同时，一些区域经济组织得到一定程度的发展，区域经济合作的空间扩大，推动世界经济多极化。③经济发展受到制约。无论是发达经济体还是新兴经济体，都面临着现实约束问题。发达经济体普遍存在人口老龄化和生产率增速低迷等问题，一些发达国家的量化宽松政策带来的增长动力减弱；新兴经济体劳动生产率和投资增速放缓，结构性改革短期难以见效，经济复苏缓慢。同时，全球技术转移滞后、国际投资低迷、贸易摩擦加剧、竞争性减税行为增多、金融风险外溢性增强、地缘政治局势复杂化和恐怖主义等问题进一步制约全球经济复苏的进程。

（2）分工格局。在全球产业链格局中，发达国家拥有核心技术优势，占据了价值链中高端。但是，2008 年国际金融危机后原有的全球价值链格局正逐渐被打破。发达国家试图在一些产业环节上提高竞争力，推出"再工业化"等战略，吸引资本回流。而以中国为代表的新兴经济体则通过产业改造提升、发展先进制造业和战略性新兴产业、延伸产业链等方式突破传统国际分工对发展空间的束缚。当前，全球产业链出现了分工进一步深化、区域黏性增强、产业互联网平台发展和用户导向突出的特点，导致价值链出现前端、中端和末端同时抬升的趋势，即价值链趋平（周静，2016）。

从以上产品分工全球化历程和产业链的全球发展阶段可知，大的技术革命所推动的产品内分工，为远距离的产业链参与者发挥规模经济优势和比较优势提供了可能性，使产品能够多阶段、多区域进行生产。而全球经济治理视角下的关税成本降低和国际秩序的转变使产品内分工在全球铺开。全球产业链布局的行为主体是跨国公司，而影响区位布局的则是各区域的生产成本与市场。中国加入 WTO 以后，凭借低廉的劳动力成本，迅速成为产品加工组装环节的关键主体。2008 年国际金融危机后，中国经济发展势头强劲，超大规模的市场优势逐渐形成，中国成为全球供应链、产业链的枢纽。

（二）我国产业链的演变与全球地位

新中国成立之后，在不同周期、不同政策的推动下，中国产业链或主动或被动地完成了扩张和调整，形成了一条其他国家难以实现的完整产业链，这一产业链有三个显著的特征：大、长且相对完整。自改革开放以来，中国产业结构逐步优化，在产业链攀升的进程中，中国相对完整地保留了整条产业链。

1. 第一阶段（1949～1978 年）

在新中国成立之后的相当长时期内，我国依靠计划经济体制组织社会生产。

在这一体制下，企业为谁生产、生产什么、如何生产等问题均由中央政府决定。在这一时期，产业链的形成和发展也由中央政府统一规划和布局，并且在全国形成从原材料到最终产品再到消费者的整个纵向链条。

这一时期工厂规模较小，技术装备简陋；重工业基础薄弱，产业链条较短。"一五"计划实施后，工业方面改变了落后的面貌。鞍山无缝钢管厂、长春第一汽车制造厂等一大批基本建设项目建成投产，中国开始有了自己的汽车、飞机、重型机器和精密仪器制造业，高级合金钢、有色金属冶炼等部门也在这一时期产生。这一阶段，一些新的产业开始逐步形成，但整个中国的产业链主要依靠自身建设才得以维持并扩展，与世界其他国家的关联非常小。

2. 第二阶段（1979~2008 年）

改革开放后，中国产业链在演进中呈现多样化特征。在实行"双轨制"阶段，产业链的形成和发展既受到计划影响，也受到市场的作用。原来的"纵向生产链"逐渐被打破，部分生产环节通过对外协作的方式交由非公有制企业完成，因此"纵向生产链"开始向"配套协作链"过渡。但在确立社会主义市场经济体制后，我国经济发展的体制障碍逐步清除，经济的持续高速增长为人民生活水平的提高和社会生产组织方式的变革提供了基础和条件。一大批企业抓住时机实现迅速扩张，成为具备一定国际竞争力的企业。这一时期的"纵向生产链"也出现了一些新变化，一些大型企业自身实力达到一定程度后，通过纵向产业链延伸，实现对资源和市场的控制，以获取更大的利益，这一时期"纵向生产链"和"配套协作链"在构成要素等方面实现了升级和优化，成为产业链的主要模式。20 世纪 90 年代中后期，在环境和资源的约束下，部分企业开始向"循环产业链"转变，"循环产业链"是企业围绕某种特定的需求进行特定产品生产，通过技术创新实现生产要素在生产链各环节的循环利用，形成互为基础、相互关联的上下游关系。进入 21 世纪，我国建立在破坏环境、高资源消耗、高能耗之上的经济发展模式面临不可持续的困难，"循环生产链"在社会中的重要性开始显现。

这一阶段，中国充分利用两个市场、两种资源，积极参与国际产业化分工，在全球产业链中的作用稳步提升。以进出口总额与 GDP 之比表示的外贸依存度在 2006 年达到最高的 64.4%，中国外贸占全球的比重也持续攀升，2008 年达到 7.4%。

3. 第三阶段（2009 年至今）

在全球价值链格局中，发达国家拥有核心技术优势，占据了产业链中高端位置，但是，国际金融危机后全球价值链格局正在逐渐被打破。

2018 年全球制造业增加值是 14 万亿美元，其中中国的制造业产值为 4 万亿美元，约占全球制造业增加值的三成，远高于世界排名第二到第五的美国、日本、德国、韩国。以能源行业为例，从 2017 年开始，中国就已经超过美国，成为全球第一大原油进口国。[1] 而根据 2020 年 1 月海关总署公布的数据，2019 年中国全年进口原油量同比增长 9.5%，达到 5.06 亿吨。[2] 以钢铁为代表的基础原材料同样如此，自 1996 年底中国的钢铁产量突破 1 亿吨，之后的 23 年间，中国的钢铁产量始终保持全球第一的位置。2019 年中国的粗钢产量为 9.963 亿吨，占全球粗钢产量的 53.3%，排在第二位至第四位的分别是印度、日本、美国。[3] 化工领域，中国 2019 年化工产业的产能约占全球的 40%，到 2030 年这一占比将增加到 50%。[4] 在工业品和中间品领域，目前中国已经拥有 41 个工业大类、207 个工业中类、666 个工业小类，形成了独立完整的现代工业体系。在世界500 多种主要工业产品中，中国有 220 多种工业产品的产量居全球第一。[5] 但在一些产业链高端领域，中国与美国等发达国家相比还存在差距。

这一时期，产业链以"循环价值链"为主，呈现多种模式并行发展的特点。在供给层面，中国已经建立了世界上最为齐全、规模最大的工业体系，是世界上唯一拥有联合国产业分类中全部工业门类的国家，规模效应、范围效应以及学习效应开始在产业体系中全面展现，产业链即使在封闭环境下也具有较好的自我循环能力（刘元春，2020）。

三　全球价值链重构方向与趋势

受各种因素的影响，全球价值链的布局一直处于动态调整之中。国际秩序的变革、技术的进步以及产业链的调整只是加速了这一进程。

① 《中国首次超越美国成为全球最大原油进口国》，界面新闻，https://baijiahao.baidu.com/s？id = 1591263857162960512&wfr = spider&for = pc，2018 年 2 月 2 日。

② 《2019 年我国进口原油 5.06 亿吨 增加 9.5%》，同花顺财经，https://baijiahao.baidu.com/s？id = 1655667519788625580&wfr = spider&for = pc，2020 年 1 月 14 日。

③ 《2019 年中国粗钢产量 9.963 亿吨，占全球 53.3%，位列第一！》，搜狐网，https://www.sohu.com/a/369236242_649931，2020 年 1 月 28 日。

④ 《2030 年我国化工产值将占全球 50% 全球化工产业链呈现两极发展的新格局》，化工网，http://news.chemnet.com/detail-3584604.html，2021 年 1 月 4 日。

⑤ 《工信部：我国 220 多种工业产品产量占居全球第一》，中国证券报，https://baijiahao.baidu.com/s？id = 1645242029430488445&wfr = spider&for = pc，2019 年 9 月 21 日。

（一）产品内分工的基础并未动摇

规模经济和比较优势是跨境生产得以持续和深化的决定因素。在世界各国所处发展阶段不一致的情景下，规模经济和比较优势仍在跨境生产中发挥作用。

国际秩序的变化无法动摇产品内分工的基础，其影响的是产品内分工的体系。自全球化的第二次"分拆"以来，生产的碎片化从不因国际秩序的转变而发生逆转。早在冷战结束之前，以美国为主导、加拿大和墨西哥深度参与的区域生产格局就已出现。随着信息通信技术的进一步成熟和冷战结束后"一超多强"国际秩序的形成，东亚参与到全球生产网络之中，而这只是产品内分工的区域扩散。因此，国际秩序的变化所带来的仅仅是产品内分工体系的变化，而不是产品内跨境分工的改变。

技术革命会进一步深化产品内分工，降低生产环节的生产成本和生产环节之间的交易成本。以数字经济为例分析技术革命对产品内分工的影响。数字经济涵盖数字产业化和产业数字化两个方面，前者是新供给创造出来的新需求，是新的经济增长点，而后者则侧重于改变生产组织的形式，可能影响生产全球化的进程。具体而言，数字经济可以实现生产过程的智能互联，也可以实现消费者和服务者的智能互联，还可以实现社会资源的智能匹配。就生产组织而言，数字化平台提供了充分的需求和供给信息，使生产模式由以企业为中心转变为以产品为中心（江小娟，2020）。数字化生产可能使产品的生产进一步突破企业的边界，使产品内分工更为细化，但是其本质是进一步降低交易成本和提高生产效率，与信息和通信技术革命对全球化的影响相似，仅是程度高低的问题。

提高生产效率和改变生产的组织形式是第四次工业革命要实现的，但其作用与第二次工业革命（电气革命）对产品内分工的影响类似。韩国、新加坡、德国、日本、丹麦是世界上自动化程度最高的国家，但是其仍然充分参与到全球产业链之中。

（二）全球产业链向区域化和本土化方向发展

在理解产品内分工不会改变之后，全球产业链的重构所涉及的问题就变成生产环节的跨境布局问题或者区位选择问题。生产环节的区位选择受诸多外生因素的影响。

国际秩序的改变塑造全球产业链的区域格局。美国长期寻求与中国在产业链上的"脱钩"，并在高科技领域对中国进行打压。2018 年 3 月 23 日，美国总统特朗普以"301 调查"的结果对中国的航空航天、信息和通信技术、机械等行业的进口商品大规模加征关税，并限制中国高科技企业在全球的投资，精准打击中国的高科技产品出口。在贸易摩擦之外，美国还发动对中国高科技产业链的打击。2016 年 3 月和 2018 年 4 月，美国两次发布禁令，禁止美国的高科技企业向中兴通讯供应元器件、软件等技术产品，打击的不仅是中兴通讯，而是整个中国通信产业链。在此之后，美国也对华为进行打击，禁止使用美国技术的全球供应商向华为供货，这使麒麟 5nm 芯片生产完全停止。美国对中国高科技产业链的打击，迫使中国进行自主创新的同时，也使得中国在高科技产业链上寻求替代供应商。

安全考量将使产业链周边化和多元化。疫情在一定程度上扰乱了生产秩序，这是产业链中断的客观背景。一些国家为了保证产品供给安全，致力于打造完整的产业链。例如，疫情期间日本汽车产业受到较大影响，出于安全考虑日本政府将企业迁回日本，尝试形成自主可控的价值链。但是我们可以看到，在全球化时代，将产业链全部迁回本国似乎不太可行。对于大国来说，其工业体系比较完备，如中国、美国，有形成"自主可控"产业链所需的工业门类基础，但是这将违背规模经济和比较优势原则。产品内分工之所以能在全球铺开，其依靠的就是不同国家在生产环节上的比较优势。对于小国来说，一方面，其工业体系不健全，少有国家具有形成完备产业链的能力；另一方面，小国正是凭借出口导向型发展策略，发挥要素成本优势才得以在没有实现工业化的前提下获得发展。因此，构建自主可控的产业链，无论是发达国家还是发展中国家都面临着成本增加与产业链自主的权衡。并且，发展中国家相比发达国家所需成本更加高昂，为全力应对罕见的供应链危机而牺牲经济的做法在一定程度上是不可取的。未来的发展趋势将是，部分大国可能在周边建立比较完善的产业链条（关键产业链），将供应商多元化，同样的零部件在多国生产，小国则继续参与由大国主导的区域产业链，谋求产业升级和经济发展。

市场是产业链集聚的关键因素。中国之所以成为全球产业链供应链中心，一方面，东亚各国的市场主要在中国。中国在改革开放之后经济实力增强，需求增加。与此同时，发达国家自 20 世纪 80 年代以来需求停滞，特别是 2008 年国际金融危机之后，需求进一步下降，供应链向新兴市场聚集。从表 4-1 可以看到，2019 年东亚主要国家对中日韩的出口均高于对美国的出口，越南、印度尼西亚、马来西亚、泰国对中日韩的出口占比分别为 30.8%、30.5%、24.2% 和 23.9%，均远高于各国对美国的出口占比 23.2%、10.6%、9.7% 和 12.7%；

日本和泰国对中美的出口基本相当，韩国、印度尼西亚、马来西亚对中国的出口要明显高于对美国的出口，越南对中国的出口明显低于对美国的出口。由此可见东亚国家的外部市场在东亚，并且主要在中国。另一方面，中国在制造领域的比较优势已经由过去的廉价劳动力成本优势，转化为因深度参与全球价值链而形成产业门类齐全的工业体系的新比较优势。结合中国庞大的市场规模和制造能力，东亚区域价值链的联系将进一步加强。东亚区域产业链与供应链的良好运转也将吸引区域外的投资，从而拓展东亚区域价值链，使产业链向区域外延伸，东亚制造供应全球的局面有可能出现，全球产业链加快向东亚转移。

表 4-1　2019 年东亚主要国家对中国、美国和中日韩的出口占本国出口的比重

单位：%

出口国	中国	美国	中日韩
日本	19.1	19.9	—
韩国	25.1	13.6	—
越南	15.7	23.2	30.8
印度尼西亚	16.7	10.6	30.5
马来西亚	14.2	9.7	24.2
泰国	12.0	12.7	23.9

数据来源：联合国商品贸易数据库 https://comtrade.un.org/data/。

全球产业链的区域化、周边化和多元化是国际秩序、市场规模、安全与效率等多方面权衡的结果。对于产业链的区位转移，全球产业链供应链向东亚加速转移是可预见的。

（三）全球产业链趋向数字化、网络化、智能化

当前全球制造业正在加快迈向智能化时代，人工智能技术对制造业竞争力的影响越来越大，将使制造业产生深刻变革。世界主要国家纷纷围绕核心技术、顶尖人才、标准规范等强化部署，力图在新一轮国际科技和产业博弈中掌握主动权。制造业智能化主要表现为制造业的数字化、自动化、网络化、集成化和信息化，其中信息化和数字化是重点。新一代信息技术促进了物质生产和服务管理的结合、实体经济与虚拟经济的结合、技术进步与产业创新的结合，推动产业形态发生根本性的变化，引发销售革命、物流革命和生产革命。制造业的设计、生产、管理、服务等整个产业链环节都趋向于数字化、网络化、智能化，

使得智能制造成为新一轮工业革命的主攻方向。麦肯锡全球研究所曾预测未来出现的 12 个最具颠覆性的科技趋势，分别是移动互联网、知识型工作的自动化、物联网、云计算、高级机器人、全自动和几乎全自动的车辆、下一代基因组学、能源储存、3D 打印、高级材料、高级油气勘探和采集技术、可再生能源。这些领域的发展正一步一步改变人类的生产生活，同时这些突破性技术将继续创造新产品、新需求、新业态和新模式，为经济社会发展提供更强大的驱动力，加速经济格局和产业形态转变，成为国家竞争力和创新发展的重要组成部分。

数字化、网络化、智能化技术将成为全球产业分工新格局的"改变者"。正如人类历史上经历过的工业革命都是以技术革命为关键先导动力一样，以数字化、网络化、智能化技术为代表的一系列新兴技术的发展和应用，将推动人类社会进入新的工业革命时代。总的来看，这几类技术极大提升了人类采集、分析、应用数据信息的能力，拓展了人与人、人与物之间的联结范围和深度，再度将人类从一般性工作中部分解放出来。尽管产业发展的基本逻辑和目的并没有变化，但由新技术变化导致的不同生产要素的相对重要性会发生变化，进而导致不同国家间的资源禀赋优势发生变化，最终影响新的产业分工格局。

（四）数字经济全方位塑造全球经济的新格局

数字经济是以数字化的知识和信息为关键生产要素，以数字技术为核心驱动力，以现代信息网络为重要载体，通过数字技术与实体经济的深度融合，不断提高传统产业数字化、智能水平的新型经济形态。在全球经济缓慢曲折的复苏进程中，以云计算、大数据、物联网、人工智能为代表的新一代信息技术在持续催生新兴产业的同时，不断激发传统产业的发展活力，数字经济呈现持续快速的增长态势，对经济增长的拉动作用愈加明显。中国信息通信研究院数据显示，全球数字经济总值在 2018 年达到 26 万亿美元（约 172.1 万亿元），占总体经济的 30%。2018 年，美国数字经济规模蝉联全球第一，达到 12.34 万亿美元（约合 81.7 万亿元），中国保持全球第二大数字经济体位置，规模达到 4.73 万亿美元（约合 31.3 万亿元）。华为、牛津经济研究院发布的《数字溢出——衡量数字经济的真正影响力》指出，过去 30 年中，数字技术投资每增加 1 美元，便可撬动 GDP 增加 20 美元；而 1 美元的非技术投资仅能推动 GDP 增加 3 美元，数字技术投资的平均回报是非数字技术投资的 6.7 倍。[1] 因此，数字经济

---

① https://www.huawei.com/minisite/gci/cn/digital-spillover/files/gci_digital_spillover.pdf。

在缩小中美差距上的作用不容小觑。

根据中国信息通信研究院的测算，2018 年我国数字经济总量达到 31.3 万亿元，占 GDP 的比重超过 1/3，达到 34.8%，占比同比提升 1.9 个百分点。数字经济在推动传统产业改造的同时，为经济发展增添新动能。2018 年数字经济发展对 GDP 增长的贡献率达到 67.9%，同比提升 12.9 个百分点，超越部分发达国家水平，数字经济成为带动我国国民经济发展的关键力量。2003~2018 年，我国数字经济增速显著高于同期 GDP 增速，并且自 2011 年以来，数字经济与GDP 增速差距有扩大趋势，按照可比口径，2018 年我国数字经济名义增长20.9%，高于同期 GDP 名义增速约 11.2 个百分点。未来，伴随着数字技术创新并加速向传统产业融合渗透，数字经济对经济增长的拉动作用有望逐步提升。

产业的数字化进程将带来产业发展模式的改变。疫情期间，数字化经济大发展，网购、直播、手游等数字化消费出现新的增长，新零售行业出现新的变化；以直播、录播等各种形式的数字化教育也开始蓬勃发展起来；此外，金融领域也开展线上服务，各种存款、养老金、大病保险、公募基金等各种全资管品类也在多家金融机构的 App 上线。与数字经济有关的商业模式的独特优势，不仅体现在微观主体的消费和生产领域，也体现在城市管理、交通物流、医疗服务等宏观社会治理方面。总之，AI、VR、大数据、云计算、物联网等新一代信息技术与实体经济相融合，能够更好满足人们的个性化消费需求。数字经济在短期内发挥了关键的"补位"支撑作用，拉动未来经济增长的效果也更加明显（刘功润，2020）。分析显示，即使受疫情冲击数字经济增速下降 3.8 个百分点，其增速仍可达 14% 左右，显著高于宏观经济预测增速。根据麦肯锡测算，疫情时期线上消费每增加的 1 单位中，61% 为替代原有需求，39% 为新增需求。新增需求不断影响现有业态，同时刺激产生大量新业态，促进生产生活朝着数字化、智能化方向发展。

数字经济正全方位塑造全球经济的新格局，从产业业态、研发与供应、生产模式、营销与分配、驱动模式和竞争格局等方面改变着全球分工格局。根据世界贸易组织（WTO）发布的《2018 年世界贸易报告》，目前超过一半的全球服务贸易已实现数字化，超过 12% 的跨境实物贸易通过数字化平台实现；该组织同时预测，在数字技术的带动下，2030 年前全球贸易增速将逐年提高 2 个百分点。[①]

[①] 《〈2018 年世界贸易报告〉：数字技术可在 2030 年前将全球贸易逐年提高两个百分点》，中国金融新闻网，https://www.financialnews.com.cn/hq/cj/201811/t20181106_148872.html，2018 年 11月 6 日。

第五章 全球价值链贸易理论与测度文献综述

一 全球价值链贸易理论：国际贸易理论的前沿

全球价值链贸易理论和方法是国际贸易研究的最新方向，也是解释当前国际经济现象的最有说服力的工具。以下我们简要回顾国际贸易理论的发展脉络，从国际贸易理论发展史的角度认识全球价值链贸易理论的前沿性。

（一）传统国际贸易理论——比较优势理论的演化

传统国际贸易理论产生于18世纪中叶，成熟于20世纪30年代初期，以亚当·斯密的绝对优势理论、李嘉图的比较优势理论和赫克歇尔—俄林的要素禀赋理论为代表。

1. 古典国际贸易理论

亚当·斯密的绝对优势理论，亦称"绝对成本理论""绝对利益说"，是关于绝对成本优势的国际贸易理论，由英国古典经济学家亚当·斯密于1776年在《国民财富的性质和原因的研究》一书中提出。他认为国际贸易的动力在于不同国家生产商品时的绝对成本差异，绝对成本是指一国生产某种商品所耗费的成本，如果一国生产某种产品的绝对成本低于生产该商品的其他国家，则该国就具备生产该商品的绝对优势，从而能够通过出口该种商品获利，反之则需要进口该种商品。亚当·斯密详细论证了应用于一个国家内部的分工原则如何能够普遍应用于国际贸易，他从社会分工出发，将分工的思想推广到国际贸易领域。他指出分工可以提高劳动生产率，增加国民财富。分工原则是成本的绝对优势或绝对收益。既然分工可以大大提高劳动生产率，那么每个人都应专注于生产自己最有优势的产品，然后相互交换，这符合每个人的利益。他以家庭分工为例来说明这一点。他说如果一件东西的购买成本低于在家里生产的成本，那么就应该购买它而不是在家里生产。亚当·斯密将这一思想从家庭推广到了国家，证明了国际分工和国际贸易的必要性。国际分工是所有分工形式中的最高阶段，以国际分工为基础的国际贸易将使各国受惠。国际分工的基础是有利的先天禀赋或有利的后天条件。亚当·斯密的绝对成本理论打破了重商主义者对于国际贸易的片面看法，将国际贸易看作一种国家之间的互利行为，这一思想引起了经济学家对国际贸易的关注，并催生了一系列国际贸易理论。因此，亚当·斯密的绝对优势理论是理解比较优势理论的基础和起点。

亚当·斯密的绝对优势理论论证了不同优势国家之间分工和交换的合理性。但是其分析中却存在这样一个特例，如果一个国家在国际贸易的各个方面都处于绝对的优势，或者在各个方面都处于绝对的劣势，那么分工与交换该如何进行？为了解释这一难题，大卫·李嘉图对国际贸易中的比较优势进行了进一步的研究，他将视角从国家之间的比较转换到了国家内部的比较，创造性地填补了亚当·斯密绝对优势理论中的漏洞。比较优势理论由大卫·李嘉图在其代表作《政治经济学及赋税原理》中提出，其最初的说法为比较成本贸易理论。比较优势理论认为，国际贸易的基础是生产技术的相对差别（而非绝对差别），以及由此产生的相对成本的差别。每个国家都应根据"两利相权取其重，两弊相权取其轻"的原则，集中生产并出口其具有比较优势的产品，进口其具有比较劣势的产品。比较优势理论在更普遍的基础上解释了贸易产生的基础和贸易利得，大大发展了绝对优势理论。比较优势理论是对绝对优势理论的继承和进一步发展，比较优势理论与绝对优势理论都认为对外贸易可以使一国的产品销售市场得以迅速扩张，因而十分强调对外贸易对一国增加生产与扩大出口的重要作用。

2. 新古典贸易理论——要素禀赋理论

亚当·斯密和大卫·李嘉图建立的古典国际贸易理论将劳动生产率差异作为国际贸易的动力，但是并没有解释各国劳动生产率差异是如何形成的，并且他们的理论没有考虑不同国家资源禀赋的差异。鉴于此，20世纪初，赫克歇尔和俄林从生产要素比例的差别出发解释了不同国家生产成本和商品价格的差别。赫克歇尔和俄林认为，资本、土地以及其他生产要素与劳动力一起都在生产中起重要作用并影响劳动生产率和生产成本；生产不同的商品需要不同的生产要素，而各国生产要素的储备比例不同，这种生产资源配置或要素禀赋上的差别才是国际贸易的基础。这一理论对李嘉图的比较优势理论进行了补充，是国际贸易理论的重要修正。要素禀赋理论亦称"赫克歇尔-俄林理论""H-O理论""关于要素差异的国际贸易理论"。该理论由瑞典经济学家俄林在瑞典经济学家赫克歇尔的研究基础上形成，并在1933年出版的《地区间贸易与国际贸易》一书中提出。该理论认为，各国间要素禀赋的相对差异以及生产各种商品时利用这些要素强度的差异是国际贸易的基础，其强调生产商品需要不同的生产要素，如资本、土地等，而不仅是劳动力；不同的商品生产需要不同的生产要素配置，认为一国应该出口由本国相对充裕的生产要素所生产的产品，进口由本国相对稀缺的生产要素所生产的产品，而且，随着国际贸易的发展，各国生产要素的价格将趋于均等。

实际上，要素禀赋理论的关键点在于，贸易是由不同国家间要素充裕度的差别引起的，产品的贸易就是要素的贸易。这一点直接契合发展中国家和发达国家的贸易模式。比如作为劳动力资源充裕的国家，劳动力要素价格相对较低，按照要素禀赋理论，应该大量出口劳动密集型产品。实际上，在中美的贸易模式中，这一点已经被验证。然而，经济学家瓦西里·列昂惕夫在1953年发表的一篇论文中指出，作为人均资本存量相对较高的国家，美国出口产品的资本密集程度却要低于其进口产品的资本密集程度。这就是著名的列昂惕夫悖论，或者列昂惕夫之谜。此后，许多经济学家将列昂惕夫针对贸易要素含量的研究进行了扩展，结果证实了列昂惕夫悖论并非个例和偶然。

总之，古典和新古典国际贸易理论以完全竞争市场等假设为前提，强调贸易的互利性，主要解释了产业间贸易。

（二）新贸易理论与新新贸易理论

随着生产的发展，更多的国际贸易发生在生产条件相近的国家之间，表现为相同产业内部不同产品种类的贸易，如美国与日本的汽车贸易。显然，这样的贸易既非"互通有无"，也难以用"取长补短"来解释。为解释这一贸易现象而产生的新的贸易理论称为"新贸易理论"。

产业内贸易、发达国家之间的水平分工与贸易的迅速增长成为当时国际贸易的主要特征，新贸易理论认为这是因为产生国际贸易的动因与基础发生了变化，新贸易理论从供给、需求、技术差距等不同角度进行了分析。20世纪70年代末以来，代表性人物克鲁格曼提出"规模经济是国际贸易产生的原因"，在产业内贸易理论有关基本假设和结论的基础上，通过建立各种模型深入阐述了规模经济、不完全竞争市场结构与国际贸易的关系，成功地解释了战后国际贸易的新格局。但新贸易理论也有其缺点：只是在新古典贸易理论的基本框架下简单引入规模经济和不完全竞争的市场结构。新贸易理论是新古典贸易理论方法在新假设条件下的深化或延伸，使完全竞争、规模报酬不变延伸至不完全竞争和规模经济；方法、范畴未超出新古典贸易理论的方法与范畴，如采用边际分析方法、局部均衡与一般均衡分析方法，其规模经济的范围也与新古典理论相同。

然而，20世纪末21世纪初出现了一些新的经验事实，即贸易具有"厂商选择"效应：在一个国家的出口部门，一般只有部分（生产效率更高的）厂商出口商品，其他厂商生产的商品仅供应本国市场；开放贸易导致产业内的资源再配置，资源向更高效的厂商转移，从而提升产业的整体效率；厂商内贸易占比越来越高，美国厂商内贸易超过全部进口贸易的40%和出口贸易的1/3。为了解释这些现象，以Melitz为代表的学者提出了新新贸易理论。顾名思义，新新贸易理论应该被视为"新贸易理论的新阶段"。Melitz（2003）基于这一现实情况，构建了只有高生产率企业从事出口的模型。其基本构思是，只有高生产率的企业能够得到足够利润，用来负担出口所需要的高额固定成本。新新贸易理论确立了新的研究视角。传统贸易理论从国家和产业层面研究贸易的产生及其影响，而新新贸易理论从企业这个微观层面来研究贸易的基本问题，使得国际贸易理论获得了新的微观基础。

总之，根据各个时期国际贸易表现出的典型特征，经济学家尝试从不同角度理解和分析，并提出不同的政策建议。古典贸易理论解释产业间贸易，对于贸易原因的观察局限于国家差异；新贸易理论解释产业内贸易，对于贸易原因的观察深入到产业内的产品差异；新新贸易理论一方面解释了产业内只有一部分厂商成为出口厂商的事实，另一方面解释了厂商内贸易的存在及其与厂商间贸易的差异性，对于贸易原因的观察进一步深入到产业的厂商差异（这种差异既体现在生产效率上，又体现在厂商结构上）。国际贸易理论的发展脉络见表5-1。

表5-1　国际贸易理论发展脉络

项目	传统国际贸易理论	新贸易理论	新新贸易理论	全球价值链贸易理论
产生时间	18世纪中叶～20世纪30年代	20世纪七八十年代～21世纪初	21世纪初至今	20世纪80年代至今
基本要素	绝对优势或比较优势（技术或禀赋）	规模报酬递增、不完全竞争	企业异质性	企业异质性，中间品贸易

项目	传统国际贸易理论	新贸易理论	新新贸易理论	全球价值链贸易理论
代表人物	Ricardo，Heckscher，Ohlin，Vanek，Samuelson 等	Krugman，Helpman，Lancaster 等	Melitz，Antràs，Ottaviano，Bernard，Yeaple 等	Antràs，Koopman 等

（三）向何处去：全球价值链贸易理论

伴随信息技术的迅猛发展，贸易自由化水平提高，全球生产日益碎片化，中间品贸易约占世界贸易的 2/3（Johnson and Noruera，2012），全球价值链的兴起一直被认为是 21 世纪最重要的贸易现象（Baldwin，2011）。全球价值链不仅成为世界经济发展的重要动力，而且成为中国、印度、巴西等新兴经济体融入世界经济的重要突破口。全球价值链的兴起使不同国家的制造业竞争力优势愈加清晰，全球价值链已成为全球经济运行的中枢系统（Cattaneo et al.，2010；Baldwin，2016）。全球价值链为发展中国家参与世界贸易提供了重要机遇，但同时也带来了诸多风险与不确定性。全球价值链研究能够提供一个系统框架解释全球价值链的诞生、影响因素及未来趋势，为后续研究奠定基础。

近年来，在宏观层面和微观层面测度全球价值链的研究都取得了突破性的进展，这些新的测度方法日益完善。全球价值链宏观测度领域，全球投入产出表（国际投入产出表）的成功编制，实现了宏观测度领域的一大进步，如 WIOD（World Input-Output Database）、全球贸易分析项目（Global Trade Analysis Database，GTAP）、日本贸易振兴机构亚洲经济研究所编制的亚洲投入产出表（IDE-JETRO）、EXIOBASE、Eora 数据库以及 OECD 国家间投入产出表。这些数据库一般扩展了单国投入产出表，将海关贸易数据与单国投入产出表匹配起来，以反映跨境产业联系。这些数据库为测度国家或企业在全球价值链中的参与程度、位置等指标提供了基础数据。相关研究如 Hummels 等（2001）、Koopman 等（2012，2014）、Johnson 和 Noguera（2012）、Wang 等（2013）。可以认为，Wang 等（2013）之后，利用全球投入产出模型对增加值贸易进行测算及分解的研究基本上达到完善阶段。在全球价值链的微观测度领域，相关研究又可以进一步大致分为两大类：一是案例研究，比较典型的有 Linden 等（2009）、Dedrick 等（2010）和 Tempest（1996）等进行的国际化产品的案例研究；二是基于加工贸易统计的出口中国内增加值率进行的测算，如 Upward 等（2013）、张杰等（2013）、Kee 和 Tang（2016）等。

在全球价值链深入发展的背景下，有关垂直专业化的理论和模型研究开始兴起，全球价值链测度和理论是相互联系的：理论指导全球价值链的测度，而完善的测度方法将推动理论创新。然而，全球价值链测度和理论仍然是相对分开的，这方面是重要的研究领域。利用全球价值链测度指标进行实证研究和在模型中引入跨境投入产出中间联系成为许多研究领域的新方向。最近出现了大量宏观和微观测度方法和思路，并被广泛应用于探讨全球价值链与生产率、收入分配、技术创新、产业升级等问题。尤其是，生产网络结构一般均衡模型方法与全球价值链理论和方法是一脉相承的，是当前宏观经济模型中的研究热点。

二　全球价值链测度文献综述

近30年来，国际贸易的本质发生了巨大变化，技术、制度和政治发展使得生产过程在全球布局，生产过程日益碎片化和分散化。各国积极参与全球生产网络体系，各自从事生产过程中的某一具体环节，通过进口大量零部件等中间品进行全球生产，导致全球乃至一国之内的大量中间品贸易，据统计，全球贸易中近2/3属于中间品贸易。Johnson（2014）指出，全球的增加值出口率（增加值出口/总值出口）从20世纪七八十年代的约85%下降到了当前的70%~75%，世界各国的垂直专业化程度上升，且世界各国的增加值出口额和增加值出口率存在较大的异质性。这种现象被大家称为"垂直专业化""生产分割""生产片段化"，或者更时髦的"全球价值链"等。这种现象在生活中司空见惯，如Xing和Detert（2010）对iPhone价值链的"麻雀式"的解剖分析发现：100美元的iPhone，中国提供中间环节的组装和加工而获取的增加值不到3.6美元（3.6%），其余的增加值基本被德国、日本、美国等国家获得。从高技术产品的波音飞机、汽车、iPod到日常用品和玩具芭比娃娃等产品，我们都能看到这种全球价值链分工现象。

虽然存在大量全球价值链分工的逸闻趣事和一些零星的统计数据，但是对全球价值链的测度一直是一个难题。这是因为普遍缺乏宏观层面的产品部门和微观企业之间中间投入联系的数据。国民经济核算注重的是GDP的核算，已有投入产出表中的核算数据也是为GDP核算服务，且只反映一个国家之内的产品部门之间的联系，没有提供任何有关出口产品在国外的具体使用信息（如在国外产业部门、消费部门的分布情况）。而微观企业调查数据很少包含企业的中间投入的来源和去向。幸运的是，近年来在宏观和微观层面对全球价值链的测度都取得了突破性的进展，这些新的测度方法日益完善，成为近年来全球价值链的研究热点。

（一）全球价值链的宏观测度

投入产出模型是全球价值链宏观测度的基本方法。[①] 利用投入产出表来衡量全球价值链（早期一般称为"垂直专业化"）的做法历时已久，最早可以追溯到 Hummels 等（2001），其首次提出了狭义垂直专业化（Vertical Specialization）的概念[②]，并利用单国（区域）投入产出表测算了 OECD 国家的垂直专业化水平，为现有全球价值链核算方面的研究提供了直接的思路，具有里程碑意义。Koopman 等（2008）利用区分加工贸易和一般贸易的单国投入产出表，对中国的国内增加值率进行测算分析和扩展应用。Fally（2012）利用单国投入产出表测算了生产阶段数。然而，基于单国（区域）的非竞争性投入产出表的测算方法存在以下缺陷：一是单国（区域）投入产出表无法考虑到国家（区域）间的产业联系，这样也就无法考虑与世界其他国家（地区）的溢出效应和反馈机制；二是基于 A 国和 B 国的非竞争性投入产出表测算的 A 国和 B 国的增加值贸易，忽略了第三方国家的间接增加值贸易影响机制。A 国出口到 B 国的产品，有可能直接作为 B 国的消费，但也可能作为中间投入来生产产品再由 B 国出口到第三方国家，这减少了 A 国到 B 国的增加值出口。此外，若该产品作为中间投入出口到第三方国家，第三方国家加工之后再出口到 B 国，这就增加了 A 国到 B 国的增加值出口。为了克服单国（区域）的投入产出表测算方法的缺陷，学者们开发了基于全球（国际）投入产出模型的测度方法，这得益于全球投入产出表的编制和开发。鉴于现在关于全球价值链的宏观测度都是基于全球投入产出模型进行的，以下集中回顾基于全球投入产出模型的全球价值链测度方法。

1. 全球投入产出模型基本框架

为了便于理解，此处以三国每国两部门的全球投入产出模型为例简要地介绍全球投入产出模型的基本框架。[③] 假设全球共有 3 个国家，分别为中国（C）、美

---

① 投入产出法是由美国经济学家瓦西里·列昂惕夫创立的。理论上，投入产出表所反映的部门之间的联系是生产技术经济联系，而产品部门的数据一般是同类企业数据的加总，故其是一种宏观层面的经济数据。国外学者一般称这种数据为宏观层面数据，而国内一些学者偏好把产业层面的数据称为中观层面数据。按照 Johnson（2017）的定义，把投入产出模型测度全球价值链的方法作为宏观层面的测度方法。

② 狭义垂直专业化是指用进口投入品生产出口产品。

③ 显然，三国每国两部门模型可以推广到多国多部门的全球投入产出模型。

国（U）和日本（J），每个国家有 2 个产品部门，分别为工业部门 1 和非工业部门 2。表 5-2 是三国每国两部门全球投入产出表（或国家间投入产出表）。[①]

表 5-2　三国每国两部门全球投入产出表

		中间使用						最终使用			总产出
		C		J		U		C	J	U	
		1	2	1	2	1	2	Y^C	Y^J	Y^U	X
C	1	z_{11}^{CC}	z_{12}^{CC}	z_{11}^{CJ}	z_{12}^{CJ}	z_{11}^{CU}	z_{12}^{CU}	y_1^{CC}	y_1^{CJ}	y_1^{CU}	x_1^C
	2	z_{21}^{CC}	z_{22}^{CC}	z_{21}^{CJ}	z_{22}^{CJ}	z_{21}^{CU}	z_{22}^{CU}	y_2^{CC}	y_2^{CJ}	y_2^{CU}	x_2^C
J	1	z_{11}^{JC}	z_{12}^{JC}	z_{11}^{JJ}	z_{12}^{JJ}	z_{11}^{JU}	z_{12}^{JU}	y_1^{JC}	y_1^{JJ}	y_1^{JU}	x_1^J
	2	z_{21}^{JC}	z_{22}^{JC}	z_{21}^{JJ}	z_{22}^{JJ}	z_{21}^{JU}	z_{22}^{JU}	y_2^{JC}	y_2^{JJ}	y_2^{JU}	x_2^J
U	1	z_{11}^{UC}	z_{12}^{UC}	z_{11}^{UJ}	z_{12}^{UJ}	z_{11}^{UU}	z_{12}^{UU}	y_1^{UC}	y_1^{UJ}	y_1^{UU}	x_1^U
	2	z_{21}^{UC}	z_{22}^{UC}	z_{21}^{UJ}	z_{22}^{UJ}	z_{21}^{UU}	z_{22}^{UU}	y_2^{UC}	y_2^{UJ}	y_2^{UU}	x_2^U
增加值		va_1^C	va_2^C	va_1^J	va_1^J	va_1^U	va_1^U				
总投入		x_1^C	x_2^C	x_1^J	x_2^J	x_1^U	x_2^U				

注：有关全球投入产出表的具体阐述可参见 Dietzenbacher 等（2013）。简单来说，行向表示国家产品部门的使用去向，分为中间使用和最终使用，且都区分作为国内的中间投入（最终）使用和国外的中间投入（最终）使用。列向表示国家产品部门的生产成本构成，分为中间投入和增加值（劳动和资本要素的报酬），中间投入进一步区分为来自国内和来自国外。令 g，$h \in \{C, J, U\}$，$i, j \in \{1, 2\}$，其中，x_i^g 为 g 国产品部门 i 的总产出价值，va_i^g 为 g 国产品部门 i 的增加值，z_{ij}^{gh} 为 h 国的 j 部门生产的产品对 g 国 i 部门的中间需求价值量，y_i^{gh} 为 h 国对 g 国部门 i 产品部门的最终消费价值量，进一步定义：$A = Z [\mathrm{diag}(X)]^{-1}$，$A$ 为投入产出表中的直接消耗系数矩阵，即 A 中元素 $a_{ij}^{gh} = z_{ij}^{gh}/x_j^h$。$Z$ 是由 z_{ij}^{gh} 构成的中间投入矩阵。

从行向来看，投入产出表描述了国家产品部门的使用去向，国家产品部门的总产出应等于其作为中间投入使用和最终使用的产出合计。根据直接消耗系数的定义，经过适当变换，三国每国两部门的全球投入产出模型为：

$$
\underbrace{\begin{bmatrix} x_1^C \\ x_2^C \\ x_1^J \\ x_2^J \\ x_1^U \\ x_2^U \end{bmatrix}}_{X} = \underbrace{\begin{bmatrix} a_{11}^{CC} & a_{12}^{CC} & a_{11}^{CJ} & a_{12}^{CJ} & a_{11}^{CU} & a_{12}^{CU} \\ a_{21}^{CC} & a_{22}^{CC} & a_{21}^{CJ} & a_{22}^{CJ} & a_{21}^{CU} & a_{22}^{CU} \\ a_{11}^{JC} & a_{12}^{JC} & a_{11}^{JJ} & a_{12}^{JJ} & a_{11}^{JU} & a_{12}^{JU} \\ a_{21}^{JC} & a_{22}^{JC} & a_{21}^{JJ} & a_{22}^{JJ} & a_{21}^{JU} & a_{22}^{JU} \\ a_{11}^{UC} & a_{12}^{UC} & a_{11}^{UJ} & a_{12}^{UJ} & a_{11}^{UU} & a_{12}^{UU} \\ a_{21}^{UC} & a_{22}^{UC} & a_{21}^{UJ} & a_{22}^{UJ} & a_{21}^{UU} & a_{22}^{UU} \end{bmatrix}}_{A} \underbrace{\begin{bmatrix} x_1^C \\ x_2^C \\ x_1^J \\ x_2^J \\ x_1^U \\ x_2^U \end{bmatrix}}_{X} + \underbrace{\begin{bmatrix} y_1^C \\ y_2^C \\ y_1^J \\ y_2^J \\ y_1^U \\ y_2^U \end{bmatrix}}_{Y}
$$

---

① 可参见 Timmer 等（2015）、Koopman 等（2014）。

即：

$$X = AX + Y \tag{5-1}$$

其中，X 为总产出列向量，A 为直接消耗系数矩阵，Y 为最终需求（或称最终使用）列向量，为各国对对应产品的最终需求合计。[①] A 中的元素 a_{ij}^{gh} 表示生产 1 单位价值的 h 国 j 产品需要使用的 g 国 i 产品的中间投入价值量。

从列向来看，投入产出表描述了产品部门的生产成本（或生产技术）构成，分为中间投入和增加值初始投入，即总产出等于中间投入成本加上增加值初始投入成本。具体表达式为：$va_i^g = x_i^g - \sum_h \sum_j z_{ji}^{hg}$，经过变换写成矩阵的形式：

$$VA^T = X^T - u^T A \hat{X} \tag{5-2}$$

其中，T 表示转置，u 表示所有元素为 1 的列向量，^ 表示对角化。

对式（5-1）进行矩阵运算可以得到：

$$X = (I - A)^{-1} Y = BY \tag{5-3}$$

其中 $B = (I - A)^{-1}$ 为 Leontief 逆矩阵。[②] 定义增加值率的系数行向量 V，其中元素 v_i^g 为：

$$v_i^g = \frac{va_i^g}{x_i^g} = 1 - \sum_{h,j} a_{ji}^{hg} \tag{5-4}$$

其中，va_i^g 为 g 国 i 部门的直接增加值（附加值）。进一步定义增加值贸易核算系数矩阵：

$$\hat{V}B = \begin{bmatrix} v_1^c b_{11}^{cc} & v_1^c b_{12}^{cc} & v_1^c b_{11}^{cJ} & v_1^c b_{12}^{cJ} & v_1^c b_{11}^{cU} & v_1^c b_{12}^{cU} \\ v_2^c b_{21}^{cc} & v_2^c b_{22}^{cc} & v_2^c b_{21}^{cJ} & v_2^c b_{22}^{cJ} & v_2^c b_{21}^{cU} & v_2^c b_{22}^{cU} \\ v_1^J b_{11}^{Jc} & v_1^J b_{12}^{Jc} & v_1^J b_{11}^{JJ} & v_1^J b_{12}^{JJ} & v_1^J b_{11}^{JU} & v_1^J b_{12}^{JU} \\ v_2^J b_{21}^{Jc} & v_2^J b_{22}^{Jc} & v_2^J b_{21}^{JJ} & v_2^J b_{22}^{JJ} & v_2^J b_{21}^{JU} & v_2^J b_{22}^{JU} \\ v_1^U b_{11}^{Uc} & v_1^U b_{12}^{Uc} & v_1^U b_{11}^{UJ} & v_1^U b_{12}^{UJ} & v_1^U b_{11}^{UU} & v_1^U b_{12}^{UU} \\ v_2^U b_{21}^{Uc} & v_2^U b_{22}^{Uc} & v_2^U b_{21}^{UJ} & v_2^U b_{22}^{UJ} & v_2^U b_{21}^{UU} & v_2^U b_{22}^{UU} \end{bmatrix} \tag{5-5}$$

---

① 做统一说明：变量的上标一般表示国家（地区），用 c，g，h，f 表示，且 c，g，h，$f \in \{C, J, U\}$；变量的下标表示产品部门，用 i，j，k，m，n 表示，且 i，j，k，m，$n \in \{1, 2\}$。上标 gh 中 g 是来源地，h 是目的地。下标 ij 中 i 是产品来源部门，j 是产品使用部门。

② Leontief 逆矩阵实际上是总需求求矩阵，表示增加 1 单位价值最终需求带来其他部门总产出的变化。进一步，Leontief 逆矩阵可表示为指数序列：$B = (I-A)^{-1} = I+A+A^2+A^3+\cdots$。这样最终需求变化对总产出的影响可以分解为三部分：①初始效应（Y）；②直接效应（AY）；③间接效应 $[(A^2+A^3+A^4+\cdots)Y]$。

其中，增加值贸易核算系数矩阵（$\hat{VB}$）表示最终产品生产过程中，来源于各产业部门的直接和间接增加值。矩阵中的元素 $v_i^g b_{ij}^{gh}$ 表示生产 h 国 j 部门 1 单位价值最终产品中来自 g 国 i 部门的直接和间接增加值。$\hat{VB}$ 中，行方向显示了其他部门生产 1 单位价值最终产品来自该行向对应的产品部门的增加值；列的方向显示了其他各产品部门对生产 1 单位价值列向对应产品部门最终产品的增加值贡献，且列向之和为 1。[①] 即：

$$v_1^C b_{1i}^{Cg} + v_2^C b_{2i}^{Cg} + v_1^J b_{1i}^{Jg} + v_2^J b_{2i}^{Jg} + v_1^U b_{1i}^{Ug} + v_2^U b_{2i}^{Ug} = 1 \qquad (5\text{-}6)$$

2. 增加值贸易与贸易增加值

增加值贸易和贸易增加值是我们经常听到的学术词汇，有时等同视之，有时需要加以区分，这里我们做一简单区分，以供参考。

（1）增加值贸易——增加值出口

Johnson 和 Noguera（2012）从产品最终消费的角度将在一国生产而最终被别国最终消费的产品中的增加值定义为增加值出口。对于特定最终需求产品来说（如笔记本电脑），我们可以尝试通过拆解其零部件来分解隐含在产品中的各国增加值。理论上，通过对所有最终需求产品进行分解和加总，就可以得到一国整体的增加值出口，然而这在实践中是行不通的，需要借鉴全球投入产出模型进行核算。根据投入产出模型框架和增加值出口的定义，某国到另一国家的增加值出口的测算公式为：

$$VAE^{\cdot g} = \begin{bmatrix} vae_1^{Cg} \\ vae_2^{Cg} \\ vae_1^{Jg} \\ vae_2^{Jg} \\ vae_1^{Ug} \\ vae_2^{Ug} \end{bmatrix} = \hat{V}BY^g \qquad (5\text{-}7)$$

其中，Y^g 为 g 国最终需求列向量。$VAE^{\cdot g}$ 为被 g 国最终需求吸收的来自各国（包括本国）产品部门的增加值的列向量，其中元素 vae_i^{hg} 表示被 g 国最终需求吸收的来自 h 国 i 产品部门的增加值。显然，加总某国（如 C 国）的所有产品部门到其他所有国家的增加值出口，就可以得到一国的总增加值出口，即 $vae^C =$

[①]　证明可参见 Koopman 等（2014）。

$\sum\limits_{i,\,g} vae_i^{Cg}$。当我们用总增加值出口除以相应的传统总出口，就可以得到增加值出口率（Value Added Export Ratio，VAER）。这个指标经常被用来衡量一个国家参与全球价值链的程度，如 Johnson（2014）发现，全球增加值出口率从20世纪70年代的约85%下降到了当今的70%~75%。增加值出口率越小，参与全球价值链的程度就越深。

实际上，我们进一步将增加值贸易细化到产品部门层次。在上述概念的基础上，定义国家产品部门层次的前向增加值出口和后向增加值出口，即前向联系和后向联系，进而定义前向参与度和后向参与度，并进行更加细致的分解，具体可参考 Wang 等（2017a）。这里简要地介绍一些前向和后向增加值出口的测算思路和方法。在式（5-7）的基础上，我们把最终需求列向量（可以是具体某一国家的最终需求，也可以是所有国家加总的最终需求）对角化，这样我们得到具体某一国产品部门创造的且被另一国产品部门最终需求所吸收的增加值，即：

$$\hat{V}B\hat{Y}^g = \begin{bmatrix} v_1^C b_{11}^{CC} y_1^{Cg} & v_1^C b_{12}^{CC} y_2^{Cg} & v_1^C b_{11}^{CJ} y_1^{Jg} & v_1^C b_{12}^{CJ} y_2^{Jg} & v_1^C b_{11}^{CU} y_1^{Ug} & v_1^C b_{12}^{CU} y_2^{Ug} \\ v_2^C b_{21}^{CC} y_1^{Cg} & v_2^C b_{22}^{CC} y_2^{Cg} & v_2^C b_{21}^{CJ} y_1^{Jg} & v_2^C b_{22}^{CJ} y_2^{Jg} & v_2^C b_{21}^{CU} y_1^{Ug} & v_2^C b_{22}^{CU} y_2^{Ug} \\ v_1^J b_{11}^{JC} y_1^{Cg} & v_1^J b_{12}^{JC} y_2^{Cg} & v_1^J b_{11}^{JJ} y_1^{Jg} & v_1^J b_{12}^{JJ} y_2^{Jg} & v_1^J b_{11}^{JU} y_1^{Ug} & v_1^J b_{12}^{JU} y_2^{Ug} \\ v_2^J b_{21}^{JC} y_1^{Cg} & v_2^J b_{22}^{JC} y_2^{Cg} & v_2^J b_{21}^{JJ} y_1^{Jg} & v_2^J b_{22}^{JJ} y_2^{Jg} & v_2^J b_{21}^{JU} y_1^{Ug} & v_2^J b_{22}^{JU} y_2^{Ug} \\ v_1^U b_{11}^{UC} y_1^{Cg} & v_1^U b_{12}^{UC} y_2^{Cg} & v_1^U b_{11}^{UJ} y_1^{Jg} & v_1^U b_{12}^{UJ} y_2^{Jg} & v_1^U b_{11}^{UU} y_1^{Ug} & v_1^U b_{12}^{UU} y_2^{Ug} \\ v_2^U b_{21}^{UC} y_1^{Cg} & v_2^U b_{22}^{UC} y_2^{Cg} & v_2^U b_{21}^{UJ} y_1^{Jg} & v_2^U b_{22}^{UJ} y_2^{Jg} & v_2^U b_{21}^{UU} y_1^{Ug} & v_2^U b_{22}^{UU} y_2^{Ug} \end{bmatrix} \quad (5-8)$$

我们称 $\hat{V}B\hat{Y}^g$ 为"增加值贸易流向矩阵"。其中，元素 $v_1^C b_{11}^{CC} y_1^{Cg}$ 表示来自 C 国 1 产品部门创造的，且被 g 国通过消费 C 国 1 产品部门的产品而最终吸收的增加值。其他元素的含义类似。式（5-8）中沿行方向相加，以第一行为例，我们得到被 g 国所有最终需求吸收的来自 C 国 1 产品部门创造的增加值，这实际上是一种前向联系。式（5-8）中沿列方向相加，以第一列为例，我们得到的值是 y_1^{Cg}［根据式（5-6）可得］，表示 g 国对 C 国 1 产品部门的最终需求的后向增加值来源分解，这实际上是一种后向联系。对于不同国家和不同产品部门，根据我们的定义并对增加值贸易流向矩阵进行加总，可以得到不同层面（国家产品部门、国家整体）的前向联系的增加值出口和后向联系的增加值来源分解。最后，比较增加值出口与传统总值出口，可以在一定程度上反映参与全球价值链的程度或全球生产分割程度（或生产碎片化程度）。

值得注意的是，增加值出口与传统总值出口之间的差异反映了全球价值链的复杂程度。虽然在国家整体层面，增加值出口一般低于传统总值出口，但是产品部门或两个国家之间的增加值出口不一定低于传统总值出口。例如，夏杰长和倪红福（2017）测算发现，从前向联系分产业部门的所有出口产品中隐含的服务业的增加值来看，服务业及各细分行业 VAX_ F[①]/出口都大于1，也就是说相当部分服务业的增加值是隐含在其他产业部门而间接出口的，如2011年中国服务业的 VAX_ F/服务业出口为170%，比第二产业（54%）高116个百分点。这反映了服务业产品更多是作为制造业产品生产需要的中间投入而实现间接出口的。

（2）贸易增加值——出口的增加值分解

对于贸易增加值的直观理解是贸易中的增加值，也就是对传统总值出口按增加值来源进行分解所得到的隐含在传统总值出口中的不同来源的增加值。增加值出口是对最终需求产品中隐含的增加值进行分解，而出口的增加值分解是指对总值出口中的国内增加值和国外增加值进行的分解。这样，出口中的国内或国外增加值与增加值出口是两个既有联系又有不同的概念。虽然两个概念都测度了产品生产国的生产要素创造的价值，但是出口中的国内成分不区分这些增加值的最终吸收国。相比之下，增加值贸易取决于该国的出口是如何被进口国使用和吸收的，增加值出口是指一国生产而被另一国最终吸收的增加值。

实际上，Hummels 等（2001）利用单国（区域）投入产出表测算的 OECD 国家的垂直专业化值，就是对出口的国外成分的分解。近年来，涌现了大量基于全球投入产出模型的出口的增加值来源分解，以下我们重点介绍 Koopman 等（2014）的方法。Koopman 等（2014）将以前 Hummels 等（2001）、Johnson 和 Noguera（2012）等提出的垂直专业化测度方法统一在一个逻辑框架下，后续有关全球价值链的更细致的分解方法以及位置测度，基本上都是对该思路的扩展。Koopman 等（2014）在全球投入产出模型框架下，对出口进行了增加值来源的分解，共分为五大部分：①作为最终产品和服务并被直接进口国吸收的出口中的国内增加值；②被直接进口国用来生产且被吸收的国内产品的中间产品出口中的国内增加值；③被直接进口国用来生产产品再出口至第三国且被最终吸收的中间品出口中的国内增加值（间接增加值出口）；④被直接进口国用来生产

---

① VAX_ F 是基于产业部门前向联系计算的增加值出口，包括一个给定部门增加值通过隐含于本国其他部门出口而导致的间接出口。

产品再返回到本国且被最终吸收的中间品出口中的国内增加值（返回的国内增加值）；⑤总出口中来自国外的增加值（出口中隐含的国外增加值）。这五大部分又可以进一步细分得到九项分解公式。但是 Koopman 等（2014）关于总出口的九项分解局限于国家层面，没有深入到部门层次。Wang 等（2013）进一步把总出口分解公式拓展到双边分部门（行业）层次，形成了 16 项的部门层次的总出口分解公式，将出口贸易流量分解为四大组成部分（增加值出口、返回的国内增加值、外国增加值和纯重复计算的中间品贸易）①。可以认为，Wang 等（2013）之后，利用全球投入产出模型方法对增加值贸易进行测算及分解的研究基本上达到完善。

以上测度增加值出口和分解出口的增加值的方法和思路，可以应用于其他要素（如就业碳排放等）的分解，这只需要把增加值率向量变为单位产出就业人数、单位产出碳排放（碳排放系数）等变量。在环境经济文献中，有关减排责任的划分——是生产者还是消费者，就需要测算隐含碳排放或最终产品的碳排放成分，如 Grether 和 Mathys（2013）利用全球投入产出模型测算了贸易环境条件（Pollutions Terms of Trade）。

3. 全球价值链的生产长度和位置

随着全球价值链核算的研究不断出现并日益成熟②，对全球价值链位置（或生产长度）的测度逐渐成为研究热点。尽管我们对全球价值链位置的相关问题缺乏明确的定义和答案，但是仍然有很多文献尝试开发测度全球价值链位置的投入产出模型。

Dietzenbacher 等（2005）首次提出用平均传递步长（Average Propagation Length，APL）来衡量生产网络体系中的产业部门之间的距离（长度）或者复杂程度。随后 Inomata（2008）、Escaith 和 Inamata（2013）测算了国家间投入产出模型框架下的 APL。与此相应，Fally（2012）从不同视角分别定义了生产阶段数（N）和上游度（upstream，U）。Antràs 等（2012）从产品生产端到所有

---

① a. 增加值出口最终被国外吸收的国内增加值（简称 DVA）。b. 返回的国内增加值，这一部分国内增加值先被出口至国外，但又隐含在本国从其他国家进口而又返回国内并最终在国内被消费的增加值（简称 RDV）。虽然这部分增加值不构成一国的增加值出口，却是出口国 GDP 隐含于出口中的一部分。c. 外国增加值，用于生产本国出口的外国增加值（简称 FVA）。d. 纯重复计算的中间品贸易（简称 PDC），这是由中间产品贸易多次跨越国界引起的。限于篇幅，16 项分解方法不再赘述，读者可参见相关文献。

② 增加值贸易测算文献侧重于对出口的增加值进行分解，如国内增加值、国外增加值等。这些指标可以衡量产业的全球价值链参与程度、贸易利得等。

最终需求的距离的角度定义上游度（U），并论证其与 Fally（2012）定义的上游度是一致的。[①] 倪红福等（2016b）将生产阶段数扩展到全球投入产出模型并区分了国际和国内生产阶段数。倪红福（2016b）在 APL 理论基础上，从增加值传递的角度，分别拓展定义了从产业部门到最终需求产业部门（点对点）、产业部门到最终需求产业部门组（点对面）、产业部门组到最终需求产业部门（面对点）、产业部门组到最终需求产业部门组（面对面）的增加值平均传递步长（VAPL），并进一步发现广义 VAPL 几乎囊括了已有文献中各种有关全球价值链位置的测度指标。Wang 等（2017b）从增加值创造引致产出倍数的角度来定义各种类型的生产长度和位置。一般来说，生产链条始于行业部门的初始投入（资本和劳动），而不是总产出。因此，将生产长度定义为从国家部门的原始投入到另一国家部门的最终产品之间的生产阶段数，是易于与经济学解释保持一致的。Wang 等（2017b）定义的平均生产长度为在序贯生产过程中生产要素创造的增加值被计算为总产出的平均次数，即累计的总产出与相应价值链中的增加值的比，即增加值引致的总产出。该文还基于 Koopman 等（2014），Wang 等（2013）的分解方法，把生产长度分解为纯国内部分、李嘉图贸易、GVC 相关部分，从而进一步定义 GVC 生产长度。Wang 等（2017b）研究发现，Fally（2012）研究发现的生产长度变短的结论不具有代表性，不过对于高收入国家如美国和日本具有一定适用性；1995～2011 年，发展中国家（如中国）的生产长度基本上处于变长阶段，由于发展中国家的变长幅度大于发达国家的变短幅度，全球的生产长度变长；对生产长度的分解分析中，几乎所有国家的国际生产长度都在变长。

[①] Antràs 等（2012）、Fally（2012）分别利用不同的方式定义了产业上游度，或者产业到最终需求的平均距离。Antràs 等（2012）根据产业部门产出的无穷级数形式的表达式来定义上游度。Fally（2012）认为，如果某一产业部门 i 产品分配给处于上游产业 j 的产出份额越多（即投入产出模型中分配系数 S_{ij}），该产业部门 i 相对处于生产链的上游位置，并以此方式定义了上游度。Fally（2012）实际上是以自我嵌套的方式定义上游度：

$$U_{i2} = 1 + \sum_j S_{ij} U_{j2} = 1 + \sum_j \frac{x_j a_{ij}}{x_i} U_{j2}$$

其中，U_{i2} 为 Fally（2012）定义的产业部门 i 的上游度；S_{ij} 为投入产出模型中的分配系数，表示 i 产业部门的产出（x_i）中被 j 产业部门使用的比重；a_{ij} 为投入产出模型中的直接消耗系数。写成矩阵的形式，进一步计算可以得到：$U_2 = (1 - \Delta^T)^{-1} E_1$，其中 Δ 为分配系数矩阵，元素为 S_{ij}；E_1 为所有元素为 1 的列向量。Antràs 等（2012）论证了上述两种定义上游度的方法是等价的。

（二）　全球价值链的微观测度

与宏观测度相对应，在微观企业层面的全球价值链测度方法也在不断地发展。这种基于企业或产品调查数据的微观测度方法相对直观、容易理解。全球价值链的微观测度又可以进一步大致分为两大类：一是案例研究；二是基于加工贸易统计的出口中国内增加值率进行的测算。

早期的案例研究已经表明传统的总值贸易统计数据会给出误导性信息，这种现象在技术密集型产业非常普遍，因为它们经常外包加工或制造零部件。Xing 和 Deter（2010）研究表明，出口一部价值 178.96 美元的 iPhone，中国从中仅能获取 6.5 美元的价值，约占 3.6%，而其他价值都被美国、德国、日本和韩国等国家获取。案例研究促进 GVC 概念的开发，如上述的电子产品的案例分析带来了增加值贸易的概念，也为 GVC 活动的产业组织理论提供了启示。但是，这种"麻雀式"的案例研究局限于特定产品的价值链剖析，很难反映一国整体的国内增加值率和产业部门之间的国际联系，故不能提供国家（地区）和产业层面的价值链分布情况，也就无法测度一个国家（地区）在全球价值链中的位置和作用。

另一种典型微观测度方法是基于加工贸易统计数据的出口中的国内增加值率（Domestic Value-Added Ratio，DVAR）测算方法，该方法需要大样本的微观企业调查数据和特殊的海关贸易统计数据，甚至需要结合宏观层面的投入产出表。Kee 和 Tang（2016）研究发现，随着全球价值链的深入发展，生产中依赖国内中间投入的比重可能降低，大部分国家出口中的国内增加值率下降。而中国却表现出相反的特征事实，2000~2007 年中国出口中的国内增加值率从 65% 上升到 70%，且这主要是由中国加工贸易中的出口国内增加值率上升导致的，而一般贸易却变化不大，甚至下降。由于需要区分加工贸易和一般贸易的海关贸易统计数据，这样对于没有加工贸易统计数据的国家，也就无法从微观企业层面测算国内增加值率。Kee 和 Tang（2016）实际上在估算国外进口产品中隐含的国内增加值部分时利用了宏观层面的全球投入产出模型的测算数据，在一定程度上体现了微观和宏观测度的融合。这也是未来的一个研究方向。

从理论上看，微观企业层面的测度与宏观投入产出模型的测度具有一致性。实际上，如果将投入产出表中的产业（产业部门）无限地细分到企业层面，就得到了企业间的投入产出关系，即企业之间的中间品联系；反之，企业层面按行业部门加总就可以得到宏观层面的投入产出表数据。若能够得到微观层面的投入产出关系，不但可以提升对全球价值链的测度精确度和克服一些测算缺陷，如可以直接测度企业进口中的中间投入，而非利用宏观层面的投入产出表数据进行推算，而且我们还可以捕获企业参与全球价值链的异质性。尤为重要的是，如果知道企业间的中间品贸易关系，我们还可以分析经济冲击在企业间的传导过程，进而分析经济波动的微观层面的机制。

（三）未来应用领域

1. 价格联系和贸易成本——实际有效汇率和累计关税

通过生产过程的跨境联系，全球价值链体系中产生了价格溢出效应，即上游的成本变化会溢出到下游的产品成本中。虽然这个机制非常明显，并且传统的投入产出模型已有探讨，但是在全球投入产出模型框架下的价格联系和贸易成本的研究相对较少，如实际有效汇率的测算、累计关税等问题。本部分我们可以扩展 Johnson（2017）的单国投入产出价格模型，基于三国每国两部门的全球投入产出模型构建价格模型。

首先，假设各国产品部门的生产函数为道格拉斯函数形式，则可以得到 g 国 i 部门的生产函数形式为：

$$x_i^g = (l_i^g)^{1-\alpha_i^g} \prod_{h,j} (z_{ji}^{hg})^{a_{ji}^{hg}}$$

其中，$\alpha_i^g = \sum_{h,j} a_{ji}^{hg}$，实际上就是总中间投入系数。这里我们做了简化，没有考虑全要素生产率（不会影响结论）。l_i^g 是要素投入（如实物量的增加值），z_{ji}^{hg} 为中间投入实物量，a_{ji}^{hg} 为直接消耗系数[①]。通过拉格朗日乘数法求最优化问题可以得到 g 国 i 部门产出的价格指数为：$p_i^g = (pv_i^g/(1-\alpha_i^g))^{1-\alpha_i^g} \prod_{h,j} (p_{ji}^{hg}/a_{ji}^{hg})^{a_{ji}^{hg}}$，$pv_i^g$ 为 g 国 i 部门的实际增加值价格，p_{ji}^{hg} 为 g 国 i 部门购买 h 国 j 部门的中间投入品的价格（包括运输和贸易成本），可记为 $p_{ji}^{hg} = \tau_{ji}^{hg} p_j^h$，其中 $\tau_{ji}^{hg} = 1 + t_{ji}^{hg}$ 为从价的贸易成本（如关税率或汇率变化成本）。为了便于理解，我们以三国每国两部门模型详细展示。取对数差分可以得到：

$$\Delta \ln p = (I - A^{\mathrm{T}})^{-1}(I - \hat{\alpha})\Delta \ln pv + (I - A^{\mathrm{T}})^{-1} A^{\mathrm{T}} \circ (\Delta \ln \tau)^{\mathrm{T}} u \qquad (5-9)$$

---

① 这里应该是购买者价格的直接消耗系数矩阵，而非经常遇到的基本价格的直接消耗系数矩阵。这里不做具体的讨论。

$$\Delta\ln p \equiv \begin{bmatrix} \Delta\ln p_1^C \\ \Delta\ln p_2^C \\ \Delta\ln p_1^J \\ \Delta\ln p_2^J \\ \Delta\ln p_1^U \\ \Delta\ln p_2^U \end{bmatrix}, \quad \Delta\ln pv \equiv \begin{bmatrix} \Delta\ln pv_1^C \\ \Delta\ln pv_2^C \\ \Delta\ln pv_1^J \\ \Delta\ln pv_2^J \\ \Delta\ln pv_1^U \\ \Delta\ln pv_2^U \end{bmatrix}, \quad \hat{\alpha} = \text{diag}\begin{pmatrix} \alpha_1^C \\ \alpha_2^C \\ \alpha_1^J \\ \alpha_2^J \\ \alpha_1^U \\ \alpha_2^U \end{pmatrix}, \quad u = \begin{bmatrix} 1 \\ 1 \\ 1 \\ 1 \\ 1 \\ 1 \end{bmatrix},$$

$$\Delta\ln\tau = \begin{bmatrix} \Delta\ln\tau_{11}^{CC} & \Delta\ln\tau_{12}^{CC} & \Delta\ln\tau_{11}^{CJ} & \Delta\ln\tau_{12}^{CJ} & \Delta\ln\tau_{11}^{CU} & \Delta\ln\tau_{12}^{CU} \\ \Delta\ln\tau_{21}^{CC} & \Delta\ln\tau_{22}^{CC} & \Delta\ln\tau_{21}^{CJ} & \Delta\ln\tau_{22}^{CJ} & \Delta\ln\tau_{21}^{CU} & \Delta\ln\tau_{22}^{CU} \\ \Delta\ln\tau_{11}^{JC} & \Delta\ln\tau_{12}^{JC} & \Delta\ln\tau_{11}^{JJ} & \Delta\ln\tau_{12}^{JJ} & \Delta\ln\tau_{11}^{JU} & \Delta\ln\tau_{12}^{JU} \\ \Delta\ln\tau_{21}^{JC} & \Delta\ln\tau_{22}^{JC} & \Delta\ln\tau_{21}^{JJ} & \Delta\ln\tau_{22}^{JJ} & \Delta\ln\tau_{21}^{JU} & \Delta\ln\tau_{22}^{JU} \\ \Delta\ln\tau_{11}^{UC} & \Delta\ln\tau_{12}^{UC} & \Delta\ln\tau_{11}^{UJ} & \Delta\ln\tau_{12}^{UJ} & \Delta\ln\tau_{11}^{UU} & \Delta\ln\tau_{12}^{UU} \\ \Delta\ln\tau_{21}^{UC} & \Delta\ln\tau_{22}^{UC} & \Delta\ln\tau_{21}^{UJ} & \Delta\ln\tau_{22}^{UJ} & \Delta\ln\tau_{21}^{UU} & \Delta\ln\tau_{22}^{UU} \end{bmatrix}$$

其中，T 表示转置，$\circ$ 表示矩阵的阿达马（Hadamard）乘法，即矩阵元素与元素相乘，diag 表示对角化。

以下，我们重点探讨式（5-9）的含义。①要素成本推动型价格影响机制。当考虑跨境中间投入联系机制时，国家产品部门的产出价格依赖各国产品部门的增加值价格的加权和，这种中间投入联系机制体现在加权矩阵 $(I - A^T)^{-1}$ 中。若 g 国 i 产品部门的增加值成本（如劳动要素成本）提高1%，将直接提高其自身产品价格的 $(1 - \alpha_i^g)\%$，该部分价格提升可以理解为直接价格影响。而 $(I - A^T)^{-1}(I - \hat{\alpha})\Delta\ln pv$ 可视为完全价格效应。实际上，针对传统实际有效汇率的测算方法的缺陷，Bems 和 Johnson（2012，2015）沿着上述成本影响机制，探讨了汇率变化对增加值价格的影响，以及对产出价格和产出的影响，并定义了考虑跨境中间投入机制的增加值实际有效汇率。Patel 等（2014）考虑到行业的异质性特点，尤其是各行业参与全球价值链的程度不同，将单部门增加值实际有效汇率进一步推广到分行业总产出和增加值实际有效汇率。倪红福等（2018）进一步扩展了实际有效汇率的概念，定义了出口全球价值链实际有效汇率，并重点分析了中国全球价值链实际有效汇率的变化趋势。②贸易成本推动型价格影响机制。$A^T \circ (\Delta\ln\tau)^T u$ 表示贸易成本（关税、交通运输成本）的直接成本效应，权重由贸易成本对应中间投入品的直接消耗系数决定。直接成本引致的间接成本主要由 $(I - A^T)^{-1}$ 放大。上游贸易成本的完全效应为

$(I - A^\mathrm{T})^{-1} A^\mathrm{T} \circ (\Delta \ln \tau)^\mathrm{T} u$。上游贸易成本的完全效应正好与累积关税间接成本是一致的。Rouze 和 Miroudot（2013）的累积关税率为 g 国对 h 国 i 部门的直接进口关税率加上上游的累积关税率：

$$cumtariff = T + (I - A^\mathrm{T})^{-1}(A^\mathrm{T} \circ T^\mathrm{T})uu^\mathrm{T} \qquad (5\text{-}10)$$

其中，$cumtariff$ 为累积关税率矩阵，元素 $cumtariff_{ij}^{gh}$ 表示 h 国 j 部门进口 g 国 i 部门产品的累积关税率，T 中元素 τ_{ij}^{gh} 为对 h 国 j 部门进口 g 国 i 部门产品而征收的关税率。一般来说，一国所有部门从其他国家进口的产品的关税率是一样的，这样可有 $\tau_{ij}^{gh} = \tau_{ik}^{gh}$，$j \neq k$。式（5-9）和式（5-10）说明了研究价格冲击和贸易成本负担的投入产出模型框架的重要性，但是，以上投入产出模型框架是相对简单的（线性生产函数假设，反映短期的生产函数形式）。以下几个方向值得进一步探讨。①尽管累积关税率从对生产者价格影响的角度加总计算贸易成本，但是我们需要进一步分析累积关税率对需求、产出和增加值的影响。②有效保护率应考察关税率对国内增加值的保护率，需要在标准模型中考察价值链中关税的有效保护率。③前述都是关税贸易成本的研究，实际上非关税贸易壁垒、交通运输成本等都可以在全球价值链框架中深入研究。④ERP（有效保护率）的计算是基于局部均衡模型框架，没有考察关税结构的变化对社会福利、生产和消费模式的影响。其中，Costinot 等（2011）、Fally 和 Hillbery（2013）构建的新模型，可进一步拓展到一般均衡框架，进而可以考虑内生区位选择、中间投入和最终需求之间的替代关系。⑤最后，以上累积关税率和有效保护率没有考虑加工贸易的影响，因此，构建考虑加工贸易的投入产出表，并以此来研究累积关税率和有效保护率，是值得深入研究的。

2. 国际经济与投入产出联系

这部分主要介绍在国际贸易和宏观模型中考虑 GVC 联系的作用。实际上，投入产出表数据已经被广泛应用于可计算一般均衡模型的模拟分析应用中，如 GTAP 的可计算一般均衡模型成为贸易政策分析工具已经近 30 年。近年来，微观模拟与 CGE 模型的结合成为研究的热点。在贸易和宏观模型领域，相关研究逐步认识到考虑中间投入联系的重要性，这已成为一般均衡模型研究必须引入的机制。Antràs 和 Gortari（2017）基于投入产出表数据构建了一个序列生产模型，以研究垂直专业化问题。Adao 等（2017）利用非参数方法对新古典模型进行了模拟和预测分析，Eaton 等（2016）、Caliendo 等（2017）、Costinot 和 Rodriguez-Clare（2014）、Johnson（2014）等也开展了相关研究。常用的"迂回生产"（Roundabout Production）的多部门模型可以同时匹配总值和增加值贸易数据，因此在考虑迂回生产的一般均衡模型中可以考察贸易摩擦对贸易的影响，以及验证价值链的溢出效应，如 Baldwin 和 Venables（2013）开展的相关研究。在动态一般均衡模型中引入"迂回生产"模式，是一个非常有意义的做法，这几乎将改写所有传统的宏观经济一般均衡模型。在传统的宏观经济模型中，一般都是基于增加值构建生产函数，不考虑生产的产品同时可以作为最终消费品和其他产品生产的中间投入品的情形，一般将生产函数设定为 $Y = AK^{\alpha}L^{\beta}$，我们称这种模型框架为增加值经济（Value-added Economics）。然而，在现实经济中，一种产品既可作为最终消费品，也可作为中间投入品，这种情况下的生产模式也就是我们所说的迂回生产模式。按这种方式构建的经济模型，我们称之为投入产出经济。为了清楚地辨识增加值经济和投入产出经济，需要深刻地认识投入产出经济系统的两个重要特征。①区分行业层面的增加值和产品的最终消费（需求）。虽然行业层面的增加值加总与行业产品的最终消费加总是相等的，即 GDP，也就是 GDP 的生产法和支出法是一致的，但是在行业层面上，增加值与最终消费就可能不相等了。行业增加值可能大于对行业产品的最终消费，这意味着行业部门的一些增加值间接隐含在其他产品中供最终消费。②一种产品既可直接作为最终消费品，也可作为其他部门生产的中间投入品，因此一个部门的产出可以间接地为最终消费做贡献。近年来，基于投入产出经济框架，大量文献探讨了行业层面的冲击与总体产出的相互关系，如 Acemoglu 等（2012）、Acemoglu 等（2013）、Jones（2011a）、Julio（2015）。这些文献都强调，不同行业对经济的影响程度是不同的，而影响程度又受到行业间中间投入联系的影响。这也意味着某一行业的影响程度越高，其在投入产出经济网络中的作用也越大。

用全球价值链核算数据代替总值出口数据和校准模型，为解决某些传统国际经济问题提供了新思路。相对价格的变化将对来源于特定国家的增加值的需求量产生怎样的影响？例如，人民币升值将在多大程度上降低对中国增加值的需求？如果人民币对日元升值，但对美元保持不变，结果又会如何？我们应怎样将这些双边相对价格的变化加总，从而评估中国竞争力的变化？这就是全球价值链实际有效汇率的研究。一般认为，全球价值链分工可能改变了实际相对价格变化对经济活动的影响方式和大小，而没有考虑中间投入联系的传统实际有效汇率存在较大偏差，正如 Klau 和 Fung（2006）指出，不考虑垂直专业化的传统总值贸易权重方法存在较大偏差。Bems 和 Johnson（2012）首次提出了基于任务贸易（中间品贸易）和增加值贸易数据的增加值实际有效汇率，形成了全球价值链实际有效汇率的理论框架。Bems 和 Johnson（2015）进一步对该方法进行了更加精确的阐述，并利用 WIOD 数据进行了比较分析。Patel 等（2014）在 Bems 和 Johnson（2012）的基础上，进一步测算了分行业总产出和增加值实际有效汇率，并考虑了异质性的替代弹性系数。倪红福等（2018）进一步进行了拓展研究，并重点根据结构分解分析了中国的全球价值链实际有效汇率的变化趋势。虽然全球价值链实际有效汇率的理论模型和指标测算取得了一定的成果，但是全球价值链实际有效汇率的应用方面的研究相对缺乏，如探讨全球价值链实际有效汇率对贸易的影响，以及影响全球价值链实际有效汇率的因素。

全球价值链的兴起已经从多个角度改变了贸易保护的成本与收益（Baldwin and Jaimovich，2012；Blanchard，2013）。然而，贸易政策和全球价值链之间的双向互动的实证研究相对较少。随着全球投入产出数据的进一步完善以及增加值贸易核算方法的新发展，未来这方面的研究将得到更大发展。

此外，以上我们一直关注国际贸易中的增加值部分。增加值贸易背后是要素贸易或者污染物排放。如果我们知道各部门生产单位 GDP 所需的要素量（污染物排放，如 CO_2），那么我们就可以将增加值出口流量转化为要素（污染物）流量。为生产增加值出口所需的国内生产要素（污染物）数量与为生产增加值进口所需的国外要素（污染物）数量的差额等于贸易净要素（污染物）含量。与此同时，我们也可以测算按生产者的隐含要素（污染物）和按消费者的隐含要素（污染物，与增加值出口类似）。隐含碳排放是环境经济领域的研究热点之一，也一直是争论的焦点：实施生产者碳排放目标还是消费者碳排放目标，这需要利用投入产出模型测算最终需求吸收的碳排放。

3. 产业和企业层面的理论和实证研究

利用微观层面的财务和进出口数据，适当结合宏观层面的投入产出数据，可以对国际外包、垂直专业化和跨国公司 GVC 活动的测度指标进行改进，以得到更加精确的计量结果。①外包和采购。20 世纪 90 年代，国际外包（国外投入替代国内投入）曾经是国际贸易和政策的主要议题之一。Feenstra 和 Hanson（1996，1999）将外包定义为国外投入占总投入的比重，并利用该指标进行了大量实证研究，主要集中讨论了外包对就业的影响，也出现了有关外包（有的区分物质外包和服务外包）对企业绩效（生产和增长、价格、收入、就业等）的实证研究。这些研究的一个重要前提是外包可以降低产品单位成本，其具体渠道是外包提供了低成本、多样化和高质量的国外投入，且已有文献对这方面的研究大部分利用投入产出表数据从产业层面衡量外包程度。显然，这里的外包程度是基于产出而非增加值测算的，故我们可以利用全球投入产出模型测算的国外增加值率（1-国内增加值率）指标来替代传统的外包测算指标。②贸易壁垒（关税、倾销和反倾销）、GVC 和企业绩效之间的关系研究。Amiti 和 Konings（2007）、Goldberg 等（2010）考察了 GVC 对生产率、就业的影响，这些研究在理论和实证上都值得进一步深入讨论。关于反倾销理论，已有文献中几乎没有对全球价值链和反倾销开展研究。Hoekman 和 Leidy（1992）指出，上游企业的反倾销行为会影响下游企业的反倾销行为，随后 Feinberg 和 Kaplan（1993）利用美国的数据进行实证研究，找到一些初步的证据。此后，就几乎没有出现对全球价值链联系和反倾销的研究。随着全球价值链的深入发展，对全球价值链联系和反倾销问题进行深入研究迫在眉睫。国内也出现了相关研究，如王孝松等（2017）利用全球反倾销数据库和 WIOD 数据对全球价值链和反倾销进行了研究。③产业和企业层面价值链的企业组织理论和实证研究。如在企业层面，Antràs 和 Chor（2013）提供了一个企业产权模型来预测企业在价值链中是如何选择一体化和外包的。Alfaro 等（2015）利用投入产出数据估测母公司和附属机构之间的联系以检验 Antràs 和 Chor（2013）的产权模型。然而，有关跨国公司与其附属机构和非附属机构之间联系数据的缺乏，使得检验跨国公司的企业组织行为的研究存在不足之处。Ramondo 等（2016）质疑产业层面的投入产出联系不能代表跨国企业与其他机构之间的联系。当然，有关跨国公司的企业层面的数据日益丰富，将极大地丰富我们对企业在全球价值链中的行为的分析，该方面的实证研究具有重要的价值和意义。

4. 打通微观和宏观测度方法

不管是宏观还是微观层面，测度全球价值链的方法都取得了较大的进步，但是，这两种方法几乎是平行发展，很少有交叉。然而，这两种方法在理论上是一致的，因此，微观和宏观测度方法的融合是未来的研究趋势。微观企业数据将改善投入产出模型，而投入产出分析将规范微观企业数据的量化。

我们发现在编制全球投入产出表时，没有有关跨境的中间投入的细分数据，即本国生产的国外中间投入的分行业数据是缺乏的，这是因为投入产出统计调查中没有区分国外和国内采购的中间投入。因此，我们可以在以下几个方面进行改进。①改进统计调查方法，尽量区分国外和国内采购的中间投入，以从微观企业层面提供更为详细的反映企业与企业之间的中间投入联系的数据，也为全球投入产出表的编制提供数据基础。②最大化地利用已有数据和方法（如 BEC 的中间品和最终品的区分方法），提高现有投入产出表中相关数据估计的质量，以更加精确地测度全球价值链联系。Feenstra 和 Jensen（2012）利用美国企业贸易数据库（US Linked/Longitudinal Firm Trade Transaction Database）构建了产品部门层面的进口投入矩阵。他们发现利用微观企业数据构建的进口投入矩阵与 BEC 估算的进口投入矩阵的相关系数达 0.87，同时，这也说明可以利用微观数据提高投入产出表中进口投入矩阵的质量。此外，加总产业层面的数据也可以应用到企业层面，从而实现宏观层面与微观层面的融合，如 Chor 等（2014）测度了微观企业的位置，但其利用单国（区域）投入产出模型测算产品部门位置，这实际上是一种封闭经济的测度方法，存在较多不足。倪红福和王海成（2022）把根据全球投入产出模型测算的国家产品部门层次的位置匹配到企业的进出口产品，进而根据企业出口（进口）产品的权重来加权产品所属产品部门的位置，以测度微观企业的位置。结合宏观和微观的方法来测度全球价值链的参与程度和位置是未来非常重要的研究领域。③利用微观数据，把全球投入产出表中的部门进一步细分。现有投入产出表中的产品部门数相对较少，如最新的 WIOD 中只有 56 个部门。而在政策层面，我们需要更细致的全球价值链数据，进而需要细化全球投入产出表。此外，由于出口产品和国内使用产品在生产过程中使用国外中间投入品的强度不同，所以在投入产出表中区分加工贸易和一般贸易，才能更为精确地测度出口产品中的国内增加值。

第六章　全球价值链测度方法

本章主要介绍当前全球价值链测算用到的基础数据库，进而阐述在这些基础数据库上开发的不同的全球价值链测算方法。我们主要对全球价值链的经典文献进行导读，并介绍其中的核心内容。

一　全球价值链核算的基础数据库

随着中间品贸易的快速增长和国际垂直专业化分工的日益细化，全球经济进入了以生产过程分散化和中间品贸易为主要特征的全球价值链时代。近年来，继管理学层面以企业为对象的全球价值链研究之后，行业层面和国家层面的全球价值链研究得到了快速发展。其中，全球价值链核算就是一个新兴热点研究领域，它推动全球价值链研究从以微观个案为基础的管理学层面迅速向基于经济学和统计学的定量及宏观分析层面扩展。

综观全球价值链核算文献，运用全球投入产出表（World Input-Output Tables，WIOT）分解出口贸易增加值的方法已被国内外学者认可。目前国际通用的世界投入产出数据库主要有经合组织的国家间投入产出数据库（Inter-Country-Input-Output，ICIO）、联合国贸发组织的全球投入产出数据库（Eora）、日本经济研究所的亚洲国际投入产出表（AIIOT）、欧盟构建的世界投入产出数据库（World Input-Output Database，WIOD），主要的世界投入产出数据库见表6-1。

表 6-1　主要的世界投入产出数据库

名称	国家/地区数量（个）	部门数量（个）	时间跨度	网址
WIOD2013	40	35	1995~2011 年	http://www.wiod.org/database/wiots13
WIOD2016	43	56	2000~2014 年	http://www.wiod.org/database/wiots16

续表

名称	国家/地区数量（个）	部门数量（个）	时间跨度	网址
OECD-WTO ICIO2018[a]	64	34	2005～2014 年	http://www.oecd.org/ http://www.wto.org/
GTAP-ICIO[b]	121	43	2004 年、2007 年、2011 年	
ADB-MRIO2020[c]	61	35	2000～2019 年	Available through WIOD database
EXIOPOL	43	200	2007 年	http://www.exiobase.eu/
日本经济研究所-亚洲国际投入产出表	10	78	1985 年、1990 年、1995 年、2000 年、2005 年	http://www.ide.go.jp
世界银行增加值数据库	120	227	1997 年、2001 年、2004 年、2007 年、2011 年	https://datacatalog.worldbank.org/dataset/export-value-added-database http://wits.worldbank.org/datadownload.aspx
世界银行 LACEX 数据库	120	24 或 57	1995 年、1997 年、2001 年、2004 年、2007 年、2011 年	http://wits.worldbank.org/datadownload.aspx
Eora	189	26	1990～2015 年	http://www.worldmrio.com/

注：a. 中国和墨西哥的数据在行业上区分了加工贸易和非加工贸易（或全球制造业和非全球制造业）；

b. 该数据库由 RIGVC UIBE 在 GTAP 数据库基础上采用与 Koopman 等（2014）同样的方法加工而成，其特点是农业部门较详细（6 个农业部门）；

c. ADB（Asia Development Bank）在 WIOD 基础上增加了一些亚洲主要经济体的数据。

上述数据库的全球价值链分解数据可参见对外经济贸易大学全球价值链研究院，详见网址 http://rigvc.uibe.edu.cn/sjzlk/sjk/76970.htm。

（一）世界投入产出数据库（WIOD）

2002～2006 年，在欧盟委员会的支持下，荷兰格罗宁根大学完成了 EU-KLEMS 项目，建立了涵盖欧盟 25 国以及美国、日本的可比的国家投入产出数据库，并在该数据库基础上，广泛开展了欧盟地区的经济增长、生产力评估、就业创造、资本形成和技术进步等方面的研究。2009 年开始，格罗宁根大学在 EU-KLEMS 基础上继续前进，开发世界范围内可比的国家投入产出数据库，该项目涵盖 40 个经济体（28 个欧盟国家和 12 个主要经济体，经济总量占全球的 80% 以上）。

WIOD 2016。该数据库包含了 2000～2014 年 28 个欧洲国家与 15 个其他重要经济体的投入产品表，这些经济体覆盖了全球 85% 的产出，数据可获得性与质量较高，是目前使用范围最广的跨国投入产出数据库。该数据库按 ISIC Rev.4 的行业分类标准将经济体划分为 56 个行业，覆盖了农业、制造业以及部分服务业。

WIOD 具有以下八大特点：①所选经济体 GDP 占全球的 85%，具有广泛的代表性。②WIOD 中国际投入产出表中的数据以百万美元（million）表示，不同货币是按市场汇率兑换的。③WIOD 中经济交易都是以基本价格计算的，能更好地表示生产技术结构。国际贸易流量用 FOB（free on board）表示。④WIOD 中具有时间序列的数据表，专门用于跟踪随时间变化的增长，以产出、附加值、贸易和消费的国民账户数据为标准。⑤WIOD 是根据统计机构官方公布的可得数据建立起来的，保证了数据的高质量。⑥WIOT 是根据国内供应使用表（Supply and Use Tables，SUTs）建立的，后者是统计机构编制国内投入产出表的核心数据来源。⑦WIOD 中的社会经济附属账户，提供了针对某一产品的贸易和运输加成（margins）和净税收、劳动力和工资等多方面的信息，这些是其他数据库所没有的。⑧尤其重要的是，WIOD 是免费、开源的。

与其他数据库一样，研究者需要熟悉 WIOD 中特殊的测度问题。WIOD 是一个根据各种基础数据而构建的综合数据库。数据库构建过程中需要做出各种假设，也存在一些不足之处。对这些假设和不足的讨论，对正确使用 WIOD 具有重要作用。更广泛地说，现有的国际投入产出数据库都存在类似的问题。以下我们指出了未来研究的途径，并讨论了研究国际生产分割时面临的统计工作的挑战。①根据最终使用分类的进口数据仍然是一个次优选择。为了改进标准进口等比例假设，WIOD 从供给表中的进口数据开始，使用双边贸易数据得到三种最终使用（中间使用、最终使用和投资）中进口所占比重，通过基于产品介绍的细致内容把 6 位海关编码产品映射到三种最终使用。但是，根据产品最终使用分类构建的不是一对一的映射关系，很多产品可以有多重用途，如石油（中间或者最终消费）和汽车（家庭消费或者投资），因此需要做出先验（ad-hoc）的假设。同时，应该注意到这三种最终使用分类中的数据，也还是基于等比例假设进行分配的。②世界其余地区和镜像流动，估计结果依赖于数据和估计方法的可靠性。与 ROW 估计相关的一个特别问题是，怎样解决全球进口和出口流动不一致的问题。该不一致性问题的解决依赖数据的选择和估计、调平方法的选择。③服务和无形产品的贸易。WIOD 的一个创新点是涵盖了双边服务贸易的详细数据，其整合了包括 UN、OECD、Eurostat、IMF 和 WTO 在内的一系列国际数据来源。这里仍有很多值得改进的地方，特别是在包含企业内部的分支机构间的产品转移的数据方面。从根本上说，主要的问题是企业内贸易价值的误报问题，因为企业通过内部商品流动的记账价格来从跨境税收制度的差异上获得好处（Clausing，2003）。此外，分支机构对使用诸如企业名称、商标、软件和其他知识系统等无形资产的定价机制也需要改进。通常而言，对于这些无形资产的使用并不是由使用者的直接现金流进行补偿的。④技术同质性。任何投入产出表都有的一个局限是，假设行业技术的同质性。WIOT 的一列只提供了在一个特定行业所有企业的平均生产结构。对于不同类型的企业这些结构可能非常不同。例如，加工贸易企业和一般贸易企业的技术不满足技术同质性假设。

（二）全球贸易分析项目（GTAP）

全球贸易分析模型是根据新古典经济理论设计的多国多部门一般均衡模型，由美国普渡大学教授 Thomas W. Hertel 所领导的全球贸易分析项目（Global Trade Analysis Project，GTAP）发展而来，目前已被广泛应用于对贸易政策的分析。

在 GTAP 模型架构中，首先建立可详细描述每个国家（或地区）生产、消费、政府支出等行为的子模型，然后通过国家间的商品贸易，将各子模型联结成一个多国多部门的一般均衡模型。在此模型架构中进行政策仿真模拟时，可以同时探讨该政策对各国各部门生产、进出口、商品价格、要素供需、要素报酬、国内生产总值及社会福利水平等因素的影响。

由于 GTAP 模型能够对政策选择和决策提供具体并且比较准确的建议，当今世界主要经济组织，如世界贸易组织、国际货币基金组织、世界银行等都已经采用 GTAP 模型对国际经济进行分析，并且获得了良好的效果。随着中国越来越多地参与国际事务，各项政策、措施以及分析工具与世界接轨显得尤为必要。通过运用 GTAP 模型模拟中国对外经贸发展与政策变化及相关影响，从而对政策选择提供定量的评价和建议，具有重要的理论价值和现实指导意义。

（三）ADB 数据库

亚洲开发银行多区域投入产出表（ADB-MRIO）对 WIOD 进行了补充，它包括了其他亚洲国家（孟加拉国、马来西亚、菲律宾、泰国和越南）不同年份的数据。

二　全球价值链经典测度和分解方法

本部分我们基本上按全球价值链测算方法发展脉络对其进行阐述。

（一）垂直专业化——Hummels 等（2001）的文献

Hummels 等（2001）的《国际贸易的本质和垂直专业化的演变》一文是全球价值链核算领域最早的研究成果，该文首次使用单国的投入产出模型分析测度垂直专业化程度，为现有的全球价值链核算方面的研究提供了直接的思路，具有里程碑意义。

该文将狭义的垂直专业化定义为：用进口投入品生产出口产品。该文利用 10 个 OECD 国家和 4 个新兴市场国家的投入产出表测算了狭义垂直专业化，得到如下结论。①垂直专业化在这些国家的出口额中占比 21%，在 1970～1990 年，增长了近 30%；与此同时，在这些国家的出口额增长中，垂直专业化增长贡献了 30%。②部门内 VS 强度的增大解释了国家 VSS 增长的大部分。尤其是化学和机械部门对 VSS 的增长贡献了大部分。③OECD 中的垂直专业化主要涉及其他 OECD 国家——主要是发达国家——的投入品被生产和出口到其他发达国家。但是，美国是这种模式的一个特例，美国已经越来越重视与发展中国家的贸易，其垂直专业化已经迅速增长。

虽然该文相对简单，但是其思想和方法非常重要，是相关经典研究文献的起点。

（二）出口国内增加值——Kee 和 Tang（2016）的文献

Kee 和 Tang（2016）的《出口国内增加值：理论和来自中国企业层面的经验证据》一文是全球价值链微观测度方面最为经典的文献之一，也是对出口国内增加值率测算方面最为精细的文章之一。[①]

世界贸易组织总干事 Pascal Lamy 指出，生产过程越来越分割，传统的贸易模式已经改变，但是我们的贸易数据并没有反映这种改变，许多产品在中国组装，但是它们的商品价值却来自多个不同的国家。我们想知道，在最终产品的生产过程中，属于每个国家的那部分价值增值是多少。

Kee 和 Tang（2016）的研究，至少有以下几点值得学习。①该文建立的计量模型完全符合经济学研究范式，逻辑清晰，数学模型与计量实证相辅相成。这就能有效避免理论模型与计量实证很多时候不太一致的问题。②微观和宏观

---

①　出口国内增加值率（DVAR）是指出口中的国内增加值部分的比重，或者是总出口中属于国内的增加值的占比。这里实际上以属地原则来衡量增加值，也称为"国内附加值率"。

测度相互融合。Kee 和 Tang（2016）在估算国外进口产品中隐含的国内增加值部分时利用了宏观层面的全球投入产出模型的测算数据，这在一定程度上体现了微观和宏观测度的融合。这也是未来该领域的一个重要研究方向。③微观数据处理和计量方法。三阶段的最小二乘回归方法，提供了将企业层面的数据上升到产业层面的分析方法、上游产业的产品种类的多样性计算方法、上游产业的中间投入进口关税率的计算方法、行业人民币汇率的计算方法（Tornqvist method）、产业层面国内中间投入的价格指数的计算方法。④文末指出的未来研究方向，值得进一步深入研究，如 DVAR 与生产率、创新、收入分配，金融、税收政策对 DVAR 的影响等。

最后，Kee 和 Tang（2016）的主要研究结论如下。①在样本区间，所有加工贸易企业的 DVAR，都呈现出明显的增长态势。并且，无论是行业还是加总的 DVAR，都呈现出上升的趋势。企业的进入和退出，都对这一上升趋势没有影响。②出现这一趋势的主要原因，是企业使用国内原材料对进口原材料进行替代。③这一替代，是国内原材料对进口原材料相对价格下降的反映，而相对价格的下降主要是由国内中间投入品种类的增加引起的。④国内中间投入品种类的扩张，是由加工贸易出口商中外商投资企业数量增加，以及上游供应商的进口关税下降引起的。⑤以国内原材料相对进口原材料价格下降为基础，该模型几乎解释了 2000~2007 年所有企业和加总 DVAR 的增长。

（三）增加值出口与宏观贸易研究启示——Johnson 和 Noguera（2012）、Johnson（2014）的文献

在当今国际经济中，中间品贸易是一大特点。由跨境生产而引起的中间品贸易对核算形成了以下两大挑战：一是"重复统计"问题，传统总值贸易统计是在对出口商品的总值进行统计，而不是对净增加值进行统计，这就造成了"重复统计"问题，即高估了出口中国内增加值部分；二是中间品的迂回流动，跨国生产网络意味着在到达最终使用目的地之前，中间投入产品在不同国家部门间实现了多轮流动。以上问题，在国民经济核算中易导致 GDP 统计（增加值统计）与国际贸易上总值统计的不一致性。于是，需要从增加值（附加值）的角度来统计进出口。Johnson（2014）指出：全球的增加值出口率（增加值出口/总值出口）从 20 世纪七八十年代的约 85% 下降到了当今的 70%~75%，世界各国的垂直专业化程度上升，且世界各国的增加值出口额和增加值出口率存在较大的异质性。传统总值贸易统计数据高估了制造业在出口中的贡献，低

估了服务业在出口中的贡献。增加值贸易核算方法和思路在国际宏观经济、贸易研究和政策分析研究中占有重要地位，因此需要从增加值视角，重新对国际经济周期模型、贸易保护有效税率、实际有效汇率等研究领域进行思考和研究。

Johnson 和 Noguera（2012）首次从理论和实证上利用多区域投入产出表对该问题进行了研究。一定程度上，可以说该文是后续基于全球投入产出表的全球价值链核算理论和方法的思想源泉。理解了该文的思路和方法，基本上就掌握了基于全球投入产出模型的全球价值链核算的精髓。

本章只强调了增加值贸易核算的一个指标——增加值出口。Johnson 和 Noguera（2012）将在一国生产而最终被别国消化吸收的增加值定义为增加值出口（被其他国家最终吸收的产品中隐含的国内增加值）。像根据不同目的地把总产出进行分解一样，增加值出口根据不同目的地对一国的 GDP 进行分解。增加值出口对以增加值形式表达的国际模型来说是一种合适的出口测度方法。

在描述增加值出口是如何计算之后，该文总结了关于总值出口与增加值出口之间差异的五个事实。第一，两者之间的差距随时间推移逐渐扩大，目前大约为25%。第二，与增加值贸易相比，制造业（相对于服务业）在总额贸易中显得更为重要。第三，这种差异具有区域异质性，增加值出口率从50%（中国台湾）到90%（俄罗斯）不等。第四，总值出口和增加值出口的差异在不同贸易伙伴间具有异质性，且这种异质性比之前的区域异质性甚至更大。第五，随时间推移，这些差异在国家和贸易伙伴间的变化是不均匀的，快速成长的新兴市场和签署了双边贸易协定的国家经历了更大的增加值出口率下滑。

（四）追踪全球生产链的增加值——Koopman 等（2010）、Koopman（2014）的文献

Koopman 等（2010）的《有功则赏：追踪全球生产链的增加值》是一篇 NBER 工作论文，[①] 该工作论文与 Koopman 等（2014）的 ARE 文章极其相似，只是后者用 WIOD 数据而非 GTAP 数据进行了实证分析，测算公式分解项进一步有所扩展，但是研究思路和方法是一致的。

针对传统总值贸易存在的"重复统计"问题，Koopman 等（2010）首次提

---

① 将最早的工作论文与已发表的文章一起研读，便于学习者了解文章的修改脉络和发展思路，以及好文章是如何逐步打磨出来的。

出了总出口的增加值分解的统一的逻辑框架，几乎囊括了前人对全球价值链的测度指标。后续有关全球价值链的更细致的分解方法以及位置测度指标，基本上是对该文思路的扩展。该文在全球投入产出模型框架下，对国家行业部门层面的出口进行了增加值来源的分解，分解为五部分：①作为最终产品和服务，并被直接进口国吸收的出口中的国内增加值；②被直接进口国用来生产且被吸收的国内产品的中间品出口中的国内增加值；③被直接进口国用来生产产品，再出口至第三国且被最终吸收的中间品出口中的国内增加值（间接增加值出口）；④被直接进口国用来生产产品再返回到本国且被最终吸收的中间品出口中的国内增加值（返回的国内增加值）；⑤总出口中来自国外的增加值（出口中隐含的国外增加值）。[①]

该工作论文利用 GTAP 数据进行了实证测算分析，得到以下几个有意思的结论。①美国出口中的国外增加值份额是 12.9%。相比之下，中国的加工贸易中，国外增加值份额有 56.6%。②基于总值贸易和增加值贸易的显示性比较优势指数（RCA），使用总值贸易计算 RCA 时，印度商务服务的出口占比异常高，表现出很强的显示性比较优势。然而，当我们用出口中国内增加值计算 RCA 时，该部门转而成为印度的比较劣势部门。美国、欧洲和日本该部门的 RCA 排名在使用出口中国内增加值进行重新计算后均有所上升。究其原因，发达国家的商务服务经常是以嵌入在制造业出口中的方式间接出口的。③中国与美国、中国与欧盟的贸易顺差，以增加值贸易口径统计时比用总值统计时分别减少了41% 和 49%。相比之下，日本与美国、日本与欧盟的贸易顺差用增加值统计时分别多了 40% 和 31%，因为日本将产品组件出口到亚洲其他国家，这些组件最后组装为最终产品并出口到美国和欧盟。

Koopman 等（2014）弥补了列昂惕夫（1936）无法准确测算不同经济体出口贸易增加值的构成的这一重大缺陷，构建了一个涵盖国家-国家、国家-部门、部门-部门等多层面的出口贸易分解模型。首先，构建一个简化的 G 国 N 部门的全球投入产出表（ICIO）（见表 6-2）。行向量表示产品分配使用，总产出＝中间使用＋最终使用；列向量表示产品生产总投入，总投入＝中间投入＋增加值。

---

① 出口中国内/国外增加值成分与增加值出口是两个既有联系又有所不同的概念。虽然两个概念都测度了产品生产国使用的要素创造的价值，但是出口中的国内成分不区分这些价值的最终吸收国。相比之下，增加值出口是指一国生产而被另一国最终吸收的增加值。

表 6-2 *G* 国 *N* 部门的全球投入产出表

投入＼产出		中间使用				最终使用				总产出
		1	*2*	⋯	*G*	*1*	*2*	⋯	*G*	
中间投入	*1*	Z^{11}	Z^{12}	⋯	Z^{1g}	Y^{11}	Y^{12}	⋯	Y^{1g}	X^1
	2	Z^{21}	Z^{22}	⋯	Z^{2g}	Y^{21}	Y^{22}	⋯	Y^{2g}	X^2
	⋮	⋮	⋮	⋮	⋮	⋮	⋮		⋮	⋮
	G	Z^{g1}	Z^{g2}	⋯	Z^{gg}	Y^{g1}	Y^{g2}		Y^{gg}	X^g
增加值		Va^1	Va^2	⋯	Va^g					
总投入		$(X^1)^{\mathsf T}$	$(X^2)^{\mathsf T}$	⋯	$(X^g)^{\mathsf T}$					

注：Z^{sr} 指 r 国使用 s 国的中间投入 $N×N$ 维的矩阵；Y^{sr} 指 s 国生产的最终品最终被 r 国消费吸收的 $N×1$ 维的矩阵；X^s 指 s 国最终产出的 $N×1$ 维的矩阵；Va^g 指 g 国增加值系数。

$$X = AX + Y = A^D X + Y^D + A^F + Y^F = A^D X + Y^D + E \tag{6-1}$$

式（6-1）为总产出均衡公式。其中，$A^D = \begin{pmatrix} A^{11} & 0 & \cdots & 0 \\ 0 & A^{22} & \cdots & 0 \\ \vdots & \vdots & \ddots & \vdots \\ 0 & 0 & \cdots & A^{gg} \end{pmatrix}$ 为全球投入产出表的国内投入系数矩阵；进口投入系数矩阵 $A^F = A - A^D$；最终品出口向量 $Y^F = Y - Y^D$；不同国家的最终品产出向量 $Y = \left(\sum_r^G Y^{1r} \quad \sum_r^G Y^{2r} \quad \cdots \quad \sum_r^G Y^{gr} \right)^{\mathsf T}$；

最终品国内生产并消费向量 $Y^D = \left(\sum_r^G Y^{11} \quad \sum_r^G Y^{22} \quad \cdots \quad \sum_r^G Y^{gg} \right)^{\mathsf T}$。由式（6-1）可进一步得到式（6-2）。

$$X = (I - A^D)^{-1} Y^D + (I - A^D)^{-1} E = LY^D + LE = LY^D + LY^F + LA^F X \tag{6-2}$$

其中，L 表示国内生产的列昂惕夫系数矩阵。根据式（6-1）与式（6-2）以及表（6-1）可知，一国总产出 X 的使用方向主要分为国内使用与国外使用两大部分。因此根据 Koopman 等（2014）的出口分解模型可知，出口贸易可分解为 8 项增加值，具体分解公式见式（6-3）。其中，#表示对应元素相乘。

$$E^{sr} = \overbrace{(V^s B^{ss})^{\mathsf T} \# Y^{sr}}^{1\_DVA\_FIN} + \overbrace{(V^s L^{ss})^{\mathsf T} \# (A^{sr} B^{rr} Y^{rr})}^{2\_DVA\_INT}$$

$$+(V^sL^{ss})^{\mathrm{T}}\#\overbrace{[A^{sr}\sum_{t\neq s,r}^{G}B^{rt}Y^{tt}+A^{sr}B^{rr}\sum_{t\neq s,r}^{G}Y^{rt}+A^{sr}\sum_{t\neq s,r}^{G}B^{rt}\sum_{u\neq t}^{G}Y^{tu}]}^{3\_DVA\_INTrex}$$

$$+(V^sL^{ss})^{\mathrm{T}}\#\overbrace{[A^{sr}B^{rr}Y^{rs}+A^{sr}\sum_{t\neq s,r}^{G}B^{rt}Y^{ts}+A^{sr}B^{rs}Y^{ss}]}^{4\_RDV}$$

$$+\overbrace{[(V^rB^{rs})^{\mathrm{T}}\#Y^{sr}+(\sum_{t\neq s,r}^{G}V^tB^{ts})^{\mathrm{T}}\#Y^{sr}]}^{5\_FVA\_Imp}$$

$$+\overbrace{[(V^rB^{rs})^{\mathrm{T}}\#(A^{sr}L^{rr}Y^{rr})+(\sum_{t\neq s,r}^{G}V^tB^{ts})^{\mathrm{T}}\#(A^{sr}L^{rr}Y^{rr})]}^{6\_FVA\_Oth}$$

$$+\overbrace{(V^sL^{ss})^{\mathrm{T}}\#[A^{sr}B^{rs}\sum_{t\neq s}^{G}Y^{st}+(V^sL^{ss}\sum_{t\neq s}^{G}A^{st}B^{ts})^{\mathrm{T}}\#(A^{sr}X^r)]}^{7\_DDC}$$

$$+\overbrace{[(V^rB^{rs})^{\mathrm{T}}\#(A^{sr}L^{rr}E^{r^*})+(\sum_{t\neq s,r}^{G}V^tB^{ts})^{\mathrm{T}}\#(A^{sr}L^{rr}E^{r^*})]}^{8\_FDC} \qquad (6-3)$$

式 （6-3） 中, $V=VA^s/X^s$,

$$B=(I-A)^{-1}=\begin{pmatrix}I-A^{11}&\cdots&-A^{1G}\\\vdots&\ddots&\vdots\\-A^{G1}&\cdots&I-A^{GG}\end{pmatrix}=\begin{pmatrix}B^{11}&\cdots&B^{1G}\\\vdots&\ddots&\vdots\\B^{1G}&\cdots&B^{GG}\end{pmatrix},$$

$$L=(I-A^d)^{-1}=\begin{pmatrix}I-A^{11}&\cdots&0\\\vdots&\ddots&\vdots\\0&\cdots&I-A^{GG}\end{pmatrix}^{-1}=\begin{pmatrix}L^{11}&\cdots&0\\\vdots&\ddots&\vdots\\0&\cdots&L^{GG}\end{pmatrix}$$

进一步，依据出口产品的最终吸收地及吸收渠道的不同，将一国出口贸易总值分解为8项增加值，分为四大部分阐述其经济学含义（见图6-1）。

具体而言，第一部分表示出口贸易的国内增加值（VAX_G）：出口贸易的国内增加值主要涵盖三小部分，即最终品出口被进口国直接吸收的国内增加值（DVA_FIN）、直接被进口国吸收的中间品出口的国内增加值（DVA_INT）及进口国使用并出口至第三国的国内增加值（DVA_INTrex），此即考虑到各国贸易迂回的情况。因此，$VAX\_G=DAV\_FIN+DVA\_INT+DVA\_INTrex$。第二部分为出口返回国内的增加值（$RDV$）：出口中间品又返回国内的增加值部分。第三部分为出口贸易的国外增加值部分（FVA）：$FVA=FVA\_Imp+FVA\_Oth$，即出口的国外增加值主要包含直接被进口国吸收的增加值（FVA_Imp）与被第三国吸收的增加值（FVA_Oth）。第四部分为纯重复计算的增加值（PDC）：$PDC=DDC+FDC$，纯重复计算部分主要包括国内账户重复计算部分（DDC）与国外账户重

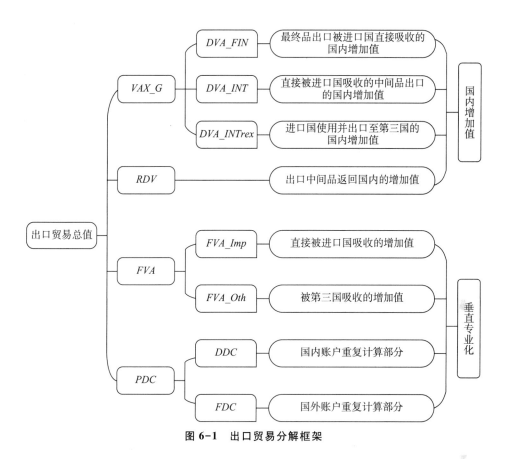

图 6-1　出口贸易分解框架

复计算部分（FDC），反映全球生产网络迂回贸易的情况。以上即为 Koopman 等（2014）分解出口贸易的 8 项增加值，该文主要依据该分解与 GTAP 模型相联系。

（五）量化双边和部门层面的国际生产分工——Wang 等（2013）的文献

Wang 等（2013）的文章是有关全球价值链测度的集大成之作，也是难度相对较大的一篇。

现有文献常使用标准 Leontief 方法分解最终需求或增加值（GDP）。一方面，这种方法主要从总产出（出口）中提取增加值，但是无法捕捉总值贸易流量中的有关国内增加值和重复计算的额外信息。而这些项目往往具有不同的经济意义，并且它们的相对重要性代表了不同类型的跨国生产分工安排。另一方面，通过直接应用标准 Leontief 分解方法可以估算出一个国家的出口总值的增加值或国内增加值，这种分解不需要分解国际中间贸易流量。然而，在分解水平上揭示总值贸易的增加值结构需要找到一种将中间贸易分解为增加值和重复计算部分的方法，不能通过简单地将列昂惕夫逆矩阵和最终需求相乘来实现。

Wang 等（2013）的主要目标是建立一个分类核算框架，将部门、双边或双边部门的总值贸易分解为增加值和重复计算的部分。为解决这个问题，该文提出了一种方法，根据吸收的最终目的地，将所有双边中间贸易流量分解为最终需求，并将生产各阶段的总产出表示为相关国家的最终需求。这一关键技术步骤能够将任何特定年份的总值贸易流量分解为最终产品，从而奠定了在核算框架中通过增加值来解释总值贸易的基础。

该文认为这种核算方法搭建了连接标准国民账户体系（SNA）和贸易统计的桥梁，为以增加值术语解释官方贸易数据奠定了基础。此外，它的一系列分解结果可以帮助我们更好地理解国际生产分工模式和发现官方贸易数据所掩盖的全球价值链相关信息。

该文作者希望这种贸易核算方法和应用该方法产生的数据集能够为国际贸易界的其他研究人员提供有用的工具和额外的数据来源，以更好地研究国际生产分工和全球价值链。

（六）全球价值链生产分解模型——Wang 等（2017a，2017b）的文献

Wang 等（2017a，2017b）的两篇文献是同一研究主题的不同版本，是王直、魏尚进等学者对全球价值链测度研究的又一集大成之作，对有关全球价值链的生产长度（阶段数）、生产位置（上下游）进行了系统和全面的研究。文献中定义的测度指标，可以进一步应用于有关全球价值链参与程度、生产长度、位置等实证研究中。

全球价值链的出现已经改变了过去二十年来的国际贸易模式。产品和服务的不同生产阶段分布在不同国家，零部件出现多次跨境贸易，基于序贯生产的全球价值链的测度指标亟待开发。近年来，Fally（2012）提出了两种方法测度GVC 的生产长度：上游度（到最终需求的距离）和下游度（体现在产品和服务中的生产阶段数）。随后 Antràs 等（2012），Antràs 和 Chor（2013）进行了进一步的探索。然而这些研究结果存在一些不足之处，如这些生产长度（或上游度、下游度）对国家行业部门的测度结果不一致（主要是因为使用了行业部门的总

产出）。Fally（2012）研究发现美国的生产长度变短，经济复杂度降低，这一结论不符合经济直觉。因此，基于已有文献，在考虑国家部门层面的异质性基础上（各国部门的外包和离岸外包的程度相差较大），Wang 等（2017a，2017b）重新构建了全球价值链的生产长度、参与程度和位置等测度指标。这些指标和数据有助于理解全球价值链和各国参与全球价值链的模式，也为后续的相关实证研究提供了新的测算维度和数据。

一般来说，生产链条始于行业部门的初始投入（资本和劳动），而不是总产出。因此，将生产长度定义为从国家部门的原始投入到另一国家部门的最终产品之间的生产阶段数，是易于进行经济学解释的。该文中定义的平均生产长度为：在序贯生产过程中使用的要素创造的增加值被计算为总产出的平均次数。即累计的总产出与相应价值链中的增加值的比，该增加值引致了总产出。Wang 等（2017b）还基于 Koopman 等（2014）、Wang 等（2013）的分解方法，把生产长度分解为纯国内部分、李嘉图贸易、GVC 相关部分。

Wang 等（2017b）的主要结论如下。①中国的生产长度总是高于美国，生产的复杂程度相对较高。②1995～2011 年，发展中国家（如中国）的生产长度基本上持续上升。发展中国家的变长幅度大于发达国家的变短幅度，导致全球的生产长度变长。③对生产长度的分解分析中，几乎所有国家的国际生产长度都在上升。④1995～2011 年，所有国家的 GVC 参与程度都出现了上升。⑤参与全球价值链程度越深、GVC 的生产长度越长，受金融危机的冲击的影响越大。

以下我们对 Wang 等（2017a，2017b）文献中的相关指标做一个简要的介绍。首先构建一个 G 国 N 部门的全球投入产出表，如表 6-2 所示。

$$X = AX + Y = A^D X + Y^D + A^F + Y^F = A^D X + Y^D + E \qquad (6-4)$$

其中，$A^D = \begin{pmatrix} A^{11} & 0 & \cdots & 0 \\ 0 & A^{22} & \cdots & 0 \\ \vdots & \vdots & \ddots & \vdots \\ 0 & 0 & \cdots & A^{gg} \end{pmatrix}$ 为全球投入产出表的国内投入系数矩阵；

进口投入系数矩阵 $A^F = A - A^D$；最终品出口向量 $Y^F = Y - Y^D$；

不同国家的最终品产出向量 $Y = \left(\sum_r^G Y^{1r} \quad \sum_r^G Y^{2r} \quad \cdots \quad \sum_r^G Y^{gr} \right)^T$；

最终品国内生产并消费向量 $Y^D = \left(\sum_r^G Y^{11} \quad \sum_r^G Y^{22} \quad \cdots \quad \sum_r^G Y^{gg} \right)^T$。

$$X = (I - A^D)^{-1} Y^D + (I - A^D)^{-1} E = LY^D + LE = LY^D + LY^F + LA^F X \qquad (6-5)$$

前向分解。根据 Wang 等（2017a）的研究，我们依据增加值的流向对国家的增加值（GDP）或部门层面增加值进行 GVC 前向分解，见式（6-6）：

$$Va^T = \hat{V}BY = \overbrace{\hat{V}LY^D}^{① VA\_D} + \overbrace{\hat{V}LY^F}^{② VA\_RT} + \overbrace{\hat{V}LA^F L\hat{Y}^D}^{③ VA\_GVC\_S} + \overbrace{\hat{V}LA^F(BY - LY^D)}^{④ VA\_GVC\_C} \qquad (6-6)$$

式（6-6）中，$\hat{V}LY^D$ 表示用于国内生产和最终消费的纯国内增加值，记为 VA_D；$\hat{V}LY^F$ 是蕴含于出口最终产品中的国内增加值，用于满足国外最终消费需求，表示传统的李嘉图出口贸易活动增加值，不涉及任何跨国生产合作，记为 VA_RT；跨国生产活动还可细分为 $VLA^F L\hat{Y}^D$ 和 $\hat{V}LA^F(BY - LY^D)$ 两部分，分别记为 VA_GVC_S 和 VA_GVC_C。主要依据增加值跨境次数进行区分，前者（V_GVC_S）由于其仅发生一次跨境贸易，称为前向简单 GVC 生产活动（又称浅度 GVC 生产活动），被进口国用于最终产品生产并完全由进口国吸收；后者（VA_GVC_C）是指蕴含在中间品出口中直接被进口国生产用于自身消费或出口的最终品，至少发生两次跨境贸易，称为前向复杂 GVC 生产活动（又称深度 GVC 生产活动）。

后向分解。我们根据增加值来源将国家或部门层面的最终产品进行 GVC 后向分解，其分解模式同前向分解，见式（6-7）：

$$Y^T = VB\hat{Y} = \overbrace{VL\hat{Y}^D}^{① FGY\_D} + \overbrace{VL\hat{Y}^F}^{② FGY\_RT} + \overbrace{VLA^F L\hat{Y}^D}^{③ FGY\_GVC\_S} + \overbrace{VLA^F(B\hat{Y} - L\hat{Y}^D)}^{④ FGY\_GVC\_C} \qquad (6-7)$$

其中，$VL\hat{Y}^D$ 表示国内生产与最终消费的投入，记为 FGY_D；$VL\hat{Y}^F$ 表示直接用于最终品出口的国内增加值，表示传统李嘉图进口贸易，不涉及跨国合作，记作 FGY_RT；跨国生产活动分为两大部分：$VLA^F L\hat{Y}^D$ 与 $VLA^F(B\hat{Y} - L\hat{Y}^D)$，前者表示直接用于国内消费的进口国的增加值，由于仅跨境一次，称为后向简单 GVC 生产活动，记作 FGY_GVC_S；后者表示蕴含于中间品进口中用于生产本国消费或出口的最终品，由于跨境多次，称为后向复杂 GVC 生产活动，记作 FGY_GVC_C。

借鉴 Wang 等（2017a）对一国 GDP 的全球价值链活动解构原理的剖析，将全球价值链生产活动的前向分解与后向分解进行对比分析（见表6-3）。

表 6-3 全球价值链前向分解与后向分解各项对照表

全球价值链分解			跨境次数/经济活动类	增加值部分的具体内涵
第一部分	前向：VA_D	$\hat{V}LY^D$	不跨境：国内生产	用于满足国内生产并在国内消费的产出增加值
	后向：FGY_D	$VL\hat{Y}^D$	不跨境：国内生产	满足国内生产并在国内消费的投入增加值
第二部分	前向：VA_RT	$\hat{V}LY^F$	跨境 1 次：传统贸易，不生产	用于传统贸易最终品出口的国内增加值
	后向：FGY_RT	$VL\hat{Y}^F$	跨境 1 次：传统贸易，不生产	用于最终品出口的国内增加值
第三部分	前向：VA_GVC_S	$\hat{V}LA^F LY^D$	跨境 1 次及以上：中间品出口，生产	蕴含于出口中间品，用于进口国生产并最终在进口国消费
	后向：FGY_GVC_S	$VLA^F L\hat{Y}^D$	跨境 1 次及以上：中间品进口，生产	蕴含于进口中间品，用于本国生产并最终在本国消费
第四部分	前向：VA_GVC_C	$\hat{V}LA^F(BY - LY^D)$	跨境 2 次及以上：中间品出口，生产	蕴含于出口中间品，返回本国被吸收或被第三国吸收
	后向：FGY_GVC_C	$VLA^F(B\hat{Y} - L\hat{Y}^D)$	跨境 2 次及以上：中间品进口，生产	蕴含于进口中间品，用于生产出口产品的进口增加值

对于全球价值链生产长度指标，由表 6-2 的全球投入产出表易知，具体而言，全球价值链的第一生产阶段，$Va^T = \hat{V}X = \hat{V}BY$，假若部门 i 与部门 j 相同，部门 i 的初级要素投入直接蕴含于最终产品部门 j，国家 s 部门 i 蕴含于国家 r 部门 j 的增加值为 $\delta_{ij}^{sr} v_i^s y_j^r$，$\delta_{ij}^{sr}$ 为虚拟变量。假若部门 i 和部门 j，国家 s 和国家 r 均保持相同，则 $\delta_{ij}^{sr} = 1$。在该阶段，生产长度为 1，生产链的产出为 $\delta_{ij}^{sr} v_i^s y_j^r$。全球价值链的第二生产阶段，国家 s 部门 i 总产出的增加值被国家 r 部门 j 用于中间品生产，蕴含的增加值为 $v_{ij}^{sr} a_{ij}^{sr} y_j^r$，这是蕴含于国家 s 部门 i 的增加值。在第二阶段，生产链产出为 $2v_{ij}^{sr} a_{ij}^{sr} y_j^r$，等于增加值的 2 倍。全球价值链的第三生产阶段，国家 s 部门 i 中间品出口的间接增加值为 $v_i^s \sum_t^G a_{ik}^{st} a_{kj}^{tr} y_j^r$。国家 s 部门 i 最终品的间接增加值在该阶段生产链引致的产出为 $3v_i^s \sum_{t,k}^{G,N} a_{ik}^{st} a_{kj}^{tr} y_j^r$。后续全球价值链的生产阶段以此类推。

因此，以前向分解为例，整个生产过程国家 s 部门 i 对国家 r 部门 j 出口贸易中蕴含的直接或间接增加值为：

$$\delta_{ij}^{sr} v_i^s y_j^r + v_{ij}^{sr} a_{ij}^{sr} y_j^r + v_i^s \sum_t^G a_{ik}^{st} a_{kj}^{tr} y_j^r + \cdots = v_i^s b_{ij}^{sr} y_j^r \tag{6-8}$$

$$\delta_{ij}^{sr} = \begin{cases} 1, i = j \text{ and } s = r \\ 0, i \neq j \text{ or } s \neq r \end{cases}$$

式（6-8）写作矩阵形式，见式（6-9）：

$$\hat{V}\hat{Y} + \hat{V}A\hat{Y} + \hat{V}AA\hat{Y} + \cdots = \hat{V}(I + A + AA + \cdots)\hat{Y} = \hat{V}(I - A)^{-1}\hat{Y} = \hat{V}B\hat{Y} \qquad (6-9)$$

全球价值链递归序贯生产表达式，见式（6-10）：

$$\delta_{ij}^{sr}v_i^s y_j^r + 2v_{ij}^{sr}a_{ij}^{sr}y_j^r + 3v_i^s\sum_t^G a_{ik}^{st}a_{kj}^{tr}y_j^r + \cdots = v_i^s\sum_{t,k}^{G,N} b_{ik}^{st}b_{kj}^{tr}y_j^r \qquad (6-10)$$

式（6-10）写作矩阵形式，见式（6-11）：

$$\hat{V}\hat{Y} + 2\hat{V}A\hat{Y} + 3\hat{V}AA\hat{Y} + \cdots = \hat{V}(I + 2A + 3AA + \cdots)\hat{Y} = \hat{V}(B + AB + AAB + \cdots)\hat{Y} = \hat{V}BB\hat{Y}$$

$$(6-11)$$

因此，生产长度公式为：

$$plvy_{ij}^{sr} = \frac{v_i^s\sum_{t,k}^{G,N} b_{ik}^{st}b_{kj}^{tr}y_j^r}{v_i^s b_{ij}^{sr}y_j^r} \qquad (6-12)$$

$$plv_i^s = \frac{Xv_i^s}{Va_i^s} = \frac{v_i^s\sum_{t,k}^{G,N} b_{ik}^{st}\sum_{r,j}^{G,N} b_{kj}^{tr}y_j^r}{v_i^s\sum_{r,j}^{G,N} b_{ij}^{sr}y_j^r} = (x_i^s)^{-1}\sum_{t,k}^{G,N} b_{ik}^{st}x_k^t = \sum_{t,k}^{G,N} h_{ik}^{st} \qquad (6-13)$$

$$\sum_{t,k}^{G,N} b_{ik}^{st}y_j^r y_j^r = x_i^s \qquad \sum_{r,j}^{G,N} b_{kj}^{tr}y_j^r y_j^r = x_k^t$$

转化为矩阵形式：

$$PLvy = \frac{\hat{V}BB\hat{Y}}{\hat{V}B\hat{Y}} \qquad (6-14)$$

$$PLv = \frac{Xv}{Va} = \frac{\hat{V}BB\hat{Y}u^T}{\hat{V}B\hat{Y}u^T} = \frac{\hat{V}BB\hat{Y}}{\hat{V}B\hat{Y}} = \frac{\hat{V}BX}{\hat{V}X} = \hat{X}^{-1}BX = \hat{X}^{-1}B\hat{X}u^T = Hu^T \qquad (6-15)$$

基于前向分解的全球价值链生产长度为：

$$PLv\_GVC = \frac{\hat{V}(BB - LL)\hat{Y}}{\hat{V}(B - L)\hat{Y}} = \frac{\hat{V}(LLA^E B + LA^E BB)\hat{Y}}{\hat{V}LA^F B\hat{Y}} \qquad (6-16)$$

鉴于后向分解的全球价值链生产长度与前向分解类似，此处不再赘述。

进一步，根据 Wang 等（2017a）生产分解模型的分解思路，依据出口产品的最终吸收地、吸收渠道及跨境次数的不同，将总生产长度（*TPL*）分解为三大部分：纯国内部分的生产长度（*PL_D*）、传统贸易生产长度（*PL_RT*）与全球价值链活动的生产长度（*PL_GVC*）。其中，全球价值链活动的生产长度又可分为简单价值链的生产长度（*PL_GVC_S*）与复杂价值链的生产长度（*PL_GVC_C*）（见图 6-2）。注意：由于 Wang 等（2017a）可进行前向分解与后向分解，因此每一个小部分均可继续分为前向分解和后向分解：*TPL* 又可分为 *TPLv* 和 *TPLy*、*PL_D* 分为 *PLv_D* 和 *PLy_D*、*PL_GVC* 分为 *PLv_GVC* 和 *PLy_GVC*、*PL_GVC_S* 分为 *PLv_GVC_S* 和 *PLy_GVC_S*、*PL_GVC_C* 分为 *PLv_GVC_C* 和 *PLy_GVC_C*。其中，*v* 表示前向分解，*y* 表示后向分解。

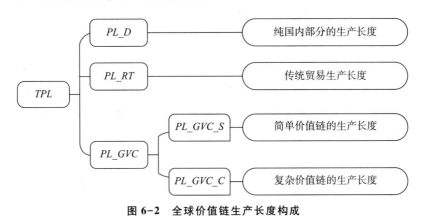

图 6-2　全球价值链生产长度构成

基于 Wang 等（2017a）分解得到的结果，构建全球价值链嵌入位置指标体系。全球价值链嵌入位置指数的定义，计算公式如下：

$$GVC\_Position_{ir} = \frac{PLv\_GVC_{ir}}{PLy\_GVC_{ir}} \qquad (6-17)$$

其中，PLv_GVC_{ir} 表示基于前向联系的国家 r 部门 i 的生产长度，PLy_GVC_{ir} 表示基于后向联系的国家 r 部门 i 的生产长度。而全球价值链上游度与下游度分别基于不同参照端来定义。具体而言，前向关联是指与最终需求的距离，后向关联是与所有产品部门的初始投入（增加值）端的距离，因此基于上游度与下游度考量一国及部门在全球价值链中的位置，结果会出现不一致。相比于 Fally（2012）的单一上游度的衡量，Wang 等（2017a，2017b）测算的上游度与下游度的比值作为某一经济体或某一部门在全球价值链嵌入位置的表征，能够更好刻画经济体参与全球价值链生产活动的情况。

三　全球价值链七大易混淆点

（一）全球价值链易混淆点 1：贸易增加值 ≠ 贸易竞争力

贸易中附加值所占比重的经济内涵并不清晰，并不能一味地认为附加值率越高福利效应就越高，更不能将其与微笑曲线等同对待。例如，农产品贸易的附加值率显然高于制成品贸易，但我们并不认为农产品贸易所带来的福利效应一定高于制成品贸易。因此，贸易附加值只是在衡量真实贸易流量方面对现有研究进行了改进，贸易附加值率的高低并不能直接反映贸易的竞争力。

（二）全球价值链易混淆点 2：贸易增加值 ≠ 增加值贸易

"增加值贸易"有别于"贸易增加值"，前者基本内涵是一国生产的最终品被进口国消费吸收而形成的本国增加值；后者则是指贸易中隐含的增加值。换言之，增加值贸易侧重于反映生产要素的跨境流动，即反映全球价值链中跨境生产活动。当生产活动跨越国界创造增加值时，世界经济格局的运行则取决于国内价值链与国际价值链的叠加运行效应，一国参与全球价值链的方式并非仅存在于贸易活动中，整个国民经济生产活动均涉及全球价值链分工，国民账户体系（SNA）下解构生产活动的重要性凸显。

（三）全球价值链易混淆点 3：全球价值链参与度 ≠ 全球价值链分工地位

全球价值链参与度与分工地位有所不同，前者用于衡量一国融入全球价值链的程度，数值越高说明参与全球生产和贸易的程度越深，与世界其他国家或地区的经济联系越紧密；后者用于衡量一国在全球价值链中所处的层次和位置，反映其在全球生产分工中的相对地位，较高的分工地位通常意味着在技术、品牌、标准等方面具有优势，能够获取更多的贸易利益，在全球产业竞争中处于更有利的地位。全球价值链地位有两种：一种是可体现价值增值水平的经济地位；另一种是可度量生产分工环节的物理地位。通常认为，全球价值链地位指的是前者，而后者一般用全球价值链位置表示。但是，由于全球价值链位置指标在某种程度上能够反映不同生产环节的价值增值规律，因此可对其指标进行改善以用来测度全球价值链地位。

（四）全球价值链易混淆点4：全球价值链生产阶段 ≠ 实际生产阶段

虽然基于投入产出模型的位置测度方法已经相对成熟和完善，但是其与我们真实经济中的上下游位置仍然存在很多差异。一方面，我们在使用位置的测度变量时，要时刻记住其缺陷；另一方面，需要收集和统计企业之间的中间品交易数据，以便认识企业在生产链中的位置。尤其重要的是，我们应该将全球价值链纳入理论模型，从理论上理解 GVC 位置的原始决定因素，进而阐述经济环境变化（如贸易成本）如何影响全球价值链位置的变化。

利用国际投入产出表数据，倪红福（2016）、Antràs 和 Chor（2017）的研究表明，中国产品部门到最终需求的生产阶段数（上游度）是世界上最多的，而美、日、英等发达国家的部门到最终需求的生产阶段数（上游度）基本上处于最低水平。这表明中国在全球价值网络中的复杂程度最高，中国处于全球价值链的上游，主要提供中间投入产品，离最终需求产品的距离相对较远。我们直觉却认为，美国等发达国家一般提供核心零部件等中间产品，处于价值链的上游。这种看似矛盾的情况，也在一定程度上说明基于投入产出模型测算出的位置与真实经济中生产链的上下游位置不是完全等同的，基于投入产出模型测算的位置更多地反映中间品交易的复杂性或经济系统的复杂性。

（五）全球价值链易混淆点5：全球价值链嵌入位置 ≠ 全球价值链地位

倪红福（2019）对地位和位置进行了区分，位置是一个中性词汇，表示物理位置，而地位则可以反映某事物在关系网络中的协调和控制能力，有更多附加含义。因此，基于投入产出模型测度的位置，不能完全等同国家或部门在全球价值链中的地位。

1. 运用改善的全球价值链位置指标测度全球价值链地位

全球价值链位置主要指标有平均传递步长、上游度与下游度、生产阶段数。

通常来讲，上游度只能说明某国某一产业的全球价值链嵌入位置，不能直接反映该产业的价值增加能力和全球价值链地位高低。为克服上游度无法严格对应全球价值链地位的缺陷，有学者对上游度测算公式进行了改善。张为付和戴翔（2017）采用 Johanson 和 Noguera（2012）测度的出口国内增加值替代 Antràs 等（2012）提出的出口上游度公式中的传统总值出口，测算了我国制造业和服务业的全球价值链地位。王岚和李宏艳（2015）在 Antràs 等（2012）的研究基础上，引入直接增加值系数指标，用以测度某个行业与其下一生产阶段所处行业的距离，改进了上游度指数假设各生产阶段之间距离为"1"的条件，并构建了一个可同时体现嵌入位置和增值能力的全球价值链地位指数。周华等（2016）遵循 Antràs 等（2012）构建等间距产业上游度与贸易上游度的基本原则，拓展推导出了非等间距产业上游度和贸易上游度的测算公式。在此基础上，王恕立和吴楚豪（2018）利用上述两类指标构建了等间距产业上游度、非等间距产业上游度、非等间距出口上游度三个指标，用以反映全球价值链地位。尽管改善后的上游度指数既能反映各产业在全球生产链中的嵌入位置，也能较大程度地体现各产业的价值增值能力，但受其基于生产长度测度价值深度的固有缺陷的影响，测度得到的全球价值链地位较为粗略，很难精确反映产业在全球价值链中的真实位置，因此并不是全球价值链地位指数测度的首选方法。

2. 构建全球价值链地位指数

全球价值链地位指数（GVC-Position）因界定简单、内涵清晰、指向明确等优点常被国内学者使用，该指数由 Koopman 等在界定前向参与度和后向参与度的基础上构建而得。尽管全球价值链地位指数得到了多数学者的认同，但其指标本身的科学性仍然值得商榷。全球价值链地位指数的构建思路实际上是以提供中间产品的上游产业链优于提供最终产品的下游产业链为前提的，这会导致资源丰富的发展中国家的价值链地位高于发达国家的常识性悖论。而根据价值链微笑曲线，下游产业链物流配送、市场营销、售后服务等环节的价值增值率通常高于提供中间产品的上游产业链，即美国、日本、欧盟等发达经济体尽管处于价值链的末端，但它们的分工地位很高，但 Koopman 等的全球价值链地位指数并没有对这种情况加以考虑。

3. 基于贸易增加值分解的出口复杂度指数及其完善

（1）出口复杂度指数的内涵及其构建

出口技术复杂度（简称"出口复杂度"）的概念由 Michaely 率先提出，并经 Rodrik、Lall 等进行了丰富和完善。Hausmann 等在此基础上构建了国家层面的出口复杂度指数，其基本思路是：首先，通过显示性比较优势计算出某一可贸易商品的技术含量指标（prody）；其次，对各商品技术含量指标按该国不同商品出口额占该国总出口额的比重进行加权平均，即可计算得到一个国家的总体出口技术含量（expy）。有学者对 Hausmann 等提出的出口复杂度指标进行了修正，即将上述指标中的国家层面数据替换为某国地区层面的数据，从而可以测算得到一个国家各个地区产品的出口复杂度。

（2）基于贸易增加值分解的出口复杂度指数改善

由于显示性比较优势指数是出口复杂度指数的核心，加之全球价值链分工模式下中间产品贸易频繁，传统统计口径下的贸易出口额越来越难以准确反映一国的显示性比较优势，并进一步造成了出口复杂度指数测算的偏误。为有效剔除进口中间产品对最终产品技术含量的贡献，后续研究用完全国内增值系数取代传统的显示性比较优势指数，并以此作为突破口，对全球价值链地位进行测算。

这些测度方法都是基于投入产出模型计算的。投入产出模型与真实经济中的价值链位置不完全对应，甚至存在矛盾之处。因此，凡是基于投入产出模型测算的位置指标，是不能等价于真实经济中的价值链位置的。在实证研究中，我们时刻需要注意该缺陷。

（六）全球价值链易混淆点6：全球价值链地位指数 ≠ 产业竞争力

全球价值链地位指数和上游度指数有一个共同特点，均认为一国产业越处于上游环节，技术水平或附加值就越高，产业竞争力就越强。事实上，处于全球价值链上游环节的国家或地区（如俄罗斯、巴西等）的产业竞争力并不一定就很强，而处于全球价值链中下游的国家或地区（如中国），也有可能凭借配套齐全的完整产业链和大规模装配制造能力而拥有较强的产业竞争力。因此，我们不能仅依据一国产业处于全球价值链的上下游位置来判断其产业竞争力大小。

（七）全球价值链易混淆点7：VS & VS1 & VS1* & VAX

①VS。垂直专业化的第一种测度方法最早是由 Hummels 等（2001）提出的，定义为一个国家出口中隐含的进口中间品（VS），也就是出口产品中包含的直接和间接的进口中间品。

②VS1。Hummels 等（2001）也提出了另一种垂直专业化测度方法，从出口国的角度来看，出口国出口中间品到第三方国家，第三方国家再加工生产后出口到其他国家，这一过程中出口国的中间品投入就是 VS1，测算 VS1 需要详细的双边贸易数据。

③VS1*。Daudin 等（2011）提出的 VS1* 指出口国出口的中间产品的价值，这些中间产品被其他国家生产最终产品并最后返回出口国。因为它是 VS1 的子集，所以一般称为 VS1*。

下篇
中国经验篇

第七章　中国出口技术含量动态变迁及国际比较[*]

一　引言

自 20 世纪 90 年代以来，中国出口规模和结构都发生了巨大变化，货物出口从 1995 年的 1487.80 亿美元上升到 2013 年的 22090.04 亿美元，增长幅度达 1384.75%。从传统总值贸易统计数据来看，中国高技术产品的出口比重不断提高，出口产品技术升级明显，出口结构不断优化，出口产品的技术含量大幅提高。这一客观事实也得到了大部分研究的证实，如 Rodrik（2006）、关志雄（2002）、齐俊妍（2006）等。中国不仅与发展中国家而且与发达国家也处于技术竞争状态。自 2008 年国际金融危机以来，西方发达国家不仅担心制造业的下降会导致本国失业增加，还认为核心制造活动转移到发展中国家（如中国）会逐步侵蚀其在"微笑曲线"两端的高增加值活动（如上游的研发、设计和下游的营销），这些会进一步削弱发达国家的竞争力。因此，中国出口的技术含量一直是广泛关注的热点问题，同时也是具有争议的问题，而科学和正确衡量出口技术含量也成为回答该问题的关键因素之一。

随着全球价值链分工体系深入发展，生产过程日益分散化和碎片化，带来了大规模的产品内贸易，由此导致了一个明显的现象：一国[①]出口的产品并非全部是由本国生产的。从技术含量来看，一国贸易出口产品包含的全部技术含量并不等于出口国实际贡献的技术含量，还包含国外中间投入的技术贡献。因此，在产业间贸易理论和产品同质性的假设条件下，根据产品（产业）类型[②]

---

  *　本章内容发表在《经济研究》2017 年第 1 期。

  ①　统一说明：若未特别说明，本章中提到的国（国家）一般指国家或地区。

  ②　如根据要素密集程度，将产业分为资源密集型、劳动密集型和资本技术密集型，且认为出口中资本技术密集型产品的比重越大，该经济体出口的技术结构越高。

和技术复杂度①进行测度的方法可能存在较大误差。比如，美国和中国都可能出口笔记本电脑，可是中国出口的笔记本电脑需进口大量的计算机核心零部件，中国实际上处于低附加值、低技术含量的组装加工生产环节，但在传统总值贸易统计口径下容易使人误认为中国出口了高技术含量的笔记本电脑。按此计算的出口结构，完全可能高估中国出口产品的技术含量。同时，根据人均收入加权计算的技术复杂度指标也存在很多不足之处，如产品同质性的假设、受世界各国人均收入分布的影响。并且，即使出口产品的种类相同，产品的档次和技术也有高低之分。Lall 等（2006）指出，技术复杂度实际上受多种非技术因素影响，尤为重要的是，衡量出口技术含量需要生产过程的数据，而非产品的数据，但是有关生产过程的数据难以获得。也就是说，衡量一国生产的产品的技术含量应该基于具体生产阶段的活动，即生产工序。

对于中国来说，通过积极参与全球价值链和国际产品内分工，大力发展出口工业，中国出口产品是否实现了技术含量的提升，尤其是 2008 年国际金融危机以后变化趋势如何？中国出口产品技术含量的变化与其他国家的变化趋势有何异同？中国处于一种什么样的地位？中国是否从"出口大国"变为"出口强国"？"中国制造"是否变为"中国创造"？在技术方面的"中国威胁论"是否成立？要对这些问题进行有效的回答，应充分考虑全球价值链贸易模式的影响，克服已有方法的不足，采用更加科学的测度方法进行研究，从一种新的视角认识中国出口产品的技术含量。

基于此，本章将尝试提出一种基于生产工序的技术含量测度方法。新的测度方法的原理与贸易增加值核算原理基本相似，国内产品技术含量概念与姚洋和张晔（2008）提出的概念相似，但是与它们也有很多不同之处，这也是本章的创新之处。（1）本章首次从生产工序的角度来测度产品的技术含量。产品的全部技术含量由产品最后生产工序的技术含量和消耗的中间投入品中的技术含量加权构成。（2）从全球投入产出模型角度测度产品的技术含量。本章利用全

---

① Michaely（1984）在文中首次提出了分析出口产品技术复杂度的思路，假设出口商品所含技术与出口经济体的人均收入正相关，且定义产品的技术复杂度等于所有出口经济体的人均收入的加权平均值，权重为商品出口额占该商品的世界商品出口额的比重。Hausmann 等（2007）采用各出口国该类商品的显示比较优势指数占各国该类商品显示比较优势指数之和的比重作为权重。具体计算公式为：

$$PRODY_k = \sum_c w_{kc} Y_c$$

其中 c 表示国家，k 表示产品，w_{kc} 表示权重，Y_c 表示人均收入，$PRODY_k$ 为 k 产品的技术复杂度。进一步可利用该国各类产品出口比重计算一国产业（或整体）的技术复杂度。

球投入产出模型（某种意义上是全球一般均衡模型）测度出口产品的技术含量，提出的国内技术含量概念是指产品的完全国内技术含量，即从产品全部技术含量中扣除了从国外进口的技术含量，这种扣除包括直接的和间接的国外中间投入品中的技术含量。尤其是，本章中的国内技术含量包括了从国外进口中间产品中返回的国内技术含量，而这是单国（区域）投入产出模型无法测度的。(3) 考虑了各国各行业的出口产品技术含量的异质性。本章利用各国各行业劳动生产率来替代最后生产工序的技术含量，通过计算得到各国各行业产品的技术含量，发现不同国家的同一类产品的技术含量是存在差异的。而计算产品技术复杂度时用人均收入加权值作为各国同类产品的技术含量，无法体现同类产品在不同国家的差异性，即同类产品的档次高低之分。(4) 本章不仅测度制造业产品的技术含量，而且还测度了服务业产品的技术含量。随着信息技术的高速发展，部分服务业产品的出口和技术含量出现了大幅提升。如果不考虑服务业产品的技术含量，仅分析制造业出口产品的技术含量是不准确的。虽然姚洋和张晔（2008）取工业产品（可贸易品）的技术复杂度的加权平均值作为服务产品（不可贸易品）的技术复杂度，但该处理方法明显存在不足之处。(5) 最后，新测度方法对统计实践具有重要指导意义，可以在保持现有投入产出核算框架下，扩展到产品技术含量和结构的研究，该方法可能成为继"贸易增加值核算"之后另一种新的反映全球价值链增加值创造效率的测度方法。

二　出口技术含量相关文献

传统上，有关贸易出口的技术含量及其结构的分析往往采用两种方法。

（一）产品（产业）分类方法

根据产品（产业）的要素密集程度把产品（产业）分为不同种类，并根据产品（产业）类型判断其技术含量。一般认为，如果一个经济体的资本或技术密集型产品的出口份额越大，劳动或资源密集型产品的出口份额越小，则该经济体的出口技术结构就比较复杂，技术水平也越高。该划分方法在分析贸易结构变动和出口竞争力的研究中被广泛使用。最为经典的是 Lall（2000）依据产品的技术含量将国际贸易标准分类（Standard International Trade Classification, SITC）3 位数产品划分为资源型、低技术、中技术和高技术产品。在产业层面，根据产业的生产要素投入比例，将产业划分为劳动密集型、资本密集型和技术密集型三大类。同时，在产品（产业）分类法的基础上衍生了一些方法，如Schott（2006）以 OECD 国家的出口商品结构作为标准的高技术出口商品结构，以发展中国家的出口商品结构与其的比值计算出口相似度（Export Similarity Index，ESI），研究发现中国与 OECD 国家的出口相似度远高于其他发展水平相似的国家，并且中国与 OECD 国家的出口相似度随着时间而增大。

但是，以上方法的基本假设是，世界各国使用相同的技术生产同一产品。在生产过程日益分散化和碎片化的背景下，同一产品的生产过程被分成不同的生产工序（阶段任务）并在不同国家进行，产品生产技术的同质性假设成立的条件几乎不存在，由此导致产品（产业）分类方法有可能高估（低估）经济体的出口技术含量及结构。此外，对贸易产品进行技术分类也存在一些技术上的问题，如产业部门和贸易产品的匹配问题。属于同一产业内的贸易产品种类繁多，技术差异较大，如电信设备可能是高技术产品，但是该产业内一些产品的生产技术已相当成熟，不需要高强度的研究和试验发展活动。相似地，一些低技术行业（如纺织业）可能拥有高技术产品。最后，产品的技术特征也会随着时间变化，一些产品可能由劳动密集型产品变为资本密集型产品。原则上，如果产品（产业）分类足够细，也许可以克服以上问题。但是，相关分类一般是从产业层面的 R&D、资本、劳动等要素出发来划分的，而基于更细分产品的划分数据一般是缺乏的，这就造成了判断和归类的困难和高成本。总之，在全球价值链分工体系下，一国的出口产品完全可能集中在该产品的低（高）技术含量生产环节，这样传统的产品（产业）大类划分方法，就可能高估（低估）出口技术含量。

（二）技术复杂度及其改进方法

技术复杂度是基于国际贸易产品数据和各国收入（或生产）数据得到的，是衡量一国出口技术结构变化的主要方法之一。一般认为，产品技术复杂度指的是该产品所有出口国的人均收入的加权平均值，权重为出口国该产品的出口额占该产品的世界出口额的比重。大量研究围绕"技术复杂度"中的人均收入和权重变量进行改进。Rodrik（2006）、Hausmann 等（2007）利用各国出口产品的显示性比较优势指数代替产品出口份额作为人均收入的权重来计算出口技术复杂度，并进行了标准化处理。Rodrik（2006）研究发现，中国出口产品的技术水平与其他国家存在明显差异，中国出口产品的技术水平相当于人均收入是中国 3 倍的国家的水平，即中国出口产品技术水平较高。樊纲等（2006）以产品的比较优势指数为权重，构造了 1995 年和 2003 年中国出口贸易和进口贸易的技术高度指数，研究发现，相对于 1995 年，2003 年中国出口贸易的技术高度得到了提升，但是没有达到世界平均水平，也没有达到美国和日本的出口技术高度。杜修立和王维国（2007）以产品的生产份额代替出口份额作为权重来测度出口贸易技术结构，研究表明，1980~2003 年，中国出口贸易的整体技术水平得到了很大提高，但仅表现出微弱的向世界水平收敛的趋势；中国出口贸易的技术结构并没有显著升级。但是，该方法根据一国的出口依存度来调整每一类产品的出口份额以获得每类产品的产出份额，其暗含的假设是每类产品的出口倾向都相同，且等于出口依存度，显然该假设是不合理的。

但是，以上研究都没有考虑一个重要因素，即全球价值分工体系下的生产过程发生了巨大变化。各国出口的同类产品的技术含量是存在异质性的，而技术复杂度是用世界各国人均 GDP 加权计算得到的，故各国出口的同类产品的技术复杂度是相同的，且不同种类产品的技术复杂度是由人均收入的分布决定的，这个结论显然存在不合理之处。即使假设两个国家出口的产品完全相同（产品的数量和质量相同），但由于这两个国家在生产过程中使用的国内外中间产品的比例不同，出口产品包含的国内技术也会不同，这与在全球价值链体系下，各国在出口产品中获取的附加值不同是相似的。因此，在这种情况下，即使技术能够准确测度，技术复杂度方法也不能真实反映各国产品的技术含量或贡献。

针对技术复杂度方法没有考虑到全球价值链分工体系的影响这一问题，国内外学者做了一些有益的探索。比如，姚洋和张晔（2008）考虑到国外中间投入的影响，构建了中国出口产品的国内技术含量指标，利用中国投入产出表和中间品的进口比例，扣除进口中间产品对最终产品技术含量的贡献，从而得到产品的国内技术含量。研究发现，1997~2002 年，中国出口产品的国内技术含量迅速下降，而作为中国出口市场的前沿阵地，广东省同期出口产品的国内技术含量先降后升，从而推测中国出口产品国内技术含量的下降可能只是暂时的。但是，姚洋和张晔（2008）的方法只是剔除了进口中间投入的直接贡献而没有剔除其间接消耗的国外技术的贡献，故计算的出口产品的国内技术含量是不够准确的。为了剔除进口中间投入的直接消耗和所有间接消耗的贡献，丁小义和胡双丹（2013）利用 Hummels 等（2001）的垂直专业化模型（利用非竞争性投入产出表的完全消耗系数矩阵）来测算出口产品的净技术复杂度指数。杜传忠和张丽（2013）进一步区分了一般贸易出口和加工贸易出口，认为加工贸易出口产品和一般贸易出口产品（国内销售产品）中包含的进口中间投入品的数量是不同的，同时利用 Dean 等（2007）的方法计算每类商品的垂直专业化程度，以剔除进口中间投入的技术含量，从而得到出口产品技术复杂度。

　　虽然技术复杂度及其改进方法具有一定的合理性，但是在全球生产日益分散化和碎片化的背景下，以上方法中最基本的假设已不再成立，其缺陷日益明显。（1）假设世界各国生产的同类产品具有同质性，即世界各国出口的产品的技术复杂度全部相同。实际上，各国生产的同一类产品也有高档品和低档品之分，如有的国家生产高档服装（西服），而有的国家生产低档服装（西服），虽然同样都是生产和出口服装（西服），但两者的技术含量肯定不同。但在技术复杂度计算方法中，服装产品的技术复杂度是相同的。（2）传统技术复杂度方法中，不同种类产品的技术差异是由该类产品的出口（或生产）分布决定的，而不是由各自真正的生产技术决定的。根据技术复杂度的定义，不同产品的技术复杂度的差别主要来自权重的不同。由于低收入国家对一些低端技术产品（如服装）的出口增加，而发达国家的出口下降，即使各国生产技术相同，这种出口分布的变化也可能导致该类产品技术复杂度下降。（3）在全球生产日益分割化和分散化的背景下，产品技术复杂度易出现下降趋势，这种"技术倒退"现象与常识不符。动态上同种类产品的技术复杂度受人均收入分布的影响，随着全球价值链的深入发展，一些低收入或后发国家开始参与技术含量高的产品的生产，或者由于产品生产分割加深，发达国家把一些可分的简单生产过程布局在低收入国家。这样易导致该类产品的技术复杂度下降，而实际上该类产品的技术和技能强度可能并没下降，技术并没有退步。比如，Lall 等（2006）对 181 种制造业出口产品的技术复杂度进行了测算，研究发现，只有 18 种产品的技术复杂度在 1990~2000 年呈现上升趋势，而其他种类制造业产品的技术复杂度都出现了下降。因此，用技术复杂度来衡量产品的技术含量不符合直观常识。（4）利用单国投入产出模型来扣除的国外中间投入品的技术含量实际上是非完全扣除。该方法无法完全反映全球价值链体系下多次进出口和往返的中间投入品中的技术含量的影响，如从国外进口中间产品中返回的国内技术含量是单国投入产出模型无法测度的。也就是说，即使假设技术复杂度能真实反映产品的全部技术含量，但在当今生产网络体系日益复杂化的背景下，对于从国外进口的中间投入品中包含的国内技术贡献，简单利用单国投入产出模型方法进行扣除无法体现这种返回的国内技术。因此，需要利用全球投入产出模型来完全扣除国外进口中间投入品中的技术含量。（5）传统的技术复杂度只是一个相对定序指标，对各种产品的技术复杂度加权加总或部分扣除的方法存在一定的缺陷。对每种出口产品技术复杂度的计算就是对各国人均收入水平的加权，这虽然具有一定的合理性，但是该方法测算的不同产品的技术复杂度只具有相对意义，是一个定序指标，而非定量指标，这样就不能对技术复杂度这个定序指标进行加减乘除运算。因此在衡量一个经济体的整体技术水平时，利用各产品的出口比重为权重进行加权，或者从中扣除国外中间投入品的技术复杂度，存在不妥之处。正如 Lall 等（2006）指出的，技术复杂度不是特定技术的测度方法，受多种非技术因素的影响（政策环境、自然资源、基础设施、空间分布和距离等），在解释技术复杂度时需要注意这些因素。

因此，本章试图构建基于生产工序的技术含量新测度方法，该方法克服传统方法存在的大部分缺陷，以期在全球价值链和国际比较的视角下来分析中国出口的技术含量、结构及其动态变迁。

三　基于生产工序的技术含量测度方法

本章中提出的出口产品的技术含量的测算原理与贸易增加值核算、隐含要素或污染物①的测算原理有很多相似之处。Lall 等（2006）提出，某一产品的技术含量应该是生产该产品所有生产工序的技术含量的加总。这其实是基于具体某一阶段的任务（生产工序）来测度技术含量的思路。在全球价值链体系下，生产过程被分割成不同的任务（生产工序）。在投入产出表中，产品的投入产出关系正好可以反映该产品最后生产工序的经济技术特征。因此，产品的技术含量应该是最后生产工序自身技术含量和中间投入品的技术含量之和。在全球投入产出表的框架下，i 国生产的 k 产品的全技术含量应该是所有中间投入品的技术含量和 i 国最后生产工序的技术含量之和。这里最后生产工序自身的技术

---

① 所谓"隐含污染物（能源）"（embodied pollutant），也可以称为"虚拟污染物（能源）"，是指产品上游加工、制造、运输等全过程所排放的污染物（消耗的能源）。为了测算隐含污染物，一般都是利用投入产出模型。首先根据投入产出恒等式：$X = (I - A^d)^{-1} Y$，其中，X、A^d 和 Y 分别表示总产出、对国内产品的中间消耗系数矩阵以及最终需求。在此基础上结合各部门能源消耗系数或污染排放系数，就可以计算由最终需求变化导致的能源消耗量的变化或污染物排放量的变化，可以得到：$E = e[(I - A^d)^{-1} Ex]$，其中，Ex、e 和 E 分别表示各部门出口需求、单位产品直接能耗（污染物排放）系数以及由出口导致的各部门完全能耗。若 e 改为增加值率系数矩阵，上式就变为增加值贸易测算公式 $\hat{VT} \cdot B$。

含量用该生产工序的劳动生产率①表示，即用最后生产工序中产生的增加值与所使用的劳动力②的比值来衡量。以下是全部技术含量、国内技术含量及其指数的定义和计算方法。

（一）全部技术含量

根据经典的投入产出模型，一般假设线性生产函数（或固定比例假设）或者 Leontief 生产函数。比如，生产一辆汽车所需要的钢铁量是固定的。假设经济中各行业部门的生产函数为 Leontief 形式（以下以两国每国两部门模型进行说明），即：

$$x_k^i = \min(\frac{z_{1k}^{1i}}{a_{1k}^{1i}}, \frac{z_{2k}^{1i}}{a_{2k}^{1i}}, \frac{z_{1k}^{2i}}{a_{1k}^{2i}}, \frac{z_{2k}^{2i}}{a_{2k}^{2i}}, \frac{va_k^i}{vt_k^i}) \tag{7-1}$$

其中，x_k^i 为 i 国 k 部门产品的产出，z_{lk}^{ji} 为 i 国 k 部门生产的产品对 j 国 l 部门的中间需求，a_{lk}^{ji} 为 i 国生产一单位 k 部门产出需要直接消耗 j 国 l 部门的产出量（全球投入产出表中的直接消耗系数），va_k^i 为要素报酬（劳动和资本要素的投入），vt_k^i 为要素报酬（增加值）占总产出的比重，即增加值率系数。

假设产品部门的全部技术含量是中间投入品和最后生产工序的技术含量的加权和，权重为中间投入品价值和最后生产工序附加的价值占总产出的比重，于是可以得到：

$$v_k^i = \sum_{l,j(l \neq k, j \neq i)} a_{lk}^{ji} v_l^j + \sum_{l(l \neq k)} a_{lk}^{ii} v_l^i + a_{kk}^{ii} v_k^i + vt_k^i \cdot tsi_k^i \tag{7-2}$$

其中，v_k^i 为 i 国的 k 部门单位价值产出的全部技术含量；tsi_k^i 为 i 国 k 部门产品的劳动生产率（技术复杂度），也即最后生产工序的技术含量；a_{lk}^{ji} 为 i 国生产一单位 k 部门产出需要直接消耗 j 国 l 部门的产出量（全球投入产出表中的直接消耗系数）。也就是说，i 国 k 部门一单位价值的产品的全部技术含量（v_k^i）应等于生产一单位价值该产品所消耗的所有中间产品的技术含量（$\sum_{l,j} a_{lk}^{ji} v_l^j$）与最后生产工序的技术含量（$vt_k^i \cdot tsi_k^i$）之和。

用矩阵的形式表示，可以得到：

---

① 劳动生产率是衡量产品技术含量的最好指标，国家人均收入水平实际上就是衡量了国家整体的劳动生产率。Michaely（1984）、Rodrik（2006）提出的技术复杂度实际上是用整个国家的劳动生产率代替该国各种产品的技术含量。

② 这里我们可以用就业人数或者根据教育年限加权的就业人数（人力资本）来表示。

$$V^{\mathrm{T}} = (VT\#TSI)^{\mathrm{T}}(I - A)^{-1} \tag{7-3}$$

其中 V 为全部技术含量列向量，即每个国家各部门产品中所包含的全部技术量；TSI 为最后生产工序的技术含量列向量；VT 为增加值率系数列向量；$\#$ 表示对应元素相乘。I 为单位矩阵，A 为全球投入产出表中的直接消耗系数矩阵；$(I-A)^{-1}$ 为 Leontief 逆矩阵，一般以 B 表示，其中 i 行 j 列元素为 b_{ij}。

记 $VTSI \equiv VT\#TSI$，将式（7-3）变为 $V^{\mathrm{T}} = VTSI^{\mathrm{T}} \cdot (I - A)^{-1}$。显然，隐含污染物系数矩阵（$e(I - A^d)^{-1} = eB$）和贸易增加值核算矩阵（$\hat{VT} \cdot B$）与本章中全部技术含量的测算公式的原理相似。不同之处在于前面的系数的含义不同，隐含污染物测算中 e 是单位产品的污染物排放系数，贸易增加值测算中 $\hat{VT}$ 为增加值率系数，全部技术含量测算中 $VTSI$ 为最后生产工序中加权后的劳动生产率（技术含量）。

为了清楚地阐述该方法，以下以两国每国两部门全球投入产出模型进行详细说明。于是得到：

$$V^{\mathrm{T}} = \begin{bmatrix} v_1^1 & v_2^1 & v_1^2 & v_2^2 \end{bmatrix}$$

$$= \begin{bmatrix} vt_1^1 & & & \\ & vt_2^1 & & \\ & & vt_1^2 & \\ & & & vt_2^2 \end{bmatrix} \begin{bmatrix} tsi_1^1 & & & \\ & tsi_2^1 & & \\ & & tsi_1^2 & \\ & & & tsi_2^2 \end{bmatrix} \begin{bmatrix} b_{11}^{11} & b_{12}^{11} & b_{11}^{12} & b_{12}^{12} \\ b_{21}^{11} & b_{22}^{11} & b_{21}^{12} & b_{22}^{12} \\ b_{11}^{21} & b_{12}^{21} & b_{11}^{22} & b_{12}^{22} \\ b_{21}^{21} & b_{22}^{21} & b_{21}^{22} & b_{22}^{22} \end{bmatrix} \tag{7-4}$$

$$= \begin{bmatrix} (vt_1^1 \cdot tsi_1^1) b_{11}^{11} & (vt_1^1 \cdot tsi_1^1) b_{12}^{11} & (vt_1^1 \cdot tsi_1^1) b_{11}^{12} & (vt_1^1 \cdot tsi_1^1) b_{12}^{12} \\ (vt_2^1 \cdot tsi_2^1) b_{21}^{11} & (vt_2^1 \cdot tsi_2^1) b_{22}^{11} & (vt_2^1 \cdot tsi_2^1) b_{21}^{12} & (vt_2^1 \cdot tsi_2^1) b_{22}^{12} \\ (vt_1^2 \cdot tsi_1^2) b_{11}^{21} & (vt_1^2 \cdot tsi_1^2) b_{12}^{21} & (vt_1^2 \cdot tsi_1^2) b_{11}^{22} & (vt_1^2 \cdot tsi_1^2) b_{12}^{22} \\ (vt_2^2 \cdot tsi_2^2) b_{21}^{21} & (vt_2^2 \cdot tsi_2^2) b_{22}^{21} & (vt_2^2 \cdot tsi_2^2) b_{21}^{22} & (vt_2^2 \cdot tsi_2^2) b_{22}^{22} \end{bmatrix}$$

为了方便，记 $vtsi_k^i = vt_k^i \cdot tsi_k^i$，即 $vtsi_k^i$ 为产品部门最后生产工序加权后的劳动生产率（技术含量）。

由式（7-4）可以得到：

$$v_k^i = \sum_{l=1}^{2} vtsi_l^i \cdot b_{lk}^{ii} + \sum_{j \neq i} \sum_{l=1}^{2} vtsi_l^j \cdot b_{lk}^{ji} \tag{7-5}$$

式（7-5）是产品的全部技术含量计算公式。显然，参与该产品生产工序的技术含量（劳动生产率）提高，该产品的全部技术含量也将提高。同时，产品生产的经济技术结构变化（b_{lk}^{ji} 为完全消耗系数）也会对产品的全部技术含量产生影响。

（二）国内技术含量及指数

将来自国内生产工序的技术含量定义为该产品的国内技术含量，于是可将 i 国 k 部门的国内技术含量定义为：

$$dv_k^i = \sum_{l=1}^{2} vtsi_l^i \cdot b_{lk}^{ii} \tag{7-6}$$

进一步定义国内技术含量指数：

$$DTC_k^i = \frac{dv_k^i}{v_k^i} = \frac{\sum\limits_{l=1}^{2} vtsi_l^i \cdot b_{lk}^{ii}}{\sum\limits_{l=1}^{2} vtsi_l^i \cdot b_{lk}^{ii} + \sum\limits_{j \neq i} \sum\limits_{l=1}^{2} vtsi_l^j \cdot b_{lk}^{ji}} \tag{7-7}$$

式（7-7）定义 i 国 k 部门产品的国内技术含量指数（DTC_k^i）的数值范围为（0，1）[①]。此外，本章定义的出口产品的国内技术含量（指数）与出口国内增加值（率）是不同的。实际上，它们从两个不同的视角反映出口结构优化升级和参与全球价值链的程度，出口国内增加值是从获得的贸易利得的角度来衡量，而国内技术含量是从技术水平、生产效率和竞争能力角度，或者增加值创造效率的角度来衡量。虽然一国产品的国内增加值与相应出口的比值（出口国内增加值率）较大，但若这些增加值是由大量低技术的劳动力创造的，这样出口产品中的国内技术含量指数可能会比较低，如 2011 年中国劳动密集型的纺织、皮革和制鞋业产品的国内增加值（Domestic Valued-Add，DVA）与相应出口的比值在 85% 以上，而国内技术含量指数（DTC）为 65%[②]。也就是说，虽然中国从纺织、皮革和制鞋业中获得的增加值利益相对大，但是，由于国内技术含量指数相对较低，增加值创造效率比较低，这种获取增加值的能力既不可持续也缺乏国际竞争力，很容易被后发国家替代。这也正好反映出近年来印度、越南等发展中国家对中国纺织、皮革和制鞋业的替代的事实。

[①] 姚洋和张晔（2008）定义的国内技术含量指数在理论上应处于（0，1）范围，但是在实际计算中，由于扣除国外中间投入的参数 β 可能大于 1（进口大于使用量），这样计算的产品国内技术含量可能为负，国内技术含量指数也就可能为负。

[②] 国内增加值（DVA）与相应出口的比值（出口国内增加值率）和国内技术含量指数是作者利用全球投入产出表，分别根据 Wang 等（2013）的分解公式和本文的测度方法计算而得。详细计算结果可向作者索取。

（三）国家的出口整体技术含量指数

进一步定义一国出口整体技术含量（TV^i）和国内技术含量（TDV^i）：

$$TV^i = \sum_{k=1}^{2} \lambda_k^i v_k^i \qquad (7-8)$$

$$TDV^i = \sum_{k=1}^{2} \lambda_k^i dv_k^i \qquad (7-9)$$

其中，TV^i 为 i 国的出口整体技术含量，即 i 国出口产品中所包含的全部技术含量；TDV^i 为 i 国出口的整体国内技术含量，即 i 国出口产品中所包含的 i 国自身技术含量；λ_k^i 为 i 国 k 部门产品的出口比重（部门出口/总出口）。于是，进一步定义一国出口的整体国内技术含量指数（$TDTC^i$）[1]：

$$TDTC^i = \frac{TDV^i}{TV^i} = \frac{\lambda_1^i dv_1^i + \lambda_2^i dv_2^i}{\lambda_1^i v_1^i + \lambda_2^i v_2^i} = \frac{\lambda_1^i v_1^i}{\lambda_1^i v_1^i + \lambda_2^i v_2^i} DTC_1^i + \frac{\lambda_2^i v_2^i}{\lambda_1^i v_1^i + \lambda_2^i v_2^i} DTC_2^i$$
$$= \frac{e_1^i v_1^i}{e_1^i v_1^i + e_2^i v_2^i} DTC_1^i + \frac{e_2^i v_2^i}{e_1^i v_1^i + e_2^i v_2^i} DTC_2^i \qquad (7-10)$$

$TDTC^i$ 为 i 国的整体国内技术含量指数，即 i 国出口的国内技术含量占全部技术含量的比重；e_k^i 为 i 国 k 部门的出口额。它是本章分析中国在全球价值链分工体系地位的重要指标。该指标越高，表明该国在该产品部门的竞争力就越强，处于技术竞争优势地位。

四　出口技术含量的测度与分析

从全球价值链和国际比较的视角，基于 WIOD 项目中 1995~2011 年的全球投入产出表数据及有关就业的卫星账户数据[2]，计算增加值率系数（VT）和 Leontief 逆矩阵（B，可根据全球投入产出表数据直接计算得到），以及最后生产

---

[1]　姚洋和张晔（2008）定义的出口的整体国内技术含量指数是用部门出口比重加权各部门国内技术含量指数，而出口整体技术含量（出口整体国内技术含量）是用部门出口比重加权各部门的全部技术含量（国内技术含量）。而出口整体国内技术含量/出口整体技术含量并不等于出口整体国内技术含量技术指数。所以姚洋和张晔（2008）定义的出口整体国内技术含量指数可能存在逻辑不一致。

[2]　数据和相关详细说明来自网站：http://www.wiod.org/new_site/database/wiots.htm；相关参考文献为 Dietzenbacher 等（2013）；全球投入产出表中共有 40 个国家（地区），外加 1 个世界其他地区，每个国家共有 35 个部门。由于全球投入产出表中极少数部门的总产出为 0，考虑到计算的可行性，本章将 35 个部门归为 26 个部门。

工序的技术含量（*TSI*，以全球投入产出表中的增加值除以 WIOD 项目公开的卫星账户中的劳动力数据得到）。利用前述的技术含量新测度方法，本章对中国和世界主要其他国家的出口技术含量进行测度，试图系统地分析从 1995 年到 2011 年中国出口技术水平、结构及其动态变迁。

（一）中国出口整体技术含量及其变动

表 7-1 显示了世界主要国家（地区）出口的整体技术含量（*TV*）、整体国内技术含量（*TDV*）和整体国内技术含量指数（*TDTC*）。1995 年到 2011 年，中国大陆出口整体技术含量总体呈上升趋势，且在加入 WTO 后，出口整体技术含量的上升速度明显加快，从 2002 年的 1.463 万美元/人上升到 2011 年的 4.46 万美元/人，年均增速达 13.19%。中国大陆出口的整体国内技术含量与整体技术含量的变化趋势基本相同，且 2002 年后，整体国内技术含量的增长速度略快于整体技术含量，从 2002 年的 4950 美元/人增加到 2011 年的 19740 美元/人，年均增速达 16.61%，比整体技术含量的增速快 3.42 个百分点。

表 7-1　世界主要国家（地区）出口的技术含量变化（部分年份）

国家（地区）	指标	1995 年	1997 年	2000 年	2002 年	2005 年	2007 年	2010 年	2011 年
中国大陆	*TV*	1.199	1.131	1.384	1.463	2.554	3.109	3.974	4.46
	TDV	0.254	0.308	0.396	0.495	0.673	1.043	1.657	1.974
	TDTC	0.21	0.27	0.29	0.34	0.26	0.34	0.42	0.44
美国	*TV*	7.58	8.15	9.249	10.204	12.649	13.895	15.623	16.21
	TDV	6.993	7.576	8.583	9.599	11.586	12.597	14.284	14.562
	TDTC	0.92	0.93	0.93	0.94	0.92	0.91	0.91	0.90
日本	*TV*	10.061	8.07	8.854	7.723	9.17	8.674	12.502	13.358
	TDV	9.76	7.661	8.431	7.281	8.404	7.541	11.037	11.655
	TDTC	0.97	0.95	0.95	0.94	0.92	0.87	0.88	0.87
德国	*TV*	8.427	7.308	6.218	6.8	10.09	12.099	11.613	12.171
	TDV	7.283	6.104	4.775	5.414	7.328	8.733	8.543	8.997
	TDTC	0.86	0.84	0.77	0.80	0.73	0.72	0.74	0.74
英国	*TV*	6.304	6.986	8.141	8.185	12.55	14.85	12.323	13.803
	TDV	4.959	5.735	6.908	6.947	10.895	12.616	9.612	9.856
	TDTC	0.79	0.82	0.85	0.85	0.87	0.85	0.78	0.71

续表

国家（地区）	指标	1995 年	1997 年	2000 年	2002 年	2005 年	2007 年	2010 年	2011 年
法国	*TV*	8.099	7.473	6.588	7.005	10.316	12.037	12.209	13.177
	TDV	6.727	5.994	4.947	5.352	7.775	8.967	9.113	9.417
	TDTC	0.83	0.80	0.75	0.76	0.75	0.74	0.75	0.71
韩国	*TV*	4.03	3.941	4.26	4.191	5.828	6.681	7.512	8.115
	TDV	2.546	2.378	2.543	2.702	3.611	4.198	3.996	4.244
	TDTC	0.63	0.60	0.60	0.64	0.62	0.63	0.53	0.52
印度	*TV*	1.478	1.429	0.923	0.89	1.53	2.06	2.092	2.271
	TDV	0.778	0.78	0.332	0.303	0.414	0.589	0.728	0.803
	TDTC	0.53	0.55	0.36	0.34	0.27	0.29	0.35	0.35
中国台湾	*TV*	6.428	6.405	6.795	6.428	6.653	6.856	8.97	8.324
	TDV	4.242	4.351	4.649	4.591	3.582	3.424	4.756	3.859
	TDTC	0.66	0.68	0.68	0.71	0.54	0.50	0.53	0.46
巴西	*TV*	2.183	2.582	2.257	1.997	3.173	4.117	5.795	7.294
	TDV	1.696	2.058	1.54	1.175	2.133	3.03	4.639	5.932
	TDTC	0.78	0.80	0.68	0.59	0.67	0.74	0.80	0.81

注：*TV* 和 *TDV* 的单位为万美元/人。

由于整体国内技术含量的增长速度快于整体技术含量的增长速度，中国[①]出口的整体国内技术含量指数从 1995 年的 0.21 上升到 2011 年 0.44。也就是说，自 1995 年以来，中国出口的整体技术含量和整体国内技术含量都在提高，整体国内技术含量指数也得到了大幅上升，中国出口产品整体上存在自身技术升级，尤其是加入 WTO 后，中国出口技术含量上升的速度相对加快。究其原因在于，加入 WTO 后，中国经济快速发展，一方面，通过引进和吸收国外先进技术，这一时期中国劳动生产率大幅上升；另一方面，改革开放进一步深入推进，中国积极融入全球价值链分工体系，出口加工贸易迅速发展，出口结构进一步改善，中高技术产品出口的比重增加。

但是，中国出口的技术水平仍然远低于发达国家水平（美国、日本、德国、英国等），如 2011 年美国出口的整体技术含量和整体国内技术含量分别为 16.21 万美元/人和 14.562 万美元/人，分别是中国出口的 3.63 倍和 7.38 倍。美国、日本和德国等国家的整体国内技术含量指数也远高于中国。2011 年，美

---

① 为方便描述，本章下文提及的"中国"指中国大陆。

国、日本、德国、英国的整体国内技术含量指数分别 0.90、0.87、0.74 和 0.71，而 2011 年中国为 0.44①，且这些发达国家的整体国内技术含量指数的变化幅度不大，美国和日本基本上保持在 0.9 左右，德国和英国分别保持在 0.75 和 0.80 左右。中国出口的整体技术含量和整体国内技术含量指数低于主要发达国家，其原因在于，中国凭借明显的低成本比较优势（土地、劳动力）积极参与全球价值链分工，承接西方发达国家的产业转移，但出口的产品在生产过程中使用大量的国外中间品和资本品，中国主要从事组装加工的中低端生产活动。

显然，中国出口的技术含量有向发达国家收敛的趋势（见图 7-1 至图 7-3）。例如，1995 年美国出口的整体国内技术含量和整体国内技术含量指数分别是中国的 27.53 倍和 4.38 倍，到 2011 年已分别下降到 7.38 倍和 2.05 倍。也就是说，1995 年至 2011 年，中国出口的整体技术水平加速向发达国家的平均水平收敛，这一结论与杜修立和王维国（2007）的研究结论基本一致。究其原因，一是进入 21 世纪以来，中国本土企业通过学习西方发达国家的先进技术，提高了自身的中间品生产能力，从而能为中国出口产品生产提供更多的中间投入品，这种"干中学"效应对国内技术含量及其指数的提高具有重要的促进作用；二是中国的科技和教育取得了飞速的发展，中国在 21 世纪的劳动生产率得到了大幅提升。

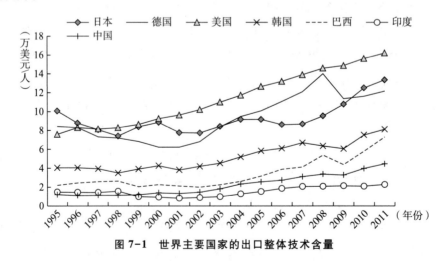

图 7-1 世界主要国家的出口整体技术含量

---

① 姚洋和张晔（2008）计算的 1997 年和 2002 年中国整体国内技术含量指数分别为 0.91 和 0.83，显然偏高。从全球价值链的视角来看，中国出口产品的生产基本处于组装和加工的低端环节，中国出口国内增加值占出口的比重大致为 30%。本章计算的 2002 年整体国内技术含量指数为 0.34，显然处于更合理的范围内。

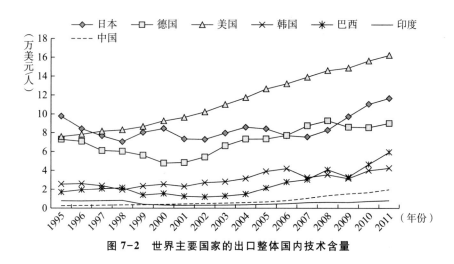

图 7-2　世界主要国家的出口整体国内技术含量

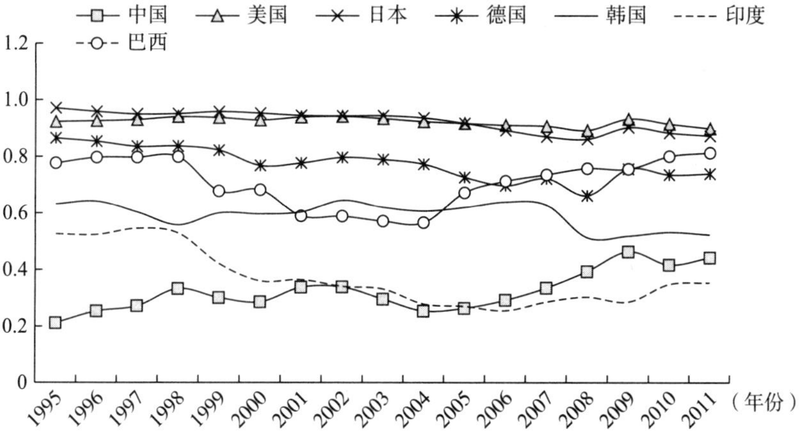

图 7-3　世界主要国家的出口整体国内技术含量指数

　　总之，1995 年以来，中国出口的整体技术水平不断提高，尤其是 2002 年以后，出口的整体技术水平加速提高，但与美国、日本和德国等发达国家相比，中国出口技术水平仍然相对较低。此外，从中国贸易出口的整体发展趋势来看，中国与西方发达国家的差距正在逐渐缩小，表现出向发达国家的平均水平弱收敛的趋势。

（二）中国三次产业技术含量变化

　　表 7-2 显示了中国三次产业的全部技术含量、国内技术含量和国内技术含

量指数的变化情况。[①] 首先，从全部技术含量和国内技术含量来看，第二产业的全部技术含量和国内技术含量明显高于第一产业和第三产业，如 2011 年，第二产业的全部技术含量为 4.627 万美元/人，比第一产业（1.446 万美元/人）和第三产业（3.622 万美元/人）分别高 3.181 万美元/人和 1.005 万美元/人。这也符合常识，即第二产业（尤其是制造业）部门的技术含量最高。其次，从国内技术含量指数来看，第二产业的国内技术含量指数最低，如 2011 年，第二产业的国内技术含量指数为 0.41，比第一产业（0.55）和第三产业（0.69）分别低 0.14 和 0.28。这在一定程度上说明中国第二产业（尤其是制造业）融入国际生产分工体系的程度高于第一产业和第三产业，不过中国制造业主要参与的是低端的组装和加工环节，从而导致国内技术含量指数偏低。从细分行业来看该现象更加明显，如 2011 年电子和光学仪器制造业的全部技术含量为 5.243 万美元/人，处于中国 26 个部门中的第 6 位，但是其国内技术含量指数为 0.37，居倒数第二位（见表 7-3）。最后，从动态变化趋势来看，三次产业的全部技术含量、国内技术含量和国内技术含量指数都呈增长态势，中国的出口产品都在不同程度上出现了自身技术的升级。

表 7-2   中国三次产业的技术含量变化

指标	产业	1995 年	1997 年	2002 年	2007 年	2011 年
全部技术含量	第一产业	0.445	0.447	0.511	0.957	1.446
	第二产业	1.29	1.221	1.581	3.249	4.627
	第三产业	0.801	0.792	1.084	2.354	3.622
国内技术含量	第一产业	0.109	0.131	0.2	0.398	0.789
	第二产业	0.26	0.311	0.485	0.999	1.899
	第三产业	0.26	0.319	0.554	1.36	2.504
国内技术含量指数	第一产业	0.24	0.29	0.39	0.42	0.55
	第二产业	0.20	0.25	0.31	0.31	0.41
	第三产业	0.32	0.40	0.51	0.58	0.69

注：全部技术含量和国内技术含量的单位为万美元/人。

---

① 限于篇幅，本章没有列出各细分行业的技术含量变化情况，虽然各细分行业存在一定的异质性，但是其总体差异与三次产业相似，具体数据可向作者索取。三次产业的全部技术含量、国内技术含量及指数是以三次产业内部各细分行业的出口比重为权重计算得到的，与整体技术含量、整体国内技术含量及指数的计算方法相似。

表 7-3　2011 年中国细分行业的技术含量和相对位次

行业	全部技术含量		国内技术含量		国内技术含量指数	
	数值	排名	数值	排名	数值	排名
农林牧渔业	1.446	26	0.789	26	0.55	14
采矿业	4.478	9	2.65	5	0.59	12
食品饮料和烟草业	2.38	24	1.429	23	0.60	11
纺织、皮革和制鞋业	2.882	18	1.532	21	0.53	16
木材及其制品业	2.642	22	1.279	25	0.48	18
造纸和印刷业	3.369	15	1.541	20	0.46	20
石化行业	4.155	10	1.867	15	0.45	21
其他非金属冶炼业	4.104	11	2.228	8	0.54	15
基础金属及其制品业	7.378	2	2.474	7	0.34	26
机械制造业	5.116	7	2.092	10	0.41	24
电子和光学仪器制造业	5.243	6	1.96	12	0.37	25
运输设备制造业	4.908	8	2.107	9	0.43	23
其他制造业及废物废料回收业	2.942	17	1.388	24	0.47	19
电力、燃气和水的供应业	5.3	5	3.633	4	0.69	7
建筑业	4.065	12	1.812	16	0.45	22
批发零售业	2.814	19	2.042	11	0.73	3
住宿和餐饮业	2.293	25	1.519	22	0.66	8
交通运输业	3.137	16	1.955	13	0.62	10
邮政通信业	3.579	13	2.517	6	0.70	5
金融业	6.626	3	6.1	2	0.92	2
房地产业	16.541	1	16.163	1	0.98	1
机器设备租赁及其他商务服务	5.77	4	4.184	3	0.73	4
公共管理和国防、社会保障	2.749	21	1.897	14	0.69	6
教育	2.618	23	1.651	18	0.63	9
卫生和社会工作	3.507	14	1.749	17	0.50	17
其他服务业	2.799	20	1.603	19	0.57	13

注：全部技术含量和国内技术含量的单位为万美元/人。

（三）中国各行业相对技术升级

虽然中国出口整体的和各行业的技术含量都呈现上升趋势，表现出自身技术升级，但若其他国家的技术水平也上升且速度快于中国，那么中国各行业就不一定表现出相对技术升级，反而是相对技术落后了。鉴于此，为了分析中国各行业是否出现了相对技术升级，本章对 40 个国家各行业各年度的技术含量从高到低进行排名，如果中国某一行业的排名位次上升，就认为中国在该行业表现出相对技术升级。

表 7-4 显示了 2011 年中国各行业的排名及其相对于 1995 年的位次变化情况。（1）1995 年中国各行业的全部技术含量、国内技术含量及指数都处于世界最低水平，基本上处于最后 5 位。例如，1995 年中国造纸和印刷业、其他非金属冶炼业、交通运输业的全部技术含量与国内技术含量的排名都为第 40 位（即最后 1 位），国内技术含量指数的排名位次分别为第 39 位、第 35 位和第 36 位。（2）中国各行业都呈现相对技术升级趋势，国内技术含量的排名上升速度总体上快于全部技术含量的排名上升速度，且在 2007 年后，相对技术升级速度加快。例如，2011 年石化行业的全部技术含量排第 39 位，相对于 1995 年上升了 1 位；国内技术含量排第 38 位，相对于 1995 年上升了 2 位，进而导致国内技术含量指数排名达到第 25 位，上升了 11 位。（3）中国国内技术含量指数排名上升最快的 5 个行业依次为纺织、皮革和制鞋业，其他制造业及废物废料回收业，金融业，房地产业，石化行业；排名上升最慢的 5 个行业分别为采矿业，教育，公共管理和国防、社会保障，机械制造业，卫生和社会工作。总之，从各行业相对技术升级的速度来看，行业开放度越高，参与全球价值链的程度越深，该行业相对技术升级的速度也会越快。

表 7-4　2011 年中国各行业的排名及位次变化

行业	全部技术含量		国内技术含量		国内技术含量指数	
	位次	位次变化	位次	位次变化	位次	位次变化
农林牧渔业	38	1	37	2	28	9
采矿业	39	0	38	1	35	1
食品饮料和烟草业	38	2	38	2	27	10
纺织、皮革和制鞋业	38	1	36	4	24	13
木材及其制品业	38	1	37	3	30	8
造纸和印刷业	38	2	37	3	33	6
石化行业	39	1	38	2	25	11
其他非金属冶炼业	38	2	38	2	29	6

续表

行业	全部技术含量		国内技术含量		国内技术含量指数	
	位次	位次变化	位次	位次变化	位次	位次变化
基础金属及其制品业	28	12	31	9	30	4
机械制造业	35	4	35	4	32	3
电子和光学仪器制造业	36	2	33	5	30	5
运输设备制造业	37	3	37	3	28	9
其他制造业及废物废料回收业	39	1	37	3	26	13
电力、燃气和水的供应业	36	4	32	8	27	5
建筑业	36	3	38	2	34	4
批发零售业	37	2	36	4	30	7
住宿和餐饮业	38	2	37	3	29	8
交通运输业	38	2	37	3	26	10
邮政通信业	39	1	38	2	35	5
金融业	32	6	32	5	19	12
房地产业	27	9	27	9	21	12
机器设备租赁及其他商务服务	27	10	28	12	32	8
公共管理和国防、社会保障	37	0	38	0	37	2
教育	31	6	36	4	38	2
卫生和社会工作	36	1	36	4	36	3
其他服务业	37	3	37	3	36	4

注：按全球投入产出表中的 40 个国家（地区）对中国各行业分别进行排名。

从部分制造业行业技术含量排名的历年变化趋势来看（见图 7-4 至图 7-6），2008 年国际金融危机全面爆发后，中国部分制造业行业的全部技术含量和国内技术含量的全球排名迅速上升。在危机期间，世界各国的技术含量（全部技术含量、国内技术含量）都增长放缓甚至下滑，但是，中国经济仍然处于中高速增长阶段，中国劳动生产率的下降幅度低于世界其他主要国家，导致中国制造业部分行业全部技术含量的排名位次上升。中国制造业的国内技术含指数的排名波动性较大，但总体上呈现上升趋势。

（四）世界主要经济体的国内技术含量指数排名情况

本部分重点选取了世界主要经济体 2011 年的国内技术含量指数进行比较分

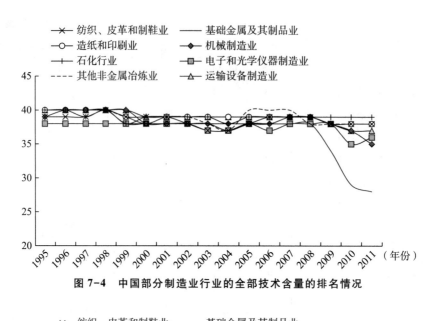

图 7-4　中国部分制造业行业的全部技术含量的排名情况

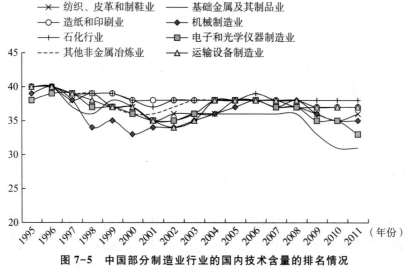

图 7-5　中国部分制造业行业的国内技术含量的排名情况

析。表 7-5 显示了美国、日本、德国、英国和法国的国内技术含量指数的排名
变化情况。总体上看，这些发达国家的排名靠前，如美国和日本各行业基本上
位于前 5 名。不过，这些国家各行业的排名变化情况有所不同，美国各行业的
位次基本上保持不变，日本的位次下降也不大，但德国、英国和法国的部分行
业的排名下降较明显，如德国的食品饮料和烟草业下降了 10 位，英国的其他非
金属冶炼业下降了 13 位。值得注意的是，美、日、英、法和德国的采矿业的国
内技术含量指数排名下降幅度相对最大，这可能反映了发达国家采矿业向其他

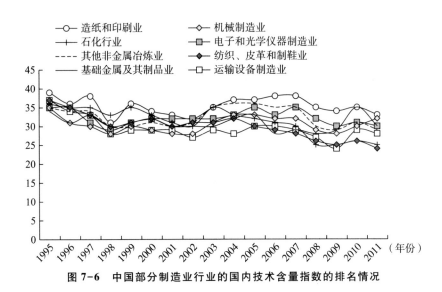

图 7-6　中国部分制造业行业的国内技术含量指数的排名情况

国家转移的普遍现象。

表 7-5　2011 年世界主要经济体国内技术含量指数的排名变化（1）

行业	美国		日本		德国		英国		法国	
	位次	变化	位次	变化	位次	变化	位次	变化	位次	变化
农林牧渔业	2	-1	3	-1	15	-8	16	-2	8	0
采矿业	9	-4	34	-24	21	-9	12	-8	20	-6
食品饮料和烟草业	4	-1	3	-2	14	-10	11	1	7	0
纺织、皮革和制鞋业	5	-2	3	-2	12	-5	10	0	7	-1
木材及其制品业	3	0	5	-3	16	-11	12	3	7	-1
造纸和印刷业	4	-1	3	-2	9	-5	13	1	7	3
石化行业	5	-2	7	-6	12	-7	23	-9	17	-6
其他非金属冶炼业	3	0	7	-6	15	-10	22	-13	9	-3
基础金属及其制品业	3	-1	5	-4	15	-10	16	-3	10	-3
机械制造业	2	1	1	0	8	-4	17	-4	6	0
电子和光学仪器制造业	1	2	3	-2	6	-2	17	-3	8	-1
运输设备制造业	4	-1	2	-1	6	-2	19	-2	10	-3
其他制造业及废物废料回收业	3	0	4	-3	8	-4	14	1	7	0

续表

行业	美国		日本		德国		英国		法国	
	位次	变化	位次	变化	位次	变化	位次	变化	位次	变化
电力、燃气和水的供应业	4	-2	13	-12	9	0	25	-15	16	-12
建筑业	3	1	5	-4	8	-5	17	-6	7	-1
批发零售业	2	1	1	1	8	-4	21	-1	7	0
住宿和餐饮业	4	-1	5	-4	8	-2	17	0	6	1
交通运输业	3	-1	2	-1	13	-8	14	1	5	1
邮政通信业	3	0	1	0	12	-8	32	-5	7	4
金融业	3	0	2	-1	20	-12	26	-2	6	8
房地产业	6	-1	4	-1	7	-1	33	-4	3	6
机器设备租赁及其他商务服务	1	3	3	-1	5	-2	8	-1	6	-1
公共管理和国防、社会保障	7	-3	2	1	10	-5	34	-6	6	1
教育	4	0	2	-1	13	-6	20	0	5	3
卫生和社会工作	1	1	5	-4	10	-7	22	-5	3	3
其他服务业	2	1	3	-1	7	-3	16	-2	6	0

表 7-6 显示了韩国、印度、巴西和中国的各行业国内技术含量指数的排名变化情况。首先，总体上看，这些经济体各行业的排名都低于美、日、德等国家，总体表现出国家（地区）收入水平越高，排名就越靠前的特征。其次，巴西、中国各行业的排名总体上呈上升趋势，而印度和韩国各行业的排名位次下降较多。

表 7-6　2011 年世界主要经济体国内技术含量指数的排名变化（2）

行业	韩国		印度		巴西		中国	
	位次	变化	位次	变化	位次	变化	位次	变化
农林牧渔业	24	-7	27	5	18	2	28	9
采矿业	18	-7	19	13	14	8	35	1
食品饮料和烟草业	31	-6	38	-4	13	3	27	10
纺织、皮革和制鞋业	22	-1	32	-5	8	6	24	13
木材及其制品业	27	-7	35	-6	8	3	30	8

续表

行业	韩国		印度		巴西		中国	
	位次	变化	位次	变化	位次	变化	位次	变化
造纸和印刷业	24	−5	39	−4	9	7	33	6
石化行业	28	−6	26	6	8	5	25	11
其他非金属冶炼业	23	−4	40	−4	14	7	29	6
基础金属及其制品业	27	−6	32	−5	8	2	30	4
机械制造业	24	−5	31	−3	9	0	32	3
电子和光学仪器制造业	20	0	31	−4	12	−2	30	5
运输设备制造业	15	−3	23	0	8	0	28	9
其他制造业及废物废料回收业	21	−2	40	−8	11	0	26	13
电力、燃气和水的供应业	26	−10	33	−3	7	10	27	5
建筑业	30	−11	40	−5	15	−3	34	4
批发零售业	28	−14	22	8	19	−8	30	7
住宿和餐饮业	32	−16	38	−2	19	1	29	8
交通运输业	31	−9	38	−7	11	2	26	10
邮政通信业	31	−16	38	−9	18	5	35	5
金融业	24	−6	25	5	8	−2	19	12
房地产业	29	−6	13	5	9	−2	21	12
机器设备租赁及其他商务服务	25	−10	37	−3	21	−2	32	8
公共管理和国防、社会保障	22	0	1	0	16	−5	37	2
教育	23	−4	31	0	26	−5	38	2
卫生和社会工作	25	−7	37	−9	18	1	36	3
其他服务业	25	−10	40	−3	24	−3	36	4

注：作者也测算了中国台湾的相关技术含量指数，若有需要可向作者索取。

为了比较 1995~2009 年中国各细分行业与世界其他主要国家的技术含量排名变化情况，本章选取了美、日、英、法、德、韩国、印度、巴西等国家的纺织、皮革和制鞋业与电子和光学仪器制造业 2 个制造业行业[①]为例进行阐述，详见图 7-7 至图 7-12。

---

① 纺织、皮革和制鞋业代表了传统的劳动密集型行业，而电子和光学仪器制造业代表了资本技术密集型行业。其他行业的相关数据可向作者索取。

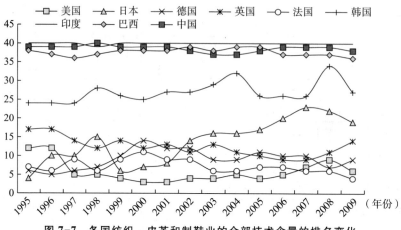

图 7-7 各国纺织、皮革和制鞋业的全部技术含量的排名变化

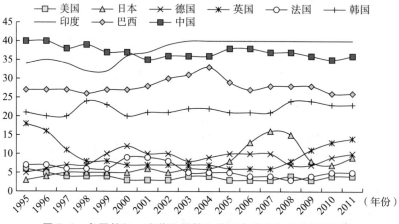

图 7-8 各国纺织、皮革和制鞋业的国内技术含量的排名变化

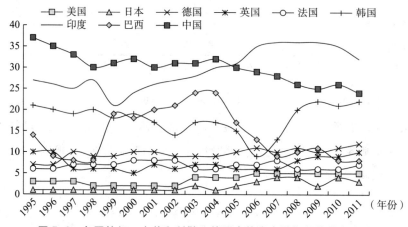

图 7-9 各国纺织、皮革和制鞋业的国内技术含量指数的排名变化

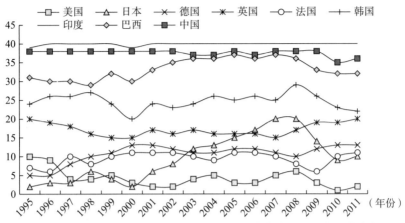

图 7-10　各国电子和光学仪器制造业的全部技术含量的排名位次变化

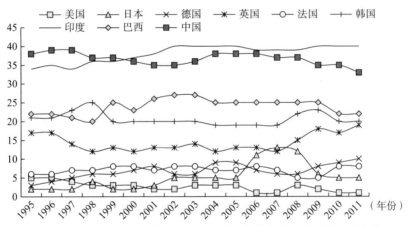

图 7-11　各国电子和光学仪器制造业的国内技术含量的排名位次变化

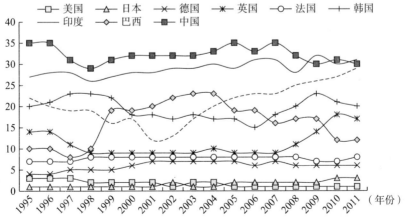

图 7-12　电子和光学仪器制造业的国内技术含量指数的各国排名位次变化

由图 7-7 至图 7-9 可知，（1）中国的纺织、皮革和制鞋业的全部技术含量和国内技术含量远低于美日法等国家，中国被锁定在技术低端环节，而美日法等国一直处于高端环节。（2）中国纺织业、皮革和制鞋业的国内技术含量指数排名有所上升，但排名仍远低于美日法等国，这说明中国纺织、皮革和制鞋业的出口技术升级并没有对美日法等发达国家的行业形成竞争。（3）中国加入 WTO 后，纺织、皮革和服装业的国内技术含量和国内技术含量指数的排名上升，正好与印度纺织、皮革和服装业排名下降的时期有所重合，说明中国的纺织、皮革和服装业与印度在国际市场上存在技术竞争。由于纺织业具有低固定成本和劳动密集的特点，一般认为纺织业是低收入国家发展的重要助推器，也是出口导向型国家走向工业化的典型启动产业。但是在 1995 年 MFA／ATC 逐步取消以及 2005 年 MFA／ATC 几乎全部失效的背景下，发展中国家的服装业被迫转型升级，引起了纺织业生产链条的重新整合。但是，欧美主要发达国家作为全球领导者，凭借雄厚的资本和卓越的管理能力一直控制着产品研发、设计和市场营销等价值链高端环节，而中国、印度等劳动力成本低的国家始终处于价值链低端的生产制造环节。因此，中国在参与全球价值链的过程中，无法对控制价值链高端生产环节的欧美国家构成竞争，而是与同样具有劳动力成本优势的印度等国家进行竞争。

电子和光学仪器制造业是典型的高科技产业，也是全球价值链分工程度最深的产业之一，欧美发达国家的领先企业一般专注于产品的研发设计、市场营销等活动。领先企业一般在技术上处于领导地位，并拥有巨大的品牌资产，对上游产业具有较强的市场影响力，且控制价值链的高端环节。而中国、印度等国家一般处于组装加工的价值链低端环节，处于从属地位。图 7-10 至图 7-12 显示，（1）中国的电子和光学仪器制造业基本上被锁定在技术低端环节，美日两国一直处于技术高端环节，且中国的电子和光学仪器制造业的全部技术含量排名基本上没有变化。（2）中国电子和光学仪器制造业的国内技术含量指数排名与美日法等发达国家的排名相差较大，中国在该行业根本无法对美日法等发达国家构成竞争。（3）电子和光学仪器制造业的技术水平由高到低大致可分为四个层次：第一层次为美国、日本；第二层次为德国、英国、法国；第三层次为韩国、巴西；第四层次为中国、印度。韩国的电子和光学仪器制造业对德、英、法形成了一定的技术竞争。

其他行业的国际比较与以上行业的结论基本相似。总之，从各国行业排名的比较中可以发现：中国各细分行业的技术含量排名有所上升，呈现一定的相对技术升级，但是与美国、日本等发达国家相比，出口产品的技术差距较大，中国各行业基本处于低端环节，根本无法对这些国家构成任何技术方面的威胁和竞争。其主要原因是：在全球价值链治理体系中，美日等国家基本上处于领导地位，控制着价值链的技术高点，而中国等发展中国家一般都是进行跟随性和附属性的技术升级，处于被领导和附属地位。

五　结论

在全球价值链深入发展的背景下，生产日益分散化和碎片化，传统的出口技术和结构的测度方法已经不能真实地反映出口产品的技术含量和结构变迁，因而应对产品生产过程中各具体生产工序的技术含量进行科学测度。本章构建了一种基于生产工序的技术含量的新测算方法，该方法主要借鉴了贸易增加值核算、隐含要素和隐含污染物的测算原理，克服了传统出口技术水平和结构测度方法的主要缺陷。该方法具有重要的理论创新意义，同时也对统计实践具有指导意义，可以在保持现有的投入产出核算框架下，扩展到产品技术含量和结构的统计和核算研究。本章研究结果表明，（1）1995 年以来，中国出口的整体技术水平不断提高，尤其是加入 WTO 后，中国出口的整体技术水平提升速度加快，但仍远低于美国、日本、德国等发达国家水平。（2）中国出口的整体技术水平表现出向发达国家的平均水平弱收敛的趋势。（3）中国三次产业的全部技术含量、国内技术含量和国内技术含量指数都呈增长态势，表现出一定程度的自身技术升级。（4）从三次产业的差异来看，第二产业的全部技术含量和国内技术含量相对较高，但是国内技术含量指数最低，反映了中国第二产业（尤其是制造业）主要参与的是低端的组装和加工环节。（5）中国各行业都呈现相对技术升级态势，且在 2008 年国际金融危机后相对技术升级的速度加快。但是，中国各行业的全部技术含量、国内技术含量及指数仍处于世界最低水平，与美日法等国家的差距较大，根本无法形成对这些发达国家的技术威胁。

通过本章的研究，可以得到以下启示。（1）中国加入 WTO 后，进一步扩大对外开放与积极融入全球价值链分工体系并没有对中国出口产品的技术升级带来不利影响，反而在一定程度上促进了中国出口产品的技术升级，改善了中国在全球价值链分工体系中的地位。（2）中国出口的技术水平和结构并没有超越发展中国家的水平，并且远低于发达国家水平，中国出口的技术升级任重道远。从中国的现实情况来看，一方面，需要积极发挥中国（尤其是中国中西部）的低成本优势，在"干中学"中积极融入全球价值链分工体系，且低附加值的劳动密集型的组装加工环节仍然是中国制造业参与全球价值链的主要切入点；另一方面，从长期来看，政府应加大在科技、教育和人才方面的投入和支持，积极促进企业转型升级和向价值链的高端延伸，培育中国企业在国际垂直分工体系中的核心竞争力。

显然，本章只是一个初步研究，还有许多方面值得深入探讨。一是，限于数据的可得性，本章全球投入产出表只有 40 个国家，每个国家也只有 26 个部门，显然需要开发包括更多国家和部门的全球投入产出表，这样才能更加精确地认识出口产品的技术升级情况。二是，本章用行业劳动生产率指标来代替各国的生产工序的技术含量的做法存在进一步改进的余地，或许全要素生产率或其他指标更科学。但限于数据可得性，本章无法测算全要素生产率，故值得进一步探讨。三是，发达国家少数行业的技术含量排名的大幅下降，可能并不代表该行业的技术含量大幅下降，而是可能反映了这些国家的产业转移现象，值得进一步深入探讨发达国家的产业转移问题。

第八章　中国各区域在全球价值链中的
作用及其变化[*]

一　导言

当今世界的商品生产已不再局限于一国之内，而是在全球价值链分工体系下进行。一国进口中间产品或原材料，利用本国的劳动力和资本等要素进行生产或加工组装，然后再销售到其他国家，如此一环扣一环地进行下去，直到形成最终产品。由于传统总值贸易统计是对贸易总额的统计，存在重复计算，不能真实地体现出口中隐含的增加值，也不能客观地反映各国在全球生产网络体系中的竞争力和国际地位。欧盟贸易委员会委员德古赫特（Karel De Gucht）曾指出：总值贸易统计造成一种假象，一般误认为出口国家创造了出口产品的所有价值，而实际上只是组装了零部件。这有点像接力赛中最后的冲刺者获得了金牌，其他队员获得银牌和铜牌，而没有考虑到这样一个事实：接力赛胜利是队员共同努力的结果。[①] 为了更准确理解全球价值链的演变、各国的地位和作用，近年来也涌现了大量测度全球价值链的新方法。有关全球价值链的测度方法总体上可以分为两大类：第一类是基于企业或产品调查数据的微观测度方法；第二类是基于投入产出模型的间接方法。

但是基于投入产出模型的间接研究方法要么是基于单国投入产出模型，要么是国家间的全球投入产出模型，而没有把一国之内的区域投入产出表与国家间投入产出表链接在一起，从而无法内生化国内区域与国外之间的中间投入联系，也无法直接从国内区域和国外之间中间投入联系的视角来分析全球价值链。

---

　　*　本章主要内容发表在《财贸经济》2016 年第 10 期。

　　①　资料来源：http://trade.ec.europa.edu/doclib/docs/2012/april/tradoc_ 149337.pdf。

也就是说，现有研究侧重于关注国家间的全球价值链而忽视了一国之内的国内价值链。然而对于区域差异明显的大国（如中国、美国、印度），国内的价值链分工更明显，甚至早于国家间的全球价值链分工。随着信息技术的高速发展，信息传递和运输成本大幅下降，产品的具体生产阶段和特定活动不但可以在全球不同国家之间进行，而且在一国内部的不同区域之间进行，且一国区域之间的价值链与国家间的价值链紧密联系在一起而共同形成了全球价值链。[①]尤其是对于像中国这样区域差异明显的大国，国内各区域在国内价值链和国际价值链中所处的位置和发挥的作用各不相同。由于区域发展水平和地区优势各异，一些区域承担了大部分的进口和出口（如沿海港口地区），但是该区域产品生产的主要原材料和半成品可能来自国内其他区域，这些区域可能通过提供中间产品而间接出口了产品，在全球价值链中发挥着重要的作用。20世纪90年代以来，中国各省份之间的交通和信息传输、政策壁垒等交易成本大幅下降，区域一体化趋势增强，中国企业跨区域经营现象日益明显，一些企业也开始向其他地区外包相关非核心业务，国内不同区域之间可能形成了一种相对紧密的国内价值链分工体系。

因此，把一国的区域投入产出表嵌入国家间的全球投入产出表，进而测度和分析一国的区域在国内价值链和国际价值链中的地位和作用具有重要的理论和现实意义。一是有利于发现全球价值链在国家间和国家内部的具体表现形式，以及国际价值链与国内价值链之间的关系；二是有利于认识一国之内各区域之间的经济技术联系，以及它们是通过什么渠道融入全球价值链，从而可以从全球价值链的视角分析一国内部各区域的地位和作用；三是有利于更加精确地测度全球价值链，为政策制定者提供可靠的信息。故本章尝试把中国的区域投入产出表嵌入国家间的全球投入产出表，并把国家间的全球投入产出模型测度方法扩展应用到嵌入区域的全球投入产出模型中，测度和分析中国各区域在国内价值链和全球价值链中的地位和作用及其动态变化。

与已有文献相比，本章有以下几点边际贡献。（1）尝试开发了一种把一国的区域投入产出表嵌入国家间全球投入产出表的新方法。在数据可获得的条件下，本章阐述了如何把一国的区域间投入产出表嵌入全球投入产出表，并利用

---

① 为了便于阐述，本章把主要关注一国之内的各区域之间的价值链称为"国内价值链"，而把主要关注国家间的价值链称为"国际价值链"，全球价值链是一个相对广泛的概念，包括"国内价值链"和"国际价值链"。

新方法编制了 1997 年、2002 年和 2007 年嵌入中国各区域的全球投入产出表。Meng 等 (2013) 仅编制了 2007 年嵌入中国各区域的全球投入产出表，但在方法上本章与其有所不同 (如平衡方法不同)。(2) 从国内价值链和国际价值链紧密联系的视角，分析全球价值链是如何在世界和中国各区域中进行价值的创造和分布，以及全球价值链的动态变化。苏庆义 (2016)、Meng 等 (2012) 利用中国区域间投入产出表和 TiVA 方法研究了中国国内价值链，但没有把中国各区域与世界其他国家内生联系起来，只利用中国区域投入产出表的封闭经济模型开展研究。虽然 Meng 等 (2013) 构建了 2007 年嵌入中国各区域的全球投入产出表，但只获得一年的分析数据，从而无法分析变化趋势。(3) 拓展了增加值出口和 Wang 等 (2013) 的出口增加值分解方法。按国内价值链和国际价值链渠道对中国区域增加值出口进行结构分解。利用 Wang 等 (2013) 的出口增加值分解方法分析中国各区域的全球价值链参与程度和地位，并将垂直专业化 (Vertical Specialization，VS) 按来源地进一步细分为来自国内其他区域的垂直专业化和世界其他国家的垂直专业化。

二　嵌入区域的全球投入产出表链接方法

本部分主要介绍如何把一国之内的区域间投入产出表链接到全球投入产出表。国家信息中心编制了 1997 年、2002 年和 2007 年的 8 个区域间投入产出表 (Inter-Regional Input-Output Table，IRIOT)，故本章只选取了全球投入产出表数据库中 1997 年、2002 年和 2007 年的全球投入产出表进行链接。鉴于中国区域间投入产出表只有 17 个部门，本章把投入产出表中的数据归并为 17 个部门。

为了便于理解，以一个简单的示例来阐述链接方法。① 不失一般性，假设三国每国三部门的全球投入产出模型，三个国家记为 (H, L, N)。H 表示高收入国，L 表示低收入国，N 表示新兴市场国家。N 国分为三个区域，即东部 (E)、中部 (M) 和西部 (W)，且 N 国编制了区域间投入产出表。3 个部门记为 i，$i = 1, 2, 3$，假设 1 表示第一产业，2 表示第二产业，3 表示第三产业。表 8-1 显示了三国每国三部门的全球投入产出表。

---

① 本章的方法与 Dietzenbacher 等 (2014) 的思路基本一致，但具体细节的处理方法有所不同。

表 8-1　三国每国三部门的全球投入产出表

		中间使用									最终使用			总产出
		H			L			N			H	L	N	
		1	2	3	1	2	3	1	2	3	Y^H	Y^L	Y^N	X
H	1	z_{11}^{HH}	z_{12}^{HH}	z_{13}^{HH}	z_{11}^{HL}	z_{12}^{HL}	z_{13}^{HL}	z_{11}^{HN}	z_{12}^{HN}	z_{13}^{HN}	y_1^{HH}	y_1^{HL}	y_1^{HN}	x_1^H
	2	z_{21}^{HH}	z_{22}^{HH}	z_{23}^{HH}	z_{21}^{HL}	z_{22}^{HL}	z_{23}^{HL}	z_{21}^{HN}	z_{22}^{HN}	z_{23}^{HN}	y_2^{HH}	y_2^{HL}	y_2^{HN}	x_2^H
	3	z_{31}^{HH}	z_{32}^{HH}	z_{33}^{HH}	z_{31}^{HL}	z_{32}^{HL}	z_{33}^{HL}	z_{31}^{HN}	z_{32}^{HN}	z_{33}^{HN}	y_3^{HH}	y_3^{HL}	y_3^{HN}	x_3^H
L	1	z_{11}^{LH}	z_{12}^{LH}	z_{13}^{LH}	z_{11}^{LL}	z_{12}^{LL}	z_{13}^{LL}	z_{11}^{LN}	z_{12}^{LN}	z_{13}^{LN}	y_1^{LH}	y_1^{LL}	y_1^{LN}	x_1^L
	2	z_{21}^{LH}	z_{22}^{LH}	z_{23}^{LH}	z_{21}^{LL}	z_{22}^{LL}	z_{23}^{LL}	z_{21}^{LN}	z_{22}^{LN}	z_{23}^{LN}	y_2^{LH}	y_2^{LL}	y_2^{LN}	x_2^L
	3	z_{31}^{LH}	z_{32}^{LH}	z_{33}^{LH}	z_{31}^{LL}	z_{32}^{LL}	z_{33}^{LL}	z_{31}^{LN}	z_{32}^{LN}	z_{33}^{LN}	y_3^{LH}	y_3^{LL}	y_3^{LN}	x_3^L
N	1	z_{11}^{NH}	z_{12}^{NH}	z_{13}^{NH}	z_{11}^{NL}	z_{12}^{NL}	z_{13}^{NL}	z_{11}^{NN}	z_{12}^{NN}	z_{13}^{NN}	y_1^{NH}	y_1^{NL}	y_1^{NN}	x_1^N
	2	z_{21}^{NH}	z_{22}^{NH}	z_{23}^{NH}	z_{21}^{NL}	z_{22}^{NL}	z_{23}^{NL}	z_{21}^{NN}	z_{22}^{NN}	z_{23}^{NN}	y_2^{NH}	y_2^{NL}	y_2^{NN}	x_2^N
	3	z_{31}^{NH}	z_{32}^{NH}	z_{33}^{NH}	z_{31}^{NL}	z_{32}^{NL}	z_{33}^{NL}	z_{31}^{NN}	z_{32}^{NN}	z_{33}^{NN}	y_3^{NH}	y_3^{NL}	y_3^{NN}	x_3^N
增加值		va_1^H	va_2^H	va_3^H	va_1^L	va_2^L	va_3^L	va_1^N	va_2^N	va_3^N				
总投入		x_1^H	x_2^H	x_3^H	x_1^L	x_2^L	x_3^L	x_1^N	x_2^N	x_3^N				

其中，x_1^H 为 H 国生产部门 1 的总产出；va_1^H 为 H 国生产部门 1 的增加值；z_{11}^{HH} 为 H 国 1 部门生产的产品对 H 国 1 部门的中间需求；z_{11}^{LH} 为 H 国生产部门 1 对 L 国生产部门 1 的中间投入需求；y_1^{HH} 为 H 国对 H 国生产部门 1 的最终消费；y_1^{HL} 为 L 国对 H 国生产部门 1 的最终消费。其他变量的含义与以上相似。为了简洁和阐述方便，以矩阵的形式表示：

$$Z^{HH} = \begin{bmatrix} z_{11}^{HH} & z_{12}^{HH} & z_{12}^{HH} \\ z_{21}^{HH} & z_{22}^{HH} & z_{23}^{HH} \\ z_{31}^{HH} & z_{32}^{HH} & z_{33}^{HH} \end{bmatrix}, \quad Z^{HL} = \begin{bmatrix} z_{11}^{HL} & z_{12}^{HL} & z_{12}^{HL} \\ z_{21}^{HL} & z_{22}^{HL} & z_{23}^{HL} \\ z_{31}^{HL} & z_{32}^{HL} & z_{33}^{HL} \end{bmatrix}$$

$$Y^{HH} = \begin{bmatrix} y_1^{HH} \\ y_2^{HH} \\ y_3^{HH} \end{bmatrix}, \quad Y^{LH} = \begin{bmatrix} y_1^{LH} \\ y_2^{LH} \\ y_3^{LH} \end{bmatrix}, \quad X^H = \begin{bmatrix} x_1^H \\ x_2^H \\ x_3^H \end{bmatrix}, \quad Va^H = \begin{bmatrix} va_1^H \\ va_2^H \\ va_3^H \end{bmatrix}。$$

表 8-2 是三区域每区域三部门的区域投入产出表，如 Z^{EM} 表示从 E 区域流向 M 区域的中间产品矩阵，也就是 M 区域对 E 区域的中间产品需求矩阵。EX^E 表示 E 区域的出口列向量，IM^E 表示 E 区域的进口列向量，fim^E 表示 E 区域进口产品的最终使用。

表 8-2 区域间投入产出表（IRIOT）

	中间使用			最终使用			出口	总产出
	E	M	W	E	M	W		
E	Z^{EE}	Z^{EM}	Z^{EW}	Y^{EE}	Y^{EM}	Y^{EW}	EX^{E}	X^{E}
M	Z^{ME}	Z^{MM}	Z^{MW}	Y^{ME}	Y^{MM}	Y^{MW}	EX^{M}	X^{M}
W	Z^{WE}	Z^{WM}	Z^{WW}	Y^{WE}	Y^{WM}	Y^{WW}	EX^{W}	X^{W}
进口	$(IM^{E})^{\mathrm{T}}$	$(IM^{M})^{\mathrm{T}}$	$(IM^{W})^{\mathrm{T}}$	fim^{E}	fim^{M}	fim^{W}		
增加值	$(Va^{E})^{\mathrm{T}}$	$(Va^{M})^{\mathrm{T}}$	$(Va^{W})^{\mathrm{T}}$					
总投入	$(X^{E})^{\mathrm{T}}$	$(X^{M})^{\mathrm{T}}$	$(X^{W})^{\mathrm{T}}$					

若要把 N 国区域间投入产出表嵌入全球投入产出表，首先需要使全球投入产出表中 N 国数据与 N 国区域间投入产出表数据保持一致性和统一性，故本章利用国内区域间投入产出表的总量控制数据，调整全球投入产出表中 N 国的数据。其次，用区域间投入产出表替代全球投入产出表，构建嵌入 N 国的区域投入产出表。表 8-3 列示了嵌入 N 国各区域的全球投入产出表。

表 8-3 嵌入区域投入产出表的全球投入产出表（WIOT-IRIOT）

	中间使用					最终使用					总产出
	H	L	E	M	W	H	L	E	M	W	
H	Z^{HH}	Z^{HL}	Z^{HE}	Z^{HM}	Z^{HW}	Y^{HH}	Y^{HL}	Y^{HE}	Y^{HM}	Y^{HW}	X^{H}
L	Z^{LH}	Z^{LL}	Z^{LE}	Z^{LM}	Z^{LW}	Y^{LH}	Y^{LL}	Y^{LE}	Y^{LM}	Y^{LW}	X^{L}
E	Z^{EH}	Z^{EL}	Z^{EE}	Z^{EM}	Z^{EW}	Y^{EH}	Y^{EL}	Y^{EE}	Y^{EM}	Y^{EW}	X^{E}
M	Z^{MH}	Z^{ML}	Z^{ME}	Z^{MM}	Z^{MW}	Y^{MH}	Y^{ML}	Y^{ME}	Y^{MM}	Y^{MW}	X^{M}
W	Z^{WH}	Z^{WL}	Z^{WE}	Z^{WM}	Z^{WW}	Y^{WH}	Y^{WL}	Y^{WE}	Y^{WM}	Y^{WW}	X^{W}
增加值	$(Va^{H})^{\mathrm{T}}$	$(Va^{L})^{\mathrm{T}}$	$(Va^{E})^{\mathrm{T}}$	$(Va^{M})^{\mathrm{T}}$	$(Va^{W})^{\mathrm{T}}$						
总投入	$(X^{H})^{\mathrm{T}}$	$(X^{L})^{\mathrm{T}}$	$(X^{E})^{\mathrm{T}}$	$(X^{M})^{\mathrm{T}}$	$(X^{W})^{\mathrm{T}}$						

在具体的嵌入过程中，表 8-3 中 N 国各区域的部分数据需要利用其他数据进行推算，如 Y^{EH} 表示 H 国消费的来自 E 区域的产品向量，即 E 区域出口到 H 国的最终消费产品，Z^{EH} 表示 H 国中间投入中来自 E 区域的产品向量，即 E 区域出口到 H 国的中间投入产品。显然 Y^{rc}，Z^{rc}，$r \in \{E, M, W\}$，$c \in \{H, L\}$ 是未知的，需要借助统计数据和方法来推算。根据 WIOT-IRIOT 和 IRIOT 的关系可以得到：

$$\sum_{c \in \{H,L\}} \left(Y^{rc} + Z^{rc} \right) = EX^r, r \in \{E,M,W\} \tag{8-1}$$

式（8-1）说明 IRIOT 中 r 区域的总出口应等于 WIOT-IROIT 中 r 区域出口中供 H 国和 L 国的中间投入（$Z^{rH} + Z^{rL}$）和最终消费（$Y^{rH} + Y^{rL}$）的产品之和。

$$fim^r = u^T \sum_{c \in \{H,L\}} Y^{cr}, \forall \, r \in \{E,M,W\} \tag{8-2}$$

其中 $u^T = [\, 1 \quad 1 \quad 1 \,]$，式（8-2）说明 IROIT 中 r 区域进口的最终需求产品应等于 WIOT-IROIT 中 H 国和 L 国提供给 r 区域的最终产品之和。

$$(IM^r)^T \equiv \left[\, im_1^r \quad im_2^r \quad im_3^r \,\right] = u^T \sum_{c \in \{H,L\}} Z^{cr}, \forall \, r \in \{E,M,W\} \tag{8-3}$$

式（8-3）说明 IRIOT 中 r 区域的进口中间产品应等于 WIOT-IRIOT 中 H 国和 L 国提供给 r 区域的中间产品之和。

根据 WIOT-IRIOT 与 WIOT 的关系可以得到：

$$Z^{cN} = \sum_{r \in \{E,M,W\}} Z^{cr}, \forall \, c \in \{H,L\} \tag{8-4}$$

$$Y^{cN} = \sum_{r \in \{E,M,W\}} Y^{cr}, \forall \, c \in \{H,L\} \tag{8-5}$$

$$Z^{Nc} = \sum_{r \in \{E,M,W\}} Z^{rc}, \forall \, c \in \{H,L\} \tag{8-6}$$

$$Y^{Nc} = \sum_{r \in \{E,M,W\}} Y^{rc}, \forall \, c \in \{H,L\} \tag{8-7}$$

$$Z^{NN} = \sum_{r,s \in \{E,M,W\}} Z^{rs} \tag{8-8}$$

$$Y^{NN} = \sum_{r,s \in \{E,M,W\}} Y^{rs} \tag{8-9}$$

限于数据的可得性，不得不做出"比例系数不变"的假设以推算相关数据，如 WIOT-IRIOT 中各区域来自国外的中间投入系数与 WIOT 中国内来自国外的中间投入系数相同，WIOT-IRIOT 中各区域向国外的分配系数与 WIOT 中国内向国外的分配系数相同。实际上这种比例系数不变的假设在构建区域间投入产出表或非竞争性投入产出表时也经常用到，如 Johnson 和 Noguera（2012）利用各国投入产出表编制全球投入产出表时，就使用固定比例系数分配方法。以下简要介绍中国区域间投入产出表嵌入全球投入产出表的步骤。（1）将全球投入产出表中的 35 个部门归并为 17 个部门，并利用年平均汇率把中国区域间投入产出表转化美元计价投入产出表。（2）构建 WIOT-IRIOT，直接输入不需要推算的数据。其中最终需求分为最终消费、资本形成和存货三种类型，劳动报酬、资本报酬等形成一个总增加值账户。（3）根据比例系数不变假设，利用全球投入产出表中的结构数和中国各区域贸易统计数据，推算中国各区域出口在世界不同国家的分配情况。（4）调整 ROW 账户，使其他账户的总中间投入、增加值、总投入、总产出等变量尽量保持原 WIOT 和 IRIOT 中的数值。最终总消费支出也尽量保持原 WIOT 和 IRIOT 中的数据。当 ROW 账户出现负值时，调整为 0。（5）调整库存量，平衡整个 WIOT-IRIOT。调整对应生产部门在本国的库存量，以使行和、列和相等，即总投入等于总产出。

值得注意的是，在嵌入中国区域间投入产出表时，以中国区域间投入产出表中的总量数据为控制数，以全球投入产出表中中国相关结构比例系数为依据来推算 WIOT-IRIOT 中的数据（如 Y^{rc}，Z^{rc}，$r \in \{E, M, W\}$，$c \in \{H, L\}$）。当出现不平衡项时，统一归为全球投入产出表中的世界其他地区账户。这样处理的原因，一是原 WIOT 中中国替换为区域时，两者总量是不一致的，于是本章以 IRIOT 中的总量数据作为控制数。二是 WIOD 项目在编制全球投入产出表时，把世界其他地区作为余项处理，故本章在调整时，把误差归为世界其他地区账户具有合理性和一致性。三是本章重点研究中国各区域与世界主要国家之间的关系，因此把世界其他地区作为余项处理是可取的。最后，本章编制嵌入中国各区域的全球投入产出表时，各区域进出口和产出数据可能与其他来源的统计数据存在细微的出入，为了便于数据的比较，除特别说明，本章所用数据均来自作者编制的嵌入中国各区域的全球投入产出表。

三　测算和结构分解方法

（一）增加值贸易及其结构分解

1. 嵌入区域的全球投入产出模型的增加值出口

有关垂直专业化和增加值贸易的测算方法主要来源于 Leontief 逆矩阵。为了方便阐述和易于理解，以两国+三个区域的模型进行说明。根据 Johnson 和 Noguera（2012）的 TiVA 计算方法可以得到：

$$TiVA^{rc} = V^r BY^c \tag{8-10}$$

其中，B 为 WIOT-IRIOT 中的 Leontief 逆矩阵；V^r 为 WIOT-IRIOT 中非零元素

为对应 r 区域增加值率，其他元素为 0 的行向量；Y^C 为 C 国的最终产品需求向量；$TiVA^{rC}$ 为 r 区域到 C 国的增加值总出口。为得到 r 区域总增加值出口，需要对 r 区域到不同国家的增加值出口进行加总，即：$TiVA^r = \sum_{C \neq r} TiVA^{rC}$。进一步，当 V^r 替换为 V_i^r（其中非零元素为 r 区域 i 部门的增加值率，其他元素为 0 的行向量），就可以计算 r 区域的部门 i 到 C 国的增加值出口（$TiVA_i^{rC}$）。

2. 经由国内和国际价值链渠道的增加值出口分解方法

（1）双边增加值出口分解方法。

在嵌入区域的全球投入产出模型中，区域 E 到 H 国的增加值出口有多个实现渠道，如 E 区域出口中间产品到 G 国，再经由 G 国出口到 H 国，实际上是经由国家间的联系（国际价值链）实现区域 E 到 H 国的增加值出口。但是即使 E 区域不与世界其他国家发生贸易联系，如区域 E 向国内其他区域 M 提供中间产品，M 区域再出口产品到 H 国，这样通过国内区域间的联系（国内价值链）也可以实现 E 区域到 H 国的增加值出口。显然以上两种增加值出口的路径是不同的，故区分增加值出口的渠道，可以清楚地认识中国各区域嵌入全球价值链的路径。以下利用分块矩阵的思路对区域增加值出口进行分解。

$$TiVA^{EH} = v^E \begin{bmatrix} B^{EW} & B^{EM} & B^{EE} & B^{EH} & B^{EL} \end{bmatrix} \begin{bmatrix} Y^{WH} & Y^{MH} & Y^{EH} & Y^{HH} & Y^{LH} \end{bmatrix}^T$$
$$= v^E B^{EE} Y^{EH} + \sum_{r \in \{W, M\}} v^E B^{Er} Y^{rH} + v^E B^{EH} Y^{HH} + v^E B^{EL} Y^{LH} \qquad (8-11)$$

其中，$B^{E\cdot}$ 为逆矩阵 B 中的分块矩阵；Y^{rH} 表示 H 国来自于 r 区域的最终需求；T 表示矩阵转置。式（8-11）中的第 1 项（记为 $VAED_1$）表示经由国内价值链渠道，E 区域直接出口最终产品到 H 国而引致的增加值出口，第 2 项（记为 $VAED_2$）表示当 E 区域向其他区域（W，M）输出中间产品，而这些中间产品被区域（W，M）用来生产最终产品再出口到 H 国作为最终需求而引致的增加值出口，这也是经由国内价值链渠道的 E 区域到 H 国的增加值出口。因为这两项增加值出口主要通过国内区域间的中间投入联系（B^{EE}，B^{Er}）而间接传递，所以归为国内价值链渠道。第 3 项（记为 $VAEI_1$）表示当 E 区域向 H 国出口中间产品，而这些中间产品被直接需求国 H 用来生产最终产品并被自己最终消费而引致的增加值出口。第 4 项（记为 $VAEI_2$）表示当 E 区域向 L 国家出口中间产品，而中间产品被直接需求国 L 用来生产最终产品再出口到 H 国作为最终需求而引致的增加值出口。$VAEI_1$ 和 $VAEI_2$ 主要表示经由国家间（或区域与国家间）的中间投入联系而引致的增加值出口，故可以归为国际价值链渠道。

（2）区域总增加值出口分解方法。

根据上述双边增加值出口的分解方式，很自然地可以进行 r 区域的总增加值出口和流出[1]的分解。r 区域总增加值出口和流出的分块矩阵为：

$$TiVA^r = v^r \sum_{G \in RC, G \neq rC \in RC} \sum B^{rC} Y^{CG} \tag{8-12}$$

其中，RC 为所有区域和国家的集合，即 $\{H,\ L,\ W,\ M,\ E\}$；v^r 为 r 区域的增加值率行向量；B^{rC} 为 Leontief 逆矩阵中的分块矩阵；Y^{CG} 为 G 区域（国家）来自 C 国（区域）的最终需求列向量。于是可以得到 r 区域总增加值出口和流出的分解公式：

$$TiVA^r = \left[\sum_{s \neq r} v^r B^{rr} Y^{rs} + \sum_{s \neq r} v^r B^{rs} Y^{ss} + \sum_{s \neq r} \sum_{t \neq s, r} v^r B^{rs} Y^{st} \right] + \left[\sum_{G \in \{H, L\}} \sum_{t \neq r} v^r B^{rG} Y^{Gt} \right]$$

$$+ \left[\sum_{G \in \{H, L\}} v^r B^{rG} Y^{GG} + \sum_{\substack{G \in \{H, L\} \\ K \neq G}} \sum_{K \in \{H, L\}} v^r B^{rG} Y^{GK} \right] + \left[\sum_{G \in \{H, L\}} v^r B^{rr} Y^{rG} + \sum_{s \in \{E, M, W\}, s \neq r} \sum_{K \in \{H, L\}} v^r B^{rs} Y^{sK} \right]$$

$$\tag{8-13}$$

式（8-13）包含 4 项，其中第 1 项（记为 $VAOD$）表示 r 区域经由国内价值链流出到其他区域的增加值，具体又可以分为 3 部分：第 1 部分 $VAOD_1$（$\sum_{s \neq r} v^r B^{rr} Y^{rs}$）表示 r 区域直接向其他区域输出最终产品引致的增加值流出；第 2 部分 $VAOD_2$（$\sum_{s \neq r} v^r B^{rs} Y^{ss}$）表示 r 区域向其他区域输出中间产品，而中间产品被直接需求区域用来生产最终产品并被自己消费而引致的增加值流出；第 3 部分 $VAOD_3$（$\sum_{s \neq r} \sum_{t \neq s, r} v^r B^{rs} Y^{st}$）表示 r 区域向其他区域输出中间产品，而中间产品被直接需求区域用来生产最终产品再输出到其他区域作为最终需求而引致的增加值流出。式（8-13）第 2 项（记为 $VAOI$）表示 r 区域向世界其他国家输出中间产品，且中间产品被直接需求国用来生产最终产品再输出到其他区域作为最终需求而引致的增加值流出。因为这部分增加值的流出是由 r 区域为世界其他国家提供中间产品而引致的，所以该部分增加值流出渠道归为国际价值链渠道。式（8-13）中的第 3 项（记为 $VAEI$）表示经由国际价值链渠道 r 区域到其他国家的增加值出口。$VAEI$ 又可分为两部分，其中第 1 部分 $VAEI_1$（$\sum_{G \in \{H, L\}} v^r B^{rG} Y^{GG}$）表

---

[1]　增加值流出，是指在一国范围内，来自某一区域且被另一个区域最终需求吸收的增加值。统一说明：本章一般把区域之间的贸易称为流入和流出，而把区域与其他国家间的贸易称为进口和出口。

示 r 区域向其他国家出口中间产品，且中间产品被直接需求国用来生产最终产品并被自己消费而引致的增加值出口。第 2 部分 $VAEI_2$ ($\sum\limits_{G \in \{H,\ L\}} \sum\limits_{\substack{K \in \{H,\ L\} \\ K \neq G}} v^r B^{rG} Y^{GK}$) 表示 r 区域向其他国家出口中间产品，且中间产品被直接需求国用来生产最终产品再出口到其他国家作为最终需求而引致的增加值出口。式（8-13）中第 4 项（记为 $VAED$）表示经由国内价值链渠道，r 区域到其他国家的增加值出口。$VAED$ 又可分为两部分，其中第 1 部分 $VAED_1$ ($\sum\limits_{G \in \{H,\ L\}} v^r B^{rr} Y^{rG}$) 表示 r 区域直接向其他国家出口最终产品而引致的增加值出口。第 2 部分 $VAED_2$ ($\sum\limits_{s \in \{E,\ M,\ W\},\ s \neq r} \sum\limits_{K \in \{H,\ L\}} v^r B^{rs} Y^{sK}$) 表示 r 区域向其他区域输出中间产品，且中间产品被直接需求区域用来生产最终产品再出口到其他国家作为最终需求而引致的增加值出口。

（3）假想提取法。

以上根据嵌入区域的全球投入产出模型及分块矩阵方法，把 r 区域的增加值出口和流出渠道区分为经由国内价值链和国际价值链。这种分解方式可以明确中国各区域是通过哪种途径参与全球价值链的。但是，在上述分解中，如果仅涉及国内区域（E，M，W），本章就认为该增加值出口和流出是经由国内价值链渠道实现的；如果分块逆矩阵涉及国家（H，L），就认为该部分增加值出口和流出是经由国际价值链渠道实现的。而 B^{rs}，B^{rr} 并非完全代表国内价值链渠道，分块矩阵 B^{rs}，B^{rr} 是通过计算嵌入区域的全球投入产出表中的直接消耗系数而获得的。实际上 B^{rs}，B^{rr} 也间接包含投入产出联系的影响。因此，为了得到经由纯国内价值链的增加值出口和流出，本章利用假想提取法思路，假设嵌入区域的全球投入产出表中国家间的中间投入联系不存在，即嵌入区域的全球投入产出表的直接消耗系数矩阵 A 变为 A^d：

$$A^d = \begin{bmatrix} A^{RR} & 0 & 0 \\ 0 & A^{HH} & 0 \\ 0 & 0 & A^{LL} \end{bmatrix}, \text{其中},\ A^{RR} = \begin{bmatrix} A^{WW} & A^{WM} & A^{WE} \\ A^{MW} & A^{MM} & A^{ME} \\ A^{EW} & A^{EM} & A^{EE} \end{bmatrix}$$

于是，定义 $B^d = (I - A^d)^{-1}$，写成分块矩阵形式可以得到[①]：

$$B^d = \begin{bmatrix} B^{dRR} & 0 & 0 \\ 0 & B^{dHH} & 0 \\ 0 & 0 & B^{dLL} \end{bmatrix}, \text{其中},\ B^{dRR} = \begin{bmatrix} B^{dWW} & B^{dWM} & B^{dWE} \\ B^{dMW} & B^{dMM} & B^{dME} \\ B^{dEW} & B^{dEM} & B^{dEE} \end{bmatrix}$$

---

① 对角分块矩阵的逆仍然是对角分块矩阵。

在这种假想不存在国家间的中间投入联系的模型中，E 区域到 H 国的增加值出口为：

$$TiVA^{dEH} = v^E \begin{bmatrix} B^{dEW} & B^{dEM} & B^{dEE} & 0 & 0 \end{bmatrix} \begin{bmatrix} Y^{WH} & Y^{MH} & Y^{EH} & Y^{HH} & Y^{LH} \end{bmatrix}^T$$

$$= v^E B^{dEE} Y^{EH} + \sum_{r \in \{W,M\}} v^E B^{dEr} Y^{rH} \tag{8-14}$$

$TiVA^{dEH}$ 是经由纯国内价值链渠道的 E 区域到 H 国的增加值出口。可以得到：

$$TiVA^{EH} = \left[v^E B^{dEE} Y^{EH} + \sum_{r \in \{W,M\}} v^E B^{dEr} Y^{rH} \right]$$

$$+ \left[v^E B^{EH} Y^{HH} + v^E B^{EL} Y^{LH} + v^E (B^{EE} - B^{dEE}) Y^{EH} + \sum_{r \in \{W,M\}} v^E (B^{Er} - B^{dEr}) Y^{rH} \right] \tag{8-15}$$

式（8-15）中第 1 个方括号内的式子表示经由纯国内价值链渠道的 E 区域到 H 国的增加值出口，第 2 个方括号内的式子表示经由国际价值链渠道的 E 区域到 H 国的增加值出口。[①] 与上述方法相似，可以得到 r 区域经由纯国内价值链和国际价值链渠道的增加值出口和流出。

$$TiVA^r = \left[\sum_{s \neq r} v^r B^{drr} Y^{rs} + \sum_{s \neq r} v^r B^{drs} Y^{ss} + \sum_{s \neq r} \sum_{t \neq s,r} v^r B^{drs} Y^{st} \right]$$

$$+ \left[\sum_{s \neq r} v^r (B^{rr} - B^{drr}) Y^{rs} + \sum_{s \neq r} v^r (B^{rs} - B^{drs}) Y^{ss} + \sum_{s \neq r} \sum_{t \neq s,r} v^r (B^{rs} - B^{drs}) Y^{st} \right] + \left[\sum_{G \in \{H,L\}} \sum_{t \neq r} v^r B^{rG} Y^{Gt} \right]$$

$$+ \left[\sum_{G \in \{H,L\}} v^r B^{rG} Y^{GG} + \sum_{G \in \{H,L\}} \sum_{K \in \{H,L\} \atop K \neq G} v^r B^{rG} Y^{GK} \right] + \left[\sum_{G \in \{H,L\}} v^r (B^{rr} - B^{drr}) Y^{rG} + \sum_{s \in \{E,M,W\}, s \neq r} \sum_{K \in \{H,L\}} v^r (B^{rs} - B^{drs}) Y^{sK} \right]$$

$$+ \left[\sum_{G \in \{H,L\}} v^r B^{drr} Y^{rG} + \sum_{s \in \{E,M,W\}, s \neq r} \sum_{K \in \{H,L\}} v^r B^{drs} Y^{sK} \right] \tag{8-16}$$

式（8-16）中的第 1 行表示经由纯国内价值链渠道的 r 区域的增加值流出（$VAODP$），第 2 行表示经由国际价值链渠道的 r 区域的增加值流出（$VAOIP$），第 3 行表示经由国际价值链渠道的 r 区域的增加值出口（$VAEIP$），第 4 行表示经由纯国内价值链渠道的 r 区域的增加值出口（$VAEDP$）。

（二）出口的增加值分解——Wang 等（2013）的方法

为了分析中国各区域参与全球价值链的程度和贸易利得情况，本章把 Wang

---

① $B^{EE} - B^{dEE}$，$B^{Er} - B^{dEr}$ 等可以认为是国内价值链与国际价值链中的国际反馈效应，本章把该部分引致的增加值出口和流出归为国际价值链渠道。

等（2013）的分解公式拓展到嵌入区域的全球投入产出模型，并对 Wang 等（2013）的各分解子项进一步按来源地和目的地进行分解。出口贸易流量可以分解为国内增加值出口、返回的国内增加值、外国增加值和纯重复计算的中间品贸易四大部分。这四大组成部分又可以进一步细分为 16 项。[1] 其中，四大组成部分具体如下。（1）最终被国外吸收的国内增加值（简称 DVA）。（2）返回的国内增加值，这一部分国内增加值先被出口至国外，但又隐含在本国从其他国家的进口中返回国内并最终在国内被消费（简称 RDV）。虽然这部分增加值不构成一国的增加值出口，却是出口国 GDP 隐含于出口中的一部分。（3）用于生产本国出口产品的外国增加值（简称 FVA）。（4）中间品贸易的纯重复计算部分（简称 PDC），这是由中间产品贸易多次跨越国界引起的。这些中间产品贸易值不构成任何国家的 GDP 或最终需求，类似于用一种中间投入品生产另一种中间投入品的国内产业间交易。由于所有的跨国贸易都会被各国海关记录，因此这一部分重复计算包含于总贸易统计中。而国内中间投入品贸易则不同，在通过行业数据来核算 GDP 时，所有中间投入品的价值都必须从总产出中扣除以避免重复计算。

为了更加清楚地展示各区域参与全球价值链的程度与具体结构，本章在 Wang 等（2013）的基础上，对垂直专业化（VS）[2] 中的各具体子项，按对应的区域和国家进一步分解为来自国内其他区域的 VS 和世界其他国家的 VS。对于 DVA，由于从总出口的层面来看，DVA 与总的增加值出口（$TiVA$）是等价的，因此，前述的增加值出口的分解就是对 DVA 的分解。

---

[1] 16 个细项为：①最终产品出口的国内增加值；②直接被进口国生产国内最终产品且被吸收的中间出口产品中隐含的国内增加值；③被进口国出口至第三国并被第三国生产国内最终产品且被吸收的中间产品出口中隐含的国内增加值；④被进口国生产最终产品出口至第三国且被吸收的中间产品出口中隐含的国内增加值；⑤被进口国生产中间产品出口至第三国生产最终产品后最终出口至第二国（直接进口国）且被吸收的中间产品出口中隐含的国内增加值；⑥被进口国生产最终产品且出口后返回国内且被吸收的中间产品出口中隐含的国内增加值；⑦被进口国生产中间产品且出口至第三国生产最终产品并最终进口至国内且被吸收的中间产品出口中隐含的国内增加值；⑧被进口国生产中间产品且出口至国内且被用于生产国内最终产品并被吸收的中间产品出口中隐含的国内增加值；⑨被进口国生产中间产品且出口至国内被用于生产最终产品的中间产品出口中隐含的国内增加值（中间出口与最终出口的重复计算部分）；⑩被进口国生产中间产品且出口至国内被用于生产中间产品的中间产品出口中隐含的国内增加值（中间出口与中间出口的重复计算部分）；⑪最终出口产品的进口国增加值；⑫中间出口产品的进口国增加值；⑬中间出口的进口国价值重复计算部分；⑭最终出口的第三国增加值；⑮中间出口的第三国增加值；⑯中间出口的第三国增加值重复计算部分。

[2] 为了尽量与 Hummels 等（2001）对 VS 的定义在本质上保持一致，Wang 等（2013）将 VS 定义为 FVA 加上 PDC（即第 13 项、第 16 项两项）。

四 实证分析

(一) 中国各区域的增加值贸易①

本部分主要阐述中国各区域的增加值贸易情况。根据增加值的来源/目的地,可以分析中国各区域与世界其他国家、国内其他区域的增加值贸易情况。

1. 中国各区域增加值贸易总体情况

(1) 中国各区域的增加值国际贸易。

表 8-4 显示了 2007 年中国各区域的增加值国际贸易和传统总值国际贸易情况。以东部沿海区域为例,2007 年东部沿海区域增加值出口占地区 GDP 的比重为 35.52%,增加值出口与传统出口的比值为 0.60,说明东部沿海区域出口中有近 40% 的价值来自外和中国其他区域,东部沿海区域参与全球价值链的程度相对较高。东部沿海区域的增加值国际贸易顺差(即增加值净出口,等于增加值出口−增加值进口) 占地区 GDP 的比重为 17.65%,比传统总值国际贸易顺差占比(21.98%)低 4.33 个百分点。传统总值贸易统计方法高估了东部沿海区域的国际贸易顺差,这也正好说明东部沿海区域的加工贸易特点。从增加值国际贸易顺差情况来看,在 2007 年中国 8 大区域中,5 个区域的增加值国际贸易实现顺差,5 个区域的传统总值国际贸易实现顺差。但是,京津区域的增加值国际贸易实现顺差而传统总值国际贸易为逆差,西南区域的增加值国际贸易为逆差而传统总值国际贸易为顺差。1997 年和 2002 年的增加值国际贸易和传统总值国际贸易的情况与 2007 年相似,但是大部分区域的增加值国际贸易顺差与总值国际贸易顺差之间的差异呈扩大趋势,传统总值国际贸易方法高估了中国对外贸易平衡。总之,传统总值贸易和增加值贸易在各区域之间存在较大的差异,据此计算的贸易顺差也存在较大的差异。从净出口对 GDP 的贡献来看,传统的净出口和增加值净出口对地区 GDP 的贡献也存在较大差异。

---

① 本部分根据 *TiVA* 的计算公式利用 matlab 编程实现,具体程序代码和数据可向作者索取。

表 8-4 2007 年中国各区域的增加值国际贸易和传统总值国际贸易

区域	增加值出口/地区GDP（%）	出口/地区GDP（%）	增加值进口/地区GDP（%）	进口/地区GDP（%）	增加值国际贸易顺差/地区GDP（%）	传统总值国际贸易顺差/地区GDP（%）	地区GDP（万亿美元）
东北	18.70	15.30	20.19	28.09	−1.50	−12.79	3006.0318
京津	21.90	39.88	19.72	46.08	2.18	−6.20	1834.8846
北部沿海	22.96	26.37	16.21	17.99	6.75	8.39	5017.5126
东部沿海	35.52	59.02	17.87	37.04	17.65	21.98	7224.2115
南部沿海	33.17	59.89	18.56	42.42	14.61	17.47	5155.0289
中部	21.93	21.15	18.71	16.32	3.22	4.83	6680.9546
西北	17.73	11.73	19.22	22.17	−1.49	−10.43	2510.8102
西南	18.80	19.25	19.22	17.77	−0.42	1.48	3551.8679
中国	25.64	35.04	18.42	27.82	7.22	7.22	34981.3021

注：①从中国整体来看，中国各区域的传统总值国际贸易顺差应该等于各区域的增加值国际贸易顺差之和。但是，在双边贸易的情况下两者就不一定相等了，就会出现利用传统总值贸易统计数据计算的双边国际贸易顺差与双边增加值国际贸易顺差存在差异的现象。②本章中的 GDP、进出口等数据都是根据投入产出表计算的，故与《中国统计年鉴》的数据存在差异。海关统计的进出口数据与投入产出表中的进出口数据也存在较大差异。

从增加值出口与传统总值出口的比值来看①，2007 年比值大于 1 的三个区域为西北（1.51）、东北（1.22）和中部区域（1.04），这也说明这些区域的部分增加值通过国内其他区域间接出口到国外。与此相反，相对发达的南部沿海、东部沿海和京津区域的增加值出口与传统总值出口的比值相对较低，都在 0.7 以下，这些区域的出口中隐含着国内其他地区和国外的增加值，也就是说，这些区域生产出口产品时使用了来自其他区域的中间产品。从增加值出口与传统总值出口的比值的变化趋势来看（见图 8-1），东北、西北、北部沿海区域变得越来越依赖通过向其他区域提供中间产品向国外提供增加值；东部沿海、南部沿海变化不大；西南区域从增加值间接出口逐步转向直接出口；京津区域的比值呈略下降趋势，其出口产品中越来越依赖其他地区的中间投入。

从增加值贸易的区域构成来看（见表 8-5），中国增加值出口、进口和增加

---

① 增加值出口与传统总值出口的比值可能大于 1。出现大于 1 的情形与理论预测是一致的，但这也是该指标的缺陷。Wang 等（2013）指出，不能保证产业层面上增加值出口/出口小于 1，大于 1 是因为该产业增加值不但通过本产业直接出口，还通过隐含在其他产业部门的产品中而间接出口。本章在区域层面，也发现一国之内的区域的增加值出口与出口的比值可能大于 1。这是因为该区域的增加值不但通过区域直接出口，还通过为国内其他区域提供中间产品而间接出口，从而导致区域整体层面的增加值出口大于传统总值出口。

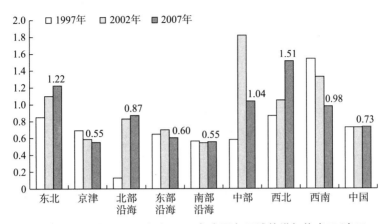

图 8-1　1997 年、2002 年和 2007 年中国各区域的增加值出口/出口

值国际贸易顺差主要出现在东部沿海和南部沿海区域，沿海区域是中国增加值国际贸易顺差和传统总值国际贸易顺差的主要贡献者，如 2007 年东部沿海和南部沿海区域的增加值出口占中国增加值出口的比重分别为 28.60% 和 19.06%，增加值国际贸易顺差占中国增加值国际贸易顺差的比重分别为 50.50% 和 29.83%。与传统总值国际贸易的区域构成比较，可以发现，东部沿海、南部沿海等沿海区域的增加值贸易（出口、进口和顺差）对中国的出口、进口和顺差的贡献低于传统总值国际贸易相应的贡献，如使用传统总值贸易数据计算的东部沿海区域的出口占中国总出口的比重为 34.78%，比相应的增加值出口占比高 6.18 个百分点，传统总值贸易统计方法高估了东部沿海地区的贡献。此外，中国各区域的增加值出口的差异也小于传统总值贸易统计方法下的差异，如 2007 年增加值出口占比的最大值与最小值相差 24.12 个百分点，而传统总值贸易的出口占比的最大值与最小值相差 31.03 个百分点。

表 8-5　2007 年中国对外贸易的区域构成

单位：%

区域	增加值出口	出口	增加值进口	进口	增加值国际贸易顺差	传统总值国际贸易顺差
东北	6.27	3.75	9.42	8.68	−1.78	−15.23
京津	4.48	5.97	5.61	8.69	1.58	−4.51
北部沿海	12.84	10.80	12.62	9.27	13.41	16.67
东部沿海	28.60	34.78	20.03	27.49	50.50	62.90
南部沿海	19.06	25.19	14.85	22.47	29.83	35.68

续表

区域	增加值出口	出口	增加值进口	进口	增加值国际 贸易顺差	传统总值国际 贸易顺差
中部	16.34	11.53	19.40	11.20	8.52	12.78
西北	4.96	2.40	7.49	5.72	-1.48	-10.38
西南	7.45	5.58	10.59	6.49	-0.59	2.08
中国	100.00	100.00	100.00	100.00	100.00	100.00

（2）国内区域间的增加值流入和流出。

表 8-6 显示了 2007 年中国各区域的增加值流入和流出情况。其中，东北和西北区域的增加值在区域实现了净流出（大于 0），但增加值国际贸易（增加值出口-增加值进口）为逆差（小于 0）。西北、京津区域的增加值流出/增加值流出和出口的值最高，分别为 72.71%、68.05%，说明西北和京津区域为国内其他区域提供了相对较多的增加值，而向世界其他国家提供的增加值相对较少。北部沿海、东部沿海和南部沿海区域增加值国内区域流入流出平衡为逆差而增加值国际贸易平衡为顺差，增加值流出/增加值出口和流出相对最低。如东部沿海区域的增加值国内区域流入流出平衡为-373.49 亿美元，增加值国际贸易平衡为 1274.93 亿美元，区域的增加值贸易顺差为 901.43 亿美元。从增加值净流出和净出口的变化趋势来看，各区域的开放程度影响各区域的增加值净流出和净出口。东北区域增加值净流出从 1997 年的-76.83 亿美元增加至 2007 年的 413.28 亿美元，增加值净出口从 1997 年的 36.28 亿美元降为 2007 年的-44.96 亿美元。而西北区域的增加值净流出从 1997 年的-53.70 亿美元上升为 2007 年的 564.84 亿美元（见表 8-6 和表 8-7）。

总之，从以上有关中国各区域的增加值出口和流出、进口和流入的分析中可以发现，中国的内陆区域通过向沿海地区提供中间产品而间接参与全球价值链。传统总值贸易统计数据一般高估了沿海区域的对外贸易贡献，而低估了内陆区域的对外贸易贡献，也高估了区域之间的出口差距。

表 8-6　2007 年中国各区域的增加值流出和流入

区域	增加值流出 （百万美元）	增加值流出/ 增加值出口 和流出（%）	增加值 流入 （百万美元）	增加值流入/ 增加值进口 和流入（%）	增加值流出- 增加值流入 （百万美元）	增加值出口- 增加值进口 （百万美元）	区域增加值 贸易顺差 （百万美元）
东北	86344	60.57	45016	42.58	41328	-4496	36832
京津	85598	68.05	43416	54.54	42181	3993	46175

续表

区域	增加值流出 （百万美元）	增加值流出/ 增加值出口 和流出（%）	增加值 流入 （百万美元）	增加值流入/ 增加值进口 和流入（%）	增加值流出－ 增加值流入 （百万美元）	增加值出口－ 增加值进口 （百万美元）	区域增加值 贸易顺差 （百万美元）
北部沿海	129386	52.90	132144	61.91	−2759	33863	31104
东部沿海	99081	27.86	136430	51.38	−37349	127493	90143
南部沿海	100950	37.12	104745	52.26	−3796	75309	71514
中部	135148	47.98	212986	63.01	−77838	21500	−56338
西北	118618	72.71	62134	56.28	56484	−3736	52748
西南	78803	54.13	97056	58.70	−18253	−1486	−19739

注：区域增加值贸易顺差＝（区域增加值流出－区域增加值流入）＋（区域增加值出口－区域增加值进口）＝区域增加值净流出＋区域增加值净出口。

表 8-7　1997 年和 2002 年中国各区域的增加值净流出和增加值净出口

单位：百万美元

区域	1997 年			2002 年		
	增加值流出－ 增加值流入	增加值出口－ 增加值进口	区域增加值 贸易顺差	增加值流出－ 增加值流入	增加值出口－ 增加值进口	区域增加值 贸易顺差
东北	−7683	3628	−4055	8947	−1445	7501
京津	−2578	3022	444	−18079	3489	−14590
北部沿海	21871	−10815	11056	−19130	27479	8350
东部沿海	−4744	10491	5747	24105	7824	31929
南部沿海	−7191	47	−7144	12806	27191	39997
中部	12412	−38846	−26434	7573	−502	7071
西北	−5370	−430	−5800	−15698	−1390	−17088
西南	−6716	−2737	−9454	−525	39	−486

2. 中国各区域的增加值出口和流出结构分解

为了更加清晰地展示国内价值链和国际价值链渠道对区域增加值出口和流出的贡献和变动趋势，本部分利用前述经由纯国内价值链和国际价值链渠道的区域增加值流出和出口的分解公式，对中国 1997 年、2002 年和 2007 年各区域增加值出口和流出进行分解。[①]

由图 8-2 可知，（1）区域增加值主要是通过纯国内价值链渠道流出到国内

[①]　限于篇幅，这里我们只列出了区域整体的增加值出口和流出的分解结果，对于区域到国家的增加值出口的分解结果没有列示。若有需要，可向作者索取。

其他区域，而经由国际价值链渠道实现区域增加值流出的份额非常少。尤其是内陆区域的增加值流出更加依赖国内价值链。鉴于国内巨大的产品供给市场价格优势，中国各区域消费的最终产品主要直接来自国内，而来自国外的最终产品相对较少。（2）经由纯国内价值链和国际价值链渠道的区域增加值出口都占相对较大份额，但各区域之间表现出较大的差异性。国内内陆地区主要通过国际价值链向国外出口增加值，沿海区域主要通过国内价值链向国外出口增加值。这也是可以理解的，根据 VAEIP 和 VAEDP 的计算公式，沿海地区主要向国外出口最终产品，而沿海地区出口产品生产主要是靠国内价值链完成。但内陆地区更多的是提供原材料和半成品给国外生产者，其需要依靠与国外发生中间投入联系来实现增加值的间接出口。

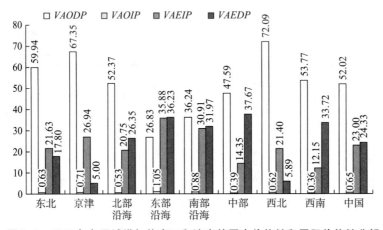

图 8-2 2007 年各区域增加值出口和流出的国内价值链和国际价值链分解

表 8-8 显示了东北、东部沿海和西南区域的增加值出口和流出的结构变化趋势。可以发现，（1）1997~2007 年，东部沿海和西南区域通过纯国内价值链实现区域增加值流出的比重相对下降，但通过纯国内价值链实现增加值出口的比重相对上升，这说明国内价值链为这些区域参与全球价值链提供了重要的支撑。（2）东北、东部沿海和西南区域经由国际价值链实现增加值流出的比重都在上升，说明国际价值链对国内区域之间的增加值流出的作用日益增强，但是所占比重仍然很小。（3）东北区域经由纯国内价值链的增加值流出的比重从1997 年到 2002 年大幅上升，而到 2007 年略有下降，且经由国际价值链实现增加值出口的比重呈下降趋势。

表 8-8 部分区域的增加值出口和流出的国内价值链和国际价值链分解的变化

单位：%

区域	年份	VAODP	VAOIP	VAEIP	VAEDP
东北	1997	41.08	0.34	27.81	30.77
	2002	61.26	0.53	22.56	15.66
	2007	59.94	0.63	21.63	17.80
东部沿海	1997	42.86	0.28	29.12	27.74
	2002	40.29	0.49	27.44	31.78
	2007	26.83	1.05	35.88	36.23
西南	1997	74.03	0.24	19.55	6.17
	2002	65.34	0.36	14.70	19.60
	2007	53.77	0.36	12.15	33.72

（二）区域增加值总流出和出口的分解——基于 Wang 等（2013）方法

表 8-9 显示了 1997 年、2002 年和 2007 年中国各区域增加值总出口和流出的分解结果。（1）从各区域 DVAR 的横向比较来看，京津、东部沿海、南部沿海和北部沿海的 DVAR 相对较低，而东北、中部、西北、西南区域的 DVAR 相对较高，一定程度上说明沿海区域参与全球价值链的程度较深。例如，2007 年南部沿海区域的 DAVR 最低（48%），而东北区域最高（68%）。（2）从 1997~2007 年 DVAR 的变化趋势来看，各区域 DVAR 总体上都呈下降趋势，各区域参与全球价值链的程度日益加深。1997~2002 年各区域的 DVAR 变化不大，2002~2007 年各区域的 DVAR 都出现了大幅下降。（3）各区域的 FVAR 与 DVAR 的变化正好相反。京津、东部沿海、南部沿海的 FVAR 相对较大。从变化趋势来看，各区域的 FVAR 总体上呈小幅上升趋势，各区域 FVAR 的简单算术平均值从 1997 年的 21% 上升到 2007 年的 26%，上升了 5 个百分点，该计算结果与 Wang 等（2013）、Koopman 等（2014）计算的中国整体 FVAR 相差不大。（4）VSR 与 FVAR 的特点和变化趋势相似，这是因为 FVA 是 VS 的主要构成部分。（5）RDV 所占比重最小，平均只有 1%，且几乎没有变化，也即中国的返回的国内增加值非常小。[①] 总之，

---

① 这一部分国内增加值先被出口至国外，但又隐含在本国从其他国家进口的产品中返回国内并最终在国内被消费。虽然这部分增加值不构成一国的增加值出口，却是出口国 GDP 隐含于出口中的一部分。

中国各区域融入全球价值链的程度越来越深，且沿海区域融入程度比内陆地区
更高。

表8-9　中国各区域增加值总出口和流出的分解

单位：%

年份	区域	*DVAR*	*RDVR*	*FVAR*	*PDCR*	*VSR*
2007	东北	68	1	19	13	31
	京津	49	0	36	14	49
	北部沿海	61	2	24	14	36
	东部沿海	53	1	30	15	45
	南部沿海	48	1	36	15	51
	中部	64	3	21	13	33
	西北	66	1	22	11	33
	西南	68	1	22	9	31
	平均	59	1	26	13	39
2002	东北	78	1	15	6	21
	京津	54	0	36	9	45
	北部沿海	73	2	21	5	25
	东部沿海	64	1	27	9	35
	南部沿海	53	0	37	10	46
	中部	80	2	12	6	17
	西北	73	1	19	6	25
	西南	84	1	11	5	15
	平均	70	1	22	7	29
1997	东北	76	1	17	6	22
	京津	63	0	29	7	36
	北部沿海	73	2	15	10	24
	东部沿海	59	1	31	8	38
	南部沿海	55	1	36	9	44
	中部	66	8	4	22	25
	西北	72	1	20	7	26
	西南	77	2	15	7	21
	平均	68	2	21	9	30

注：*DVAR*、*RDVR*、*FVAR*、*PDCR*、*VSR* 分别表示 *DVA*、*RDV*、*FVA*、*PDC*、*VS* 占区域总流出和出口
的比重。

根据中国各区域 VS 的来源地不同，进一步区分为来自国内其他区域的 VS 和来自世界其他国家的 VS。由表 8-10 可知，（1）加入 WTO 后的几年间，各区域的 VS/out-exp 的值出现了大幅上升，但在 1997～2002 年，VS 占比变化不大，略有下降。如东部沿海区域的 VS/out-exp 从 1997 年的 38.33% 下降到 2002 年的35.29%。（2）2002～2007 年，中国各区域的 VS/out-exp 上升的结构因素各异。东北区域的 VS/out-exp 从 2002 年的 21.05% 上升到 2007 年的 31.12%，上升了10.07 个百分点，其中来自国内其他区域的 VS 占比从 15.34% 上升到 24.50%，上升了 9.16 个百分点，贡献率达 90.96%。也就是说，加入 WTO 后，东北区域的垂直专业化程度上升主要是因为与国内其他区域的联系加强，国内价值链促使东北区域的垂直专业化程度加深。东部沿海区域与东北区域 VS 占比上升的结构因素不同，2002～2007 年东部沿海区域的 VS 占比上升主要是由来自世界其他国家的 VS 占比上升引起的，2007 年来自世界其他国家的 VS 占比的贡献率达89.84%。西南区域的 VS 占比上升是由来自国内其他区域和世界其他国家的 VS 占比上升共同导致的，来自国内其他区域的 VS 占比的贡献率约为 60.56%。（3）美国和日本是中国各区域的国外垂直专业化的主要来源国，如 2007 年东部沿海区域中来自世界其他国家的 VS 占比为 28.46%，其中来自美国和日本的 VS 占比分别为 7.59% 和 2.72%，美国和日本在来自世界其他国家的 VS 中的份额达36.23%。（4）各区域 VS 中的国内其他区域主要是由与之相邻的国内其他区域构成。如 2007 年东部沿海区域，来自国内其他区域的 VS 占比最大的区域是与其相邻的中部区域。

表 8-10　中国各区域的 VS 分解（按来源地）

单位：%

区域	指标	1997 年	2002 年	2007 年
东北	VS/out-exp	22.46	21.05	31.12
	来自国内其他区域的 VS 占比	10.93	15.34	24.50
	国内第 1 位区域占比	3.09 （北部沿海）	4.17 （北部沿海）	5.00 （北部沿海）
	国内第 2 位区域占比	2.80 （东部沿海）	3.54 （京津）	4.65 （中部）
	来自世界其他国家的 VS 占比	11.53	5.70	6.61
	国外第 1 位国家（美国）占比	2.27	1.89	1.69
	国外第 2 位国家（日本）占比	1.67	11.09	0.76

续表

区域	指标	1997 年	2002 年	2007 年
东部沿海	*VS/out-exp*	38.33	35.29	45.03
	来自国内其他区域的 *VS* 占比	17.33	15.58	16.57
	国内第 1 位区域占比	4.73 （南部沿海）	5.91 （中部）	5.95 （中部）
	国内第 2 位区域占比	4.60 （中部）	3.03 （南部沿海）	5.90 （南部沿海）
	来自世界其他国家的 *VS* 占比	20.99	19.71	28.46
	国外第 1 位国家（美国）占比	4.95	5.99	7.59
	国外第 2 位国家（日本）占比	2.83	2.71	2.72
西南	*VS/out-exp*	21.04	15.21	30.98
	来自国内其他区域的 *VS* 占比	17.00	11.83	21.38
	国内第 1 位区域占比	6.00 （南部沿海）	3.38 南部沿海	6.83 南部沿海
	国内第 2 位区域占比	3.44 东部沿海	2.81 西北	4.76 中部
	来自世界其他国家的 *VS* 占比	4.03	3.38	9.59
	国外第 1 位国家（美国）占比	1.08	0.86	0.77
	国外第 2 位国家（日本）占比	0.81	0.45	0.33

注：*VS/out-exp* 表示 *VS* 除以区域总出口和流出。

五　本章小结

现有关于全球价值链的全球投入产出模型测度方法一般基于国家层面，但是全球价值链不但可以在国家之间布局，而且可以在一国区域内延伸。即使一国之内的某一区域没有直接与世界其他国家发生联系，但是该区域可能通过向国内其他出口区域提供中间产品而间接参与全球价值链。为了更好地分析国内价值链和国际价值链的联系，以及各区域的地位和作用，仅从国家层面的国际价值链，或者从国内区域价值链单方面的分析都可能存在不完善之处。因此，本章通过把中国各区域投入产出表嵌入全球投入产出表，拓展了相关分析方法，并利用 1997 年、2002 年和 2007 年的数据，对中国各区域在国内和国际价值链中的地位和作用进行了动态分析，主要研究结论如下。（1）中国各区域的增加值贸易存在较大差异，传统总值贸易统计方法高估了中国对外贸易平衡，甚至一些区域出现传统总值国际贸易为顺差而增加值国际贸易为逆差的情形。（2）从增加值出口和流出的视角，中国内陆各区域呈现相对较高的全球价值链参与程度，其主要通过给国内其他沿海区域提供中间产品而融入全球价值链。（3）国内各区域经由不同的渠道参与全球价值链，其中沿海区域主要经由国内价值链生产最终产品直接出口到国外而参与全球价值链，而内陆区域主要经由国际价值链向国外提供中间产品而间接参与全球价值链。这说明中国各区域处于不同的发展阶段，通过发挥自己的比较优势参与全球价值链。（4）中国各区域参与全球价值链的程度越来越深，尤其是中国加入 WTO 后，融入全球价值链的程度快速加深。从各区域的比较来看，沿海区域融入全球价值链的程度比内陆区域更深。（5）加入 WTO 后，中国各区域的 VS 占比出现了大幅上升，但各区域占比上升的结构因素各异，内陆区域 VS 占比上升主要是与国内其他区域的联系加强而导致的，而沿海区域主要是由来自世界其他国家的 VS 占比上升引起的。

基于本章分析，可以得到以下几点启示。（1）鉴于国内价值链对于中国融入全球价值链发挥着重要作用，中国应该进一步促进国内价值链的健康发展，降低各区域之间的交通运输和信息传输成本，促进国内区域一体化发展。（2）中国各区域融入全球价值链的程度和方式都存在较大差异，在制定相关政策时，需要因地制宜，尽量发挥各区域的比较优势，促进各区域积极融入全球价值链。

本章通过嵌入中国区域的全球投入产出模型从内生化一国内部区域的视角审视全球价值链，有利于更好地认识国内价值和国际价值链的关系。值得注意的是，限于数据的可获得性，本章在编制嵌入中国各区域的全球投入产出表时做了一些特定假设（如固定比例系数假设），故在解读本章数据时需谨慎。鉴于本章的假设都是在行业部门层面分解中做出，虽然行业层面的测算结果可能存在误差，但是区域总体层面测算的结果误差应该很小，故本章重点阐述了区域（国家）层面参与全球价值链的程度及其在全球价值链中的地位。最后，本章有待进一步研究的内容如下：一是，完善嵌入中国各区域的全球投入产出表的编制方法和数据，如进一步扩展嵌入中国省份的全球投入产出表；二是，本章编制的嵌入中国各区域的投入产出表可以拓展应用于可计算一般均衡模型、隐含能源和环境污染等方面的研究；三是，对各区域的比较优势和开放指标的衡量，可以按增加值出口和进口指标重新进行计算。

第九章　生产分割的演进路径
及其影响因素[*]

一　生产分割的必要性

近几十年来，全球生产过程日益分散化和碎片化，分工进一步细化，生产链条向国内外延伸，生产结构越来越复杂。许多国家通过投入产出联系融入全球市场，主要进行特定产品的不同环节或阶段的生产活动。这种生产全球化、生产分割（production fragmentation）[①] 和分工深化现象引起了广泛关注。

有关生产分割的研究主要集中在两个方面：一是生产分割的决定因素；二是生产分割对经济的影响（如生产率、收入分配）。为了进行以上两个问题的研究，首先必须解决的问题就是"生产分割"的测度问题。近年来随着全球价值链的深入发展，大量文献从产品的国内外价值构成的角度测算"国际生产分割程度"（Hummels 等，2001；Johnson 和 Noguera，2012；Koopman 等，2014），着重于全球价值链的贸易利得分析。关于生产分割对生产率、工资和收入差距的影响的研究文献，基本上是基于 Hummels 等（2001）提出的以进口中间产品的比重或相关改进变量来衡量参与国际生产分割的程度。这些指标都是从贸易利得的角度衡量一国（或具体产业）参与国际生产分割的程度。然而，这些指标都不能反映经济（产业）结构复杂度，或者生产阶段数。举一个很简单的例子，假设美国鞋子生产大致可分为两个生产阶段（产品研发设计和加工制造）。

---

* 本章内容发表在《管理世界》2016 年第 4 期，第一作者。

① 不同文献对这种现象赋予了不同称呼：垂直专业化（vertical specialization）、生产片段化（production fragmentation）、外包（outsourcing）、全球供应链（global supply chains）、全球价值链（global value chains）等。鉴于本章是从产品生产阶段的演变视角出发进行研究，故倾向于使用"生产分割"这一表述，着重于反映生产阶段数量的变化。文中的生产分割是指全球生产体系的分割，既包括国内生产分割，也包括国际生产分割，与其他文献中的"国内外包"（domestic outsourcing）和"国际外包"（international outsouring）具有一定的对应性。

由于中国制造成本比较低，美国制鞋业把加工制造环节全部转移到中国，自己保留产品研发设计环节，且转移到中国的加工制造环节与中国国内其他产品不发生联系（"纯加工贸易"）。若按 Hummels 等（2001）的垂直专业化率指标测度生产分割程度，美国和中国的制鞋业参与国际生产分割的程度都提高了。但是，从全球范围来看，美国制鞋业的生产阶段数并没有改变，只是将加工制造环节转移到中国，用专业术语来说，制鞋业的产品生产企业利用国际外包替代了国内外包。因此，这种垂直专业化率指标，不能准确反映该产业部门的全部生产分割长度，即生产阶段数的变化情况，进而无法反映生产链分工的细化，或生产结构复杂程度的变化。随着经济主体的经济活动进一步细化和专业化，相互之间的联系也就会越来越复杂，产品生产阶段数变大，产品生产链条拉长，进而促进生产效率的提高和福利的增加。也就是说，只有生产分割长度（即生产阶段数）变长，生产结构复杂度提高，才能真正体现全球生产分工体系的深化，才能更好地反映生产分割对经济的影响。

然而，有关生产结构复杂程度和生产分割长度的研究相对较少，Fally（2012）利用单国（区域）投入产出模型测度了生产分割长度，研究发现美国生产分割长度总体上呈下降趋势。但该研究局限于一国范围之内，忽视了美国参与国际生产分割的事实。因此，在全球价值链的视角下，构建一种能区分国内和国际生产分割长度的指标，进而能反映生产结构全球复杂程度及其国内外布局情况，具有重要的理论和现实意义。

对于中国来说，产业结构调整和优化升级是迫在眉睫的问题，产业结构高级化是产业结构调整的重要方向之一。一般认为生产结构复杂程度越高，产业结构就越高级。[①]生产和交易的中间环节越多，生产阶段数越大，产业链条越长，生产结构复杂度就越高。本章的生产分割长度指标，在一定程度上反映了生产过程中的中间环节数量，体现了生产结构复杂程度。那么，在全球视角下，中国产业部门的生产分割长度是否变长？生产结构是否更复杂？中国积极参与全球生产网络体系，拉长了国际生产分割长度，同时是否降低了国内生产结构的复杂度？2008 年国际金融危机后，中国生产分割长度变化是否受到影响？美国等发达国家的制造业回归战略是否真的有效？哪些因素会影响一国的整体生产

[①]　为了测度生产结构的复杂度，过去通常以产业所使用的中间产品数量加以度量。具体而言，一个产业在生产过程中使用的中间产品数量越多，生产结构的复杂度就越高。如安苑和王珺（2012）使用美国 2002 年投入产出表计算了每一个产业使用中间产品的赫芬达尔指数，然后以（1-赫芬达尔指数）度量产业的技术复杂度。但是该测度指标难以区分国内和国外的技术复杂度。

分割长度？本章对生产分割长度的精细分析，能在宏观或产业部门层面上对上述问题给出回答，有利于正确认识中国产业结构的演进路径。

本章改进了 Fally（2012）基于单国（区域）投入产出模型的生产分割长度测度指标，在全球投入产出模型框架下，构建一种能区分国内和国际生产分割长度的指标，并重点分析中国和其他国家的生产分割长度的演进路径和影响因素。与 Fally（2012）的不同之处，也是本章创新之处，主要体现在以下几个方面：（1）将基于单国（区域）投入产出模型的生产分割长度测算方法拓展到全球投入产出模型，克服了 Fally（2012）国外与国内的生产阶段数相同的假设的缺陷；（2）将产业部门的全球生产分割长度分解为国际和国内生产分割长度，具体分析了国际和国内生产分割长度的变化趋势及其替代（互补）关系；（3）首次从宏观层面探讨了生产分割长度的影响因素，更加精细地分析了全球、国内和国际生产分割长度与各国研发强度、服务增加值占比、高技术能力劳动者占比、资本密集程度和金融发展水平等变量的关系。

二　生产分割的测度方法、数据和机理分析

（一）生产分割相关文献简要回顾

近年来，由于生产分割现象的深入发展，生产分割的测度问题再次成为大家关注的热点，主要原因如下。（1）生产分割影响贸易模式和贸易利得，如贸易成本越低，国际生产分割长度越长，贸易利得将越多。不但消费者能以低价获得进口商品，而且生产者的成本也会由于进口的中间品价格下降而降低。（2）生产分割与生产结构的复杂度密切相关，一般生产结构的复杂度会影响经济效率（结构主义观点）。如 Blanchard 和 Kremer（1997）对苏联经济体转型过程中产出大幅下降的原因分析中发现，生产结构越复杂的行业，其产出下降幅度越大。[①]（3）垂直专业化程度加深和生产分割长度增加也是集聚经济获取收益的重要原因。发展经济学特别强调垂直专业化的作用，O 形环理论（the O-ring Theory）也对该问题进行了正式的阐述（Kremer，1993；Jones，2011b）。

有关生产分割的测度问题，可追溯到 1955 年 Adelman 对垂直一体化的测度

[①] 该文利用投入产出表中的中间投入系数计算了部门复杂度指数，即 1 减去该部门的中间投入的赫芬达尔指数，如果只有一种中间投入，复杂度指数为 0，如果中间投入均分到各部门，复杂度指数最高。

指标的研究，Adelman 指出相关指标需要满足两个标准：（1）具有经济含义；（2）可测度。Adelman（1955）利用增加值与总产出（销售收入）之比来衡量垂直一体化程度（或者中间投入占总产出的比重）。增加值占总产出的比重越高，即中间投入比重越低，说明生产链条越短，即生产分割程度越低。该方法在后续的一些实证研究中得到应用。但是该方法大多局限于微观企业，且存在明显缺陷，无法正确反映产业的生产分割程度。现阶段有关生产分割的测度方法主要是从以下两个角度进行：一种方法是增加值贸易核算，即从产品的国内外价值构成的角度测算"国际生产分割程度"（Hummels 等，2001；Johnson 和 Noguera，2012；Koopman 等，2014）；另一种方法是价值链长度测算，如 Romero 等（2009）用平均传递步长（average propagation length，APL）来衡量生产分割程度和经济复杂度，Fally（2011，2012）详细阐述了两种测算生产分割长度的测度指标（上游度和生产阶段数），但该方法局限于单国（区域）投入产出模型，主要研究国内生产分割长度，无法测度由国际生产联系而导致的生产分割和经济复杂度，也无法区分国内生产分割和国际生产分割。

因此，本章改进了 Fally（2012）有关生产分割长度（生产阶段数）的测度指标，将单国（区域）投入产出模型拓展到全球投入产出模型。根据 Fally（2011，2012）的推导，本章的生产分割长度也可定义为参与产品（产业）序列生产的工厂的加权平均数量，其中权重为各生产阶段的增加值占比；生产分割长度与 Fally（2012）的生产阶段数具有相同的经济结构含义；在全球范围内，对各产品的生产分割长度的加权和（权重为各产品的最终需求占全球总最终需求的比重）等于全球总产出与总增加值（GO/VA）[1] 的比值。但是，本章的全球生产分割长度可进一步分解为国际和国内生产分割长度，从而可以区分两种不同的经济结构的含义。

（二）全球投入产出模型下的生产分割长度

1. 封闭经济下生产分割长度的定义[2]

Fally（2012）对一国封闭经济下生产分割长度的定义为：每种产品中隐含的生产阶段数量（N）。N_i 反映了参与生产 i 产品的平均生产阶段数（或者 i 产品中体现的平均生产阶段数），它是参与 i 产品生产序列的工厂的加权和。为了

---

①　一些文献利用该指标来表示产业的生产结构复杂度和生产分割程度。一般认为，GO/VA 越大，中间投入比重就越高，生产结构就越复杂。

②　此小节中有关封闭经济下的生产分割长度的阐述主要来自 Fally（2012）。

计算 N_i，需依赖投入产出表，尤其是直接消耗系数（a_{ji}），即生产 1 单位价值的 i 产品直接消耗的 a_{ji} 单位 j 产品。这样递归定义 N_i：产品隐含的生产阶段数依赖使用的中间投入产品中隐含的生产阶段数。这样 N_i 的计算公式为：

$$N_i = 1 + \sum_j a_{ji} N_j$$

以上每个产品对应一个方程[①]，故可以求解生产阶段数。如果生产该产品不需要任何中间投入，这样产品 i 的生产阶段数就为 1。如果该产品的生产需要中间投入产品，N_i 就依赖于中间投入产品的数量以及相应中间投入产品自身的生产阶段数。一个特例是，如果满足 $N_i = N_j$，则所有产品的生产阶段数就等于总产出与增加值的比值（即增加值率的倒数，GO-VA ratio）。GO-VA ratio 曾被用来表示产业水平层次的垂直专业化程度。

2. 全球投入产出模型下生产分割长度的定义

定义 i 国 k 部门的生产分割长度（生产阶段数）N_k^i [②]为：

$$N_k^i = 1 + \sum_{j,l} a_{lk}^{ji} N_l^j$$

以两国每国两部门的全球投入产出模型阐述，用矩阵形式表示，可以得到：

$$\underbrace{\begin{bmatrix} N_1^1 \\ N_2^1 \\ N_1^2 \\ N_2^2 \end{bmatrix}}_{N} = \underbrace{\begin{bmatrix} 1 \\ 1 \\ 1 \\ 1 \end{bmatrix}}_{U} + \underbrace{\begin{bmatrix} a_{11}^{11} & a_{21}^{11} & a_{11}^{21} & a_{21}^{21} \\ a_{12}^{11} & a_{22}^{11} & a_{12}^{21} & a_{22}^{21} \\ a_{11}^{12} & a_{21}^{12} & a_{11}^{22} & a_{21}^{22} \\ a_{12}^{12} & a_{22}^{12} & a_{12}^{22} & a_{22}^{22} \end{bmatrix}}_{A^T} \underbrace{\begin{bmatrix} N_1^1 \\ N_2^1 \\ N_1^2 \\ N_2^2 \end{bmatrix}}_{N}$$

进一步简化可得：

$$N^T = U^T + N^T A$$
$$N^T = U^T \underbrace{(I - A)^{-1}}_{B}$$

其中 T 示转置，I 为相应维数的单位矩阵，B 为 Leontief 逆矩阵。利用分块矩阵分解方法，记 $B = (I - A)^{-1} = \begin{bmatrix} B^{11} & B^{12} \\ B^{21} & B^{22} \end{bmatrix}$， $U^T = \begin{bmatrix} u^T & u^T \end{bmatrix}$ ，

---

① 所有的方程构成一个系统，共有 k 个方程和 k 个未知数，根据 Perron-Frobenius 定理，非负矩阵且 $\sum_i a_{ij} < 1$ 时存在唯一解。

② 统一说明：上标表示国家，下标表示行业部门。

可以得到：

$$N^{\mathrm{T}} = [\, u^{\mathrm{T}} \quad u^{\mathrm{T}} \,] \begin{bmatrix} B^{11} & B^{12} \\ B^{21} & B^{22} \end{bmatrix}$$

于是：

$$N^{i\mathrm{T}} = [\, u^{\mathrm{T}} \quad u^{\mathrm{T}} \,] \begin{bmatrix} B^{1i} \\ B^{2i} \end{bmatrix} = u^{\mathrm{T}}(B^{ii} - L^{ii} + L^{ii}) + u^{\mathrm{T}} \sum_{j \neq i} B^{ji} = u^{\mathrm{T}}L^{ii} + u^{\mathrm{T}}(B^{ii} - L^{ii}) + u^{\mathrm{T}} \sum_{j \neq i} B^{ji}$$

其中 $i,\,j \in \{1,\,2\}$ 表示国家。由于 $B^{ii} - L^{ii} = \sum_{j \neq i} L^{ii}A^{ij}B^{ji}$（或 $B^{ii} - L^{ii} = \sum_{j \neq i} B^{ij}A^{ji}L^{ii}$）[1]，可以得到：

$$N^{i\mathrm{T}} = u^{\mathrm{T}}L^{ii} + u^{\mathrm{T}} \sum_{j \neq i} L^{ii}A^{ij}B^{ji} + u^{\mathrm{T}} \sum_{j \neq i} B^{ji}$$

$$\text{或：} N^{i\mathrm{T}} = u^{\mathrm{T}}L^{ii} + u^{\mathrm{T}} \sum_{j \neq i} B^{ij}A^{ji}L^{ii} + u^{\mathrm{T}} \sum_{j \neq i} B^{ji}$$

由以上两国两部门模型可以很自然地可以推导出 N 国 M 部门模型中生产分割长度的分解公式：

$$N^{i\mathrm{T}} = U^{\mathrm{T}} \begin{bmatrix} B_{1i} \\ B_{2i} \\ \vdots \\ B_{Ni} \end{bmatrix} = u^{\mathrm{T}}L^{ii} + u^{\mathrm{T}}(B^{ii} - L^{ii}) + u^{\mathrm{T}} \sum_{j \neq i} B^{ji} \tag{9-1}$$

$$= u^{\mathrm{T}}L^{ii} + u^{\mathrm{T}} \sum_{j \neq i} L^{ii}A^{ij}B^{ji} + u^{\mathrm{T}} \sum_{j \neq i} B^{ji}$$

其中，N^i 为 i 国的产品中隐含（embodied）的全球生产阶段数。$u^{\mathrm{T}}L^{ii}$ 表示国内生产阶段数，L^{ii} 为 i 国的局部 Leontief 逆矩阵，即（$I - A^{ii}$）的逆矩阵，从国际投入产出表来看，相当于在国际中间产品贸易为 0，也就是 i 国产品的生产不需要从国外进口中间产品的条件下，i 国最终产品生产带来的 i 国产出增加。无国际中间产品贸易正好与 Fally（2012）对封闭经济的生产分割长度定义的条件

---

[1]　根据逆矩阵定义可知：（$I_{4\times4} - A$）$B = I_{4\times4}$，以分块矩阵形式表示可得：$\begin{bmatrix} I_{2\times2} - A^{11} & -A^{12} \\ -A^{21} & I_{2\times2} - A^{22} \end{bmatrix}$ $\begin{bmatrix} B^{11} & B^{12} \\ B^{21} & B^{22} \end{bmatrix} = \begin{bmatrix} I_{2\times2} & 0 \\ 0 & I_{2\times2} \end{bmatrix}$。根据分块矩阵乘法规则，两边都乘局部逆矩阵 $L^{ii} = (I_{2\times2} - A^{ii})^{-1}$，可以得到：$B^{11} - L^{11}A^{12}B^{21} = L^{11} = L^{22}A^{21}B^{12} + B^{22} = L^{22}$ 即：$B^{ii} - L^{ii} = \sum_{j \neq i} L^{ii}A^{ij}B^{ji}$。同理可以得到：$B^{ii} - L^{ii} = \sum_{j \neq i} B^{ij}A^{ji}L^{ii}$。

一致。因此，$u^T L^{ii}$ 相当于封闭经济下 Fally（2012）定义的生产分割长度，也称为国内生产阶段数。

$u^T \sum_{j \neq i} L^{ii} A^{ij} B^{ji}$（或 $u^T \sum_{j \neq i} B^{ij} A^{ji} L^{ii}$）为所有国外产品生产中对 i 国的中间投入需求引起的 i 国产品中隐含的生产阶段数。从全球投入产出模型来看，B^{ji} 表示 i 国对自身产品的最终需求增加（或 i 国最终产品生产的增加）所引起的 j 国产品的产出增加，其主要机制是 i 国最终产品的生产需要进口 j 国的产品作为中间投入产品，同时 j 国自身产品的生产又需要进口 i 国产品作为中间投入产品（体现在 A^{ij}），故 $A^{ij} B^{ji}$ 为对 i 国的中间投入产品的需求。这样，$L^{ii} A^{ij} B^{ji}$ 表示这部分中间产品的出口（$A^{ij} B^{ji}$）带来的 i 国产出的增加。正是由于 i 国和 j 国的生产都需要对方产品作为中间投入产品，式（9-1）中才会出现分解项 $u^T \sum_{j \neq i} L^{ii} A^{ij} B^{ji}$。该分解项主要反映两国之间中间投入产品国际贸易的影响机制，在增加值贸易核算框架下，这体现为传统贸易统计中的重复统计项的内容。该项的值越大，中间产品的国际贸易份额越多，生产交易次数越频繁，生产阶段数就越大。因此，可把该分解项归为国际生产分割长度部分。

$u^T \sum_{j \neq i} B^{ji}$ 为 i 国生产的产品对国外产品的中间需求所引起的 i 国产品中隐含的生产阶段数。从投入产出模型来看，该项表示 i 国在生产最终产品的过程中所引发的其他国家的产出增加。显然该项因国际中间产品贸易而存在。因此，我们把最后两项的和统称为"国际生产阶段数"，用来衡量国际生产分割长度。

从生产分割长度的角度，也可以分析产业的国际生产分割程度，国际生产分割指数定义为国际生产阶段数/全球生产阶段数，即：

$$IPSL\_ratio = IPSL/PSL \tag{9-2}$$

其中，$IPSL\_ratio$ 表示国际生产分割指数，$IPSL$ 表示国际生产阶段数，PSL 表示全球生产阶段数。

3. 生产阶段数的其他解释

（1）从价值切片角度的解释。

Fally（2012）从价值切片的角度对生产阶段数进行了解释。产品的最终价值是由每一个生产阶段中增加的价值形成的。显然，如果最后一个生产阶段增加的价值相对较大（或最后生产阶段的中间投入比重较低），那么该产品的价值切片的程度就很低。在投入产出模型下，从列向关系可以得到：

$$\frac{V_i}{X_i} + \sum_j a_{ji} = 1$$

其中 V_i 为 i 产业的增加值，X_i 为 i 产业的总产出，a_{ji} 为直接消耗系数。循环替代可以得到：

$$\frac{V_i}{X_i} + \sum_j a_{ji}\left(\frac{V_j}{X_j} + \sum_k a_{kj}\right) = 1$$

$$\frac{V_i}{X_i} + \sum_j a_{ji}\frac{V_j}{X_j} + \sum_j a_{ji}\left(\sum_k a_{kj}\left(\frac{V_k}{X_k} + \sum_l a_{lk}\right)\right) = 1$$

$$\frac{V_i}{X_i} + \sum_j a_{ji}\frac{V_j}{X_j} + \sum_j a_{ji}\left(\sum_k a_{kj}\left(\frac{V_k}{X_k}\right) + \cdots\right) = 1$$

定义：$v_i^{(1)} = \dfrac{V_i}{X_i}$，$v_i^{(2)} = \sum_j a_{ji}\dfrac{V_j}{X_j} = \sum_j a_{ji}v_j^{(1)}$，以此类推：$v_i^{(n+1)} = \sum_j a_{ji}v_j^{(n)}$，于是得到：

$$\sum_{n=1}^{\infty} v_i^{(n)} = 1$$

实际上 $v_i^{(n)}$ 表示 i 产品中经过 n 个生产阶段所增加的价值占总价值的比重。于是，可以定义产业 i 的生产阶段数为生产 i 产品的生产阶段数 n（$n = 1$，表示最后一个生产阶段；n 越大，表示越处于上游）的加权平均和。其中权重 $v_i^{(n)}$ 为：

$$N_i = \sum_{n=1} n v_i^{(n)}$$

很容易证明以上定义与前面生产阶段数的定义等价。

（2）从产出乘数效用角度的解释。

在研究产业间联系和测度生产结构复杂度时，通常用 i 部门最终产出的乘数效用来衡量，也就是 i 产业的最终需求增加 1 单位，对经济体总产出的拉动效应：

$$AV^{\mathrm{T}} = U^{\mathrm{T}}(I - A)^{-1}$$

其中 AV 中的元素为 i 产业的乘数效用。从产出乘数效用来看，如果一个产业对经济产出的拉动作用越大，说明该产业与其他产业的关联程度越高，生产 1 单位该产品需要更多其他产业部门的支撑，该产业的生产链条也较长。显然，i 产业的产出乘数效用与生产阶段数的计算公式一样。

4. 生产阶段数的经济结构含义①

（1）衡量运输成本变化对产业的累积影响。

Yi（2010）研究发现垂直专业化和多次跨境交易的生产链将放大运输成本对贸易的影响。为了直观地认识生产阶段数对运输成本累积影响的衡量作用，假设 T_i 是为生产产品 i 而发生的运输成本，并假设生产过程中不同生产单位之间运输 1 单位价值产品的运输成本为 τ。于是，为了获取中间投入产品 j，生产 1 单位价值的 i 产品将产生 $a_{ji}\tau$ 单位价值的直接运输成本。假设还要负担更上游的运输成本。所以，生产 1 单位 i 产品负担的总运输成本为：

$$T_i = \tau + \sum_j a_{ji} T_j$$

故可以得出：

$$T_i = N_i \tau$$

（2）衡量生产率变化对价格、产出和福利的累积影响。

Fally（2012）利用简单的模型阐述了生产率变化对价格、产出和福利的累积影响。假设经济体中有 J 种产品，每种产品的生产函数形式如下：

$$Q_i = ZF_i(Q_{1i}, Q_{2i}, \cdots, Q_{Ji}, L_i)$$

其中，Z 为整个经济的生产率；F_i 为规模报酬不变的生产函数；Q_{Ji} 为生产 i 产品需要 j 产品的中间投入量；L_i 为生产 i 产品的劳动投入。工资标准化为 1。可以证明产品 i 的价格对生产率的弹性系数正好等于 i 产品的生产阶段数，即：

$$\frac{\partial \ln P_i}{\partial \ln Z} = -N_i$$

当为道格拉斯生产函数时，可得到 $\dfrac{\partial \ln Q_i}{\partial \ln Z} = N_i$。此外，在开放经济背景下，生产率对总体价格及对福利的影响都与 N_i 有关。②

总之，生产分割长度具有明显的经济结构含义，运输成本、生产率冲击对价格、产出和福利的影响都与生产分割长度密切相关。生产分割长度在政策方面也具有重要意义，如税收的经济影响，生产分割长度越长，税收的影响可能

---

① Fally（2012）对生产阶段数的经济结构含义进行了详细阐述，该部分就其主要思想进行了说明。

② 具体证明可参见 Fally（2012）。

越大。此外，产业转移等现象与生产分割长度变化有关，若一国的产业外迁，一方面，该国国内生产分割长度就可能下降；另一方面，国际生产分割长度变长，该国与国外的联系将加强。而对迁入国家来说，情况可能正好相反。

（三）机理和路径分析

1. 功能分离和空间分离

借鉴 Romero 等（2009）[①] 的思路，以下从空间分离和功能分离的角度来分析生产分割长度的演变机理。从功能（组织）的视角来看，生产过程可以被看作一系列功能的组合，并将投入（劳动、资本、原材料、能源等）转化为产出。对于企业来说，可以看成是通过内部交易完成的一系列功能组合，如研发、生产、管理和销售等。如果企业外包部分功能给其他独立企业，即发生了功能分离。功能分离主要受生产技术的影响。随着生产技术的发展，生产功能越来细化、模块化、标准化，生产过程中的部分任务或功能可以独立分离出来。虽然生产技术的发展使功能分离具有可行性，但是否真能实现功能分离还受到其他因素影响（如交易成本、管理成本和体制等因素）。

空间分离（spatial fragmentation）是指可分离功能组在不同地区的分布，也就是功能组在空间上的优化布局。如果功能组只是在一国之内布局，则称为国内生产分割或国内外包（domestic outsourcing）；如果是在不同国家进行空间分离，则称为国际生产分割或国际外包（international outsourcing）。显然，功能分离是空间分离的基础，只有出现了功能分离，才会有生产过程的空间分离。一般来说，空间分离主要受交易成本的影响，这是因为功能组的空间分离需要通过服务来协调和联系，如运输、保险、信息、管理和质量控制。贸易自由化政策和运输、信息技术的进步大大加速了生产的空间分离。贸易自由化政策降低了关税成本、外商投资成本以及不同功能组之间的联系成本，而运输和信息传输技术的进步大大降低了运输、协调和监管成本。因此，交易成本的降低促使跨国公司重新布局生产功能组，在全球范围重新进行生产空间布局，如美国把原来在本国的生产工厂转移到中国，以降低整体的生产成本。在这一情况下，美国的生产过程本质上没有发生功能分离，即全球生产分割

[①] Romero 等（2009）的研究具有代表性，其以芝加哥为例，分析了发达国家经济复杂度（用平均传递步长来测度经济复杂度），提出发达地区经济复杂度取决于经济活动的空间分离和经济活动的功能分离两种力量的对比情况。如果经济活动的空间分离更为显著，则经济复杂度降低；如果经济活动的功能分离更为显著，则经济复杂度提高。

长度没有变，只是进行了空间分离，其以国际生产分割代替了国内生产分割。鉴于此，从功能分离和空间分离两个维度，可对企业生产分割模式进行归类，详见表9-1。

表 9-1　生产分割模式

类型		空间维度	
		国内空间布局	国际空间布局
功能维度	功能集中	类型1：垂直一体化的大型企业。	该情形的生产分割一般不存在。
	功能分离	类型2：以大型企业为中心，中小型企业（工厂）布局在周围，即国内生产分割。	类型3：以大型跨国公司为中心，外围的中小型企业（工厂）分布在世界各地，即全球生产分割。

注：这里的生产功能分离是指生产过程分割成几个独立的经济单位，经济单位之间可以存在所有权关系。

以上是从企业层面对生产分割进行分析，而本章全球投入产出模型是从产业部门层面进行分析，即研究的是产业部门间的联系。显然，以上三种类型的生产分割模式会对投入产出表中产业部门间的联系产生影响。首先，如果企业进行了功能分离（类型1→类型2或类型3），企业对应的投入产出部门的全球生产分割长度应该变长，直观的表现可能是投入产出表中对角元素变小。其次，类型1向类型2和类型3（类型1→类型2和类型3）同时转变，这样，产业部门的全球生产分割长度变长，生产结构复杂度变高，同时，国内生产分割长度和国际生产分割长度都变长，国内和国际的生产结构复杂度都变高。再次，如果只出现了类型1向类型2（或类型3）转变的情况，产业部门的全球生产分割长度变长，国内生产分割长度（或国际生产分割长度）变长，但国际生产分割长度（或国内生产分割长度）变化不大。最后，如果只出现类型2向类型3（类型2→类型3）的转变，这样，全球生产分割长度基本上保持不变，国内生产分割长度变短，而国际生产分割长度变长，这种情形可能与现阶段发达国家（如美国）的生产分割现象相一致，即国内生产结构复杂度降低和产业空心化，而国际生产结构复杂度提高，产业转移到其他国家。

2. 演进路径分析

生产分割长度具有多重经济含义。对于不同国家，生产分割长度的变化可能反映了不同的产业结构变迁。对于中国来说，中国企业存在很大的功能分离的可能性，这种功能分离可以增加国内企业之间的联系和国内产业结构复杂度；与此同时，企业积极融入全球价值链，国家间的联系也会增强，产业的国际生产分割长度也会变长。因此，在改革开放的大背景下，中国产业的全球生产分割长度、国内生产分割长度和国际生产分割长度都会变长，即中国产业沿路径1演进的概率最大。对于美国来说，其大部分产业的技术水平已经相当高，企业功能分离的空间相对较小，美国企业为了降低生产成本，企业生产的空间布局可能从国内高成本地区转向国外低成本地区，即由国内空间布局转向国际空间布局。因此，从生产分割长度的变化趋势来看，美国产业的全球生产分割长度变化不大，甚至减少，国内生产分割长度可能减少而国际生产分割长度增加，国内生产分割和国际生产分割出现替代效应，即美国的产业沿路径5演进的概率比较大。生产分割长度的演进路径详见表9-2。

表9-2　生产分割长度的演进路径

演进路径	全球生产分割长度	国内生产分割长度	国际生产分割长度	性质和特征分析
路径1	增加	增加	增加	生产结构复杂度提高，产业分工深化，产业链延长，国际和国内外包呈互补效应。
路径2	增加	增加	减少	国际和国内外包呈替代效应，生产链向国内转移。
路径3	增加	减少	增加	国内和国际的生产分工呈现替代效应，国际和国内外包呈替代效应，该生产链出现向国外转移的趋势，国内产业出现空心化。
路径4	减少	减少	减少	生产结构复杂度降低，产业的分工程度降低，国内和国际的生产分工呈现互补效应，国际和国内外包呈互补效应。
路径5	减少（或保持不变）	减少	增加	生产结构复杂度降低，产业分工程度降低，国内和国际的生产分工呈现替代效应，国际和国内外包呈替代效应，该生产链呈现向国外转移的趋势，国内产业出现空心化。
路径6	减少（或保持不变）	增加	减少	国内和国际的生产分工呈现替代效应，国际和国内外包呈替代效应，该生产链呈现向国内转移的趋势。

三　中国产业部门的生产分割长度及国际比较

（一）中国整体生产分割长度及国际比较

1. 中国整体生产分割长度

图 9-1 显示了 1995~2011 年中国生产阶段数的变化情况。1995~2011 年，中国的生产阶段数和生产结构复杂度总体上显著提高，产业链拉长。具体来看，中国的全球生产阶段数从 1995 年的 2.52 上升到 2011 年的 2.85，上升了 13.10%；中国的国内生产阶段数从 1995 年的 2.26 上升到 2011 年的 2.49，上升了 10.18%；中国的国际生产阶段数从 1995 年的 0.27 上升到 2011 年的 0.36，上升了 33.33%。这表明，随着中国经济的快速发展及改革开放的深入推进，中国产业分工日益深化，产业之间的关联增强，产业链条不断延长。中国通过承接国外产业转移和外包、FDI、国际贸易等渠道积极参与全球价值链分工，拉长了国际生产链条，同时也拉长了国内生产链条，促进了生产结构复杂度的提升。

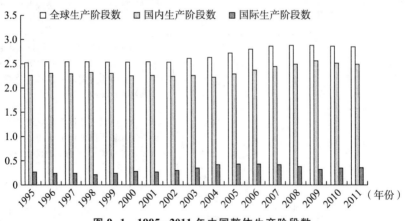

图 9-1　1995~2011 年中国整体生产阶段数

中国的国内生产阶段数表现出明显的阶段性特征。（1）国内生产阶段数的变化大致可以分为四个阶段。①1995~1997 年，国内生产阶段数上升相对缓慢。②1998~2003 年，国内生产阶段数出现了一定程度的下降，从 1998 年的 2.32 下降到 2003 年的 2.26，下降了 2.59%，究其原因，可能是 1998~2003 年国有企业兼并重组等带来结构性变革的影响。大量国有企业被兼并重组或破产退出，企业数量大幅减少，工业企业单位数从 1996 年的 506445 个下降到 2002 年的

181557 个，降幅达 64.15%。① 经济系统中的分工结构随之改变，原来由多个企业完成的关联较强的生产环节，被重新组合到一个企业内部进行，以前企业间的中间产品市场交易转变为企业内部交易，导致产业间的中间投入联系减弱，产业的国内生产阶段数减少。③2004～2009 年，国内生产阶段数稳步上升，从 2004 年的 2.22 上升到 2009 年的 2.56，上升了 15.32%。这一阶段的全球和中国经济快速增长，中国的进出口规模迅速扩大，发达国家加快向中国进行产业转移，中国作为世界制造业基地的地位进一步确立，导致中国内部的产业分工进一步细化，产业链不断延长。④2009 年后，中国的国内生产阶段数呈略微下降趋势。国际金融危机后，中国经济增速下滑，出现中小企业倒闭潮，这一阶段中国国内产业之间的联系减弱，国内生产阶段数有所下降。

（2）国际生产阶段数的变化也分为 4 个阶段。①1995～2000 年，国际生产阶段数有升有降，变化很小，不超过 0.03。②2001～2007 年，国际生产阶段数出现明显上升趋势，从 2001 年的 0.27 上升到 2007 年的 0.42，升幅达 55.6%。该时期中国迅速参与全球价值链分工体系，承接国外产业转移和外包，拉长了中国产业的国际产业链条，同时也加强了国内产业之间的联系。③2008～2009 年，中国国际生产阶段数明显下降。受国际金融危机导致的国外经济下滑和发达国家"制造业回归"的影响，这一阶段中国国际生阶段数出现了短暂性下滑，从 2008 年的 0.38 下降到 2009 年的 0.32。④2009 年以后，中国国际生产阶段数再次出现缓慢上升趋势，逐步上升到 2011 年的 0.36。这说明国际金融危机只是暂时降低了中国国际生产阶段数，随着国际产业之间的联系迅速恢复，国际生产阶段数稳步回升。

（3）由于国际和国内生产阶段数的变化特征不同，全球生产阶段数和国际生产分割指数也呈现阶段性特征。1995～2002 年，中国全球生产阶段数基本上保持不变；2003～2008 年，中国的全球生产阶段数呈现快速上升趋势，从 2003 年的 2.61 上升到 2008 年的 2.88，上升了 10.34%；2009～2011 年，中国全球生产阶段数呈略微下降趋势，从 2009 年的 2.88 下降到 2011 年的 2.85，降幅仅为 1.04%。与此相对应（参见表 9-3），1995～2001 年，国际生产分割指数基本维持在 0.11 左右，其间受 1997 年亚洲金融危机的影响，国际生产分割指数在 1998 年下降到最低（0.08）；2002～2007 年，国际生产分割指数基本上处于稳步上升阶段，到 2007 年，该指数达到 0.15；受国际金融危机的影响，国际生产

---

① 工业企业单位数来自国家统计局网站：http：//data. stats. gov. cn/workspace/index？ m=hgnd。

分割指数在 2009 年下降到 0.11，随后逐步回升，2011 年达到 0.13。

表 9-3　1995~2011 年主要国家的生产阶段数（部分年份）

国家	指标	1995 年	1997 年	2000 年	2002 年	2005 年	2008 年	2009 年	2010 年	2011 年
中国	全球生产阶段数	2.52	2.54	2.53	2.53	2.72	2.88	2.88	2.86	2.85
	国内生产阶段数	2.26	2.29	2.25	2.24	2.29	2.49	2.56	2.51	2.49
	国际生产阶段数	0.27	0.24	0.28	0.30	0.43	0.38	0.32	0.35	0.36
	国际生产分割指数	0.11	0.10	0.11	0.12	0.16	0.13	0.11	0.12	0.13
美国	全球生产阶段数	1.81	1.82	1.84	1.78	1.84	1.86	1.77	1.80	1.81
	国内生产阶段数	1.69	1.69	1.70	1.66	1.67	1.67	1.63	1.62	1.61
	国际生产阶段数	0.12	0.12	0.14	0.12	0.16	0.19	0.15	0.18	0.19
	国际生产分割指数	0.07	0.07	0.07	0.07	0.09	0.10	0.08	0.10	0.11
日本	全球生产阶段数	1.87	1.87	1.85	1.85	1.88	1.97	1.88	1.90	1.89
	国内生产阶段数	1.78	1.77	1.76	1.74	1.74	1.76	1.73	1.73	1.71
	国际生产阶段数	0.08	0.10	0.10	0.10	0.14	0.21	0.14	0.16	0.18
	国际生产分割指数	0.04	0.06	0.05	0.06	0.07	0.11	0.08	0.09	0.10
韩国	全球生产阶段数	2.10	2.10	2.17	2.14	2.21	2.38	2.35	2.40	2.39
	国内生产阶段数	1.78	1.75	1.78	1.79	1.81	1.82	1.86	1.87	1.84
	国际生产阶段数	0.32	0.35	0.39	0.35	0.40	0.57	0.50	0.53	0.56
	国际生产分割指数	0.15	0.17	0.18	0.17	0.18	0.24	0.21	0.22	0.23
巴西	全球生产阶段数	1.74	1.72	1.82	1.83	1.87	1.89	1.82	1.82	1.80
	国内生产阶段数	1.64	1.62	1.66	1.66	1.71	1.69	1.67	1.65	1.62
	国际生产阶段数	0.10	0.10	0.16	0.17	0.16	0.19	0.15	0.16	0.18
	国际生产分割指数	0.06	0.06	0.09	0.09	0.09	0.10	0.08	0.09	0.10
世界平均	全球生产阶段数	1.97	1.97	2.00	1.98	2.02	2.07	2.02	2.04	2.04
	国内生产阶段数	1.63	1.61	1.59	1.60	1.60	1.61	1.63	1.62	1.61
	国际生产阶段数	0.34	0.36	0.41	0.39	0.42	0.46	0.40	0.42	0.44
	国际生产分割指数	0.17	0.18	0.20	0.19	0.21	0.22	0.20	0.21	0.21

注：世界平均是全球投入产出表中 40 个国家（地区）的简单算术平均。

2. 整体生产分割长度的国际比较

由表 9-3 可知，首先，中国的全球生产分割长度与国内生产分割长度明显高于世界平均水平，但国际生产分割长度低于世界平均水平。例如，2011 年中国的全球生产阶段数和国内生产阶段数分别为 2.85 和 2.49，分别比世界平均水平（2.04 和 1.61）高 0.81 和 0.88，且是 40 个国家中的最高水平。但是，2011

年中国的国际生产阶段数为 0.36，比世界平均水平（0.44）低 0.08，比韩国的国际生产阶段数（0.56）低 0.20。中国产业参与全球分工体系的水平和复杂度相对较低，国际生产分割长度低于世界平均水平，说明中国在国际生产中的产业链条相对较短，国际生产结构复杂程度相对较低。

其次，从时间变化趋势来看，发达国家（美日德英法等）的全球生产分割长度和国际生产分割长度在 2008 年国际金融危机爆发前总体上呈略上升趋势，但上升幅度很小；2008 年国际金融危机后，其全球生产分割长度和国际生产分割长度出现了短暂性下降。例如，美国的全球生产阶段数和国际生产阶段数从 1995 年的 1.81 和 0.12 分别上升到 2007 年的 1.85 和 0.18，随后略降到 2009 年的 1.77 和 0.15，又上升到 2011 年的 1.81 和 0.19。但是，多数发达国家的国内生产阶段数呈下降趋势，如美国从 1995 年的 1.69 下降到 2011 年的 1.61，下降了 0.08。本章有关发达国家的国内生产阶段数下降的结论与 Fally（2012）和 Lopes 等（2008）相似。[①] 但是，从全球范围来看，这些发达国家的全球生产阶段数和国际生产阶段数并没有下降，全球生产结构复杂度和国际生产结构的复杂度在上升，这也反映了发达国家的产业外迁和外包延长了其全球产业链和国际产业链，但国际产业链在一定程度上替代了国内产业链。

再次，从国际生产分割指数来看，世界各国的国际生产分割指数的变化趋势与中国相似，1995~2002 年相对平稳，2003~2008 年呈上升趋势，2008 年国际金融危机后，国际生产分割指数出现短暂的下降后又逐步恢复到危机前的水平。但从国际生产分割指数的水平值来看，美日的国际生产分割指数处于最低水平，远低于世界平均水平，即美日的产业链条主要集中在国内。如 2011 年，美国和日本的国际生产分割指数分别为 0.11 和 0.10，只有世界平均水平（0.21）的一半左右。

最后，中国全球生产阶段数、国内生产阶段数和国际生产阶段数的变化趋势与韩国相似。从表 9-4 中可以看出，中国和韩国的全球生产阶段数、国内生产阶段数和国际生产阶段数的相关系数分别为 0.93、0.86 和 0.54，中韩的生产阶段数变化趋势高度相关。而中国与美国的全球生产阶段数、国内生产阶段数和国际生产阶段数的相关系数分别为 0.17、-0.66 和 0.77，中美的

---

① Fally（2012）利用单国（区域）的投入产出表数据研究发现，这些发达国家的生产阶段数有所下降。Lopes 等（2008）分析了部分 OECD 国家 20 世纪 70 年代到 90 年代的经济复杂度演变历程，发现由于产业外迁和外包，这些 OECD 国家的经济复杂度呈下降趋势。

国内生产阶段数负相关，全球生产阶段数的相关性也不强，但国际生产阶段数相关性较强。

表 9-4　中国与其他国家的生产阶段数的相关系数

指标	韩国	巴西	美国	日本
全球生产阶段数	0.93	0.55	0.17	0.79
国内生产阶段数	0.86	0.04	-0.66	-0.42
国际生产阶段数	0.54	0.72	0.77	0.75
国际生产分割指数	0.40	0.66	0.65	0.62

（二）中国分产业部门的生产分割长度及国际比较

1. 中国主要产业部门的生产分割长度

表 9-5 显示了中国主要产业部门的生产分割长度情况。（1）总体来看，第二产业的生产分割长度显著大于第一产业和第二产业。这与常识相符，一般认为第一产业的产业链较短，而第三产业的无形性使得产业之间的关联程度相对较低，其产业链也相对较短。从 1995~2011 年生产阶段数的平均值来看，第二产业全球生产阶段数、国内生产阶段数和国际生产阶段数分别为 2.93、2.54 和 0.39，比第三产业的相应生产阶段数（2.21、1.99 和 0.23）分别高 0.72、0.55 和 0.16，比第一产业的相应生产阶段数（1.98、1.83 和 0.15）分别高 0.95、0.71 和 0.24。（2）三大产业中第二产业生产分割长度的变动幅度最大。如电子和光学仪器制造业的全球生产阶段数从 1995 年的 3.03 上升到 2011 年的 3.62，升幅达 19.37%；国内生产阶段数从 1995 年的 2.50 上升到 2011 年的 2.85，升幅达 14.00%；国际生产阶段数从 1995 年的 0.53 上升到 2011 年的 0.76，升幅达 43.40%，国际生产阶段数的增长速度快于国内生产阶段数。但批发零售业的全球生产阶段数、国际生产阶段数和国内生产阶段数都出现了一定程度的下降。

2. 制造业生产分割长度演进路径分析

鉴于第二产业中制造业的生产分割长度较长且变化幅度较大，且其在中国经济中拥有重要地位，本部分重点分析制造业生产分割长度的演进路径。大致分为三个阶段：（1）1995~2001 年，该阶段中国加入 WTO，初步建立社会主义市场经济体制，其间遭遇到亚洲金融危机的冲击；（2）2002~2007 年，这一阶

表9-5 中国主要产业部门的生产阶段数

产业部门	全球生产阶段数				国内生产阶段数				国际生产阶段数			
	1995年	2011年	变化幅度(%)	1995~2011年	1995年	2011年	变化幅度(%)	1995~2011年	1995年	2011年	变化幅度(%)	1995~2011年
第一产业	1.87	2.04	9.09	1.98	1.74	1.87	7.47%	1.83	0.13	0.17	30.77%	0.15
农林牧渔业	1.87	2.04	9.09	1.98	1.74	1.87	7.47%	1.83	0.13	0.17	30.77%	0.15
第二产业	2.77	3.16	14.08%	2.93	2.44	2.72	11.48%	2.54	0.33	0.45	36.36%	0.39
制造业	2.84	3.23	13.73%	3.00	2.49	2.76	10.84%	2.59	0.36	0.47	30.56%	0.41
纺织、皮革和制鞋业	2.91	3.41	17.18%	3.11	2.47	3.07	24.29%	2.71	0.44	0.34	-22.73%	0.40
电子和光学仪器制造业	3.03	3.62	19.47%	3.29	2.50	2.85	14.00%	2.57	0.53	0.76	43.40%	0.72
第三产业	2.17	2.26	4.15%	2.21	1.96	2.03	3.57%	1.99	0.21	0.23	9.52%	0.23
批发零售业	2.23	2.01	-9.87%	2.09	2.03	1.84	-9.36%	1.91	0.19	0.16	-15.79%	0.18

注：表中数据均为简单算术平均值。

段中国经济处于高速发展时期；（3）2008~2011 年，国际金融危机发生后阶段。表 9-6 显示了 1995~2011 年中国制造业各行业的生产分割长度演进路径。

表 9-6　1995~2011 年中国制造业各行业的生产分割长度演进路径

细分行业	1995~2001 年				2002~2007 年				2008~2011 年			
	路径	全球	国内	国际	路径	全球	国内	国际	路径	全球	国内	国际
食品饮料和烟草业	路径 4	–	–	–	路径 1	+	+	+	路径 4	–	–	–
纺织、皮革和制鞋业	路径 2	+	+	–	路径 2	+	+	–	路径 2	+	+	–
木材及其制品业	路径 2	+	+	–	路径 1	+	+	+	路径 6	–	+	–
造纸和印刷业	路径 4	–	–	–	路径 1	+	+	+	路径 6	–	+	–
石化行业	路径 3	+	–	+	路径 1	+	+	+	路径 4	–	–	–
其他非金属冶炼业	路径 5	–	–	+	路径 1	+	+	+	路径 4	–	–	–
基础金属及其制品业	路径 5	–	–	+	路径 1	+	+	+	路径 4	–	–	–
机械制造业	路径 1	+	+	+	路径 1	+	+	+	路径 6	–	+	–
电子和光学仪器制造业	路径 3	+	–	+	路径 1	+	+	+	路径 2	+	+	–
运输设备制造业	路径 1	+	+	+	路径 1	+	+	+	路径 6	–	+	–
其他制造业及废物废料回收	路径 4	–	–	–	路径 1	+	+	+	路径 6	–	+	–

注：+表示生产阶段数上升，-表示生产阶段数下降。

　　1995~2001 年，制造业各行业生产分割长度的演进路径差异相对较大。食品饮料和烟草业、造纸和印刷业、其他制造业及废物废料回收业的全球生产阶段数、国内生产阶段数和国际生阶段数都呈下降趋势，这些产业的全球、国内和国际生产结构复杂度降低，产业分工程度降低，国内和国际的生产分工出现互补效应，国际和国内外包呈互补效应，即遵循路径 4。究其原因，可能与这一阶段中国这些行业大规模的企业兼并重组的事实有关。机械制造业和运输设备制造业的全球生产阶段数、国内生产阶段数和国际生产阶段数都呈现上升趋势，表明这两个行业的全球、国内和国际生产结构复杂度提高，产业分工深化，产业链延长，国内和国际的生产分工出现互补效应，国际和国内外包呈互补效应，即遵循路径 1。

　　2002~2007 年，除纺织、皮革和制鞋业外，其余的制造业细分行业的全球生产阶段数、国内生产阶段数和国际生产阶段数都呈上升趋势，即在这一阶段，中国制造业的国内和国际生产结构复杂度提高，产业分工深化，产业链延长，国内和国际的生产分工出现互补效应，国际和国内外包呈互补效应，即遵循路径 1。而纺织、皮革和制鞋业的国际生产阶段数出现下降，国内生产阶段数上升，但上升幅度大于下降幅度，导致全球生产阶段数上升，全球、国内生产结构的复杂度提高，国际生产结构的复杂度降低，国内和国际的生产分工出现替代效应，国际和国内外包呈替代效应，生产链出现向国内转移的趋势，即遵循路径 2。

2008~2011 年，各细分行业的国际生产阶段数都呈现下降趋势，但由于一些制造业行业的国内生产阶段数上升，且上升幅度大于下降幅度，导致这些行业的全球生产分割长度变长。如纺织、皮革和制鞋业，电子和光学仪器制造业的全球生产阶段数、国内生产阶段数都呈现上升趋势，全球、国内生产结构的复杂度提高，国际生产结构复杂度降低，国内和国际的生产分工出现替代效应，国际和国内外包呈替代效应，该生产链出现向国内转移的趋势，即遵循路径 2。

3. 主要国家分产业部门生产分割长度的比较[①]

本部分选取了美国和韩国两个国家作为主要比较对象，具体产业部门以纺织、皮革和制鞋业为例进行比较（详见表 9-7）。

表 9-7　纺织、皮革和制鞋业的生产分割长度的变化值

国家	生产分割长度	1995~2001 年	2002~2007 年	2008~2011 年
中国	全球生产阶段数	0.08	0.38	0.05
	国内生产阶段数	0.09	0.40	0.11
	国际生产阶段数	−0.01	−0.02	−0.06
	国际生产分割指数	−0.01	−0.02	−0.02
美国	全球生产阶段数	−0.11	−0.06	−0.01
	国内生产阶段数	−0.15	−0.16	−0.13
	国际生产阶段数	0.04	0.10	0.13
	国际生产分割指数	0.02	0.04	0.05
韩国	全球生产阶段数	−0.06	0.19	0.13
	国内生产阶段数	−0.03	0.09	0.00
	国际生产阶段数	−0.03	0.09	0.12
	国际生产分割指数	−0.01	0.02	0.03

---

① 限于篇幅，本章只选取了两个国家和一个具体行业部门进行比较，其他数据可向作者索取。

从纺织、皮革和制鞋业来看，中国全球生产分割长度一直在上升，且主要是由国内生产分割长度增加导致的，而国际生产分割长度甚至出现下降（路径2）。中国的纺织、皮革和制鞋业参与全球价值链的程度并不深，该行业产品的出口主要体现为最终产品出口，国际生产分割指数较小。美国纺织、皮革和制鞋业的全球生产分割长度一直在下降，而且主要是由国内生产分割长度下降引起的，但国际生产分割长度在上升，进而导致其国际生产分割指数呈上升趋势（路径5）。这反映了美国纺织、皮革和制鞋业在逐步向国外转移的现象，其国内纺织、皮革和制鞋业的生产结构复杂度降低，产业链缩短，产业日益空心化。韩国纺织、皮革和制鞋业的全球生产分割长度、国内生产分割长度和国际生产分割长度都呈上升趋势，韩国的国际生产分割程度明显高于中国，如2011年韩国的国际生产分割指数为0.28，比中国（0.10）高0.18。

四 生产分割长度的影响因素分析

从上述有关世界各国生产阶段数的比较分析中可以发现，各国生产阶段数存在系统性差异。那么这些差异是什么原因引起的？以下主要从国家层面对生产分割长度的影响因素进行实证分析。

（一）计量模型和数据说明

鉴于生产分割长度与微观企业的外包或垂直一体化密切相关，本章计量分析的宏观变量选择主要参考垂直一体化相关文献。本章基本计量模型设定如下：

$$psl_{ct} = \alpha_c + \beta \cdot X_{ct} + \varepsilon_{ct}$$

c 表示国家，t 表示年份，psl_{ct} 表示 c 国 t 年的生产分割长度（全球生产分割长度、国内生产分割长度和国际生产分割长度）。X_{ct} 为生产分割长度的影响因素向量，包括研发强度、高技术劳动力占比、人口规模、资本密集度、服务业增加值占比和金融发展水平等变量。

研发强度：用研发经费投入占 GDP 的比重表示。各国研发经费数据来自 OECD 统计网站，GDP 数据来自 Penn World Table，Version 8.1。从国家层面来看，一国研发强度越高，企业更可能倾向于进行高增加值的研发活动，而把具体的加工和生产环节外包给其他企业。这样，研发强度越高，该国生产阶段数越大，进而生产分割长度越长。但是，Acemoglu 等（2007）的研究也表明创新型企业的外包强度较低，而成熟型企业更倾向于外包部门业务，这种情况下，国家层面上研发强度越强，生产分割长度越短。总之，研发强度对生产分割长度的影响方向不定，可正可负。

高技术劳动力占比：用 WIOD 中高技术劳动力占总劳动力的比重来衡量。Costinot（2009）研究表明，生产活动较复杂或技术能力要求较高的企业一般不外部化业务，故高技术劳动力占比越高的国家，其生产阶段数相对少，生产分割长度短。

资本密集度：用人均资本量来衡量，数据来自 Penn World Table，Version 8.1。资本密集型企业倾向于依赖企业总部的高投资，易于垂直一体化，因而外包活动较少（Antràs，2003），因此，资本密集度高的国家，其生产阶段数较少，生产分割长度较短。

服务业增加值占比：根据 WIOD 中第三产业增加值和 GDP 数据计算得到。由于服务业的无形性特征和可贸易程度较低，服务业企业的生产难以分割（尤其是国际分割），服务业生产阶段数较少，这样服务业增加值占比越高，生产阶段数可能越小。但是，服务业（如交通运输、信息技术服务业）的发展有利于促进制造业的生产分割，因此服务业发展也有可能提高一国整体的生产阶段数（生产分割长度）。

经济（人口）规模：用人口数（或人均 GDP）来衡量，数据来自 Penn World Table，Version 8.1。一般认为一国的经济规模（人口规模）越大，该国经济复杂度越高，也就是生产阶段数越大，生产分割长度越长。

金融发展水平：用一国资本化率（企业的市场价值/GDP）和国内私人部门信贷量占 GDP 的比重来衡量，数据直接取自世界发展指标数据库。

（二）计量估计结果

考虑到数据的可得性，形成了 20 个国家 2000~2011 年的面板数据。[①] 表 9-8 呈现了主要变量的统计特征。

---

① 20 个国家为：澳大利亚、奥地利、比利时、加拿大、中国、捷克、德国、西班牙、芬兰、匈牙利、意大利、日本、韩国、墨西哥、葡萄牙、罗马尼亚、斯洛伐克、斯洛文尼亚、土耳其和美国。

表 9-8　主要变量的统计特征描述

变量	样本数	均值	标准差	最小值	最大值
psl（全球生产分割长度）	240	2.07	0.22	1.75	2.88
dpsl（国内生产分割长度）	240	1.66	0.20	1.42	2.56
ipsl（国际生产分割长度）	240	0.40	0.17	0.10	0.79
rdgdpo（研发强度）	240	0.01	0.01	0.00	0.03
pop（人口规模）	240	112.85	278.19	1.99	1324.35
h_ hs（高技术劳动力占比）	240	0.20	0.10	0.03	0.48
serviceratio（服务业增加值占比）	240	0.65	0.08	0.39	0.80
mcratio（资本化率）	240	54.87	40.96	2.87	233.90
creditra（国内私人部门信贷量占 GDP 的比重）	240	95.05	53.87	7.12	219.28
percap（资本密集度）	240	184598.40	83601.64	16490.20	380283.20
perrgdpo（经济规模）	240	23985.04	9776.15	3900.51	43539.87

我们对各国生产分割长度的决定因素进行了计量分析，并选取了不同的变量和方法进行了稳健性检验，限于篇幅限制，以下以固定效应模型的估计结果为准进行重点阐述。

表 9-9 显示了全球生产分割长度、国内生产分割长度和国际生产分割长度的影响因素的回归结果，可以得到以下结论。第一，研发强度对生产分割长度具有正向影响。第（1）～第（3）列的回归结果显示，研发强度的系数都为正且高度显著。这验证了前述理论分析：从国家层面来看，一国研发能力和强度越高，该国的企业更可能倾向于进行高增加值的研发活动，而把具体的加工和生产环节外包给其他企业。这与 Acemoglu 等（2007）的理论分析、Fally（2012）对美国制造业生产分割长度的 R&D 强度因素实证分析的结论相反。原因可能是 Acemoglu 等（2007）选取的创新型企业一般规模较小，且在整个经济中的占比相对较小。第二，高技术劳动力占比变量对国内生产分割长度产生显著负向影响，这与 Fally（2012）的实证结论一致，与 Costinot 等（2009）的研究结论相符。但是，高技术劳动力占比对国际生产分割长度的影响系数为正，这可能是因为一国高技术劳动力相对较多时，企业倾向于开展研发和技术密集的经济活动，而将低技术低附加值的经济活动（如生产加工、组装）外包出去。因此，一国高技术劳动力占比越高，就会拉长国际生产链条而缩短国内生产链条。第三，服务业增加值占比对国内生产分割长度具有正影响，而对国际生产分割长度具有负影响。服务业的发展会增加国内生产分割长度，但由于服

务业自身的不可贸易性，当服务业的比重增加时，会减少整个国家的国际生产分割长度。第四，资本密集度总体上与生产分割长度正相关，与 Fally（2012）的实证分析相一致。第五，经济（人口）规模对全球生产分割长度、国内生产分割长度具有显著的正向影响。这与 Lopes 等（2008）对 20 世纪 70 年代至 90 年代的经济复杂度的研究结论[1]基本一致。第六，金融发展水平对生产分割长度的影响具有明显的差异性，资本化率对一国国内生产分割长度具有一定的正向影响，这可能意味着如果一国的资本市场相对发达，国内企业更倾向于拆分部门业务以求得快速发展，从而导致国内生产分割长度变长。国内私人部门信贷量占 GDP 的比重越高，说明该国企业依赖银行信贷资金，从而企业偏向于大规模运作，因此国内私人部门信贷量占 GDP 的比重越高，该国的整体生产分割长度就越短，即两者负相关。

表 9-9　面板数据估计结果

变量	（1）	（2）	（3）
	psl	dpsl	ipsl
rdgdpo	12.64 ***	6.758 ***	5.592 ***
	（1.539）	（1.284）	（1.400）
h_ hs	-0.199	-0.570 ***	0.468 **
	（0.206）	（0.162）	（0.187）
serviceratio	-0.780 ***	0.433 **	-1.378 ***
	（0.211）	（0.171）	（0.192）
mcratio	0.000106	0.000253 **	-0.000160
	（0.000120）	（0.000101）	（0.000109）
creditra	-0.000665 ***	-0.000312 **	-0.000372 **
	（0.000184）	（0.000155）	（0.000168）
Lnperrgdpo	0.0525	0.104 ***	-0.0700 *
	（0.0418）	（0.0342）	（0.0380）
Lnpercap	0.0978 ***	-0.0110	0.119 ***
	（0.0284）	（0.0230）	（0.0258）

---

[1] Lopes 等（2008）研究发现，大的经济体的经济复杂度比小的经济体的复杂度高（如美国和日本的经济复杂度高于荷兰和丹麦）。同时，由于国际分工的深化，OECD 国家产业外迁，OECD 国家的经济复杂度在 20 世纪 70 年代到 90 年代呈下降趋势。

续表

变量	(1)	(2)	(3)
	psl	*dpsl*	*ipsl*
pop	0.000623 ***	0.000755 ***	−0.000203 *
	(0.000130)	(8.39e−05)	(0.000117)
常数项	0.767 ***	0.445 **	0.483 *
	(0.276)	(0.224)	(0.251)
样本数	240	240	240
国家个数	20	20	20

注：括号内为标准误，***、**、*分别表示在1%、5%、10%的水平上显著。

五　本章小结

本章主要结论如下：（1）中国三大产业的生产分割长度都出现了大幅上升，国际生产分割和国内生产分割长度出现了协同式上升，尤其中国制造业的生产结构复杂度日益提高，国际和国内外包呈互补关系；（2）中国生产分割长度呈阶段性变化趋势，加入 WTO 后，生产分割长度迅速增加，尤其是国际生产分割长度迅速增加，2008 年国际金融危机后中国生产分割长度出现了短暂性的下降，相应地国际生产分割指数在国际金融危机中出现了短暂性下降；（3）美日发达国家制造业的国内生产阶段数下降幅度大于国际生产阶段数上升幅度，导致其全球生产阶段数有所下降，美日制造业外迁趋势明显，国际和国内外包呈替代关系；（4）从国际生产分割指数来看，世界各国的国际生产分割指数的变化趋势与中国相似，但从国际生产分割指数的水平值来看，美日的国际生产分割指数处于最低水平，远低于 40 个国家的平均水平；（5）研发强度、资本密集度、人口规模与全球生产分割长度具有正向关系，服务业增加值占比、国内私人部门信贷量占 GDP 的比重与全球生产分割长度负相关，而高技术劳动力占比、服务业增加值占比等变量对国内和国际生产分割长度影响方向各异。

同时，可以得到以下几点启示。（1）积极防范生产复杂度过高风险，稳定和可持续的宏观经济政策对中国经济的重要性日益增加。中国参与全球价值链分工体系，不但拉长了国际生产链条，而且拉长了国内的生产链条，大大增加值了中国生产结构的复杂度。分工细化可以提高生产率，却加大了经济风险。生产结构复杂度越高，外部环境变化对生产的影响可能越大，显然放大了政策风险。（2）从国际比较来看，中国面临着国内生产分割长度变短的趋势，现阶段中国生产分割长度处于世界最高水平之列，但是考虑到中国未来的研发强度、资本密集度提高等因素，以及高端制造业向发达国家回流，中低端制造业向其他发展中国家转移的趋势，再加上产业融合发展趋势等的影响，中国生产分割长度可能会向美日等国家收敛。（3）应该顺应国内生产分割长度降低的变化趋势，积极鼓励企业兼并重组，做大做强，同时也要防范中国出现大规模的国际外包替代国内外包现象，积极引导产业向中国内陆不发达地区转移。

最后，本章研究只是一个初步探讨，还可进一步深入研究。一是，可以延伸到中国区域层次。在全球投入产出模型框架中嵌入中国区域投入产出表，从而可以深入研究中国各区域的生产分割变化趋势。二是，进一步实证分析生产分割长度对生产率的影响。生产分割长度反映了生产结构复杂程度，根据斯密的观点，分工导致经济复杂度提高，进而提高了生产率，故可以进一步关注生产分割长度这个中间变量对经济效率的影响。

第十章　全球价值链中产业"微笑曲线"
存在吗?[*]

我们在全球投入产出模型框架中提出了测度产业部门位置的"广义增加值平均传递步长"新方法,并从强度和长度两个维度,全方位分析国外增加值贡献率与位置的关系以考察产业部门层次的新"微笑曲线"是否存在。研究表明:本章新方法提供了测度全球价值链位置的统一逻辑框架,产业部门层面的"微笑曲线"不具有普遍意义,中国电子和光学仪器制造业略呈"微笑曲线"形状且逐步加深,而在中国纺织业中却不存在。

一　全球价值链与产业"微笑曲线"

"微笑曲线"是宏碁集团董事长施振荣在 1992 年为了"再造宏碁"而提出的理论。若以横轴表示企业产品在生产链条上的位置,纵轴表示从产品生产中获取的增加值(或者利润率),可以得到一条"微笑"状的曲线(见图 10-1)。即在研发—制造—营销的价值链条上,增加值(利润)向两端集中,中间环节的增加值(利润)却不断下沉。然而,"微笑曲线"普遍存在于微观企业个体产品层面,"微笑曲线"是否在国家和产业部门层面存在?尤其重要的是,如何在产业部门层面上描绘"微笑曲线"?若存在产业部门层面的"微笑曲线",它是否只是某些产业部门价值曲线的特殊形式,还是具有普遍意义?若不具有普遍意义,国家层面的产业政策该如何调整?鉴于国家产业政策一般是基于产业层面而非针对某一具体企业而制定,在产业部门层面上全方位分析全球价值链中各产业部门的价值获取和位置的关系,对产业转型升级、相关产业政策制定具有重要意义。进一步,全球价值链复杂程度日益增加,对政策制定者产生了新挑战,亟须对产业部门在价值链中的位置进行准确衡量。正是由于产业部

* 本章主要内容发表在《数量经济技术经济研究》2016 年第 11 期。

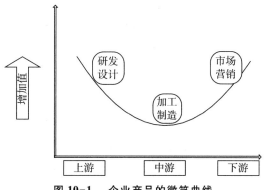

图 10-1 企业产品的微笑曲线

门之间的上下游关系难以确定,导致对国家产业部门层次的微笑曲线的探讨非常少。因此,本章尝试结合有关全球价值链位置和强度的研究,构建产业部门层次的国外增加值贡献率-位置的关系图,探讨产业部门层面"微笑曲线"是否存在。

随着全球价值链的深入发展,全球生产体系中的商品和服务通过中间投入联系而紧密相连,有关全球价值链的测度研究日益丰富。基于全球投入产出模型对全球价值链的研究一般都强调联系的"强度",或者参与全球价值链的程度。然而,随着全球生产网络体系变得日益复杂,不但要衡量产业之间联系的强度,更需要测度产业之间的传递长度(或时间、距离)与位置(上下游)。孤立地测度各国产业参与全球价值链的程度或所处的位置,都不能全面反映国家产业在全球价值链中的位置和作用。只有刻画了产业部门之间、生产部门与最终需求部门之间的长度,才能得到全球价值链的拓扑结构,才能从强度和长度两个维度展示全球价值链的整个结构。因此,本章在已有平均传递步长理论基础上,从增加值传递的角度,分别拓展定义了从产业部门到最终需求产业部门(点对面)、产业部门到最终需求产业部门组(group-wise,点对面)、产业部门组到最终需求产业部门(面对点)、产业部门组到最终需求产业部门组(面对面)的增加值平均传递步长(VAPL),并进一步发现本章广义增加值平均传递步长几乎囊括已有文献中各种有关全球价值链位置测度的指标。

基于本章定义的广义增加值平均传递步长,我们对中国各产业在全球价值链的上游度进行了分析,并综合利用全球价值链长度和强度指标,探讨产业部门层面是否存在"微笑曲线"。相较于已有文献,本章主要贡献为:①提出了定义全球价值链位置(或长度、距离)的统一逻辑框架;②综合利用衡量全球价值链强度(获取价值的能力)和长度(位置)的指标,全方位地展示各产业部门的价值分配与位置的关系，并探讨了国家产业部门层面是否存在"微笑曲线"；③本章定义的广义增加值平均传递步长提供了测度全球价值链位置（长度）和复杂程度的基础数据，为后续的相关实证研究提供借鉴。

二 研究方法

本章主要以两国每国两部门的全球投入产出模型，阐述广义增加值平均传递步长的测度方法和经济含义，以及与其有关的全球价值链位置的测度方法的异同。显然，该模型很自然地可以推广到多国多部门的全球投入产出模型框架。

（一）增加值贸易核算系数矩阵——两国每国两部门全球投入产出模型

根据经典全球投入产出模型框架[1]，两国每国两部门的全球投入产出模型可以写为以下形式：

$$\underbrace{\begin{bmatrix} x_1^C \\ x_2^C \\ x_1^U \\ x_2^U \end{bmatrix}}_{X} = \underbrace{\begin{bmatrix} a_{11}^{CC} & a_{12}^{CC} & a_{11}^{CU} & a_{12}^{CU} \\ a_{21}^{CC} & a_{22}^{CC} & a_{21}^{CU} & a_{22}^{CU} \\ a_{11}^{UC} & a_{12}^{UC} & a_{11}^{UU} & a_{12}^{UU} \\ a_{21}^{UC} & a_{22}^{UC} & a_{21}^{UU} & a_{22}^{UU} \end{bmatrix}}_{X} \underbrace{\begin{bmatrix} x_1^C \\ x_2^C \\ x_1^U \\ x_2^U \end{bmatrix}}_{X} + \underbrace{\begin{bmatrix} y_1^C \\ y_2^C \\ y_1^U \\ y_2^U \end{bmatrix}}_{Y}$$

即：

$$X = AX + Y \tag{10-1}$$

其中，X 为总产出列向量，A 为直接消耗系数矩阵，Y 为最终需求列向量。[2] A 中的元素 a_{ij}^{gh} 表示生产 1 单位价值的 h 国 j 产品需要使用 g 国 i 产品的中间投入。对式（10-1）进行矩阵运算可以得到：

$$X = (I-A)^{-1}Y = BY \tag{10-2}$$

---

① 可参见 Timmer 等（2015）、Koopman 等（2014）。

② 统一说明：变量的上标一般表示国家（地区），用 c，g，h，f 表示，且 c，g，h，$f \in \{C, U\}$，变量的下标表示产业部门，用 i，j，k，m，n 表示，且 i，j，k，m，$n \in \{1, 2\}$。上标 gh 中 g 是来源地，h 是目的地。下标 ij 中 i 是产品的来源产业部门，j 是产品的使用产业部门。

其中 $B = (I-A)^{-1}$ 为 Leontief 逆矩阵。[1]定义增加值率系数列向量 V,其中的元素 v_i^g 为:

$$v_i^g = \frac{va_i^g}{x_i^g} = 1 - \sum_{h,j} a_{ji}^{hg} \tag{10-3}$$

其中,va_i^g 为 g 国 i 部门的直接增加值(附加值)。于是可以进一步定义增加值贸易核算系数矩阵:

$$\hat{V}B = \begin{bmatrix} v_1^C & 0 & 0 & 0 \\ 0 & v_2^C & 0 & 0 \\ 0 & 0 & v_1^U & 0 \\ 0 & 0 & 0 & v_2^U \end{bmatrix} \begin{bmatrix} b_{11}^{CC} & b_{12}^{CC} & b_{11}^{CU} & b_{12}^{CU} \\ b_{21}^{CC} & b_{22}^{CC} & b_{21}^{CU} & b_{22}^{CU} \\ b_{11}^{UC} & b_{12}^{UC} & b_{11}^{UU} & b_{12}^{UU} \\ b_{21}^{UC} & b_{22}^{UC} & b_{21}^{UU} & b_{22}^{UU} \end{bmatrix}$$

$$= \begin{bmatrix} v_1^C b_{11}^{CC} & v_1^C b_{12}^{CC} & v_1^C b_{11}^{CU} & v_1^C b_{12}^{CU} \\ v_2^C b_{21}^{CC} & v_2^C b_{22}^{CC} & v_2^C b_{21}^{CU} & v_2^C b_{22}^{CU} \\ v_1^U b_{11}^{UC} & v_1^U b_{12}^{UC} & v_1^U b_{11}^{UU} & v_1^U b_{12}^{UU} \\ v_2^U b_{21}^{UC} & v_2^U b_{22}^{UC} & v_2^U b_{21}^{UU} & v_2^U b_{22}^{UU} \end{bmatrix} \tag{10-4}$$

增加值贸易核算系数矩阵($\hat{V}B$)[2]表示最终产品生产过程中来源于各产业部门的直接和间接增加值。矩阵中的元素 $v_i^g b_{ij}^{gh}$ 表示生产 h 国 j 部门 1 单位价值最终产品,来自 g 国 i 部门的直接和间接增加值。$\hat{V}B$ 中,行方向显示了其他部门生产 1 单位价值最终产品来自该行向对应的产业部门的增加值;列方向显示了其他产业部门对生产 1 单位价值列向对应产业部门最终产品的增加值贡献,且列向之和为 1。[3] 即:

$$v_1^C b_{1i}^{Cg} + v_2^C b_{2i}^{Cg} + v_1^U b_{1i}^{Ug} + v_2^U b_{2i}^{Ug} = 1 \tag{10-5}$$

(二)广义增加值平均传递步长

现有基于投入产出模型的增加值贸易核算方法主要是衡量各国(或产业)

---

[1] Leontief 逆矩阵实际上是总需求矩阵,表示增加 1 单位价值最终需求带来的其他部门总产出的变化。进一步,Leontief 逆矩阵可表示为指数序列:$B = (I-A)^{-1} = I + A + A^2 + A^3 + \cdots$。这样最终需求变化对总产出的影响可以分解为三部分:①初始效应(Y);②直接效应(AY);③间接效应($(A^2 + A^3 + A^4 + \cdots) Y$)。

[2] ^表示对角化。

[3] 证明可参见 koopman 等(2014)。

参与全球价值链的程度，是一种强度指标，无法测度全球价值链中产业部门的位置（长度）。显然参与全球价值链的程度并不能完全反映全球生产网络体系的复杂程度，如增加值贸易核算系数矩阵中的元素 $v_1^c b_{12}^{CU}$ 表示 C 国 1 部门对生产 1 单位价值 U 国 2 部门产品的价值贡献，这里只显示了价值贡献的强度，而无法知道 C 国 1 部门产品的价值是经过多远距离而达到 U 国 2 部门最终产品。从位置的角度来看，如果 C 国 1 部门产品的增加值到达 U 国 2 部门的距离越长，说明 C 国 1 部门相对处于 U 国 2 部门的上游。

本章的广义增加值平均传递步长是指，在全球生产网络体系中，某一产业部门（产业部门组）传递 1 单位增加值到某一最终需求产业部门（最终需求产业部门组）所经历的平均阶段数。以下利用投入产出模型中的生产循环机制详细阐述增加值传递过程经历的阶段数，并定义增加值平均传递步长。从投入产出表的结构来看，某一国家的产业部门（如 C_1）的增加值经过全球生产网络体系传递到另一国家的产业部门（如 U_2）。假设需要生产的最终产品（U_2）有 y_2^U 单位，不失一般性，这里取 1。根据全球投入产出表中的循环机制，具体可分为：

经由 0 阶段传递的来自 C_1 的增加值：0；

经由 1 阶段传递的来自 C_1 的增加值：$v_1^c \cdot a_{12}^{CU} \cdot 1 = v_1^c \cdot a_{12}^{CU} \cdot y_2^U = \left[\hat{V}A\right]_{12}^{CU}$；①

经由 2 阶段传递的来自 C_1 的增加值：

$$v_1^c \cdot \left(a_{11}^{cc} a_{12}^{CU} + a_{12}^{CC} a_{22}^{CU} + a_{11}^{CU} a_{12}^{UU} + a_{12}^{CU} a_{22}^{UU}\right) \cdot 1 = \left[\hat{V}A^2\right]_{12}^{CU};$$

经由 3 阶段传递的来自 C_1 的增加值：

$$v_1^c \cdot (a_{11}^{cc} a_{11}^{cc} a_{12}^{CU} + a_{11}^{cc} a_{12}^{cc} a_{22}^{CU} + a_{11}^{cc} a_{11}^{CU} a_{12}^{UU} + a_{11}^{cc} a_{12}^{CU} a_{22}^{UU}$$
$$+ a_{12}^{cc} a_{21}^{cc} a_{12}^{CU} + a_{12}^{cc} a_{22}^{cc} a_{22}^{CU} + a_{12}^{cc} a_{21}^{CU} a_{12}^{UU} + a_{12}^{cc} a_{22}^{CU} a_{22}^{UU}$$
$$+ a_{11}^{CU} a_{11}^{UC} a_{12}^{CU} + a_{11}^{CU} a_{12}^{UC} a_{22}^{CU} + a_{11}^{CU} a_{11}^{UU} a_{12}^{UU} + a_{11}^{CU} a_{12}^{UU} a_{22}^{UU}$$
$$+ a_{12}^{CU} a_{21}^{UC} a_{12}^{CU} + a_{12}^{CU} a_{22}^{UC} a_{22}^{CU} + a_{12}^{CU} a_{21}^{UU} a_{12}^{UU} + a_{12}^{CU} a_{2U}^{UU} a_{U2}^{UU}) \cdot 1 = \left[\hat{V}A^3\right]_{12}^{CU}$$

……

经由 n 阶段传递的来自 C_1 的增加值：$\left[\hat{V}A^n\right]_{12}^{CU}$

因此，为生产 1 单位价值 U_2 最终产品，从 C_1 到 U_2 传递的增加值为：

———————————

① $\left[\hat{V}A\right]_{12}^{CU}$ 表示取 $\hat{V}A$ 中的元素 $v_1^c a_{12}^{CU}$，即取矩阵中 $_{12}^{CU}$ 位置的元素。

$$[\hat{V}(I+A+A^2+A^3+\cdots A^n+\cdots)]_{12}^{CU}=v_1^c b_{12}^{CU}$$

即从 C_1 传递到 U_2 的 $v_1^c b_{12}^{CU}$ 单位增加值，其中 $v_1^c \cdot a_{12}^{CU}$ 单位增加值经过 1 阶段传递，$v_1^c \cdot (a_{11}^{CC} a_{12}^{CU}+a_{12}^{CC} a_{22}^{CU}+a_{11}^{CU} a_{12}^{UU}+a_{12}^{CU} a_{22}^{UU})$ 单位增加值经过 2 阶段传递，以此类推，经由全球生产网络体系，从 C_1 传递 1 单位增加值到 U_2 的平均传递步长为：

$$vapl_{|C_1\to U_2|}=\frac{0+1\cdot v_1^c a_{12}^{CU}+2\cdot v_1^c\cdot(a_{11}^{CC} a_{12}^{CU}+a_{12}^{CC} a_{22}^{CU}+a_{11}^{CU} a_{12}^{UU}+a_{12}^{CU} a_{22}^{UU})+\cdots}{v_1^c b_{12}^{CU}} \quad (10-6)$$

写成矩阵形式[①]：

$$vapl_{|C_1\to U_2|}=\frac{[\hat{V}(0\cdot I+1\cdot A+2\cdot A^2+3\cdot A^3+\cdots)]_{12}^{CU}}{[\hat{V}B]_{12}^{CU}}=\frac{[\hat{V}(B^2-B)]_{12}^{CU}}{[\hat{V}B]_{12}^{CU}} \quad (10-7)$$

以上增加值平均传递步长是基于产业部门对产业部门（点对点）而定义。实际上可以按产业部门与产业部门组（点对面）、产业部门组与产业部门（面对点）、产业部门组与产业部门组（面对面）进行定义。在全球生产网络体系中，产业部门组的增加值是如何传递到给定最终需求产品中的？以下以 C_1 如何把 1 单位增加值传递给最终需求产品组合（U_1，U_2）为例进行说明。这里假设最终需求产品组合结构为 $Y^T=(\begin{array}{cccc}0 & 0 & y_1^U & y_2^U\end{array})^T$，不妨假设 $y_1^U+y_2^U=1$。[②] 与上述增加值传递过程的推理类似，可以得到 C_1 传递 1 单位增加值到产业部门组 $(\begin{array}{cccc}0 & 0 & y_1^U & y_2^U\end{array})^T$ 的测算公式为：

$$vapl_{|C_1\to(U_1,U_2)|}=\frac{E(1_{C_1})^T\cdot[\hat{V}(B^2-B)]\cdot Y}{E(1_{C_1})^T\cdot(\hat{V}B)\cdot Y}$$

其中，$E(1_{C_1})$ 表示 C_1 位置的元素为 1，其他元素都为 0 的列向量，即 $(\begin{array}{cccc}1 & 0 & 0 & 0\end{array})^T$。

显然，可以得到有关产业部门组和产业部门、产业部门组与产业部门组的一般情形，并可推广得到多国多部门的全球投入产出模型：

---

①
$$A+2A^2+3A^3+\cdots=B^2-B$$
$$\underset{B^{-1}}{(I-A)}(A+2A^2+3A^3+\cdots)=A+A^2+A^3+\cdots=B-I$$
$$\Rightarrow A+2A^2+3A^3+\cdots=B^2-B$$

② 如果不等于 1，对最终需求产品组合标准化，可以变成 $TY\cdot(\begin{array}{cccc}0 & 0 & y_1^U & y_2^U\end{array})$，使得 $y_1^U+y_2^U=1$，显然测算的增加值平均传递步长与 TY 无关。

$$vapl_{|E \to Y|} = \frac{E^{\mathrm{T}} \cdot [\hat{V}(B^2 - B)] \cdot Y}{E^{\mathrm{T}} \cdot (\hat{V}B) \cdot Y} \qquad (10\text{-}8)$$

其中，E 是由 0 和 1 构成的列向量，被考察的增加值传递产业部门的取值为 1，否则为 0；Y 为最终需求产业部门组合列向量，不妨假设已标准化，满足所有元素之和为 1。显然，当取 $E = (1 \quad 0 \quad 0 \quad 0)^{\mathrm{T}}$，$Y = (1 \quad 0 \quad 0 \quad 0)^{\mathrm{T}}$，即得到前述的点对点的增加值平均传递步长。此外，当 E 和 Y 取特定值时，式 (10-8) 定义的广义增加值平均传递步长与许多其他文献中定义的平均传递步长、上游度（upstream）、下游度（downstream）等测度指标相同，或者只是相差某一固定值。总之，本章定义的广义增加值平均传递步长提供了一个测度全球价值链位置的统一框架。

（三）经济含义及其与其他指标的异同

1. 平均传递步长

Dietzenbacher 等（2005）首次提出了平均传递步长模型，Dietzenbacher 和 Romero（2007）利用 1985 年的全球投入产出模型和 APL 分析了欧洲主要经济体的位置和作用，并利用假设剔除法分析发现德国在欧洲具有最重要的影响。Inomata（2008）利用 1990 年、1995 年和 2000 年的东亚全球投入产出表和 APL 方法分析了东亚的生产网络体系复杂程度和联系。总之，传统的 APL 被广泛用于分析全球生产分割长度和全球价值链复杂程度以及产业部门在全球价值链中的位置。平均传递步长可以从后向和前向两个视角定义[①]，故通过比较两个产业部门之间前向和后向的传递步长，可以衡量一国产业部门在全球价值链中的位置。根据 Dietzenbacher 和 Romero（2007）的定义，产业部门 i 和产业部门 j 之间的 APL 是指生产 1 单位价值最终产品 j 对 i 部门产生影响所要经历的平均阶段数。

$$APL_{|i \to j|} = \begin{cases} 1 \times a_{ij}/b_{ij} + 2 \times [A^2]_{ij}/b_{ij} + 3 \times [A^3]_{ij}/b_{ij} + \cdots & i \neq j \\ 1 \times a_{ij}/(b_{ij}-1) + 2 \times [A^2]_{ij}/(b_{ij}-1) + 3 \times [A^3]_{ij}/(b_{ij}-1) + \cdots & i = j \end{cases} \qquad (10\text{-}9)$$

---

① 为了测度两个产业部门（点对点）之间的距离，可以从前向或后向联系的角度定义平均传递步长，经一些矩阵变换，发现计算结果等价。从后向联系视角来看，平均传递步长测度了某一产业部门（如住宿和餐饮业）的最终需求增加通过生产网络结构体系影响其他产业部门（如农业）需经历的平均阶段数（步长）。从前向联系视角来看，平均传递步长测度了某一产业部门（如住宿和餐饮业）的成本增加值通过生产网络结构体系影响其他产业部门（如农业）的成本需经历的平均阶段数（步长）。很容易验证前向和后向联系定义的平均传递步长是等价的。具体推导可以参见 Romero 等（2009）。

写成矩阵形式：

$$(1\times A + 2\times A^2 + 3\times A^3 + \cdots)\diagup(B-I) = (B^2 - B)\diagup(B-I)$$

其中，$\diagup$ 表示对应元素相除。显然，对比式（10-6）和式（10-9），可以发现当 $i\neq j$，即产业部门不同时，本章定义的广义 VAPL 与传统 APL 相同；当 $i=j$，即产业部门相同时，VAPL 和 APL 计算公式中的分母相差一个固定数值。[①]

Chen（2014）在传统 APL 的基础上，考虑初始效应定义了 GAPL（group-wise average propagation lengths）。[②]当只考虑点对点、点对面的平均传递步长时，本章定义的广义 VAPL 与 GAPL 的测算结果一致。但是在测算面对点、面对面的平均传递步长时，本章定义的广义 VAPL 与 GAPL 就不一致了。本章实际上进一步考虑了各产业部门的增加值率不同的影响，并利用增加值率对各阶段的步长进行加权。

2. 上游度（upstreamness）

产品价值链在全球范围内按任务或功能切分，这种变化趋势对贸易模式产生了巨大影响，如一些国家可能处于全球生产链的上游，而一些国家可能集中于生产链条的下游。为此，首先要关注产业层面的生产链位置。Antràs 等（2012）和 Fally（2012）分别利用不同方式来度量产业部门在生产链条上的位置。Antràs 等（2012）根据产业部门产出的无穷级数形式的表达式来定义上游度。Fally（2012）认为，如果某一产业部门 i 产品分配给处于上游产业 j 的份额越多（即投入产出模型中的分配系数 s_{ij}），该产业部门 i 相对处于生产链的上游，并以此方式定义了上游度。[③] Antràs 等（2012）论证了上述两种定义上游度的方法是等价的。故本章只需阐述 Antràs 等（2012）定义的上游度是本章的一种特例。Antràs 等（2012）的上游度的定义公式为：

---

① 当 APL 分子和分母同乘以 i 的增加值率，VAPL 与 APL 的分子相同，只是分母相差 i 部门的增加值率。

② $GAPL_{|E\to Y|} = \dfrac{E^{\mathrm{T}}\cdot(B^2-B)\cdot Y}{E^{\mathrm{T}}\cdot B\cdot Y}$。

③ Fally（2012）实际上是以自我嵌套的方式定义上游度：

$$U_{i2} = 1 + \sum_j s_{ij}U_{j2} = 1 + \sum_j \frac{x_j a_{ij}}{x_i}U_{j2}$$

其中，U_{i2} 为产业部门 i 的上游度；s_{ij} 为投入产出模型中的分配系数，表示 i 产业部门的产出（x_i）中被 j 产业部门使用的比重；a_{ij} 为投入产出模型中的直接消耗系数。

写成矩阵的形式，进一步计算可以得到：$U_2 = (1-\Delta^{\mathrm{T}})^{-1}E_1$，其中 Δ 为分配系数矩阵，元素为 s_{ij}；E_1 为所有元素为 1 的列向量。

$$U_i^h = 1 \cdot \frac{y_i^h}{x_i^h} + 2 \cdot \frac{\sum_{g,j} a_{ij}^{hg} y_j^g}{x_i^h} + 3 \cdot \frac{\sum_{g,j} \sum_{l,k} a_{ij}^{hg} a_{jk}^{gl} y_k^l}{x_i^h} + 4 \cdot \frac{\sum_{g,j} \sum_{l,k} \sum_{m,f} a_{ij}^{hg} a_{jk}^{gl} a_{kf}^{lm} y_f^m}{x_i^h} + \cdots$$

以矩阵的形式表示可以得到：

$$U_i = \left. E^{\mathrm{T}}(i) B^2 Y \middle/ E^{\mathrm{T}}(i) B Y \right. \quad \text{或者} \quad U = \left. B^2 Y \middle/ B Y \right. \tag{10-10}$$

式（10-10）实际上是以各阶段引致的产出与总产出之比作为权重进行加权计算的。与式（10-8）相比，当按点对面形式定义，可以得到：

$$vapl_{|i \to Y|} = = \frac{E^{\mathrm{T}}(i) \cdot [\hat{V}(B^2-B)] \cdot Y}{E^{\mathrm{T}}(i) \cdot (\hat{V}B) \cdot Y} = \frac{v_i \cdot E^{\mathrm{T}}(i) \cdot [(B^2-B)] \cdot Y}{v_i \cdot E^{\mathrm{T}}(i) \cdot B \cdot Y}$$

$$= \frac{E^{\mathrm{T}}(i) \cdot [(B^2-B)] \cdot Y}{E^{\mathrm{T}}(i) \cdot B \cdot Y} = \left. E^{\mathrm{T}}(i) B^2 Y \middle/ E^{\mathrm{T}}(i) B Y \right. - 1 = U_i - 1 \tag{10-11}$$

从式（10-11）可以看出，若以点对面的形式定义广义增加值平均传递步长，与 Antràs 等（2012）定义的上游度本质上是一致的，仅相差一个常数 1。

3. 生产阶段数（number of production stages）

Fally（2012）定义了单国（区域）投入产出模型中的生产阶段数，Miller 和 Temurshoev（2013）从投入需求的角度，即从要素所有者提供原始投入给产业部门的角度，独立定义了 ID（input downstreamness）。虽然与 Fally（2012）的解释不同，但是两者的最终计算公式一致。倪红福等（2016b）进一步扩展全球投入产出模型中的生产阶段，并将其进一步分解为国际生产阶段数和国内生产阶段数两部分。有关全球投入产出模型中的生产阶段数的计算公式为：

$$N^{\mathrm{T}} = U^{\mathrm{T}} B \tag{10-12}$$

其中，N 为产业部门的生产阶段数列向量；U 为所有元素为 1 的列向量。

以产业部门 i 的生产阶段数为例，取 $E = U$，Y 为产业部门对应的元素为 1（不妨取第一个元素为 1），其他元素为 0 的列向量，代入式（10-8）可以得到：

$$vapl_{|E \to Y|} = = \frac{V^{\mathrm{T}}(B^2-B) \cdot Y}{(V^{\mathrm{T}}B) \cdot Y} = \frac{(1 \quad 1 \quad \cdots \quad 1)(B-I)(1 \quad 0 \quad \cdots \quad 0)^{\mathrm{T}}}{(1 \quad 1 \quad \cdots \quad 1)Y}$$

$$= U^{\mathrm{T}} B (1 \quad 0 \quad \cdots \quad 0)^{\mathrm{T}} - 1 \tag{10-13}$$

从式（10-12）和式（10-13）可以看出，Fally（2012）定义的生产阶段数与本章取特殊的 E 和 Y 测算的增加值平均传递步长仅相差 1。所以本质上，本章定义的广义增加值平均传递步长囊括了生产阶段数。

三　中国在全球价值链中的上游度变化

（一）中国整体的上游度及其变化

当 Y 取全球最终需求向量，E 取对应国家（g）的所有产业部门的元素为 1，其他元素为 0 的向量，利用本章的广义增加值平均传递步长计算公式，就可以计算各国的整体增加值平均传递步长，从而衡量国家整体到最终需求的距离，即国家在全球价值链中的位置。[①]

图 10-2 显示了主要国家整体位置的变化情况。（1）中国整体的增加值平均传递步长是世界上最长的，即中国在全球价值链生产体系中的复杂程度最高，中国处于全球价值链的上游，主要提供中间投入品，离最终需求端的距离相对较远。（2）美、日、英等发达国家对全球最终需求的增加值平均传递步长基本上处于较低水平，且各年变化不大。（3）2005~2008 年，中国的增加值平均传递步长大幅上升，即中国整体的上游度快速上升，这反映出中国逐步转向生产链条起始端的中间投入品生产。究其原因，这一时期中国积极参与全球价值链，承接发达国家的制造业外包，主要从事低附加值的加工制造和提供中间投入品。（4）一些经济表现突出的新兴国家的上游度都呈上升趋势（如中国、韩国等），这些国家主要专注于上游中间投入品的生产，导致增加值传递步长进一步增加。这种现象不仅存在于亚洲（中国、马来西亚、菲律宾和新加坡），也存在于美洲国家。

（二）中国各产业部门的上游度及其变化

表 10-1 显示了 1995 年、2002 年和 2011 年中国各产业部门的上游度。（1）各产业部门的上游度相差较大，如 2011 年 33 个产业部门中，上游度最大的采矿业为 3.48，最小的公共管理和国防、社会保障为 0.03，相差 3.45。2011 年，33 个产业部门的上游度平均值为 1.81，标准差为 0.90。（2）上游度指标衡量的各产业上下游情况大致与常识一致。采矿业，电力、燃气和水的供应业，焦炭、石油冶炼和核燃料，造纸和印刷业等提供基础原材料和动力的产业部门的上游

[①] 此处计算的各国整体位置与 Fally（2012）按增加值加权各产业部门上游度得到整个国家上游度是不同的；本章所提"中国"，指中国大陆。

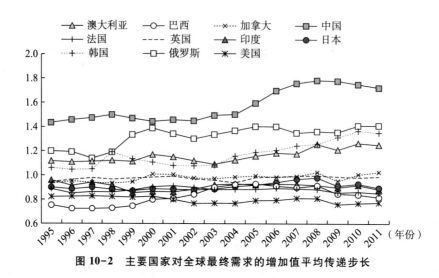

图 10-2　主要国家对全球最终需求的增加值平均传递步长

度较大，而公共管理和国防、社会保障，教育及卫生和社会工作等产业的上游度比较低。（3）从上游度变化趋势来看，1995 年到 2011 年，中国各产业部门在全球价值链中的上游度几乎都呈现一定程度的上升趋势。如化学材料及制品业的上游度从 1995 年的 2.21 上升到 2011 年的 2.90，上升了 0.69。这也说明中国各产业部门参与全球价值链的深度和广度一直在增加，各产业部门与全球最终需求的距离变得越来越长，经济复杂度增加。（4）中国各产业部门的上下游位置相对稳定，如采矿业在 1995 年、2002 年、2007 年一直处于中国 33 个产业部门中的上游。

表 10-1　中国各产业部门的上游度

产业部门	1995 年	1995 年排名	2002 年	2002 年排名	2011 年	2011 年排名
采矿业	2.87	1	2.97	1	3.48	1
电力、燃气和水的供应业	2.56	2	2.45	4	3.33	2
焦炭、石油冶炼和核燃料	2.55	3	2.73	2	3.09	3
造纸和印刷业	2.27	5	2.43	5	3.06	4
化学材料及制品业	2.21	6	2.42	6	2.90	5
橡胶和塑料业	2.13	8	2.38	7	2.72	6
空运	2.06	9	2.29	8	2.61	7
基础金属及其制品业	2.36	4	2.47	3	2.60	8
木材及其制品业	1.82	13	2.03	11	2.55	9

续表

产业部门	1995 年	1995 年排名	2002 年	2002 年排名	2011 年	2011 年排名
金融业	2.21	7	2.18	9	2.26	10
水运	2.05	10	2.05	10	2.25	11
机器设备租赁及其他商务服务	1.40	19	1.44	20	2.18	12
纺织业	1.21	22	1.31	21	1.91	13
其他运输辅助及旅行代理活动	1.80	14	1.86	12	1.88	14
农林牧渔业	1.10	25	1.16	24	1.81	1
电子和光学仪器制造业	1.30	20	1.51	19	1.80	16
除机动车辆以外的批发和佣金贸易	1.77	15	1.82	13	1.68	17
其他非金属冶炼业	1.60	17	1.72	14	1.64	18
除机动车辆以外的零售贸易、居民货物修理	1.77	15	1.68	16	1.59	19
住宿和餐饮	1.84	12	1.24	22	1.59	20
陆运	1.12	24	1.17	23	1.54	21
机械制造业	1.47	18	1.56	18	1.53	22
运输设备制造业	1.29	21	1.61	17	1.52	23
其他团体、社会和个人服务	0.99	27	1.03	25	1.50	24
邮政和通信	1.89	11	1.68	15	1.47	25
食品饮料和烟草业	0.80	29	0.92	26	1.44	26
皮革和制鞋业	0.91	28	0.85	28	1.29	27
其他制造业及废物废料回收业	1.21	23	0.86	27	1.19	28
房地产业	1.08	26	0.59	29	0.75	29
卫生和社会工作	0.07	32	0.17	30	0.33	30
教育	0.18	30	0.15	31	0.26	31
建筑业	0.10	31	0.13	32	0.06	32
公共管理和国防、社会保障	0.01	33	0.00	33	0.03	33

注：本章中的上游度即中国各产业对全球最终需求的增加值平均传递步长，实际上与拓展到全球投入产出模型的 Antràs 等（2012）的上游度等价。

　　如果用上游度测度的其他国家各产业部门的相对位置具有相似性，那么本章拓展的全球价值链上游度指标在衡量产业部门上下游关系方面便具有可行性。表 10-2 是美国各产业部门的上游度情况。美国各产业部门的上下游相对位置与中国相似，且各产业部门相对位置在不同年份变化不大，2011 年美国和中国各产业的上游度的相关系数为 0.70。但是，美国各产业的上游度总体上比中国相应产业部门低，且美国各产业部门的上游度基本上没有发生变化，如美国的基础金属及其制品业在 1995 年和 2011 年的上游度都为 2.03，而中国基础金属及其制品业的上游度从 1995 年的 2.36 上升到 2011 年的 2.60。

表 10-2 美国各产业部门的上游度

产业部门	1995 年	1995 年排名	2002 年	2002 年排名	2011 年	2011 年排名
基础金属及其制品业	2.03	1	1.92	1	2.03	1
住宿和餐饮	1.80	3	1.74	3	1.69	2
木材及其制品业	1.53	10	1.54	6	1.60	3
农林牧渔业	1.68	4	1.55	5	1.58	4
其他非金属冶炼业	1.61	7	1.54	7	1.56	5
橡胶和塑料业	1.66	6	1.57	4	1.51	6
采矿业	1.92	2	1.80	2	1.49	7
电力、燃气和水的供应业	1.06	19	1.01	18	0.82	11
化学材料及制品业	1.66	5	1.40	10	1.47	8
机器设备租赁及其他商务服务	1.59	8	1.47	8	1.45	9
金融业	1.19	17	1.22	13	1.31	10
造纸和印刷业	1.58	9	1.40	9	1.31	11
焦炭、石油冶炼和核燃料	1.38	12	1.33	11	1.30	12
水运	1.43	11	1.26	12	1.29	13
邮政和通信	1.27	14	1.18	15	1.11	14
纺织业	1.23	15	1.07	17	1.11	15
电子和光学仪器制造业	1.19	16	1.10	16	1.02	16
除机动车辆以外的批发和佣金贸易	1.15	18	0.99	19	0.94	17
其他团体、社会和个人服务	0.76	23	0.75	21	0.78	19
机械制造业	0.83	20	0.73	22	0.78	20
空运	1.30	13	1.21	14	0.74	21
食品饮料和烟草业	0.68	24	0.57	24	0.69	22
运输设备制造业	0.80	22	0.77	20	0.67	23
其他运输辅助及旅行代理活动	0.81	21	0.64	23	0.65	24
其他制造业及废物废料回收业	0.57	26	0.50	25	0.59	25
陆运	0.45	28	0.45	27	0.43	26
房地产业	0.47	27	0.49	26	0.43	27

续表

产业部门	1995 年	1995 年排名	2002 年	2002 年排名	2011 年	2011 年排名
机动车辆销售、维修和燃油零售	0.39	29	0.34	29	0.32	28
建筑业	0.25	32	0.24	31	0.29	29
皮革和制鞋业	0.63	25	0.45	28	0.25	30
除机动车辆以外的零售贸易、居民货物修理	0.32	30	0.26	30	0.20	31
公共管理和国防、社会保障	0.10	33	0.08	33	0.11	32
教育	0.25	31	0.13	32	0.10	33
卫生和社会工作	0.04	34	0.02	34	0.03	34

此外，表 10-3 列出了 2011 年世界主要国家产业部门上游度的斯皮尔曼相关系数。这些国家的斯皮尔曼相关系数都在 0.7 以上，这也论证了上游度指标测度的各国产业部门上下游的相对位置具有很好的稳定性和相似性。

表 10-3　2011 年世界主要国家产业部门上游度的斯皮尔曼相关系数

国家	中国	美国	日本	英国	德国	法国	韩国	巴西
中国	1.00							
美国	0.70	1.00						
日本	0.80	0.80	1.00					
英国	0.72	0.82	0.78	1.00				
德国	0.78	0.81	0.78	0.95	1.00			
法国	0.77	0.84	0.80	0.95	0.93	1.00		
韩国	0.85	0.81	0.88	0.85	0.89	0.87	1.00	
巴西	0.83	0.84	0.77	0.85	0.85	0.85	0.81	1.00

四　产业"微笑曲线"测度分析

为了清晰展现某一产业部门全球价值链的几何结构，需要刻画该产业部门的生产价值是如何在参与生产链的产业部门中分配的，以及这些产业在该生产链条中的相对位置。具体来说，需要以下三个基本测度指标：一是产业部门之间的联系强度；二是生产链条中各产业部门的相对位置（即生产链条上的上下游关系）；三是产业部门的价值链定义。为了理解这一问题，这里以 Xing 和 De-tert（2010）对 iPhone 价值链的"麻雀式"的解剖分析为例进行说明。他们发现销售 100 美元的 iPhone 手机，中国因提供中间环节的组装和加工而获取的增加值不到 3.6 美元（3.6%），其余的增加值基本被德国、日本、美国等国家获得。这种微观案例的分析方法，只是分析了 iPhone 生产链条上各参与方（企业）所获取的价值构成，没有具体分析各参与方在 iPhone 生产链条上的位置。那么，这种情况在产业部门层面是否成立？以及处于生产链条上什么位置的企业获取的增加值最多？显然，为 iPhone 最终产品的生产和销售提供直接或间接的中间产品和服务的企业都是 iPhone 生产链上的参与方，这些参与方获取的价值是多少？另外，一些参与方传递 1 单位价值到 iPhone 手机的距离较长（即 iPhone 手机生产链条的上游），一些参与方可能与 iPhone 手机的距离相对较近，传递 1 单位价值到 iPhone 的距离较短（即生产链条的下游），那么，处于生产链条中不同位置的产业部门，是否获取了不同的价值份额？是否呈现"微笑曲线"形状？是距离越近的产业部门获取的价值越多，还是距离越远的产业部门获取的价值越多？

从全球投入产出模型来看，增加值贸易核算系数矩阵的列向表示该产业部门的生产链条上来自其他产业部门的增加值贡献率，即生产 1 单位价值列向对应产业部门最终产品中来自其他产业部门的增加值。[1] 根据增加值贸易核算系数矩阵和增加值平均传递步长，有关该产业部门的价值链就可以绘制出来：纵轴表示价值链参与方（产业部门）从该产业部门中获取的价值，即对产业部门的增加值贡献率；横轴表示价值链参与方（产业部门）在该产业部门中所处的位置，即价值链参与方到该产业部门的增加值平均传递步长。[2]限于篇幅，以下本章重点阐述中国电子和光学仪器制造业和纺织行业的相关情况。[3]

---

[1]　为了选取电子和光学仪器制造业价值链上最主要的贡献者，这里设置一个门槛值，选取增加值率大于 0.1% 的产业部门。

[2]　本章价值链图与 Ming 等（2015）不同，Ming 等（2015）的 X 轴为价值链参与方的上游度，是到所有最终需求的距离。显然这种对所有最终需求而言的上游产业，在对某一具体产业部门的价值链而言时，其不一定处于上游了（即离该具体产业部门的距离较远）。Ming 等（2015）的 Y 轴表示增加值率，而非产业部门从该产业获取的价值，与 Xing 和 Detert（2010）分析方法并不一定对应。

[3]　本部分选取了中国电子和光学仪器制造业（代表高技术资本密集型产业）和纺织业（代表低技术劳动密集型产业）两个典型行业进行详细阐述。本章也对其他行业和其他主要国家相关行业进行了相同的分析，发现"微笑曲线"在产业部门层次上不具有普遍意义。限于篇幅，无法一一列出，若有需要可向作者索取。

(一)中国电子和光学仪器制造业

对电子和光学仪器制造业中的具体产品的价值链分析相对较多,普遍的原因是相关产品具有标准化、模块化和计算机化程度高的特征,这些特征使得零部件的交易相对便利,从而促进了各阶段生产任务的进一步分割。产品的研发设计、加工组装制造等阶段由价值链中的不同企业完成。倪红福等(2016b)研究发现世界主要国家的电子和光学仪器制造业的国际生产阶段数都出现了上升,国际垂直专业化分工日益深化。电子和光学仪器制造业的全球价值链由来自不同国家的跨国公司或中小企业组成。Sturgeon 和 Kawakami(2010)把它们区分为领先企业(lead firms)、合同制造企业(contract manufacturees)和平台企业(Platform leaders)。领先企业一般专注于产品的研发设计、市场营销等活动。由于领先企业一般掌握前沿技术并拥有巨大的品牌资产,所以其一般对上游产业具有较强的控制力。电子产业中一些细分行业(如智能手机)中的领先企业可能变成了平台企业。合同制造企业为领先企业加工组装产品,其市场影响力比较有限。以上分析都是在企业层面上对价值链进行的社会经济分析。企业层面的分析预示着一些国家的产业部门可能处于领导地位,在产业链中获取的价值份额相对较高。

图 10-3 显示了 2011 年中国电子和光学仪器制造业的外国增加值贡献率-位置[①]。(1)总体上看,外国从中国电子和光学仪器制造业中获取的增加值份额与位置略呈"微笑曲线"形状,距离中国电子和光学仪器制造业最终产品生产越近获取的增加值份额相对越多。拟合的曲线开口朝上,拟合度达 0.5803。(2)距离中国光学和电子仪器制造业最近的四个产业部门分别为美国电子和光学仪器制造业(增加值平均传递步长:2.21,增加值贡献率:1.17%)、韩国电子和光学仪器制造业(增加值平均传递步长:2.37,增加值贡献率:1.13%)、日本电子和光学仪器制造业(增加值平均传递步长:2.40,增加值贡献率:0.96%)和德国电子和光学仪器制造业(增加值平均传递步长:2.52,增加值贡献率:0.33%)。距离最远的五个产业部门分别为俄罗斯批发零售业(增加值平均传递步长:5.27,增加值贡献率:0.11%)、澳大利亚机器设备租赁及其他商务服务业(增加值平均传递步长:5.20,增加值贡献率:0.10%)、美国金融

---

① 作者也对中国台湾进行了测算,结果表明中国台湾电子和光学仪器制造业的增加值平均传递步长为 1.76,增加值贡献率为 1.12%。

业（增加值平均传递步长：4.95，增加值贡献率：0.18%）、日本金融业（增加值平均传递步长：4.95，增加值贡献率：0.13%）和日本机器设备租赁及其他商务服务业（增加值平均传递步长：4.58，增加值贡献率：0.29%）（见表10-4）。（3）由此可知，距离中国电子和光学仪器制造业最近的产业部门主要是美日德韩等国家的同类产业部门，其原因是这些产业部门直接给中国电子和光学仪器制造业提供高技术的核心零部件。这些产业部门中的领先企业控制电子和光学仪器制造业的产业制高点，主要从事研发设计活动。

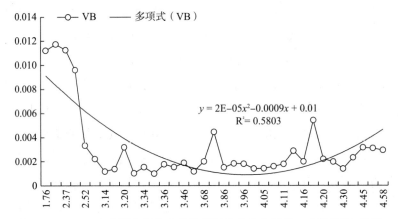

图 10-3　2011 年中国电子和光学仪器制造业的外国增加值贡献率-位置

注：这里剔除了中国自己国内的增加值贡献率和位置情况。

表 10-4　2011 年中国电子和光学制造业的外国增加值贡献率-位置

产业部门	国家（地区）	位置	增加值贡献率（%）
电子和光学仪器制造业	USA	2.21	1.17
电子和光学仪器制造业	KOR	2.37	1.13
电子和光学仪器制造业	JPN	2.40	0.96
电子和光学仪器制造业	DEU	2.52	0.33
机械制造业	JPN	3.16	0.14
机械制造业	USA	3.34	0.10
机械制造业	DEU	3.34	0.15
公共管理和国防、社会保障	USA	3.36	0.18
橡胶和塑料业	JPN	3.50	0.12
基础金属及其制品业	USA	3.68	0.20
基础金属及其制品业	JPN	3.81	0.45

续表

产业部门	国家（地区）	位置	增加值贡献率（%）
基础金属及其制品业	DEU	3.86	0.15
化学材料及制品业	KOR	3.87	0.18
采矿业	CAN	3.96	0.18
采矿业	BRA	4.05	0.14
化学材料及制品业	USA	4.05	0.14
机器设备租赁及其他商务服务	KOR	4.11	0.18
机器设备租赁及其他商务服务	DEU	4.14	0.29
化学材料及制品业	JPN	4.16	0.20
机器设备租赁及其他商务服务	USA	4.17	0.54
基础金属及其制品业	KOR	4.20	0.22
除机动车辆以外的批发和佣金贸易	USA	4.28	0.20
机器设备租赁及其他商务服务	FRA	4.30	0.14
除机动车辆以外的批发和佣金贸易	JPN	4.39	0.23
采矿业	IDN	4.45	0.32
采矿业	RUS	4.55	0.31
机器设备租赁及其他商务服务	JPN	4.58	0.29
金融业	JPN	4.95	0.13
金融业	USA	4.95	0.18
机器设备租赁及其他商务服务	AUS	5.20	0.10
除机动车辆以外的批发和佣金贸易	RUS	5.27	0.11

注：代码对应的国家（地区）见附表10-1。

图 10-4 和图 10-5 分别展示了 1995 年和 2005 年中国电子和光学仪器制造业的外国增加值贡献率-位置。从中国电子和光学仪器制造业的外国增加值贡献率-位置的关系变化趋势来看，"微笑曲线"的弧度增加，尤其是距离最终产品生产较近的产业部门获取的增加值份额进一步增加。这也说明，虽然中国电子和光学仪器制造业参与全球价值链的程度加深，产业链条拉长，但是在中国电子和光学仪器制造业生产链条上，国外产业部门获取的增加值份额日益增加，且距离较近的同类产业部门（高端技术产业部门，如核心芯片）获取的增加值份额日益增加，这与微观层面上 Xing 和 Deter（2010）的研究发现相一致。

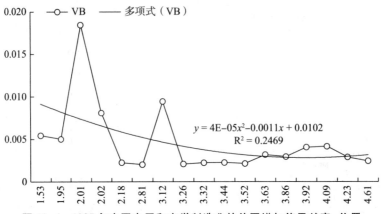

图 10-4　1995 年中国电子和光学制造业的外国增加值贡献率－位置

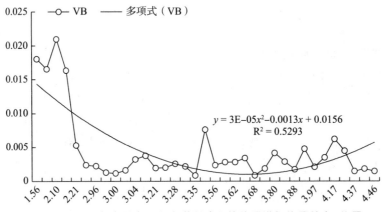

图 10-5　2005 年中国电子和光学制造业的外国增加值贡献率－位置

（二）中国纺织业

由于纺织业低固定成本和劳动密集的特点，纺织业一般被认为是国家发展的重要助推器，也是出口导向国家工业化的典型启动产业。纺织业在低收入国家发挥着重要的作用。1995 年到 2005 年，《纺织品与服装协定》（Agreement on Textiles and Clothing，ATC）和纺织业 MFA（Multi-Fiber Arrangement）逐步取消①，同时，2008 年国际金融危机降低了纺织产品的需求进而减少了生产，这加剧了纺织业的竞争程度，也对纺织业全球价值链分工产生了较大影响（Gereffi，2013）。

MFA 中的贸易限制一定程度上促进了纺织业的国际生产分割。因中国、韩

①　MFA/ATC 通过限制纺织品的进口来保护美国和欧盟国家的国内纺织产业。

国等出口地区达到其配额，美国和欧盟国家进一步把纺织服装的加工和组装环节向有配额的低收入和低成本的国家转移（如越南、孟加拉国）。但是，2005年 MFA/ATC 几乎全部失效，在此背景下，发展中国家的服装业被迫转型升级，引起了纺织业生产链条的重新整合。这一定程度上使得生产链条上的价值分布日趋均匀。

图 10-6 和图 10-7 分别显示了 2011 年和 1995 年中国纺织业的外国增加值贡献率-位置。2011 年中国纺织业的生产链条上，外国各产业从中国纺织业中获取的增加值份额与其位置的"微笑曲线"已不存在，不同位置的产业部门从中国纺织业的价值链中获取的增加值份额相对均匀。而在 1995 年，距离越近的产业部门平均获取的增加值份额相对较大，且距离中国纺织业较近的产业部门主要是提供原材料的农业部门和美国的化学制造业部门等。

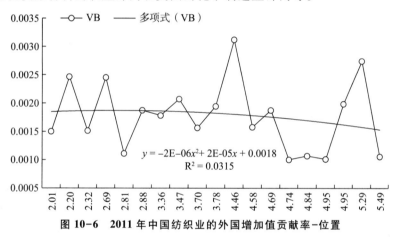

图 10-6　2011 年中国纺织业的外国增加值贡献率-位置

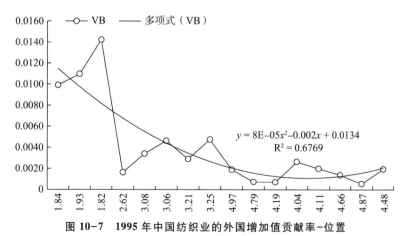

图 10-7　1995 年中国纺织业的外国增加值贡献率-位置

五 结论和启示

世界贸易和生产日益沿着全球价值链体系进行布局。最近几年，对于产品层面的生产和价值链分割的案例分析日益增多，并形成了大家广泛接受的微观产品层面的"微笑曲线"理论。而从总体或产业层面全面系统分析全球价值链的位置和作用的经验研究相对缺乏，尤其是综合全球价值链的强度和长度指标来考察全球价值链中产业部门层次上的利润-位置关系的研究相对缺乏。因此，本章拓展定义了广义增加值平均传递步长，并结合增加值贸易核算系数矩阵，从中国整体和产业层面分析中国在全球价值链中的位置，以及中国各产业生产链条上的外国增加值贡献率-位置的关系，以考察产业部门层次的"微笑曲线"是否存在，主要得到以下结论。（1）本章定义的广义增加值平均传递步长提供了一个定义全球价值链位置的统一框架。本章基于增加值传递的视角，扩展定义了点对点、点对面、面对点、面对面的广义增加值平均传递步长，传统的平均传递步长、生产阶段数、上游度和下游度等测度指标是本章定义的广义增加值平均传递步长的特例。（2）中国的增加值平均传递步长是世界上最长的，中国在全球价值链网络中的复杂程度最高。尤其是 2005～2008 年，中国上游度出现大幅上升，生产逐步转向中间投入产品起始端。"上游度"指标在表示各国产业的相对上下游关系方面具有一定的合理性和稳定性。（3）总体上看，外国从中国电子和光学仪器制造业中获取的增加值份额与位置略呈"微笑曲线"形状，距离中国电子和光学仪器制造业最终产品生产越近的产业部门，获取的增加值份额相对越多。距离中国电子和光学仪器制造业最近的产业部门主要是美日德韩等国家的同类产业部门，这些行业直接给中国电子和光学仪器制造业提供高技术的核心零部件。（4）从中国电子和光学仪器制造业的外国增加值贡献率-位置的关系变化趋势来看，"微笑曲线"的弧度增加，尤其是距离最终产品生产较近的产业部门获取的增加值份额进一步增加。（5）受 MFA/ATC 逐步取消的影响，中国纺织业的"微笑曲线"已不存在，生产链条上各产业获取的增加值份额相对均匀。总之，产业部门层次上的"微笑曲线"不具有普遍意义，只是某些产业（一般是高技术产业）的价值特殊形式。

鉴于此，本章可以得到以下几点启示。（1）从产业部门层面来看，不应简单放弃产业生产链条上的中端产业而向"前后端"全面升级。放弃所谓的"低端"的传统产业转而发展所谓"高端"产业，在中国可能不具备现实基础。从产业部门层次的生产链条上位置和增加值贡献率的关系来看，所谓的高技术或高端产业未必是高增加值贡献产业，所谓的低技术或低端产业也未必是低增加值贡献产业。实际上，高技术产业也有低端链条，而低技术产业中同样也存在高端环节。（2）产业层面的"微笑曲线"不具有普遍意义，企业层次的"微笑曲线"并不能直接用来指导国家宏观层面的产业和贸易政策。简单将某一产品的"微笑曲线"理论直接应用到产业部门层面而不重视加工制造业（尤其是高技术含量的加工制造业）的做法具有片面性。在企业微观层面上，企业沿着"微笑曲线"向两端攀升追求高附加值，这主要是企业的自主行为，且这由其自身的基本条件决定。然而这并不能直接用来指导国家宏观层面的产业和贸易政策。由于产业层面的"微笑曲线"不具有普遍意义，因此不能简单地放弃加工制造业而直接转向高技术或现代服务业等高端产业，而是应该突破产业层面的视角来理解产业升级，并在考虑行业异质性的基础上，专注于生产链条上的各产业内部特定商业功能（研发设计、操作和市场营销等）的升级而非特定产业部门。（3）建立全球价值链导向的产业政策，着力提高产业的生产率和竞争力，而非强调某一具体产业的发展。随着全球价值链的深入发展，产业层面上的增加值获取和位置的"微笑曲线"并不存在，且产业层面的大部分生产链条上各产业获取的增加值份额有均匀化趋势，各产业部门都可以获取合理的增加值份额。关键是提高产业的全要素生产率和竞争力。此外，针对某一具体产业的产业政策日益难以执行，这种选择性的产业措施已经远没有"水平型"或"平台型"（horizontal）措施有效。全球价值链导向的产业政策应该是提供更好的基础设施（交通、电信、网络）和良好的制度环境，搭建产业界协商机制并提供配套的知识、技术和人才等。（4）增加值平均传递步长提供了增加值传递的序列效应，也反映了来自一个产业的冲击影响其他的产业所经历的阶段数。当VAPL相对较短时，相应产业部门首先受到影响，增加值平均传递步长相对较长时，相应产业部门受到的影响就会相对持久。这意味着应该及时关注增加值平均传递步长相对较短的行业。

最后，本章提出的广义增加值平均传递步长，为后续的许多实证研究提供了数据基础，同时也具有广泛的应用前景。一是可以进一步分析增加值平均传递步长的影响因素和经济效应；二是测算有关产业部门在全球价值链中的位置，在跨国公司、FDI、贸易、环境和宏观经济实证研究中也有着广泛应用，如污染控制中生产者和消费者的责任分担问题、跨国公司垂直一体化研究中上下游关系的判断、全球价值链中的风险传递等。

本章附录

附表 10-1　全球投入产出表中国家（地区）对应表

国家（地区）代码	国家（地区）	编号
AUS	澳大利亚	1
AUT	奥地利	2
BEL	比利时	3
BGR	保加利亚	4
BRA	巴西	5
CAN	加拿大	6
CHN	中国大陆	7
CYP	塞浦路斯	8
CZE	捷克	9
DEU	德国	10
DNK	丹麦	11
ESP	西班牙	12
EST	爱沙尼亚	13
FIN	芬兰	14
FRA	法国	15
GBR	英国	16
GRC	希腊	17
HUN	匈牙利	18
IDN	印度尼西亚	19
IND	印度	20
IRL	爱尔兰	21
ITA	意大利	22
JPN	日本	23
KOR	韩国	24
LTU	立陶宛	25
LUX	卢森堡	26
LVA	拉脱维亚	27
MEX	墨西哥	28
MLT	马耳他	29
NLD	荷兰	30

续表

国家（地区）代码	国家（地区）	编号
POL	波兰	31
PRT	葡萄牙	32
ROM	罗马尼亚	33
RUS	俄罗斯	34
SVK	斯洛伐克	35
SVN	斯洛文尼亚	36
SWE	瑞典	37
TUR	土耳其	38
TWN	中国台湾	39
USA	美国	40

第十一章　全球价值链人民币实际有效
汇率的测度及结构解析*

一　引言

有效汇率是衡量一国货币对宏观经济作用的重要指标。它是本国及与其关系密切的其他国家双边汇率的加权和，是分析本国货币汇率水平和价格竞争力的关键指标，也是汇率操纵、国际贸易、外汇储备、外商直接投资（FDI）甚至货币政策等问题中的重要宏观经济指标。一些重要国际组织和机构都投入大量的资源测算并发布有效汇率指数。

实际有效汇率的本质含义是衡量实际相对价格变化对经济活动（竞争力）和外贸平衡的影响。基于阿明顿（Armington）需求函数构建传统实际有效汇率的方法本质上是一种局部均衡方法，着重于强调支出转移效用的影响渠道，而忽视了供给侧的中间投入联系（尤其是国际中间投入）的影响渠道。考虑到数据可得性和计算复杂性，传统实际有效汇率在测算过程中一般假设每个国家只出口最终产品，且生产过程都在一国之内完成，无进口中间投入。[①] 随着全球价值链的深入发展，全球价值链已成为国际贸易的重要影响渠道（Feenstra, 1998；Antràs, 2014）。这种供给侧中间投入联系机制改变了相对价格变化影响国际价格竞争力的方式，改变了以全产品为中心的国际竞争趋势。国际竞争本质上是特定生产阶段中创造的价值的竞争，应该更多地关注实际相对价格对增加值的影响。然而，传统实际有效汇率测算方法没有考虑全球价值链因素，不但在影响大小，而且在影响方向上都可能存在误导（Bems and Johnson, 2012, 2015；Patel et al., 2014）。

---

* 本章内容发表在《管理世界》2018 年第 7 期，第一作者。

① 若未特别说明，本书中提到的国（家）一般是指国家或地区；为方便描述，本章所提"中国"，指中国大陆。

　　全球价值链对传统实际有效汇率的测算方法带来新挑战。从中间投入联系的视角，全球价值链的发展带来了一种新的相对价格变化影响需求的渠道。以三国（如中国、日本和美国）每国一部门（如电子产品）为例阐述该思想。假设美国、日本生产电子产品的核心零部件，并运送到中国进行组装和加工，然后中国将电子产品出口到美国供消费。根据传统实际有效汇率的测算方法（如IMF的测算方法），中国出口的电子产品被归为中国的全出口产品，并假设中国与其他国家电子产品部门进行直接竞争。现考虑日元贬值情形，传统理论逻辑是：日元贬值使得日本电子产品变得相对便宜和更有竞争力，在支出转移效应下，其他国家的需求转向日本电子产品，从而降低了中国电子产品的需求和出口。也就是说，日元自身贬值实际是一种"以邻为壑"的外汇政策。然而，实际上，当跨境中间投入的影响相对重要时，传统逻辑是存在瑕疵的。因为中国只是提供了组装加工服务，与其他国家竞争的是组装加工能力，而非电子产品核心零部件的制造能力。当日元贬值时，中国使用来自日本的中间投入产品的成本下降，可能引起中国出口的电子产品成本下降，进而出口增加，导致对中国组装加工的需求增加，从而提高了中国电子产品的价格竞争力。针对传统实际有效汇率测算方法的缺陷和全球价值链的影响机制，Bems 和 Johnson（2012，2015）及 Patel 等（2014）进行了相关探讨。考虑到行业的异质性特点，尤其是各行业参与全球价值链的程度不同，Patel 等（2014）在 Bems 和 Johnson（2012）的基础上，把 Bems 和 Johnson（2012）的单部门增加值实际有效汇率（value-added REER，VAREER；或 input-output REER，IOREER）进一步推广到分行业总产出和增加值实际有效汇率（Goods-REER；Global Value Chains REER，GVC-REER）。这些研究着重于对一国产出或增加值实际有效汇率进行定义和分析，然而，在全球价值链背景下，一国产品的出口与该国的增加值（或总产出）的变化并非完全一致，因此进一步区分产品的出口价格竞争力和增加值（或总产出）价格竞争力是完全有必要的。同时，基于相对价格变化对双边出口变量的影响，本章在 Bems 和 Johnson（2015）的基础上，将实际有效汇率进一步扩展到出口和双边出口实际有效率汇率，拓展定义了新的全球价值链双边实际有效汇率，以进一步考察相对价格变化对双边出口、双边外贸平衡的影响。

　　对于中国来说，人民币汇率的变动一直是受广泛关注的热点问题。2015 年

8 月 "新汇改"① 以来，人民币对美元曾一度出现持续贬值趋势，改变了从
2005 年汇改以来人民币一直处于升值通道的预期。2015 年的 IMF 报告认为②人
民币已经不再被低估。关于人民币汇率的估算以及人民币汇率的走势等问题再
度成为关注的热点问题。在当今全球价值链深入发展的背景下，从全球价值链
的视角来分析人民币汇率升值问题具有重要的理论和现实意义。那么，全球价
值链人民币实际有效汇率的变化趋势如何以及哪些因素（名义汇率、经济结构
和价格指数等）导致了人民币有效汇率的变化？从地区结构来看，哪些国家引
起了全球价值链人民币实际有效汇率的变化？这些问题对认识中国汇率问题和
制定相关政策具有重要意义。已有研究主要是从理论方法角度和总体上分析各
国实际有效汇率，对全球价值链人民币实际有效汇率的分析不足，更没有深入
分析全球价值链人民币实际有效汇率的变动因素和趋势。因此，本章将主要聚
焦全球价值链人民币实际有效汇率的动态变迁及其变动因素分析。

　　本章创新之处主要表现在以下几个方面。（1）区分相对价格变化对出口、
产出和增加值的影响差异，分别定义了全球价值链出口实际有效汇率、产出实
际有效汇率和增加值实际有效汇率，并比较其差异。（2）提出了一种定义双边
实际有效汇率的新方法，即把全球价值链增加值（产出）实际有效汇率拓展到
双边出口实际有效汇率，为双边实际有效汇率测算提供了理论基础，有助于更
加准确地认识双边出口价格竞争力变化情况以及实际有效汇率与其他经济变量
（如贸易顺差）的关系。（3）在技术方面，构建了三国每国一部门模型并对全
球价值链实际有效汇率理论进行了全面系统的阐述。从理论上论证了选择产出
价格还是增加值价格在本质上没有差异，对测算实际有效汇率没有影响。但是
鉴于各国对价格指数的测算方法不同，实践中选取不同价格指数存在较大差异。
（4）首次对全球价值链实际有效汇率进行价格和区域结构分解，详细阐述了人
民币实际有效汇率的变动因素。（5）已有实际有效汇率的测算文献的测算数据
都在 2011 年之前，本章经过合理的技术处理，使测算年份延伸到 2014 年。

---

① 2015 年 8 月 11 日，中国人民银行发布《关于完善人民币兑美元汇率中间价报价的声明》，决定
完善人民币兑美元汇率中间价报价，即日起，做市商在每日银行间外汇市场开盘前，参考上日
银行间外汇市场收盘汇率，综合考虑外汇供求情况以及国际主要货币汇率变化向中国外汇交易
中心提供中间价报价。

② 国际货币基金组织（IMF）发布了 2015 年度对中国的第四条款磋商报告（Staff Report for the
2015 Article Ⅳ Consultation），对我国近一年来的经济金融运行情况进行了全面评估。报告认为
人民币已经不再被低估。报告建议，应增加人民币汇率灵活性，在 2~3 年内实现有效浮动的汇
率机制，包括进一步扩大浮动区间、改革汇率中间价制定方式等。

二 实际有效汇率相关理论

（一）传统实际有效汇率

大量国际组织和机构测算并公布实际有效汇率，但是这些机构的传统实际有效率汇率都是基于 Armington（1969）和 McGuirk（1987）的需求函数进行的测算，有的测算方法甚至缺乏理论基础。传统实际有效率汇率具体测算方法较多且存在一些细微的差别，主要体现在样本选择范围、权重、价格指数、贸易流的构成、对第三国市场竞争的考虑、对服务业（不可贸易品）的考虑、基期和频率等几个方面（Chinn，2006；巴曙松等，2007）。其中争论较多的问题是选取合适的价格指数和权重。（1）价格指数的选取。对于工业发达国家，一般有三种价格指数（成本指数）：制造业的单位劳动成本、居民消费价格指数（或者 GDP 指数）和出口单位价值指数。由于居民消费价格指数的易得性，大部分研究在测算传统实际有效汇率时选择居民消费价格指数，如 Bayoumi 等（2006）、Klau 和 Fung（2006）、Bennett 和 Zarnic（2008）等。（2）双总值贸易的权重体系。传统实际有效汇率的权重主要是根据总值贸易数据计算的。IMF 和 BIS 传统实际有效汇率的测算权重一般是由两部分构成，常称为"双总值贸易权重体系"（double export weighting system）。[①] 这些权重具体又可以分为三部分：直接进口竞争、直接出口竞争和第三方市场竞争。

但是，阿明顿理论成立的前提条件，一是产品的全部生产过程在一国内完成，产品全部使用国内要素生产，即都是最终产品贸易，无中间产品贸易；二是产品的替代弹性相同。显然以上条件与现实经济相差较远，正如 Klau 和 Fung（2006）指出的，双总值贸易权重体系存在一些不足之处，只是理想有效汇率测算权重的近似。随着全球价值链的深入发展，全球生产体系和贸易格局发生了根本改变，传统实际有效汇率的缺陷日益明显，具体表现为以下几个方面。（1）不同种类产品之间的替代弹性不同，甚至不同国家的同一行业部门的产品之间也存在较大的异质性和可分性（international product differentiation）。其他国家与本国的同一行业产品之间的替代性不同，如日本生产的电视机与中国自身生产的电视机的替

---

① 注意：IMF 和 BIS 的传统实际有效汇率中的权重虽然都属于双总值贸易权重体系，含义解释也具有相似性，但是还是存在细微差别，具体可参见 Bayoumi 等（2006）、Klau 和 Fung（2006）。

代性，和美国生产的电视机与中国自身生产的电视机的替代性显然不同。因此，当日本和美国的电视机价格变化时，对中国电视机需求的影响程度肯定是不同的。此外随着全球价值链的深入发展，产品之间的替代弹性也可能随之改变，也就是说等替代弹性假设是存在偏误的。（2）全球生产分割改变了世界产品的竞争格局和方式，来自不同国家的产品不一定是相互竞争的。以中国加工组装的电子产品为例，美国和日本供应高科技和核心零部件给中国，中国进行组装加工后再出口到其他地区。而进口的中间产品和出口产品之间可能存在互补性，进口中间品的价格降低，可能使得中国出口产品的生产成本降低，进而使得出口产品更具有竞争力，所以中美日之间不一定存在竞争。这与传统的"外币贬值，本国产品竞争力降低"的认识相反，即与经常说的"以邻为壑"的货币政策的逻辑不一致。（3）传统总值贸易统计（如中国的海关统计）存在"重复统计"问题，不能真正反映不同生产阶段中价值产生的来源，也没有很好地区分中间产品的最终需求目的地。因此，利用总值贸易统计数据进行测算可能产生较大误差。

总之，基于旧的贸易模式、假设和总值贸易权重的传统实际有效汇率存在许多不足之处，已不能作为竞争力分析的充分统计指标。尤其是近年来，随着全球价值链的深入发展，国际分工和贸易模式发生了巨大变化，传统实际有效汇率的缺陷更加明显，已不能真实地反映一国相对价格变化及其对经济活动的影响。

（二）全球价值链实际有效汇率

近年来，有关全球价值链中生产分割程度、贸易增加值和贸易利得等方面的研究达到巅峰。一般认为，全球价值链分工可能改变了实际相对价格变化对经济活动的影响方式和大小，而没有考虑中间投入联系的传统实际有效汇率在测算时存在较大偏差。鉴于此，一些专家学者尝试开发考虑全球价值链因素的新测算方法，大致可以分为两类。一是对传统实际有效汇率测算方法进行局部修正。在传统实际有效汇率的基础上，考虑国际中间投入联系，对传统实际有效汇率进行加权修正。比较典型的是 Thorbecke（2011）提出了一体化实际有效汇率（integrated effective exchange rate，IEER），并指出在全球价值链的背景下，分析汇率变化对贸易（尤其是加工贸易）的影响时需要考虑进口中间投入品的影响。一体化实际有效汇率测算的基本思路如下：以出口产品的国内增加值份额、国外进口中间投入比重作为权重，对用传统方法测算的各国实际有效汇率进行加权计算。该方法显然只是传统实际有效汇率测算方法的改进，且缺乏严格的理论基础。Bayoumi 等（2013）提出从中间投入品影响产品价格的角度来计算产品价格，进一步利用 IMF 的权重对相对产品价格进行加权。该方法实际就是利用投入产出关系和各要素（资本和劳动）价格推算产品价格，而没有直接选取居民消费价格指数或者 GDP，即该方法本质上是选取了不同的价格指数。因此，该方法仍然是对传统实际有效汇率的局部修正。此外，从价格统计核算理论来看，产品价格和 GDP、要素价格在理论上存在确定的量化关系，有关价格统计核算理论已经综合考虑到投入产出关系。[1] 二是对全球价值链实际有效汇率进行测算。Bems 和 Johnson（2012）首次提出了基于任务贸易（中间品贸易）和增加值贸易数据的增加值实际有效汇率，形成了全球价值链实际有效汇率的理论框架。Bems 和 Johnson（2015）进一步对该方法进行了更加精确的阐述，并利用 WIOD 数据进行了比较分析。他们沿用了 Armington（1969）和 McGuirk（1987）的部分思路，但是做了大幅改进：一是从传统的全产品假设（即产品的全部生产过程在一国内完成）转向阶段任务生产假设，充分考虑了供给侧的中间投入联系；二是论证了一定条件（如等替代弹性系数）下，其定义的实际有效汇率的形式与传统的 IMF-REER 相似，但是相对价格指数需替换为 GDP 价格指数，传统总值贸易权重需变为增加值贸易权重，同时在替代弹性系数不相同的条件下，提出了投入产出实际有效汇率（input-output real effective exchange rate，IOREER）概念。Bems 和 Johnson（2012，2015）的研究表明，21 世纪以来，中国增加值实际有效汇率的升值幅度大于传统实际有效汇率的升值幅度；增加值实际有效汇率与传统实际有效汇率的结果差异主要来自实际相对价格的差异。Patel 等（2014）在 Bems 和 Johnson（2012）的基础上，进一步推广到分行业总产出和增加值实际有效汇率（即 Goods-REER 和 GVC-REER），并考虑了异质性的替代弹性系数。[2]

---

① 具体统计实践中，一些发达国家（如美国）利用双缩减法推算分行业增加值（要素）的价格指数，实际上已经考虑了国内中间投入产出关系。即先统计产品的价格，再利用投入产出关系，推算增加值（要素）价格。而 Bayoumi 等（2013）是利用公布的要素（价格）指数和投入产出关系，再计算产品的价格。这两种思路从理论上看应该是一致的，但具体统计实践中存在的误差和方法差异导致了一些偏差。尤其是一些国家利用单缩减法推算增加值价格时，导致 Bayoumi 等（2013）利用要素价格倒推的产品价格与直接利用居民消费价格指数推导的产品价格的偏差更大了。

② 相关文献在考虑中间投入联系时定义的实际有效汇率的名称各异，易引起混淆。为了便于阐述和不引起混淆，本章把利用全球投入产出模型和考虑中间投入联系定义的实际有效汇率统一称为全球价值链实际有效汇率；如果是基于价格变化对增加值影响的理论公式定义的全球价值链实际有效汇率，本章就称为全球价值链增加值实际有效汇率，有时简称为增加值实际有效汇率。当具体到各国时，可能在前面加上该国的货币名称，如人民币增加值实际有效汇率。其他全球价值链实际（或名义）有效汇率的称谓与之相似。

Bems 和 Johnson（2012，2015）和 Patel 等（2014）突破了传统实际有效汇率的测算思路，为全球价值链体系下的实际有效汇率测算提供了坚实的理论基础。本章在此基础上，通过构建三国每国一部门模型对全球价值链有效汇率的研究思路和方法进行了详细的阐述。进一步，考虑到 Bems 和 Johnson（2012，2015）和 Patel 等（2014）着重于一国产出或增加值实际有效汇率的定义和分析，然而在全球价值链背景下，一国产品（增加值）的出口与该国的产出（增加值）的变化并非完全一致，尤其是对于开放小国和大国，产品出口和总产出（增加值）存在较大的差异，如中国和新加坡，中国的国内市场远大于新加坡的国内市场，这样各国的总产出与出口就会存在较大差异，相对价格变化对出口和产出（增加值）的影响程度就可能相差较大，所以为了更加精准地衡量各国出口国际价格竞争力，进一步区分产品的出口价格竞争力和产出（或增加值）价格竞争力是完全必要的，也有利于进一步考察相对价格变化对双边、多边外贸平衡的影响。于是，本章将在 Bems 和 Johnson（2015）的基础上，进一步扩展到出口和双边出口实际有效率汇率，提出一种定义双边实际有效汇率的新方法。

最后，国内有关全球价值链的实际有效汇率测算研究几乎没有。已有国内文献主要是利用传统实际有效汇率测算方法对人民实际有效汇率进行重新测算或修正，如张斌（2005）对人民币真实汇率的分类、测量和解析进行了详细分析；黄徽和任若恩（2008）利用 IMF 传统方法测算 1980~2007 年中国单位劳动成本的实际有效汇率；徐建炜和田丰（2013）利用传统权重方法计算了 2000~2009 年分行业实际有效汇率，并分解分析了名义有效汇率和相对价格有效汇率对人民币实际有效汇率的贡献；李宏斌等（2011）、卢向前和戴国强（2005）、刘尧成等（2011）等也对传统实际有效汇率进行了简单修正。

三　实际有效汇率理论模型框架

本章的理论模型实际上是局部均衡模型，没有将要素市场均衡和收入分配机制引入模型，只考虑外生价格变化与增加值（产出）变化之间的联系。定义实际有效汇率需要推导以相对价格变化和各国总最终需求为自变量的产出（增加、出口）的函数表达式，故模型框架需对以下三个方面进行设定：生产函数、最终需求（消费）函数、产品市场均衡。不失一般性，本章以三国每国一部门模型进行阐述，以求解不同类型全球价值链实际有效汇率，并拓展定义双边出口有效汇率。假设三个国家为中国（C）、美国（U）和日本（J），且每个国家只生产一种产品（见表 11-1）。

表 11-1 三国每国一部门全球投入产出表

		中间使用			最终使用			总产出
		C	J	U	C	J	U	
中间投入	C	$p^C(Q)X^{CC}$	$p^C(Q)X^{CJ}$	$p^C(Q)X^{CU}$	$p^C(Q)F^{CC}$	$p^C(Q)F^{CJ}$	$p^C(Q)F^{CU}$	$p^C(Q)Q^C$
	J	$p^J(Q)X^{JC}$	$p^J(Q)X^{JJ}$	$p^J(Q)X^{JU}$	$p^J(Q)F^{JC}$	$p^J(Q)F^{JJ}$	$p^J(Q)F^{JU}$	$p^J(Q)Q^J$
	U	$p^U(Q)X^{UC}$	$p^U(Q)X^{UJ}$	$p^U(Q)X^{UU}$	$p^U(Q)F^{UC}$	$p^U(Q)F^{UJ}$	$p^U(Q)F^{UU}$	$p^U(Q)Q^U$
增加值		$p^C(V)V^C$	$p^J(V)V^J$	$p^U(V)V^U$				
总投入		$p^C(Q)Q^C$	$p^J(Q)Q^J$	$p^U(Q)Q^U$				

注：具体有关全球投入产出表的阐述可参见 Dietzenbacher 等（2013）。简单来说，行向表示国家产品部门的使用去向，分为中间使用和最终使用，且都区分国内中间投入使用和国外中间投入使用；列向表示国家产品部门的生产构成，分为中间投入和增加值（劳动和资本要素的报酬），中间投入进一步区分国内和国外。投入产出表一般把所有的价格都标准化为 1。

（一）模型设定

1. 最终需求（消费）函数

假设各国的最终需求函数为 CES 形式：

$$F^g = \left[\sum_{h \in \{C,J,U\}} (\kappa^{hg})^{\frac{1}{\theta^g}} (F^{hg})^{\frac{\theta^g-1}{\theta^g}} \right]^{\frac{\theta^g}{\theta^g-1}} \tag{11-1}$$

其中，F^g 为 g 国的最终需求；F^{hg} 为 g 国来自 h 国的最终需求；κ^{hg} 为来自 h 国的最终需求的份额；θ^g 为最终需求函数的替代弹性系数。[①]

2. 生产函数

（1）总中间投入合成函数。

$$X^g = \left[\sum_{h \in \{C,J,U\}} (\omega^{hg})^{\frac{1}{\sigma^g(1)-1}} (X^{hg})^{\frac{\sigma^g(1)}{\sigma^g(1)}} \right]^{\frac{\sigma^g(1)}{\sigma^g(1)-1}} \tag{11-2}$$

其中，X^g 为 g 国总中间投入；X^{hg} 为 g 国对 h 国的中间投入需求；ω^{hg} 为相应的份额参数；$\sigma^g(1)$ 为替代弹性系数。

---

① 统一说明，变量的上标一般表示国家（地区），用 c, g, h, f 表示，c, g, h, $f \in \{C, J, U\}$，上标 gh 中 g 是来源地，h 是目的地。我们假设各国需求函数的替代弹性系数不同。

（2）增加值与总中间投入复合。

$$Q^g = \left[\left(\omega_V^g \right)^{\frac{1}{\sigma^g}} (V^g)^{\frac{\sigma^g-1}{\sigma^g}} + \left(\omega_X^g \right)^{\frac{1}{\sigma^g}} X^{g\frac{\sigma^g-1}{\sigma^g}} \right]^{\frac{\sigma^g}{\sigma^g-1}} \tag{11-3}$$

其中，Q^g 为 g 国的总产出；V^g 为 g 国的增加值；ω_V^g 为增加值占总产出的份额；ω_X^g 为总中间投入的份额；σ^g 为 g 国的中间投入和增加值的替代弹性系数。

3. 产品市场均衡

总产出可作为最终产品和中间产品使用，故总产出的市场出清条件为：

$$Q_i^g = \sum_{h \in \{C,J,U\}} F^{gh} + \sum_{h \in \{C,J,U\}} X^{gh} \tag{11-4}$$

（二）模型求解

利用对数线性化方法来处理模型，对数线性化一阶条件和产品市场均衡方程，并求解以外生的各国价格和最终需求表达的增加值（产出或出口）方程。

1. 最终需求的一阶条件和价格水平的对数线性化

利用标准方法，给定价格条件下最小化支出，可以得到一阶条件：

$$F^{hg} = \kappa^{hg} \left[\frac{p^h(Q)}{p^g(F)} \right]^{-\theta^g} F^g \tag{11-5}$$

$$p^g(F) = \left[\sum_{h \in \{C,J,U\}} \kappa^{hg} p^h(Q)^{1-\theta^g} \right]^{\frac{1}{1-\theta^g}} \tag{11-6}$$

其中，$p^h(Q)$ 为 h 国产出的价格；$p^g(F)$ 为 g 国的最终需求的复合价格。对数线性化式（11-5）和式（11-6）可以得到：

$$\widehat{F^{hg}} = -\theta^g \left(\widehat{p^h(Q)} - \widehat{p^g(F)} \right) + \widehat{F^g} \tag{11-7}$$

$$\widehat{p^g(F)} = \sum_{h \in \{C,J,U\}} \frac{F^{hg} p^h(Q)}{F^g p^g(F)} \widehat{p^h(Q)} \tag{11-8}$$

写成拉直向量的简洁形式[①]，式（11-7）可以写为：

[①] 式（11-7）写成矩阵形式的具体过程可向作者索取。其中，$\otimes$ 的含义：

$$A \otimes B = \begin{bmatrix} a_{11} & a_{12} & a_{13} \\ a_{21} & a_{22} & a_{23} \\ a_{31} & a_{32} & a_{33} \end{bmatrix} \otimes B = \begin{bmatrix} a_{11}B & a_{12}B & a_{13}B \\ a_{21}B & a_{22}B & a_{23}B \\ a_{31}B & a_{32}B & a_{33}B \end{bmatrix}$$

vec 的含义：vec (Y_{ij}^{hg}) 为以 Y_{ij}^{hg} 为元素形成的列向量，其堆积方式为先下标从右到左，再上标从右到左，即顺序为 j，i，g，h，如：

$$\text{vec}(\widehat{F^{hg}}) = \left[\widehat{F^{CC}} \quad \widehat{F^{CJ}} \quad \widehat{F^{CU}} \quad \widehat{F^{JC}} \quad \widehat{F^{JJ}} \quad \widehat{F^{JU}} \quad \widehat{F^{UC}} \quad \widehat{F^{UJ}} \quad \widehat{F^{UU}} \right]^T.$$

$$\mathrm{vec}(\widehat{F^{hg}}) = -M(\theta)\,\mathrm{vec}(\widehat{p^g(Q)}) + M1(\theta)\,\mathrm{vec}(\widehat{p^g(F)}) + M1\,\mathrm{vec}(\widehat{F^g}) \qquad (11-7')$$

其中，$M(\theta) = I_{3\times3} \otimes \mathrm{vec}(\theta^g)$，$M1(\theta) = e_{3\times1} \otimes \mathrm{diag}(\mathrm{vec}(\theta^g))$，$M1 = e_{3\times1} \otimes I_{3\times3}$。式（11-8）可以写为：

$$\mathrm{vec}(\widehat{p^g(F)}) = WPF_{3\times3}\,\mathrm{vec}(\widehat{p^g(Q)}) \qquad (11-8')$$

其中，$WPF_{3\times3}$ 为最终需求中各国的比重矩阵，$\wedge$ 表示变化率或对数差分。

2. 生产函数的一阶条件和价格水平的对数线性化

（1）总中间投入合成函数。

一阶条件：

$$X^{hg} = \omega^{hg}\left(\frac{p^h(Q)}{p^g(M)}\right)^{-\sigma^g(1)} X^g \qquad (11-9)$$

$$p^g(M)\left[\sum_{h\in\{C,J,U\}}\omega^{hg}(p^h(Q))^{1-\sigma^g(1)}\right]^{\frac{1}{1-\sigma^g(1)}} \qquad (11-10)$$

其中，$p^g(M)$ 为总中间投入复合价格。

对数线性化：

$$\widehat{X^{hg}} = -\sigma^g(1)\,(\widehat{p^h(Q)} - \widehat{p^g(M)}) + \widehat{X^g} \qquad (11-11)$$

$$\widehat{p^g(M)} = \left[\sum_{h\in\{C,J,U\}}\omega^{hg}\,(\widehat{p^h(Q)})\right] \qquad (11-12)$$

写成矩阵形式：

$$\mathrm{vec}(\widehat{X^{hg}}) = -M(\sigma(1))\,\mathrm{vec}(\widehat{p^h(Q)}) + M1(\sigma(1))\,\mathrm{vec}(\widehat{p^g(M)}) + M1\,\mathrm{vec}(\widehat{X^g})$$
$$(11-11')$$

其中，$M(\sigma(1)) = I_{3\times3} \otimes \mathrm{vec}(\sigma^g(1))$，$M1(\sigma(1)) = e_{3\times1} \otimes \mathrm{diag}(\mathrm{vec}(\sigma^g(1)))$

$$\mathrm{vec}(\widehat{p^g(M)}) = WPM_{3\times3}\,\mathrm{vec}(\widehat{p^g(Q)}) \qquad (11-12')$$

其中，$WPM_{3\times3}$ 为总中间投入中各国的比重矩阵。

（2）总中间投入和增加值的合成函数。

一阶条件：

$$V^g = \omega^g_v\left(\frac{p^g(V)}{p^g(Q)}\right)^{-\sigma^g} Q^g \qquad (11-13)$$

$$X^g = \omega^g_x\left(\frac{p^g(M)}{p^g(Q)}\right)^{-\sigma^g} Q^g \qquad (11-14)$$

$$p^g(Q) = \left[\omega_V^g p^g(V)^{1-\sigma^g} + \omega_X^g p^g(M)^{1-\sigma^g} \right]^{\frac{1}{1-\sigma^g}} \qquad (11-15)$$

其中，$p^g(V)$ 为增加值价格。

对数线性化：

$$\widehat{V^g} = -\sigma^g \left(\widehat{p^g(V)} - \widehat{p^g(Q)} \right) + \widehat{Q^g} \qquad (11-16)$$

$$\widehat{X^g} = -\sigma^g \left(\widehat{p^g(M)} - \widehat{p^g(Q)} \right) + \widehat{Q^g} \qquad (11-17)$$

$$\widehat{p^g(Q)} = \frac{p^g(V)V^g}{p^g(Q)Q^g} \widehat{p^g(V)} + \frac{p^g(M)X^g}{p^g(Q)Q^g} \widehat{p^g(M)} \qquad (11-18)$$

写成矩阵形式：

$$\mathrm{vec}(\widehat{V^g}) = -\mathrm{diag}(\mathrm{vec}(\sigma^g))\,\widehat{p^g(V)} + \mathrm{diag}(\mathrm{vec}(\sigma^g))\,\widehat{p^g(Q)} + \mathrm{vec}(\widehat{Q^g}) \quad (11-16')$$

$$\mathrm{vec}(\widehat{X^g}) = -\mathrm{diag}(\mathrm{vec}(\sigma^g))\,\widehat{p^g(M)} + \mathrm{diag}(\mathrm{vec}(\sigma^g))\,\widehat{p^g(Q)} + \mathrm{vec}(\widehat{Q^g}) \quad (11-17')$$

$$\mathrm{vec}(\widehat{p^g(Q)}) = D_V \mathrm{vec}(\widehat{p^g(V)}) + D_X \mathrm{vec}(\widehat{p^g(M)}) \qquad (11-18')$$

其中，$D_V = \mathrm{diag}\left(\mathrm{vec}\left(\dfrac{p^g(V)V^g}{p^g(Q)Q^g} \right) \right)$，$D_X = \mathrm{diag}\left(\mathrm{vec}\left(\dfrac{p^g(M)X^g}{p^g(Q)Q^g} \right) \right)$

3. 产品市场均衡的对数线性化

对数线性化：

$$\widehat{Q^g} = \sum_{h \in \{C,J,U\}} s^{gh}(F)\,\widehat{F^{gh}} + \sum_{h \in \{C,J,U\}} s^{gh}(M)\,\widehat{X^{gh}} \qquad (11-19)$$

写成矩阵形式：

$$\mathrm{vec}(\widehat{Q^g}) = S(F)_{3\times9} \mathrm{vec}(\widehat{F^{gh}}) + S(M)_{3\times9} \mathrm{vec}(\widehat{X^{gh}}) \qquad (11-19')$$

其中，$S(F)_{3\times9}$ 为产出的最终使用分配权重矩阵，$S(M)_{3\times9}$ 为产出的中间使用分配权重矩阵。

4. 增加值价格与产出价格之间的关系及其他重要等式

从国民经济核算理论来看，较完美的统计核算方法是利用双缩减法核算不变价增加值，即利用不变价总产出减去中间投入进而获得相关价格指数。从全球范围来看，根据本章模型框架可以得到完美的增加值价格和产出价格之间的关系。由式（11-18'）和式（11-12'）可以得到：

$$\mathrm{vec}(\widehat{p^g(V)}) = D_V^{-1}(I_{3\times3} - D_X WPM_{3\times3})\mathrm{vec}(\widehat{p^g(Q)})$$

$$\text{或 } vec(\widehat{p^g(Q)}) = D_V(I_{3\times3} - D_X WPM_{3\times3})^{-1} vec(\widehat{p^g(V)}) \qquad (11-20)$$

容易验证 $D_X WPM_{3\times3} = A_{3\times3}^{\mathrm{T}}$，$A_{3\times3}$ 为全球投入产出表中的直接消耗系数矩阵。此处正好是用双缩减法获得增加值价格的关系式的对数线性化。式（11-20）也可以直接从投入产出表中列向关系对数线性化得到。显然从理论上看，利用产出价格还是增加值价格是没有本质差异的，但实际统计核算方法的差异会导致增加值价格和产出价格不完全符合以上关系，因此，使用产出价格与增加值价格测算实际有效汇率时就可能存在偏差。此外，以上增加值价格与产出价格之间的关系中有两点值得注意：一是增加值（或产出）价格是产出（增加值）价格的加权；二是两种价格的关系与替代弹性系数无关。

根据产出的生产函数式（11-3），或者直接利用一阶条件式（11-16）、式（11-17）和式（11-18），可以得到总生产函数的对数线性化形式：

$$vec(\widehat{Q^g}) = D_V vec(\widehat{V^g}) + D_X vec(\widehat{X^g}) \qquad (11-21)$$

（三）全球价值链实际有效汇率

1. 总产出、增加值与价格的关系

实际有效汇率的内在含义是：在各国最终需求保持不变的条件下，实际相对价格变化对生产行为（增加值、产出、出口等）的影响。故我们需计算出以各国总最终需求和产出价格（或增加值价格）变化量为自变量的增加值（或产出）的函数表达形式[①]。

（1）以最终需求和价格来表示产出。

经过一系列的代入和等式变换，可以得到各国最终需求和产出价格的表达式：

$$vec(\widehat{Q^g}) = [I - S(M)_{3\times9}M1]^{-1}S(F)_{3\times9}M1vec(\widehat{F^g})$$

$$- (I - S(M)_{3\times9}M1)^{-1}S(F)_{3\times9}[M(\theta) - M1(\theta)WPF_{3\times3}]vec(\widehat{p^g(Q)})$$

$$- (I - S(M)_{3\times9}M1)^{-1}S(M)_{3\times9}[M(\sigma(1)) - M1(\sigma(1))WPM_{3\times3}]vec(\widehat{p^g(Q)})$$

$$+ (I - S(M)_{3\times9}M1)^{-1}S(M)_{3\times9}M1diag(vec(\sigma^g))(I - WPM_{3\times3})vec(\widehat{p^g(Q)}) \qquad (11-22)$$

其中，第1项表示各国实际最终需求变化对产出的影响；第2项表示相对价格变化引起最终需求结构变化而对产出的影响，显然与最终需求函数中的替代弹性系数（θ^g）相关；第3项表示相对价格变化经由中间投入而对产出的影

---

① 具体推导过程可向作者索取。

响，与中间投入之间的替代弹性系数（$\sigma^g(1)$）相关；第 4 项表示相对价格变化经由增加值和中间投入之间的替代关系而对产出的影响，与增加值和中间投入的替代弹性系数（σ^g）相关。总之，相对价格变化对产出的影响大小依赖供给侧替代弹性系数（$\sigma^g(1)$，σ^g）和需求侧替代弹性（θ^g）。

利用式（11-20）可以把产出价格变为增加值价格形式，于是可以得到：

$$
\begin{aligned}
\mathrm{vec}(\widehat{Q^g}) &= [I - S(M)_{3\times9}M1]^{-1}S(F)_{3\times9}M1\mathrm{vec}(\widehat{F^g}) \\
&- (I - S(M)_{3\times9}M1)^{-1}S(F)_{3\times9}[M(\theta) - M1(\theta)WPF_{3\times3}](I_{3\times3} - A_{3\times3}^{\mathrm{T}})^{-1}D_V\mathrm{vec}(\widehat{p^g(V)}) \\
&- (I - S(M)_{3\times9}M1)^{-1}S(M)_{3\times9}[M(\sigma(1)) - M1(\sigma(1))WPM_{3\times3}](I_{3\times3} - A_{3\times3}^{\mathrm{T}})^{-1}D_V\mathrm{vec}(\widehat{p^g(V)}) \\
&+ (I - S(M)_{3\times9}M1)^{-1}S(M)_{3\times9}M1\mathrm{diag}(\mathrm{vec}(\sigma^g))(I - WPM_{3\times3})(I_{3\times3} - A_{3\times3}^{\mathrm{T}})^{-1}D_V\mathrm{vec}(\widehat{p^g(V)})
\end{aligned}
$$

$$（11-23）$$

（2）以最终需求和价格来表示增加值。

同样，经过代入和变换可以得到各国增加值的最终需求和产出价格的表达式：

$$
\begin{aligned}
\mathrm{vec}(\widehat{V^g}) &= \mathrm{vec}(\widehat{Q^g}) - \mathrm{diag}(\mathrm{vec}(\sigma^g))[D_V^{-1}(I_{3\times3} - D_X WPM_{3\times3}) - I]\mathrm{vec}(\widehat{p^g(Q)}) \\
&= (I - S(M)_{3\times9}M1)^{-1}S(F)_{3\times9}M1\mathrm{vec}(\widehat{F^g}) \\
&- (I - S(M)_{3\times9}M1)^{-1}S(F)_{3\times9}[M(\theta) - M1(\theta)WPF_{3\times3}]\mathrm{vec}(\widehat{p^g(Q)}) \\
&- (I - S(M)_{3\times9}M1)^{-1}S(M)_{3\times9}[M(\sigma(1)) - M1((\sigma(1))WPM_{3\times3}]\mathrm{vec}(\widehat{p^g(Q)}) \\
&+ (I - S(M)_{3\times9}M1)^{-1}S(M)_{3\times9}M1\mathrm{diag}(\mathrm{vec}(\sigma^g))(I - WPM_{3\times3})\mathrm{vec}(\widehat{p^g(Q)}) \\
&- \mathrm{diag}(\mathrm{vec}(\sigma^g))[D_V^{-1}(I_{3\times3} - D_X WPM_{3\times3}) - I]\mathrm{vec}(\widehat{p^g(Q)})
\end{aligned}
$$

$$（11-24）$$

上式与用双缩减法获取的增加值（增加值=总产出-中间投入）的定义是一致的。

同样，利用式（11-20）可以把产出价格变为增加值价格形式，于是可以得到：

$$
\begin{aligned}
\mathrm{vec}(\widehat{V^g}) &= [I - S(M)_{3\times9}M1]^{-1}S(F)_{3\times9}M1\mathrm{vec}(\widehat{F^g}) \\
&- (I - S(M)_{3\times9}M1)^{-1}S(F)_{3\times9}[M(\theta) - M1(\theta)WPF_{3\times3}](I_{3\times3} - A_{3\times3}^{\mathrm{T}})^{-1}D_V\mathrm{vec}(\widehat{p^g(V)}) \\
&- (I - S(M)_{3\times9}M1)^{-1}S(M)_{3\times9}[M(\sigma(1)) - M1(\sigma(1))WPM_{3\times3}](I_{3\times3} - A_{3\times3}^{\mathrm{T}})^{-1}D_V\mathrm{vec}(\widehat{p^g(V)}) \\
&+ (I - S(M)_{3\times9}M1)^{-1}S(M)_{3\times9}M1\mathrm{diag}(\mathrm{vec}(\sigma^g))(I - WPM_{3\times3})(I_{3\times3} - A_{3\times3}^{\mathrm{T}})^{-1}D_V\mathrm{vec}(\widehat{p^g(V)}) \\
&- \mathrm{diag}(\mathrm{vec}(\sigma^g))[D_V^{-1}(I_{3\times3} - D_X WPM_{3\times3}) - I](I_{3\times3} - A_{3\times3}^{\mathrm{T}})^{-1}D_V\mathrm{vec}(\widehat{p^g(V)})
\end{aligned}
$$

$$（11-25）$$

式（11-25）描述了各国最终需求变化和增加值价格变化对各国增加值变化的影响。将式（11-23）和式（11-25）中最终需求和增加值价格前面的系数用字母表示，则可以得到：

$$\mathrm{vec}(\hat{Q}^g) = W_{FQV} \cdot \mathrm{vec}(\hat{F}^g) + W_{QPV} \cdot \mathrm{vec}(\widehat{p^g(V)}) \qquad (11-23')$$

$$\mathrm{vec}(\hat{V}^g) = W_{FQV} \cdot \mathrm{vec}(\hat{F}^g) + W_{VPV} \cdot \mathrm{vec}(\widehat{p^g(V)}) \qquad (11-25')$$

其中，$W_{FQV} = [I - S(M)_{3\times9} \cdot M1]^{-1} S(F)_{3\times9} M1$，

$$W_{QPV} = -(I - S(M)_{3\times9} \cdot M1)^{-1} \cdot S(F)_{3\times9} [M(\theta) - M1(\theta) \cdot WPF_{3\times3}] \cdot (I_{3\times3} - A_{3\times3}^{\mathrm{T}})^{-1} \cdot D_V$$

$$- (I - S(M)_{3\times9} \cdot M1)^{-1} \cdot S(M)_{3\times9} \cdot [M(\sigma(1)) - M1(\sigma(1)) \cdot WPM_{3\times3}] \cdot (I_{3\times3} - A_{3\times3}^{\mathrm{T}})^{-1} \cdot D_V$$

$$+ (I - S(M)_{3\times9} \cdot M1)^{-1} \cdot S(M)_{3\times9} \cdot M1 \cdot \mathrm{diag}(\mathrm{vec}(\sigma^g))[I - WPM_{3\times3}] \cdot (I_{3\times3} - A_{3\times3}^{\mathrm{T}})^{-1} \cdot D_V,$$

$$W_{VPV} = -(I - S(M)_{3\times9} \cdot M1)^{-1} \cdot S(F)_{3\times9} [M(\theta) - M1(\theta) \cdot WPF_{3\times3}] \cdot (I_{3\times3} - A_{3\times3}^{\mathrm{T}})^{-1} \cdot D_V$$

$$- (I - S(M)_{3\times9} \cdot M1)^{-1} \cdot S(M)_{3\times9} \cdot [M(\sigma(1)) - M1(\sigma(1)) \cdot WPM_{3\times3}] \cdot (I_{3\times3} - A_{3\times3}^{\mathrm{T}})^{-1} \cdot D_V$$

$$+ (I - S(M)_{3\times9} \cdot M1)^{-1} \cdot S(M)_{3\times9} \cdot M1 \cdot \mathrm{diag}(\mathrm{vec}(\sigma^g))(I - WPM_{3\times3}) \cdot (I_{3\times3} - A_{3\times3}^{\mathrm{T}})^{-1} \cdot D_V$$

$$- \mathrm{diag}(\mathrm{vec}(\sigma^g))[D_V^{-1} \cdot (I_{3\times3} - D_X \cdot WPM_{3\times3}) - I] \cdot (I_{3\times3} - A_{3\times3}^{\mathrm{T}})^{-1} \cdot D_V$$

2. 基于产出和增加值的全球价值链实际有效汇率

根据有关实际有效汇率的标准处理方法（McGuirk，1987），需要假设相对实际价格和各国总最终需求外生给定，并求出产出（增加值、出口等经济变量）以价格和总最终需求为自变量的函数表达式，然后设定外生总最终需求变化率为0，即假设各国总最终需求水平不变，从而主要关注相对价格变化对需求变化（增加值、出口等）的影响，最后，标准化权重，以使各相对价格变化的权重之和为1，即保证当所有外国价格对本国价格上升1%时，该国的实际有效汇率下降1%（即贬值1%）。根据标准处理方法，利用式（11-23'）和式（11-25'）就可以得到产出和增加值的实际有效汇率。以下主要以标准化后的人民币增加值实际有效汇率做简要说明。从式（11-25'）标准化后得到的增加值实际有效汇率中提取出人民币增加值实际有效汇率的测算公式：

$$\widehat{VAREER^C} = \sum_{g \neq C} w_{va}^{Cg} [\widehat{p^C(V)} - \widehat{p^g(V)}]$$

$$= w_{va}^{CJ} [\widehat{p^C(V)} - \widehat{p^J(V)}] + W_{va}^{CU} [\widehat{p^C(V)} - \widehat{p^U(V)}] \qquad (11-26)$$

其中，w_{va}^{Cg} 为中国（C）对 g 国的权重，满足 $\sum_g w_{va}^{Cg} = w_{va}^{CJ} + w_{va}^{CU} = 1$。注意：由于权重由中间投入联系和替代弹性系数决定，所以权重有可能出现负值。

（四）双边出口实际有效汇率

前述全球价值链产出（或增加值）实际有效汇率反映的是一国的产出（或增加值）的整体国际价格竞争力，或者相对价格变化对产出（或增加值）的影响程度。显然，一国产品的出口和产出是不同的，一国产品的出口只是产出的一部分。同样，出口价格竞争力和产出价格竞争力也是不同的，产出价格竞争力还直接受到国内市场的影响。因此，当考虑出口竞争力时，出口实际有效汇率（相对价格变化对出口的影响大小）应该是更为精细和可取的指标。进一步，在考虑双边出口竞争力时，传统双边实际有效汇率（bilateral real exchange rate)[1] 明显存在缺陷。在全球价值链深入发展的背景下，双边出口还受到第三方国家的影响，忽略中间品贸易和行业部门之间的投入产出联系，传统的双边实际有效汇率可能存在一定的误导性。Patel 等（2014）利用两部门简单案例对传统双边实际有效汇率的缺陷进行了详细阐述，并利用分行业增加值实际有效汇率的双边权重，定义了新的双边实际有效汇率。但是该双边实际有效汇率没有考虑第三方国家的影响，且无法满足权重之和为 1 的条件，也没有理论模型基础。因此，本章沿着全球价值链增加值（产出）实际有效汇率的定义思路，先求出以价格和最终需求为自变量的双边出口（出口）函数表达式，再定义双边出口（出口）实际有效汇率。

鉴于出口和进口是一组镜像关系，本章没有再定义双边进口实际有效汇率。此外，定义国家出口实际有效汇率有两种方法：一是，先求出以价格和最终需求为自变量的各国出口的函数表达式，再按经典方法获得标准化的出口实际有效汇率；二是，先求出双边出口实际有效汇率，再利用对其他国家的出口权重加权双边出口实际有效汇率。很容易验证两种方法是等价的。

1. 以价格和总最终需求表示双边出口

由于双边出口为：$EX^{gh} = X^{gh} + F^{gh}$，于是对数线性化可以得到：

$$\widehat{EX^{gh}} = \frac{X^{gh}}{EX^{gh}} \cdot \widehat{X^{gh}} + \frac{F^{gh}}{EX^{gh}} \cdot \widehat{F^{gh}} = bwx^{gh} \cdot \widehat{X^{gh}} + bwf^{gh} \cdot \widehat{F^{gh}}$$

其中，EX^{gh} 为 g 国到 h 国的出口；bwx^{gh} 为 g 国到 h 国的中间产品出口占 g 国到 h 国出口的比重；bwf^{gh} 为 g 国到 h 国的最终产品出口占 g 国到 h 国出口的比重。

---

[1]　传统双边实际有效汇率，即两个国家实际相对价格的变化，$\widehat{RER^{gh}} = \widehat{P^h} - \widehat{P^g}$，其中价格 P^g 以同一国家货币表示，即已考虑了名义汇率。

为方便计算，若一国的产品被自己国家作为中间使用和最终使用，这里也看作出口。[1] 于是写成矩阵的形式：

$$\text{vec}(\widehat{EX^{gh}}) = \text{diag}(\text{vec}(bwx^{gh})) \cdot \text{vec}(\widehat{X^{gh}}) + \text{diag}(\text{vec}(bwf^{gh})) \cdot \text{vec}(\widehat{F^{gh}}) \quad (11-27)$$

经过代入和变换可以得到以价格和最终需求为变量的双边出口表达式：

$$\text{vec}(\widehat{EX^{gh}}) = W_{FEX} \cdot \text{vec}(\widehat{F^g}) + W_{EXPV} \cdot \text{vec}(\widehat{p^g(V)}) \quad (11-28)$$

其中，$W_{FEX} = \text{diag}(\text{vec}(bwf^{gh})) \cdot M1 + \text{diag}(\text{vec}(bwx^{gh})) \cdot M1 \cdot W_{FQV}$，

$$
\begin{aligned}
W_{EXPV} = & \ \text{diag}(\text{vec}(bwx^{gh})) \cdot M1 \cdot W_{QPV} \\
& - \text{diag}(\text{vec}(bwx^{gh})) \cdot M(\sigma(1)) \cdot (I - WPM_{3\times3}) \cdot (I_{3\times3} - A_{3\times3}^{\mathrm{T}})^{-1} \cdot D_V \\
& + \text{diag}(\text{vec}(bwx^{gh})) \cdot M1 \cdot \text{diag}(\text{vec}(\sigma^g)) \cdot (I - WPM_{3\times3}) \cdot (I_{3\times3} - A_{3\times3}^{\mathrm{T}})^{-1} \cdot D_V \\
& - \text{diag}(\text{vec}(bwf^{gh})) \cdot M(\theta) \cdot (I_{3\times3} - A_{3\times3}^{\mathrm{T}})^{-1} \cdot D_V \\
& + \text{diag}(\text{vec}(bwf^{gh})) M1(\theta) \cdot WPF_{3\times3} \cdot (I_{3\times3} - A_{3\times3}^{\mathrm{T}})^{-1} \cdot D_V
\end{aligned}
$$

2. 全球价值链双边出口实际有效汇率

对式（11-28）进行标准化处理，可以得到双边出口实际有效汇率。以中国对日本的双边出口实际有效汇率测算为例：

$$
\begin{aligned}
\widehat{BEXREER^{CJ}} &= \sum_{g \neq C} w_{bex,CJ}^{Cg} \left[\widehat{p^C(V)} - \widehat{p^g(V)} \right] \\
&= w_{bex,CJ}^{CJ} \left[\widehat{p^C(V)} - \widehat{p^J(V)} \right] + w_{bex,CJ}^{CU} \left[\widehat{p^C(V)} - \widehat{p^U(V)} \right] \quad (11-29)
\end{aligned}
$$

其中，$w_{bex,CJ}^{Cg}$ 为中国（C）对 g 国的权重，满足 $\sum_g w_{bex,CJ}^{Cg} = w_{bex,CJ}^{CJ} + w_{bex,CJ}^{CU} = 1$。

此外，后续的实证研究表明：对应双边国家的权重较大，如测算中国对日本出口的双边实际有效汇率（$\widehat{BEXREER^{CJ}}$）时，中国对日本的权重（$w_{bex,CJ}^{CJ}$）远大于中国对美国的权重（$w_{bex,CJ}^{CU}$）。这也符合常识，双边出口主要受两个国家相对价格变化的影响。如果我们忽略双边出口实际有效汇率测算公式中对第三方国家的相对价格变化部分，本章双边出口实际有效汇率与 Petal 等（2014）的双边实际有效汇率基本一致，且实证测算结果也高度相关。

此外，很显然，当对 g 国的集合 $\{C, J, U\}$ 变为元素为 N 个国家的集合，

---

[1]　模型的求解过程中，利用矩阵和向量拉直表示方法来进行推导。为了简化推导过程，做出该假想。这样，在书写出口向量时，当 $g = h$ 时，$\text{vec}(\widehat{EX^{gh}})$ 就不用做特别处理。在定义产出、增加值的有效汇率时，该假设对此没有任何影响。定义双边出口有效汇率时，在取函数表达式时，要求 $g \neq h$，这也与该假设没有关系。因此，这种假设不会对文中全球价值链实际有效汇率测算结果产生任何影响。

即 $g \in \{1, 2, 3, \cdots, N\}$，以上所有推导公式没有变化，只是 g 的取值范围扩大。故本部分三国每国一部门模型可推广到多国每国一部门模型。

四 实际有效汇率测算结果和分析

根据以上有关实际有效汇率理论模型，本章利用 WIOD 数据及其他相关数据，如 GDP 平减指数、名义汇率和 CPI，对 40 个国家（或地区）的增加值、产出和出口、双边出口实际有效汇率进行了测算和比较分析。由于全球投入产出表只有 1995~2011 年的数据，所以 1996~2012 年各年的有效汇率测算权重是分别根据 1995~2011 年全球投入产出表计算得到的。为了考察 2013 年和 2014 年的有效汇率，本章直接利用 2011 年全球投入产出表计算的权重来测算 2013 年和 2014 年的有效汇率。[①] 以下我们重点考察了等替代弹性系数情形下（基准情景）的增加值和双边出口有效汇率的测算结果。[②] 鉴于替代弹性系数的重要性，本章对不同替代弹性情景也进行了比较分析。

（一）全球价值链人民币有效汇率变化及国际比较

1. 全球价值链人民币有效汇率变化

图 11-1 显示了 1995~2014 年全球价值链人民币实际有效汇率、IMF 和 BIS 实际有效汇率的变化情况。

（1）IMF 和 BIS 计算的传统实际有效汇率低估了人民币实际有效汇率的升值幅度。2014 年人民币增加值实际有效汇率为 0.6462，而 BIS 实际有效汇率为 0.4344。人民币实际有效汇率升值幅度被低估的结论与 Bems 和 Johnson（2015）和 Patel 等（2014）一致。传统实际有效汇率低估了人民币实际有效汇率的升值

---

① 本章对全球价值链实际有效汇率的增长结构和测算权重进行比较分析发现：短期权重变化幅度相对较小，权重变化对实际有效汇率的影响较小，实际有效汇率变化主要是由实际相对价格变化引起的。故本章测算 2013 年和 2014 年的全球价值链有效汇率时直接选取 2011 年全球投入产出表计算的权重具有合理性和可行性。此外，现实经济中，在较短的时期内，生产技术结构较难发生很大的变化（投入产出表中体现为直接消耗系数的变化），即投入产出结构不会发生较大的变化，而权重主要受直接消耗系数的影响，故权重自身不会变化很大。

② Bems 和 Johnson（2015）和本章的三国一部门简单模型研究发现：在等替代弹性系数假设下，增加值实际有效汇率与传统实际有效汇率测算公式形式相似，差别在于传统实际有效汇率以传统总值贸易数据计算权重，而增加值实际有效汇率是以增加值贸易数据计算权重。此外，国际经济周期模型中 Armington 弹性系数一般取在 1 附近。因此，本章详细阐述所有替代弹性为 1 的基准情景下的测算结果。

幅度的主要原因，一是中国加工贸易占比较大，且中国主要参与全球价值链的加工组装环节，使用大量进口中间产品，导致总值贸易权重和增加值贸易权重的差异相对较大；二是价格指数选取不同，理论上讲 GDP 价格指数更为可取（衡量增加值竞争力）。鉴于此，使用 IMF 和 BIS 传统实际有效汇率来推断人民币汇率水平时应慎重。如果传统实际有效汇率数据表明人民币经过长期升值后已经从"重度低估"达到"轻度低估"的状态，那么实际上，人民币名义汇率可能已经达到均衡水平。

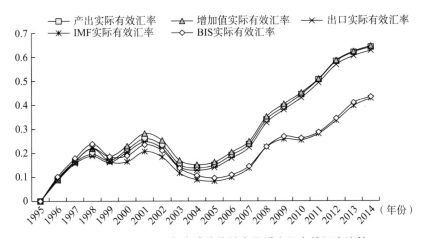

图 11-1　1995~2014 年全球价值链人民币实际有效汇率比较

注：测算有效汇率的权重矩阵都进行了标准化（归一化），并假设 1995 年有效汇率的对数值为 0，其他年份的有效汇率可以解读为偏离 1995 年的程度，或者理解为相对于 1995 年的累积升值（正数）或贬值（负数）程度。这里数值增加，表示升值，国际价格竞争力下降，反之亦然。BIS 实际有效汇率来自 BIS 官方网站，以 Broad 的季度有效汇率简单平均而得到相关汇率指数。IMF 实际有效汇率直接从 CEIC 数据库中的全球宏观经济数据子库中下载。以下各图若无特别说明，与该处注释相同。

（2）2005 年以来，传统方法测算的人民币实际有效汇率与增加值实际有效汇率的差距呈扩大趋势。增加值实际有效汇率与 BIS 实际有效汇率的差距从 1995 年的 0.0134 扩大到 2014 年的 0.2071，说明随着全球价值链的深入发展，垂直专业化使得增加值贸易和总值贸易数据、CPI 和 GDP 价格指数的差距扩大，导致计算结果的差距变大。传统实际有效汇率测算方法的弊端日益凸显，产生的偏差变大、误导性增加。

（3）1995~2014 年，全球价值链人民币实际有效汇率和传统实际有效汇率总体上呈现"先升值后贬值再升值"的趋势。从全球价值链人民币实际有效汇率的变化趋势来看，大致可分为三个大阶段。第一阶段（1995~2000 年），即

1995 年到中国加入世界贸易组织前的缓慢升值阶段。人民币实际有效汇率总体上处于升值阶段，其间受亚洲金融危机的影响，1999 年出现了短暂性下降。增加值实际有效汇率从 1996 年的 0.0885 上升到 2001 年的 0.2819，而 1999 年人民币增加值实际有效汇率为 0.1864，相对于 1998 年降低了 0.0343。第二阶段（2001~2004 年），即加入 WTO 后至 2004 年，这一阶段的全球价值链实际有效汇率基本处于贬值阶段。增加值实际有效汇率从 2001 年的 0.2819 下降到 2004 年的 0.1517，降低了 0.1302。第三阶段（2005~2014 年），即 2005 年汇率制度改革至 2014 年，这一阶段全球价值链人民币实际有效汇率基本上处于稳步升值阶段。增加值实际有效汇率从 2005 年的 0.1622 上升到 2014 年的 0.6462，增加了 0.484。

（4）人民币增加值、产出和出口实际有效汇率的变化趋势极其相似，增加值实际有效汇率与产出实际有效汇率的相关系数达 0.9992，增加值实际有效汇率与出口实际有效汇率的相关系数达 0.9987。

图 11-2 显示了 1995~2014 年全球价值链人民币名义有效汇率的变化趋势。显然，人民币名义有效汇率与实际有效汇率的变化趋势基本一致，但变化幅度相对较小。截至 2014 年，增加值名义有效汇率累积升值了 0.4552，比相应的实际有效汇率的累积升值幅度低 0.1603。同时，全球价值链产出、增加值和出口名义有效汇率的变化值基本一致，且与 BIS 名义汇率的差别也很小，但这三种全球价值链名义有效汇率升值幅度均高于 IMF 名义有效汇率，且差距也呈扩大趋势。由于双边名义汇率相同，故从测算方法来看，名义有效汇率的不同主要

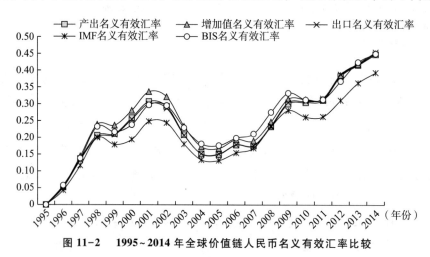

图 11-2　1995~2014 年全球价值链人民币名义有效汇率比较

来自于权重的不同。① 标准化后的权重受总和为 1 的限制和受总值出口和增加值出口高度相关的影响，短期内传统总值贸易权重和增加值贸易权重的差别对名义有效汇率的影响差异不会很大。因此，传统方法和全球价值链方法测算的名义有效汇率的差异不大。

2. 世界主要国家有效汇率比较

由于各国的经济发展水平、产业结构和参与全球价值链的程度不同，各国的实际有效汇率变化相差较大。② 但从这些国家有效汇率的变化趋势中可以发现以下特点。（1）全球价值链出口有效汇率、增加值有效汇率和产出有效汇率的变化趋势具有相似性。中国、美国、日本、俄罗斯、印度和巴西等国家的产出（出口）实际有效汇率与增加值实际有效汇率指数的相关系数达 0.99 以上。（2）大部分国家的全球价值链有效汇率与 BIS 有效汇率基本趋势一致，但升值（贬值）幅度存在较大差异，甚至部分国家出现相反趋势。如 1999 年后，俄罗斯全球价值链有效汇率与 BIS 有效汇率基本上呈相反的变化趋势。（3）总体上，参与全球价值链程度越深且处于价值链低端的国家（如中国、印度），其全球价值链有效汇率与 BIS 有效汇率的差别越大。（4）各国全球价值链实际有效汇率和全球价值链名义有效汇率存在一定差异，有的国家两者的变化趋势相同，有的国家的变化趋势相反，而 BIS 名义有效汇率和 BIS 实际有效汇率的变化趋势基本相似。

（二）全球价值链人民币实际有效汇率的结构解析

1. 全球价值链人民币实际有效汇率的价格结构解析

根据理论模型框架，全球价值链实际有效汇率可以进一步分解为两部分。一是全球价值链名义有效汇率，即利用全球价值链的权重加权双边名义汇率（相对于一种共同货币的名义汇率）；二是全球价值链相对自价格（GDP 平减指数）有效汇率，即利用全球价值链权重加权各国各自的价格（指数）变化率，用于反映各国价格指数（通货膨胀水平）的变化差异对实际有效汇率的影响大小。显然，双边名义汇率与自价格相乘等于双边实际汇率，故可以得到：全球价值链实际有效汇率变化率＝全球价值链名义有效汇率变化率＋全球价值链相对

---

① 当然，传统名义有效汇率和本章全球价值链名义有效汇率的测算过程中所包含国家的差异也是一个影响因素。

② 由于 BIS 公布的实际有效汇率比较完整，且计算口径相对一致，故只选取了 BIS 公布的有效汇率（宽口径）进行比较。统一说明：限于篇幅，本章许多测算数据和图表没有列出，读者若需要相关数据可以向作者索取。

自价格有效汇率变化率。

图 11-3 显示了人民币增加值实际有效汇率、名义有效汇率和相对自价格有
效汇率的变化情况，三种有效汇率的变化趋势相似且呈明显的阶段性特征，名
义汇率和相对自价格有效汇率对增加值实际有效汇率的贡献明显不同。表 11-2
列出了分阶段的名义有效汇率和相对自价格有效汇率对增加值实际有效汇率的
贡献情况。[①] 2005~2014 年，增加值实际有效汇率累积上升了（升值）0.4840，
增加值名义有效汇率上升了 0.2838，增加值名义有效汇率对实际有效汇率上升
的贡献率为 58.64%；相对自价格有效汇率上升了 0.2002，其贡献率为
41.36%。2005 年汇率制度改革以来，中国不但名义有效汇率进入升值阶段，而
且国内外相对自价格（GDP 平减指数）的变化也助推了增加值实际有效汇率的
升值，使得人民币增加值实际有效汇率远高于相应名义有效汇率的上升幅度。
在 1995~2000 年和 2001~2004 年这两个阶段，增加值名义有效汇率和相对自价
格有效汇率的变化方向相反，增加值实际有效汇率变化完全是由名义有效汇率
变化引起的，如 2001~2004 年，增加值实际有效汇率下降了（贬值）0.1197，
其中增加值名义有效汇率贬值 0.1686，其贡献率为 140.91%；而相对自价格有
效汇率为负贡献。此外，有关全球价值链人民币产出（出口）实际有效汇率的
价格结构解析的结果与人民币增加值实际有效汇率的价格结构解析结果相似。

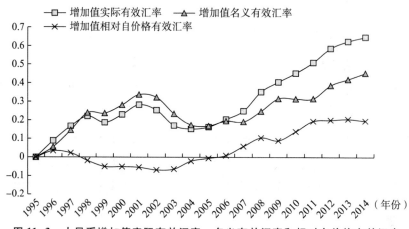

图 11-3　人民币增加值实际有效汇率、名义有效汇率和相对自价格有效汇率

---

① 　全球价值链实际有效汇率的变化趋势大致可分为三个大阶段，因此，在结构解析中，本章主
要对这个三个阶段进行阐述。有关产出实际有效汇率和出口实际有效汇率的价格结构解析可
向作者索取。

表 11-2　人民币增加值实际有效汇率的价格结构解析

指标		1995~2000 年	2001~2004 年	2005~2014 年	1995~2014 年
汇率	实际有效汇率	0.2819	-0.1197	0.4840	0.6494
	名义有效汇率	0.3363	-0.1686	0.2838	0.4552
	相对自价格有效汇率	-0.0545	0.0489	0.2002	0.1942
贡献率（%）	名义有效汇率贡献	119.32	140.91	58.64	70.10
	相对自价格有效汇率贡献率	-19.32	-40.91	41.36	29.90
合计		100.00	100.00	100.00	100.00

2. 全球价值链人民币实际有效汇率的区域结构解析

全球价值链实际有效汇率是各国的相对实际价格加权和，某个国家对人民币实际有效汇率的贡献率可以定义为：中国对该国的权重与中国对该国的实际相对价格变化的乘积，除以人民币实际有效汇率。因此，通过区域结构分解可明确人民币实际有效汇率的上升主要是由哪些地区推动的。以下主要分析了美国、日本、欧元区、非欧元区欧盟国家、北美洲（不包括美国）、东亚（除日本外）以及其他国家（地区）对人民币增加值实际有效汇率变化的贡献。[①] 从表 11-2 和表 11-3 可以看出，2005~2014 年，人民币增加值实际有效汇率增加了 0.4840，其中美国构成部分增加了 0.0989，贡献率达到 20.44%；欧元区构成部分增加了 0.0846，贡献率为 17.48%；日本构成部分增加了 0.0789，贡献率为 16.30%。自 2005 年以来，人民币增加值实际有效汇率的升值，主要是由对美国、日本和欧元区的汇率升值引起的。而在 2001~2004 年，人民币增加值实际有效汇率的贬值主要是由对欧元区、非欧元区欧盟国家以及其他国家的汇率贬值引起的。与此相反，2001~2004 年，美国、日本的构成部分是升值状态，对人民币增加值实际有效汇率的贬值做出了负的贡献。此外，出口、产出实际有效汇率的区域结构解析结果与增加值实际有效汇率的区域结构解析结果相似。

---

① 欧元区国家：奥地利、比利时、塞浦路斯、德国、西班牙、爱沙尼亚、芬兰、法国、希腊、爱尔兰、意大利、卢森堡、马耳他、荷兰、葡萄牙、斯洛伐克、斯洛文尼亚。非欧元区欧盟国家：保加利亚、捷克、丹麦、英国、匈牙利、立陶宛、拉脱维亚、波兰、罗马尼亚、瑞典、土耳其；北美洲（不包括美国）：墨西哥、加拿大；东亚（除日本外）：韩国、中国台湾。

表 11-3　人民币增加值实际有效汇率的区域结构分解

指标		欧元区	非欧元区欧盟国家	美国	日本	北美洲（不包括美国）	东亚（除日本外）	其他国家（地区）
时期	1995~2000年	0.0728	0.0105	-0.0011	0.0772	0.0005	0.0454	0.0765
	2001~2004年	-0.0472	-0.0147	0.0109	0.0161	-0.0040	-0.0050	-0.0758
	2005~2014年	0.0846	0.0345	0.0989	0.0789	0.0171	0.0474	0.1226
	1995~2014年	0.1102	0.0304	0.1087	0.1722	0.0137	0.0878	0.1233
贡献率（%）	1995~2000年	25.81	3.73	-0.38	27.40	0.19	16.11	27.14
	2001~2004年	39.43	12.27	-9.09	-13.46	3.30	4.21	63.34
	2005~2014年	17.48	7.14	20.44	16.30	3.53	9.79	25.33
	1995~2014年	17.05	4.70	16.82	26.65	2.11	13.58	19.08

（三）双边出口实际有效汇率

鉴于中国与美、日、德、韩等国家之间的贸易量相对较大，这部分集中讨论中国与这些国家的双边出口实际有效汇率（见图 11-4）。1995~2002 年，中国—美国双边出口实际有效汇率相对平稳，波动幅度非常小。具体地，1996 年出现短暂升值后，1997~2002 年出现小幅贬值，2003 年后，尤其是 2005 年汇率改革后，中国—美国人民币双边出口实际有效汇率进入快速升值阶段，从 2005 年的 0.0479 变为 2014 年的 0.5590，升值了 0.5111。中国—日本的人民币双边出口实际有效汇率在 1995~2014 年基本上都处于升值阶段，只有在 1997 年亚洲金融危机和 2008 年国际金融危机后的 2~3 年出现短暂的贬值。

与此不同，中国—德国、中国—法国、中国—英国和中国—韩国的人民币双边出口实际有效汇率基本上呈现升值—贬值—升值的阶段性变化特征，与中国总体的出口实际有效汇率的变化趋势相似。此外，中国与主要贸易伙伴国的双边出口名义有效汇率的变化趋势的差异较大，比相应双边出口实际有效汇率的波动性大，但是双边出口名义有效汇率与相应的实际有效汇率的变化趋势大体上相似（见图 11-5）。接下来的结构分解也说明，双边出口名义有效汇率变

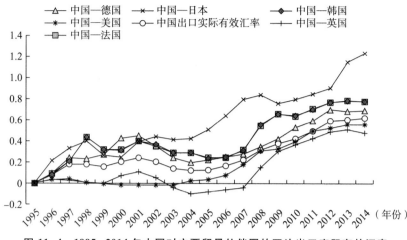

图 11-4 1995~2014 年中国对主要贸易伙伴国的双边出口实际有效汇率

化是实际有效汇率变化的主要因素。

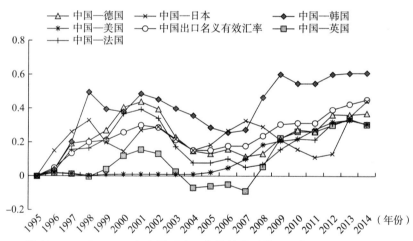

图 11-5 1995~2014 年中国对主要贸易伙伴国的双边出口名义有效汇率

由于对称性，美国到中国的出口即是中国从美国的进口，这样美国—中国的美元双边出口实际有效汇率（标准化）与中国—美国的人民币双边进口实际有效汇率（标准化）只是相差一定的倍数①，且两者的变化趋势是一致的。观

---

① 根据出口实际有效汇率的定义公式，当不对实际有效汇率进行标准化时，由于美国到中国的出口即是中国从美国的进口，这样如果从进口的角度定义双边进口实际有效汇率，非标准化的中国—美国的进口实际有效汇率与美国—中国的出口实际有效汇率相同。但是，对进口和出口实际有效汇率进行标准化处理时，计算中国—美国的进口实际有效汇率（标准化）是以中国实际相对价格的权重系数进行标准化的，而计算美国—中国出口实际有效汇率（标准化）时是以美国实际相对价格的权重系数进行标准化的。因此，中国—美国的进口实际有效汇率（标准化）与美国—中国出口实际有效汇率（标准化）只是相差一个倍数。

察图 11-6 可知，自 2001 年中国加入 WTO 后至 2014 年，美国—中国的双边出口实际有效汇率基本上处于贬值状态，如从 2001 年的 0.0679 下降到 2014 年的 −0.3944，贬值了 0.4623。而其他主要贸易伙伴国（德国、英国、法国和韩国等）对中国的双边出口实际有效汇率在 2001~2004 年出现了一定程度的升值，2005 年后才进入持续贬值的状态，如德国—中国双边出口实际有效汇率从 2001 年的 −0.4704 上升到 2004 年的 −0.2056，升值了 0.2648，而在 2005~2014 年，德国—中国的双边出口实际有效汇率从 2005 年的 −0.2338 下降到 2014 年的 −0.6304，贬值了 0.3966。总之，主要贸易伙伴国对中国的双边出口实际有效汇率变化总体上呈贬值状态，但差异性较大。

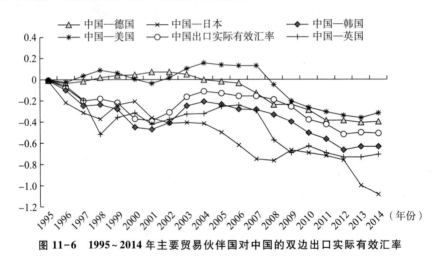

图 11-6　1995~2014 年主要贸易伙伴国对中国的双边出口实际有效汇率

（四）双边出口实际有效汇率的结构解析

1. 中国对主要贸易伙伴国的双边出口实际有效汇率的价格结构解析

表 11-4 显示了中国对主要贸易伙伴国的人民币双边出口实际有效汇率的价格结构解析。总体上可以发现：（1）中国对这些主要贸易伙伴国的人民币双边出口名义有效汇率的贡献率相差较大；（2）不同时期，名义有效汇率和相对自价格（GDP 平减指数）变化的贡献率相差较大。表 11-5 显示了主要贸易伙伴国对中国的双边出口实际有效汇率的价格结构解析结果。显然，这些国家对中国的出口实际有效汇率的变化主要是由相应名义有效汇率变化导致的。如 2005~2014 年，除日本外（28.94%），这些国家对中国出口的名义有效汇率对实际有效汇率贬值的贡献率均在 40% 以上。

表 11-4　中国对主要贸易伙伴国的人民币双边出口实际有效汇率的价格结构解析

国家	指标	1995~2000 年	2001~2004 年	2005~2014 年	1995~2014 年	2001~2014 年
中国—美国	实际有效汇率变化	-0.0044	0.0523	0.5111	0.5590	0.5634
	名义有效汇率贡献率（%）	-246.5	27.0	57.80	57.30	54.94
中国—日本	实际有效汇率变化	0.3998	0.1145	0.7230	1.2373	0.8375
	名义有效汇率贡献率（%）	66.88	-72.48	35.72	35.77	20.92
中国—德国	实际有效汇率变化	0.4583	-0.2440	0.4787	0.6930	0.2347
	名义有效汇率贡献率（%）	96.7	127.2	49.42	53.32	-31.42
中国—英国	实际有效汇率变化	0.1220	-0.1959	0.5583	0.4843	0.3623
	名义有效汇率贡献率（%）	132.24	114.90	66.91	63.95	40.96
中国—法国	实际有效汇率变化	0.3974	-0.2665	0.4863	0.6173	0.2199
	名义有效汇率贡献率（%）	99.28	119.09	47.25	49.74	-39.82
中国—韩国	实际有效汇率变化	0.4098	-0.1665	0.5405	0.7838	0.3740
	名义有效汇率贡献率（%）	117.98	120.85	59.65	77.14	32.41

表 11-5　主要贸易伙伴国对中国的双边出口实际有效汇率的价格结构解析

国家	指标	1995~2000 年	2001~2004 年	2005~2014 年	1995~2014 年	2001~2014 年
美国—中国	实际有效汇率变化	0.0697	-0.0855	-0.3787	-0.3944	-0.4642
	名义有效汇率贡献率（%）	97.8	69.6	56.61	52.13	58.99
日本—中国	实际有效汇率变化	-0.3513	-0.1454	-0.5840	-1.0806	-0.7293
	名义有效汇率贡献率（%）	57.04	-28.52	28.94	30.34	17.49
德国—中国	实际有效汇率变化	-0.4704	0.2367	-0.3967	-0.6304	-0.1600
	名义有效汇率贡献率（%）	85.8	131.1	42.32	41.47	-88.92
英国—中国	实际有效汇率变化	-0.0306	0.1720	-0.4560	-0.3147	-0.2841
	名义有效汇率贡献率（%）	174.26	109.28	71.18	60.39	48.11
法国—中国	实际有效汇率变化	-0.3877	0.2586	-0.3812	-0.5103	-0.1226
	名义有效汇率贡献率（%）	93.04	117.18	42.00	42.68	-116.60
韩国—中国	实际有效汇率变化	-0.4241	0.1734	-0.4509	-0.7016	-0.2775
	名义有效汇率贡献率（%）	115.55	111.49	58.18	79.68	24.88

2. 中国对主要贸易伙伴国的双边出口实际有效汇率的区域结构解析

与对人民币增加值实际有效汇率的区域结构分解方法相似，中国对主要贸易伙伴国的人民币双边出口实际有效汇率的变化也可以按区域进行结构分解。中国对美国的双边出口实际有效汇率的结构分解中，美国构成部分可以看作中美实际相对价格变化对中国向美国出口的直接影响，而其他区域构成部分可以看作中国与其他国家（除美国外）的实际相对价格变化对中国向美国出口的间接影响。表11-6显示，双边出口实际有效汇率变化主要是由双边相对实际价格变化引起的，如2005~2014年，中国—美国的双边出口实际有效汇率变化主要是由美国构成部分引起，贡献率达101.22%，而其余国家（地区）总体的贡献为负；中国—日本的双边出口实际有效汇率中日本构成部分的贡献率也达到99.94%。此外，由表11-7可知，双边出口实际有效汇率变化主要是由双边相对实际价格变化引起。主要贸易伙伴国对中国的双边出口实际有效汇率的区域结构分解结果也相似。

表11-6　中国对美国、日本的双边出口实际有效汇率的区域结构分解

国家	指标		欧元区	非欧元区欧盟国家	美国	日本	北美洲	东亚（除日本外）	其他国家
中国—美国	汇率	1995~2000年	0.0053	0.0009	0.0012	-0.0030	-0.0019	-0.0074	0.0005
		2001~2004年	-0.0021	-0.0015	0.0557	-0.0019	-0.0032	0.0004	0.0049
		2005~2014年	0.0042	0.0035	0.5174	-0.0086	0.0159	-0.0149	-0.0064
		1995~2014年	0.0074	0.0030	0.5743	-0.0135	0.0108	-0.0219	-0.0011
	贡献率（%）	1995~2000年	-121.31	-21.23	-28.06	68.50	43.03	169.37	-10.29
		2001~2004年	-4.08	-2.78	106.64	-3.63	-6.21	0.68	9.38
		2005~2010年	0.82	0.69	101.22	-1.68	3.11	-2.91	-1.26
		1995~2014年	1.32	0.54	102.74	-2.41	1.93	-3.92	-0.19
中国—日本	汇率	1995~2000年	0.0015	0.0002	-0.0006	0.4017	-0.0003	-0.0058	0.0031
		2001~2004年	0.0003	-0.0002	0.0006	0.1125	0.0000	0.0000	0.0013
		2005~2014年	-0.0003	0.0011	0.0053	0.7225	0.0010	-0.0098	0.0033
		1995~2014年	0.0015	0.0011	0.0053	1.2367	0.0007	-0.0156	0.0077
	贡献率（%）	1995~2000年	0.37	0.04	-0.14	100.48	-0.07	-1.46	0.78
		2001~2004年	0.26	-0.14	0.52	98.22	-0.04	0.01	1.16
		2005~2014年	-0.04	0.15	0.73	99.94	0.14	-1.36	0.45
		1995~2014年	0.12	0.09	0.43	99.95	0.05	-1.26	0.62

表 11-7　中国对主要国家的双边出口实际有效汇率中外国构成部分的贡献率

单位：%

时期	中国—德国，德国构成部分	中国—英国，英国构成部分	中国—法国，法国构成部分	中国—韩国，韩国构成部分
1995～2000 年	89.65	48.28	88.68	81.61
2001～2004 年	72.57	75.91	80.76	81.38
2005～2014 年	75.24	86.91	87.52	68.69
1995～2014 年	85.71	81.63	91.18	72.75

五　不同替代弹性情景下的比较分析

以上实证研究中，生产函数和最终需求函数的替代弹性系数都取 1（等替代弹性假设情景）。显然，替代弹性系数不同，测算的全球价值实际有效汇率就会存在差异，且替代弹性系数取值不同时，权重系数为负的可能性更大。因此，结合相关文献中有关替代弹性系数的选取情况，本章还对以下两种异质性替代弹性系数组合进行了比较分析。

（1）Leontief 情景（$\sigma^g(1) = 0$，$\sigma^g = 0$，$\theta = 3$）。取 Leontief 生产函数形式（$\sigma^g(1) = \sigma^g = 0$），这实际上是一种极端情形，完全不考虑中间投入和要素之间的替代，该假设在线性投入产出模型中广泛应用，因为普遍认为在短期生产链条具有刚性（短期内生产投入之间替代性较低），如 Rotemberg 和 Woodford（1996）、Burstein 等（2008）。为了使测算结果与等替代弹性系数假设可比，且与 Bems 和 Johnson（2015）利用 WIOD 数据进行的实证分析保持一致，最终需求函数替代弹性系数取 3（$\theta = 3$）。

（2）多异质性替代弹性情景。等替代弹性情景和 Leontief 情景都假设各国的替代弹性相同，没有考虑国家的异质性。基于 Patel 等（2014）中有关替代弹性系数的估计结果，本章认为非 OECD 国家对价格相对敏感，假设 OECD 国家和非 OECD 国家的最终需求函数的替代弹性不同，OECD 国家的需求函数替代弹性为 5（$\theta^g = 5$，g 为 OECD 国家），非 OECD 国家的需求函数替代弹性为 10（$\theta^g = 10$，g 为非 OECD 国家）。对于生产函数，增加值和总中间投入之间的替代弹性系数为 1.015（$\sigma^g = 1.015$），不同国家中间投入之间的替代弹性系数为 5（$\sigma^g(1) = 5$）。受篇幅限制，以下主要对增加值实际有效汇率和双边出口实际有效汇率进行比较。

（一）不同情景下权重比较

1. 增加值、产出和出口实际有效汇率的权重比较

表11-8列出了以2011年全球投入产出表计算的三种全球价值链人民币实际有效汇率的权重（即2012年全球价值链实际有效汇率测算权重）和BIS的broad权重。可以发现，不同情景不同类型的全球价值链人民币实际有效汇率下中国对这些主要贸易伙伴国（地区）的权重存在一定差异，但差别相对较小。此外，参与全球价值链程度较深的国家和地区（如日本、韩国、卢森堡、希腊、匈牙利等）对其中间投入联系紧密的国家和地区的权重都出现部分为负的情形。这与传统总值贸易的权重不可能出现负值的情形相反，这也证实了在全球价值链背景下，传统逻辑下货币贬值的"以邻为壑"效应不一定成立。

表 11-8　以 2011 年全球投入产出表计算的全球价值链人民币实际有效汇率权重

情景		欧元区	非欧元区欧盟国家	美国	日本	北美洲（除美国外）	东亚（除日本外）	其他国家（地区）
等替代弹性情景	增加值汇率	0.1714	0.0633	0.1740	0.1006	0.0393	0.0744	0.3770
	产出汇率	0.2010	0.0810	0.2233	0.1014	0.0494	0.0354	0.3086
	出口汇率	0.1848	0.0818	0.2367	0.0944	0.0534	0.0280	0.3210
Leontief 情景	增加值汇率	0.2049	0.0762	0.2667	0.1127	0.0426	0.0386	0.2582
	产出汇率	0.2567	0.0996	0.2988	0.1245	0.0549	−0.0188	0.1844
	出口汇率	0.1806	0.0791	0.2620	0.1050	0.0517	0.0160	0.3056
多异质性替代弹性情景	增加值汇率	0.1797	0.0652	0.1682	0.0991	0.0359	0.0595	0.3924
	产出汇率	0.1839	0.0675	0.1735	0.0991	0.0368	0.0536	0.3858
	出口汇率	0.1746	0.0782	0.2138	0.0859	0.0455	0.0117	0.3904
BIS 总值贸易权重（broad）		0.1943	0.0719	0.1902	0.1594	0.0435	0.1430	0.1976

图11-7给出了等替代弹性情景下人民币增加值实际有效汇率中国对美国、日本、东亚（除日本外）、欧元区国家的权重变化趋势（其他不同情景下不同类型实际有效汇率的权重变化趋势相似）。总体来看，1997年以来，中国赋予美国、日本、韩国和中国台湾的权重呈下降趋势，而对欧元区的权重是先上升而后下降的趋势。这与BIS计算的总值贸易权重的变化趋势基本一致。

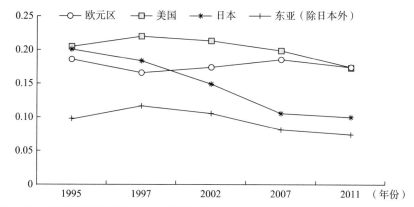

图 11-7　等替代弹性情景下人民币增加值实际有效汇率的权重变化趋势（部分年份）

2. 双边出口实际有效汇率权重比较

从中国对美国、日本的双边出口实际有效汇率权重来看（见表 11-9），（1）双边出口实际有效汇率权重中对应国家的权重占绝对优势，都在 90% 以上。即双边出口实际有效汇率主要受双边实际相对价格变化的影响，这与前述双边出口实际有效汇率区域结构分解的结论相一致。（2）中国对美国的出口实际有效汇率中赋予日本、韩国和中国台湾的权重为负，说明这三个地区的货币贬值不会降低中国对美国的出口，反而会增加中国对美国的出口。或者说，这三个地区的货币升值不会增加中国大陆对美国的出口，反而会降低中国对美国的出口，传统"以邻为壑"的货币贬值效应在此不成立。此处与 Thorbecke（2011）对中国加工贸易出口的实证研究结论相一致。[①]此外，从 1995~2011 年的变化趋势来看（见表 11-10），中国对美国的双边出口实际有效汇率中赋予日本的权重一直为负。其中，1997~2007 年该权重的绝对值在增大，但 2008 年国际金融危机后，权重的绝对值出现了下降。

表 11-9　中国对美国、日本出口实际有效汇率权重

情景	贸易双方	欧元区	非欧元区欧盟国家	美国	日本	北美洲（除美国外）	东亚（除日本外）	其他国家（地区）
等替代弹性情景	中国对美国	0.0113	0.0077	0.9928	-0.0076	0.0371	-0.0166	-0.0247
	中国对日本	-0.0022	0.0010	0.0067	0.9955	0.0010	-0.0086	0.0066

---

①　Thorbecke（2011）的研究表明，由于中国加工贸易出口的原材料和核心零部件来自日本、韩国和其他东亚国家，这些国家的汇率变化对中国的加工贸易出口具有重要影响，实证表明东亚国家与中国的货币一起升值时，中国加工贸易的下降幅度远大于人民币单边升值的情形。

续表

情景	贸易双方	欧元区	非欧元区欧盟国家	美国	日本	北美洲（除美国外）	东亚（除日本外）	其他国家（地区）
Leontief 情景	中国对美国	0.0058	0.0039	1.0244	-0.0083	0.0311	-0.0174	-0.0394
	中国对日本	-0.0033	-0.0002	0.0037	1.0390	-0.0004	-0.0127	-0.0262
多异质性替代弹性情景	中国对美国	0.0252	0.0140	0.9173	-0.0032	0.0535	-0.0137	0.0069
	中国对日本	0.0065	0.0045	0.0162	0.9143	0.0033	-0.0032	0.0584

注：以 2011 年全球投入产出表测算。

表 11-10　中国对美国出口实际有效汇率权重变化

情景	年份	欧元区	非欧元区欧盟国家	美国	日本	北美洲（除美国外）	东亚（除日本外）	其他国家（地区）
等替代弹性情景	1995	0.0118	0.0049	0.9847	-0.0078	0.0245	-0.0171	-0.0011
	1997	0.0133	0.0076	0.9705	-0.0055	0.0286	-0.0194	0.0049
	2002	0.0077	0.0073	1.0001	-0.0109	0.0300	-0.0218	-0.0125
	2007	0.0035	0.0044	1.0256	-0.0151	0.0355	-0.0266	-0.0273
	2011	0.0113	0.0077	0.9928	-0.0076	0.0371	-0.0166	-0.0247
Leontief 情景	1995	0.0081	0.0036	0.9980	-0.0082	0.0230	-0.0176	-0.0068
	1997	0.0101	0.0060	0.9837	-0.0059	0.0271	-0.0200	-0.0010
	2002	0.0053	0.0055	1.0080	-0.0102	0.0290	-0.0216	-0.0160
	2007	-0.0001	0.0018	1.0480	-0.0150	0.0313	-0.0274	-0.0387
	2011	0.0058	0.0039	1.0244	-0.0083	0.0311	-0.0174	-0.0394
多异质性替代弹性情景	1995	0.0194	0.0081	0.9529	-0.0031	0.0303	-0.0150	0.0075
	1997	0.0208	0.0114	0.9382	-0.0014	0.0348	-0.0172	0.0135
	2002	0.0158	0.0119	0.9646	-0.0078	0.0377	-0.0200	-0.0022
	2007	0.0159	0.0100	0.9648	-0.0111	0.0489	-0.0239	-0.0046
	2011	0.0252	0.0140	0.9173	-0.0032	0.0535	-0.0137	0.0069

（二）不同情景下人民币增加值实际有效汇率的比较

图 11-8 描述了不同替代弹性情景下人民币增加值实际有效汇率的变化情况。不同替代弹性系数组合的选取对增加值实际有效汇率的影响不大，等替代弹性情景、Leontief 情景和多异质性替代弹性情景下的人民币增加值实际有效汇

率的变化趋势基本一致，相关系数在 0.99 以上。图 11-9 对不同替代弹性情景下中美双边出口的实际有效汇率进行了比较。此外，其他几种类型的全球价值链有效汇率的变化趋势也基本一致，替代弹性系数组合的影响不明显。可能的原因如下。一是不同替代弹性组合只影响测算权重，但计算结果表明这些权重的差异并不很大。二是标准化的权重计算公式要求权重之和为 1 （$\sum_{h \neq g} w_{gh}^{X} = 1$），这样当一国汇率相对于所有其他国家一致性升值（贬值）时，不同权重分布下得到的实际有效汇率升值（贬值）幅度是相同的。虽然这种极端情形较少发生，但是一国汇率相对于大多数国家同时升值（贬值）的情形还是相对较多的，这也就削弱了权重差异对实际有效汇率的影响程度。三是双边实际相对价格变化的异质性较大，如果要使权重的影响较大，那么权重变化与实际相对价格变化就要保持高度相关性，这样才会对实际有效汇率产生同方向的影响，否则就会出现相互抵消情形。而现实中权重与实际相对价格变化的相关性小。本章与 Bems 和 Johnson （2015） 的原因解释相似。Bems 和 Johnson （2015） 研究发现，增加值实际有效汇率和传统实际有效汇率的差异主要是由价格指数选取的不同引起的，而权重的影响相对较小。

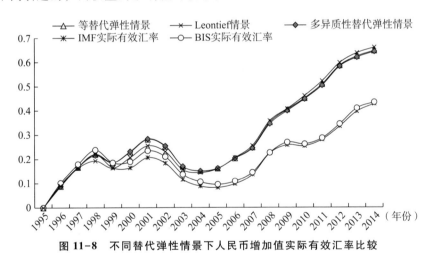

图 11-8　不同替代弹性情景下人民币增加值实际有效汇率比较

前述分析表明不同替代弹性情景下各类型的全球价值链实际有效汇率的权重差异不大，且从时间序列上看，短期内权重的变化也不大。那么对于具体某一类型的全球价值实际有效汇率，随时间变化的权重是否会对测算的实际有效汇率产生较大的影响？以下通过假设权重保持某一年份（如 2011 年）的值不变，模拟计算全球价值链实际有效汇率。通过比较权重保持不变情景下模拟计算的实际有效汇率与原来权重变化条件下计算的实际有效汇率的差异，就可以

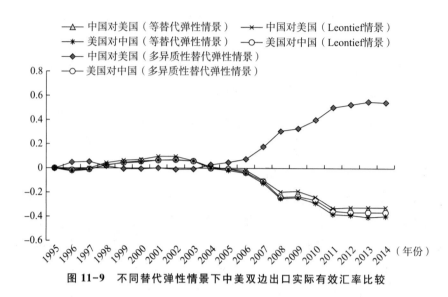

图 11-9　不同替代弹性情景下中美双边出口实际有效汇率比较

发现权重变化的影响。以下我们利用 2011 年全球投入产出表计算的权重，反向计算 1995～2012 年的假想实际有效汇率，同时也以 2000 年全球投入产出表计算的权重模拟计算 1995～2012 年的假想实际有效汇率。如果模拟计算的实际有效汇率与原来计算的实际有效汇率差异不大，就说明中短期内，权重随时间变化的影响较小。图 11-10 显示了反真实模拟的人民币增加值实际有效汇率。显然，反真实模拟计算的人民币增加值实际有效汇率与原权重变化条件下测算的实际有效汇率的变化趋势非常相似，相关系数都达 0.95 以上。其他类型的有效汇率与此相似。

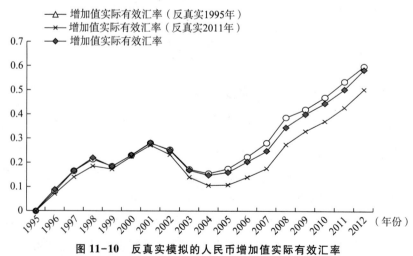

图 11-10　反真实模拟的人民币增加值实际有效汇率

六 中国汇率政策启示

本章在 Bems 和 Johnson（2015）增加值实际有效汇率理论的基础上，首次提出了全球价值链双边出口实际有效汇率的新概念和新方法，并利用三国每国一部门全球投入产出模型对全球价值链实际有效汇率理论进行全面系统的阐述，进一步利用 WIOD 数据，着重测算分析全球价值链实际有效汇率、中国对其他主要贸易伙伴国的双边出口实际有效汇率的变化趋势以及变动因素，主要得到以下结论。

（1）从全球价值链视角来看，IMF 和 BIS 传统方法计算的实际有效汇率低估了人民币实际有效汇率升值幅度，且低估程度呈扩大趋势。

（2）本章全球价值链增加值、产出和出口有效汇率的变化趋势高度相似。中国、美国、日本、俄罗斯、印度和巴西等国家产出（出口）与增加值实际有效汇率相关系数达 0.99 以上。

（3）从价格结构分解来看，增加值名义有效汇率和增加值相对自价格有效汇率共同助推了 2005 年汇率改革以来人民币增加值有效汇率的升值，而之前相对自价格有效汇率对实际有效汇率的变化是负贡献；从区域结构分解来看，对美国、日本和欧元区的升值是人民币增加值实际有效汇率升值的主要影响因素。

（4）中国对主要贸易伙伴国的双边出口实际有效汇率（尤其是 2005 年后）总体上呈升值状态，但差异性较大。与此相对应，中国加入 WTO 后，美日对中国的双边出口实际有效汇率基本上处于贬值的状态。

（5）双边相对实际价格变化是双边出口实际有效汇率变动的主因，如中国对美国的出口实际有效汇率中，中美实际相对价格变化的贡献达 99% 以上。

（6）中国大陆对美国的出口实际有效汇率中赋予日本、韩国和中国台湾的权重为负。东亚国家（地区）的货币贬值不会降低中国大陆对美国的出口，反而会增加中国大陆对美国的出口，传统的有关"以邻为壑"的货币贬值效应失效。

（7）不同替代弹性系数组合的选取对全球价值链实际有效汇率测算结果的影响不大，三种情景下测算的各类型全球价值链人民币实际有效汇率的变化趋势基本一致，相关系数在 0.99 以上。

（8）从时间序列的角度来看，在中短期内，权重变化对测算的全球价值链实际有效汇率的影响不大。

基于以上研究结论，可得到以下政策启示。

（1）中国应该尝试测算并公布全球价值链实际有效汇率，建立自己在汇率方面的话语权。作为一个大国，中国至今没有权威机构测算和公布实际有效汇率。相对于其他国家，中国在实际有效汇率测算方面的理论研究和实践远落后西方主要发达国家。因此，中国应尝试测算全球价值链实际有效汇率并公布。在具体操作过程中，考虑到数据的可得性，可以编制多国每国一部门或三部门的全球投入产出表，并利用该表测算全球价值链实际有效汇率。实际上，编制全球投入产出表的方法和实践都有比较成功的案例，如 WIOD、东亚投入产出表等。

（2）在有关汇率相关政策问题的讨论中，应该更多地以全球价值链实际有效汇率为参考标准。随着中国参与全球价值链的程度加深，传统实际有效汇率的偏差和误导性增强，传统实际有效汇率低估人民币升值的程度越来越严重，从而低估了中国行业价格竞争力的下降程度。总之，许多与汇率相关的政策问题，应该充分考虑到全球价值链的影响。

（3）鉴于东亚区域价值链的深入发展，讨论汇率与中国出口、贸易平衡等问题时，应该从全球价值链视角思考，传统的"以邻为壑"的货币贬值效应可能不再成立。

显然，本章仅局限于阐述全球价值链实际有效汇率的理论及其变动因素的结构解析，并没有挖掘全球价值链实际有效汇率变动背后的真实原因以及汇率对其他经济变量（收入不平等、就业等）的影响，对不同国家和类型全球价值链实际有效汇率的差异也有待进一步展开分析。有关全球价值链实际有效汇率的替代弹性系数需要利用现代计量方法进行更为科学的估计。最后，应进一步扩展到分行业全球价值链实际有效汇率的测算研究，并将该方法应用于贸易平衡等相关问题，这是本书后续的重要研究方向。

第十二章 什么削弱了中国出口
价格竞争力?[*]

基于全球价值链有效汇率理论，并考虑不同行业部门参与全球价值链程度的异质性因素，本章首次定义了全球价值链分行业出口实际有效汇率，并进一步明确了双边分行业出口（或进口）实际有效汇率的新概念和新方法。利用WIOD数据，实证研究表明：（1）从 2005 年（汇改）到 2009 年，受名义汇率升值和相对成本优势减弱双重影响，中国制造业分行业出口价格竞争优势逐步消失，未来靠低成本优势抵消汇率升值以保持制造业的价格竞争力的产业条件不复存在；（2）在中国对主要贸易伙伴国出口与汇率关系的讨论中，全球价值链双边分行业出口实际有效汇率指标明显优于传统汇率指标，估计系数符号与理论预测相一致，为打破"汇率升值减少中国进口"悖论提供了新的视角。

一 引言

自 2005 年汇率制度改革以来，人民币兑美元的名义汇率基本上处于升值状态，到 2014 年累积升值幅度达 30%左右。2008 年国际金融危机发生后到 2009 年东亚国家的汇率变化具有明显差异性，人民币兑美元的名义汇率升值幅度为 10%，韩元兑美元的名义汇率贬值了 31%，印度卢比兑美元的名义汇率贬值了 15%，与此相反，日元兑美元的名义汇率升值了 23%。^① 那么汇率变化对中国各行业出口价格竞争力到底会产生什么影响？人民币升值是否削弱了中国产业的国际价格竞争力？中国各行业出口国际价格竞争力（一般用实际有效汇率来衡量）动态演变情况如何？这些有关国际价格竞争力的确切

———————————
* 本章主要内容发表在《经济学（季刊）》2018 年第 1 期。
① 以上各国货币的名义汇率数据来自 CEIC 数据库。

问题被政策制定者和市场参与者广泛关注。同时，汇率对进出口（贸易收支）的影响，一直是国内外学者争论的焦点。对于中国来说，人民币名义汇率升值对进出口的影响，一直没有确定性的结论，甚至许多实证研究发现"汇率升值减少了中国进口"（徐建炜和田丰，2013；李宏彬等，2011），这一结论与传统汇率理论预期相违背。全球生产分工体系日益细化，对全球产业特征和贸易格局产生了深远的影响。若不考虑全球产业链和价值链的影响，对以上问题的分析将是不全面的，甚至具有误导性。

传统实际有效汇率是衡量出口价格竞争力的主要指标之一，本质上是指实际相对价格变化（实际汇率变化）对出口绩效的影响。一些重要国际组织和机构投入大量资源测算并发布各国总体的名义和实际有效汇率指数，如国际货币基金组织（International Monetary Fund，IMF）、国际清算银行（Bank of International Settlements，BIS）和 OECD 等国际组织。显然，由于各国各行业的国内外价格变化、生产和需求结构不同，一国的一些行业的价格竞争力可能增强，而另外一些行业的价格竞争力可能下降。单一国别层面的总体传统实际有效汇率可能掩盖了行业间竞争力的异质性，造成"加总谬误"（徐建炜和田丰，2013）。Goldberg（2004）首次将传统实际有效汇率拓展到行业层面，测算了美国 20 个行业的实际有效汇率，并考察了分行业实际有效汇率与利润的关系。随后出现了大量对其他国家的分行业实际有效汇率的测算研究，如 Lee 和 Yi（2006）、Alexandre 等（2008）、Sato 等（2012）、徐建炜和田丰（2013）等。但是，随着全球价值链的深入发展，基于阿明顿需求函数构建传统实际有效汇率的假设[①]日益不合时宜。与此同时，全球生产分工体系的深入发展大大改变了全球贸易格局和国际竞争方式，国际竞争演变为特定生产阶段中价值创造的竞争。因此，传统实际有效汇率（或分行业传统实际有效汇率）不但在影响大小，而且在影响方向上都可能对国际出口价格竞争力评价存在误导（Bems and Johnson，2012；Bems and Johnson，2015；Patel et al.，2014）。

为了便于理解，本章构造了一个简化的三国模型（中国、韩国和美国）。假设经济中存在两大产品部门：一是生产分割程度较深的高技术产品部门（如电子产品，苹果手机）；二是无国际垂直专业化的低技术产品部门（如纺织产品，服装）。美国、韩国生产苹果手机的核心零部件，并运送到中国进行组装和加工，然后中国将苹果手机整机出口到美国供消费。同时中国、韩国都生产服

---

① 该假设为一国之内完成产品的全部生产任务，且无进口中间产品。

装，且生产过程中不使用国外进口中间产品，并出口到美国作为最终消费品。现考虑韩元大幅贬值情形。（1）对于服装，韩元贬值导致其价格变得相对便宜，美国居民服装消费支出转向韩国，这种"支出转移效应"将导致韩国服装出口增加，而中国的服装出口相应减少，对中国构成直接竞争。这与传统的"以邻为壑"的货币贬值效应的逻辑一致。（2）对于苹果手机，韩元贬值则不一定导致中国电子产品出口减少。传统实际有效汇率的测算方法（如IMF方法）暗含的假设是：中国出口加工的电子产品（苹果手机）被归为中国的全产品，且中国与其他国家电子产品部门是直接竞争关系。与服装一样，若韩元贬值，用传统方法测算的中国高技术产品行业实际有效汇率将升值，即价格竞争力下降。然而，实际上中国使用从韩国和美国进口的中间产品（核心零部件）来生产苹果手机，并没有执行苹果手机的全部生产任务，只是提供加工组装服务。也就是说，中国与其他国家竞争的是加工组装服务而非高技术产品核心零部件的制造。鉴于此，当韩元贬值时，来自韩国的苹果手机的核心部件的成本下降，可能会导致中国出口苹果手机的成本和价格下降，促进中国生产的苹果手机的出口，进而也导致对中国加工组装服务的需求增加，从而提高了中国出口产品的价格竞争力，这与我们通常认为的"以邻为壑"的逻辑完全不同。

总之，从以上简化模型可以看出：（1）当跨境中间投入联系机制相对重要时，用传统分行业实际有效汇率衡量国际价格竞争力可能存在误导，传统方法着重强调"支出转移效应"而忽视了供给侧的中间投入联系机制，故传统方法的逻辑是存在瑕疵的；（2）传统货币贬值的"以邻为壑"政策效应逻辑不一定成立，当出口产品生产需要使用从其他国家进口的中间产品时，中间产品供应国的货币贬值，不一定导致进口中间产品国家的产品出口竞争力下降；（3）不同产品部门参与全球价值链程度不同，面临的竞争环境存在较大差异，将导致各行业的价格竞争力存在明显的异质性；（4）国家整体层面的传统实际有效汇率和全球价值链实际有效汇率都有可能掩盖行业间价格竞争力的异质性。

针对传统实际有效汇率测算的缺陷，Bems 和 Johnson（2012，2015）对国家层面的全球价值链实际有效汇率进行了详细探讨。考虑到行业的异质性特点，尤其是各行业参与全球价值链的程度不同，Patel 等（2014）进一步把 Bems 和 Johnson（2012，2015）的国家层面的单部门增加值实际有效汇率（Value-Added Real Effective Exchange Rate，VAREER；或 Input-Output REER，IOREER）推广到分行业总产出和增加值实际有效汇率（Goods-REER；Global Value Chains REER，GVC-REER）。但是，这些全球价值链实际有效汇率都是基于实际相对价格变化对一国产出或增加值的影响大小而定义的。显然，一国产品的出口与该产品的产出（或增加值）的变化并非完全一致，尤其是对于开放小国和开放大国来说，产品出口和产出（或增加值）存在较大差异，这样实际相对价格变化对出口和产出（或增加值）的影响程度就可能不同。因此，严格区分产品的出口和产出（或增加值），从实际相对价格变化对分行业出口的影响大小的角度定义实际有效汇率，并进一步扩展到双边分行业出口（或进口）实际有效率汇率，有利于更加准确地衡量各国出口国际价格竞争力和分析汇率与进出口的关系，也为双边实际有效汇率提供了新的理论基础。

相较于已有文献（见表12-1），本章主要有以下几点创新。（1）考虑全球价值链的影响机制和行业的异质性特点，并区分相对价格变化对出口、产出和增加值的影响差异，提出了基于出口的全球价值链分行业实际有效汇率的新定义，有助于更加精确地分析分行业出口价格竞争力变化趋势。（2）首次将全球价值链实际有效汇率概念拓展到双边分行业层面，提出了双边分行业出口（进口）实际有效汇率的新理论和新方法，为双边实际有效汇率提供了新的理论基础。（3）构建了三国每国两部门模型，对全球价值链分行业实际有效汇率进行了全面系统的阐述。从理论上论证了选择产品价格还是增加值价格进行测算在本质上不存在差异，但由于实践中价格指数的统计核算方法不同和存在统计误差，具体测算时选取不同价格指数将对结果产生一定影响。鉴于各国一般都是先调查统计产品价格，然后推算增加值价格，故我们直接利用分行业产品价格进行测算。（4）首次探讨了全球价值链实际有效汇率与进出口的关系。Bems 和 Johnson（2015）和 Patel 等（2014）主要是从方法角度和总体上分析各国的实际有效汇率，对中国分行业出口价格竞争力关注不多，也没有分析汇率与进出口的关系。本章则深入分析了中国分行业出口竞争力的动态变化趋势，并利用动态面板方法分析了全球价值链双边分行业实际有效汇率和中美出口的关系。总之，本章的全球价值链实际有效汇率理论、方法和数据，为后续研究提供了新的研究工具和数据。本章测算的全球价值链分行业实际有效汇率为研究汇率问题提供了新的数据来源，也为政策制定者理解出口价格竞争力的变化提供了更加精确的基础数据。

表 12-1 文献中实际有效汇率测算方法比较

文献	是否利用全球投入产出模型	是否考虑中间投入联系机制	是否区分出口和产出（或增加值）价格竞争力	分行业层面	异质性替代弹性	是否能为全球价值链双边实际有效汇率提供理论基础
BIS 或 IMF	否	否	否	否	否	否
Bayoumi 等（2013）	否	是	否	否	否	否
Thorbecke（2011）	否	是	否	否	否	否
Bems 和 Johnson（2012，2015）	是	是	否	否	否	否
Patel 等（2014）	是	是	否	是	是	否
本章	是	是	是	是	是	是

二 理论模型

本章理论模型是从可计算一般均衡模型（Computable General Equilibrium Model，CGE）中截取了一部分，实际上是局部均衡模型，要素市场均衡和收入分配机制没有引入模型。当定义实际有效汇率时，一般只考虑价格变化与出口（产出、增加值）变化之间的联系，假定产品价格（或增加值价格）外生和各国总最终需求给定，以求出以相对实际价格变化为自变量的出口（产出、增加值）的函数表达式。为此，本章理论模型需对以下三个方面进行设定：（1）生产函数；（2）最终需求函数；（3）产品市场均衡。不失一般性，本章以三国每国两部门模型进行阐述，以求解各种实际有效汇率。假设三个国家分别为中国（C）、美国（U）和日本（J）；两个部门为工业部门 1 和非工业部门 2。表 12-2 是三国每国两部门全球投入产出表（或国际投入产出表）。这样，全球经济中共有 6 个国家行业部门的代表性生产企业，每个企业的产品生产需要使用国内的要素（增加值）和复合中间投入，复合中间投入由 6 个生产企业的产品（包括自身产品）复合而成。每个企业生产的产品既可以作为最终产品被 3 个国家消费，也可以作为其他企业的中间投入。因此，该经济体中存在 6 个生产企业与 9 个消费者（6 个生产企业加上 3 个最终产品消费者）。生产函数和最终产品消费函数都以嵌套 CES 形式表示。

表 12-2　三国每国两部门全球投入产出表

		中间使用						最终使用			总产出
		C		J		U		C	J	U	
		1	2	1	2	1	2	F^C	F^J	F^U	Q
C	1	$p_1^C(Q)X_{11}^{CC}$	$p_1^C(Q)X_{12}^{CC}$	$p_1^C(Q)X_{11}^{CJ}$	$p_1^C(Q)X_{12}^{CJ}$	$p_1^C(Q)X_{11}^{CU}$	$p_1^C(Q)X_{12}^{CU}$	$p_1^C(Q)F_1^{CC}$	$p_1^C(Q)F_1^{CJ}$	$p_1^C(Q)F_1^{CU}$	$p_1^C(Q)Q_1^C$
	2	$p_2^C(Q)X_{21}^{CC}$	$p_2^C(Q)X_{22}^{CC}$	$p_2^C(Q)X_{21}^{CJ}$	$p_2^C(Q)X_{22}^{CJ}$	$p_2^C(Q)X_{21}^{CU}$	$p_2^C(Q)X_{22}^{CU}$	$p_2^C(Q)F_2^{CC}$	$p_2^C(Q)F_2^{CJ}$	$p_2^C(Q)F_2^{CU}$	$p_2^C(Q)Q_2^C$
J	1	$p_1^J(Q)X_{11}^{JC}$	$p_1^J(Q)X_{12}^{JC}$	$p_1^J(Q)X_{11}^{JJ}$	$p_1^J(Q)X_{12}^{JJ}$	$p_1^J(Q)X_{11}^{JU}$	$p_1^J(Q)X_{12}^{JU}$	$p_1^J(Q)F_1^{JC}$	$p_1^J(Q)F_1^{JJ}$	$p_1^J(Q)F_1^{JU}$	$p_1^J(Q)Q_1^J$
	2	$p_2^J(Q)X_{21}^{JC}$	$p_2^J(Q)X_{22}^{JC}$	$p_2^J(Q)X_{21}^{JJ}$	$p_2^J(Q)X_{22}^{JJ}$	$p_2^J(Q)X_{21}^{JU}$	$p_2^J(Q)X_{22}^{JU}$	$p_2^J(Q)F_2^{JC}$	$p_2^J(Q)F_2^{JJ}$	$p_2^J(Q)F_2^{JU}$	$p_2^J(Q)Q_2^J$
U	1	$p_1^U(Q)X_{11}^{UC}$	$p_1^U(Q)X_{12}^{UC}$	$p_1^U(Q)X_{11}^{UJ}$	$p_1^U(Q)X_{12}^{UJ}$	$p_1^U(Q)X_{11}^{UU}$	$p_1^U(Q)X_{12}^{UU}$	$p_1^U(Q)F_1^{UC}$	$p_1^U(Q)F_1^{UJ}$	$p_1^U(Q)F_1^{UU}$	$p_1^U(Q)Q_1^U$
	2	$p_2^U(Q)X_{21}^{UC}$	$p_2^U(Q)X_{22}^{UC}$	$p_2^U(Q)X_{21}^{UJ}$	$p_2^U(Q)X_{22}^{UJ}$	$p_2^U(Q)X_{21}^{UU}$	$p_2^U(Q)X_{22}^{UU}$	$p_2^U(Q)F_2^{UC}$	$p_2^U(Q)F_2^{UJ}$	$p_2^U(Q)F_2^{UU}$	$p_2^U(Q)Q_2^U$
增加值		$p_1^C(V)V_1^C$	$p_2^C(V)V_2^C$	$p_1^J(V)V_1^J$	$p_2^J(V)V_2^J$	$p_1^U(V)V_1^U$	$p_2^U(V)V_2^U$				
总投入		$p_1^C(Q)Q_1^C$	$p_2^C(Q)Q_2^C$	$p_1^J(Q)Q_1^J$	$p_2^J(Q)Q_2^J$	$p_1^U(Q)Q_1^U$	$p_2^U(Q)Q_2^U$				

注：具体有关全球投入产出表的阐述可参见 Dietzenbacher 等（2013）。简单来说，行表示国家产品部门的使用方向，分为中间使用和最终使用，且区分中间投入使用和最终使用；列表示国家产品部门的生产构成，分为中间投入和增加值（劳动和资本要素的报酬），中间投入进一步区分国内和国外。投入产出表一般都把所有的价格都标准化为 1。$P_1^C(Q)$ X_{11}^{CC} 表示 C 国 1 部门对 C 国 1 部门中间投入产品需求的价值，其中 $P_1^C(Q)$ 表示 C 国 1 部门产品的价格，一般初始化为 1，X_{11}^{CC} 为 C 国 1 部门对 C 国 1 部门的中间投入产品需求数量。$P_i^g(Q)$ X_{ij}^{gh} 表示 h 国 j 部门对 g 国 i 部门中间投入产品需求的价值，$g\in\{C, J, U\}$；$i, j\in\{1, 2\}$，其中 $P_i^g(Q)$ 为 g 国 i 部门产品的价格，X_{ij}^{gh} 表示 h 国 j 部门对 g 国 i 部门中间投入产品需求数量。$P_i^g(Q)$ F_i^{gh} 表示 h 国对 g 国 i 部门产品的最终需求价值，其中 F_i^{gh} 表示 h 国对 g 国 i 部门产品的最终需求数量。$P_i^g(Q)$ Q_i^g 表示 g 国 i 部门的总产出价值，其中 Q_i^g 为 g 国 i 部门产出的数量（实物量）。$P_i^g(V)$ V_i^g 为 g 国 i 部门增加值的价值，$P_i^g(V)$ 为 g 国 i 部门增加值的价格，V_i^g 为 g 国 i 部门的增加值的数量（实物量）。

（一）模型设定

1. 生产函数

由于同一行业部门间产品的替代弹性与不同行业部门产品之间的替代弹性存在较大差别，且不同国家的中间投入产品合成函数的替代弹性系数也存在一定的差异[①]，本章模型放松 Bems 和 Johnson（2015）有关中间投入产品合成函数中的同一替代弹性系数的假设。

根据可计算一般均衡模型中函数的设定方法，本章模型假设所有的生产部

[①]　以 Petal 等（2014）中表 13 估计的 OECD 国家服务业中间投入产品合成函数为例，不同行业部门中间投入产品之间的替代弹性为 3.22，国外同一行业部门中间投入产品的替代弹性为 9.14，同一行业部门的国外中间投入产品与国内产品的替代弹性为 7.29，即同一行业部门的中间投入产品的替代弹性相差不是很大。故本章模型没有区分同一行业部门产品的国内外替代弹性的差异性。

门采用 CES 函数形式，并按成本最小化原则决策。生产过程采用三层嵌套的形式。第一层次（顶层）嵌套为增加值和总的中间投入。第二层次嵌套为将同一产品部门的复合中间投入合成总的中间投入。例如，生产汽车需要钢铁、轮胎、玻璃等产品，因此需要把钢铁、轮胎和玻璃等复合中间投入合成为总的中间投入。第三层次嵌套为将来自不同国家同一部门的产品合成为同部门的复合中间投入，例如，生产汽车需要钢铁作为中间投入，但是钢铁产品可能来自国内和国外，故在构建模型时，需要把来自不同国家的钢铁产品合成总的钢铁中间投入。具体中间投入的合成过程如下。[①]

（1）不同国家同部门中间投入复合（第三层次）。

同部门中间投入复合函数：

$$X_{ji}^g = \left[\sum_{h \in \{C,J,U\}} (\omega_{ji}^{hg})^{\frac{1}{\sigma_{ji}^g(2)}} (X_{ji}^{hg})^{\frac{\sigma_{ji}^g(2)-1}{\sigma_{ji}^g(2)}} \right]^{\frac{\sigma_{ji}^g(2)}{\sigma_{ji}^g(2)-1}} \tag{12-1}$$

其中，ω_{ji}^{hg} 为相应的份额参数；$\sigma_{ji}^g(2)$ 为替代弹性系数。X_{ji}^g 为 g 国 i 部门产品生产过程需要使用的 j 部门的复合中间投入。X_{ij}^{hg} 表示 g 国 j 部门对 h 国 i 部门的中间投入需求量。

（2）总中间投入复合（第二层次）。

该部分是将同一产品部门的中间投入合成为总中间投入，其 CES 函数形式如下：

$$X_i^g = \left[\sum_{j=1}^2 (\omega_{ji}^g)^{\frac{1}{\sigma_i^g(1)}} (X_{ji}^g)^{\frac{\sigma_i^g(1)-1}{\sigma_i^g(1)}} \right]^{\frac{\sigma_i^g(1)}{\sigma_i^g(1)-1}} = \left[(\omega_{1i}^g)^{\frac{1}{\sigma_i^g(1)}} (X_{1i}^g)^{\frac{\sigma_i^g(1)-1}{\sigma_i^g(1)}} + (\omega_{2i}^g)^{\frac{1}{\sigma_i^g(1)}} (X_{2i}^g)^{\frac{\sigma_i^g(1)-1}{\sigma_i^g(1)}} \right]^{\frac{\sigma_i^g(1)}{\sigma_i^g(1)-1}}$$

$$\tag{12-2}$$

其中，X_i^g 为 g 国 i 部门的总中间投入；ω_{ji}^g 为相应的份额参数；$\sigma_i^g(1)$ 为替代弹性系数。

（3）增加值与总中间投入复合（第一层次）。

总产出由中间投入和要素（资本和劳动要素）组合而成，表现为带有中间投入的生产函数，要素报酬构成产品中的增加值部分：

---

① 统一说明：变量的上标一般表示国家（地区），用 c，g，h，f 表示，c，g，h，$f \in \{C, J, U\}$，变量的下标表示行业部门，用 i，j，k，m，n 表示，i，j，k，m，$n \in \{1, 2\}$。上标 g，h 分别表示来源地和目的地。下标 i，j 分别表示产品的来源部门和产品的使用部门。

$$Q_i^g = \left[(\omega_{Vi}^g)^{\frac{1}{\sigma_i^g}} (V_i^g)^{\frac{\sigma_i^g-1}{\sigma_i^g}} + (\omega_{Xi}^g)^{\frac{1}{\sigma_i^g}} (X_i^g)^{\frac{\sigma_i^g-1}{\sigma_i^g}} \right]^{\frac{\sigma_i^g}{\sigma_i^g-1}} \tag{12-3}$$

其中，Q_i^g 为 g 国 i 部门的产出量；V_i^g 为 g 国 i 部门增加值；ω_{Vi}^g 为相应增加值的份额参数；ω_{Xi}^g 为总中间投入的份额参数；σ_i^g 为替代弹性系数。

2. 最终需求（消费）

最终需求 CES 合成分为两步：首先，将来自不同国家同一产品部门的最终产品需求复合；其次，将不同行业部门的复合最终产品需求再复合成总最终需求。

（1）同一产品部门的最终产品需求复合。

$$F_i^g = \left[\sum_{h \in \{C,J,U\}} (\kappa_i^{hg})^{\frac{1}{\theta^g(1)}} (F_i^{hg})^{\frac{\theta^g(1)-1}{\theta^g(1)}} \right]^{\frac{\theta^g(1)}{\theta^g(1)-1}} \tag{12-4}$$

其中，F_i^{hg} 为 g 国消费的来自 h 国 i 部门的产品数量；κ_i^{hg} 为相应份额参数；θ^g（1）为替代弹性系数；F_i^g 为 g 国对 i 部门复合最终产品的需求数量。这与中间投入的复合方法是相似的。

（2）总最终需求复合。

$$F^g = \left[\sum_{i=1}^{2} (\kappa_i^g)^{\frac{1}{\theta^g}} (F_i^g)^{\frac{\theta^g-1}{\theta^g}} \right]^{\frac{\theta^g}{\theta^g-1}} \tag{12-5}$$

其中，F^g 为 g 国的总最终需求[①]；κ_i^g 为相应的份额参数；θ^g 为替代弹性系数。式（12-5）表示把 g 国对 i 部门的复合最终需求再复合为 g 国总最终需求。

3. 产品市场均衡

各国行业的总产出可作为中间投入产品使用，也可作为最终产品使用，即经济系统中各国产品部门的总供给等于总需求，于是可以得到：

$$Q_i^g = \sum_{h \in \{C,J,U\}} F_i^{gh} + \sum_{h \in \{C,J,U\}} \sum_{j=2}^{2} X_{ij}^{gh} \tag{12-6}$$

（二）模型求解

本章利用对数线性化方法来处理以上模型。先确定对数线性化一阶条件和

---

① 从另一个角度来看，可以把 $F^g = \left[\sum_{i=1}^{2} (\kappa_i^g)^{\frac{1}{\theta^g}} (F_i^g)^{\frac{\theta^g-1}{\theta^g}} \right]^{\frac{\theta^g}{\theta^g-1}}$ 看成 CES 形式的效用函数，即经济主体消费各种产品的总效用。

产品市场均衡方程，然后再求解总产出、增加值、出口和进口需求函数，并写成矩阵（拉直向量）形式。

1. 最终需求的一阶条件和价格水平的对数线性化

给定价格和总最终需求（或总效用）条件下的最小化支出，利用拉格朗日乘数方法可以求得最终需求函数的一阶条件[①]：

$$F_i^g = \kappa_i^g \left[\frac{P_i^g(f)}{P^g(F)} \right]^{-\theta^g} F^g , P^g(F) = \left[\sum_{i=1}^2 \kappa_i^g P_i^g(f)^{1-\theta^g} \right]^{\frac{1}{1-\theta^g}}$$

$$F_i^{hg} = \kappa_i^{hg} \left[\frac{P_i^h(Q)}{P_i^g(f)} \right]^{-\theta^{g(1)}} F_i^g , p_i^g(f) = \left[\sum_{h \in \{C,J,U\}} \kappa_i^{hg} p_i^h(Q)^{1-\theta^{g(1)}} \right]^{\frac{1}{1-\theta^{g(1)}}}$$

其中，$p_i^h(Q)$ 为 h 国 i 部门产出价格；$P^g(F)$ 为 g 国的最终需求复合价格；$P_i^g(f)$ 为 g 国 i 部门复合最终需求的价格。以上是 CES 函数求解的一阶条件，F_i^g 对自身价格 $\left[P_i^g(f) \right]$ 的弹性系数为 $-\theta^g$，$P^g(F)$ 也为 CES 函数形式。当相对价格上升 1% 时，F_i^g 的需求量会下降 θ^g%。

对数线性化可以得到[②]：

---

① 若最终需求复合过程中两步的替代弹性都相等，最终需求函数形式与 Bems 和 Johnson（2015）一步最终需求函数形式一致。所以本章的最终需求函数是 Bems 和 Johnson（2015）一步最终需求函数的一种推广。如给定同一 i 产品部门价格水平，最小化支出的求解过程如下：

$$\min \sum_{i=1}^2 F_i^g p_i^g(f)$$

$$\text{s. t.} \quad F^g = \left[\sum_{i=1}^2 (\kappa_i^g)^{\frac{1}{\theta^g}} (F_i^g)^{\frac{\theta^g-1}{\theta^g}} \right]^{\frac{\theta^g}{\theta^g-1}}$$

利用拉格朗日乘数法求解以上最小化问题，可以得到：$F_i^g = \kappa_i^g \left[\frac{P_i^g(f)}{P^g(F)} \right]^{-\theta^g} F^g$ 和 $P^g(F) = \left[\sum_{i=1}^2 \kappa_i^g P_i^g(f)^{1-\theta^g} \right]^{\frac{1}{1-\theta^g}}$。具体求解过程可向作者索取。

② 以下以最终需求函数一阶条件为例。对 $F_i^g = \kappa_i^g \left[\frac{P_i^g(f)}{P^g(F)} \right]^{-\theta^g} F^g$ 取对数可以得到：

$$\ln F_i^g = \ln \kappa_i^g - \theta^g \ln \left[\frac{P_i^g(f)}{P^g(F)} \right] + \ln F^g$$

$$\mathrm{d}\ln F_i^g = -\theta^g \left[\mathrm{d}\ln(P_i^g(f)) - \mathrm{d}\ln(P^g(F)) \right] + \mathrm{d}\ln F^g$$

份额参数 κ_i^g 为常数，故 $\mathrm{d}\ln \kappa_i^g = 0$。因此，可以得到 $\widehat{F_i^g} = -\theta^g \left[\widehat{P_i^g}(f) - \widehat{P^g}(F) \right] + \widehat{F^g}$。

$$\widehat{F_i^g} = -\theta^g \left[\widehat{P_i^g(f)} - \widehat{P^g(F)} \right] + \widehat{F^g}$$

$$\widehat{P^g(F)} = \sum_{i=1}^{2} \frac{P_i^g(f)F_i^g}{P^g(F)F^g} \widehat{P_i^g(f)}$$

$$\widehat{F_i^{hg}} = -\theta^g(1) \left[\widehat{P_i^h(Q)} - \widehat{P_i^g(f)} \right] + \widehat{F_i^g}$$ (12-7)

$$\widehat{P_i^g(f)} = \sum_{h \in \{C,J,U\}} \frac{P_i^h(Q)F_i^{hg}}{F_i^g p_i^g(f)} \widehat{P_i^h(Q)}$$

$$F_i^g = -\theta^g \left[p_i^g(f) - P^g(F) \right] + F^g$$

$$P^g(F) = \sum_{i=1}^{2} \frac{p_i^g(f)F_i^g}{P^g(F)F^g} p_i^g(f)$$ (12-8)

其中，∧ 表示变量的变化率。式（12-7）中第一个式子表示总最终需求（F_i^g）的变化率一对一地影响 g 国对产品部门 i 复合需求的变化率，相对价格的变化率引起负向的 θ^g 倍的 g 国对产品部门 i 复合最终需求的变化率。式（12-7）中的第二个式子表示总最终需求复合价格的变化率 $[P^g(F)]$ 等于各产品部门 i 复合价格 $[P_i^g(f)]$ 变化率的加权和，权重为各自的份额，且与替代弹性系数 θ^g 无关。式（12-8）的解释与式（12-7）类似。

写成拉直向量的简洁形式[①]：

$$\mathrm{vec}(\widehat{F_i^g}) = -M(\theta)\mathrm{vec}(\widehat{p_i^g(f)}) + M(\theta)M1_{6\times3}\mathrm{vec}(\widehat{P^g(F)}) + M1_{6\times3}\mathrm{vec}(\widehat{F^g})$$ (12-9)

其中，$M(\theta) = \mathrm{diag}\left(\begin{bmatrix} \theta^C \\ \theta^J \\ \theta^U \end{bmatrix} \otimes \begin{bmatrix} 1 \\ 1 \end{bmatrix} \right)$，$M1_{6\times3} = \begin{pmatrix} 1 & 0 & 0 \\ 0 & 1 & 0 \\ 0 & 0 & 1 \end{pmatrix} \otimes \begin{bmatrix} 1 \\ 1 \end{bmatrix}$

$$\mathrm{vec}(\widehat{P^g(F)}) = W(P(F))_{3\times6}\mathrm{vec}(\widehat{p_i^g(f)})$$ (12-10)

其中，$W(P(F))_{3\times6}$ 为各国部门最终需求复合价格转化为各国总最终需求价格的变换矩阵。

$$\mathrm{vec}(\widehat{F_i^{hg}}) = e_{3\times1} \otimes \mathrm{vec}(\widehat{F_i^g}) - M2F_{18\times18}MF(\theta(1))_{18\times6}\mathrm{vec}(\widehat{P_i^g(Q)}) + e_{3\times1} \otimes M(\theta(1))_{6\times6}\mathrm{vec}(\widehat{p_i^g(f)})$$ (12-11)

其中，

---

① 有关推导过程和矩阵记号具体形式可向作者索取。其中，$\otimes$ 和 vec 的含义同第十一章。

$$M2F_{18\times6} = \begin{bmatrix} I_{3\times3} \otimes \begin{bmatrix} 1 & 0 & 0 \end{bmatrix} \otimes I_{2\times2} \\ I_{3\times3} \otimes \begin{bmatrix} 0 & 1 & 0 \end{bmatrix} \otimes I_{2\times2} \\ I_{3\times3} \otimes \begin{bmatrix} 0 & 0 & 0 \end{bmatrix} \otimes I_{2\times2} \end{bmatrix}$$

$$MF(\theta(1))_{18\times6} = \text{vec}(\theta^g(1)) \otimes (I)_{6\times6}, M(\theta(1))_{6\times6} = \text{diag}(\text{vec}(\theta^g(1)) \otimes e_{2\times1})$$

$$\text{vec}(\widehat{p_i^g(f)}) = W(P(f))_{6\times6} \text{vec}(\widehat{p_i^g(Q)}) \tag{12-12}$$

其中，$W(P(f))_{6\times6}$ 为同部门的价格变换矩阵。

2. 生产函数的一阶条件和对数线性化方程

（1）总中间投入的复合。

最小化总中间投入支出，利用拉格朗日乘数法，可以得到一阶条件：

$$X_{ji}^g = \omega_{ji}^g \left(\frac{p_{ji}^g(M)}{p_i^g(M)} \right)^{-\theta^g(1)} X_i^g$$

$$p_i^g(M) = \left[\sum_{j=1}^{2} \omega_{ji}^g (p_{ji}^g(M))^{1-\theta^g(1)} \right]^{\frac{1}{1-\theta^g(1)}}$$

$$X_{ji}^g = \omega_{ji}^g \left(\frac{p_{ji}^g(M)}{p_i^g(M)} \right)^{-\sigma_i^g(1)} X_i^g$$

$$P_i^g(M) = \left[\sum_{j=1}^{2} \omega_{ji}^g (p_{ji}^g(M))^{1-\sigma_i^g(1)} \right]^{\frac{1}{1-\sigma_i^g(1)}}$$

其中，$P_i^g(M)$ 为 g 国 i 部门总中间投入的复合价格；$P_{ji}^g(M)$ 为 g 国 i 部门对同一部门 j 产品的中间投入复合价格。此处与对最终需求复合的解释相似。

对数线性化：

$$\widehat{X_{ji}^g} = -\sigma_i^g(1)(\widehat{p_{ji}^g(M)} - \widehat{p_i^g(M)}) + \widehat{X_i^g}$$

$$\widehat{P_i^g(M)} = \sum_{j=1}^{2} \frac{p_{ji}^g(M)X_{ji}^g}{p_i^g(M)X_i^g} \widehat{p_{ji}^g(M)} = \sum_{j=1}^{2} \omega_{ji}^g \widehat{p_{ji}^g(M)} \tag{12-13}$$

写成矩阵形式：

$$\text{vec}(\widehat{X_{ji}^g}) = M3_{12\times6}\text{vec}(\widehat{X_i^g}) + M3_{12\times6}\text{diag}(\text{vec}(\sigma_i^g(1))\text{vec}(\widehat{p_i^g(M)})$$

$$-\text{diag}([M3_{12\times6}\text{vec}(\text{vec}(\sigma_i^g(1))]\text{vec}(\widehat{p_{ji}^g(M)}) \tag{12-14}$$

其中，$M3_{12\times6} = I_{3\times3} \otimes e_{2\times1} \otimes I_{2\times2}$

$$\text{vec}(\widehat{P_i^g(M)}) = W(P(M))_{6\times12}\text{vec}(\widehat{p_{ji}^g(M)}) \tag{12-15}$$

其中，$W(P(M))_{6\times12}$ 为价格变换矩阵。

（2）同部门中间投入复合函数。

在式（12-1）的约束下，最小化来自各国的中间投入支出，利用拉格朗日乘数方法可以求得：

$$X_{ji}^{hg} = \omega_{ji}^{hg} \frac{P_j^h(Q)}{P_{ji}^g(M)}^{-\sigma_{ji}^{g(2)}} X_{ji}^g$$

$$p_{ji}^g(M) = \left(\sum \frac{p_j^h(Q) X_{ji}^{hg}}{p_{ji}^g(M) X_{ji}^g} p_j^h(Q)^{1-\sigma_{ji}^{g(2)}} \right)^{\frac{1}{1-\sigma_{ji}^{g(2)}}}$$

对数线性化：

$$\widehat{X_{ji}^{hg}} = -\sigma_{ji}^g(2) \left(\widehat{p_j^h(Q)} - \widehat{p_{ji}^g(M)} \right) + \widehat{X_{ji}^g}$$

$$\widehat{p_{ji}^g(M)} = \sum_{h \in \{C,J,U\}} \frac{p_j^h(Q) X_{ji}^{hg}}{p_{ji}^g(M) X_{ji}^g} \widehat{p_j^h(Q)} \tag{12-16}$$

写成矩阵的形式：

$$\text{vec}(\widehat{X_{ji}^{hg}}) = MI1_{36 \times 12} \text{vec}(\widehat{X_{ji}^g}) + MI1_{36 \times 12} \text{diag}(\text{vec}(\sigma_{ji}^g(2)) \text{vec}(\widehat{p_{ji}^g(M)}))$$

$$- \text{diag}(MI2_{36 \times 12} \text{vec}(\sigma_{ji}^g(2))) [MI3_{36 \times 6} \text{vec}(\widehat{p_j^h(Q)})] \tag{12-17}$$

其中，$MI1_{36 \times 12} = e_{3 \times 1} \otimes I_{3 \times 3} \otimes I_{4 \times 4}$，$MI2_{36 \times 12} = e_{3 \times 1} \otimes I_{12 \times 12}$，$MI3_{36 \times 12} = I_{3 \times 3} \otimes e_{3 \times 1} \otimes I_{2 \times 2} \otimes e_{2 \times 1}$[①]。

$$\text{vec}(\widehat{p_{ji}^g(M)}) = W(P(M))_{12 \times 6} \text{vec} \widehat{p_i^g(Q)} \tag{12-18}$$

其中，$W(P(M))_{12 \times 6}$ 为价格变化矩阵。

（3）增加值与总中间投入复合函数。

最小化成本支出，利用拉格朗日乘数方法，可以得到一阶条件：

$$V_i^g = \omega_{Vi}^g \left(\frac{P_i^g(V)}{p_i^g(Q)} \right)^{-\sigma_i^g} Q_i^g$$

$$X_i^g = \omega_{Xi}^g \left(\frac{P_i^g(M)}{p_i^g(Q)} \right)^{-\sigma_i^g} Q_i^g$$

$$p_i^g(Q) = \left[\omega_{Xi}^g P_i^g(V)^{1-\sigma_i^g} + \omega_{Xi}^g P_i^g(M)^{1-\sigma_i^g} \right]^{\frac{1}{1-\sigma_i^g}}$$

---

① 为了后续书写方便，此处对符号进行统一说明。$e_{m \times n}$ 表示元素都为 1 的 $m \times n$ 矩阵，如 $e_{3 \times 1} = \begin{bmatrix} 1 \\ 1 \\ 1 \end{bmatrix}$；$I_{m \times m}$ 为 $m \times m$ 单位矩阵，如 $I_{3 \times 3} = \begin{bmatrix} 1 & 0 & 0 \\ 0 & 1 & 0 \\ 0 & 0 & 1 \end{bmatrix}$。

对数线性化：

$$\widehat{V_i^g} = -\sigma_i^g \left(\widehat{P_i^g(V)} - \widehat{P_i^g(Q)} \right) + \widehat{Q_i^g}$$

$$\widehat{X_i^g} = -\sigma_i^g \left(\widehat{P_i^g(M)} - \widehat{P_i^g(Q)} \right) + \widehat{Q_i^g}$$

$$\widehat{P_i^g(Q)} = \frac{P_i^g(V) V_i^g}{p_i^g(Q) Q_i^g} \widehat{P_i^g(V)} + \frac{p_i^g(M) X_i^g}{p_i^g(Q) Q_i^g} \widehat{P_i^g(M)} \qquad (12\text{-}19)$$

写成矩阵的形式：

$$\text{vec}(\widehat{V_i^g}) = \text{vec}(\widehat{Q_i^g}) - \text{diag}(\text{vec}(\sigma_i^g)) \text{vec}(\widehat{P_i^g(V)}) + \text{diag}(\text{vec}(\sigma_i^g)) \text{vec}(\widehat{P_i^g(Q)})$$
$$(12\text{-}20)$$

$$\text{vec}(\widehat{X_i^g}) = \text{vec}(\widehat{Q_i^g}) - \text{diag}((\text{vec}(\sigma_i^g)) \text{vec}(\widehat{P_i^g(M)}) + \text{diag}(\text{vec}(\sigma_i^g)) \text{vec}(\widehat{P_i^g(Q)})$$
$$(12\text{-}21)$$

$$\text{vec}(\widehat{P_i^g(Q)}) = D_V \text{vec}(\widehat{P_i^g(V)}) + D_X \text{vec}(\widehat{P_i^g(M)}) \qquad (12\text{-}22)$$

其中，

$$D_V = \text{diag}\left(\text{vec}\left(\frac{P_i^g(V) V_i^g}{p_i^g(Q) Q_i^g} \right) \right), D_X = \text{diag}\left(\text{vec}\left(\frac{p_i^g(M) X_i^g}{p_i^g(Q) Q_i^g} \right) \right) \circ$$

3. 增加值价格与产出价格的关系

双缩减法核算不变价增加值价格，是指利用不变价总产出减去中间投入以获得不变价增加值，进而获得增加值价格。根据本章模型框架可以得到增加值价格和产出价格之间的关系：

$$\text{vec}(\widehat{P_i^g(V)}) = D_V^{-1} \left[I_{6\times6} - D_X W(P(M))_{6\times12} W(P(M))_{12\times6} \right] \text{vec}(\widehat{p_i^g(Q)})$$

$$\text{或 vec}(\widehat{p_i^g(Q)}) = D_V \left[I_{6\times6} - D_X W(P(M))_{6\times12} W(P(M))_{12\times6} \right]^{-1} \text{vec}(\widehat{p_i^g(V)}) \qquad (12\text{-}23)$$

容易验证 $D_X W(P(M))_{6\times12} W(P(M))_{12\times6} = A_{6\times6}^{\text{T}} D_X W(P(M))_{6\times12} W(P(M))_{12\times6} = A_{6\times6}^{\text{T}}$，$A_{6\times6}$ 为全球投入产出表中的直接消耗系数矩阵，T 表示转置。此处正好是使用双缩减法获得的增加值价格关系式的对数线性化形式。式（12-23）也可以直接从投入产出表中列向关系式的对数线性化而得到。从理论上看，增加值价格和产出价格存在线性关系，因此，在变化趋势上，利用产出价格或者利用增加值价格测算全球价值链实际有效汇率是没有本质差异的。然而，在统计实践中，统计核算方法差异可能导致增加值价格和产出价格不会完全符合以上线性数量关系，因此，在具体测算实际有效汇率时，使用产出价格和使用增加值价格就可能得到不同的测算结果。在统计实践中，一般是先统计产出价格，再利用核算关系推导增加值价格，故相对来说，选择产出价格较为合理。此外，以上增加值价格与产出价格之间的关系中有两点值得注意：①增加值（或产出）价格是产出（增加值）价格的加权；②两种价格之间的关系与替代弹性系数无关。

4. 产品市场均衡

直接对数线性化产品市场平衡方程：

$$\widehat{Q_i^g} = \sum_{h \in \{C,J,U\}} S_{ij}^{gh}(F) \widehat{F_i^{gh}} + \sum_{h \in \{C,J,U\}} \sum_{j=1}^{2} S_{ij}^{gh}(M) \widehat{X_{ij}^{gh}} \qquad (12-24)$$

写成矩阵形式：

$$\text{vec}(\widehat{Q_i^g}) = S(F)_{6 \times 18} \text{vec}(\widehat{F_i^{gh}}) + S(X)_{6 \times 36} \text{vec}(\widehat{X_{ij}^{gh}}) \qquad (12-25)$$

其中，$S(F)_{6 \times 18}$、$S(X)_{6 \times 36}$ 为相应的权重矩阵。

5. 其他变换等式

将增加值和总中间投入 CES 函数直接对数线性化：

$$\text{vec}(\widehat{Q_i^g}) = D_V \text{vec}(\widehat{V_i^g}) + D_X \text{vec}(\widehat{X_i^g}) \qquad (12-26)$$

最终需求 CES 函数直接对数线性化：

$$\text{vec}(\widehat{F^g}) = W(P(F))_{3 \times 6} \text{vec}(\widehat{F_i^g}) \qquad (12-27)$$

截至目前，以上局部均衡模型的对数线性化已完成。

（三）全球价值链实际有效汇率

1. 产出、增加值与价格的关系

为了定义产出（或增加值）实际有效汇率，需求解以产出价格和各国总需求变化率为自变量的产出（或增加值）的函数表达式。具体求解过程如下：第一，以产出价格和各国总最终需求的变化率来表示分行业的各国最终需求变化率；第二，以产出价格和分行业产出的变化率来表示各国分行业的中间投入；第三，将前两个步骤中的表达式代入产品平衡方程式（12-24），得到以产出价格和各国总最终需求变化率来表示的各国分行业产出［式（12-28）］；第四，利用式（12-20）、式（12-23）和式（12-28），得到以产出价格和各国总最终需求变化率来表示的各国分行业增加值［式（12-29）］。

$$\text{vec}(\widehat{Q_i^g}) = \left[I_{6 \times 6} - S(X)_{6 \times 36} MI1_{36 \times 12} M3_{12 \times 6} \right]^{-1} \left[S(F)_{6 \times 18} Z_{FP} + S(X)_{6 \times 36} Z_{XP} \right] \text{vec}(\widehat{P_i^g(Q)})$$

$$+\left[I_{6\times6}-S(X)_{6\times36}MI1_{36\times12}M3_{12\times6}\right]^{-1}S(F)_{6\times18}e_{3\times1}\otimes M1_{6\times3}\text{vec}(\widehat{F^{g}})\qquad(12-28)$$

$$\text{vec}(\widehat{V_{i}^{g}})=\left\{\left[I_{6\times6}-S(X)_{6\times36}MI1_{36\times12}M3_{12\times6}\right]^{-1}\left[S(F)_{6\times18}Z_{FP}+S(X)_{6\times36}Z_{XP}\right]\right.$$
$$-\text{diag}(\text{vec}(\sigma_{i}^{g}))D_{V}^{-1}(I_{6\times6}-A_{6\times6}^{\mathrm{T}})+\text{diag}(\text{vec}(\sigma_{i}^{g}))\}\text{vec}(\widehat{P_{i}^{g}(Q)})$$
$$+\left[I_{6\times6}-S(X)_{6\times36}MI1_{36\times12}M3_{12\times6}\right]^{-1}S(F)_{6\times18}\left[e_{3\times1}\otimes M1_{6\times3}\right]\text{vec}(\widehat{F^{g}})\qquad(12-29)$$

根据增加值价格和产出价格的关系，式（12-28）和式（12-29）的产出价格都可写成增加值价格的形式，因此，从理论上，我们论证了用增加值价格和用产出价格定义的实际有效汇率是等价的。

2. 基于产出和增加值的全球价值链实际有效汇率

全球价值链实际有效汇率的定义方式与 McGuirk（1987）、Bems 和 Johnson（2015）、Patel 等（2014）相似。第一，求出产出（增加值、出口等经济变量）以价格和总最终需求为自变量的函数表达式；第二，假设外生总最终需求变化率为 0（假设各国总最终需求水平不变），主要关注相对价格变化对经济变量（增加值、出口等）的影响，这时我们得到了非标准化的全球价值链实际有效汇率；第三，标准化权重，以使各相对价格变化的系数（权重）之和为 1，即保证当所有外国价格对本国价格上升 1%，该国的实际有效汇率下降 1%（即贬值 1%）。

利用式（12-28）和式（12-29）就可以得到非标准化的产出和增加值实际有效汇率，记为：

$$WQP=\left[I_{6\times6}-S(X)_{6\times36}MI1_{36\times12}M3_{12\times6}\right]^{-1}\left[S(F)_{6\times18}Z_{FP}+S(X)_{6\times36}Z_{XP}\right]$$

$$WVP=\left[I_{6\times6}-S(X)_{6\times36}MI1_{36\times12}M3_{12\times6}\right]^{-1}\left[S(F)_{6\times18}Z_{FP}+S(X)_{6\times36}Z_{XP}\right]$$
$$-\text{diag}(\text{vec}(\sigma_{i}^{g}))D_{V}^{-1}(I_{6\times6}-A_{6\times6}^{\mathrm{T}})+\text{diag}(\text{vec}(\sigma_{i}^{g}))$$

$$\text{vec}(\widehat{QREER_{i}^{g}})=WQP\text{vec}(\widehat{p_{i}^{g}(Q)})\qquad(12-30)$$

$$\text{vec}(\widehat{VAREER_{i}^{g}})=WVP\text{vec}(\widehat{p_{i}^{g}(Q)})\qquad(12-31)$$

其中，$\text{vec}(\widehat{QREER_{i}^{g}})$ 为非标准化的产出实际有效汇率变化率，$\text{vec}(\widehat{VAREER_{i}^{g}})$ 为非标准化的增加值实际有效汇率变化率。特别说明，由于模型中的价格具有零齐次性，WVP 中行向元素之和为 0。很容易验证 $WVP\times e_{6\times1}=0_{6\times1}$，实际上，当价格水平的变化相同时，对实际量没有影响，与货币中性的原理相似。

对式（12-30）和式（12-31）进行标准化可得到标准化实际有效汇率。以下以 C 国增加值实际有效汇率的标准化做简要说明。

（1）取出权重系数。从式（12-31）取出 C 国 i 部门对应的元素，并记 WVP 中的元素为 wvp_{ij}^{Cg}，这样我们可以得到：

$$\widehat{VAREER_i^C} = \sum_{g \neq C, \text{且} j \neq i} wvp_{ij}^{Cg} \widehat{p_j^g(Q)} + wvp_{ii}^{CC} \widehat{p_i^C(Q)}$$

（2）标准化权重。我们定义：$w_{ij}^{Cg} = -wvp_{ij}^{Cg} / wvp_{ii}^{Cg}$。由于：$\sum_{g,j} wvp_{ij}^{Cg} = 0$（价格中性），两边同除以 $-wvp_{ii}^{CC}$，我们可以得到：

$$\sum_{g \neq C, \text{且} j \neq i} w_{ij}^{Cg} - 1 = 0$$

进一步可以得到：

$$\widehat{VAREER_i^C} = -wvp_{ii}^{CC} \left[\sum_{g \neq C, \text{且} j \neq i} w_{ij}^{Cg} \widehat{p_j^g(Q)} - \widehat{p_i^C(Q)} \right] = -wvp_{ii}^{CC} \left[\sum_{g \neq C, \text{且} j \neq i} w_{ij}^{Cg} \left(\widehat{p_j^g(Q)} - \widehat{p_i^C(Q)} \right) \right]$$

（3）标准化实际有效汇率。定义标准化的增加值实际有效汇率为：

$$\widehat{VAREER_i^C}\_S = \sum_{g \neq C, \text{且} j \neq i} w_{ij}^{Cg} \left[\left(\widehat{p_i^C(Q)} - \widehat{p_j^g(Q)} \right) \right] \tag{12-32}$$

其中，w_{ij}^{Cg} 为 C 国 i 部门对 g 国 j 部门的权重，满足 $\sum_{g \neq C, \text{且} j \neq i} w_{ij}^{Cg} = 1$。值得注意的是，权重由全球投入产出表（主要是中间投入联系）数据和替代弹性系数共同决定，故从理论上看，权重有可能出现负值。事实上，在具体实证研究中，我们确实发现存在负权重的情形。

最后，我们选取某一年为基准年份（本章后续实证中选取的基准年份为1995 年），并将基准年份的实际有效汇率归一化为 1，其他年份的实际有效汇率则基于基准年份的累积变化率而得到。这样基准年份的实际有效汇率的自然对数值为 0，其他年份的实际有效汇率可以解读为偏离基准年份的程度，即相对于基准年份，其他年份实际有效汇率的累积升值（实际有效汇率的自然对数为正数）或贬值（有效汇率的自然对数为负数）的百分比变化。这里指数增加，表示升值，国际价格竞争力下降；反之亦然。

3. 全球价值链双边分行业出口（或进口）实际有效汇率

沿着全球价值链增加值实际有效汇率的定义思路，先求出以价格和各国总最终需求为自变量的双边分行业出口函数表达式，再定义双边分行业出口实际有效汇率。鉴于双边出口和双边进口是一组镜像关系，本章没有再具体推导双边进口实际有效汇率。此外，定义国家分行业出口实际有效汇率有两种方法：一是，先求出以价格和最终需求为自变量的各国分行业出口的函数表达式，再按经典标准化方法获得标准化的分行业出口实际有效汇率；二是，先求出双边分行业出口实际有效汇率，再利用对其他国家的出口权重加权双边分行业出口实际有效汇率，从而得到国家分行业出口实际有效汇率。很容易验证这两种方法是等价的。以下简要介绍双边分行业出口实际有效汇率的定义方法。

（1）双边分行业出口与价格的关系。

显然，双边分行业出口的表达式为 $EX_i^{gh} = \sum\limits_{j=1}^{2} x_{ij}^{gh} + F_i^{gh}$，对数线性化并以矩阵形式表示[①]：

$$\mathrm{vec}(\widehat{EX_i^{gh}}) = BWX_{18\times36}\,\mathrm{vec}(\widehat{x_{ij}^{gh}}) + BWFGHi_{18\times18}\,\mathrm{vec}(\widehat{F_i^{gh}}) \tag{12-33}$$

其中，$BWX_{18\times36} = (I_{18\times18} \otimes e_{1\times2})\ \mathrm{diag}\ (\mathrm{vec}\ (bwx_i^{gh}))$，$BWFGHi_{18\times18} = \mathrm{diag}$ $(\mathrm{vec}\ (bwf_i^{gh}))$，$bwx_{ij}^{gh} = \dfrac{x_{ij}^{gh}}{EX_i^{gh}}$，$bwf_i^{gh} = \dfrac{F_i^{gh}}{EX_i^{gh}}$，$EX_i^{gh}$ 为 g 国到 h 国的出口；bwx_{ij}^{gh} 为 g 国到 h 国的中间产品出口占 g 国到 h 国出口的比重；bwf_i^{gh} 为 g 国到 h 国的最终产品出口占 g 国到 h 国出口的比重。

进一步将中间投入和最终需求代入可以得到：

$$\mathrm{vec}(\widehat{EX_i^{gh}}) = BWP\mathrm{vec}(\widehat{P_i^g(Q)}) + BMF\mathrm{vec}(\widehat{F^g}) \tag{12-34}$$

其中，$BWP = BWFGHi_{18\times18}Z_{FP} + BWX_{18\times36}Z_{XP} + BWX_{18\times36}MI1_{36\times12}M3_{12\times6}\ [I_{6\times6} - S\ (X)_{6\times36}MI1_{36\times12}M3_{12\times6}]^{-1}\ [S\ (F)_{6\times18}Z_{FP} + S\ (X)_{6\times36}Z_{FP}]\ BWF = BWFGHi_{18\times18}$ $[e_{3\times1} \otimes MI1_{6\times3}] + BWX_{18\times36}MI1_{36\times12}M3_{12\times6}\ [I_{6\times6} - S\ (X)_{6\times36}MI1_{36\times12}M3_{12\times6}]^{-1}S$ $(F)_{6\times18}\ (e_{3\times1} \otimes MI1_{6\times3})$

（2）双边分行业出口实际有效汇率。

根据式（12-34）可以得到非标准化的双边分行业出口实际有效汇率的计算公式：

$$\mathrm{vec}(\widehat{BEXREER_i^{hg}}) = BWP_{18\times6}\mathrm{vec}(\widehat{p_i^g(Q)}) \tag{12-35}$$

对式（12-35）进行标准化，可以得到标准化的双边分行业出口实际有效汇率。国家层面的分行业出口实际有效汇率可以通过对双边分行业出口实际有效汇率加权计算得到。

最后，由于双边出口和双边进口是一组镜像关系，故容易定义双边分行业

---

① 为便于表述，这里把被自己国家作为中间使用和最终使用的产品看作出口。

进口实际有效汇率。① 显然，本章三国每国两部门模型可以推广到多国多部门的一般模型，只要在模型推导过程中将 g 国的集合 $\{C, J, U\}$ 变为元素为 N 个国家的集合 $\{C, J, U, \cdots, Z\}$，产品部门 i 的集合 $\{1, 2\}$ 变为元素为 M 的集合 $\{1, 2, 3, \cdots, M\}$。限于篇幅，不再赘述。

三　测算结果分析

根据以上有关全球价值链实际有效汇率理论模型框架，利用 WIOD 数据及其他相关数据（CPI、名义汇率等）②，本章对 40 个国家（地区）和 35 个行业的增加值、产出、出口、双边出口的全球价值链实际有效汇率进行了测算和比较分析。③ 由于 WIOD 中各国分行业价格指数只有 1995～2009 年的数据，故本章只能测算 1995～2009 年的全球价值链实际有效汇率。本章利用 Matlab 软件计算了 1995～2009 年 40 个国家（地区）35 个行业的不同替代弹性系数假设下的全球价值链实际有效汇率。计算过程如下：（1）根据理论模型中的测算公式，在 Matlab 中输入初始数据和测算公式；（2）利用 WIOD 数据及其他相关数据对权重中的参数进行估计；（3）结合汇率和各产品部门的价格，计算各产品的价格变化率，代入测算公式，得到全球价值链实际有效汇率。④

（一）中国整体的产出、增加值和出口有效汇率

图 12-1 显示了中国整体的各种类型有效汇率。（1）中国整体出口、增加值和产出的实际（名义、相对自价格）有效汇率的变化趋势基本相似。产出和

---

① 双边分行业进口和出口的非标准化实际有效汇率相同，但在进行标准化处理时因选取的标准化系数不同，导致标准化后的双边出口和进口实际有效汇率不同，但是两者的方向一般是相同的。

② 数据和相关详细说明见网站：http://www.wiod.org/new_site/database/wiots.htm。相关参考文献：Dietzenbacher 等（2013）。其他价格指数（GDP 平减指数、名义汇率和 CPI）来自 IMF 的 WEOD（World Economic Outlook DataDase）。

③ a. 计算一年的全球价值链实际有效汇率的程序需运行 12 个小时左右，计算完所有年份的实际有效汇率需要 168 小时。b. 由于获取权重中替代弹性参数的估计值相对困难，本章直接选取 Patel 等（2014）的替代弹性作为本章基准，同时设计了不同情景进行稳健性分析。测算发现，取不同替代弹性对各种类型的全球价值链实际有效汇率变化趋势的影响不大。c. 对于 CES 函数中的份额参数，把全球投入产出表中的初始价格都标准化为 1，利用全球投入产出表数据可直接计算 CES 函数中的份额参数。d. 由于 WIOT 中一些国家部分行业的产出为 0，故实际上只测算了其他行业部门的全球价值链实际有效汇率。

④ 整体的产出、增加值和出口实际有效汇率都是通过对各行业部门实际有效汇率进行加权计算得到的，权重分别为各行业的产出、增加值和出口的占比。

出口实际有效汇率的相关系数达 0.9767，增加值与出口实际有效汇率的相关系数达 0.9803。（2）全球价值链实际有效汇率变化大致分为三个阶段：1995～2001 年（不含 2001 年，下同）处于小幅波动阶段，有升有降，但波动幅度不大；2001～2005 年（不含 2005 年，下同），中国各种类型实际有效汇率都处于下降阶段；2005～2009 年，各种类型实际有效汇率处于小幅上升阶段。（3）各种类型名义有效汇率呈明显阶段性特征，与人民币兑美元名义汇率变化趋势基本一致。1995～2001 年，全球价值链名义有效汇率呈上升趋势；2001～2005 年，名义有效汇率呈下降趋势；2005～2009 年，名义有效汇率呈小幅上升趋势。与此同时，人民币兑美元汇率从 1995 年的 8.35 下降到 2000 年的 8.28（升值阶段），2001～2005 年基本上维持在 8.28 左右，2005 年后到 2009 年一直下降到 6.83（升值阶段）。（4）全球价值链相对自价格有效汇率基本上处于下降阶段，但后期下降幅度大幅放缓。即剔除名义汇率因素后，中国相对价格优势稳步增强，但加入 WTO 后，相对自价格优势增长放缓。1995～2001 年，相对自价格有效汇率贬值 40%，中国相对价格优势稳步增强，但加入 WTO 后，2001～2009 年仅贬值了 12%，相对价格优势增长放缓。考虑到近年来中国劳动力成本上升，2009 年后中国相对价格优势可能已经完全丧失。（5）总体上看，全球价值链名义有效汇率的变化幅度大于相对自价格有效汇率，名义有效汇率对实际有效汇率变化的贡献相对较大。如从出口实际有效汇率的价格结构分解来看（见表 12-3）[①]，2005～2009 年，名义有效汇率升值了 0.1431，对实际有效汇率升值的贡献率为 194.69%；而相对自价格有效汇率贬值了 0.0696，对实际有效汇率的贡献率为 -94.69%。[②]

[①]　根据理论模型框架中全球价值链实际有效汇率计算公式，全球价值链实际有效汇率可以进一步分解为两部分：（1）全球价值链名义有效汇率，即利用全球价值链的权重加权名义汇率（相对于一种共同货币的名义汇率）而得到；（2）全球价值链相对自价格（产品价格）有效汇率，即利用全球价值链权重加权各国各自行业的价格指数变化率得到，反映本国（地区）价格指数（通货膨胀水平）的变化差异对实际有效汇率的影响。显然，名义汇率与自价格指数相乘等于实际汇率。因此，可以得到：全球价值链实际有效汇率变化率＝全球价值链名义有效汇率变化率+全球价值链相对自价格有效汇率变化率。

[②]　为了更加清楚地显示名义汇率和相对自价格对不同行业实际有效汇率差异的影响大小，作者对实际有效汇率也进行了因素结构模拟分解分析。已知全球价值链实际有效汇率由权重、名义汇率和相对自价格三种因素构成，如果假设其中某一因素保持初始观察值不变，模拟生成一个新的实际有效汇率，如这一因素比较重要，那么模拟生成的实际有效汇率将与真实的实际有效汇率存在显著差异，反之则不存在显著差异。模拟分析表明：实际有效汇率受权重的影响不大，其主要由名义有效汇率和相对自价格有效汇率决定。

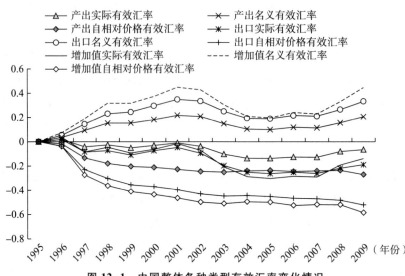

图 12-1　中国整体各种类型有效汇率变化情况

注：测算全球价值链有效汇率的权重矩阵都进行了标准化（归一化）。假设 1995 年有效汇率的对数值为 0，其他年份的有效汇率可以解读为偏离 1995 年的程度，或者理解为相对于 1995 年，相应年份的累积升值（正数）或贬值（负数）的程度。这里指数增加，表示升值，国际价格竞争力下降，反之亦然。以下各图若无特别说明，与该处注释相同。

表 12-3　中国整体出口实际有效汇率的价格结构分解

汇率		1995~2001 年	2001~2005 年	2005~2009 年
期间累积升值幅度	实际有效汇率	-0.0479	-0.2150	0.0735
	名义有效汇率	0.3480	-0.1589	0.1431
	相对自价格有效汇率	-0.3959	-0.0561	-0.0696
贡献率（%）	名义有效汇率	-727.11	73.92	194.69
	相对自价格有效汇率	827.11	26.08	-94.69
	合计	100.00	100.00	100.00

对于其他国家整体实际有效汇率变化情况[①]，由于各国经济发展阶段、产业结构和参与全球价值链的程度不同，各国的全球价值链实际有效汇率变化情况相差较大。但可以发现一个共同特点：利用本章理论模型框架计算的大部分国家的全球价值链出口有效汇率、增加值有效汇率和产出有效汇率的变化趋势具有相似性。受篇幅限制，后文重点阐述全球价值链出口有效汇率。

---

① 限于篇幅，其他国家有关数据可以向作者索取。

（二）国家分行业出口有效汇率

中国和其他国家的分行业出口有效汇率表现出较大的差异性，以下重点选取几个行业的全球价值链出口有效汇率进行分析。

1. 中国分行业出口有效汇率

图 12-2、图 12-3 和图 12-4 分别显示了农林牧渔业、采矿业、纺织业、电子和光学仪器制造业、运输设备制造业和机器设备租赁及其他商务服务行业的出口实际有效汇率、名义有效汇率和相对自价格有效汇率的变化情况。（1）中国各行业出口实际有效汇率存在一定差异性。1995~2001 年，中国各行业出口实际有效汇率有升有降；自 2001 年中国加入 WTO 后到 2005 年，中国各行业出口实际有效汇率出现了下降趋势，国际价格竞争力有所提高；而 2005 年汇改后，各行业出口实际有效汇率普遍出现了上升趋势，但各行业上升程度差异较大。（2）中国各行业出口名义有效汇率的变化趋势非常相似，呈明显的阶段性特点。第一阶段，1995~2001 年各行业出口名义有效汇率几乎都呈升值状态；第二阶段，2001~2005 年，各行业的出口名义有效汇率基本都呈下降状态，价格竞争力增强；第三阶段，2005~2009 年，受人民币兑美元的名义汇率持续升值影响，各行业出口名义有效汇率在一定程度上出现了上升趋势。（3）中国各行业的相对自价格有效汇率呈现明显的差异性。中国制造业各行业的出口相对自价格有效汇率基本上都处于下降阶段，但 2005 年后下降幅度显著放缓或处于水平状态，甚至部分行业出现升值状态。其中，服务业相对自价格有效汇率总体上呈略上升趋势，价格竞争力减弱，这与这一时期服务业价格指数上升较快密切相关；农林牧渔业和采矿业的相对自价格有效汇率基本呈现先下降后上升的趋势。

综合来看，名义汇率的大幅升值和相对成本优势减弱，导致中国制造业出口价格竞争力优势逐步丧失。2001~2005 年，由于名义汇率贬值和我国制造业成本下降，出口名义有效汇率和相对自价格有效汇率都呈下降趋势，双重效应叠加引起我国制造业出口价格竞争力大幅上升。而 2005 年汇改后，受名义汇率升值影响，中国制造业出口名义有效汇率大幅上升，但该时期中国制造业相对成本仍然保持下降趋势，大大抵消了名义汇率升值的负面影响，使得中国制造业出口实际有效汇率上升幅度非常小，甚至部分制造业仍然保持略下降趋势，出口价格竞争力几乎保持不变。但是考虑到未来我国劳动力成本上升趋势，中国制造业的成本优势可能已逐步丧失。若人民币继续快速升值，出口名义有效汇率和相对自价格有效汇率可能双双上升，将大大减弱中国制造业的出口价格竞争力。2009 年后，中国制造业出口增长乏力也许间接反映了近年来制造业价格竞争力下降的趋势。2005 年以来人民币兑美元的名义汇率贬值可能是对中国制造业出口价格竞争力持续减弱的合理反映。

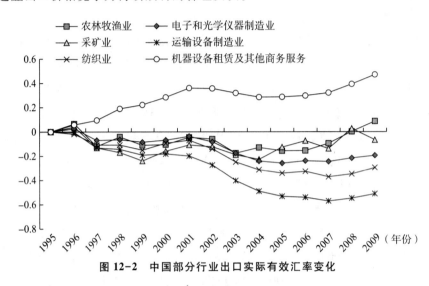

图 12-2 中国部分行业出口实际有效汇率变化

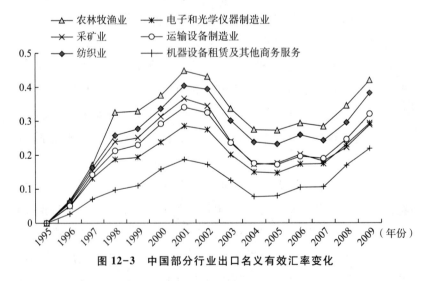

图 12-3 中国部分行业出口名义有效汇率变化

2. 分行业出口有效汇率国际比较

综合分析各国整体出口、增加值、产出和分行业实际有效汇率变化趋势，发现世界各国的国际价格竞争力变化趋势的差异性较大。总体上看，发达国家的制造业一般呈略升值状态，且升值行业相对较多，而发展中国家贬值行业相

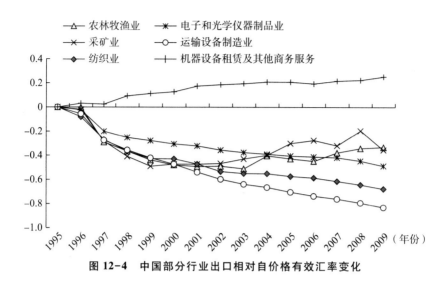

图 12-4　中国部分行业出口相对自价格有效汇率变化

对较多。根据各国制造业发展条件和价格竞争力变化趋势，大致可将各国国际价格竞争力分为四大模式：面临压力、保持稳定、逐步减弱和面临机遇（详见表 12-4）。

表 12-4　世界各国国际价格竞争力的四种模式

模式	特点	国家（地区）	备注
面临压力	21 世纪前期大部分行业国际价格竞争力增强，后期（如金融危机后）出现反转，大部分行业国际价格竞争力下降，即出口实际汇率先降后升	中国、巴西、印度尼西亚	劳动力成本上升（人口老龄化）、汇率变化等因素引起国际价格竞争力降低。如中国 2008 年以前制造业各行业出口实际有效汇率基本上处于贬值状态，价格竞争力逐步提升，而 2008 年国际金融危机后，人民币升值，劳动力成本上升，国际价格竞争力减弱
保持稳定	部分制造业行业的国际价格竞争力略增强，也有部分行业的国际价格竞争力略下降	美国、日本、韩国、塞浦路斯、捷克、丹麦、爱沙尼亚、芬兰、法国、德国、希腊、匈牙利、意大利、立陶宛、卢森堡、马耳他、荷兰、波兰、葡萄牙、斯洛伐克、斯洛文尼亚、瑞典	创新能力强，控制产业链高端，大部分行业国际价格竞争力稳定，甚至呈增强态势
逐步减弱	大部分制造业行业的国际价格竞争力呈下降趋势	澳大利亚、奥地利、比利时、保加利亚、西班牙、拉脱维亚、罗马尼亚、俄罗斯	制造业成本处于上升阶段，汇率处于升值通道
面临机遇	21 世纪后期大部分制造业行业的国际价格竞争力持续快速增强	加拿大、英国、印度、爱尔兰、墨西哥、土耳其	出口实际有效汇率先升后降

以下重点选取中、日、韩的电子和光学仪器制造业（该行业全球生产分割程度相对较深）作为例子进行阐述（见图 12-5）。（1）韩国的电子和光学仪器制造业的出口实际有效汇率一直保持快速下降。出口实际有效汇率从 2001 年的 -0.7487 下降到 2009 年的 -1.371。2007 年后，尽管相对自价格有效汇率上升，成本优势减弱，但由于受韩元兑美元名义汇率大幅贬值的影响（2007~2009 年韩元兑美元的贬值幅度达 31%），出口实际有效汇率仍然保持下降趋势，出口价格竞争力增强。（2）日本的电子和光学仪器制造业出口实际有效汇率在 2001~2007 年间出现了大幅下降，2007 年后，虽然日本相对自价格有效汇率继续保持下降，但受日元兑美元的名义汇率大幅升值的影响（2007~2009 年日元升值幅度达 23%），出口实际有效汇率转而上升，出口价格竞争力下降。（3）中国的电子和光学仪器制造业出口实际有效汇率的下降幅度低于日本和韩国，2001~2005 年出口实际有效汇率下降幅度相对较大，而 2005 年汇改后，由于受人民币兑美元名义汇率持续大幅升值和相对价格优势逐步减弱的影响，出口实际有效汇率基本处于水平状态，甚至在 2008 年国际金融危机后，价格竞争力还有所下降。

从中国、日本和韩国的电子和光学仪器制造业的单位劳动成本（ULC）的变化趋势来看（见图 12-6）[①]，中国 ULC 基本上处于下降趋势，韩国 ULC 在 2000 年前呈下降趋势，而后波动上升。1995~2004 年，日本 ULC 基本处于水平状态，2004~2006 年呈快速上升态势，2007 年后变化不大。显然 ULC 的变化趋势与出口实际有效汇率、相对自价格有效汇率的变化趋势并非一致。可能的解释是，由于东亚国家的生产网络联系紧密，中、日、韩的制造业出口价格竞争力不但受本国名义汇率、生产成本的影响，还受到其他国家生产成本的影响。其他国家生产成本上升会导致中间投入成本上升，虽然自身的劳动力成本降低，但是最终本国产品成本上升，从导致而价格竞争力下降。

[①] 为了更清楚地认识相对成本的变化，本章利用 WIOD 中的各国分行业的劳动报酬、从业人员和产出数据计算了中日韩的单位劳动成本。ULC 的计算公式为：$ULC_t = \dfrac{W_t L_t}{Y_t} = \dfrac{W_t}{Y_t / L_t}$ 其中，W_t 为实际工资率；Y_t 为实际总产出，数据来自 WIOD 中的产出物量指数；L_t 为劳动力数量。$W_t L_t$ 直接取自 WIOD 中的劳动力报酬指数，并用相应增加值价格指数缩减。

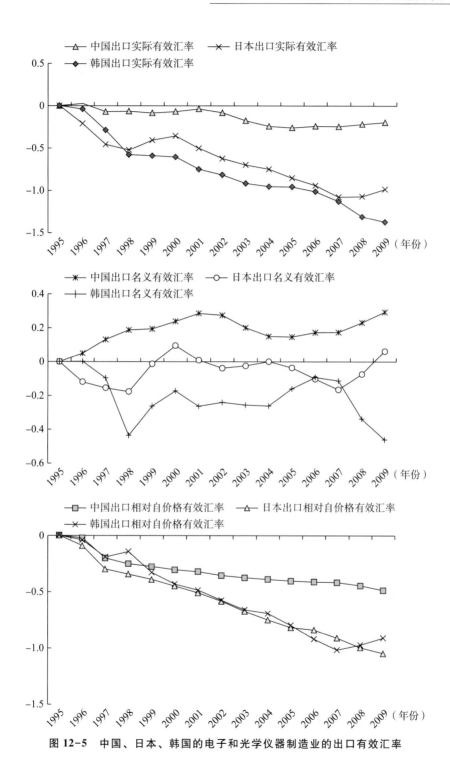

图 12-5 中国、日本、韩国的电子和光学仪器制造业的出口有效汇率

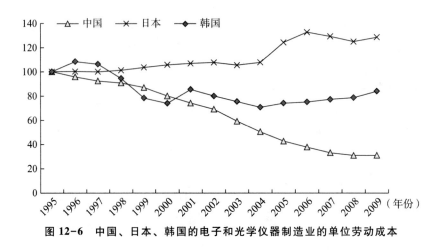

图 12-6　中国、日本、韩国的电子和光学仪器制造业的单位劳动成本

（三）双边分行业出口实际有效汇率

鉴于中美之间贸易量相对较大，且制造业出口占 85% 以上，这部分主要讨论中美双边制造业分行业出口实际有效汇率。① 图 12-7 显示了中国对美国部分制造业行业出口有效汇率。（1）纺织业、电子和光学仪器制造业、运输设备制造业的中国对美国的出口实际有效汇率呈先降后升趋势。1995~2005 年基本上处于下降趋势，尤其是 2001 年中国加入 WTO 后，中美制造业出口实际有效汇率出现了大幅贬值，制造业竞争力迅速提升。2005 年中国汇率制度改革后，受名义汇率升值的影响，中国对美国制造业出口实际有效汇率处于稳步升值状态。与国家层面的中国分行业出口实际有效汇率相比，中国对美国制造业分行业出口实际有效汇率上升幅度较大，即中国对美国制造业出口价格竞争力下降幅度大于中国制造业分行业总出口的价格竞争力。（2）中美制造业名义有效汇率呈现明显的阶段性特征，这也是相应实际有效汇率呈阶段性变化的主要驱动因素。（3）中美制造业出口相对自价格有效汇率几乎一直处于下降趋势，但 2005 年后，相对自价格有效汇率下降幅度变小，且低于名义有效汇率的上升幅度，导致实际有效汇率出现上升趋势。图 12-8 显示了中国从美国部分制造业分行业进口有效汇率。显然，中国从美国制造业分行业进口有效汇率与相应的中国对美国制造业分行业出口有效汇率大致呈反向关系。这与前述理论模型的预期相一致，即人民币兑美元的汇率升值，导致中国从美国的制造业分行业进口实际有效汇率贬值。

---

① 限于篇幅，若需要其他双边出口有效汇率，可向作者索取。

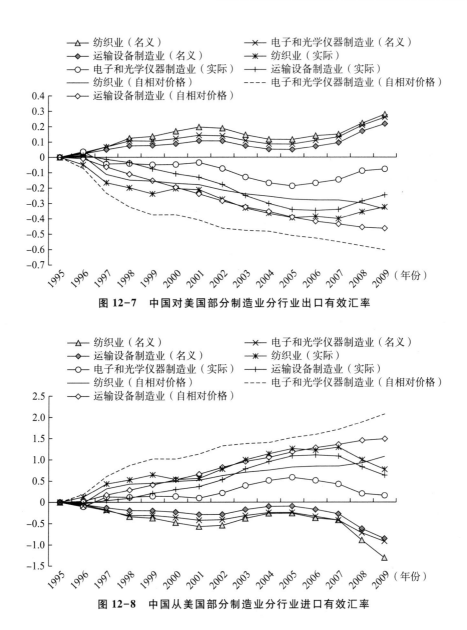

图 12-7　中国对美国部分制造业分行业出口有效汇率

图 12-8　中国从美国部分制造业分行业进口有效汇率

四　双边有效汇率与进出口

本部分主要探讨中国与美国、英国、德国等国家的制造业进出口和全球价值链双边分行业有效汇率的关系，并比较本章定义的全球价值链有效汇率与传统有效汇率的优劣。

由于中国长期存在巨额贸易顺差，一些国内外经济学家和政策制定者认为可以通过人民币升值来减少出口和增加进口，实现再平衡以减少中国对出口的依赖。然而，有关汇率对进出口影响的理论和实证研究仍然存在许多争论和不确定性（McKenzie，1999）。除了使用方法的差异外，主要还受选取的汇率类型（名义汇率、实际有效汇率）和贸易数据加总层次（整体进出口、分行业进出口）的影响。对于中国进出口与汇率关系的研究大部分是基于传统汇率（名义汇率或传统实际有效汇率）与总进出口数据进行的，如卢向前和戴国强（2005）、刘尧成等（2010）。考虑到行业异质性，也有部分研究分析了分行业实际有效汇率（传统总值贸易计算方法）和分行业进出口的关系，如徐建炜和田丰（2013）、邹宏元和罗大为（2014）、Sato 等（2012）。[①]

　　然而，以上研究没有考虑到以下因素。（1）在全球价值链深入发展的背景下，中间产品贸易占全球贸易的近 2/3，汇率对贸易的影响机制发生了较大变化，基于传统贸易理论构建汇率与贸易之间的实证理论模型存在不足之处。如在分析人民币汇率对中美贸易的影响时，收入控制变量只考虑美国的 GDP 和中国的 GDP。受中间产品贸易的影响，其他国家需求（生产）也会影响中美之间的贸易，故构建能够反映其他国家需求（生产）影响的收入控制变量是更为合理和可取的。（2）分析汇率与双边进出口贸易的关系时，无法考虑不同国家之间的双边实际有效汇率的差异性。已有研究使用的实际有效汇率变量都是基于传统理论和总值贸易数据计算的国家层面的实际有效汇率，无法定义双边行业层面的实际有效汇率，进而也就无法区分不同国家间双边行业实际有效汇率的差异性。如在考虑两个贸易对象（如中美）时，使用双边名义汇率（如人民兑美元的名义汇率）和双边实际汇率（用双边价格指数缩减双边名义汇率），而非有效汇率，或者用国家层面的传统实际有效汇率。幸运的是，本章测算的全球价值链双边分行业出口（进口）实际有效汇率能克服以上不足。本章全球价值链实际有效汇率和其他控制变量的内生性程度较低，进一步可以利用动态面板模型处理方法，以尽量减少内生性问题。

　　为了直观地认识分行业进出口与双边实际有效汇率的关系，接下来本章先利用中国对美国的分行业出口数据和双边出口有效汇率进行简单的统计和比较静态分析，再利用前述的理论模型构建固定效应面板模型进行分析。

---

① 但这些研究结论各异，最终进出口与汇率（加总或分行业汇率）之间的关系并不是确定的。如汇率与进口的关系不显著，甚至出现汇率升值减少了进口的结论，与理论预期不一致。

（一）中美制造业分行业出口与双边有效汇率

1. 制造业分行业出口与汇率的相关性分析

表 12-5 显示了中国对美国的纺织业、电子和光学仪器制造业以及运输设备制造业的出口与各种汇率的相关性。（1）总体上看，汇率与出口负相关，且全球价值链分行业出口实际有效汇率与中国对美国的出口的负相关性相对最强。（2）参与全球价值链程度越深的行业，全球价值链分行业出口实际有效汇率与出口的相关性越强，如运输设备制造业的出口与全球价值链分行业出口实际有效汇率的相关系数为 -0.8025，其绝对值大于纺织业。与此相反，运输设备制造业的出口与人民币兑美元的名义汇率的相关系数为 -0.4266，其绝对值小于纺织业。这说明对于参与全球价值链程度较深的行业（如加工贸易较多的电子和光学仪器制造业）而言，简单的双边名义汇率已不能很好反映汇率对出口的影响。

表 12-5　中国对美国的出口与汇率的相关系数

汇率		中国对美国的实际出口变化率（实际出口量的对数差分）		
		纺织业	电子和光学仪器制造业	运输设备制造业
当期汇率变化率	中国对美国的双边分行业出口实际有效汇率	-0.5506	-0.8165	-0.8025
	人民币兑美元的名义汇率	-0.6232	-0.6014	-0.4266
	BIS 实际有效汇率	-0.5713	-0.7004	-0.5927
	BIS 名义有效汇率	-0.5424	-0.6429	-0.6365
滞后一期汇率变化率	中国对美国的双边分行业出口实际有效汇率变化率	-0.5107	-0.5624	-0.6251
	人民币兑美元的名义汇率	-0.6734	-0.6835	-0.4418
	BIS 实际有效汇率	-0.4700	-0.4994	-0.6108
	BIS 名义有效汇率	-0.4545	-0.4309	-0.4631

2. 人民币名义汇率变化对出口的比较静态分析

为了清楚地显示人民币兑美元的名义汇率升值对中国分行业出口的贡献程度和差异，本章以 2008 年的全球投入产出表计算的权重为参考基准，假设相对自价格指数变化率为 0，即其他国家货币对共同货币（美元）的汇率变化率为 0。考虑到 2005~2010 年人民币兑美元的名义汇率的累积升值幅度为 19%，比较静态分析中假设人民币名义汇率升值 20%。从比较静态分析的结果可以看出，人民币汇率升值不但对不同行业的影响存在显著的差异，而且对不同双边分行

业出口的影响也存在较大差异（见表 12-6）。从制造业具体行业受影响的程度
来看，总体上参与全球价值链程度较深的行业受汇率变化的影响相对较弱，如
人民币汇率升值引起中国电子和光学仪器制造业的出口下降 124%，下降幅度在
14 个制造业中排第 12 位。这也正好说明，由于全球生产分工细化，生产分割
程度加深，传统的名义汇率对出口的影响逐渐弱化。因此，在研究汇率与出口
的关系时，需要充分考虑全球价值链的影响。

表 12-6 人民币名义汇率变化对分行业出口影响的比较静态分析（人民币升值 20%）

单位：%

制造业行业	分行业出口	中国对美国	中国对日本	日本对中国	美国对中国
食品饮料和烟草业	-161	-111	-111	-113	206
纺织业	-120	-96	-84	-93	92
皮革和制鞋业	-110	-78	-83	-92	119
木材及其制品业	-144	-134	-136	-124	71
造纸和印刷业	-145	-136	-133	-121	62
焦炭、石油冶炼和核燃料	-151	-137	-131	-123	70
化学材料及制品业	-138	-130	-129	-113	71
橡胶和塑料业	-136	-122	-114	-116	72
其他非金属冶炼业	-145	-133	-136	-128	120
基础金属及其制品业	-132	-127	-129	-110	49
机械制造业	-145	-114	-114	-110	151
电子和光学仪器制造业	-124	-103	-101	-96	55
运输设备制造业	-159	-129	-127	-123	139
其他制造业及废物废料回收业	-132	-107	-105	-106	76

（二）全球价值链有效汇率与分行业出口的计量分析

1. 实证模型

根据理论模型框架推导式（12-34），本章基本计量模型设定如下：

$$\widehat{EX_{it}^{Cg}} = \beta \, \widehat{REER_{it}^{Cg}} + \gamma control_{it}^{Cg} + \lambda_t + \varepsilon_{it}^{Cg} \tag{12-36}$$

其中，i 表示行业，t 表示年份，λ_t 表示时间效应。$\widehat{EX_{it}^{Cg}}$ 为中国（C）到 g
国的实际出口变化率（实际出口的对数差分）；$\widehat{REER_{it}^{Cg}}$ 为汇率变化率（如中
国到 g 国的全球价值链分行业出口实际有效汇率变化率）；$control_{it}^{Cg}$ 为控制变

量。具体实证模型中我们选取了从中国进口贸易量较大且排名在前的 15 个国家,即 g 分别代表澳大利亚、巴西、加拿大、德国、法国、英国、印度尼西亚、印度、意大利、日本、韩国、墨西哥、葡萄牙、俄罗斯和美国。

本章根据式(12-34)中 $BMFvec\ (\widehat{F^g})$ 部分构建全球复合收入控制变量。显然,某一行业的出口会受到各国总最终需求的影响。但反过来,某国的行业出口很难影响各国总最终需求,且复合收入控制变量是世界各国总最终需求的加权,因此,相对于直接选取出口目的国的 GDP(或最终需求)作为控制变量,本章构建的控制变量内生性相对较弱。[①] 双边分行业出口数据直接来自 WIOD,并根据 WIOD 中卫星账户数据中的价格指数进行缩减。全球价值链有效汇率和全球复合收入控制变量利用 WIOD 数据计算而得。BIS 汇率和人民币兑美元名义汇率数据分别来自 BIS 网站和 CEIC 数据库。

将前述测算的实际有效汇率用于解释行业间国际竞争力差异时是不需要考虑内生性的,但在分析汇率对其他经济变量的影响时,内生性问题就相对重要了。正如 Goldberg(2004)指出的,在测算实际有效汇率时,经常选择当期的总值贸易权重进行加权,而双边汇率贬值较多的国家,出口增加也就多,此时若以出口为权重,会进一步强化该国的汇率贬值;与此相反,若以进口为权重会弱化该国的汇率贬值。本章全球价值链有效汇率测算时实际上是根据上期的贸易和投入产出数据计算权重,因此,相对于传统实际有效汇率(使用当期出口数据计算权重),本章的实际有效汇率的内生性程度较低。但是考虑到相对价格的变化也具有内生性,本章后续计量分析也用滞后一期的全球价值链实际有效汇率作为解释变量进行稳健性分析,相当于使用相对价格指数变化滞后一期、权重滞后两期的全球价值链双边有效汇率作为解释变量。另外值得注意的是,本章计量模型式(12-36)是基于变量变化率(对数差分)设定的,这样的设定与前述的理论模型保持一致,一定程度上避免了变量的非平稳性,从而减少了宏观变量非平稳性导致的伪回归问题。

2. 计量分析结果[②]

表 12-7 显示了中国到主要贸易伙伴国的制造业分行业出口与双边汇率的计量分析结果。表 12-7 中列(1)、列(2)和列(3)是固定效应模型的估计结

---

① Berman 等(2010)、徐建炜和田丰(2013)仅选取本行业增加值作为控制变量。这里对内生性的理解逻辑为:在微观实证研究中,微观企业的一些变量单独很难影响宏观经济变量,但是宏观经济变量影响微观企业的行为。

② 本章以固定效应模型的计量结果为主进行说明,并采用系统 GMM 方法进行稳健性检验。

果。列（1）中只加入了中国对主要贸易伙伴国的全球价值链双边分行业出口实际有效汇率变化率，结果显示系数在1%的水平上显著为负。这意味着中国对这些国家全球价值链双边分行业出口实际有效汇率的升值，将减少中国对这些国家的出口，当全球价值链双边分行业出口实际有效汇率升值10%时，中国对这些国家的出口将下降7.48%。全球复合收入变化率对中国对这些国家的出口具有显著正影响。列（2）中只加入中国与主要贸易伙伴国的双边实际有效汇率变化率①，计量结果显示该变量在统计上不显著，且影响系数仅为-0.008。列（3）为同时加入全球价值链双边分行业出口实际有效汇率变化率和双边实际有效汇率变化率的计量结果。本章定义的全球价值链双边分行业出口实际有效汇率变化率在1%的水平上显著，而双边实际有效汇率变化率在5%的水平上显著，且前者的影响程度远大于后者。

考虑内生性问题并进行稳健性检验，表12-7中列（4）、列（5）和列（6）是利用动态面板 Arellano-Bover/Blundell-Bond 方法的估计结果。首先，我们对系统 GMM 的扰动项进行自相关检验，二阶序列相关 AR（2）的检验结果表明不存在二阶序列相关的问题；其次，我们进行过度识别检验，Sargan 检验的结果表明不存在过度识别的问题。列（4）和列（5）分别为加入全球价值链双边分行业出口实际有效汇率变化率和双边实际有效汇率变化率的回归结果，列（6）为同时加入两个实际汇率变量的回归结果。估计结果表明，系统 GMM 估计结果与固定效应模型回归结果基本一致，全球价值链双边分行业出口实际有效汇率的估计系数统计显著，优于双边实际有效汇率，且估计系数为负，与汇率升值降低出口的理论预期相一致。

表12-7　中国对主要贸易伙伴国的制造业分行业出口与双边汇率的计量分析结果

变量	(1)	(2)	(3)	(4)	(5)	(6)
	固定效应	固定效应	固定效应	GMM	GMM	GMM
滞后一期出口变化率				0.115 *** (0.009)	0.115 *** (0.009)	0.115 *** (0.009)
全球复合收入变化率	0.491 *** (0.072)	0.736 *** (0.068)	0.483 *** (0.072)	0.330 *** (0.032)	0.513 *** (0.032)	0.323 *** (0.032)
双边分行业出口实际 有效汇率变化率	-0.748 *** (0.076)		-0.778 *** (0.077)	-0.779 *** (0.047)		-0.792 *** (0.048)

---

① 中国与主要贸易伙伴国的双边实际汇率是利用中国与主要贸易伙伴国的 GDP 价格指数对人民币与这些贸易伙伴国的名义汇率进行缩减得到。

续表

变量	（1）	（2）	（3）	（4）	（5）	（6）
	固定效应	固定效应	固定效应	GMM	GMM	GMM
中美实际有效汇率变化率		−0.008 （0.009）	−0.022 ** （0.009）		0.004 （0.004）	−0.009 *** （0.003）
常数	0.073 *** （0.020）	0.058 *** （0.020）	0.077 *** （0.020）			
d_year2	0.201 *** （0.028）	0.230 *** （0.028）	0.199 *** （0.028）	0.253 *** （0.011）	0.286 *** （0.010）	0.255 *** （0.011）
d_year3	−0.074 *** （0.028）	−0.087 *** （0.028）	−0.072 *** （0.028）	−0.019 * （0.011）	−0.042 *** （0.012）	−0.018 （0.011）
d_year4	−0.080 *** （0.028）	−0.053 * （0.028）	−0.078 *** （0.028）	0.023 *** （0.009）	0.043 *** （0.009）	0.025 *** （0.009）
…	…	…	…	…	…	…
d_year13	0.042 （0.028）	0.011 （0.028）	0.039 （0.028）	0.092 *** （0.009）	0.053 *** （0.009）	0.093 *** （0.009）
d_year14	−0.236 *** （0.028）	−0.244 *** （0.028）	−0.236 *** （0.028）	−0.117 *** （0.007）	−0.139 *** （0.006）	−0.116 *** （0.007）
Sargan 检验（P 值）				0.0005	0.0001	0.0005
AR（1）				0.0000	0.0000	0.0000
AR（2）				0.8230	0.8137	0.8313
样本量	2940	2940	2940	2730	2730	2730
R^2	0.251	0.224	0.252			
国家行业数	210	210	210	210	210	210

注：*** 、** 、* 分别表示在 1%、5%、10%的水平上显著，括号内为稳健标准误。

五 结论与进一步讨论

在全球价值链有效汇率理论基础上，本章提出了全球价值链分行业出口有效汇率和双边分行业出口（进口）有效汇率的新概念和新理论，并利用 WIOD 数据进行了测算分析，并重点考察了汇率与进出口的关系，得到以下主要结论。（1）本章理论模型框架下计算的中国全球价值链出口有效汇率、增加值有效汇率和总产出有效汇率的变化趋势具有相似性。中国整体全球价值链实际有效汇率呈现明显阶段性特征，在名义汇率和相对自价格指数同时下降的影响下，2001～2005 年，中国各种类型实际有效汇率都处于下降阶段。2005～2009 年，受名义汇率升值而相对自价格下降的综合影响，中国各种类型实际有效汇率处于小幅上升阶段。（2）世界各国制造业国际出口价格竞争力变化趋势各异。总体上看，发达国家的制造业一般呈略升值状态，且升值行业相对较多，而发展中国家贬值行业相对较多。根据各国制造业发展条件和价格竞争力变化趋势差异，世界各国的国际价格竞争力变化趋势大致可分为四大模式：面临压力、保持稳定、逐步减弱和面临机遇。（3）2005年汇率改革以来，受名义汇率大幅升值和相对成本优势减弱的影响，中国制造业出口价格竞争力优势逐步丧失。未来靠低成本优势抵消汇率升值以保持中国制造业的价格竞争力的产业条件不复存在。若人民币继续保持升值状态，中国制造业的价格竞争力将加速下降，人民币汇率升值将削弱中国制造业的出口价格竞争力。（4）中国对主要贸易伙伴国的出口与汇率关系的计量分析表明，全球价值链双边分行业出口实际有效汇率指标明显优于传统汇率指标，估计系数与理论预期相一致，很好地打破了"传统汇率升值减少中国进口"的悖论。

基于以上结论，可以得到以下启示。（1）未来靠成本优势抵消汇率升值以保持中国制造业价格竞争力的产业条件不复存在，未来人民币名义汇率适当贬值是完全必要的。2005年汇改以来至2009年，由于中国制造业低成本优势抵消了部分汇率升值的不利影响，中国制造业出口实际有效汇率并没有上升，出口价格竞争力基本处于水平状态。但是考虑到未来人口老龄化程度的加深和劳动力成本的上升，中国制造业低成本优势将逐步消失，若人民币再继续保持大幅升值，中国制造业出口竞争力将大幅下降。（2）在监测国际出口价格竞争力时，世界各国应该更多地关注全球价值链实际有效汇率指标。该指标能够从多边、双边的角度全方位地展示各国各行业的价格竞争力变化趋势。随着中国参与全球价值链的程度加深，传统实际有效汇率的偏差和误导性增强。（3）在全球价值链深入发展背景下，单边人民币汇率升值并不能改善中国贸易不平衡问题，而是需要世界主要经济体对汇率和相关经济政策进行协同调整。本章研究结果表明，传统实际有效汇率和双边名义（实际）汇率存在一定的误导性，中美进出口主要是对全球价值链实际有效汇率做出反应，而单边的人民币名义汇率升值并不一定导致全球价值链实际有效汇率的升值。也就是说，中国贸易不平衡问题的改善需要全球生产网络体系中各经济体对汇率和相关经济政策进行协同调整。

由于难以获取最近几年世界主要国家分行业价格指数，本章测算年份仅限于1995~2009年。若能延伸测算到最近年份，也许能够得到更有意义的结论。此外，本章也没有进一步分析全球价值链实际有效汇率与其他经济变量（就业、生产率、收入不平等）的关系。显然，这些问题也是后续的重要研究方向。

第十三章　垂直专业化与危机中的贸易下滑[*]

　　一个直观但富有争议的认识：垂直关联（尤其是国际垂直专业化）恶化了全球贸易。本章通过全球投入产出模型研究发现：若全球生产网络体系正常运转，垂直关联并没有放大外生最终需求冲击对全球贸易下滑的影响，反而在一定程度上缓解了全球贸易下滑；中间产品贸易的下降幅度远低于最终需求产品贸易，因为其权重为2/3，贡献率较大（49%以上）；非垂直专业化值与垂直专业化值的下降幅度基本一致，因后者权重较小，对全球贸易的贡献率低于28%。进一步与真实统计数据比较后发现：一旦供给端遭到外生冲击，全球生产网络体系遭到破坏，垂直关联中断，将导致中间产品贸易和垂直专业化贸易大幅下降，进而造成全球贸易崩溃。

一　引言

　　2008年国际金融危机是一场突然、沉重和协同的危机。这场危机先是使特定国家（美国和欧盟成员国）特定产业（房地产和金融）发生严重的衰退，然后迅速扩散到其他国家和产业，使得全球经济和贸易受到重创。2008~2009年，WIOD 40个国家[①]中有36个国家（中国、印度、日本和印度尼西亚除外）的GDP出现了负增长，下降范围在-31%（拉脱维亚）到-1%（澳大利亚），全球GDP增长速度为-5.25%。与此同时，全球贸易崩溃式下降，40个国家的出口都出现大幅下降，下降范围为-32.48%（俄罗斯）到-8.46%（爱尔兰），全球贸易量下降了22.26%，是全球GDP下降幅度（-5.25%）的4.24倍[②]。

---

　　[*]　本章内容发表在《世界经济》2016年第4期，第一作者。
　　[①]　为方便描述，本章中的"国家"有时指国家和地区，"中国"指中国大陆。
　　[②]　数据来源：根据WIOD数据整理和作者计算而得。数据和相关详细说明来自网站：http://www.wiod. org/new_ site/database/wiots. htm。此外，利用IMF公布的季度数据也可以得到相似的结论。

Eichengreen（2009）指出："自 2008 年夏季以来，全球贸易下降幅度是非常恐怖，但我们更缺乏对贸易崩溃式下降的原因的认识。"

随着全球多阶段生产过程中的贸易日益增加，全球贸易中近 2/3 属于中间品贸易，这种现象被大家称为"垂直专业化""生产分割""生产片段化"，或者更时髦的"全球价值链"。因此，一个很自然或直观的认识：垂直关联（尤其是国际垂直专业化）恶化了全球贸易。[①] Eichengreen（2009）和 Yi（2009）都认为：全球价值链的深入发展可能是贸易崩溃的重要因素，它可能放大了最终需求下降对贸易的影响。这是真的吗？若垂直关联恶化了全球贸易，其影响机制是什么？是因为外生最终需求下降通过完整的全球价值链渠道而恶化了全球贸易，还是因为全球价值链自身遭到破坏或中断而引起全球贸易下降？这与社会保障体系内在的自动稳定机制相似，当经济系统中引入社会保障体系后，如果国民经济出现衰退，就会出现更多的失业人员，政府必须对失业者支付津贴或救济金，从而使国民经济中的总需求不致下降过多，防止经济下滑；经济繁荣，则相反。但是，若在经济衰退时，政府迫于财政赤字压力，缩减社会保障支出，不支付失业者津贴或救济金，即社会保障制度无法持续正常运转，这样可能加剧总需求下降和经济下滑。因此，严格区分全球价值链对全球贸易的影响机制，对相关政策的制定具有重要意义。

大量研究文献表明垂直专业化促进了全球贸易的快速增长，如 Yi（2003）构建了一个动态的两国李嘉图贸易模型，并证明垂直专业化在促进全球贸易增长中发挥了重要作用，垂直专业化解释了全球贸易增长的 50%。但是，在面临短期的负冲击时，"垂直关联放大了最终需求下降的影响，进而加速了全球贸易下降"的结论是富有争议的，也没有足够的实证证据。当不利冲击是短期的，且只对最终需求产生短暂的冲击，企业认识到中断全球价值链中特定生产贸易关系的成本较高时，也许贸易双方并不会立即中断中间品贸易关系，更多是进行存货调整。中间品贸易也许比最终产品贸易更稳定，不容易受不利冲击的影

---

① 本章"垂直关联"（Vertical linkages）与 Hummels 等（2001）的"垂直专业化"（Vertical specialization）有一定区别。Hummels 等（2001）的"垂直专业化"应该是指国际垂直专业化，而没有包括国内的垂直专业化。本章定义的"垂直关联"更多的是指中间产品投入之间的联系，既包括国内的中间产品投入联系，也包括国外的中间产品投入联系。这与外包（包括国际外包和国内外包）具有相似之处。因此，本章所指的"垂直关联"比 Hummels 等（2001）的"垂直专业化"概念范围更广，Hummels 等（2001）的"垂直专业化"应是本章"垂直关联"的一个子集，或者说本章的"垂直关联"包括"国际垂直专业化"和"国内中间产品投入"（或国内垂直专业化）。

响。也就是说，若全球生产网络体系正常运转，在理论上，复杂的垂直关联也许对外生最终需求冲击具有缓冲的作用。

本章主要是为垂直关联在全球经济危机中的传导作用提供系统的证据，证明垂直关联是否造成了危机影响的广泛性、协同性，尤其是垂直关联是否放大了外生最终需求不利冲击的影响，进而恶化全球贸易。全球投入产出表通过多边多部门的中间产品和最终产品贸易连接了最终需求和生产，并详细刻画了全球各产业的生产技术及相互联系，因此，本章将利用 WIOD 开发的全球投入产出模型框架进行实证分析。本章的研究与 Bems 等（2010，2011）有很多相似之处，但是有以下几点创新。

（1）本章详细区分了来自国内产品和进口最终产品的需求变化。统计数据表明，当受到不利冲击时，最终需求中进口产品的变化幅度往往大于国内产品。本章没有假设国内产品和进口最终产品的变化幅度相同。

（2）本章以 2007 年的全球投入产出表为基准，其包含的信息更丰富，能剔除 2004~2007 年经济结构变化的影响。

（3）区分了全球价值链或全球价值链自身被破坏（中断）这两种不同的影响机制。模型计算的垂直关联对全球贸易下降的贡献，以全球价值链网状结构正常运转为假设条件。这是一种经由全球价值链的影响机制。而实际统计数据与模型计算的垂直关联对全球贸易贡献的差异，在一定程度上反映了外生冲击直接破坏了全球生产网络体系，影响了经济供给侧，进而导致的全球贸易的下降。Bems 等（2011）只讨论了经由全球价值链的稳定机制，但是没有探讨全球价值链自身遭到严重破坏的情形（或者在危机中的供给冲击下，全球生产网络体系遭到破坏，垂直关联的影响机制）。

（4）利用多种方法定义和测算垂直专业化值，并利用不变价格投入产出表进行实证分析，使本章的结果更加稳健和可信。

二　理论模型和方法

（一）相关理论模型

1. 传统贸易理论解释

对 2008 年国际金融危机下全球贸易崩溃原因的研究文献相对较多，主要是从以下三个方面进行解释。（1）需求冲击角度，即最终需求下降。工业品（尤其是耐用品）的最终需求（包括最终消费、资本形成和存货调整）大幅下降，是全球贸易下滑的主要原因，如 Bems 等（2010，2011）、Eaton 等（2011）和 Alessandria 等（2010）。（2）供给冲击角度，金融冲击破坏了生产，减少了出口供给和增加了贸易成本。一是，金融冲击使企业获得的流动资金减少，从而减少了生产和出口供给；二是，由于进出口贸易存在较大风险，一旦银行信贷中断、支付和清算成本上升，就会提高国际贸易的成本，促使全球贸易下滑，如 Amiti 和 Weinstein（2011）、Chor 和 Kalina（2012）、Antràs 和 Foley（2011）。（3）贸易保护政策的作用。一般认为贸易政策变化可能会影响单个行业或企业，但由于 WTO 一些硬性贸易规则以及反对贸易保护政策的言论较多，再加上贸易保护政策具有时滞效应，总体上，贸易保护政策的短期变化对金融危机中贸易下滑的影响有限，甚至是中性的。

以上研究大部分是基于 CES 进口需求函数理论框架来进行理论分析和实证研究的。CES 进口需求函数广泛应用于宏观经济和贸易研究领域。以下我们对 CES 进口需求函数做简单介绍，以便与引入垂直关联后的模型形成对比。对于两国模型，一般可以得到如下 CES 形式的进口需求函数：

$$d_{ij} = \left(\frac{p_i}{p_j}\right)^{-\sigma} D_j \tag{13-1}$$

其中，d_{ij} 为 j 国从 i 国进口的实际最终需求产品；p_i 为 i 国出口到 j 国的最终需求产品的价格水平；p_j 为 j 国的最终需求的复合价格水平；D_j 为 j 国总的实际最终需求。

对式（13-1）进行对数线性化，可以得到：

$$\hat{d}_{ij} = -\sigma(\hat{p}_i - \hat{p}_j) + \hat{D}_j \tag{13-2}$$

其中 ∧ 表示对数差分（或变化率）。

从以上的传统 CES 进口需求函数可以得到以下几点结论。

（1）最终需求下降是全球贸易下降的一个原因。在金融危机中全球最终需求确实发生了大幅下降（$\hat{D}_j < 0$）。

（2）进口相对价格的上升，是全球贸易下降的一个重要原因。$\hat{p}_i - \hat{p}_j > 0$，可能导致进口下降幅度大于最终需求的下降幅度。然而大量数据表明，金融危机中进口价格并没有大幅变化，不足以解释 2008 年国际金融危机中全球贸易的崩溃式下降。

（3）全球贸易对 GDP 的弹性系数应为 1。从国民经济核算来看，全球最终需求应等于全球 GDP。根据式（13-2），我们可以粗略估计：2008 年国际金融危机中全球贸易下降幅度与 GDP 下降幅度之比约为 1。可是真实的数据表明，2008 年国际金融危机中全球贸易出现崩溃式下降，全球贸易对 GDP 的弹性系数在 4 以上。

显然，传统贸易理论很难解释全球贸易的崩溃式下降。于是，大家很自然和直观地认为垂直关联放大了最终需求变化对贸易的影响。对 CES 进口需求函数进行改进，考虑不同部门的非对称变化和垂直关联，以此来论证全球贸易对 GDP 的弹性系数不为 1。接下来，我们将构建一个简单的两国两部门模型来论证垂直专业联系是否真的恶化了全球贸易。

2. 两国两部门的投入产出模型

假设存在两个部门（1 为物质部门，2 为服务部门），两个国家（S：南部国家，N：北部国家）。具体形式见表 13-1。

表 13-1　全球投入产出表（两国两部门）

		中间使用				最终使用		总产出
		S		N		Y^S	Y^N	
		1	2	1	2			
S	1	z_{11}^{SS}	z_{12}^{SS}	z_{11}^{SN}	z_{12}^{SN}	y_1^{SS}	y_1^{SN}	x_1^S
	2	z_{21}^{SS}	z_{22}^{SS}	z_{21}^{SN}	z_{22}^{SN}	y_2^{SS}	y_2^{SN}	x_2^S
N	1	z_{11}^{NS}	z_{12}^{NS}	z_{11}^{NN}	z_{12}^{NN}	y_1^{NS}	y_1^{NN}	X_1^N
	2	z_{21}^{NS}	z_{22}^{NS}	z_{21}^{NN}	z_{22}^{NN}	y_2^{NS}	y_2^{NN}	x_2^N
增加值		va_1^S	va_2^S	va_1^N	va_2^N			
总投入		x_1^S	x_2^S	x_1^N	x_2^N			

其中，x_1^S 为 S 国部门 1 的总产出，va_1^S 为 S 国部门 1 的增加值，z_{11}^{SS} 为 S 国部门 1 生产的产品对 S 国部门 1 的中间需求，z_{11}^{SN} 为 N 国部门 1 对 S 国部门 1 的中间需求，y_1^{SS} 为 S 国对 S 国部门 1 生产的产品的最终消费，y_1^{SN} 为 N 国对 S 国部门 1 生产产品的最终消费。其他变量的含义与以上相似。

进一步定义：$A = Z [\text{diag}(X)]^{-1}$，$A$ 为直接消耗系数矩阵。于是根据投入产出模型的平衡关系可以得到：

$$X = \begin{bmatrix} x_1^S \\ x_2^S \\ x_1^N \\ x_2^N \end{bmatrix} = \begin{bmatrix} a_{11}^{SS} & a_{12}^{SS} & a_{11}^{NS} & a_{12}^{NS} \\ a_{21}^{SS} & a_{22}^{SS} & a_{21}^{NS} & a_{22}^{NS} \\ a_{11}^{SN} & a_{12}^{SN} & a_{11}^{NN} & a_{12}^{NN} \\ a_{21}^{SN} & a_{22}^{SN} & a_{21}^{NN} & a_{22}^{NN} \end{bmatrix} \cdot \begin{bmatrix} x_1^S \\ x_2^S \\ x_1^N \\ x_2^N \end{bmatrix} + \begin{bmatrix} y_1^{SS} \\ y_2^{SS} \\ y_1^{NS} \\ y_2^{NS} \end{bmatrix} + \begin{bmatrix} y_1^{SN} \\ y_2^{SN} \\ y_1^{NN} \\ y_2^{NN} \end{bmatrix} \tag{13-3}$$

根据投入产出的 Leontief 公式，并写成变化率形式，可以得到：

$$\begin{bmatrix} \hat{x}_1^S \\ \hat{x}_2^S \\ \hat{x}_1^N \\ \hat{x}_2^N \end{bmatrix} = \mathrm{diag}\left(\begin{bmatrix} x_1^{-S} \\ x_2^{-S} \\ x_1^{-N} \\ x_2^{-N} \end{bmatrix} \right)^{-1} \cdot \underbrace{\begin{bmatrix} b_{11}^{SS} & b_{12}^{SS} & b_{11}^{NS} & b_{12}^{NS} \\ b_{21}^{SS} & b_{22}^{SS} & b_{21}^{NS} & b_{22}^{NS} \\ b_{11}^{SN} & b_{12}^{SN} & b_{11}^{NN} & b_{12}^{NN} \\ b_{21}^{SN} & b_{22}^{SN} & b_{21}^{NN} & b_{22}^{NN} \end{bmatrix}}_{B} \cdot \mathrm{diag}\left(\begin{bmatrix} y_1^{-SS} \\ y_2^{-SS} \\ y_1^{-NS} \\ y_2^{-NS} \end{bmatrix} \right) \begin{bmatrix} \hat{y}_1^{SS} \\ \hat{y}_2^{SS} \\ \hat{y}_1^{NS} \\ \hat{y}_2^{NS} \end{bmatrix}$$

$$+ \mathrm{diag}\left(\begin{bmatrix} x_1^{-S} \\ x_2^{-S} \\ x_1^{-N} \\ x_2^{-N} \end{bmatrix} \right)^{-1} \cdot \underbrace{\begin{bmatrix} b_{11}^{SS} & b_{12}^{SS} & b_{11}^{NS} & b_{12}^{NS} \\ b_{21}^{SS} & b_{22}^{SS} & b_{21}^{NS} & b_{22}^{NS} \\ b_{11}^{SN} & b_{12}^{SN} & b_{11}^{NN} & b_{12}^{NN} \\ b_{21}^{SN} & b_{22}^{SN} & b_{21}^{NN} & b_{22}^{NN} \end{bmatrix}}_{B} \cdot \mathrm{diag}\left(\begin{bmatrix} y_1^{-SN} \\ y_2^{-SN} \\ y_1^{-NN} \\ y_2^{-NN} \end{bmatrix} \right) \begin{bmatrix} \hat{y}_1^{SN} \\ \hat{y}_2^{SN} \\ \hat{y}_1^{NN} \\ \hat{y}_2^{NN} \end{bmatrix}$$

$$\tag{13-4}$$

式（13-4）中，B 为 Leontief 逆矩阵。∧表示对应变量的变化率，-表示基准期的水平值。该公式是本章利用全球投入产出模型进行实证分析的基本公式。[①] 以下我们主要利用投入产出模型从最终需求部门构成、中间品贸易和垂直专业化三个方面对影响机制进行说明。[②]

（1）最终需求中部门非对称变化。

将进口的最终产品（y_i^{SN}）与国内提供的最终产品（y_i^{NN}）按照 Leontief 公式复合成对部门 i 的最终需求（d_i^N），故有 $\hat{y}_i^{SN} = \hat{d}_i^N$；将不同部门产品的最终需求进一步复合成总需求 D^N。同时，我们假设不存在中间投入联系，最终产品中服务业部门（$i=2$）不可贸易。对应于上述两国两部门的投入产出模型，A 为零矩阵，$y_2^{SN}=0$，$y_2^{NS}=0$。因此可以得到：

$$\hat{m}_{SN} = \hat{y}_1^{SN} = \hat{d}_1^N = \frac{\hat{d}_1^N}{\hat{D}^N} \hat{D}^N \tag{13-5}$$

---

① 三国三部门模型的计算公式可向作者索取。
② 作者同样以简单数值为例，对影响机制和论证逻辑进行了详细说明，可向作者索取。

其中，m_{SN} 为 N 国来源于 S 国的进口。

从式（13-5）可以看出，进口对总的最终需求的弹性系数为 $\dfrac{\hat{\partial}_1^N}{\hat{D}^N}$。如果总

最终需求中部门 1 和部门 2 的变化率相同（$\hat{\partial}_1^N = \hat{\partial}_2^N$），也即 $\dfrac{\hat{\partial}_1^N}{\hat{D}^N} = 1$，此时进口

对总最终需求变化的弹性系数为 1。但是，由于在危机中工业部门最终需求幅

度下滑速度大于服务业部门的下滑幅度（$\hat{\partial}_1^N > \hat{\partial}_2^N$），故 $\dfrac{\hat{\partial}_1^N}{\hat{D}^N} > 1$，此时，进口对

总最终需求变化的弹性系数大于 1。

以上假设进口的产品直接用于满足最终需求，也就是不存在中间品需求，这显然与现实相差较远，真实经济中约 2/3 的贸易是中间品贸易。当存在中间品贸易时，一方面，最终需求与进口的联系将不再是一对一的，进口的物质产品可能作为生产服务产品的中间投入，这样进口就会依赖服务产品的最终需求（即使服务业产品不可贸易）。另一方面，使用进口中间产品生产的最终产品可能再次出口（垂直专业化）。这样一国的进口不但受本国最终需求的影响，而且还可能受到国外最终需求的影响。

（2）简单中间品贸易。

仍然假设只有物质产品可以贸易，服务业产品不可贸易。在中间产品贸易中，假设进口的物质产品 1 可以作为最终需求产品，也可以作为生产服务产品的中间投入。为了分析方便，假设服务业生产只需要进口的中间物质产品，其他部门的生产不需要中间投入，且服务业产品 2 的生产函数是 Leontief 形式的（见图 13-1）。于是，对应上述两国两部门的投入产出模型，A 矩阵中除 a_{12}^{SN} 和 a_{12}^{NS} 不为 0 外，其他元素都为零，可得 $y_2^{SN} = 0$，$y_2^{NS} = 0$。

对 N 国的服务部门 2，其产出变化率与进口中间物质产品变化率相同，$\hat{x}_2^N = \hat{z}_{12}^{SN}$，由于服务产品 2 不可贸易，故 $\hat{x}_2^N = \hat{\partial}_2^N$。同样假设进口的物质产品 1 和国内生产的物质产品 1 按 Leontief 公式复合，于是可以得到：

$$m_{SN} = z_{12}^{SN} + y_1^{SN}$$

定义 $\alpha_f^N = \dfrac{y_1^{SN}}{m_{SN}}$，$\alpha_M^N = \dfrac{z_{12}^{SN}}{m_{SN}} = 1 - \alpha_f^N$，变换变化率形式：

$$\hat{m}_{SN} = \alpha_m^N \hat{z}_{12}^{SN} + \alpha_f^N \hat{y}_1^{SN} = \alpha_m^N \hat{\partial}_2^N + \alpha_f^N \hat{\partial}_1^N \tag{13-6}$$

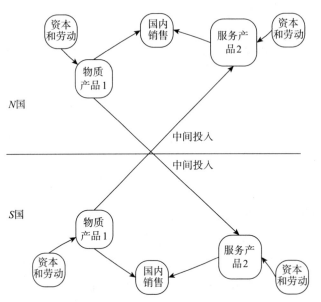

图 13-1　简单中间产品贸易模型〔无 Hummels 等（2001）的垂直专业化〕

式（13-6）表明 N 国的进口不仅受物质产品 1 的最终需求影响，还受服务产品 2 的最终需求的影响。进一步变形可以得到：

$$\hat{m}_{SN} = \frac{\alpha_m^N \hat{d}_2^N + \alpha_f^N \hat{d}_1^N}{\hat{D}^N} \cdot \hat{D}^N \tag{13-7}$$

显然，当不存在进口中间产品贸易时（$\alpha_m^N = 0$），式（13-7）与式（13-5）相同，即与前面最终需求中部门非对称变化的简化模型一样。当 $\alpha_m^N \neq 0$ 时，若物质产品 1 的最终需求下降幅度大于服务产品 2 的最终需求下降幅度（$\hat{d}_1^N > \hat{d}_2^N$），由于总最总需求（$D$）等于物质产品 1 的最终需求与服务产品 2 的最终需求的和（$D^N = d_1^N + d_2^N$），易得 $\hat{d}_2^N < \hat{D}^N < \hat{d}_1^N$。于是有：$\hat{m}_{SN} = \frac{\alpha_m^N \hat{d}_2^N + \alpha_f^N \hat{d}_1^N}{\hat{D}^N} \cdot \hat{D}^N < \frac{\hat{d}_1^N}{\hat{D}^N} \cdot \hat{D}^N$。

该式表明：存在中间产品贸易时，进口对最终需求的弹性系数更加向 1 接近。也就是说，中间产品贸易可能缓解了全球贸易下滑，而不是恶化全球贸易。

（3）垂直专业化。

根据 Hummels 等（2001）对垂直专业化的定义，一国利用进口中间产品生产的产品必须有一部分再出口到其他国家。当产品出口到其他国家作为最终需求时，将导致国外的最终需求变化，进而对一国的进口也将产生影响。

为了便于理解垂直专业化的影响机制，需要做以下假设：①物质产品 1 可贸易，服务产品 2 不可贸易；②假设 N 国进口作为中间产品使用的物质产品 1（$y_1^{SN}=0$），而 S 国进口物质产品 1 且作为最终产品；③假设进口的中间产品是用来生产物质产品 1，而非服务产品，并假设 N 国物质产品的生产函数为 Leontief 形式，即有 $\hat{z}_{11}^{SN}=\hat{x}_1^{N}$；④为了突出跨国最终需求的影响，我们假设一国不同部门的最终需求变化率相同，即 $\hat{d}_1^{N}=\hat{d}_2^{N}=\hat{D}^{N}$，$\hat{d}_1^{S}=\hat{d}_2^{S}=\hat{D}^{S}$。

这样可以得到 N 国的进口变化率为：

$$\hat{m}_{SN}=\hat{z}_{11}^{SN}=\hat{x}_1^{N}$$

由于 $x_1^{N}=y_1^{NN}+y_1^{NS}$，并定义 $\alpha_e^{N}=\dfrac{y_1^{NS}}{x_1^{N}}$，$\alpha_d^{N}=\dfrac{y_1^{NN}}{x_1^{N}}$，于是可以得到：$\hat{m}_{SN}=\hat{x}_1^{N}=\alpha_d^{N}\hat{y}_1^{NN}+\alpha_e^{N}\hat{y}_1^{NS}=\alpha_d^{N}\hat{D}^{N}+\alpha_e^{N}\hat{D}^{S}$，即：

$$\hat{m}_{SN}=\left(\alpha_d^{N}+\alpha_e^{N}\frac{\hat{D}^{S}}{\hat{D}^{N}}\right)\hat{D}^{N} \tag{13-8}$$

式（13-8）表明：N 国的进口变化不但受本国最终需求变化的影响，还受到国外最终需求变化的影响。这主要是由于 N 国进口中间产品来生产出口产品，也就是垂直专业化。N 国的进口对最终需求的弹性系数可能大于 1 也可能小于 1，这取决于国内和国外的最终需求的相对变化程度。各国最终需求变化的差异可能导致各国进口对最终需求的弹性系数不等于 1。垂直专业化可能促进也可能恶化一国的进口贸易。对于全球贸易来说，垂直专业化对全球贸易的影响方向也是不确定的。

总之，以上我们利用扩展了的 CES 进口需求函数模型，阐述了部门构成、中间品贸易和垂直专业化三个方面对全球贸易下滑的影响机制。可现实经济中，各国之间的垂直关联复杂得多。以上结论是否成立，仍需要进一步验证，本章第三部分将利用 WIOD 项目的全球投入产出表进行实证分析。

（二）简单案例

为了阐述清楚垂直关联是否放大了外生最终需求量及结构变化对产出和贸易的影响，以下利用一个简单的例子来说明非对称性冲击的影响。[①]

---

① 该案例根据 Kevin O'Rourke 的芭比娃娃案例改写而成。

　　假设有两个国家——中国和美国，两个生产部门——芭比娃娃生产部门和玉米生产部门。其中，芭比娃娃生产部门是一个垂直专业化生产部门，美国出口 50 美元的芭比娃娃的设计方案和基础零部件到中国，中国组装芭比娃娃，并将 100 美元价值的芭比娃娃出口到美国。美国出口 50 美元的玉米到中国，美国自己消费 50 美元的玉米，中国自己生产 50 美元的玉米并供自己消费。表 13-2 总结了美国和中国的出口、进口和 GDP。

表 13-2　芭比娃娃和玉米的两部门模型中中国和美国的贸易和 GDP

单位：美元

指标	美国	中国	合计
出口	100	100	200
进口	100	100	200
增加值出口	100	50	150
增加值进口	50	100	150
增加值贸易平衡	50	-50	0
GDP	150	100	250
最终需求	150	100	250

　　在该基准模型下，我们以下考虑两种情景。

1. 对称性冲击

　　假设中国和美国所有部门的最终需求都受到 1% 负冲击，也就是，全世界的消费下降了 2.5 美元，其中美国对芭比娃娃的消费下降了 1 美元，对本国生产的玉米的消费下降了 0.5 美元；中国对从美国进口的玉米消费下降了 0.5 美元，对本国生产的玉米的消费下降了 0.5 美元。于是，美国出口到中国的芭比娃娃的半成品下降了 0.5 美元，中国出口到美国的芭比娃娃下降了 1 美元；美国出口中国的玉米下降了 0.5 美元，中国生产的玉米下降了 0.5 美元。加总起来，全球出口贸易下降了 2 美元，下降了 1%，而全球 GDP 下降了 2.5 美元，下降了 1%。因此，全球贸易对总产出的弹性系数为 1，也就是在全球对称性冲击下，总需求、总产出和贸易都是等幅度变化，详见表 13-3。

表 13-3　全球对称性冲击下的中美贸易和 GDP

单位：美元，%

指标	美国	中国	合计	全球下降幅度
出口	99	99	198	1

指标	美国	中国	合计	全球下降幅度
进口	99	99	198	1
增加值出口	99	49.5	148.5	1
增加值进口	49.5	99	148.5	1
增加值贸易平衡	49.5	-49.5	0	
GDP	148.5	99	247.5	1
最终需求	148.5	99	247.5	1

2. 非对称性冲击

假设在外生负冲击的影响下，中美各自进口的最终需求都出现了下降，而对国内生产的产品的最终需求没有下降。美国对芭比娃娃的最终需求下降了1.5美元，中国对进口玉米的需求下降了1美元。各国最终总需求的下降数与对称性冲击相同。在非对称性冲击下，美国出口到中国的芭比娃娃的零部件下降了0.75美元，中国出口到美国的芭比娃娃下降了1.5美元，美国出口到中国的玉米下降了1美元。加总起来，全球出口贸易下降了3.25美元，下降了1.625%。全球GDP下降2.5美元，下降幅度为1%（见表13-4）。因此，全球贸易对GDP的弹性系数为1.625，说明在非对称性冲击下，由于各国最终需求各部门下降幅度不同，可能使得全球贸易对GDP的弹性系数不等于1。

表13-4　非对称性冲击下的中美贸易和GDP

单位：美元，%

指标	美国	中国	总计	全球下降幅度
出口	98.25	98.5	196.75	1.625
进口	98.5	98.25	196.75	1.625
增加值出口	98.25	49.25	147.5	1.667
增加值进口	49.25	98.25	147.5	1.667
增加值贸易平衡	49	-49	0	
GDP	148.25	99.25	247.5	1
最终需求	148.5	99	247.5	1

总之，以上简单案例表明，当各国最终需求受到非对称性冲击影响时，贸

易并非与最终需求或产出等比例变化。不同国家和部门受冲击的程度不同，其对全球贸易和产出的影响程度也不同。

（三）实证方法思路和数据说明

1. 实证方法思路

全球投入产出表能够清楚地显示一国（地区）生产的产品在不同国家或地区作为中间产品和最终产品的分配情况，对于一个具体的行业部门，能够显示其生产过程中购买的分国家分部门的中间投入产品和产业间的经济技术联系。因此，全球投入产出表能够用于量化分析不同部门不同国家间的中间产品和最终产品的相互联系。本章将利用全球投入产出模型实证分析外生最终需求变化将如何通过垂直关联渠道影响贸易和总产出。①

要分析垂直关联是否放大了危机冲击下全球贸易的下滑幅度，需要厘清垂直关联的影响机制，具体来说可区分两种情况：一是经由全球价值链体系的影响机制；二是垂直关联自身被中断（破坏）。本章的实证思路大致如图 13-2 所示。首先，验证正常运转的垂直关联内在机制是否会放大危机冲击下贸易的下滑幅度。利用反真实模拟方法，以危机前的 2007 年全球投入产出表数据为基准，将 2008 年国际金融危机中真实的最终需求变化率数据代入模型，模拟分析垂直关联如何影响全球贸易和产出。这种模拟方法本质上是寻找一个参照系，假设危机不会对生产技术结构和全球价值链产生破坏，世界各国以 2007 年的生产技术进行生产，模拟计算处于全球生产网络体系正常运转（没有被破坏或中断，维持 2007 年的垂直关联）条件下的贸易和产出。其次，实证分析危机前后垂直关联发生了变化（垂直关联改变、中断、破坏）后的影响机制。利用 2008 年和 2009 年真实统计的贸易和产出变化数据，计算垂直关联对贸易的影响程度。最后，对模型数据和真实数据计算结果进行比较，以分析垂直关联如何影响全球贸易，并解释全球贸易崩溃的真实渠道和原因。由于模型与真实数据的差异主要体现为生产技术结构的不同（模型是 2007 年的生产技术结构，而真实数据计算时考虑了生产技术结构的变化），因此模型和真实数据计算的垂直关联对贸易下滑影响的差异反映了生产技术结构的不同，即生产网络体系的变化。

---

① 投入产出模型框架实际上是一种核算框架，而非完全的 DSGE 模型。相对于 DSGE 模型，投入产出模型的优点是能够充分考虑不同部门或不同国家间的联系。

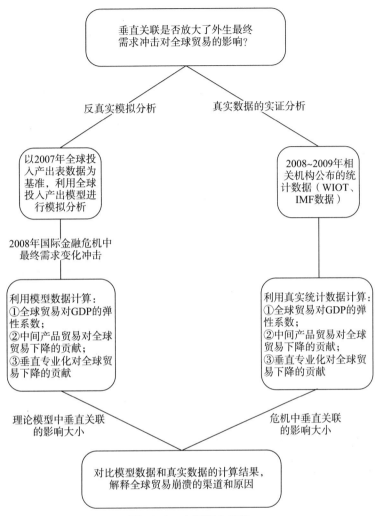

图 13-2 实证研究思路

2. 数据说明

本章主要选取 2007 年的全球投入产出表数据作为基准模型的数据基础，同时结合 IMF 公布的全球贸易、消费和 GDP 数据，利用 2008 年和 2009 年的全球投入产出表中的最终需求数据，计算 2008 年国际金融危机期间各国最终需求的变化率，然后代入以 2007 年为数据基础的全球投入产出模型，反真实地模拟 2008~2009 年最终需求变化引致的全球贸易和 GDP 变化，并与实际的 GDP 和贸易变化数据进行比较。为了清楚地展示部门数和最终需求部门构成的影响，本章构建了四部门和一部门的全球投入产出模型，其中以四部门（农业、工业—耐用品、工业—非耐用品和服务业）① 全球投入产出模型的模拟结果作为阐述重点，简要地比较了一部门模型的模拟结果。此外，进一步进行多种垂直专业化程度测度方法的稳健性分析。

三　实证结果

（一）2008~2009 年的最终需求变化

各国的最终需求变化，不但不同行业部门间变化幅度差别较大，而且不同国家的需求变化幅度也不一样。表 13-5 是 2008~2009 年美国对自身和其他国家的最终需求。2008~2009 年，美国对国内生产的最终产品的需求下降幅度为 3%，而对从中国、德国和日本进口的最终产品的需求下降幅度分别为 8%、25% 和 36%。很明显，美国对自身和其他国家进口的最终产品的需求变化幅度并不相同。因此，本章在具体模拟中详细刻画一国对自身和其他国家的需求变化结构，而不是简单地给出线性假设，这也是本章与 Bems 等（2011）最大的区别之一。

表 13-5　2008~2009 年美国的最终需求（分国家分行业）

单位：亿美元，%

国家	行业		2008 年	2009 年	变化率
美国	农业		574.63	667.21	16
	工业	非耐用品	25463.79	22477.91	-12
		耐用品	5554.50	4674.45	-16
	服务业		110552.54	109936.41	-1
	合计		142145.46	137755.98	-3
中国	农业		3.13	4.01	28
	工业	非耐用品	738.84	658.47	-11
		耐用品	1077.22	1002.49	-7
	服务业		50.53	51.29	2
	合计		1869.71	1716.25	-8

---

① 农业部门对应 WIOT 中的农林牧渔业，耐用品部门对应于 WIOT 中的机械制造业、运输设备制造业以及电子和光学仪器制造业。WIOT 中其余的工业部门（包括采矿业、电力、水和燃气供应业和建筑业）归为非耐用品部门。服务业部门对应着 WIOT 中所有的第三产业部门。

续表

国家	行业		2008 年	2009 年	变化率
德国	农业		0.52	0.47	-10
	工业	非耐用品	164.91	137.58	-17
		耐用品	439.00	308.27	-30
	服务业		19.02	20.49	8
	合计		623.45	466.81	-25
日本	农业		1.41	1.58	12
	工业	非耐用品	56.99	52.60	-8
		耐用品	564.13	343.06	-39
	服务业		13.21	9.50	-28
	合计		635.73	406.74	-36
其他国家合计			6053.86	5092.99	-16
合计			151328.20	145438.78	-4

注：数据来源于 WIOD，这里的最终需求是指最终消费、资本形成和存货变化。

图 13-3 显示了 2008~2009 年各国（地区）总需求变化率的实际数据，40 个国家（地区）中[①]，除中国、印度、印度尼西亚和日本外，其他 36 个国家（地区）的最终需求都出现了下降，下降幅度最大的国家为拉脱维亚（Latvia）（-31%），下降幅度最小的国家为澳大利亚（-1%）。

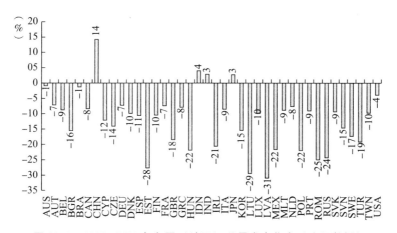

图 13-3　2008~2009 年各国（地区）总需求变化率（实际数据）

注：数据来源于 WIOD，经作者整理。

---

① 不含 ROW。

（二）2008 年国际金融危机的模拟结果与分析

1. 模型和实际数据拟合度比较

利用以 2007 年为基期的 40 个国家四部门的全球投入产出模型，把 2008~2009 年的最终需求实际变化率代入模型，可以求解总产出、GDP 和贸易的变化率。图 13-4 显示了模型计算的和真实的总产出、GDP 和贸易数据的变化率，表 13-6 显示了模型计算的和实际数据之间的统计性质。

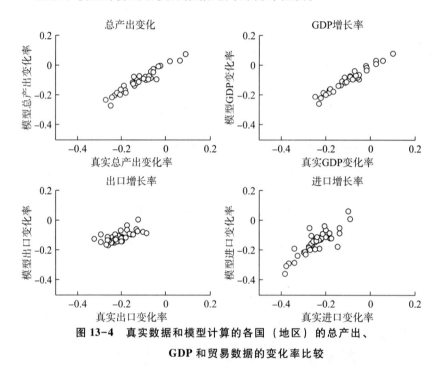

图 13-4　真实数据和模型计算的各国（地区）的总产出、

GDP 和贸易数据的变化率比较

本章四部门模型很好地拟合了总产出和 GDP 变化。模型计算的各国 GDP 变化率与 2008 年国际金融危机时期真实 GDP 变化率的相关系数约为 0.98，模型计算的全球 GDP 变化率与真实 GDP 变化率之比为 1.0566。模型计算的各国总产出变化率与真实总产出变化率的相关系数约为 0.96，模型计算的全球总产出变化率与真实总产出变化率之比为 0.8294。

各国出口变化率和进口变化率的拟合程度也较好，模型计算的各国进口变化率与真实进口变化率的相关系数约为 0.85，模型计算的出口变化率与真实出口变化率的相关系数约为 0.65。这远好于 Bems 等（2011）的模型预测结果，他们得到的出口变化率和进口变化率的相关系数分别为 -0.23 和 0.68。这也说明了本章区分进口最终需求和对国内产品最终需求的变化率的做法提高了出口变化率和进口变化率的拟合程度。

表 13-6　真实数据和模型计算的各国总产出、GDP 和贸易的统计性质

四部门模型	相关系数	均方误差	模型全球变化率/真实全球变化率
总产出	0.95826	0.00073	0.8294
GDP	0.97747	0.00029	1.0566
出口	0.65179	0.01076	0.5056
进口	0.85108	0.01092	0.5056
一部门模型	相关系数	均方误差	模型全球变化率/真实全球变化率
总产出	0.95546	0.00104	0.723959
GDP	0.97507	0.00033	1.047953
出口	0.56045	0.01399	0.437706
进口	0.82962	0.01365	0.437706

2. 中间产品和最终产品贸易

从全球贸易对 GDP 的弹性系数[①]来看，本章全球投入产出模型的解释程度为 45.76%。2008 年国际金融危机的显著特点是全球贸易量下降幅度远大于 GDP 的下降幅度，全球贸易和 GDP 分别下降了 22.26% 和 5.55%，全球贸易对 GDP 的弹性系数达 4.01。本章全球投入产出模型的计算结果表明全球贸易下降幅度为 11.25%，全球 GDP 下降幅度为 5.55%，即全球贸易对 GDP 的弹性系数应为 2.03。当不考虑全球价值链破坏[②]（如贸易信贷中断了中间产品贸易、生产率下降、经济技术结构的突变以及价格变化等）的负影响，本章模型能够解释全球贸易对 GDP 的弹性系数的 50.62%，从而说明，外生最终需求变化通过正常全球价值链渠道对贸易的影响能够解释贸易崩溃的 46% 左右。

进一步分解中间产品贸易和最终产品贸易对全球贸易崩溃的贡献。表 13-7 显示，最终产品贸易下降了 16.85%，而中间产品贸易只下降了 8.40%，最终产品贸易下降幅度远大于中间产品贸易下降幅度。令人惊讶的是，鉴于全球贸易

[①]　全球贸易对 GDP 的弹性系数：全球贸易流量变化率与 GDP 变化率之比。
[②]　全球价值链未破坏是指，生产函数（Leontief 函数）保持不变（直接消耗系数保持不变），且在生产过程中能够正常获取所需的中间投入和要素。从模型的角度来看，这意味着 2008～2009 年的生产函数形式保持 2007 年的生产函数形式，即 2008～2009 年的直接消耗系数矩阵 A 与 2007 年的相同。反之，若在危机中生产函数形式发生了变化，就认为全球价值链遭到了破坏。这种破坏表现为直接消耗系数矩阵 A 发生了变化。而贸易信贷中断中间产品贸易、生产率下降或中间产品价格发生突变，都会影响生产函数的形式（直接消耗系数矩阵 A），从而破坏全球价值链。

下降幅度为 11.25%，中间产品贸易缓解了全球贸易的下降。但是，由于中间产品贸易占全球贸易的比重达 66.21%，中间产品贸易下降对全球贸易下降的贡献率达 49.44%（66.21%×8.40%/11.25%＝49.44%）。

从最终产品贸易的分行业比较来看，最终产品贸易中的工业—耐用品行业的贸易下降率最大，达 21.25%，其对最终产品贸易下降的贡献率达 58.64%（46.50%×21.25%/16.85%＝58.64%）。同样，可得到最终产品贸易中工业—非耐用品行业的贸易下降了 13.93%，其对最终产品贸易下降的贡献率为 33.03%，而服务业和农业的最终产品贸易下降对最终产品贸易下降的贡献率分别为 7.83% 和 0.50%。这说明，最终需求产品贸易下降主要是由工业品贸易下降，尤其是耐用品贸易下降引起的，而服务业和农业对最终产品贸易下降的贡献相对较小。但是中间产品贸易中，各行业的下降幅度相差不大，除农业部门外，各行业中间产品贸易的下降幅度均低于最终产品贸易，约为最终产品贸易下降幅度的 1/2。中间产品具有消耗性原材料的特性，工业—非耐用品占中间产品贸易的 49.39%，导致工业—非耐用品对中间产品贸易下降的贡献为 51.39%，而工业—耐用品贸易占中间产品贸易的比重为 23.85%，其对中间产品贸易的贡献为 26.38%。也就是说，中间产品贸易下降主要是由工业—非耐用品贸易下降引起的，而最终产品贸易下降主要是由工业耐用品贸易下降引起的。这也符合常识，因为最终产品需求中的固定资产主要是工业耐用品，而金融危机中，固定资产投资的下降幅度相对较大，所以工业耐用品成为最终需求下降的主要贡献者。

从模型计算的结果来考察，中间产品贸易的变化率与总产出的变化率比较接近，如工业—非耐用品的总产出变化率为 -7.25%，工业品—非耐用品的中间产品贸易的变化率为 -8.74%，仅相差 1.49 个百分点。这与投入产出模型的线性假设密切相关。

表 13-7　模型计算的中间产品贸易和最终需求产品贸易（四部门模型）

单位：%

指标	农业	工业—非耐用品	工业—耐用品	服务业	合计
外生最终需求变化率	-4.76	-9.22	-14.62	-2.66	-5.55
总产出变化率	-4.70	-7.25	-10.81	-4.11	-5.83
最终产品贸易变化率	-3.73	-13.93	-21.25	-11.67	-16.85
中间产品贸易变化率	-7.56	-8.74	-9.29	-6.93	-8.40
全球贸易变化率	-6.22	-10.26	-15.25	-7.83	-11.25

指标	农业	工业—非耐用品	工业—耐用品	服务业	合计
最终产品贸易各行业权重	2.24	39.95	46.50	11.31	100
中间产品贸易各行业权重	2.13	49.39	23.85	24.63	100
全球贸易权重	2.17	46.2	31.5	20.13	100

以下根据 2008~2009 年全球投入产出表等真实统计数据，计算真实的全球贸易变化情况（具体见表 13-8）。与本章模型计算结果形成鲜明对比的是，中间产品贸易变化率明显较大。真实统计数据计算的中间产品贸易下降幅度为 24.84%，是模型计算结果的近 3 倍。中间产品贸易是全球真实贸易下降的主要贡献者，贡献度达 74.82%。从中间产品贸易分行业的角度来看，各行业部门贸易都出现了大幅下降，其中工业—非耐用品中间贸易下降了 29.89%，是真实中间品贸易下降幅度最大的行业，它对全球中间贸易品下降的贡献率达 62.72%。

表 13-8　2008~2009 年真实统计数据计算的中间产品贸易和最终需求产品贸易

单位：%

指标	农业	工业—非耐用品	工业—耐用品	服务业	合计
外生最终需求变化率	-4.76	-9.22	-14.62	-2.66	-5.55
总产出变化率	-3.92	-10.49	-12.47	-3.96	-7.03
最终产品贸易变化率	-5.81	-14.25	-20.97	-13.21	-17.01
中间产品贸易变化率	-19.27	-29.89	-22.78	-16.27	-24.84
全球贸易变化率	-14.95	-25.52	-21.85	-15.71	-22.26
进口最终需求权重	2.27	41.11	45.57	11.05	100
进口中间产品需求权重	2.36	52.12	21.55	23.97	100
全球贸易权重	2.33	48.49	29.46	19.72	100

注：根据 2008 年和 2009 年的 WIOT 数据直接计算而得。

模型计算和真实统计数据计算结果表明，中间产品贸易对全球贸易下降幅度的贡献截然不同。在全球价值链正常运转的情况下，即维持 2007 年的全球价值链模式，全球中间产品贸易在一定程度上缓解了外生最终需求变化对全球贸易下降的影响。中间品贸易下降幅度为 8.4%，低于全球贸易下降幅度（11.25%）和最终产品贸易下降幅度（16.85%）。但是，真实统计数据计算结果表明，中间产品贸易下降加剧了全球贸易下降。中间产品贸易下降幅度为

24.84%，高于全球贸易的下降幅度（22.26%）和最终产品贸易的下降幅度（17.01%）。唯一可能的解释是，在危机发生时，外生冲击不但影响最终需求，而且更多的是影响生产供给（实际上企业信贷资金减少和贸易信贷的中断都直接影响企业生产活动），使生产结构发生变化，此时全球价值链遭到破坏，生产效率降低、出口供给减少，导致中间产品贸易崩溃式下降，进而造成全球贸易的大幅下降。

3. VS 值贸易和非 VS 值贸易

狭义的垂直专业化（Vertical Specialization，VS）是指隐含在出口产品中的进口中间产品。可直接利用一国（区域）的竞争性投入产出表，测算 VS 值，具体计算公式如下：

$$VS_k = uA^M (I - A^D)^{-1} X_k \qquad (13-9)$$

其中，VS_k 为各行业 VS 值的行向量，u 为元素全为 1 的行向量，A^M 为国外中间投入系数矩阵，A^D 为国内中间投入系数矩阵，X_k 是以各行业出口为对角元素的矩阵。

各行业的非 VS 值可定义为：

$$非\ VS_k = uX_k - VS_k \qquad (13-10)$$

把各行业的 VS 值加总就可以得到一国的 VS 值，进一步可以得到全球的 VS 值。根据式（13-9）和式（13-10）也可以进一步计算 VS 值和非 VS 值的变化率。

表 13-9 显示了模型计算的全球 VS 值和非 VS 值的变化率。首先，全球贸易的下降（11.25%）主要是工业品贸易下降引起的。工业和服务业的 VS 值和非 VS 值的下降幅度相差不是很大，但农业的 VS 值和非 VS 值的变化率相差较大，如农业 VS 值下降了 7.22%，农业非 VS 值下降了 6.06%，相差 1.16 个百分点。工业的垂直专业化率（VS 值/出口）远高于服务业，其中工业—耐用品的垂直专业化率为 33.62%，比服务业的垂直专业化率（11.30%）高 22.32 个百分点，反映了工业的垂直专业化程度比较深。

表 13-9　模型计算的全球 VS 值和非 VS 值的变化率〔Hummels 等（2001）方法〕

单位：%

指标	农业	工业—非耐用品	工业—耐用品	服务业	合计
外生最终需求变化率	-4.76	-9.22	-14.62	-2.66	-5.55

续表

指标	农业	工业—非耐用品	工业—耐用品	服务业	合计
总产出变化率	-4.70	-7.25	-10.81	-4.11	-5.83
非 VS 值变化率	-6.06	-10.19	-15.36	-7.85	-10.97
VS 值变化率	-7.22	-10.44	-15.05	-7.66	-12.13
全球分行业贸易变化率	-6.22	-10.26	-15.25	-7.83	-11.25
非 VS 值分行业权重	2.48	46.08	27.75	23.69	100
VS 值分行业权重	1.23	46.56	42.98	9.23	100
全球贸易行业权重	2.17	46.20	31.50	20.13	100
非 VS 值/出口	86.05	75.17	66.38	88.70	
VS 值/出口	13.95	24.83	33.62	11.30	

　　其次，从全球 VS 值和非 VS 值来看，全球 VS 值下降了 12.13%，略大于非 VS 值的下降幅度（10.97%），全球 VS 值下降放大了全球贸易下降，但是程度相对较小。由于工业的垂直专业化程度最深，且工业部门受到的需求冲击最大，从 VS 值角度来看，它在一定程度上加剧了全球贸易下滑。但由于 VS 值和非 VS 值的下降幅度相差不大，且 VS 值占传统总值出口的比重较低（26.64%），VS 值下降对全球贸易下降的贡献度为 28.72%，VS 值下降对全球贸易下滑的贡献相对较低。

　　表 13-10 是根据 2008 年和 2009 年 WIOT 数据计算的 VS 值和非 VS 值的变化率。真实统计数据的计算结果表明，全球分行业的 VS 值下降幅度都大于相应行业非 VS 值下降幅度，如工业—非耐用品的 VS 值变化率为 -35.54%，下降幅度远大于工业—非耐用品的非 VS 值变化率（-22.04%）。由于 VS 值占传统总值出口的比重为 25.02%，VS 值变化对全球贸易下降的贡献为 39.95%（25.02%×35.54%÷22.26% = 39.95%）。与模型计算结果进行比较发现，2008 年国际金融危机中真实的 VS 值下降幅度对传统总值贸易下降的贡献度增加了 11.23 个百分点。并且，相对于非 VS 值变化，VS 值的下降恶化了全球贸易下滑，但是其贡献率仍然较低。

表 13-10　2008~2009 年真实 VS 值和非 VS 值变化率［Hummels 等（2001）方法］

单位：%

指标	农业	工业—非耐用品	工业—耐用品	服务业	合计
外生最终需求变化率	-4.76	-9.22	-14.62	-2.66	-5.55
总产出变化率	-3.92	-10.49	-12.47	-3.96	-7.03

续表

指标	农业	工业—非耐用品	工业—耐用品	服务业	合计
非 VS 值变化率	-13.34	-22.04	-17.30	-14.73	-18.88
VS 值变化率	-24.00	-35.54	-30.95	-23.00	-32.40
全球分行业贸易变化率	-14.95	-25.52	-21.85	-15.71	-22.26
非 VS 值分行业权重	2.64	48.01	26.18	23.17	100
VS 值分行业权重	1.40	49.95	39.29	9.36	100
全球贸易行业权重	2.33	48.49	29.46	19.72	100
非 VS 值/出口 （2008 年）	84.91	74.23	66.63	88.12	
VS 值/出口 （2008 年）	15.09	25.77	33.37	11.88	

　　总之，以上四部门的全球投入产出模型的模拟结果表明，若全球价值链正常运转，从理论上看，中间产品贸易和垂直专业化并没有放大外生最终需求冲击对全球贸易下滑的影响，甚至在一定程度上缓解了全球贸易下滑。但这一结论与真实统计数据计算得到的结论截然相反，这一事实说明，一旦外生冲击影响到供给侧，破坏了价值链，生产率下降，生产和出口下降，将使中间产品贸易和 VS 值出现崩溃式下降，垂直专业化在一定程度上恶化了全球贸易。这实际上也从侧面论证了 2008 年国际金融危机带来的影响主要是一种供给冲击，危机破坏了生产和经济供给端，中断了正常垂直关联，进而恶化了全球贸易。

四　稳健性分析

（一）不同 VS 值测算方法比较

1. 垂直专业化值——基于 Johnson 和 Noguera （2012） 的方法

　　以下我们主要从增加值贸易的视角考察全球价值链在危机中的作用。Hummels 等 （2001） 认为垂直专业化是指隐含在出口产品中的进口中间产品。该概念与增加值贸易是紧密相关的，两者实际上是一种对立的关系。Johnson 和 Noguera （2012） 定义的增加值出口为：被其他国家最终需求吸收的给定国家所创造的增加值。由于传统贸易统计中存在"重复计算"，增加值出口仅是传统贸易总值出口的一部分。从国家整体来看，可以认为由中间产品投入之间的联系而引起的中间产品在不同地域间的流动导致了"重复计算"。因此，可以从增加值贸易的角度观察垂直关联在危机中的作用。根据增加值出口的计算公式可以得到：

$$Vax_{ij} v_i \sum_{k=1}^{s} B_{ik} Y_{kj}$$

$$\Rightarrow \mathrm{diag}(Vax_{ij}) \widehat{Vax_{ij}} = v_i \sum_{k=1}^{s} B_{ik} \mathrm{diag}(Y_{kj}) \hat{Y}_{kj}$$

$$\Rightarrow \mathrm{diag}(Vax_{i.}) \widehat{Vax_{i.}} \sum_{j \neq i} v_i \sum_{k=1}^{s} B_{ik} \mathrm{diag}(Y_{kj}) \hat{Y}_{kj}$$

其中，Vax_{ij} 为 i 国出口到 j 国的分行业增加值，v_i 为 i 国的分行业增加值率对角矩阵，$\widehat{Vax_{ij}}$ 为 i 国到 j 国的分行业增加值出口变化率，$\widehat{Vax_{i.}}$ 为 i 国家增加值出口变化率，$Vax_{i.}$ 为 i 国的分行业增加值出口。

i 国的增加值出口变化率可以表示为不包括 i 国的其他所有国家最终需求变化率的加权和，即外国最终需求变化的加权和。而 i 国出口的变化率可以表示为所有国家的最终需求变化率的加权和，即国内和国外的最终需求变化率的加权和。这是因为传统统计的出口中包含"重复计算"部分，例如，i 国出口的中间产品被国外用来生产最终产品，最终产品再次被 i 国进口作为最终需求产品。显然，若所有国家最终需求的变化率都相同，增加值出口和出口的变化率将一样。一旦最终需求的变化率不一致，则可能导致增加值出口和出口的变化率不一致。

进一步定义 VS 值：

$$VS_i = EX_{i.} - Vax_{i.} \tag{13-11}$$

EX_i 为 i 国出口。VS 值的大小可以表示垂直专业化的程度，根据式（13-11）可以进一步计算各国的 VS 值的变化率。将全球各国的增加值出口变化率和垂直专业化值变化率加权加总，可以得到全球分行业增加值出口变化率和垂直专业化值变化率。

表 13-11 显示了模型计算的全球增加值出口和 VS 值的变化率。全球贸易的下降（降幅为 11.25%）主要是工业品贸易下降引起的（贡献率达 84.80%）。工业品的增加值出口和 VS 值的下降幅度相差不是很大。但农业和服务业的增加值出口和 VS 值的变化率相差较大，如服务业增加值出口下降了 10.05%，服务业 VS 值下降了 14.25%，相差 4.20 个百分点。农业增加值出口/出口和服务业增加值出口/出口的值都大于 1，表明服务业和农业的传统总值出口少于其增加值出口，这意味着农业和服务业的增加值大部分作为其他行业的中间投入而出口到国外。

表 13-11　模型计算的全球增加值出口变化率和 VS 值变化率
[Johnson 和 Noguera (2012) 的方法]

单位：%

指标	农业	工业—非耐用品	工业—耐用品	服务业	合计
外生最终需求变化率	-4.76	-9.22	-14.62	-2.66	-5.55
总产出变化率	-4.70	-7.25	-10.81	-4.11	-5.83
增加值出口变化率	-7.99	-10.54	-15.31	-10.05	-10.98
VS 值变化率	-11.97	-9.83	-15.22	-14.25	-12.02
全球分行业贸易变化率	-6.22	-10.26	-15.25	-7.83	-11.25
增加值出口分行业权重	4.28	37.99	15.75	41.98	100
VS 值分行业权重	-3.62	68.78	74.82	-39.98	100
全球贸易分行业权重	2.17	46.20	31.50	20.13	100
增加值出口/出口	144.39	60.31	36.67	152.97	
VS 值/出口	-44.39	39.69	63.33	-52.97	

从全球增加值出口和 VS 值来看，全球 VS 值下降了 12.02%，大于增加值出口的下降幅度（10.98%），全球 VS 值下降在一定程度上加速了全球贸易的下滑，但作用相对有限。由于工业行业的垂直专业化程度最深（增加值出口/出口的值小），而工业部门受到的需求冲击最大，从垂直专业化值角度来看，它加剧了全球贸易下滑，但由于增加值出口和 VS 值的下降幅度相差不是很大，且 VS 值占总出口的比重较小（26.67%），这样 VS 值下降对全球贸易下降的贡献度为 28.50%，VS 值对全球贸易下滑的贡献相对较低。

表 13-12 是根据 2008~2009 年 WIOT 数据计算的增加值出口和 VS 值的变化率。真实统计数据的计算表明：除服务业外，全球分行业的 VS 值下降幅度大于相应行业增加值出口的下降幅度，如工业—非耐用品的 VS 值下降幅度为 30.42%，远大于工业—非耐用品的增加值出口下降幅度（22.15%）。由于 VS 值占总出口的比重为 27.05%，VS 值变化对全球贸易下降的贡献为 36.97% （27.05%×30.42%÷22.26% = 36.97%）。与模型计算结果进行比较发现，2008 年国际金融危机期间真实的 VS 值下降幅度对全球贸易下降的贡献度增加了 8.47 个百分点。也就是说，在危机发生时，真实的 VS 值下降幅度大于模型计算值，相对于增加值出口变化，垂直专业化恶化了全球贸易，但是贡献率仍然较低。

表 13-12 2008~2009 年真实增加值出口变化率和 VS 值变化率

[Johnson 和 Noguera（2012）的方法]

指标	农业	工业—非耐用品	工业—耐用品	服务业	合计
外生最终需求变化率	-4.76	-9.22	-14.62	-2.66	-5.55
总产出变化率	-3.92	-10.49	-12.47	-3.96	-7.03
增加值出口变化率	-15.32	-22.15	-18.97	-15.42	-18.58
VS 值变化率	-16.31	-30.42	-23.49	-14.87	-32.17
全球分行业贸易变化率	-14.95	-25.52	-21.85	-15.71	-22.26
增加值出口分行业权重	4.40	39.38	14.62	41.60	100
VS 值分行业权重	-3.24	73.07	69.48	-39.30	100
全球贸易分行业权重	2.33	48.49	29.46	19.72	100
增加值出口/出口	137.69	59.24	36.20	153.93	
VS 值/出口	-037.69	040.76	63.80	-53.93	

2. 垂直专业化值——基于部门层面的总出口分解方法

对增加值贸易进行测算成为大家广泛关注的问题。Koopman 等（2014）对总出口的增加值分解是全球价值链宏观产业层面上增加值贸易测度的经典做法，其把 Hummels 等（2001）、Johnson 和 Noguera（2012）等提出的垂直专业化测度方法统一在一个逻辑框架下。但是 Koopman 等（2014）对总出口的九项分解公式局限在国家层面，无法深入部门层次。于是，Wang 等（2013）进一步把总出口分解公式拓展到双边分部门（行业）层面，形成 16 项的部门层次的总出口分解公式。出口贸易流量可以分解四大组成部分，共 16 个细项。[1]其中，四大组成部分具体如下。①最终被国外吸收的国内增加值（简称 DVA）。②返回的国内

---

[1] 16 个细项为：①最终产品出口的国内增加值；②直接被进口国生产国内最终需求产品且被吸收的中间出口产品中隐含的国内增加值；③被进口国出口至第三国并被第三国生产国内最终需求产品且被吸收的中间产品出口中隐含的国内增加值；④被进口国生产最终产品出口至第三国且被吸收的中间产品出口中隐含的国内增加值；⑤被进口国生产中间产品出口至第三国生产最终产品后被最终进口返回至第二国（直接进口国）吸收的中间产品出口中隐含的国内增加值；⑥被进口国生产最终产品且出口后返回国内且被吸收的中间出口产品中隐含的国内增加值；⑦被进口国生产中间产品且出口至第三国生产最终产品并最终进口至国内且被吸收的中间产品出口中隐含的国内增加值；⑧被进口国生产中间产品且出口至国内且被用于生产国内最终需求产品并被吸收的中间出口产品中隐含的国内增加值；⑨被进口国生产中间产品且出口至国内被用于生产最终产品的中间产品出口中隐含的国内增加值（中间出口与最终出口的重复计算部分）；⑩被进口国生产中间产品且出口至国内被用于生产中间产品的中间产品出口中隐含的国内增加值（中间出口与中间出口的重复计算部分）；⑪最终出口产品的进口国增加值；⑫中间出口产品的进口国增加值；⑬中间出口的进口国价值重复计算部分；⑭最终出口的第三国增加值；⑮中间出口的第三国增加值；⑯中间出口的第三国价值重复计算部分。

增加值，这一部分国内增加值先被出口至国外，但又隐含在本国从其他国家的进口产品中返回国内并最终在国内被消费（简称 RDV）。虽然这部分增加值不构成一国的增加值出口，却是出口国 GDP 隐含于出口中的一部分。③用于生产本国出口产品的外国增加值（简称 FVA）。④中间品贸易的纯重复计算部分（简称 PDC），这是由中间产品多次跨境贸易引起的。这些中间产品贸易交易值不构成任何国家的 GDP 或最终需求，类似于用一种中间投入品生产另一种中间投入品的国内产业间交易。由于所有的跨国贸易都会被各国海关当局记录，因此这一部分重复计算包含于总值贸易统计中。而国内中间投入品贸易则不同，在通过行业统计来核算 GDP 时，所有中间投入品的价值都必须从总产出中扣除以避免重复计算。其中，DVA 在国家加总层面等于本章前述的国家层面上的增加值出口。根据 Wang 等（2013）的定义，VS 值等于 16 项分解公式中第 11 项到第 16 项的和。进一步，部门总出口减去部门 VS 值可得到非 VS 值。①

表 13-13 是根据模型利用 Wang 等（2013）的方法计算的 VS 值和非 VS 值的变化率。首先，工业和服务业的 VS 值、非 VS 值和总值贸易的下降幅度相差不是很大，如工业品—耐用品的 VS 值下降了 15.05%，非 VS 值下降了 15.36%。其次，从工业、农业、服务业的贸易下降幅度来看，工业尤其是工业—耐用品的 VS 值、非 VS 值和全球贸易的下降幅度最大。此外，从垂直专业化的程度来看，工业大于农业和服务业，其中工业—耐用品和工业品—非耐用品的垂直专业化率分别为 32.64% 和 24.27%，而农业和服务业分别为 13.64% 和 11.12%。

表 13-13 模型计算的 VS 值和非 VS 值变化率 ［Wang 等（2013）方法］

单位：%

指标	农业	工业—非耐用品	工业—耐用品	服务业	合计
外生最终需求变化率	-4.76	-9.22	-14.62	-2.66	-5.55
总产出变化率	-4.70	-7.25	-10.81	-4.11	-5.83
非 VS 值变化率	-6.06	-10.19	-15.36	-7.85	-10.98
VS 值变化率	-7.24	-10.45	-15.05	-7.66	-12.12
全球分行业贸易变化率	-6.22	-10.26	-15.25	-7.83	-11.25
非 VS 值分行业权重	2.47	46.06	27.93	23.55	100
VS 值分行业权重	1.23	46.66	42.79	9.31	100

① 详细推导过程可参见 Wang 等（2013）。作者推导了三国三部门全球投入产出表的公式，详细的推导过程和计算程序可以向作者索取。

续表

指标	农业	工业—非耐用品	工业—耐用品	服务业	合计
全球贸易分行业权重	2.17	46.20	31.50	20.13	100
非 VS 值/出口	86.36	75.73	67.36	88.88	
VS 值/出口	13.64	24.27	32.64	11.12	

从全球 VS 值和贸易的变化来看，全球 VS 值下降了 12.12%，略大于非 VS 值的下降幅度（10.98%），全球 VS 值下降轻度恶化了全球贸易。由于工业的垂直专业化程度最深，从而工业部门受到的需求冲击最大。从垂直专业化值角度来看，它加剧了全球贸易下滑，但由于非 VS 值和 VS 值的下降幅度相差不大，且 VS 值占总出口的比重较小（24.03%），VS 值下降对全球贸易下降的贡献度为 25.89%，VS 值下降对全球贸易下滑的贡献相对较低。

表 13-14 是根据 2008 年和 2009 年 WIOT 数据按 Wang 等（2013）的方法计算的 VS 值和非 VS 值的变化率。真实统计数据的计算结果表明，全球分行业的 VS 值下降幅度都远大于相应行业非 VS 值的下降幅度，如工业—非耐用品的 VS 值下降幅度为 35.19%，远大于工业—非耐用品的非 VS 值下降幅度率（22.28%）。由于 VS 值占总出口的比重为 24.37%，VS 值变化对全球贸易下降的贡献率为 35.12%。与模型计算结果进行比较发现，2008 年国际金融危机期间真实的 VS 值下降幅度对传统总值贸易下降的贡献度增加了 9.23 个百分点。也就是说，在危机发生时，真实的 VS 值下降幅度大于模型计算值，VS 值下降恶化了全球贸易，但是 VS 值的贡献率仍然偏低。

表 13-14 2008~2009 年真实 VS 值变化率和非 VS 值变化率 [Wang 等（2013）方法]

单位：%

指标	农业	工业—非耐用品	工业—耐用品	服务业	合计
外生最终需求变化率	-4.76	-9.22	-14.62	-2.66	-5.55
总产出变化率	-3.92	-10.49	-12.47	-3.96	-7.03
非 VS 值变化率	-13.46	-22.28	-17.63	-14.78	-19.10
VS 值变化率	-23.56	-35.19	-30.66	-22.73	-32.08
全球分行业贸易变化率	-14.95	-25.52	-21.85	-15.71	-22.26
非 VS 值分行业权重	2.63	48.02	26.33	23.03	100
VS 值分行权重	1.41	49.97	39.18	9.44	100
全球贸易行业权重	2.33	48.49	29.46	19.72	100
非 VS 值/出口	85.28	74.88	67.59	88.32	
VS 值/出口	14.72	25.12	32.41	11.68	

从总体上看，用 Johnson 和 Noguera（2012）的方法、Wang 等（2013）的方法测度的 VS 值的结果，与 Hummels 等（2001）的方法基本上一致，具有一定的等价性。

（二）不同部门模型框架的比较分析

为了比较模型框架中部门构成的影响大小，以及分析前面四部门模拟结果是否受部门划分的影响，我们对不同部门数的全球投入产出模型进行了稳健性分析，限于篇幅，以下我们主要列出了一部门模型计算的主要结果（见表 13-15）。

表 13-15　模型计算的和真实的中间产品贸易和最终产品贸易（一部门模型）

单位：%

指标	模拟	真实
外生最终需求变化率	-5.50	-5.55
总产出变化率	-5.09	-7.03
最终产品贸易变化率	-17.03	-17.01
中间产品贸易变化率	-6.03	-24.84
全球贸易变化率	-9.74	-22.26

1. 一部门模型的拟合效果略差于四部门模型

正如我们所预料的，在数据可靠和可获得的情况下，模型中部门划分越多，对总量变量的拟合效果越好。一部门模型对总产出、GDP 的拟合效果与四部门模型基本一致，如四部门模型中 GDP 与真实 GDP 变化率的相关系数约为 0.977，一部门模型中 GDP 与真实 GDP 变化率的相关系数约为 0.975（见表 13-6），相差 0.002。但一部门模型对贸易变化率的拟合效果差于四部门模型的拟合效果。四部门模型的出口变化率与真实出口变化率的相关系数约为 0.652，而一部门模型的出口变化率与真实出口变化率的相关系数约为 0.560，相差 0.092。

2. 中间产品贸易缓解了全球贸易下降

一部门模型中，中间产品贸易下降幅度明显小于最终产品贸易下降幅度，这与四部门的模拟结果相同。一部门模型中中间产品贸易约下降了 6.03%，最终产品贸易下降了 17.03%，全球贸易总量下降了 9.74%。

从全球贸易对 GDP 的弹性系数来看，一部门模型中全球贸易对 GDP 的弹性系数为 1.77，大致能解释金融危机中贸易对 GDP 的弹性系数的 41.14%，低于四部门模型对弹性系数的解释力度（50.62%）。

3. VS 值下降略微缓解了全球贸易，但贡献度较低

一部门模型（见表 13-16）显示 VS 值下降幅度（9.53%）低于增加值出口下降幅度（9.80%），但由于 VS 值占出口的比重（20.21%）较小，VS 值对总出口下降的贡献度仅为 19.77%。也就是说，在全球生产网络体系没有遭到破坏的一部门模型中，垂直专业化在一定程度上缓解了贸易下降。但是，金融危机中真实数据显示 VS 值下降幅度为 33.88%，增加值出口的下降幅度为 19.21%，全球贸易大幅下降（降幅为 22.26%）。利用 Wang 等（2013）的方法得到的结论与 Johnson 和 Noguera（2012）的方法一致。

表 13-16　模型计算和真实数据计算的 VS 值变化率（一部门模型）

单位：%

指标	Johnson 和 Noguera（2012）的方法		Wang 等（2013）的方法	
	模型	真实	模型	真实
外生最终需求变化率	-5.50	-5.55	-5.50	-5.55
总产出变化率	-5.09	-7.03	-5.09	-7.03
增加值出口变化率（非 VS 值变化率）	-9.80	-19.21	-9.76	-19.61
VS 值变化率	-9.53	-33.88	-9.65	-33.75
全球贸易变化率	-9.74	-22.26	-9.74	-22.26
增加值出口/出口（非 VS 值/出口）	79.79	79.19	81.78	81.25
VS 值/出口	20.21	20.81	18.22	18.75

（三）不变价模型的比较分析

鉴于价格因素可能影响研究结论的稳健性，本章根据 WIOD 公布的各国各部门产出价格指数，利用双缩减法①，把 2008 年和 2009 年的全球投入产出表缩减为以 2007 年为基准的不变价表。利用不变价投入产出表进行相应的模拟和比较分析。研究发现，不变价与现价模型的分析结论基本一致。

1. 现价和不变价模型计算的中间产品贸易和最终产品贸易比较

对比不变价和现价模型计算结果（见表 13-7 和表 13-17），不变价模型的结论与现价计算的结论相似。不变价模型计算结果表明，最终产品贸易下降了

---

①　双缩减方法可参见 Dietzenbacher 和 Hoen（1998）。

16.27%，与相应现价模型计算结果（16.85%）仅相差 0.58 个百分点；中间产品贸易只下降了 8.65%，与相应现价计算结果（8.40%）相差 0.25 个百分点；中间产品贸易下降对全球贸易下降的贡献率为 51.03%，与相应现价模型计算结果（49.44%）仅相差 1.59 个百分点。

表 13-17　模型计算的中间产品贸易和最终产品贸易（不变价）

单位：%

指标	农业	工业—非耐用品	工业—耐用品	服务业	合计
外生最终需求变化率	-2.57	-8.09	-15.66	-3.61	-5.87
总产出变化率	-3.74	-6.80	-11.60	-4.72	-6.05
最终产品贸易变化率	2.76	-12.03	-2.201	-11.43	-16.27
中间产品贸易变化率	-6.95	-8.63	-10.17	-7.39	-8.65
全球贸易变化率	-3.56	-9.62	-16.07	-8.15	-11.23
最终产品贸易各行业权重	2.24	39.95	46.50	11.31	100
中间产品贸易各行业权重	2.13	49.39	23.85	24.63	100
全球贸易权重	2.17	46.20	31.50	20.13	100

对比不变价和现价真实统计数据计算结果（见表 13-8 和表 13-18），可以发现进行价格调整后，总体上中间产品和最终产品贸易相应指标的变化幅度不大。价格调整后的统计数据计算的不变价中间产品贸易下降了 23.00%，与相应现价模型计算结果（24.84%）仅相差 1.84 个百分点。因此，从总体上看，利用现价和不变价的全球投入产出模型的计算结果非常接近。

表 13-18　真实统计数据计算的中间产品贸易和最终产品贸易（不变价）

单位：%

指标	农业	工业—非耐用品	工业—耐用品	服务业	合计
外生最终需求变化率	-2.57	-8.09	-15.66	-3.61	-5.87
总产出变化率	-71.00	-7.51	-12.88	-4.65	-6.29
最终产品贸易变化率	47.00	-12.27	-21.80	-13.01	-16.49
中间产品贸易变化率	-12.87	-27.02	-22.64	-15.91	-23.00
全球贸易变化率	-8.52	-22.82	-22.21	-15.37	-20.83
最终产品贸易各行业权重	2.28	40.31	46.47	10.94	100
中间产品贸易各行业权重	2.36	50.80	22.64	24.20	100
全球贸易权重	2.33	47.30	30.60	19.77	100

2. 现价和不变价计算的 VS 值〔Hummels（2001）的方法〕的比较

表 13-19 显示了不变价模型计算的 VS 值，与表 13-9 中现价模型的计算结果基本一致。不变价模型计算的全球 VS 值下降了 12.19%，与现价模型计算的全球 VS 值下降幅度（12.13%）仅相差 0.06 个百分点，且不变价模型和现价模型计算的非 VS 值的下降幅度相差只有 0.06 个百分点。不变价模型计算的 VS 值对全球贸易下降的贡献度为 26.74%，与现价模型计算的贡献度（28.72%）仅相差 1.98 个百分点。

表 13-19　模型计算的 VS 值和非 VS 值的变化率〔HIY（2001）方法，不变价〕

单位：%

指标	农业	工业—非耐用品	工业—耐用品	服务业	合计
外生最终需求变化率	-2.57	-8.09	-15.66	-3.61	-5.87
总产出变化率	-3.74	-6.80	-11.60	-4.72	-6.05
非 VS 值变化率	-3.50	-9.58	-16.12	-8.18	-10.91
VS 值变化率	-3.95	-9.73	-15.99	-7.98	-12.19
全球分行业贸易变化率	-3.56	-9.62	-16.07	-8.15	-11.23
非 VS 值分行业权重	2.48	46.08	27.75	23.69	100
VS 值分行业权重	1.23	46.56	42.98	9.23	100
全球贸易行业权重	2.17	46.20	31.50	20.13	100
非 VS 值/出口	86.05	75.17	66.38	88.70	
VS 值/出口	13.95	24.83	33.62	11.30	

现价和不变价真实统计数据计算的 VS 值和非 VS 值的变化率基本相同（见表 13-20 和表 13-10）。利用不变价全球投入产出表计算的 2008 年的工业—耐用品的垂直专业率（VS 值/出口）为 32.72%，与现价投入产出表计算的垂直专业化率（33.37%）相差 0.65 个百分点。不变价统计数据计算的 VS 值的下降幅度（20.94%）大于非 VS 值的下降幅度（14.62%），这与用现价统计数据的计算结果一样。不变价统计数据计算的 VS 值对全球贸易下降的贡献为 35.71%，与现价下的贡献度（39.95%）相差 4.24 个百分点。

表 13-20　真实统计数据的非 VS 值和 VS 值变化率
〔Hummels 等（2001）的方法，不变价〕

单位：%

指标	农业	工业—非耐用品	工业—耐用品	服务业
外生最终需求变化率	-2.57	-8.09	-15.66	-3.61

续表

指标	农业	工业—非耐用品	工业—耐用品	服务业
总产出变化率	-71	-7.51	-12.88	-4.65
非 VS 值变化率	-6.42	-19.53	-18.79	-14.62
VS 值变化率	-20.54	-32.27	-29.24	-20.94
全球分行业贸易变化率	-8.52	-22.82	-22.21	-15.37
非 VS 值分行业权重	2.65	46.72	27.43	23.21
VS 值分行业权重	1.39	49.03	40.15	9.43
全球贸易行业权重	2.33	47.30	30.60	19.77
非 VS 值/出口	85.12	74.15	67.28	88.11
VS 值/出口	14.88	25.85	32.72	11.89

五　结论与启示

本章主要利用全球投入产出模型实证分析垂直关联是否放大了外生最终需求变化对全球贸易崩溃的影响，着重从中间产品贸易和垂直专业化值两个角度进行阐述，主要得到以下结论。（1）模型计算结果表明，中间产品贸易在一定程度上缓解了全球贸易崩溃，但因中间产品贸易占总贸易的比重约达2/3，中间产品贸易下降对模型中全球贸易下降的贡献度较大（49%以上）。（2）模型计算结果表明，VS 值的下降幅度与非 VS 值的下降幅度相差不大，狭义的垂直专业化并没有恶化全球贸易，且因 VS 值占传统总值出口的比重较低（26.64%），其贡献率较低（28.72%）。同时，利用其他方法计算的 VS 值得到的结论也一样。（3）2008～2009 年真实统计数据表明，垂直专业化恶化了全球贸易。中间产品贸易的下降幅度却大于最终产品贸易，中间产品贸易对全球贸易下滑的贡献率约为75%。不同方法计算的 VS 值下降幅度都大于非 VS 值的下降幅度，VS 值下降对总出口下降的贡献在35%以上。（4）模型和真实统计数据计算的结论不同说明，2008 年国际金融危机主要是从供给端对全球贸易和经济产生影响，危机破坏生产和出口，中断正常垂直关联，破坏全球价值链体系，进而恶化全球贸易。

鉴于以上结论，可以得到以下启示。（1）积极融入全球价值链，建立一个稳定可靠的生产网络体系。直观地认为垂直关联（尤其是国际垂直专业化）恶化了全球贸易和加大了经济风险的观点是片面的，更不能以之来否定积极融入全球价值链的作用。从理论模型来看，若全球生产网络体系正常运转，垂直关联并没有放大外生最终需求冲击对全球贸易下滑的影响，反而能减缓外生最终需求冲击。同时，如果一国能积极融入全球价值链，保持全球价值链正常运转，在一定程度上有利于降低该国的外生需求冲击风险。（2）维持全球价值链正常运转是应对危机的关键。在全球化时代，一旦发生经济危机，作为全球价值链的参与方，不能单从短期利益出发而中断全球价值链。政府应该积极出台相关支持政策，稳定信心，减少供给冲击，尽量维持全球价值链的完整性。

此外，本章全球投入产出模型中的最终需求变化是模型的外生驱动力，因此该模型实际上是局部均衡模型。很明显，构建一个包含中间产品贸易和垂直专业化联系的开放的经济周期一般均衡模型是未来重要的研究方向。

第十四章　全球价值链中的累积关税成本率及结构*

一　引言

生产碎片化、分散化带来的全球价值链分工并不是什么新现象，但全球价值链显著地改变了我们对经济和贸易的看法。在全球价值链分工体系中，参与国际贸易的产品是不同国家（地区）① 的要素创造价值的复合（Timmer et al.，2013）。显然，产品和服务在交易过程中面临着各种贸易成本②，其中关税成本一直是核心议题。2018 年 IGM（Initiative on Global Markets）发起的经济学家投票调查表明：由于全球价值链变得越来越重要，进口关税比 25 年以前更高。③ 投票结果充分说明全球价值链中关税放大效应被广泛关注，是值得深入研究的问题。同时，随着逆全球化和贸易保护主义抬头，贸易摩擦日益增多，对全球贸易和经济产生了影响。那么，值得思考的问题是：中国关税成本的放大效应及其变化趋势如何？中国对全球关税成本的贡献究竟有多大？是因为中国的进口关税较高，还是因为全球生产网络结构变化？因此，测度全球价值链中的关税成本并考察关税在全球价值链中的放大效应和影响机制，具有重要的理论和实践意义。

在全球生产网络体系中，贸易成本一般都会在生产过程中被传递和吸收，从而隐含在产品价格中。那么，是否存在与价值链平行的成本链？生产的分散化（或碎片化、生产分割）是阻碍还是促进了贸易？随之而来的问题是，虽然

---

*　本章内容发表在《经济研究》2020 年第 10 期，第一作者。

①　本章的国家有时也指地区，需根据上下文确定；为方便描述，文中提及的"中国"指中国大陆。

②　贸易成本包括关税、非关税壁垒、信息成本、合同执行成本、货币转化成本、不确定性政策成本、法律和规制成本等（Anderson and Wincoop，2004）。

③　数据来源：http://www.igmchicago.org/surveys/trade-disruptions。

名义关税税率相对较低，但是鉴于全球生产网络体系的放大效应，关税保护效应可能广泛存在且较高。OECD（2013）指出，关税或其他跨境贸易保护措施影响价值链，在政策制定和谈判过程中需要考虑这方面的内容。其研究也表明关税放大效应的确存在：若初始阶段征收10%的关税，经历5个（或10个）生产阶段后，最终产品价格将提高22%（或60%）。世界贸易组织在《2015年世界贸易报告》中指出，沿着价值链，贸易成本逐步积累和放大，以致无效率的跨境手续（procedures）大大阻碍了贸易；与之相反，贸易便利化对价值链贸易具有较大正向放大作用，进而促进各国根据其比较优势进一步垂直专业化。Ferrantino（2012）、Diakantoni等（2017）认为贸易成本在全球价值链中存在较大的放大效应。此外，早期也有关于关税放大效应的理论模型研究，如Yi（2003）通过构建一个多阶段的贸易模型，研究发现关税下降对贸易具有非线性的放大效应。Yi（2010）更加精细地分析了放大效应，并将其归因为两个因素：一是垂直专业化引致的多次跨境贸易；二是对贸易流量加征关税的估价方法。[①]

政策的关注和理论的发展推动了对全球价值链中贸易成本的测度，涌现了一些基于投入产出模型的关税成本的测算研究。Koopman等（2010）使用多国模型测度贸易成本的放大效应，并利用2004年GTAP数据，计算了出口国的国际运输成本和关税成本。Fally（2012）构建了一个简单的模型来计算运输成本的累积效应，研究发现运输的累积成本与"生产阶段数"呈线性关系。[②] 但是Fally（2012）并没有对运输成本、关税的累积成本利用投入产出表数据进行实证分析。Rouzet和Miroudot（2013）提出了累积关税[③]的概念和测算公式，测算了国家产业层面的双边累积关税成本率，并模拟分析了贸易自由化对累积关税成本率的影响。虽然Tamaura（2010）、Fally（2012）及Rouzet和Miroudot（2013）从不同经济学视角和方法定义了累积关税成本率，但是最终测算公式具有相似性，都可以归结为投入产出价格模型。进一步地，倪红福等（2018）从投入产出价格模型、道格拉斯生产函数、列昂惕夫逆矩阵的无穷级数展开式中得到了累积关税成本率的定义和测算方法，发现它们之间是等价的。Jonhson（2017）也对累积关税成本率进行了相关讨论，同时指出了Rouzet和Miroudot（2013）对累积关税成本率的测算方法的一些不足之处，如测算公式中加上了直接的进

---

① 贸易成本一般是按出口总值而非生产阶段的附加值来确定。
② 倪红福等（2016b）对其进行了进一步讨论。
③ 累积关税追溯了生产过程中关税的总成本，而非某一具体生产环节中对投入和产出的保护程度。

口关税率，使测算公式的经济学含义不好解释。

然而，以上累积关税成本率的研究都是基于不同视角开展的，相对零散，没有形成一个统一的测算框架。学者普遍认为间接贸易成本是通过上游价值链累积且完全体现在投入品中，从而构建了成本推动型的投入产出价格模型。但是，在经典投入产出价格模型中，不会出现一般认为的指数级放大效应，而是一种线性放大效应。仔细观察已有文献的测算公式，发现它们最后都与 Leontief 逆矩阵的元素相联系，但是这些测算方法并没有直接从 Leontief 逆矩阵的经济学含义出发定义累积关税成本率。鉴于此，本章拟直接从 Leontief 逆矩阵的经济学含义视角构建一个更为统一的测算框架来阐述累积关税成本率。在统一的测算框架下，通过选取不同特殊情形，可以得到已有文献的累积关税成本率测算公式。在经典投入产出方法中 Ghosh 逆矩阵（分配系数逆矩阵）与 Leontief 逆矩阵是相似矩阵，所以本章尝试从高斯逆矩阵的数学和经济意义的角度来阐述累积关税成本率，并讨论两者是否具有一致性。

此外，已有测算方法没有对累积关税及其结构进行分解。近年来，关于全球价值链的贸易增加值的核算和分解方法相对成熟，Muradov（2016）基于 Leontief 逆矩阵的四项分解方法对贸易增加值、生产长度进行分解，且一些分解项的经济学含义与其他文献存在较大差异。该结构分解方法没有应用到累积关税成本率的分解研究中。为深入考察累积关税成本率变化的结构因素，本章借鉴 Muradov（2016）中 Leontief 逆矩阵的四项分解方法，本章首次把累积关税成本率进行了两种方式的分解：一是国内价值链累积关税成本率和国际价值链累积关税成本率；二是多阶段累积关税成本率和直接关税成本率。

相较于已有文献，本章有以下几点边际贡献。（1）基于 Leontief 增加值逆矩阵构建了一个统一的测算框架，把已有文献对累积关税成本率的测算方法统一在一个测算框架下，从而定义了国家、部门等层面的累积关税成本率。（2）首次对累积关税成本率的结构进行了分解。已有全球价值链核算文献都是对贸易增加值、生产长度（位置）进行结构分解，且累积关税成本率测算研究也无结构分解应用。借鉴 Muradov（2016）的 Leontief 的四项分解方法，本章首次对累积关税成本率进行结构分解。（3）考虑到 Ghosh 逆矩阵与 Leontief 逆矩阵为相似矩阵，本章从 Ghosh 逆矩阵的数学和经济含义的新视角重新阐述累积关税成本率概念，并论证了其与 Leontief 逆矩阵方法的一致性，在一定程度上丰富了用投入产出方法测算累积关税成本率的理论方法。（4）本章利用 2000~2014 年的最新版 WIOD 和 2000~2017 年的关税率数据测算了 2000~2017 年的累积关税成本率，并对累积关税成本率进行结构分解，这些数据为后续实证研究和政策分析提供了丰富的基础数据。[①]

二　理论模型框架

（一）基本模型框架

为了便于理解，不失一般性，我们以三国每国两部门的模型进行详细阐述。

1. 三国每国两部门投入产出模型

以三国每国两部门的全球（国际）投入产出模型进行介绍。[②] 假设有 3 个国家，中国（C）、美国（U）和日本（J），每个国家有 2 个产品部门，如工业部门 1 和服务业部门 2。表 14-1 是三国每国两部门的简化的全球投入产出表。[③]

表 14-1　三国每国两部门全球投入产出表

		中间使用						最终使用			总产出
		C		J		U		C	J	U	
		1	2	1	2	1	2	Y^C	Y^J	Y^U	X
C	1	z_{11}^{CC}	z_{12}^{CC}	z_{11}^{CJ}	z_{12}^{CJ}	z_{11}^{CU}	z_{12}^{CU}	y_1^{CC}	y_1^{CJ}	x_1^{CU}	x_1^C
	2	z_{21}^{CC}	z_{22}^{CC}	z_{21}^{CJ}	z_{22}^{CJ}	z_{21}^{CU}	z_{22}^{CU}	y_2^{CC}	y_2^{CJ}	y_2^{CU}	x_2^C
J	1	z_{11}^{JC}	z_{12}^{JC}	z_{11}^{JJ}	z_{12}^{JJ}	z_{11}^{JU}	z_{12}^{JU}	y_1^{JC}	y_1^{JJ}	y_1^{JU}	x_1^J
	2	z_{21}^{JC}	z_{22}^{JC}	z_{21}^{JJ}	z_{22}^{JJ}	z_{21}^{JU}	z_{22}^{JU}	y_2^{JC}	y_2^{JJ}	y_2^{JU}	x_2^J
U	1	z_{11}^{UC}	z_{12}^{UC}	z_{11}^{UJ}	z_{12}^{UJ}	z_{11}^{UU}	z_{12}^{UU}	y_1^{UC}	y_1^{UU}	y_1^{UU}	x_1^U
	2	z_{21}^{UC}	z_{22}^{UC}	z_{21}^{UU}	z_{22}^{UU}	z_{21}^{UU}	z_{22}^{UU}	y_2^{UC}	y_2^{UU}	y_2^{UU}	x_2^U
增加值		va_1^C	va_2^C	va_1^J	va_1^J	va_1^U	va_1^U				
总投入		x_1^C	x_2^C	x_1^J	x_2^J	x_1^U	x_2^U				

从行向来看，投入产出表描述了国家产品部门的使用去向（即作为中间投入和最终使用），国家产品部门的总产出等于其作为中间投入使用和最终使用的合计。经过适当的变换，三国每国两部门的全球投入产出模型为：

[①]　Muradov（2017）仅计算了 2001 年、2005 年和 2010 年的累积关税成本率，并且没有进行结构分解。

[②]　显然，三国每国两部门模型可以推广到多国多部门的全球投入产出模型。

[③]　可参见 Timmer 等（2015）、Koopman 等（2014）和 Dietzenbacher 等（2013）等。有关经典投入产出模型的资料可参考 *Input-Qutput Analysis：Foundation and Extensions*。

$$
\begin{bmatrix} x_1^C \\ x_2^C \\ x_1^J \\ x_2^J \\ x_1^U \\ x_2^U \end{bmatrix} = \begin{bmatrix} a_{11}^{CC} & a_{12}^{CC} & a_{11}^{CJ} & a_{12}^{CJ} & a_{11}^{CU} & a_{12}^{CU} \\ a_{21}^{CC} & a_{22}^{CC} & a_{21}^{CJ} & a_{22}^{CJ} & a_{21}^{CU} & a_{22}^{CU} \\ a_{11}^{JC} & a_{12}^{JC} & a_{11}^{JJ} & a_{12}^{JJ} & a_{11}^{JU} & a_{12}^{JU} \\ a_{21}^{JC} & a_{22}^{JC} & a_{21}^{JJ} & a_{22}^{JJ} & a_{21}^{JU} & a_{22}^{JU} \\ a_{11}^{UC} & a_{12}^{UC} & a_{11}^{UJ} & a_{12}^{UJ} & a_{11}^{UU} & a_{12}^{UU} \\ a_{21}^{UC} & a_{22}^{UC} & a_{21}^{UJ} & a_{22}^{UJ} & a_{21}^{UU} & a_{22}^{UU} \end{bmatrix} \begin{bmatrix} x_1^C \\ x_2^C \\ x_1^J \\ x_2^J \\ x_1^U \\ x_2^U \end{bmatrix} + \begin{bmatrix} y_1^C \\ y_2^C \\ y_1^J \\ y_2^J \\ y_1^U \\ y_2^U \end{bmatrix}
$$

写成矩阵的形式：

$$X = AX + Y \tag{14-1}$$

其中，X 为总产出列向量；A 为直接消耗系数矩阵；Y 为最终需求列向量，为对国家产品部门的最终需求合计。[①] A 中的元素 a_{ij}^{gh} 表示生产 1 单位价值的 h 国 j 产品需要使用 g 国 i 产品的中间投入价值量。通过矩阵运算可以得到：

$$X = (I-A)^{-1} Y = BY \tag{14-2}$$

其中，$B = (I-A)^{-1}$ 为 Leontief 逆矩阵。[②] 定义增加值率系数列向量 V，其中元素 v_i^g 为：$v_i^g = \dfrac{va_i^g}{x_i^g} = 1 - \sum\limits_{h,\,j} a_{ji}^{hg}$，$va_i^g$ 为 g 国 i 部门的直接增加值（附加值）。

进一步定义增加值贸易核算系数矩阵：

$$
\hat{V}B = \begin{bmatrix} v_1^C b_{11}^{CC} & v_1^C b_{12}^{CC} & v_1^C b_{11}^{CJ} & v_1^C b_{12}^{CJ} & v_1^C b_{11}^{CU} & v_1^C b_{12}^{CU} \\ v_2^C b_{21}^{CC} & v_2^C b_{22}^{CC} & v_2^C b_{21}^{CJ} & v_2^C b_{22}^{CJ} & v_2^C b_{21}^{CU} & v_2^C b_{22}^{CU} \\ v_1^J b_{11}^{JC} & v_1^J b_{12}^{JC} & v_1^J b_{11}^{JJ} & v_1^J b_{12}^{JJ} & v_1^J b_{11}^{JU} & v_1^J b_{12}^{JU} \\ v_2^J b_{21}^{JC} & v_2^J b_{22}^{JC} & v_2^J b_{21}^{JJ} & v_2^J b_{22}^{JJ} & v_2^J b_{21}^{JU} & v_2^J b_{22}^{JU} \\ v_1^U b_{11}^{UC} & v_1^U b_{12}^{UC} & v_1^U b_{11}^{UJ} & v_1^U b_{12}^{UJ} & v_1^U b_{11}^{UU} & v_1^U b_{12}^{UU} \\ v_2^U b_{21}^{UC} & v_2^U b_{22}^{UC} & v_2^U b_{21}^{UJ} & v_2^U b_{22}^{UJ} & v_2^U b_{21}^{UU} & v_2^U b_{22}^{UU} \end{bmatrix} \tag{14-3}
$$

---

① 统一说明：变量的上标一般表示国家（地区），用 c，g，h，f 表示，c，g，h，$f \in \{C,\,J,\,U\}$，变量的下标表示产品部门，用 i，j，k，m，n 表示，i，j，k，m，$n \in \{1,\,2\}$。上标 gh 中，g 是来源地，h 是目的地。下标 ij 中，i 是产品来源部门，j 是产品使用部门。

② Leontief 逆矩阵实际上是总需求矩阵，表示增加 1 单位价值最终需求带来其他部门总产出的变化。进一步，Leontief 逆矩阵可表示为指数序列：$B = (I-A)^{-1} = I + A + A^2 + A^3 + \cdots$。这样最终需求变化对总产出的影响可以分解三部分：①初始效应（Y）；②直接效应（AY）；③间接效应（$(A^2 + A^3 + A^4 + \cdots)\,Y$）。

其中，增加值贸易核算系数矩阵 $\hat{V}B$[①] 表示最终产品生产过程中，来源于各产品部门的直接和间接增加值之和。矩阵中元素 $v_i^g b_{ij}^{gh}$ 表示生产 h 国 j 部门 1 单位价值最终产品，来自 g 国 i 部门的直接和间接增加值之和。在 $\hat{V}B$ 中，行方向显示了其他部门生产 1 单位价值最终产品来自该行对应的产品部门的增加值；列方向显示了其他各产业部门对生产 1 单位价值的该列对应产品部门最终产品的增加值贡献，且列向之和为 1。[②]

从列向来看，投入产出表描述了产品部门的生产成本（或生产投入）构成，分为中间投入和增加值初始投入，即总产出等于中间投入成本与增加值的和。具体表达式为：$va_i^g = x_i^g - \sum_h \sum_j z_{ji}^{hg}$，注意此处增加值包含了关税。这里，基于经典投入产出模型方法，从成本推动或供给的角度建立列模型。分配系数 $(s_{ij}^{gh} = z_{ij}^{gh}/x_i^g)$ 表示 g 国 i 部门卖给 h 国 j 部门作为中间品投入的产品占比，写成矩阵形式：$S = \hat{X}^{-1}Z$。根据列向加总等于总投入，可以得到：$x_j^g = va_i^g + \sum_{h,j} x_j^h s_{ji}^{hg}$。写成矩阵的形式：$X^{\mathrm{T}} = VA^{\mathrm{T}}(I-S)^{-1} = VA^{\mathrm{T}} + X^{\mathrm{T}}S$，进而得到：

$$X^{\mathrm{T}} = VA^{\mathrm{T}}(I-S)^{-1} = VA^{\mathrm{T}}G \qquad (14-4)$$

其中，T 为转置矩阵符号，G 为 $SN \times SN$ 维的高斯逆矩阵。

2. 基于 Leontief 逆矩阵的进口中间品关税矩阵

从理论上看，全球投入产出模型中中间品和最终品的价格是以基本价格核算的，增加值包含劳动者报酬、固定资本折旧、营业盈余、生产税和政府补贴（生产税净额）等。就国际投入产出表的编制来说，一般对进口中间品征收关税的处理方法与国内生产税净额的处理方法是一样的。从投入的角度来看，通常将对进口中间品征收的关税看作成本的一部分，关税是增加值的子部分。一般在中间投入矩阵 Z 下以进口关税行向量表示（$1 \times SN$），具体可记为：

$$mzt^{\mathrm{T}} = [\, mzt^{C^{\mathrm{T}}},\ mzt^{J^{\mathrm{T}}},\ mzt^{U^{\mathrm{T}}} \,]$$

其中，T 表示转置，$mzt^g = [\, mzt_1^g,\ mzt_2^g \,]$，$mzt_j^g$ 表示 g 国家 i 部门进口中间品而支付的进口关税总额。进一步定义中间品进口关税率：$cmzt_i^g = mzt_i^g/x_i^g$，从而得到进口关税系数矩阵 $cmzt^{\mathrm{T}} = [\, cmzt^{C^{\mathrm{T}}},\ cmzt^{J^{\mathrm{T}}},\ cmzt^{U^{\mathrm{T}}} \,]$。这样与式（14-3）的定义相似，将式（14-3）中的 V 替换为 $cmzt$，可以得到基于 Leontief 逆矩阵

[①] $\wedge$ 表示（分块）对角化，或者取矩阵分块对角元素。

[②] 证明可参见 Koopman 等（2014）。

的进口关税核算系数矩阵：

$$\hat{cmzt}\ B = \begin{bmatrix} cmzt_1^C b_{11}^{CC} & cmzt_1^C b_{12}^{CC} & cmzt_1^C b_{11}^{CJ} & cmzt_1^C b_{12}^{CJ} & cmzt_1^C b_{11}^{CU} & cmzt_1^C b_{12}^{CU} \\ cmzt_2^C b_{21}^{CC} & cmzt_2^C b_{22}^{CC} & cmzt_2^C b_{21}^{CJ} & cmzt_2^C b_{22}^{CJ} & cmzt_2^C b_{21}^{CU} & cmzt_2^C b_{22}^{CU} \\ cmzt_1^J b_{11}^{JC} & cmzt_1^J b_{12}^{JC} & cmzt_1^J b_{11}^{JJ} & cmzt_1^J b_{12}^{JJ} & cmzt_1^J b_{11}^{JU} & cmzt_1^J b_{12}^{JU} \\ cmzt_2^J b_{21}^{JC} & cmzt_2^J b_{22}^{JC} & cmzt_2^J b_{21}^{JJ} & cmzt_2^J b_{22}^{JJ} & cmzt_2^J b_{21}^{JU} & cmzt_2^J b_{22}^{JU} \\ cmzt_1^U b_{11}^{UC} & cmzt_1^U b_{12}^{UC} & cmzt_1^U b_{11}^{UJ} & cmzt_1^U b_{12}^{UJ} & cmzt_1^U b_{11}^{UU} & cmzt_1^U b_{12}^{UU} \\ cmzt_2^J b_{21}^{UC} & cmzt_2^J b_{22}^{UC} & cmzt_2^J b_{21}^{UJ} & cmzt_2^J b_{22}^{UJ} & cmzt_2^J b_{21}^{UU} & cmzt_2^J b_{22}^{UU} \end{bmatrix} \quad (14-5)$$

其中，进口关税核算系数矩阵表示最终产品生产过程中，某一产品部门一单位价值最终品中包含的直接和间接来源于另一产品部门在生产过程中购买国外中间品支付的关税，即完全关税成本。矩阵中元素 $cmzt_i^g b_{ij}^{gh}$ 表示生产 h 国 j 部门 1 单位价值最终产品，直接和间接来自 g 国 i 部门生产过程中支付的进口关税。$\hat{cmzt}\ B$ 中，行方向显示了其他部门生产 1 单位价值最终产品中来自该行对应的产品部门的关税成本；列方向显示了其他各部门对生产 1 单位价值列向对应产品部门产品的关税成本贡献，且和一般小于 1。列和实际上表示该列对应部门的 1 单位价值最终产品中隐含的所有完全关税成本，这种完全关税成本实际是后文阐述的国家行业部门层面的累积关税成本率。为了理解这种完全关税成本，举一个简单的例子：假设购买 1 辆 10 万元的国产汽车，由于国产汽车的生产组装过程中使用了部分进口零部件（如进口轮胎），进口中间品（轮胎）被直接征收了 100 元的关税，这样直接的进口关税成本率为 0.1%。如果贸易伙伴国在轮胎生产过程中也使用了其他国家的橡胶原材料，也被征收了 100 元关税（在贸易伙伴国征收的），那么这 100 元的关税也就隐含在轮胎的价格中。若极端假设生产国产汽车使用的其他中间品都不征收关税，那么 1 单位价值国产汽车的完全关税成本率为 0.2%。

（二）基于 Leontief 逆矩阵和 Ghosh 逆矩阵的累积关税成本率测算框架

1. 基于 Leontief 逆矩阵的累积关税成本率

累积贸易成本实际上与隐含要素（贸易增加值）的测算原理相似。[①] 从最终产品中隐含的关税总量来看，所谓的"放大效应"可能并不存在，而只是关税

———————————

① 请参见倪红福等（2016b）、倪红福等（2012）。

成本的重复统计。这与国民经济核算中的产出（包含中间投入）和最终产品价值（或增加值）的差异类似。但是，从成本推动的投入产出价格模型来看，关税贸易成本通过多阶段生产对价格具有一定影响。倪红福等（2018）利用多种方法对累积关税成本率进行定义和测度，虽然具体形式有所差异，但是所有测算公式都会出现 Leontief 逆矩阵。鉴于此，我们把所有属于该类型的测算方法归为 Leontief 逆矩阵的测算方法。以下我们将对此进行拓展，以在一个统一的测算框架下得到不同类型的累积关税成本率。

（1）基于 Leontief 逆矩阵的累积关税成本率的统一测算框架。

实际上，式（14-5）中的元素代表单位最终产品中隐含的某一国家部门的进口关税成本。如果把某一国家所有部门生产过程中进口中间投入的关税成本加总，就可以得到单位价值最终产品中隐含的这一国家的进口关税成本。同样，如果我们将最终需求向量标准化[①]，再右乘式（14-5），可以得到单位价值最终需求产品组合中隐含的进口关税成本。根据这个思路，我们可以得到从国家部门组合到最终产品部门组合的累积关税成本率，即可以定义基于国家部门对国家部门（点对点）、国家部门与最终需求部门组（点对面）、国家部门组对具体某一最终产品部门（面对点）、国家部门组与最终产品部门组（面对面）的累积关税成本率。这样就可以测算任意最终产品组合中隐含的来自不同国家部门的进口关税成本率。以下以 1 单位价值的最终产品组合（U_1，U_2）中隐含的 C_1 生产过程中的进口关税成本为例进行说明。这里假设标准化的最终产品组合结构为 $Y^T = (0, 0, 0, 0, y_1^U, y_2^U)$，且假设 $y_1^U + y_2^U = 1$，本质上是以最终产品需求为权重对各产品部门的累积关税成本率进行加权加总。[②]测算公式为：

$$embtax_{|C_1 \to (U_1, U_2)|} = E(1_{C_1})^T \cdot c\hat{m}zt\, B \cdot Y \qquad (14\text{-}6)$$

其中，$E(1_{C_1})$ 表示 C_1 位置的元素为 1，其他元素都为 0 的列向量，即 $(1, 0, 0, 0, 0, 0)^T$。

显然，据此可推广得到多国多部门的全球投入产出模型一般框架：

$$embtax_{|E \to Y|} = E^T \cdot c\hat{m}zt\, B \cdot Y \qquad (14\text{-}7)$$

其中，E 是由 0 和 1 的元素构成的列向量，被考察的国家部门的取值为 1，否则为 0；Y 为标准化最终需求产品部门组合列向量，满足所有元素之和为 1。

---

① 标准化后使得最终产品列向量中元素之和为 1。
② 如果不等于 1，对最终需求产品组合标准化，可以变成 $TY \cdot (0 \quad 0 \quad y_1^U \quad y_2^U)^T$，使 $y_1^U + y_2^U = 1$。

当 E 和 Y 取特定值时，式（14-7）定义了国家部门对国家部门（点对点）、国家部门与最终需求部门组（点对面）、国家部门组对具体某一最终产品部门（面对点）、国家部门组与最终产品部门组（面对面）的累积关税成本率。以下重点说明后续实证分析中新定义的几种累积关税成本率。

①全球层面的累积关税成本率。如果取 E 中元素都为1，Y 为全球投入产出表中所有国家的最终产品需求加总并标准化后的列向量，则我们可以得到全球层面的单位最终需求价值中隐含的进口中间品关税成本，称为"全球层面的累积关税成本率"或"全球累积关税成本率"。

②国家层面的累积关税成本率。如果取 E 中元素都为1，Y 为对某一国家生产的最终需求产品构成的标准化列向量，则得到国家层面的某一具体国家生产的单位价值的最终产品组合中隐含的所有的进口中间品关税成本。我们称之为"国家层面的累积关税成本率"或"国家累积关税成本率"。

③国家部门层面的累积关税成本率。如果 E 中元素都为1，Y 为某一具体国家部门，且 Y 中对应的元素为1其他元素都为0，则得到国家部门层面上单位价值的某一个具体国家部门中隐含的所有的进口中间品关税成本。我们称之为"国家部门层面的累积关税成本率"或"国家部门累积关税成本率"。

④全球部门层面的累积关税成本率。如果 E 中元素都为1，当 Y 仅取所有国家同一部门的最终产品需求量构成的标准化列向量，即把所有国家的同一部门的最终使用与全球该部门的最终使用的比重作为权重，得到公式中 Y 的数值形式，则可以得到全球部门层面上单位价值的某一个产品部门中隐含的进口关税成本。我们称之为"全球部门层面的累积关税成本率"或"全球部门累积关税成本率"。

同理，根据研究的需要，可以得到各种类型单位价值的最终需求产品组合中隐含的国家部门（组合）的进口中间品关税成本。总之，基于 Leontief 逆矩阵的视角，本章定义了各种不同经济含义的累积关税成本率，基本上囊括了已有文献中定义的几乎所有类型的累积关税成本率，也就是说本章提供了一个统一的测算框架。由于这些累积关税成本率都出现了 Leontief 逆矩阵，统一称之为基于 Leontief 逆矩阵的累积关税成本率。

（2）多种测算方法的等价性。

倪红福等（2018）利用多种方法推导出了传统累积关税成本率的测算公式：

$$cumtariff = (I-A^{\mathrm{T}})^{-1}(\tau \circ A)^{\mathrm{T}}u = (I-A^{\mathrm{T}})^{-1}(A^{\mathrm{T}} \circ \tau^{\mathrm{T}})u \qquad (14-8a)$$

其中，*cumtarif* 为累积关税成本率列向量，元素 $cumtariff_i^g$ 表示 g 国 i 部门产品的累积关税成本率；τ 中元素 τ_{ij}^{gh} 表示 h 国 j 部门购买 g 国 i 部门中间产品时被征收的关税率（从价税）；T 表示转置；。表示矩阵的阿达马（Hadamard）乘法，即矩阵中的元素与元素相乘；A 为直接消耗系数矩阵；u 为元素全为 1 的 $S×1$ 维列向量。一般来说，一国所有部门从其他国家进口的某一部门产品的关税率是一样的，即 $\tau_{ik}^{gh} = \tau_{ij}^{gh}$，$j \neq k$。此外，根据定义可知，$cmzt = (A^T \circ \tau^T) \, u$。

实际上，式（14-6）经过简单变换后与增加值贸易系数矩阵非常相似（倪红福等，2018）。式（14-8a）由统一的关税价格乘子构成。[1] 关税价格乘子是非常吸引人的，因为该公式都是基于投入产出价格模型推导出来的，且可以识别服务产品的间接关税成本。然而，其主要缺陷是成本推动型价格把贸易成本视为隐含的生产成本，且为沿着上游而累积的贸易成本，这意味着出口厂商负担累积关税成本。[2] 对式（14-8a）转置，可以得到基于 Leontief 逆矩阵的累积关税成本率的测算公式，也就是单位价值最终产品中的累积关税成本率：

$$cumtariff^T = cmzt^T (I-A)^{-1} = cmzt^T B \tag{14-8b}$$

当式（14-7）中 E 的所有元素都取 1 和 Y 列向量中只取第 1 个元素为 1，则根据式（14-7）可得到第一个产品部门的累积关税成本率，显然，其等于式（14-8b）的行向量中第 1 个元素。因此，式（14-8b）是式（14-7）的特例。

2. 基于 Ghosh 逆矩阵的累积关税成本率

由于直接消耗系数矩阵和分配系数矩阵是相似矩阵，进而 B 和 G 也是相似矩阵。理论上，我们也可以从 Ghosh 逆矩阵的视角定义累积关税成本率，且其与基于 Leontief 逆矩阵定义的累积关税成本率具有等价性。以下从 Ghosh 逆矩阵视角重新定义累积关税成本率。

式（14-4）的左边是总产出，如果把 VA 替换为中间品进口关税价值，则得到 $mzt^T G$，其表示各国家部门总产出中关税成本的部分。因此，为了得到单位价值国家产品部门的进口关税成本，我们需要将其除以总产出。这样，Ghosh

---

[1]　Rouzet 和 Miroudot（2013）中的累积关税成本额外加上了一项双边直接关税率。正如 Muradov（2017）和 Jonhson（2017）所指出的，Rouzet 和 Miroudot（2013）的测算公式的含义解释存在一些模糊之处，如果从价格模型来看，直接关税矩阵和受累积价格影响的关税矩阵相加后得到的关税成本的经济学含义是模糊的。关税价格乘数项可解释为，沿着整个下游价值链，初始投入的成本变化导致产品价格的累积变化效应，或者其中隐含的关税成本。

[2]　累积关税成本率实际上是一种传统的隐含贸易成本，其无法从生产者的角度出发，量化分析产品在沿着下游价值链移动而面临的阻力和市场竞争障碍。因此，传统贸易隐含成本不适合市场进入分析。

逆矩阵的测算公式为 $cumtariff^T = mzt^T G\hat{X}^{-1}$，单位价值产出中进口关税成本的占比即累积关税成本率。以下论证测算公式的等价性，这也是本章创新点之一。

$$cumtariff^T = cmzt^T (I-A)^{-1} = cmzt^T (\hat{X}\hat{X}^{-1} - \hat{X}S\hat{X}^{-1})^{-1}$$

$$= cmzt^T \hat{X} (I-S)^{-1} \hat{X}^{-1}$$

$$= mzt^T G\hat{X}^{-1} \qquad (14-9)$$

为了得到更一般化的统一测算框架，对角化 mzt，再左乘 E 和右乘 Y，就可以得到基于 Ghosh 逆矩阵的累积关税成本率的统一的测算公式：

$$embtax\_g_{[E\to Y]} = E^T \cdot (m\hat{z}tG\hat{X}^{-1}) \cdot Y \qquad (14-10)$$

显然，式（14-10）与式（14-7）等价，即基于 Ghosh 逆矩阵与基于 Leontief 逆矩阵的方法具有一致性。

（三）累积关税成本率的结构分解

根据 Muradov（2016）的做法，我们可以分别从 B 矩阵出发和 G 矩阵出发对累积关税成本率进行结构分解，且两者具有等价性。以下主要阐述基于 Leontief 逆矩阵（B）的结构分解。

1. 基于 Leontief 逆矩阵的结构分解

由于 $B = (I-A)^{-1}$ 和 $A = \hat{A} + \check{A}$[①]，B 可以分解为：

$B = (I-A)^{-1} = (I-\hat{A}-\check{A})^{-1} = [I-\hat{A}-\check{A}(I-\hat{A})^{-1}(I-\hat{A})]^{-1} = (I-\hat{A})^{-1}(I-\check{A}(I-\hat{A})^{-1})^{-1}$。记 $H = (I-\check{A}(I-\hat{A})^{-1})^{-1}$，$L = (I-\hat{A})^{-1}$，且 L 一般称为局部逆矩阵，则上式可变为：$B = LH$，以三国每国两部门模型为例，L 的具体形式为：

$$L = \begin{bmatrix}
1-a_{11}^{cc} & -a_{12}^{cc} & 0 & 0 & 0 & 0 \\
-a_{21}^{cc} & 1-a_{22}^{cc} & 0 & 0 & 0 & 0 \\
0 & 0 & 1-a_{11}^{JJ} & -a_{12}^{JJ} & 0 & 0 \\
0 & 0 & -a_{21}^{JJ} & 1-a_{22}^{JJ} & 0 & 0 \\
0 & 0 & 0 & 0 & 1-a_{11}^{UU} & -a_{12}^{UU} \\
0 & 0 & 0 & 0 & -a_{21}^{UU} & 1-a_{22}^{UU}
\end{bmatrix}^{-1}$$

---

① 这里我们做一个规定，$\wedge$ 表示取矩阵的对角的分块小矩阵，$\vee$ 表示取矩阵非对角的分块小矩阵，且一般是按国家（地区）来分块。本章后续阐述中，除特别说明外，对于矩阵进行 $\wedge$ 运算一般表示取分块对角矩阵，对于矩阵进行 $\vee$ 运算一般表示取分块非对角矩阵。

显然，从数学上可以得到：

$$B = LH = I + (L-I) + (H-I) + (L-I)(H-I)$$

事实上，Muradov（2016）在测算不同种类生产长度时，也应用这一分解方法。本章借鉴这一方法，对累积关税成本率进行结构分解：

$$cumtariffd = \hat{cmzt}(I-A)^{-1}$$
$$= \hat{cmzt}\,I + \hat{cmzt}(L-I) + \hat{cmzt}(H-I) + \hat{cmzt}(L-I)(H-I) \tag{14-11}$$

以下讨论式（14-11）中四项分解式中每项的经济含义。

①$\hat{cmzt}\,I$。单位价值最终产品中的直接关税成本，即最终产品最后生产阶段中直接对进口中间投入品征收的关税。也就是说，生产过程中征收的进口关税直接传递到国内最终需求者，没有经历中间品生产过程，没有跨境传递。

②$\hat{cmzt}(L-I) = \hat{cmzt}(\hat{A} + \hat{A}^2 + \hat{A}^3 + \hat{A}^4 + \cdots)$。单位价值最终产品在国内生产过程中对中间产品征收的间接进口关税。本国征收的进口关税仅通过供应国内生产者的中间品传递到被国内消费的最终产品，该关税传递过程仅经历国内中间品生产阶段，且至少传递一次，没有跨境传递阶段。这里$\hat{A}$是对角的分块矩阵，只有同一个国家的产品部门有中间投入联系，故$\hat{A}$仅反映国内投入产出联系，即国内中间品生产阶段。

③$\hat{cmzt}(H-I) = \hat{cmzt}\left[\check{A}(I-\hat{A})^{-1} + \check{A}(I-\hat{A})^{-1}\check{A}(I-\hat{A})^{-1} + \cdots\right]$。从进口关税发生地的视角看，该项反映出口中间品中包含的关税成本，而这些出口中间品被贸易伙伴国用来生产最终产品。关税传递过程中，需至少经历一次中间品生产阶段和一次跨境生产阶段。这里$\check{A}$的对角块矩阵为0，仅存在一国（地区）与另一国（地区）的中间投入产出联系，即跨境的国外生产阶段。

④$\hat{cmzt}(L-I)(H-I) = \hat{cmzt}(\hat{A} + \hat{A}\hat{A} + \cdots)\left[\check{A}(I-\hat{A})^{-1} + \check{A}(I-\hat{A})^{-1}\check{A}(I-\hat{A})^{-1} + \cdots\right]$。从进口关税发生地的视角看，该项反映隐含在为国内生产者提供的中间品中的关税成本，利用这些中间品生产的产品会再次作为中间品出口到贸易伙伴国（直接或间接贸易伙伴国），贸易伙伴国用来生产最终品。这些关税成本传递到最终需求者，至少经历两次中间生产阶段，至少经历一次跨境传递。

2. 多阶段累积关税成本率和国际价值链累积关税成本率

从以上四项可以发现，第一项没有经历中间品生产阶段，而后面三项都经历了中间品生产阶段（国内或国际生产阶段），因此，把第一项称为直接关税成本率，把后三项合计称为多阶段累积关税成本率（cumtariffd_ cs）：

$$cumtariffd\_cs = \hat{cmzt}(L-I) + \hat{cmzt}(H-I) + \hat{cmzt}(L-I)(H-I) \tag{14-12}$$

式（14-12）反映了产品投入产出生产网络结构（多阶段化、复杂化程度）而导致的单位最终产品中的关税成本。从多阶段累积关税成本率的大小和占比，可以得到投入产出生产网络结构变化对某一产品部门的累积关税成本率的影响大小。

式（14-11）中第一项和第二项没有经历跨境传递，故不涉及国际价值链传递，第三项和第四项至少涉及一次跨境传递，故可以把第三项和第四项之和称为国际价值链累积关税成本率，第一项和第二项之和称为国内价值链累积关税成本率。国际全球价值链累积关税成本率为：

$$cumtariffd\_igvc = c\hat{m}zt(H-I) + c\hat{m}zt(L-I)(H-I) \tag{14-13}$$

国际价值链累积关税成本率（$cumtariffd\_igvc$）反映了全球价值链中国际跨境生产阶段导致的单位价值最终产品中的关税成本。国际价值链累积关税成本率的大小和占比的变化，可以反映国际投入产出生产网络结构变化对某一产品部门的累积关税成本率的影响大小。显然，式（14-12）、式（14-13）左乘 E 和右乘 Y，取相应的特殊值，可以得到不同产品部门组合到最终产品部门组合的相应累积关税成本率。

三 实证结果分析

（一）数据说明和处理方法

本章在 WIOD 2016 版的基础上，重点考虑了中间品进口关税的价值附加层形式，以测算 2000~2017 年的累积关税成本率。[①] 虽然 WIOD 中的中间交易项目并不是完全基于基本价格编制的，不同形式的贸易成本都按价值附加层的形式编制出来非常困难和复杂，但是直接按照各国征收的进口关税率来编制关税成本的价值附加层形式是可行的，且与本章模型假设条件的不一致性差别很小。为了得到测算需要的基础数据，对 WTO 关税数据库、WITS 中的 TRAINS 关税数据库和 WIOD[②]

---

① Muradov（2015，2016）等都是基于 1995~2011 年的 WIOT 数据进行计算，且只计算三个年份的数据。

② WIOD 提供了 2000~2014 年的全球多区域投入产出表，WIOD 覆盖 44 个国家和地区及 56 个产业部门。关税数据以 WTO 为主，缺失的数据由 WITS 中的 TRAINS 关税数据补充。如果某些年份某些国家的数据仍然存在缺失，则以该国最近年份的可得数据替代。类似地，优惠贸易安排下的非最惠国关税也以 WTO 关税数据为主，通过 TRAINS 关税数据进行补充。若某些年份某些优惠贸易安排数据存在缺失，则同样以相邻年份的数据进行替代。

进行了匹配和处理。① 本章整理了 2000~2017 年与 WIOD 2016 版全球投入产出表中国家部门相一致的关税数据库。在关税率数据选取中，也进行了一定的改进。（1）关税率选取时，考虑了国家间的优惠贸易安排，而非仅仅考虑最惠国待遇。选取最惠国待遇的关税率是已有文献的通用做法。然而，近年来各国签署的自由贸易协定日益增多，仅考虑最惠国关税已不能反映真实的关税征收环境，导致优惠贸易安排的关税率与最惠国待遇的关税率的差异较大，如澳大利亚、加拿大等国的关税率的差异就比较大，而俄罗斯、印度这些国家签署自由贸易协定相对较少，关税率的差别就小。（2）区分中间品关税与最终品关税。各国一般对中间品和最终品征收的关税率不一样，对中间品征收的关税率低，而对最终品征收的关税率高，因此在各国的关税政策实践中存在"关税升级"现象，即最终品在进入该国市场时往往面临比中间品更高的关税。本章整理的关税数据显示，中国、欧盟成员国、加拿大和土耳其的最终品平均进口关税分别是中间品平均进口关税的 1.08 倍、1.58 倍、2.27 倍和2.73 倍。如果不区分中间品和最终品，一般会导致中间品的关税率被高估，而最终品关税率被低估。这些数据改进与模型设计相一致且更加符合国际贸易实践。

在全球投入产出部门与海关编码的匹配方面，研究期间各国共使用了四套海关编码（Harmonized System，HS），依次为 HS1996、HS2002、HS2007 和HS2012，且 WIOD 的产业分类依据为国际标准产业分类法第四版（ISIC Rev. 4）。本章采用的原始匹配表包括 HS2007 与 ISIC Rev. 3 的匹配表，ISIC Rev. 3 与 ISIC Rev. 4 的匹配表，HS2007 与 BEC 的匹配表以及 HS1996、HS2002 和 HS2012 三种海关编码与 HS2007 的匹配表，各匹配表数据来源均为 WITS。具体数据处理步骤如下：①将 HS2007 与 WIOD 2016 版 56 个产业部门相匹配，且按 BEC 分类方法区分中间品和最终品②；②根据 HS2007 与 WIOD 的匹配表，将各年份的关税数据转换为 HS2007 编码并整合至 WIOD 中的 56 个产业部门，

---

① 我们此处的数据处理与 Muradov（2015）存在细微的差异。相比较而言，虽然 Muradov（2015）对 WIOT 中的价格进行了调整，但是调整后由于全球投入产出表不再平衡，需要利用数学方法再次调整，因此会带来误差，这不一定比我们处理关税率数据的方法好。

② 中间品与最终品按 BEC 分类方法区分。本章将 BEC 分类中的 111、121、21、22、31、322、42、53 等类别产品视为中间品，将 41、521、112、122、522、61、62、63 等类别产品视为最终品，321、51、7 三类产品同时视为最终品和中间品。需要注意，林业和伐木业（C2）、采矿和采石（C4）、印刷和记录媒体的复制（C9）、焦炭和精制石油产品（C10）、基本金属（C15）五个产业部门的产品基本不用作最终品或仅有少数几种产品被用作最终品，渔业和水产养殖（C3）则仅有少数几种产品被用作中间品。

在整合过程中根据 HS 6 位码下的子目数量进行简单算术平均。值得注意的是，对 HS 编码的关税率进行简单平均是现有研究中的通行做法，使用贸易额权重也会带来一些偏误。[①] 利用以上数据和处理方法，本章整理得到了 2000～2017 年的匹配后的最终品和中间品的关税率数据。

（二）测算结果分析

根据 WIOD 中全球投入产出表和匹配的关税数据，利用 matlab 编辑程序计算。由于 Ghosh 逆矩阵方法与 Leontief 逆矩阵方法具有等价性，因此，本部分主要报告了基于 Leontief 逆矩阵方法的 2000～2017 年的实证测算结果。[②]

1. 中国累积关税成本率特征及其贡献

（1）中国的国家层面的累积关税成本率。由图 14-1 可知，总体上中国的累积关税成本率、直接关税成本率[③]、多阶段累积关税成本率都呈下降趋势。其中，中国的直接关税成本率从 2000 年的 0.3248% 下降到 2017 年的 0.1157%，中国多阶段累积关税成本率从 2000 年的 0.5092% 下降到 2017 年的 0.2509%，这也在一定程度上说明中国在加入 WTO 后，严格履行承诺，大幅降低了进口中间品的关税率。此外，中国的关税成本的放大效应出现了大幅上升的趋势。用累积关税成本率与直接关税成本率的比值来表示关税成本的放大效应，可以发现中国关税成本的放大效应从 2000 年的 2.57 上升到 2017 年的 3.17，而日本的放大效应从 2000 年的 2.80 缓慢下降到 2017 年的 2.70。2009 年以前中国的放大效应低于日本，而 2009 年及以后中国的放大效应高于日本。此外，世界各国（地区）的关税成本都存在一定程度的放大效应，详见表 14-2。

[①] 将六位码产品层面关税数据整合至产业层面时，有两种平均方法：一种是直接对六位码关税数据进行简单平均；另一种是以六位码之下的子目数量（六位码为国际统一编码，更细致的编码各国有所差异）为权重进行平均。经过比较，两种计算方式仅存在十分微小的差异。以 2014 年中国的数据为例，在考虑特惠安排的情况下，中国对各国各产业的最终品平均关税不论是直接平均还是子目加权平均均为 3.94%，直接平均的中间品关税为 3.75%，子目加权平均的中间品关税为 3.64%，差异较小。在其他国家，两种计算方式得到的结果也同样十分接近。

[②] 由于 2015～2017 年没有相应的全球投入产出表，本部分测算 2015～2017 年的累积关税成本率时，利用了 2014 年全球投入产出表。因此，在解释 2015～2017 年的数据时需要注意到这一点。2014～2017 年与 2014 年的测算结果差异是仅由进口中间品关税率差异导致的。

[③] 国家层面的直接关税成本率，实际上就是以该国的各最终产品生产部门的产出额的占比为权重加权计算的各部门的进口中间品的关税成本率。

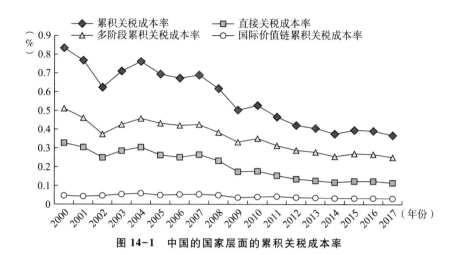

图 14-1　中国的国家层面的累积关税成本率

表 14-2　国家（地区）层面关税成本的放大效应

国家（地区）代码	2000 年	2001 年	2005 年	2009 年	2010 年	2011 年	2014 年	2017 年
AUS	2.15	2.18	2.40	2.30	2.32	2.27	2.23	2.80
AUT	2.70	2.56	2.61	3.15	3.41	3.66	3.18	3.00
BEL	2.13	2.11	1.93	2.11	2.14	2.24	2.15	2.07
BGR	1.84	1.82	3.22	3.44	3.30	3.66	3.06	2.28
BRA	1.81	1.82	1.75	1.75	1.76	1.79	1.73	1.73
CAN	2.36	2.25	2.52	2.76	2.89	3.12	2.77	2.79
CHE	—	—	—	—	—	—	—	—
CHN	2.57	2.51	2.64	2.90	2.97	3.04	3.17	3.17
CYP	1.78	1.80	2.15	2.53	2.45	2.85	2.00	1.99
CZE	2.16	2.14	2.52	2.39	2.39	2.68	2.63	2.63
DEU	2.47	2.49	2.33	2.37	2.36	2.50	2.40	2.30
DNK	2.38	2.45	2.50	2.65	2.67	2.74	2.52	2.44
ESP	2.75	2.86	3.04	2.89	2.75	2.81	2.55	2.39
EST	1.97	1.88	2.21	2.31	2.26	2.15	2.15	2.09
FIN	2.68	2.75	2.75	2.72	2.71	2.99	2.79	2.76
FRA	2.37	2.39	2.27	2.23	2.31	2.43	2.29	2.25
GBR	2.06	2.02	2.02	2.15	2.24	2.22	2.40	2.39
GRC	2.87	3.00	2.31	2.29	2.34	2.36	2.32	2.16

续表

国家（地区）代码	2000 年	2001 年	2005 年	2009 年	2010 年	2011 年	2014 年	2017 年
HRV	1.58	1.69	1.95	1.92	1.92	1.89	2.92	2.65
HUN	1.69	1.74	2.27	1.95	1.90	2.17	2.21	2.19
IDN	1.62	1.55	1.43	1.72	1.67	1.70	1.65	1.71
IND	1.96	1.96	1.91	1.90	1.94	1.94	1.83	1.85
IRL	1.82	1.88	1.86	2.01	1.89	1.83	1.79	1.81
ITA	2.70	2.79	2.69	2.71	2.87	2.98	2.80	2.67
JPN	2.80	2.73	2.82	2.81	2.91	3.00	2.74	2.70
KOR	1.88	1.90	1.97	2.09	2.06	1.99	2.08	2.08
LTU	1.63	1.56	2.56	2.42	2.49	2.71	2.61	2.42
LUX	2.87	4.01	3.99	2.59	3.59	3.83	2.81	2.87
LVA	2.30	2.20	2.69	2.57	2.52	2.45	2.41	2.34
MEX	1.44	1.46	1.79	1.84	1.83	1.88	1.59	2.11
MLT	1.47	1.49	1.99	2.69	2.43	2.88	2.94	2.69
NLD	1.99	1.99	1.93	1.97	1.99	2.06	2.04	2.02
NOR	2.23	2.25	1.98	1.95	2.01	1.96	1.94	2.08
POL	1.93	1.96	3.02	2.66	2.70	3.40	3.05	2.89
PRT	2.72	2.67	2.72	2.69	2.73	2.98	2.79	2.60
ROU	1.62	1.64	2.65	3.08	3.17	3.72	3.44	2.63
RUS	1.64	1.69	1.71	1.79	1.79	1.81	1.80	1.82
SVK	1.77	1.71	2.74	2.09	2.20	3.60	3.82	3.87
SVN	1.64	1.62	2.71	2.32	2.42	2.72	2.52	2.43
SWE	2.22	2.22	2.65	2.60	2.63	3.10	3.00	2.86
TUR	2.02	1.86	1.82	1.70	1.73	1.62	1.63	1.63
TWN	1.72	1.72	1.76	1.85	1.88	1.96	1.91	1.91
USA	2.55	2.34	2.22	2.16	2.25	2.28	2.38	2.34

注：瑞士（CHE）无测算数据，一表示缺失。由于瑞士基本采用从量税，而关税数据库统计的是从价税，数据处理时只能把瑞士征收的进口关税设为 0。

从国际比较的视角来分析中国与其他国家（地区）的累积关税成本率的异同。图 14-2 和图 14-3 分别显示了主要国家（地区）的国家（地区）层面的累积关税成本率和国际价值链累积关税成本率。[①]总体上，不同国家（地区）的直接关税成本率的变化趋势差别较大，美国、澳大利亚等发达国家的直接关税成本率较低且变化不大；而中国、印度和印度尼西亚等发展中国家的直接关税成本率相对较高，且总体上呈下降趋势。这与发达国家的关税率一般较低，且过去20年来对进口征收的关税率无变化的事实相符。而中国、印度和印度尼西亚等发展中国家在全球贸易自由化大背景下大幅调低了进口关税率，导致累积关税成本率大幅下降。此外各国（地区）的各类型累积关税成本率的排序存在差异。例如，中国的多阶段累积关税成本率高于印度，而直接关税成本率低于印度。2014年中国多阶段累积关税成本率（0.2561%）比印度的多阶段累积关税成本率（0.1945%）高0.0616个百分点，而中国的直接关税成本率（0.1181%）比印度的直接关税成本率（0.2355%）低0.1174个百分点。这在一定程度上表明，虽然中国的直接关税成本率低于印度，但是由于中国参与全球价值链分工的程度高于印度，产业间的投入产出联系相对复杂，中国的累积关税率成本和多阶段累积成本关税率相对较高。各国（地区）国际价值链累积关税成本率总体上相对较低（低于0.08%），深度参与全球价值链的中国、韩国、墨西哥等经济体的国际价值链累积关税成本率相对较高。虽然各国（地区）的水平值差异较大，但是这些国家（地区）的国际价值链累积关税成本率变化趋势基本相似。2005年到2008年，世界各国（地区）的国际价值链累积关税成本率呈上升趋势，而2008年国际金融危机后到2009年，国际价值链累积关税成本率短暂下降，而后逐步上升到一个相对稳定的水平。产生这一变化的原因可能是：2008年国际金融危机后，全球价值链出现了短暂的中断，从而使得国际价值链对关税成本的传递效应减少，引起国际价值链累积关税成本率下降。

（2）中国对全球层面的累积关税成本率的贡献及国际比较。21世纪以来，中国深度参与全球价值链，中国的关税水平、关税结构和投入产出生产网络结构均发生了巨大的变化。一方面，中国既参与了WTO框架下的全球多边贸易自由化，也通过实施自由贸易区战略推动了区域贸易自由化，这引起了名义关税率水平及结构的变动；另一方面，随着全球价值链分工的发展和中国经济的迅速转型，中国已经成为全球三大中间品贸易国之一（World Bank et al.，2017），这使得中国国内和国外的投入产出结构发生了较大的变化。那么中国的关税及

[①]　由于直接关税成本率、多阶段累积关税成本率与累积关税成本率的变化趋势相似，在正文中我们没有具体列示。

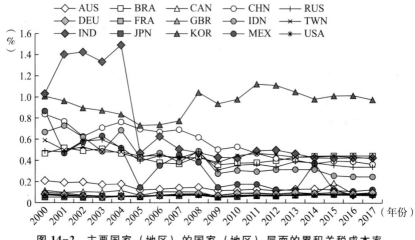

图 14-2 主要国家（地区）的国家（地区）层面的累积关税成本率

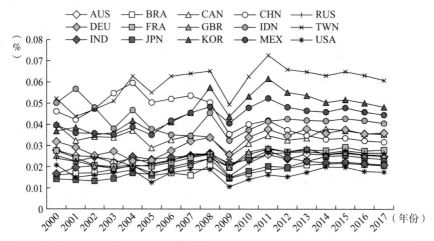

图 14-3 主要国家（地区）的国家（地区）层面的国际价值链累积关税成本率

其结构的变化对全球累积关税成本率的影响和贡献是如何变化的？以下介绍全球层面的累积关税成本率的变化，进而分析中国对全球层面的累积关税成本率的贡献。

图 14-4 显示了全球层面的累积关税成本率及其结构。①从全球层面来看，2000~2017 年全球累积关税成本率的简单平均值为 0.1670%，这说明累积关税成本占全球最终产品总价值的比重相对较低。②2000~2017 年全球累积关税成本率有升有降。全球累积成本关税率从 2000 年的 0.1757% 下降到 2005 年的 0.1344%，然后逐步上升到 2008 年的 0.1761%，但 2009 年出现了短暂的下降（0.1418%），然后迅速上升并一直维持在较高水平，2011 年达到最高点 0.1797%。这也说明

了 2008 年国际金融危机后，全球贸易保护主义抬头，尤其是发达经济体转向贸易保护主义的态势更为显著。③总体上看，多阶段累积关税成本率、国际价值链累积关税成本率的变化趋势与全球累积关税成本率的变化趋势大致相似，且多阶段累积关税成本率明显高于国际价值链累积关税成本率。

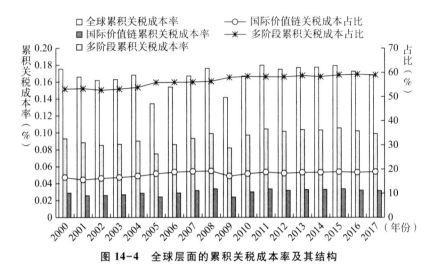

图 14-4　全球层面的累积关税成本率及其结构

为了分析各国（地区）对全球层面的累积关税成本率的贡献，本章对累积关税成本率按征收关税成本的发生地进行分解。图 14-5 至图 14-7 表明，①中国对全球层面的累积关税成本率的贡献率最大，近 1/3。2014 年，对全球层面的累积关税成本率的贡献率排名前五的国家（地区）依次为：中国（31.45%）、韩国（12.88%）、美国（8.11%）、巴西（8.06%）和印度（7.61%）。②从变化趋势来看，中国的贡献率大幅上升，而其他国家的贡献率变化不大。中国的贡献率从 2000 年的 19.54% 上升到 2014 年的 31.45%。印度的贡献率从 2000 年的 9.82% 略下降到 2014 年的 7.61%。韩国的贡献率从 2000 年的 11.69% 略上升到 2014 年的 12.88%。③中国对全球层面的直接关税成本率的贡献率低于中国对全球层面的多阶段累积关税成本率的贡献率。2014 年，中国对全球层面的直接关税成本率的贡献率为 22.32%，而中国对全球层面的多阶段累积关税成本率的贡献率为 38.00%。究其原因，可能是因为全球生产网络结构的复杂性较高，而非中国对进口征收的关税率过高。也就是说，全球生产网络结构高复杂程度是中国对全球累积关税成本率的高贡献率的主要原因。①

---

①　鉴于 2015~2017 年没有对应的全球投入产出表，本章测算时利用了 2014 年全球投入产出表。因此，当涉及经济结构时，一般用 2014 年以前的测算数据进行阐述。

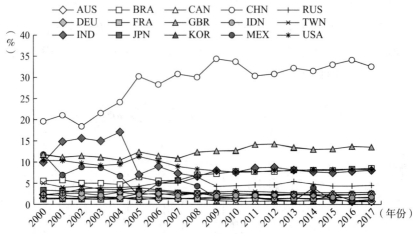

图 14-5　主要国家（地区）对全球层面的累积关税成本率的贡献率的变化

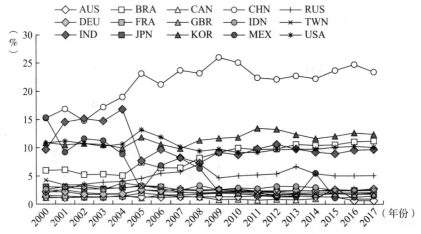

图 14-6　主要国家（地区）对全球层面的直接关税成本率的贡献率的变化

　　此外，本章将 WIOD 2016 版中的 44 个国家（包括世界其他地区）分为以下 6 个区域：欧盟、北美自由贸易区、中国、东亚（除中国外）、BRIIAT（取国家或地区英文名称的首字母组成）和世界其他国家。进一步检验各大区域对全球层面的各种类型的累积关税成本率的贡献率，研究发现，中国对全球层面的累积关税成本率和多阶段累积关税成本率的贡献率最高，2017 年分别达 32.53% 和 38.83%，但是中国对直接关税成本率的贡献低于 BRIIAT。2017 年，中国对全球层面的直接关税成本率的贡献率为 23.46%，比中国对全球层面的多阶段累积关税成本率的贡献率低 15.37 个百分点，也比 BRIIAT 对直接关税成本率的贡献率（32.84%）低 9.38 个百分点。同时，欧盟和北美自由贸易区对全

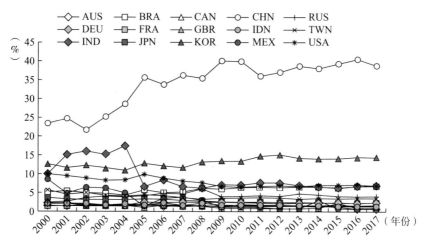

图 14-7　主要国家（地区）对全球层面的多阶段累积关税成本率的贡献率的变化

球层面的关税成本率（累积关税成本率、直接关税成本率、多阶段累积关税成本率）的贡献率都是最低的，且 2000～2017 年总体略呈下降的趋势。

总之，这种复杂的全球生产网络结构体系而非中国对进口征收的直接关税率过高导致中国对全球累积关税成本率的贡献较大。进一步，本章将利用假想模拟法来说明全球生产网络结构的变化是如何导致中国对全球累积关税成本率的贡献率变大的。

2. 中国部门累积关税成本率及国际比较

（1）中国部门累积关税成本率。我们选取了几个典型行业部门，图 14-8 至图 14-10 分别显示了这些部门的累积关税成本率、多阶段累积关税成本率和国际价值链累积关税成本率。可以发现，①各行业部门的累积关税成本率的差异较大。总体上，累积关税成本率从高到低依次为：第二产业的行业部门（如计算机、电子产品和光学产品的制造，2014 年为 1.11%），第一产业的行业部门（如作物和畜牧生产、狩猎和相关活动，2014 年为 0.22%），第三产业的行业部门（如金融服务活动，保险和养恤金除外，2014 年为 0.08%）。多阶段累积关税成本率、国际价值链累积关税成本率的三次产业的排序与累积关税成本率相似。②从各部门累积关税成本率的变化趋势来看，各行业部门的累积关税成本率、多阶段累积关税成本率都呈下降趋势，而国际价值链关税成本率下降幅度相对较小，略有波动。如纺织品、服装以及皮革和相关产品的制造（C06）的累积关税成本率从 2000 年的 1.55% 下降到 2014 年的 0.44%，下降了 1.11 个百分点。③行业部门的累积关税成本率与行业部门的下游度呈正向关系，即行业部门越处于下游，其累积关税成本率相对越高。[①] 表 14-3 显示了 2014 年中国行业部门的累积关税成本率与下游度。可以看出，2014 年中国纺织品、服装以及皮革和相关产品的制造的下游度为 3.4714，而计算机、电子产品和光学产品的制造的下游度为 3.7978，相应地，前者的累积关税成本率（0.44%）低于后者的累积关税成本率（1.11%）。进一步计算两变量的相关系数发现，2014年中国部门累积关税成本率与下游度之间的相关系数高达 0.83。这充分说明行业层面的累积关税率成本率与其在全球价值链的位置（下游度）高度正相关。也就是说，行业部门越处于下游，使用上游的中间品就越多，上游的关税成本就越多地累积到下游产品中，其累积关税成本就越高，这一关系符合经济学直觉。此外，也可从测算方法来理解，根据国家部门累积成本关税率的定义，国家部门累积关税率的大小为 $E_t^\mathrm{T} c\hat{m}z t_t B_t Y(i)$，其中，$E_t^\mathrm{T}$ 为元素全为 1 的行向量，$Y(i)$ 中 i 行业对应的元素为 1，其他元素都为 0。从计算公式可以看出，i 行业部门的累积关税成本率与 B 中元素 b 密切相关，而 $b_{\cdot i}$ 在一定程度上反映了 i 行业部门参与全球价值链的复杂程度和位置，衡量全球价值链位置的下游度指标是 $b_{\cdot i}$ 的函数。因此，从数学上可以看出，行业部门的累积关税成本率与其处于全球价值链的位置（下游度）密切相关。

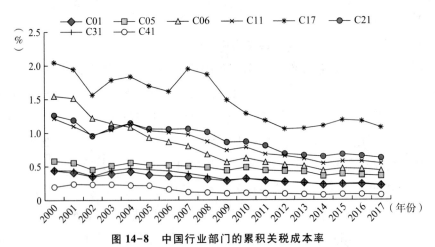

图 14-8　中国行业部门的累积关税成本率

注：C01：作物和畜牧生产、狩猎和相关活动，C05：食品、饮料和烟草制品的制造，C06：纺织品、服装以及皮革和相关产品的制造，C11：化学品及化学制品的制造，C17：计算机、电子产品和光学产品的制造，C21：其他运输设备的制造，C31：陆路运输与管道运输，C41：金融服务活动，保险和养恤金除外。下图同。

---

① 有关下游度的概念可参见倪红福（2019）。

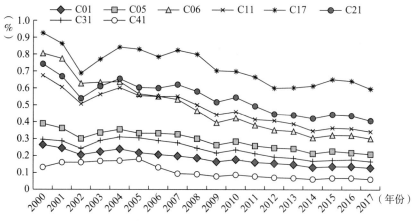

图 14-9　中国行业部门的多阶段累积关税成本率

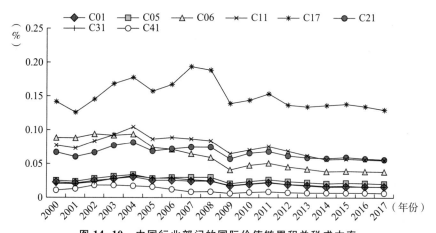

图 14-10　中国行业部门的国际价值链累积关税成本率

表 14-3　2014 年中国行业部门的累积关税成本率与下游度

行业部门	下游度	累积关税成本率（%）	行业部门	下游度	累积关税成本率（%）
作物和畜牧生产、狩猎和相关活动	2.0796	0.22	污水处理；废物的收集、处理和处置活动；材料回收；补救活动和其他废物管理服务	2.8879	0.32
林业与伐木业	2.6438	0.30	建筑业	3.4455	0.38
渔业与水产业	2.1046	0.18	批发贸易，但汽车和摩托车除外	1.9855	0.12

续表

行业部门	下游度	累积关税成本率（%）	行业部门	下游度	累积关税成本率（%）
采矿与采石	2.5868	0.26	零售贸易，但汽车和摩托车除外	1.9855	0.12
食品、饮料和烟草制品的制造	2.8982	0.36	陆路运输与管道运输	2.4116	0.23
纺织品、服装以及皮革和相关产品的制造	3.4714	0.44	水上运输	2.6634	0.23
木材、木材制品及软木制品的制造（家具除外），草编制品及编织材料物品的制造	3.4012	0.34	航空运输	3.1902	0.33
纸和纸制品的制造	3.4317	0.50	运输的储藏和辅助活动	2.7075	0.25
记录媒介物的印制及复制	3.2909	0.45	邮政和邮递活动	2.2885	0.21
焦炭和精炼石油产品的制造	3.2751	0.34	食宿服务活动	2.6334	0.25
化学品及化学制品的制造	3.6967	0.54	电信	2.0095	0.21
基本医药产品和医药制剂的制造	2.9744	0.34	计算机程序设计、咨询及相关活动；信息服务活动	2.7052	0.44
橡胶和塑料制品的制造	3.7083	0.59	金融服务活动，保险和养恤金除外	1.6242	0.08
其他非金属矿物制品的制造	3.2741	0.36	保险、再保险和养恤金，但强制性社会保障除外	2.4215	0.14
基本金属的制造	3.6076	0.41	房地产活动	1.3861	0.04
金属制品的制造，但机械设备除外	3.6814	0.44	法律和会计活动；总公司的活动；管理咨询活动	2.9526	0.39
计算机、电子产品和光学产品的制造	3.7978	1.11	科学研究与发展	2.7066	0.36
电力设备的制造	3.8559	0.63	其他专业、科学和技术活动；兽医活动	2.6393	0.39
未另分类的机械和设备的制造	3.5981	0.59	行政和辅助活动	2.4999	0.27
汽车、挂车和半挂车的制造	3.8176	0.73	公共管理与国防；强制性社会保障	2.2207	0.17
其他运输设备的制造	3.6968	0.64	教育	2.1444	0.18
家具的制造和其他制造业	2.9293	0.34	人体健康和社会工作活动	2.8702	0.26
电、煤气、蒸汽和空调的供应	3.386	0.35	其他服务活动	2.545	0.31

续表

行业部门	下游度	累积关税成本率（%）	行业部门	下游度	累积关税成本率（%）
集水、水处理与水供应	2.9209	0.26			

注：表中下游度的值越大，表示该行业部门相对越处于下游。

（2）部门层面的累积关税成本率的国际比较。首先，本章计算了各行业部门全球层面的累积成本关税率（图 14-11 给出了部分行业部门的全球层面的累积成本关税率），计算结果表明，①各行业部门的全球层面的累积关税成本率的排序与中国的各行业部门累积关税成本率的排序相似，从高到低依次为：第二产业的行业部门（如计算机、电子产品和光学产品的制造，2014 年为 0.73%），第一产业的行业部门（如作物和畜牧生产、狩猎和相关活动，2014 年为 0.23%），第三产业的行业部门（如金融服务活动，保险和养恤金除外，2014年为 0.05%）。②各行业部门的全球层面的累积关税成本率与中国各行业的累积关税成本率的变化趋势不一致。在 2008 年国际金融危机前 1~3 年，各行业部门的全球层面的累积关税成本率普遍上升，而 2009 年又普遍出现短暂的下降，之后各行业部门的全球层面的累积关税成本率都回升到相对较高的水平。

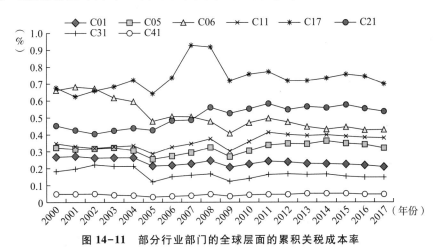

图 14-11　部分行业部门的全球层面的累积关税成本率

其次，本章比较了部分国家的行业部门的累积关税成本率。由表 14-4 可知，①总体上看，各行业部门按累积关税成本率从高到低排序大致为：制造业部门、农业部门和服务业部门。这与中国各行业的累积关税成本率的排序相同。实际上也说明表 14-4 中所选国家的行业部门的相对上下游位置相似。②中国、印度、韩国的累积关税成本率一般高于美国、日本。如 2014 年中国食品、饮料和烟草制品的制造的累积关税成本率为 0.36%，是美国相应部门（0.18%）的 2 倍。究其原因可能是，中国、印度、韩国的进口中间关税率高以及其国内价值链复杂、生产链条长。

表 14-4　2014 年部分国家的行业部门的累积关税成本率

单位：%

行业部门	中国	美国	日本	德国	英国	法国	韩国	印度	俄罗斯
作物和畜牧生产、狩猎和相关活动	0.22	0.14	0.19	0.15	0.13	0.16	2.69	0.15	0.46
食品、饮料和烟草制品的制造	0.36	0.18	0.21	0.14	0.12	0.12	5.58	0.70	0.47
纺织品、服装以及皮革和相关产品的制造	0.44	0.39	0.40	0.40	0.21	0.41	1.46	0.56	1.88
木材、木材制品及软木制品的制造（家具除外），草编制品及编织材料物品的制造	0.34	0.15	0.22	0.15	0.21	0.12	1.33	0.23	0.49
纸和纸制品的制造	0.50	0.20	0.15	0.13	0.14	0.19	0.75	0.90	0.67
化学品及化学制品的制造	0.54	0.26	0.41	0.31	0.33	0.28	1.41	1.15	0.73
计算机、电子产品和光学产品的制造	1.11	0.15	0.16	0.24	0.32	0.21	1.46	1.11	0.65
陆路运输与管道运输	0.23	0.08	0.05	0.05	0.09	0.10	0.54	0.54	0.36
金融服务活动，保险和养恤金除外	0.08	0.02	0.02	0.02	0.03	0.02	0.28	0.08	0.21

最后，本章选取了两个典型制造业行业部门（计算机、电子产品和光学产品制造业，纺织品、服装以及皮革和相关产品制造业）为例进行比较分析。图 14-12 和图 14-13 显示了中国的这两个行业部门的各种类型的累积关税成本率，可以看出，①中国的这两个行业部门的累积关税成本率的变化趋势明显不同。中国的纺织品、服装以及皮革和相关产品制造业的累积关税成本率呈明显下降趋势，且下降幅度较大。这与纺织品、服装以皮革和相关产品制造业进口关税率较低相符合。②就中国某一具体的行业部门来说，其累积关税成本率、国际价值链关税成本率、多阶段累积关税成本率的走势与直接关税成本率走势相似。③就中国来说，其国际价值链累积关税成本率是最低的，占累积关税成本率的比重大致为 10%。这也在一定程度上反映了国际价值链导致的累积关税成本并不高。

从世界主要国家的计算机、电子产品和光学产品制造业的累积关税成本率

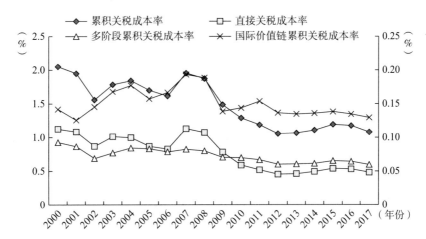

图 14-12　中国计算机、电子产品和光学产品制造业的累积关税成本率变化

注：国际价值链累积关税成本率对应右轴，其余对应左轴。

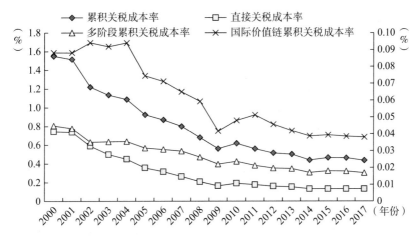

图 14-13　中国纺织品、服装以及皮革和相关产品制造业的累积关税成本率变化

注：国际价值链累积关税成本率对应右轴，其余对应左轴。

变化趋势来看（见图 14-14），我们发现，①中国、印度、韩国等国家的累积关税成本率远高于美国、日本、英国等国家。②2000~2017 年，中国、印度的累积关税成本率呈下降趋势，韩国呈先略下降而后上升趋势，而美、日、英等国家呈水平变化趋势。

从世界主要国家的纺织品、服装以及皮革和相关产品制造业的累积关税成本率变化趋势来看（见图 14-15），我们发现，①韩国、俄罗斯的累积关税成本率远高于美国、日本、英国等国家。②2000~2017 年，中国、印度的累积关税成本率呈快速下降趋势，2010 年后基本上与美、日、英等国家的累积关税成本率处于同一水平。

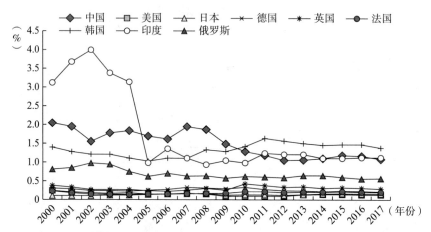

图 14-14　主要国家的计算机、电子产品和光学产品制造业的累积关税成本率变化

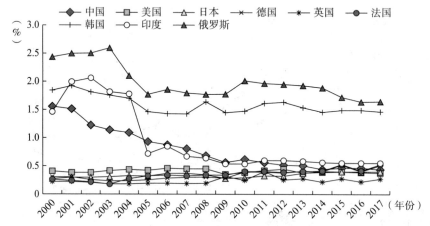

图 14-15　主要国家的纺织品、服装以及皮革和相关产品制造业的累积关税成本率变化

四　应用情景分析

（一）累积关税成本率的因素结构分析——假想模拟法

1. 假想模拟法

式（14-7）中各种类型的累积关税成本率主要受两个因素影响：①直接进口中间品关税率（$cmzt$）；②全球投入产出生产网络结构（B）。也就是说，对中间品征收的进口关税率的变化和 Leontief 逆矩阵 B 的变化，会导致累积关税成本率变化。若直接消耗系数矩阵 A 变化，则 B 也会变化（$B=(I-A)^{-1}$）。A

表示不同部门之间的中间品使用的联系强度，也就是生产部门之间的投入产出生产网络结构。因此，B 的变化也体现了投入产出生产网络结构的变化。此外，从政策意义上，投入产出生产网络结构主要由生产技术和偏好决定，一般政府部门难以干预，而政府可以对进口中间品关税率进行调整。这样，如果累积关税成本率是由投入产出生产网络结构决定的，那么政府就难以通过降低关税来降低累积关税成本。因此，考察直接进口中间品关税率变化和投入产出生产网络结构变化对累积关税成本变化的贡献率具有重要的政策意义。本章在经典因素结构分解方法的基础上进行拓展，通过反事实模拟方法来探讨中国对全球累积关税成本率的贡献率变化是由全球投入产出生产网络结构变化还是由中国征收的进口中间品关税率变化引起的。以下以全球累积关税成本率变化的因素结构分解及其贡献为例进行阐述。

根据式（14-7）可知，各种类型累积关税成本率的测算公式为：$embtax_t = E\ \hat{cmzt_t}\ B_t \cdot Y_t$。这样任意两期的累积关税成本率的变化可以写为：

$$\Delta embtax_t = E\ \hat{cmzt_t}\ B_t \cdot Y_t - E\ \hat{cmzt_{t-1}}\ B_{t-1} \cdot Y_{t-1}$$

$$= \underbrace{E(\hat{cmzt_t} - \hat{cmzt_{t-1}}) B_t \cdot Y_t}_{\text{直接关税率变化的贡献}} + \underbrace{E\ \hat{cmzt_{t-1}}(B_t \cdot Y_t - B_{t-1} \cdot Y_{t-1})}_{\text{生产网络结构变化的贡献}}$$

$$= \underbrace{E\ (\hat{cmzt_t} - cmzt_{t-1}) B_{t-1} \cdot Y_{t-1}}_{\text{直接关税率变化的贡献}} + \underbrace{E\ \hat{cmzt_t}(B_t \cdot Y_t - B_{t-1} \cdot Y_{t-1})}_{\text{生产网络结构变化的贡献}} \quad (14-14)$$

以上方法是因素结构分解中的经典方法。一般做法是取两种计算方式的平均值，计算各因素的贡献。$\Delta embtax_t$ 为累积关税成本率的变化值；对于 $E\ (\hat{cmzt_t} - cmzt_{t-1})\ B_{t-1} \cdot Y_{t-1}$，由于仅进口中间品关税率 $cmzt_t$ 在前后两期发生变化，该项为直接关税率变化的贡献；对于 $E\ \hat{cmzt_t}\ (B_t \cdot Y_t - B_{t-1} \cdot Y_{t-1})$，由于仅有 $B_t \cdot Y_t$ 在前后两期发生变化，该项为生产网络结构变化的贡献。

基于以上经典因素结构分解方法的思路，我们进一步进行中国对全球累积关税成本率贡献率变化的因素结构分解分析，以研究贡献率变化是由全球生产网络结构变化还是中国对进口中间品征收的关税率变化引起的，以及哪种因素是主要的。将中国对全球层面的累积关税成本率的贡献率定义为：

$$chntogtax_t = \frac{E_{chn}\ \hat{cmzt_t}\ B_t \cdot Y_t}{E\ \hat{cmzt_t}\ B_t \cdot Y_t} \quad (14-15)$$

其中，$chntogtax_t$ 为中国对全球层面的累积关税成本率的贡献率；E_{chn} 为中国对应元素位置取 1，其他元素取 0 的行向量；E 为元素全为 1 的行向量；t 表示第 t 期。对 $chntogtax_t$ 的变化量进行分解：

$$\Delta chntogtax_t = \frac{E_{chn}\ \hat{cmzt_t}\ B_t \cdot Y_t}{E\ \hat{cmzt_t}\ B_t \cdot Y_t} - \frac{E_{chn}\ \hat{cmzt_{t-1}}\ B_{t-1} \cdot Y_{t-1}}{E\ \hat{cmzt_{t-1}}\ B_{t-1} \cdot Y_{t-1}}$$

$$= \underbrace{\frac{E_{chn}\ \hat{cmzt_t}\ B_t \cdot Y_t}{E\ \hat{cmzt_t}\ B_t \cdot Y_t} - \frac{E_{chn}\ \hat{cmzt_{t-1}}\ B_t \cdot Y_t}{E\ \hat{cmzt_{t-1}}\ B_t \cdot Y_t}}_{\text{直接关税率变化的贡献}} + \underbrace{\frac{E_{chn}\ \hat{cmzt_{t-1}}\ B_t \cdot Y_t}{E\ \hat{cmzt_{t-1}}\ B_t \cdot Y_t} - \frac{E_{chn}\ \hat{cmzt_{t-1}}\ B_{t-1} \cdot Y_{t-1}}{E\ \hat{cmzt_{t-1}}\ B_{t-1} \cdot Y_{t-1}}}_{\text{生产网络结构变化的贡献}}$$

$$= \underbrace{\frac{E_{chn}\ \hat{cmzt_{t-1}}\ B_{t-1} \cdot Y_{t-1}}{E\ \hat{cmzt_t}\ B_t \cdot Y_t} - \frac{E_{chn}\ \hat{cmzt_{t-1}}\ B_{t-1} \cdot Y_{t-1}}{E\ \hat{cmzt_{t-1}}\ B_{t-1} \cdot Y_{t-1}}}_{\text{直接关税率变化的贡献}} + \underbrace{\frac{E_{chn}\ \hat{cmzt_t}\ B_t \cdot Y_t}{E\ \hat{cmzt_t}\ B_t \cdot Y_t} - \frac{E_{chn}\ \hat{cmzt_t}\ B_{t-1} \cdot Y_{t-1}}{E\ \hat{cmzt_{t-1}}\ B_{t-1} \cdot Y_{t-1}}}_{\text{生产网络结构变化的贡献}}$$

$$(14-16)$$

同样，仍然取式（14-16）两种分解计算方式的平均值，分别计算各自的贡献。显然，这种假想模拟法基本上适合各种类型的累积关税成本率的分解分析。

2. 因素结构分解结果

本部分仅对全球累积关税成本率和中国对全球累积关税成本率的贡献率进行因素结构分解。[①] 取 $t-1=2000$，$t=2014$，本章计算了 2000~2014 年的分解结果。表 14-5 表明，（1）中间品进口关税下调与生产网络结构复杂化的贡献相互抵消，使得全球累积关税成本率基本无变化。2000~2014 年的全球累积关税成本率基本上无变化，仅上升了 0.0019 个百分点。从分解项来看，直接进口中间品关税下降导致 2000~2014 年全球累积关税成本率下降了 0.0879 个百分点，而全球生产网络结构变化导致 2000~2014 年全球累积关税成本率上升了 0.0898 个百分点。这表明 21 世纪以来，全球进口中间品关税的下降抵消了全球生产网络结构复杂化导致的关税成本增加。根据本章整理的进口中间品关税率数据发现，国家部门层面的双边进口中间品关税率的算术平均值从 2000 年的 2.06% 下降到 2014 年的 0.90%。衡量生产网络结构复杂程度的一个重要指标是 Wang 等（2017）定义的生产长度，计算发现，全球所有国家部门的生产长度的算术平均值从 2000 年的 2.103 上升到 2014 年的 2.336，上升幅度为 11.08%。（2）从 2000~2014 年按发生地的各国对全球累积关税成本率的贡献的因素分解来看，中国对全球累积关税成本率的贡献率大幅上升的原因是全球生产网络结构复杂程度提高，而中国的进口关税对全球累积关税成本率的贡献为负。2000~2014 年中国对全球累积关税成本率的贡献率提高 11.91 个百分点，其中关税因素降低了 13.21 个百分点，而全球生产网络结构因素提高了 25.12 个百分

---

① 限于篇幅，其他类型的累积关税成本率的因素结构分解结果没有列出。若需要，可向作者索取。

点。总之，中国加入 WTO 后，虽然中国的进口中间品关税对全球层面的累积关税成本率的贡献为负，但是，由于全球生产网络结构越来越复杂，中国对全球累积关税成本率的贡献率提高。如果没有中国主动降低关税，全球生产网络结构的变迁将导致全球层面的累积关税成本率变得更高，且中国的贡献率会更高。

表 14-5　2000~2014 年全球层面的累积关税成本率和各国的贡献的因素结构分解

	2000~2014 年全球层面的累积关税成本率（个百分点）			相应贡献比重（%）		
	全球层面的累积关税成本率变化	关税因素	生产网络结构因素	全球层面的累积关税成本率变化	关税因素	生产网络结构因素
全球	0.0019	-0.0879	0.0898	1.00	-46.01	47.01

国家	2000~2014 年各国对全球层面的累积关税成本率的贡献（个百分点）			相应贡献比重（%）		
	各国贡献总变化	关税因素	生产网络结构因素	各国贡献总变化	关税因素	生产网络结构因素
AUS	-0.19	0.04	-0.22	1.00	-0.20	1.20
BRA	2.59	3.02	-0.43	1.00	1.17	-0.17
CAN	-0.41	0.08	-0.49	1.00	-0.19	1.19
CHN	11.91	-13.21	25.12	1.00	-1.11	2.11
DEU	-0.05	1.15	-1.20	1.00	-24.67	25.67
FRA	-0.10	0.82	-0.92	1.00	-8.23	9.23
GBR	-0.65	0.71	-1.36	1.00	-1.08	2.08
IDN	-0.14	-0.63	0.48	1.00	4.34	-3.34
IND	-2.21	-4.15	1.94	1.00	1.88	-0.88
JPN	-1.06	2.64	-3.71	1.00	-2.49	3.49
KOR	1.20	4.20	-3.01	1.00	3.51	-2.51
MEX	-7.86	-3.03	-4.83	1.00	0.39	0.61
RUS	2.64	0.71	1.92	1.00	0.27	0.73
USA	-2.23	5.59	-7.81	1.00	-2.51	3.51

数据来源：作者测算。

（二）CPTPP 情景模拟

美国退出 TPP 后，2023 年又对加入 CPTPP 感兴趣，即《全面与进步跨太平洋伙伴关系协定》（Comprehensive and Progressive Agreement for Trans-Pacific Partnership，CPTPP）。① 中国在努力推进《区域全面经济伙伴关系协定》（Regional Comprehensive Economic Partnership，RECP）的同时，于 2021 年正式申请加入 CPTPP。那么，如果 CPTPP 完全顺利实施，会对累积关税成本率带来什么影响？中国和美国加入 CPTPP 又会有什么影响？

TPP 的主旨是贸易自由化和零进口关税。以日本为例，日本一些农产品的进口关税非常高，大米的进口关税达到 778%。而协议生效后，日本承诺下调关税，这使得澳大利亚和加拿大的农产品以更低价格进入日本市场。以 2017 年的中间品关税率数据为基准情景，若 CPTPP 完全顺利实施，则成员国之间的关税率变为零。② 具体情景设定如下。情景 1，CPTPP 成员国间实施零关税。假设 CPTPP 中 11 个成员国之间的关税率都变为 0，然后利用本章的累积关税率测算公式，对比 CPTPP 实施前后的累积关税成本率，就可以知道 CPTPP 实施对累积关税成本率的影响。情景 2，美国加入 CPTPP，包括美国在内的成员国间的关税率为 0。情景 3，中国加入 CPTPP。情景 4，中国和美国都加入 CPTPP。

表 14-6 列出了四种情景和 2017 年基准情景的模拟结果。可以发现，（1）在情景 1 中，当 CPTPP 的成员国之间实施零关税，全球层面的累积关税成本率为 0.1676%，比 2017 年基准情景的累积关税成本率低 0.0007 个百分点。当中国和美国都加入 CPTPP 后，情景 4 的全球累积关税成本率为 0.1404%，比 2017 年基准情景低 0.0279 个百分点。从降低全球关税成本的角度来看，如果中国和美国没有加入 CPTPP，CPTPP 对减少全球累积关税成本率的作用几乎为 0，这说明了美国和中国对全球贸易成本的主导性影响。其他类型的全球累积关税成本率在各情景下的变化相似。（2）从国家层面的累积关税成本率的影响来看，当中国和美国同时加入 CPTPP 后，澳大利亚、中国、美国、日本、墨西哥、加拿大的累积关税成本率较大幅度下降，下降幅度甚至达 40% 以上。其中，美国累积关税成本率在 2017 年基准情景下为 0.0700%，而在情景 4 下为 0.0459%，下降幅度为 34.42%（见表 14-7）。

① 截至 2020 年，CPTPP 共有 11 个成员国：澳大利亚、文莱、加拿大、智利、日本、马来西亚、墨西哥、新西兰、秘鲁、新加坡和越南。这 11 个成员国的 GDP 合计占全球的 13%。2023 年，英国加入 CPTPP。

② 在 WIOD 的 43 个国家中，与 CPTTP 的 11 个成员国重合的国家为澳大利亚、加拿大、日本、墨西哥。

表 14-6　不同情景下全球层面的累积关税成本率及其结构

单位：%

情景	全球累积关税成本率	直接关税成本率	国内间接进口累积关税成本率	简单跨境累积关税成本率	复杂跨境累积关税成本率	多阶段累积关税成本率	国际价值链累积关税成本率
2017 年基准情景	0.1683	0.0690	0.0675	0.0186	0.0131	0.0992	0.0318
（1）CPTPP	0.1676	0.0687	0.0673	0.0186	0.0131	0.0989	0.0317
（2）CPTPPUSA	0.1649	0.0674	0.0663	0.0183	0.0129	0.0975	0.0313
（3）CPTPPCHN	0.1521	0.0637	0.0590	0.0176	0.0118	0.0884	0.0294
（4）CPTPPUSACHN	0.1404	0.0588	0.0536	0.0169	0.0111	0.0816	0.0280

注：（1）CPTPP 表示 CPTPP 中成员国间实施零关税；（2）CPTPPUSA 表示美国加入 CPTPP；（3）CPTPPCHN 表示中国加入 CPTPP；（4）CPTPPUSACHN 表示中国和美国都加入 TPP；下表同。

表 14-7　世界主要国家的不同情景下国家层面的累积关税成本率

单位：%

国家	2017 年基准情景	（1）CPTPP	（2）CPTPPUSA	（3）CPTPPCHN	（4）CPTPPUSACHN	CPTPPUSACHN 相对于 2017 年下降幅度
AUS	0.0706	0.0673	0.0670	0.0645	0.0631	-10.62
BRA	0.4455	0.4455	0.4452	0.4440	0.4428	-0.61
CAN	0.0820	0.0763	0.0743	0.0564	0.0508	-38.05
CHN	0.3666	0.3665	0.3662	0.2839	0.2517	-31.34
DEU	0.0949	0.0949	0.0946	0.0932	0.0921	-2.95
FRA	0.0823	0.0823	0.0820	0.0809	0.0799	-2.92
GBR	0.0815	0.0815	0.0812	0.0800	0.0790	-3.07
IDN	0.2475	0.2474	0.2470	0.2438	0.2420	-2.22
IND	0.4277	0.4277	0.4275	0.4259	0.4250	-0.63
JPN	0.0762	0.0716	0.0621	0.0536	0.0431	-43.44
KOR	0.9776	0.9774	0.9765	0.9710	0.9679	-0.99
MEX	0.1250	0.1211	0.1113	0.0884	0.0746	-40.32
RUS	0.3399	0.3399	0.3398	0.3383	0.3375	-0.71
USA	0.0700	0.0698	0.0628	0.0679	0.0459	-34.43

（三）ROW 的关税率处理方式的稳定性分析

前述测算结果中都假设世界其他地区（ROW）的关税率为 0，这主要是因为该数据难以获得。接下来分析世界其他地区的关税率的选择对测算结果的影响大小，以确定本章的测算结果是否稳健。我们选取了 43 个国家（地区），并取每个国家（地区）对其他国家（地区）征收的进口关税率的平均值作为 ROW 对 43 个国家（地区）的进口关税，43 个国家（地区）对来自世界其他地区的进口关税是该国家（地区）对其他 42 个国家（地区）关税的平均值。从模拟结果的比较分析①可以发现，（1）ROW 的进口关税税率的不同，确实会影响测算结果的水平值，且影响幅度较大。当取平均值时，各种类型累积关税成本率大致是取零时（本章主要阐述的结果）的 2 倍。（2）从测算结果的相对次序来看，这也是我们需要重点关注的和最有意义的地方，对世界其他地区关税的不同处理方式基本上没有改变各种类型的累积关税成本率的变化趋势和相对次序。

五　本章小结

（一）主要结论

在全球价值链生产分工体系中，各生产阶段不但创造了价值，贸易成本也在各阶段生产中累积，即贸易壁垒会产生累积效应。即使关税或非关税壁垒很低，由于中间品多次跨境贸易，其贸易保护程度也会被放大。本章基于 Leontief 逆矩阵方法构建了累积关税成本率的统一测算框架，并从多角度对累积关税成本率的经济含义和结构进行阐述，论证其与 Ghosh 逆矩阵新方法的等价性和经济含义，最后基于 Muradov（2016）的矩阵分解方法，对累积关税成本率进行结构分解。主要研究结论如下。（1）构建了基于 Leontief 逆矩阵的累积关税成本率的统一测算框架。同时也提出了基于 Leontief 逆矩阵和 Ghosh 逆矩阵的累积关税成本率测度方法，发现两者具有一致性。（2）总体上，中国的累积关税成本率、直接关税成本率、多阶段累积关税成本率都呈下降趋势，且下降幅度大于全球累积关税成本率的下降幅度。（3）中国关税成本的放大效应出现了大幅上升趋势，世界各国（地区）的关税成本都存在一定程度的放大效应。中国关税成本的放大效应从 2000 年的 2.57 上升到 2017 的 3.17，而日本的放大效应从 2000 年的 2.80 缓慢下降到 2017 年的 2.70。2009 年以前，中国的放大效应低于日本，而 2009 年及以后中国的放大效应高于日本。（4）从世界各国的贡献情况

----

① 限于篇幅，我们没有列出所有测算结果。读者若需要，可向作者索取。

来看，中国对全球累积关税成本率的贡献率最大（2017 年中国全球累积关税成本率的贡献率达 32.53%），其原因是全球生产网络结构的复杂程度提高，而非中国对进口征收的关税率过高。假想模拟法表明，全球生产网络结构变迁是中国对全球累积关税成本率的贡献率大幅上升的决定性因素。2000~2014 年中国对全球累积关税成本率的贡献率提高 11.91 个百分点，其中全球生产网络结构变迁的贡献率提高了 25.12 个百分点，而关税因素降低了 13.21 个百分点。（5）中国各行业部门的累积关税成本率与其在全球价值链的位置（下游度）呈正向关系，即行业部门越处于下游，其累积关税成本率相对越高。2014 年中国部门累积关税成本率与下游度之间的相关系数高达 0.83。（6）CPTPP 的情景模拟结果表明，只有中国和美国同时加入 CPTPP，才能使 CPTPP 成员国和其他国家（地区）的累积关税成本率较大幅度下降。

（二）启示与进一步研究

基于本章分析结果，可以得到以下几点启示。（1）鉴于进口中间品关税的放大效应广泛存在，降低进口中间品关税仍然是必要的，尤其是中国、印度等发展中国家具有较大降税空间。（2）对于中国来说，降低进口关税不但可以促进进口，而且在生产网络结构复杂程度不变或提高的背景下，同水平的直接进口关税的降低可能会导致中国累积关税成本降低得更多，从而使得中国产品中隐含的关税成本相对更少，也就是说，单位价值产品中负担的关税成本降低。这在一定程度上可以提高中国产品的国际竞争力。（3）中国应坚定不移地继续倡导并推动贸易和投资自由化便利化，反对任何形式的贸易保护主义。全球价值链已经成为当前国际分工的主导形式，在全球价值链分工模式下，中间产品会经过多次跨境流动。因此，贸易保护措施所导致的贸易成本增加，会沿着价值链而产生累积效应，进而影响到最终产品的生产和贸易。更为重要的是，任何形式的贸易保护主义，作用于产品价值链的任何一个环节，都会影响到整个生产链各个环节之间的对接，从而影响到产品生产链的正常运行。全球价值链要求高效的贸易便利措施，因此降低通关与物流费用、节省贸易的时间成本、增加透明度和可预测性显得尤为重要。这也就进一步要求营商环境公平透明、政府服务便捷务实、海关通关不重复关检，实施"关检互认、执法互助、信息共享"。（4）从贸易成本来看，我们发现关税的成本并不是特别高，即使考虑放大效应后，全球层面的累积关税成本也只占 0.1656%，还不到 1%。因此，在贸易摩擦中单单加征关税对贸易成本的影响相对较小，所以加征关税更多的是一种心理影响。因此，我们应该更多地关注非关税贸易壁垒的影响。

　　当然，本章有关累积关税成本率的测算研究还存在一些不足之处，可以进一步深入研究。一是延伸到非关税壁垒。本章仅测算了关税的累积成本率，显然可以拓展到测算非关税壁垒的累积放大效应。二是进一步深入探讨累积关税成本率与行业部门的竞争力、比较优势之间的关系。三是本章累积关税成本率的概念与间接税的税收负担相似，因税收的收入分配和福利效应是被广泛关注的问题，故可以进一步讨论关税的收入分配和福利效应。

第十五章　全球价值链中的关税
成本效应分析[*]

一　引言

近年来，全球贸易保护主义抬头，单边主义盛行，中美贸易摩擦日益增多。2018 年 4 月，美国贸易代表办公室（The Office of the U. S. Trade Representative，USTR）公布"301 调查"结果，宣布对原产于中国的 1333 种 HS8 位码的进口产品加征 25% 的关税。与此同时，中国政府也宣布拟对原产于美国的大豆、汽车、化工品等 14 类 106 项商品加征 25% 的关税。然而，在对具体产品加征关税或者实施反倾销措施时，我们不得不关注这些措施对其他行业的影响，以及对第三方国家的影响。随着全球价值链的深入发展，各国一般专业化承担产品生产中某一具体的生产任务（阶段），中间产品贸易占全球贸易量的近 2/3。这样，如果被征税的是我国进口的中间产品，那么产生的经济效应颇为复杂。进口中间产品价格上升虽然保护了我国进口竞争上游产业，却使以该产品为中间需求的下游产业受到损害，这些下游部门的成本上升、价格提高又会进一步被传递到间接的部门，波及国内其他产业，以至于使整个价格系统发生变化。与之对应，资金、劳动力将跨部门流动和重新组合，使得各部门的劳动力需求量、工资收入水平都发生变化。这时，贸易保护措施的效应取决于被保护产业与其他产业间的利益、消费者福利和政府税收等多方面的均衡。因此，分析关税对上下游行业的价格效应具有重要的意义。

投入产出价格模型是研究成本推动型价格效应的有力工具，如朱钟棣和鲍晓华（2004）利用单国投入产出价格模型分析了反倾销对中国产业的价格影响。倪红福等（2016a）利用引入抵抗机制的投入产出价格模型定量分析了"营改增"的价格效应和分配效应。然而这些研究都是基于单国投入产出价格

＊　本章内容发表在《数量经济技术经济研究》2018 年第 8 期，第一作者。

模型进行的，没有扩展到全球投入产出价格模型。尤其随着全球价值链的深入发展，对一国征收关税，不但直接影响进口国和出口国，而且还会影响第三方国家。因此，讨论征收关税对行业的关联影响，应该利用全球投入产出价格模型。本章将单国投入产出价格模型进一步扩展到全球投入产出价格模型，并重点研究这次美国 301 调查加征关税对中美的价格影响和福利效应，以及中国对原产于美国的 106 种商品加征关税的价格效应和福利效应，以从全球生产网络体系的视角来系统定量分析中美贸易摩擦的影响。

此外，贸易成本是一个关键的问题，尤其是从全球价值链的角度来看。贸易成本与全球价值链互相影响，一方面，贸易成本下降促进了全球价值链的形成。大型企业开始外包其非核心业务给第一层次供应商，如国际贸易成本大幅下降后，外包行为延伸到国际市场，国际外包（离岸外包）应运而生。关税和非关税壁垒的大大减少、运输成本的下降以及信息和通信技术的发展，大大缩短了贸易双方的距离，不断下降的贸易成本促进了全球贸易的发展。另一方面，随着全球价值链的深入发展，全球生产网络体系也放大了贸易成本。当最终产品的生产环节被分割在不同国家，贸易成本（如关税）增加了投入和零部件的购买价格，额外的生产成本被反映在更高的销售价格和被转移到下一个生产程序。这些成本通过生产链累积放大，并且最终反映在了由最终消费者支付的更高的最终产品价格中。这种效应被称为贸易成本的"瀑布效应"（Cascade Effects），这也解释了为什么全球价值链易受贸易成本的影响。Yi（2003）指出，当关税高于某一门槛值后，关税的累积和放大效应解释了为什么复杂的全球价值链无法形成。贸易成本不仅影响贸易的数额，还影响贸易方和贸易方式。上游行业的高关税会影响国内下游生产商的竞争力，在贸易政策上，当为了保护国内生产商而征收高关税时，这也提高了中间投入品的关税成本，可能损害下游国内生产商。因此测算产品价格中隐含的关税成本（即累积关税成本）具有重要意义。近年来，由于全球价值链核算理论发展，逐步出现了一些利用全球投入产出价格模型测度累积关税成本的方法，如 Rouzet 和 Miroudot（2013）提出了累积关税的概念和计算方法，但是没有区分跨境和国内的累积关税成本；Diakantoni 等（2017）对贸易成本（尤其是累积关税成本）与产业竞争力进行了分析。然而，从另一个角度来看，累积关税成本与行业产品价格中隐含的关税成本具有一致性。换句话说，从成本推动型价格模型来看，累积关税成本与投入产出价格模型中的价格效应具有一致性。显然，已有研究都没有把投入产出价格模型与累积关税成本测算联系起来。

因此，本章将单国（区域、地区）的投入产出价格模型扩展到引入关税的全球投入产出价格模型，并阐述了引入关税的全球投入产出价格模型与已有的累积关税成本测度模型的一致性，在此基础上，利用全球投入产出表、关税率数据实证分析了关税的价格效应，并应用情景模拟分析方法探究中美贸易摩擦的价格效应、产业波及效应以及相关的福利效应。[①] 这样，本章的边际贡献主要有以下几点。（1）将单国（区域、地区）投入产出价格模型拓展到引入关税的全球投入产出价格模型。（2）从无穷级数、道格拉斯生产函数、投入产出价格平衡式三个角度阐述全球投入产出价格模型，并进一步发现本章的价格效应模型框架与累积关税成本测算框架具有一致性。（3）首次利用情景模拟法分析了中美贸易摩擦中加征关税的价格效应，并将税收的福利效应估算方法应用于关税的福利效应估算，并使用一阶近似方法测算补偿价值（CV）。（4）把 HS 代码匹配到 2016版 WIOD 中对应的 56 个行业，测算了分行业的关税率，并利用最新的 WIOT 对关税的累积成本进行测度和比较分析，为后续研究提供了重要的基础数据。

二　模型框架及数据说明

（一）全球投入产出模型框架

为了便于理解，此处我们简要地介绍全球投入产出模型基本框架。不失一般性，我们以三国每国两部门的全球投入产出模型进行介绍。假设有 3 个国家，如中国（C）、美国（U）和日本（J），每个国家有 2 个产品部门，如工业部门 1 和服务业部门 2。表 15-1 是三国每国两部门的简化全球投入产出表。[②]

表 15-1　三国每国两部门全球投入产出表

		中间使用						最终使用			总产出
		C		J		U		C	J	U	
		1	2	1	2	1	2	Y^C	Y^J	Y^U	X
C	1	z_{11}^{CC}	z_{12}^{CC}	z_{11}^{CJ}	z_{12}^{CJ}	z_{11}^{CU}	z_{12}^{CU}	y_1^{CC}	y_1^{CJ}	y_1^{C}	x_1^{C}
	2	z_{21}^{CC}	z_{22}^{CC}	z_{21}^{CJ}	z_{22}^{CJ}	z_{21}^{CU}	z_{22}^{CU}	y_2^{CC}	y_2^{CJ}	y_2^{C}	x_2^{C}

[①] 统一说明：本文中的国、国家有时也包括地区，中国一般指中国大陆。

[②] 可参见 Timmer 等（2015）、Koopman 等（2014）。

续表

		中间使用						最终使用			总产出
		C		J		U		C	J	U	
		1	2	1	2	1	2	Y^C	Y^J	Y^U	X
J	1	z_{11}^{JC}	z_{12}^{JC}	z_{11}^{JJ}	z_{12}^{JJ}	z_{11}^{JU}	z_{12}^{JU}	y_1^{JC}	y_1^{JJ}	y_1^{J}	x_1^{J}
	2	z_{21}^{JC}	z_{22}^{JC}	z_{21}^{JJ}	z_{22}^{JJ}	z_{21}^{JU}	z_{22}^{JU}	y_2^{JC}	y_2^{JJ}	y_2^{J}	x_2^{J}
U	1	z_{11}^{UC}	z_{12}^{UC}	z_{11}^{UJ}	z_{12}^{UJ}	z_{11}^{UU}	z_{12}^{UU}	y_1^{UC}	y_1^{UJ}	y_1^{U}	x_1^{U}
	2	z_{21}^{UC}	z_{22}^{UC}	z_{21}^{UJ}	z_{22}^{UJ}	z_{21}^{UU}	z_{22}^{UU}	y_2^{UC}	y_2^{UJ}	y_2^{U}	x_2^{U}
增加值		va_1^C	va_2^C	va_1^J	va	va_1^U	va				
总投入		x_1^C	x_2^C	x_1^J	x_2^J	x_1^U	x_2^U				

注：有关全球投入产出表的具体阐述可参见 Dietzenbacher 等（2013）。简单来说，行向表示国家产品部门的使用去向，分为中间使用和最终使用，且都区分国内的中间使用和国外中间使用。列向表示国家产品部门的生产构成，分为中间投入和增加值（劳动和资本要素的报酬），中间投入进一步区分国内和国外。令 g，$h \in \{C, J, U\}$，$i, j \in \{1, 2\}$，其中，x_i^g 为 g 国产品部门 i 的总产出价值，va_i^g 为 g 国产品部门 i 的增加值，z_{ij}^{gh} 为 h 国 j 部门生产产品对 g 国 i 部门的中间需求价值量。y_i^{gh} 为 h 国对 g 国 i 产品部门的最终消费价值量，进一步定义 $A = Z\,[\,\mathrm{diag}\,(X)\,]^{-1}$，$A$ 为投入产出表中的直接消耗系数矩阵，即 A 中元素 $a_{ij}^{gh} = z_{ij}^{gh}/x_j^h$。$Z$ 是由 z_{ij}^{gh} 构成的中间投入矩阵。$Y_{SN \times S} = [\,Y^C \quad Y^J \quad Y^U\,]$，这里 $S = 3$，$N = 2$。

以下我们以投入产出价格模型一般形式、竞争均衡下的生产函数形式和无穷级数形式来阐述引入关税的全球投入产出价格模型。

1. 投入产出价格模型一般形式

根据经典投入产出价格模型中列向（投入）平衡关系，假设在短期内直接消耗系数和增加率不变，且中间投入品的成本是完全传递的，可以得到投入产出价格模型一般形式：

$$\sum_{i,g} (1 + \tau_{ij}^{gh})\, p_i^g a_{ij}^{gh} + v_j^h = p_j^h \tag{15-1}$$

其中，$v_j^h = \dfrac{va_j^h}{x_j^h} = 1 - \sum_{h,j} a_{ji}^{hg}$，$p_j^h$ 表示 h 国 j 部门的价格，τ_{ij}^{gh} 表示 h 国 j 部门购买 g 国 i 部门中间产品被征收的关税率（从价税）。全微分可以得到：

$$\sum_{i,g} (1 + \tau_{ij}^{gh})\, \Delta p_i^g a_{ij}^{gh} + \sum_{i,g} \tau_{ij}^{gh} p_i^g a_{ij}^{gh} = \Delta p_j^h \tag{15-2}$$

值得注意的是，我们一般将所有产品部门的价格标准化为 1，即 $\tau_{ij}^{gh} = 0$，这样，写成矩阵的形式：

$$A^{\mathrm{T}} \Delta P + (\tau \circ A)^{\mathrm{T}} u = \Delta P \tag{15-3}$$

其中，T 表示转置，∘ 表示矩阵的阿达马（Hadamard）乘法，即矩阵元素与元素相乘，u 为元素全为 1 的列向量。于是我们可以得到：

$$\Delta P = (I - A^{\mathrm{T}})^{-1}(\tau \circ A)^{\mathrm{T}} u = (I - A^{\mathrm{T}})^{-1}(A^{\mathrm{T}} \circ \tau^{\mathrm{T}}) u \tag{15-4}$$

其中，Δ 表示变化率（基准价格为 1），ΔP 表示价格的变化率，式（15-4）表示关税引起的产品部门的价格变化。

2. 竞争均衡下的生产函数形式

上述一般形式是我们直接对投入产出价格平衡方程进行推导得到的，以下我们拟从竞争均衡下生产函数的形式进行推导，并重点阐述其经济学含义。通过生产过程的跨境联系，全球价值链体系产生了价格溢出效应，即上游的贸易成本（关税与非关税壁垒、交通运输成本和保险、信息成本、合同执行成本等）将溢出到下游的产品成本中去。虽然这个机制非常明显，并且传统的投入产出价格模型对此已有探讨，但是在全球投入产出价格模型框架下的价格联系和贸易成本的研究相对较少，如实际有效汇率的测算（Bems and Johnson，2015；Patel et al.，2014）、累积关税成本（Rouze and Miroudot，2013；Diakantoni et al.，2017）等问题。此处我们把 Johnson（2017）的单国投入产出价格模型拓展到全球投入产出模型。

假设各国产品部门的生产函数为道格拉斯函数形式，则可以得到 g 国 i 部门的生产函数为：

$$x_i^g = (l_i^g)^{1-\alpha_i^g} \prod_{h,j} (z_{ji}^{hg})^{a_{ji}^{hg}}$$

其中，$\alpha_i^g = \sum_{h,j} a_{ji}^{hg}$，实际上就是总中间投入系数。这里我们进行了简化，没有考虑全要素生产率（不会影响结论）。l_i^g 是要素投入（如实物量的增加值），z_{ji}^{hg} 为中间投入实物量，a_{ji}^{hg} 为直接消耗系数[①]。利用拉格朗日乘数法求最优化问题可以得到 g 国 i 部门产出的价格指数 $p_i^g = (pv_i^g/(1-\alpha_i^g))^{1-\alpha_i^g} \prod_{h,j} (p_{ji}^{hg}/a_{ji}^{hg})^{a_{ji}^{hg}}$，其中，$pv_i^g$ 为 g 国 i 部门的实际增加值价格，p_{ji}^{hg} 为 g 国 i 部门购买 h 国 j 部门的中间投入品的价格，包括运输和贸易成本，可记为 $p_{ji}^{hg} = (1+\tau_{ji}^{hg}) p_j^h$，$\tau_{ji}^{hg}$ 为从价的贸易成本（如关税率）。取对数差分并写成矩阵的形式，可以得到：

$$\Delta \ln p = (I - A^{\mathrm{T}})^{-1}(I - \hat{\alpha}) \Delta \ln pv + (I - A^{\mathrm{T}})^{-1} A^{\mathrm{T}} \circ \tau^{\mathrm{T}} u \tag{15-5}$$

---

① 这里应该是购买者价格的直接消耗系数矩阵，而非我们经常遇到的基本价格的直接消耗系数矩阵。这里我们不做具体的讨论。

以下我们重点探讨式（15-5）的含义。（1）要素成本推动型价格影响机制。当考虑跨境中间投入联系机制时，国家产品部门的产出价格依赖各国产品部门的增加值价格的加权和，这种中间投入联系机制体现为加权矩阵 $(I-A^T)^{-1}$。若 g 国 i 产品部门的增加值成本（如劳动要素成本）提高 1%，将使自身产品的价格直接提高 $(1-\alpha_i^g)\%$，这部分价格提升可以理解为直接价格效应。而 $(I-A^T)^{-1}(I-\hat{\alpha})\Delta\ln pv$ 可视为完全价格效应。Auer 等（2017）就利用该关系式探讨了要素成本的冲击以及生产者价格的协同性问题。实际上，针对传统实际有效汇率测算方法的缺陷，Bems 和 Johnson（2015）沿着上述成本影响机制，探讨了汇率变化对增加值价格的影响，以及对产出价格和产出的影响，并定义了考虑跨境中间投入机制的增加值实际有效汇率。Patel 等（2014）考虑到行业的异质性特点，尤其是各行业参与全球价值链的程度不同，将单部门增加值实际有效汇率进一步推广到分行业总产出和增加值实际有效汇率。（2）上游贸易成本推动型价格影响机制。$A^T \cdot \tau^T u$ 表示贸易成本（关税、交通运输成本、非关税壁垒等）的直接成本效应，权重由贸易成本对应中间投入品的直接消耗系数决定。直接成本引致的间接成本主要由 $(I-A^T)^{-1}$ 放大。上游贸易成本的完全效应为 $(I-A^T)^{-1}A^T \cdot \tau^T u$。上游贸易成本的完全效应正好与累积关税成本是一致的。Rouze 和 Miroudot（2013）定义的累积关税率为 g 国对 h 国 i 部门的直接进口关税率加上上游累积关税率，即：

$$cumtariff = T + (I-A^T)^{-1}(A^T \circ T^T)uu^T \tag{15-6}$$

其中，$cumtariff$ 为累积关税率矩阵，元素 $cumtariff_{ij}^{gh}$ 表示 h 国 j 部门进口 g 国 i 部门产品的累积关税率，T 中元素 τ_{ij}^{gh} 为对 h 国 j 部门进口 g 国 i 部门产品而征收的关税率。一般来说，一国所有部门从其他国家进口的同一产品的关税率是一样的，即 $\tau_{ij}^{gh} = \tau_{ik}^{gh}$，$j \neq k$。式（15-5）和式（15-6）说明价格效应和累积关税成本具有一致性。

3. 无穷级数形式

引入关税变化的投入产出价格模型主要是测算部分产品的进口关税变化对其他产品价格以及整体物价水平的影响。模型测算的价格影响是从生产者成本角度来考虑的，可以根据生产过程中的价格传导机制来建立模型。假设 g 国 i 部门（$\forall g$，i）加征关税 τ_{ij}^{gh}，$\forall h$，j。

（1）第一轮价格上升效应。

在经济技术不变的条件下，h 国 j 部门（$\forall h$，j）单位产值的成本将上升

$\sum\limits_{g,\,i} \tau_{ij}^{gh} p_i^g a_{ij}^{gh}$ ，如果成本上涨能够完全传导给价格，则 h 国 j 部门（$\forall h,\ j$）的价

格上升 $\sum\limits_{g,\,i} \tau_{ij}^{gh} p_i^g a_{ij}^{gh}$ 。写成矩阵的形式：

$$
\begin{bmatrix}
\tau_{11}^{CC} a_{11}^{CC} & \tau_{12}^{CC} a_{12}^{CC} & \tau_{11}^{CJ} a_{11}^{CJ} & \tau_{12}^{CJ} a_{12}^{CJ} & \tau_{11}^{CU} a_{11}^{CU} & \tau_{12}^{CU} a_{12}^{CU} \\
\tau_{21}^{CC} a_{21}^{CC} & \tau_{22}^{CC} a_{22}^{CC} & \tau_{21}^{CJ} a_{21}^{CJ} & \tau_{22}^{CJ} a_{22}^{CJ} & \tau_{21}^{CU} a_{21}^{CU} & \tau_{22}^{CU} a_{22}^{CU} \\
\tau_{11}^{JC} a_{11}^{JC} & \tau_{12}^{JC} a_{12}^{JC} & \tau_{11}^{JJ} a_{11}^{JJ} & \tau_{12}^{JJ} a_{12}^{JJ} & \tau_{11}^{JU} a_{11}^{JU} & \tau_{12}^{JU} a_{12}^{JU} \\
\tau_{21}^{JC} a_{21}^{JC} & \tau_{22}^{JC} a_{22}^{JC} & \tau_{21}^{JJ} a_{21}^{JJ} & \tau_{22}^{JJ} a_{22}^{JJ} & \tau_{21}^{JU} a_{21}^{JU} & \tau_{22}^{JU} a_{22}^{JU} \\
\tau_{11}^{UC} a_{11}^{UC} & \tau_{12}^{UC} a_{12}^{UC} & \tau_{11}^{UJ} a_{11}^{UJ} & \tau_{12}^{UJ} a_{12}^{UJ} & \tau_{11}^{UU} a_{11}^{UU} & \tau_{12}^{UU} a_{12}^{UU} \\
\tau_{21}^{UC} a_{21}^{UC} & \tau_{22}^{UC} a_{22}^{UC} & \tau_{21}^{UJ} a_{21}^{UJ} & \tau_{22}^{UJ} a_{22}^{UJ} & \tau_{21}^{UU} a_{21}^{UU} & \tau_{22}^{UU} a_{22}^{UU}
\end{bmatrix}^T
\begin{bmatrix}
p_1^C \\ p_2^C \\ p_1^J \\ p_1^J \\ p_1^U \\ p_1^U
\end{bmatrix}
$$

简记为：$(\tau^T \circ A^T) P$，这里我们标准化初始产品价格为 1，则可简写为 $(\tau^T \circ A^T) u$。

（2）第二轮价格上升效应。

由于 h 国 j 部门（$\forall h,\ j$）产品价格上涨了 $p_i^g \tau_{ij}^{gh} a_{ij}^{gh}$，因而各部门的生产成本会继续增加，进而引起这些部门新一轮的价格上涨。则 k 国 l 部门第二轮的价格上涨为：$\sum\limits_{h,\,j} p_i^g \tau_{ij}^{gh} a_{ij}^{gh} a_{jl}^{hk}$。写成矩阵的形式为：$A^T (\tau^T \circ A^T) u$。

（3）第 n 轮价格上升效应。

同样地，其他部门的价格上涨会进一步引发新一轮价格上涨，以此类推，可以得到 n 轮价格上涨为：$(A^T)^n (\tau^T \circ A^T) u$。

这样，无穷循环下去，累积的价格涨幅为：

$$
(\tau^T \circ A^T) u + A^T (\tau^T \circ A^T) u + (A^T)^2 (\tau^T \circ A^T) u + \ldots + (A^T)^n (\tau^T \circ A^T) u + \cdots
$$
$$
= [I + A^T + (A^T)^2 + \ldots + (A^T)^n + \cdots] (\tau^T \circ A^T) u
$$
$$
= (I - A^T)^{-1} (\tau^T \circ A^T) u \tag{15-7}
$$

总之，从以上三种视角推导出的关税的价格效应模型具有一致性。但是需要注意的是，以上计算出的价格效应是一种完全而非直接效应，比如，生产钢需要煤，而煤的生产又需要钢作为投入。投入产出方法的特点就是能够全面反映经济中的相互联系和相互影响，因此投入产出价格模型不仅可以体现价格变动的直接影响，还可以反映价格变动的间接影响。另外，传导效果的完整性。该模型内在的价格效应传导不考虑传导障碍，价格上涨引起的成本增加会进一步通过价格上涨传导出去，价格影响效应能够完全、顺畅传导，因此测算出的价格影响程度是潜在最大值。

（二）福利效应的一阶近似估算方法

价格变化将引起福利的变化，居民家庭消费产品价格上涨，使其实际购买力下降，进而影响其效用，即带来福利变化。准确衡量价格变化带来的福利效应非常复杂，本章采用一阶近似方法估计关税的福利效应，其理论基础依赖效用最大化和支出最小化的对偶理论（Duality Theory）。

家庭支出函数为：$y = e(p, u)$，表示在给定价格 p 时为了达到效用 u 的最小支出。当对经济系统征税时，将引起价格的变化，那么为了维持原来的效用水平，需要给家庭补偿的货币（CV）为：

$$CV = e(p^1, u^0) - e(p^0, u^0) \tag{15-8}$$

显然，如果我们能够准确估计支出函数，并知道税收对价格的影响，就可以测度 CV，进而可以测度税收导致的福利变化（实际购买力变化，即货币测度的福利变化）。然而，受数据和方法的限制，准确估计支出函数（效用函数）是非常困难的。鉴于此，利用 Shepard 引理，对式（15-8）进行泰勒展开可得到：

$$CV \approx x^c(p^0, u^0) \cdot \Delta p + \frac{1}{2} \frac{\partial x^c(p^0, u^0)}{\partial p} \cdot \Delta p^2 + \cdots \tag{15-9}$$

其中，当居民家庭不改变其消费数量，并假设泰勒展开式中价格对 CV 影响的二阶项和高阶项可忽略，那么 $x^c(p^0, u^0) \cdot \Delta p$ 就可以作为福利变化（CV）的一阶近似。这样，我们可以利用式（15-9）中 $x^c(p^0, u^0) \cdot \Delta p$ 项估算关税的福利效应。计算方法大致如下：

（1）根据前述的关税的价格效应计算式（15-7）［或式（15-4）］，测算关税引起的价格变化。

（2）以 2014 年全球投入产出表中各国（地区）家庭最终消费列向量表示 $x^c(p^0, u^0)$。

（3）利用各国（地区）家庭最终消费列向量乘以价格变化率［步骤（1）测算的价格效应］，得到由货币测度的 CV 变化。

（三）数据说明和处理方法

本研究所使用的原始数据包括全球投入产出表数据以及 HS 六位码关税数据。其中，全球投入产出表来自全球投入产出数据库提供的 2014 年全球多区域投入产出表，覆盖了包括一个 ROW 区域在内的 44 个国家（地区）和 56 个产业部门。HS 六位码关税数据的来源主要是 WTO 关税数据库，缺失的数据由 TRAINS 关税数据补充。时间上，以 2017 年数据为主，但受数据可得性限制，部分关税数据时间为 2016 年和 2015 年。值得强调的是，本章所使用的关税数据不仅包括 WTO 多边贸易规则下的最惠国关税，同时也尽可能地考虑了现有的以自由贸易区等形式出现的特惠关税安排。自由贸易区在近些年的迅猛发展使单纯考虑最惠国关税远不足以刻画国家间真实的关税壁垒，将特惠关税安排下的关税纳入考虑也使本章相比于以往单纯使用最惠国关税数据进行的研究更加接近现实。

在数据处理上，本研究整理出了与全球投入产出表的国家产业水平相一致的且区分了中间品和最终品的关税数据，其基本步骤如下。首先，生成 HS 海关编码与 WIOD 产业部门的匹配表。其次，依据 BEC 分类，将 HS 编码的产品区分成中间品和最终品并与 WIOD 产业部门匹配。需要指出的是，中间品贸易在全球价值链分工中处于核心地位，因此非常有必要对各产业的中间品关税和最终品关税做出区分。再次，使用简单平均法将中间品和最终品 HS 编码的产品关税数据整合至 WIOD 各产业①。最后，在考察中美贸易摩擦的影响时，本章依据双方公布的加税清单将相应 HS 编码产品关税提升 25% 后再整合至 WIOD 各产业。

三　关税价格效应的实证分析

（一）基本事实

1. 美国对中国发起的反倾销案例

为了弄清楚中美之间的贸易摩擦，我们首先需要了解 2000~2014 年美国对中国的反倾销发起案例情况。②图 15-1 显示了美国对中国、印度对中国发起的

---

① 对 HS 编码的产品层面关税率进行简单平均得到产业层面关税率是现有研究中的通行做法。但简单平均也存在两种方法：一种是毛其淋和盛斌（2013）、毛其淋和许家云（2015）等所用的方法，以 HS 六位码下的子产品数量为权重；另一种是余森杰和袁东（2016）、余森杰和智琨（2016）等所用的方法，直接对 HS 六位码下的产品数量做简单平均，未使用任何权重。本研究借鉴了前者。

② 根据世界反倾销数据库（Global Antidumping Database），我们分析了 2000~2014 年美国对中国的反倾销发起案例，这里仅统计了发起案例。我们认为，反倾销案例一旦发起，不管最终是否通过，都会对出口的相关产业带来一定的负面影响。此外，反倾销一般是针对具体产品种类进行，故我们根据产品的代码将其与 WIOD 中的 56 个行业进行匹配。具体匹配方法可向作者索取。

反倾销案例情况。由图 15-1 可知，2000~2014 年美国对中国共发起了 136 个反倾销案例，与此同时，印度对中国共发起了 167 个反倾销案例。从历年变化趋势来看，美国和印度对中国发起反倾销案例的情况非常相似。中国加入 WTO 后，遭受的反倾销案例迅速增加，而 2002 年后有所下降，但在 2008 年国际金融危机后，中国遭受的来自美国和印度的对中国的反倾销案例快速上升，而 2010 年后开始下降，到 2014 年，美国和印度均对中国发起了 8 个反倾销案例。

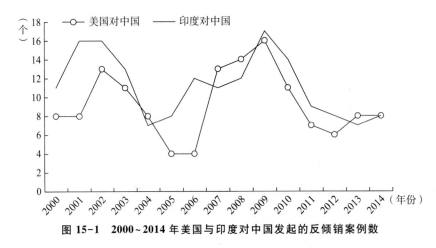

图 15-1 2000~2014 年美国与印度对中国发起的反倾销案例数

为了展示反倾销案例的行业分布情况，我们把反倾销的产品匹配到 WIOD 中的 56 个行业。表 15-2 显示了美国对中国发起的反倾销案例的行业分布情况。美国对中国发起的反倾销案例几乎全部集中在制造业，具体分布在化学品及化学制品的制造（C11）、基本金属的制造（C15）等行业。

表 15-2 2000~2014 年美国对中国发起的反倾销案例的行业分布情况

行业	行业编号	案例数（个）	占比（%）
纸和纸制品的制造	C08	7	6
化学品及化学制品的制造	C11	27	25
其他非金属矿物制品的制造	C14	7	6
基本金属的制造	C15	28	26
金属制品的制造，但机械设备除外	C16	17	16
计算机、电子产品和光学产品的制造	C17	6	6
电力设备的制造	C18	9	8
未另分类的机械和设备的制造	C19	8	7
其他		27	25

2. 基于 WIOD 行业的关税税率分布情况

表 15-3 显示了中美贸易摩擦前后分行业关税税率的变化情况。（1）按行业平均情况来看，贸易摩擦前中国对从美国进口的产品征收的中间品关税税率大致为 3.83%，远大于美国对从中国进口的产品征收的中间品关税税率（0.98%）。（2）中美贸易摩擦后，中美对对方进口征收关税税率的差距大幅缩小。按中美宣布的加征关税税率重新计算分行业的关税税率，美国对从中国进口的产品征收的关税税率从 0.98% 提高到的 3.03%，而中国对从美国进口的产品征收的关税税率从 3.83% 提高到 4.15%。（3）中美双方征收进口产品关税的行业差异较大。从分行业情况来看，贸易摩擦前中国对从美国进口的产品征收的关税税率前三名的行业为：渔业与水产业（C03），汽车、挂车和半挂车的制造（C20）以及其他非金属矿物制品的制造（C14）。美国对从中国进口的产品征收的关税率前三名的行业为：作物和畜牧生产、狩猎和相关活动（C01），纺织品、服装以及皮革和相关产品的制造（C06），国际组织和机构的活动（C56）。（4）从中美双方加征关税的产品来看，美国这次加征关税幅度较大，且主要集中在制造业部门的中高技术产品，一些行业的关税税率已经超过中国对美国相应行业进口产品征收的关税税率。对于焦炭和精炼石油产品的制造（C10），中国对从美国进口的产品征收的关税税率为 6.13%，美国对从中国进口的产品征收的关税税率为 6.23%；对于基本金属的制造（C15），中国对从美国进口的产品征收的关税税率为 5.07%，美国对从中国进口的产品征收的关税税率为 11.5%；对于计算机、电子产品和光学产品的制造（C17），中国对从美国进口的产品征收的关税税率为 8.03%，美国对从中国进口的产品征收的关税税率为 17.73%；对于其他运输设备的制造（C21），中国对从美国进口的产品征收的关税税率为 7.6%，美国对从中国进口的产品征收的关税税率为 11.89%。

表 15-3　中美贸易摩擦前后分行业关税税率的变化情况（按 WIOD 行业）

行业	行业编号	中国对从美国进口的产品征收的关税税率			美国对从中国进口的产品征收的关税税率		
		贸易摩擦前（%）	贸易摩擦后（%）	变化（个百分点）	贸易摩擦前（%）	贸易摩擦后（%）	变化（个百分点）
作物和畜牧生产、狩猎和相关活动	C01	9.42	9.99	0.57	8.38	8.38	0
林业与伐木业	C02	0	0	0	0	0	0
渔业与水产业	C03	18.75	18.75	0	0	0	0

续表

行业	行业编号	中国对从美国进口的产品征收的关税税率			美国对从中国进口的产品征收的关税税率		
		贸易摩擦前（%）	贸易摩擦后（%）	变化（个百分点）	贸易摩擦前（%）	贸易摩擦后（%）	变化（个百分点）
采矿与采石	C04	2.49	2.49	0	0.29	0.29	0
食品、饮料和烟草制品的制造	C05	12.99	14.27	1.28	3.07	3.35	0.28
纺织品、服装以及皮革和相关产品的制造	C06	10.34	10.59	0.25	6.71	6.71	0
木材、木材制品及软木制品的制造（家具除外）、草编制品及编织材料物品的制造	C07	4.86	4.86	0	1.85	1.85	0
纸和纸制品的制造	C08	5.63	5.63	0	0	0	0
记录媒介物的印制及复制	C09	4.4	4.4	0	0	25	25
焦炭和精炼石油产品的制造	C10	5.8	6.13	0.33	2.92	6.23	3.31
化学品及化学制品的制造	C11	6.95	9.78	2.83	3.68	3.95	0.27
基本医药产品和医药制剂的制造	C12	4.96	4.96	0	1.82	6.98	5.16
橡胶和塑料制品的制造	C13	9.21	11.45	2.24	3.31	5.53	2.22
其他非金属矿物制品的制造	C14	13.08	13.08	0	2.96	2.96	0
基本金属的制造	C15	5.07	5.07	0	1.3	11.5	10.2
金属制品的制造，但机械设备除外	C16	8.88	8.88	0	1.87	5.99	4.12
计算机、电子产品和光学产品的制造	C17	8.03	8.03	0	1.92	17.73	15.81
电力设备的制造	C18	9.75	9.75	0	2.28	7.06	4.78
未另分类的机械和设备的制造	C19	5.72	5.72	0	1.44	22.9	21.46
汽车、挂车和半挂车的制造	C20	17.95	28.09	10.14	1.65	15.03	13.38
其他运输设备的制造	C21	7.6	7.6	0	2.96	11.89	8.93
家具的制造和其他制造业	C22	9.79	9.79	0	1.85	1.85	0
机械和设备的修理和安装	C23	0	0	0	0	0	0
电、煤气、蒸汽和空调的供应	C24	3.5	3.5	0	0	0	0
集水、水处理与水供应	C25	0	0	0	0	0	0
污水处理；废物的收集、处理和处置活动；材料回收；补救活动和其他废物管理服务	C26	0	0	0	0	0	0
建筑业	C27	0	0	0	0	0	0
批发和零售业以及汽车和摩托车的修理	C28	0	0	0	0	0	0
批发贸易，但汽车和摩托车除外	C29	0	0	0	0	0	0
零售贸易，但汽车和摩托车除外	C30	0	0	0	0	0	0

续表

行业	行业编号	中国对从美国进口的产品征收的关税税率			美国对从中国进口的产品征收的关税税率		
		贸易摩擦前（%）	贸易摩擦后（%）	变化（个百分点）	贸易摩擦前（%）	贸易摩擦后（%）	变化（个百分点）
陆路运输与管道运输	C31	0	0	0	0	0	0
水上运输	C32	0	0	0	0	0	0
航空运输	C33	0	0	0	0	0	0
运输的储藏和辅助活动	C34	0	0	0	0	0	0
邮政和邮递活动	C35	0	0	0	0	0	0
食宿服务活动	C36	0	0	0	0	0	0
出版活动	C37	4.38	4.38	0	0	0	0
电影、录像和电视节目的制作、录音及音乐作品出版活动；电台和电视广播	C38	0	0	0	0	0	0
电信	C39	0	0	0	0	0	0
计算机程序设计、咨询及相关活动；信息服务活动	C40	0	0	0	0	0	0
金融服务活动，保险和养恤金除外	C41	0	0	0	0	0	0
保险、再保险和养恤金，但强制性社会保障除外	C42	0	0	0	0	0	0
金融保险服务及其附属活动	C43	0	0	0	0	0	0
房地产活动	C44	0	0	0	0	0	0
法律和会计活动；总公司的活动；管理咨询活动	C45	0	0	0	0	0	0
建筑和工程活动；技术测试和分析	C46	0	0	0	0	0	0
科学研究与发展	C47	0	0	0	0	0	0
广告业和市场调研	C48	0	0	0	0	0	0
其他专业、科学和技术活动；兽医活动	C49	12.25	12.25	0	0	0	0
行政和辅助活动	C50	0	0	0	0	0	0
公共管理与国防；强制性社会保障	C51	0	0	0	0	0	0
教育	C52	0	0	0	0	0	0
人体健康和社会工作活动	C53	0	0	0	0	0	0
其他服务活动	C54	4.8	4.8	0	0.7	0.7	0
家庭作为雇主的活动；家庭自用、未加区分的物品生产和服务活动	C55	0	0	0	0	0	0
国际组织和机构的活动	C56	7.89	8.35	0.46	3.81	4.06	0.25

数据来源：作者计算所得。值得注意的是，国际组织和机构的活动部门也存在关税税率，主要是因

为匹配过程中，极少数产品被归国际组织和机构的活动部门。WIOD 2016 的产业划分依据为 ISIC Rev. 4。其中，第 56 个部门名称为 "域外机构和实体的活动"，其对应 ISIC Rev. 4 的二位码 "99" 类。然而，ISIC Rev. 4 四位码下的 "9999" 产品实际上为 "未分类产品"。测算结果中处于第 56 部门的产品即在此列，因此在第 56 部门的产品的关税税率的具体参考意义不大。

（二）关税的价格效应——累积关税成本

本部分我们利用 2014 年的全球投入产出表估算了式（15-4）的系数矩阵 A。我们利用 WTO 关税数据库的最惠国关税（缺失的数据由 TRAINS 关税数据补充），把 HS 代码产品匹配到 WIOD 中的对应行业，分别测算了简单算术平均的关税税率和贸易加权的关税税率（具体匹配方法可向作者索取）。我们将 WIOD 分行业的关税税率数据代入式（15-4）就可以计算 WIOD 中国家的分行业累积关税成本（或者关税的价格效应）。

1. 中国和美国的累积关税成本分行业情况

从表 15-4 可以看出，总体上，现行关税体系对中国各行业价格的影响大于美国。例如，对于作物和畜牧生产、狩猎和相关活动（C01），现行关税体系使得美国的行业价格上升了 0.1212%，而使得中国相应行业价格上升了 0.2064%，换句话说，中国作物和畜牧生产、狩猎和相关活动（C01）这一行业的关税累积成本是美国相应行业的近 2 倍。从行业横向比较来看，制造业细分行业的价格效应远大于农业和服务业的细分行业。例如，中国的计算机、电子产品和光学产品的制造（C17）的关税累积成本达到 1.0382%，是中国所有行业中受到关税影响最大的行业。该行业参与全球价值链程度较深、生产分割程度较细，导致关税的累积效应较强。根据货币福利测度的一阶近似方法，现行关税体系下，美国的 CV 为 81.54 亿美元，中国的 CV 为 97.02 亿美元。也就是说，现行关税体系对中国造成的福利损失大于美国。

表 15-4　现行关税对中国和美国的价格效应

单位：%

行业	行业编号	美国	中国
作物和畜牧生产、狩猎和相关活动	C01	0.1212	0.2064
林业与伐木业	C02	0.0630	0.2761
渔业与水产业	C03	0.0630	0.1661
采矿与采石	C04	0.0516	0.2450
食品、饮料和烟草制品的制造	C05	0.1403	0.3316

行业	行业编号	美国	中国
纺织品、服装以及皮革和相关产品的制造	C06	0.3429	0.4280
木材、木材制品及软木制品的制造（家具除外）、草编制品及编织材料物品的制造	C07	0.1339	0.3111
纸和纸制品的制造	C08	0.1831	0.4676
记录媒介物的印制及复制	C09	0.1694	0.4297
焦炭和精炼石油产品的制造	C10	0.0588	0.3247
化学品及化学制品的制造	C11	0.2556	0.5146
基本医药产品和医药制剂的制造	C12	0.2556	0.3177
橡胶和塑料制品的制造	C13	0.3343	0.5591
其他非金属矿物制品的制造	C14	0.1373	0.3469
基本金属的制造	C15	0.1580	0.3837
金属制品的制造，但机械设备除外	C16	0.1624	0.4143
计算机、电子产品和光学产品的制造	C17	0.1326	1.0382
电力设备的制造	C18	0.2009	0.6055
未另分类的机械和设备的制造	C19	0.2206	0.5613
汽车、挂车和半挂车的制造	C20	0.3099	0.7981
其他运输设备的制造	C21	0.3029	0.6413
家具的制造和其他制造业	C22	0.1628	0.3182
机械和设备的修理和安装	C23	0.0691	0.0000
电、煤气、蒸汽和空调的供应	C24	0.0334	0.3342
集水、水处理与水供应	C25	0.0334	0.2494
污水处理；废物的收集、处理和处置活动；材料回收；补救活动和其他废物管理服务	C26	0.1163	0.3141
建筑业	C27	0.1101	0.3669
批发和零售业以及汽车和摩托车的修理	C28	0.0507	0.0000
批发贸易，但汽车和摩托车除外	C29	0.0288	0.1210
零售贸易，但汽车和摩托车除外	C30	0.0319	0.1210
陆路运输与管道运输	C31	0.0806	0.2380
水上运输	C32	0.0833	0.2310
航空运输	C33	0.0767	0.3279
运输的储藏和辅助活动	C34	0.0535	0.2400
邮政和邮递活动	C35	0.0633	0.2189
食宿服务活动	C36	0.0550	0.2276
出版活动	C37	0.0264	0.0000

续表

行业	行业编号	美国	中国
电影、录像和电视节目的制作、录音及音乐作品出版活动；电台和电视广播	C38	0.0542	0.0000
电信	C39	0.0868	0.2075
计算机程序设计、咨询及相关活动；信息服务活动	C40	0.0466	0.4191
金融服务活动，保险和养恤金除外	C41	0.0161	0.0729
保险、再保险和养恤金，但强制性社会保障除外	C42	0.0144	0.1271
金融保险服务及其附属活动	C43	0.0236	0.0000
房地产活动	C44	0.0167	0.0386
法律和会计活动；总公司的活动；管理咨询活动	C45	0.0367	0.3807
建筑和工程活动；技术测试和分析	C46	0.0533	0.0000
科学研究与发展	C47	0.0533	0.3497
广告业和市场调研	C48	0.0533	0.0000
其他专业、科学和技术活动；兽医活动	C49	0.0533	0.3679
行政和辅助活动	C50	0.0420	0.2660
公共管理与国防；强制性社会保障	C51	0.0586	0.1706
教育	C52	0.0396	0.1665
人体健康和社会工作活动	C53	0.0519	0.2457
其他服务活动	C54	0.0560	0.3009
家庭作为雇主的活动；家庭自用、未加区分的物品生产和服务活动	C55	0.0691	0.0000
国际组织和机构的活动	C56	0.0000	0.0000

资料来源：作者计算。

2. 分行业现行关税的价格效应的国际比较

由于篇幅限制，我们选取了部分行业（C01、C06、C11、C26、C35），并按各国（地区）相应的价格效应进行排序，选取了前五名和后五名的国家（地区）列示（见表15-5）。首先，总体上看，世界各国（地区）的现行关税的价格效应存在较大的异质性。其次，新兴经济体如巴西、中国等的行业受到的影响一般比较大。显然，行业的全球价值链参与程度越深，该行业的关税累积成本就越高。此外，韩国对进口农产品征收较高的关税，达65%。韩国政府一直采取农业扶植政策，农业补贴占韩国GDP的4.7%，居世界前列。韩国在农产品贸易方面实行许可制和高关税制以保护本国农业。韩国的农产品价格比国际农产品价格平均高2.85倍。不过在全球贸易自由化的进程中，韩国也不得不逐步开放农业市场，这使得国内生产大幅度减少。

表 15-5　部分行业的价格效应

单位：%

排名	C01		C06		C11		C26		C35	
前五位	KOR	0.0210	RUS	0.016198	TWN	0.012957	KOR	0.007012	KOR	0.003972
	BRA	0.0060	KOR	0.013244	KOR	0.012363	TWN	0.004793	MLT	0.002304
	TWN	0.0058	BRA	0.01266	BRA	0.012182	CHN	0.003141	CHN	0.002189
	LVA	0.0042	TWN	0.011132	IND	0.010385	TUR	0.002285	TWN	0.001862
	RUS	0.0042	CYP	0.0094	MLT	0.008547	BGR	0.001863	IDN	0.001026
后五位	HRV	0.0008	GRC	0.001913	IRL	0.00143	BRA	0	BRA	0
	IDN	0.0007	AUS	0.001737	CAN	0.001044	CHE	0	IND	0
	MEX	0.0007	HRV	0.001531	CHE	0.000873	IDN	0	RUS	0
	AUS	0.0007	CHE	0.001379	SWE	0.000573	IND	0	SWE	0
	CHE	0.0004	NOR	0.000931	NOR	0.000535	RUS	0	TUR	0

四　中美贸易摩擦的关税成本分析

（一）中美贸易摩擦中加征关税行业情况

依据"301调查"结果，美国建议对价值约500亿美元的中国制造产品加征关税，这些产品主要为高科技产品，同时力求最大限度地减少对美国消费者的影响。根据公布的拟征税清单，共有1333种商品被列入清单，涉及航空航天、机械、医药、通信、电器等领域。我们把1333种商品与WIOD中的部门匹配，得出这次加征关税的主要行业为：食品、饮料和烟草制品的制造（C05），记录媒介物的印制及复制（C09），焦炭和精炼石油产品的制造（C10），基本医药产品和医药制剂的制造（C12）等。

以下我们把美国拟对中国加征的1333种商品按中间品和最终品区分，并匹配到WIOD中的具体行业。[①] 其中最终品有698种，中间品有635种，最终品品种数量占比为52.36%。而中国公布的拟对美进口加征关税的品种为106种，其

---

①　在利用BEC分类方法区分中间品和最终品时，对于既可作为中间品又可作为最终品的产品，我们在统计时统一归为中间品。

中中间品有 84 种，最终品有 22 种，最终品品种数量占比为 20.75%。中国加征关税的品种偏中间品，从某种意义上说，这对中国下游产业的成本影响较大，不利于国内下游产业的发展。

表 15-6 显示了美国 "301 调查" 中拟对从中国进口中间产品加征关税的产品的行业情况。由表 15-6 可知，对于计算机、电子产品和光学产品的制造（C17），美国从中国进口约 288 亿美元，占其总进口额的 34.35%。表 15-7 显示了美国从中国进口最终品加征关税产品的分行业情况。由表 15-7 可知，C13、C16、C17 三个行业的产品，中国从美国的进口量相对较大，且占中国相应行业总进口的比重较高，达到 26% 以上。

表 15-6　2017 年美国从中国进口产品贸易额（中间品）

单位：美元

行业编号	产业名称	美中贸易额	美国总进口额	占比
C05	食品、饮料和烟草制品的制造	4821764	54190964	8.90%
C09	记录媒介物的印制及复制	2217346	28002484	7.92%
C10	焦炭和精炼石油产品的制造	1249622429	8607128805	14.52%
C12	基本医药产品和医药制剂的制造	327280872	8368867392	3.91%
C13	橡胶和塑料制品的制造	1435640693	11176849584	12.84%
C15	基本金属的制造	1872795900	38086186336	4.92%
C16	金属制品的制造，但机械设备除外	2131541406	19043878522	11.19%
C17	计算机、电子产品和光学产品的制造	28837788692	83958535432	34.35%
C18	电力设备的制造	323373742	3394783058	9.53%
C19	未另分类的机械和设备的制造	11573608866	86475642197	13.38%
C20	汽车、挂车和半挂车的制造	1814253926	1.75817E+11	1.03%
C21	其他运输设备的制造	185903409	898909786	20.68%

表 15-7　2017 年美国从中国进口产品贸易额（最终品）

单位：美元

行业编号	产业名称	美中贸易额	美国总进口额	占比
C05	食品、饮料和烟草制品的制造	18883458	474158869	3.98%
C11	化学品及化学制品的制造	42500	31182009	0.14%
C12	基本医药产品和医药制剂的制造	579457270	63890499732	0.91%
C13	橡胶和塑料制品的制造	420190417	1573333955	26.71%
C16	金属制品的制造，但机械设备除外	2915860855	10423604884	27.97%

续表

行业编号	产业名称	美中贸易额	美国总进口额	占比
C17	计算机、电子产品和光学产品的制造	37572263855	142546000000	26.36%
C18	电力设备的制造	1442901728	11777471171	12.25%
C19	未另分类的机械和设备的制造	6663495093	51794994640	12.87%
C20	汽车、挂车和半挂车的制造	101001967	23937388110	0.42%
C21	其他运输设备的制造	29160168	251479445	11.60%
C38	电影、录像和电视节目的制作、录音及音乐作品出版活动；电台和电视广播	6914578	107034879	6.46%

（二）情景模拟分析

鉴于中美贸易摩擦中双方互相加征关税的情形，我们设计情景 1（同时加征情景）为：美国从中国进口的 1333 种产品的税率增加 25%，同时中国从美国进口的 106 种产品的关税率增加 25%。代入模型计算可以得到中美贸易摩擦的价格效应，将其与此前的价格效应相比较可以得到中美加征关税对全球各国各行业的价格影响。

由表 15-8 可知，若中美都各自对拟加征的产品加征 25% 的关税，将使得中国和美国的价格水平提高，中国的价格水平平均提高 0.40 个百分点，美国的价格水平平均提高 7.83 个百分点。从模型模拟结果来看，中美同时加征关税将使得美国的价格水平出现较大幅度的提高，进而对美国的福利影响较大。同时，美国的汽车、挂车和半挂车的制造（C20），未另分类的机械和设备的制造（C19），其他运输设备的制造（C21），计算机、电子产品和光学产品的制造（C17），电力设备的制造（C18）行业的价格升幅最大。加征关税后，中国的行业价格升幅较大的有橡胶和塑料制品的制造（C13），化学品及化学制品的制造（C11），汽车、挂车和半挂车的制造（C20），纸和纸制品的制造（C08）。

表 15-8　中美贸易摩擦的价格效应（同时加征情景）

行业编号	贸易摩擦后（情景 1）		贸易摩擦前		变化幅度 美国（个百分点）	变化幅度 中国（个百分点）
	美国（%）	中国（%）	美国（%）	中国（%）		
C01	16.33	21.14	12.12	20.64	4.21	0.50
C02	8.93	28.19	6.30	27.61	2.63	0.58
C03	8.93	16.95	6.30	16.61	2.63	0.33

续表

行业编号	贸易摩擦后（情景1）		贸易摩擦前		变化幅度	变化幅度
	美国（%）	中国（%）	美国（%）	中国（%）	美国（个百分点）	中国（个百分点）
C04	10.98	24.80	5.16	24.50	5.81	0.30
C05	19.53	33.85	14.03	33.16	5.50	0.69
C06	39.42	43.49	34.29	42.80	5.14	0.69
C07	20.78	31.67	13.39	31.11	7.40	0.56
C08	27.83	47.55	18.31	46.76	9.52	0.79
C09	26.28	43.67	16.94	42.97	9.34	0.69
C10	9.12	32.82	5.88	32.47	3.24	0.35
C11	31.11	52.79	25.56	51.46	5.55	1.33
C12	31.11	32.39	25.56	31.77	5.55	0.63
C13	42.51	57.35	33.43	55.91	9.08	1.44
C14	19.88	35.19	13.73	34.69	6.15	0.50
C15	28.66	38.72	15.80	38.37	12.86	0.36
C16	29.90	41.91	16.24	41.43	13.66	0.47
C17	39.82	104.40	13.26	103.82	26.56	0.58
C18	40.85	61.14	20.09	60.55	20.77	0.59
C19	53.71	56.68	22.06	56.13	31.65	0.55
C20	67.33	81.13	30.99	79.81	36.34	1.31
C21	61.49	64.70	30.29	64.13	31.20	0.57
C22	26.72	32.29	16.28	31.82	10.44	0.46
C23	14.32	0.00	6.91	0.00	7.41	0.00
C24	5.33	33.69	3.34	33.42	1.98	0.27
C25	5.33	25.36	3.34	24.94	1.98	0.43
C26	27.54	31.89	11.63	31.41	15.91	0.48
C27	20.55	37.12	11.01	36.69	9.55	0.43
C28	10.26	0.00	5.07	0.00	5.18	0.00
C29	5.78	12.25	2.88	12.10	2.90	0.15
C30	5.60	12.25	3.19	12.10	2.41	0.15
C31	12.49	24.16	8.06	23.80	4.43	0.36
C32	12.19	23.35	8.33	23.10	3.86	0.25

续表

行业编号	贸易摩擦后（情景1）		贸易摩擦前		变化幅度	变化幅度
	美国（%）	中国（%）	美国（%）	中国（%）	美国（个百分点）	中国（个百分点）
C33	9.86	33.19	7.67	32.79	2.19	0.40
C34	9.74	24.35	5.35	24.00	4.38	0.36
C35	10.51	22.16	6.33	21.89	4.19	0.26
C36	8.74	23.25	5.50	22.76	3.24	0.49
C37	5.98	0.00	2.64	0.00	3.34	0.00
C38	14.99	0.00	5.42	0.00	9.57	0.00
C39	24.67	20.90	8.68	20.75	15.99	0.15
C40	11.34	42.24	4.66	41.91	6.68	0.33
C41	3.60	7.39	1.61	7.29	1.99	0.09
C42	2.73	12.90	1.44	12.71	1.30	0.19
C43	4.90	0.00	2.36	0.00	2.54	0.00
C44	3.06	3.91	1.67	3.86	1.40	0.05
C45	7.91	38.54	3.67	38.07	4.24	0.47
C46	10.33	0.00	5.33	0.00	5.00	0.00
C47	10.33	35.44	5.33	34.97	5.00	0.47
C48	10.33	0.00	5.33	0.00	5.00	0.00
C49	10.33	37.17	5.33	36.79	5.00	0.37
C50	8.37	27.02	4.20	26.60	4.17	0.42
C51	10.39	17.31	5.86	17.06	4.53	0.25
C52	8.15	16.91	3.96	16.65	4.19	0.26
C53	7.95	24.94	5.19	24.57	2.76	0.37
C54	11.04	30.51	5.60	30.09	5.44	0.43
C55	14.32	0.00	6.91	0.00	7.41	0.00
C56	0.00	0.00	0.00	0.00	0.00	0.00

为了进一步明确这次贸易摩擦中中国和美国的贡献，我们另外设计了以下两种情景：一是仅美国按"301调查"加征关税；二是仅中国加征106种产品关税。两种情景的模拟结果见表15-9。总体来看，若仅美国征收关税，关税变化对美国行业价格的影响远小于中国。若仅中国加征关税，关税变化对中国行业价格的影响大于美国。

表 15-9　中美贸易摩擦的价格效应（分别加征情景）

单位：%

行业编号	仅美国加征		仅中国加征	
	美国	中国	美国	中国
C01	16.33	20.68	12.12	20.64
C02	8.92	27.68	6.30	27.61
C03	8.92	16.65	6.30	16.61
C04	10.97	24.57	5.16	24.50
C05	19.53	33.22	14.03	33.16
C06	39.41	42.86	34.29	42.80
C07	20.77	31.20	13.39	31.11
C08	27.81	46.87	18.31	46.76
C09	26.27	43.09	16.94	42.97
C10	9.11	32.56	5.88	32.47
C11	31.09	51.56	25.56	51.46
C12	31.09	31.84	25.56	31.77
C13	42.49	56.01	33.43	55.91
C14	19.87	34.77	13.73	34.69
C15	28.65	38.47	15.80	38.37
C16	29.89	41.53	16.24	41.43
C17	39.81	104.06	13.26	103.82
C18	40.84	60.68	20.09	60.55
C19	53.70	56.28	22.06	56.13
C20	67.30	79.95	30.99	79.81
C21	61.47	64.35	30.29	64.13
C22	26.70	31.89	16.28	31.82
C23	14.32	0.00	6.91	0.00
C24	5.32	33.51	3.34	33.42
C25	5.32	25.02	3.34	24.94
C26	27.53	31.50	11.63	31.41
C27	20.55	36.77	11.01	36.69
C28	10.25	0.00	5.07	0.00
C29	5.78	12.14	2.88	12.10
C30	5.60	12.14	3.19	12.10
C31	12.48	23.85	8.06	23.80

行业编号	仅美国加征		仅中国加征	
	美国	中国	美国	中国
C32	12.18	23.18	8.33	23.10
C33	9.86	32.96	7.67	32.79
C34	9.73	24.07	5.35	24.00
C35	10.51	21.98	6.33	21.89
C36	8.73	22.81	5.50	22.76
C37	5.98	0.00	2.64	0.00
C38	14.99	0.00	5.42	0.00
C39	24.66	20.80	8.68	20.75
C40	11.33	42.02	4.66	41.91
C41	3.60	7.31	1.61	7.29
C42	2.73	12.75	1.44	12.71
C43	4.90	0.00	2.36	0.00
C44	3.06	3.88	1.67	3.86
C45	7.91	38.16	3.67	38.07
C46	10.33	0.00	5.33	0.00
C47	10.33	35.04	5.33	34.97
C48	10.33	0.00	5.33	0.00
C49	10.33	36.88	5.33	36.79
C50	8.36	26.66	4.20	26.60
C51	10.39	17.11	5.86	17.06
C52	8.15	16.70	3.96	16.65
C53	7.95	24.63	5.19	24.57
C54	11.03	30.16	5.60	30.09
C55	14.32	0.00	6.91	0.00
C56	0.00	0.00	0.00	0.00

最后，我们计算了中美同时加征关税的福利效应的一阶近似。研究发现，中美同时加征关税后，美国居民的福利损失总体上大于中国。中美同时加征关税后，美国的 CV 为 129.46 亿美元，中国的 CV 为 98.81 亿美元。而在没有加征关税时，美国的 CV 为 81.54 亿美元，中国的 CV 为 97.02 美元。同时加征关税使得美国的福利损失额外增加 47.92 亿美元，使中国的福利损失额外增加 1.79 亿美元。总之，从福利损失的一阶近似结果来看，贸易摩擦使得美国的福

利损失比中国增加得更多。

五　本章小结

本章根据经典投入产出价格模型，从无穷级数、道格拉斯生产函数、投入产出价格平衡式三个角度阐述全球投入产出价格模型，并在模型中引入中间产品关税，首次把三个框架的价格模型统一起来，并进一步发现本章的价格效应模型框架与累积关税成本测算框架具有一致性。换一个角度，关税的价格效应就是产品中隐含的累积关税成本。在新构建的关税全球投入产出价格模型基础上，本章利用 2014 年全球投入产出表、分行业的关税税率等数据，实证分析了加征关税对世界各国的行业价格的影响，进而我们也设计了不同的情景，模拟分析了中美贸易摩擦中加征关税的价格效应，主要得到以下结论。（1）贸易摩擦前中国对从美国进口的产品征收的中间品关税税率大致为 3.83%，远大于美国对从中国进口产品征收的中间品关税税率（0.98%）。贸易摩擦后，美国对从中国进口的产品征收的关税税率从 0.98% 提高到 3.03%，而中国对从美国进口的产品征收的关税税率从 3.83% 提高到 4.15%。贸易摩擦后中美之间的关税税率差距进一步缩小。（2）总体上，现行关税体系对中国行业价格的影响大于美国。比如，现行关税体系使得美国的作物和畜牧生产、狩猎和相关活动（C01）的行业价格上升了 0.1212%，而使得中国相应行业价格上升了 0.2064%，换句话说，中国作物和畜牧生产、狩猎和相关活动（C01）这一行业的关税累积成本是美国相应行业的近 2 倍。（3）从行业横向比较来看，制造业细分行业的价格效应远大于农业和服务业的细分行业。例如，中国的计算机、电子产品和光学产品的制造行业的关税累积成本达到 1.0382%，是中国所有行业中受到关税影响最大的行业。（4）从模型模拟结果来看，中美双方互相加征关税，将使美国的价格水平提高幅度大于中国，进而对美国的福利影响较大。中国的价格水平平均提高 0.40 个百分点，美国的价格水平平均提高 7.83 个百分点。（5）中美同时加征关税后，美国的汽车、挂车和半挂车的制造（C20），未另分类的机械和设备的制造（C19），其他运输设备的制造（C21），计算机、电子产品和光学产品的制造（C17），电力设备的制造（C18）行业的价格升幅最大。加征关税后，中国的行业价格升幅较大的有橡胶和塑料制品的制造（C13），化学品及化学制品的制造（C11），汽车、挂车和半挂车的制造（C20），纸和纸制品的制造（C08）。（6）中美贸易摩擦后，美国居民的福利损失增加总体上大于中国。中美同时加征关税后，美国的福利损失额外增加 47.92 亿美元，中国的福利损失额外增加 1.79 亿美元。

　　当然，本章的全球投入产出价格模型只是一个局部均衡模型，也服从经典投入产出模型中的假设，故存在经典投入产出模型分析的缺陷。这也正是未来可进一步优化之处。一是进一步拓展到全球一般均衡模型框架进行研究；二是利用 WIOD 2000~2014 年投入产出表，全面测算和评估关税累积成本的演变历程并进行结构分解。此外，根据本章的价格模型可以测算产品中隐含的关税成本，如果能与家庭调查数据结合，可以进一步研究关税的收入分配效应。

第十六章　全球价值链中企业的位置及其结构变化[*]

一　引言

近 30 年来，国际贸易的本质发生了根本变化，技术和制度进步使得生产环节在全球布局，生产过程日益碎片化和分散化，企业在全球范围内组织生产以获得更多利润。当前国际贸易不再是传统的李嘉图贸易模式（以布换酒），而是全球生产网络体系下的分工与合作，企业在全球不同地区采购零部件、原材料和服务进行生产，同时也向全世界的企业和消费者销售产品。随着全球价值链的深入发展，各国[①]企业一般承担全球生产网络体系中某一具体环节的生产任务，因此企业在全球价值链中的位置（上下游）关系到企业的治理能力和绩效，进而影响到一国的经济发展速度和质量，甚至决定一国在全球的经济地位（Gereffi et al.，2005；Karlsson et al.，2009；Johnson，2014；Baldwin and Robert-Nicoud，2014；Gereffi 和 Lee，2016；Kummritz et al.，2017；盛斌和陈帅，2015）。这种现象也带来了四大新问题。一是不同国家和企业在全球价值链中的位置如何？如何科学合理地测度？解决这一问题需要找到宏观和微观相一致的逻辑框架和测度方法。二是什么因素决定了国家和企业在全球价值链中的位置？其作用机理是什么？三是国家和企业在全球价值链中位置的变化对经济、企业的成长机会和技术转移的影响如何？四是我们应如何设计贸易政策？如何治理全球价值链？本章重点在于解决前述四个问题中的第一个问题，即测度国家和企业在全球价值链中的位置，同时尝试分析企业在全球价值链中位置的决定因素。

从中国来看，企业充分、有效参与全球价值链分工，是 21 世纪以来中国贸

---

[*]　本章内容发表在《经济研究》2022 年第 2 期，第一作者。
[①]　若未特别说明，本文中提到的国家一般是指国家或地区。

易快速增长和经济发展的主要驱动力之一。党的十九大报告明确指出："促进我国产业迈向全球价值链中高端，培育若干世界级先进制造业集群。"那么，什么是全球价值链中高端？为了科学合理地认识和回答该问题，首先需要准确测度中国产业（企业）在全球价值链中的位置及其全球价值链参与程度，并在此基础上考察决定国家和企业在全球价值链中位置的因素，进而提出有针对性的政策建议。一般来说，"微笑曲线"上处于上游研发和下游营销阶段的企业获取的利润最高，这意味着企业在全球价值链中的位置关系到企业的利润、生产效率和协调控制能力等。因此，测度中国企业在全球价值链中的位置，也是理解和分析中国贸易增长和未来经济发展质量和效率的重要议题。

　　近年来有关全球价值链核算的文献不断出现并日益成熟，其中对全球价值链位置的测度逐渐成为研究热点。[①] 尽管对全球价值链位置的相关问题缺乏明确的定义，但是仍然有一些学者尝试开发了测度全球价值链位置的投入产出模型，即使存在一些缺陷，也大大推进了这一领域的研究。Dietzenbacher 等（2005）最早提出用平均传递步长（average propagation length，APL）来测度生产网络体系中产品部门之间的距离（或者复杂程度）。随后 Inomata（2008）、Escaith 和 Inamata（2013）在全球投入产出模型框架下进行了 APL 测算。与此相应，Fally（2012）从生产阶段数（number of production stages）和生产到最终需求的距离的角度分别定义了上游度（upstream）和下游度（downsream）。Antràs 等（2012）从产品生产端到所有最终需求的距离的角度定义了上游度，并论证其与 Fally（2012）测算的上游度是一致的。[②] 倪红福等（2016b）将生

---

① 有关全球价值链核算的文献，大致可以分为价值和位置两个维度。价值维度的测算文献侧重于贸易的增加值分解，如国内增加值、国外增加值等，这些指标可以衡量产业的全球价值链参与程度、贸易利得等；位置测算文献侧重于生产链的长度、上下游关系。具体有关全球价值链核算的文献综述可参见 Johnson（2017）、Antràs 和 Chor（2017）、倪红福等（2018）等。

② Antràs 等（2012）、Fally（2012）分别利用不同方式提出了产业上游度（upstreamness），即产业到最终需求的平均距离，并以此来度量产业部门在生产链条上的位置。Antràs 等（2012）根据产业部门产出的无穷级数形式的表达式来定义上游度。Fally（2012）认为，如果某一产业部门的 i 产品分配给处于上游产业 j 的产出份额越多（即投入产出模型中的分配系数 S_{ij}），该产业部门 i 相对处于生产链的上游位置，并以此方式定义了上游度。Fally（2012）实际上是以自我嵌套的方式定义上游度：$U_{i_2} = 1 + \sum_j S_{ij} U_{j_2} = 1 + \sum_j \frac{x_j a_{ij}}{x_i} U_{j_2}$，其中，$U_{i_2}$ 为 Fally（2012）定义的产业部门 i 的上游度；S_{ij} 为投入产出模型中的分配系数，表示 i 产业部门的产出（x_i）中被 j 产业部门使用的比重，a_{ij} 为投入产出模型中的直接消耗系数。写成矩阵的形式，进一步计算可以得到：$U_2 = (1 - \Delta^{\mathrm{T}})^{-1} E_1$，其中 Δ 为分配系数矩阵，元素为 S_{ij}，E_1 为所有元素为 1 的列向量。Antràs 等（2012）论证了上述两种定义上游度的方法是等价的。

产阶段数扩展到全球投入产出模型，并进一步按分块矩阵运算方法区分了国际和国内生产阶段数。倪红福（2016）在平均传递步长理论方法的基础上，从广义增加值传递的视角，分别拓展定义了从产品部门到最终需求产品部门（点对点）、产品部门到最终需求产品部门组（点对面）、产品部门组到最终需求产品部门（面对点）、产品部门组到最终需求产品部门组（面对面）的增加值平均传递步长（valued-added average propagation length，VAPL），进一步发现该方法几乎囊括了已有文献中各种有关价值链位置的测度方法。[①] Wang 等（2017b）从增加值创造引致产出倍数的角度来定义各种类型的生产长度或生产位置。[②] 此外。Muradov（2016）提出从产出传递过程中经历的生产阶段数来定义生产链的位置并在此基础上进行结构分解。[③]

然而，以上基于投入产出模型的全球价值链位置的测度方法只能测算国家（宏观层面）或产业部门（中观层面）的位置，无法进一步深入到企业层面。据作者所知，企业层面的位置测度文献仅有 Chor 等（2014）[④]，且该文献的测度方法存在诸多不足之处（在接下来的测算方法中我们会详细介绍）。此外，由投入产出模型测度的国家（产业部门）位置缺乏一般均衡框架下的理论基础（Antràs and Chor，2017）。鉴于此，本章将从增加值传递视角重新阐述生产位置的概念及其与已有文献的位置概念之间的关系，并借鉴 Muradov（2016）的结构分解框架，对增加值传递视角的位置进行了结构分解，进一步改进了 Chor 等（2014）对微观企业位置的测度方法。在此基础上，利用 WIOD、中国海关进出口数据库等数据，测算了 2000~2014 年中国企业的全球价值链位置及其结构变化，并实证分析了企业特征变量与全球价值链位置的关系。相比于已有文献，本章的边际贡献主要有以下几点。

（1）从广义增加值传递的视角重新阐述了位置的概念，提供了一种更为综合的核算框架。在综合现有文献的基础上，本章进一步拓展了广义增加值平均

---

① 广义增加值平均传递步长是指在全球生产网络体系中，某一产品部门（产品部门组）传递 1 单位增加值到某一最终需求产品部门（最终需求产品部门组）所经历的平均阶段数。

② 一般来说，生产链条起始于行业部门的初始投入（资本和劳动），而不是总产出。因此，生产长度被定义为从国家部门的原始投入到另一国家部门的最终产品之间的生产阶段数，这易于与经济学解释保持一致。Wang 等（2017b）定义的平均生产长度为在序贯生产过程中生产要素创造的增加值被计算为总产出的平均次数，即累计的总产出与相应价值链中的增加值之比，即增加值引致的总产出。

③ Muradov（2016）把生产长度分解为中间品生产阶段和最终品生产阶段，甚至区分了跨境中间品生产阶段和跨境最终品生产阶段。

④ 2020 年，作者对该工作论文更新了数据。

传递步长的计算方法和含义。从广义增加值传递视角定义的国家产品部门的上游度和下游度，不但与 Fally（2012）、Antràs 等（2012）的定义具有一致性，而且与 Wang 等（2017b）、Muradov（2016）定义的位置概念具有一致性。因此，本章从广义增加值传递视角对位置概念提供了一种新的解释，实际上也就提供了更为综合和统一的框架来测算和分析宏观层面的全球价值链位置。

（2）从增加值传递的视角将位置分解为总中间品传递步长和总最终品传递步长，总中间品传递步长可以进一步分为国内中间品传递步长（国内价值链传递步长）和国外中间品传递步长（国际价值链传递步长），丰富了生产链位置的分解方法。Muradov（2016）将按目的地区分的总产出分解为 8 项并解释其经济学意义，我们借鉴该思路，将增加值分解为 8 项，并从增加值传递视角解释其含义，在此基础上提出国际价值链位置、国内价值链位置的分解方法。这一分解方法与 Wang 等（2017b）的全球价值链生产长度和非全球价值链生产长度以及更细分的结构分解方法具有一定差异性。

（3）在一定程度上实现了宏观层面与微观层面的融合。把根据全球投入产出模型测算的国家产品部门层次的位置匹配到企业的进出口产品，进而以企业出口（进口）各产品的比重为权重加权该产品所属产品部门的位置，从而得到微观企业的位置。Johnson（2017）指出未来全球价值链核算的重要研究方向是宏观和微观测度方法的融合与一致性。虽然 Chor 等（2014）也测度了微观企业的位置，但其利用单国（区域）投入产出模型测算产品部门位置，存在较多不足。因此，本章对企业位置的测算方法可视为这一领域的新的尝试。

（4）相对于已有文献，特别是 Chor 等（2014），本章还存在以下几点改进。一是区分了企业产品所属国家产品部门的全球价值链位置的异质性。Chor 等（2014）利用中国投入产出表测算产品部门的上游度，并将其作为中国企业出口产品和进口产品所属行业的位置，没有区分出口和进口产品所属产品部门的全球价值链位置的差异。显然，进口产品部门的位置与出口产品部门的位置是不一样的。本章则利用全球投入产出模型测算了企业进出口产品所属产业部门的全球价值链位置，而中国企业进口位置是对进口国的产品部门的位置的加权计算，这种区分相对更加精准。二是本章从更加符合经济含义和保持宏微观测算一致性的角度，定义了企业出口上游度、进口下游度和综合进出口位置等新概念与新指标，以综合衡量企业的位置。而 Chor 等（2014）用出口上游度减去进口上游度得到综合进出口位置的方法易出现负值，不符合常识。三是本章将企业进出口的位置进行了结构分解。我们根据

Muradov（2016）对生产链位置的定义和分解，重新分解了中间品和最终品位置，并与 Wang 等（2017b）分解的全球价值链生产长度和非全球价值链生产长度进行了比较分析。

（5）本章的测算结果为后续的微观企业层面的位置研究提供了丰富的基础数据。本章全面系统分析了 2000~2014 年中国企业位置的变化及其结构，虽仅初步讨论了企业特征对微观企业位置的影响，但未来可进一步构建模型深入研究。此外，未来研究可以基于本章的测算数据进一步考察企业位置对企业绩效、收入分配和社会福利等多个方面的影响。

二　理论准备

生产过程日益分散化和碎片化，生产环节也在全球范围内按任务或功能切分，这种变化趋势对生产方式和贸易格局产生巨大影响，如一些国家可能处于生产链的上游位置，而一些国家可能集中于生产链条的下游位置。鉴于此，国内外出现了大量基于投入产出模型方法的位置测度文献，且这些全球价值链位置定义的核心思想都是对生产过程的阶段数进行加权加总。以下主要对与本章密切相关的几类位置测度文献做一简要回顾。

（1）平均传递步长。Dietzenbacher 等（2005）首次提出用平均传递步长（APL）来衡量生产网络体系中的产业部门之间的距离（长度）或者复杂程度。该方法是指产品以中间品的形式所经过的生产阶段数。随后 Inomata（2008）、Escaith 和 Inamata（2013）在全球投入产出模型框架下进行了 APL 测算。值得注意的是，Oosterhaven 和 Bouwmeester（2013）警告：APL 仅能用来比较产业之间的联系，而不能在不同国家和产业之间进行比较。

（2）上游度和下游度。Fally（2012）从生产阶段数和生产到最终需求的距离角度分别定义上游度和下游度。若某一产品部门 i 产品分配给上游产品部门 j 的份额越多（即投入产出表中分配系数 S_{ij}），那么可以认为该部门相对来说处于生产链的上游位置。这样通过构建线性方程，可求出按该方式定义的上游度。Antràs 等（2012）从产品生产端到所有最终需求的距离的角度定义了上游度，并论证其与 Fally（2012）测算的上游度是一致的。倪红福等（2016b）基于 Fally（2012）生产阶段数方法，扩展了全球投入产出模型并区分了国际和国内生产阶段数。Miller 和 Temurshoev（2015）基于 APL，推导出产业到最终需求的上游度和离初始投入要素的下游度，并论证在数学上上游度和下游度与 Fally

（2012）的定义具有等价性，且与传统投入产出模型中的总前向联系和总后向联系等价。然而，以上研究也存在一些不足之处，如这些方法的测算结果很大程度上受投入产出模型中产品部门数量的影响。Fally（2012）研究发现美国的生产长度变短且经济复杂度降低，这与我们的现实观察不符。① 此外，这些研究进行测度时也可能存在矛盾之处，也就是说，当利用上游度指标时，该产品部门处于上游；而利用下游度指标时，该产品部门处于下游。

（3）生产长度及其结构。考虑到国家产品部门的异质性（各国产品部门的外包和离岸外包的程度相差较大），Wang 等（2017b）重新构建了全球价值链的参与程度、生产长度和位置等测度指标。Wang 等（2017b）定义的平均生产长度为：在序贯生产过程中产品部门的初始生产要素（资本和劳动）所创造的增加值被计算为总产出的平均次数，即累计的总产出与相应价值链中的增加值的比，换句话说，该增加值引致总产出的倍数。该文还基于 Koopman 等（2014）、Wang 等（2013）的分解方法，将生产长度分解为纯国内部分、李嘉图贸易和全球价值链相关部分，从而进一步定义全球价值链生产长度，并把相应的前向生产长度定义为上游度（即离最终需求端的距离）、后向生产长度定义为下游度（离初始增加值创造端的距离）。他们研究发现：①Fally（2012）研究发现的生产长度变短的结论不具有代表性，对于高收入国家如美国、日本具有一定适用性；②1995～2011 年，发展中国家（如中国）的生产长度基本上处于变长阶段，且由于发展中国家的变长幅度大于发达国家的变短幅度，全球的生产长度变长；③对生产长度的分解分析发现，几乎所有国家的国际生产长度都在变长。

（4）增加值平均传递步长。一般来说，生产链条起始于行业部门的初始投入（资本和劳动）带来的价值创造，然后这些增加值在全球生产网络中传递，最后到达最终需求端。因此，将生产位置定义为某一国家产品部门的初始投入创造的价值传递到另一国家产品部门的最终产品所经历的生产阶段数，这就是增加值平均传递步长的定义方法。Ye 等（2015）基于增加值传递过程中经历的生产阶段数定义了增加值平均传递步长，提供了统一的框架用于测度生产网络中生产者和消费者之间的距离，并论证了其特殊形式与 Fally（2012）、Miller 和

---

① 其中原因是 Fally（2012）利用了美国一国的投入产出模型计算了美国的上游度。实际上，在全球价值链深入发展的背景下，美国产业向国外转移，导致国内生产链条变短，但是整个产业的上游度可能并没有变短。倪红福等（2016b）在全球投入产出模型下测算的美国上游度的情况充分说明了这一点。

Temurshoev（2015）具有等价性。倪红福（2016）从增加值传递的角度，分别拓展定义了从产品部门到最终需求产品部门（点对点）、产品部门到最终需求产品部门组（点对面）、产品部门组到最终需求产品部门（面对点）、产品部门组到最终需求产品部门组（面对面）的增加值平均传递步长。广义增加值平均传递步长是指在全球生产网络体系中，某一产品部门（产品部门组合）传递 1 单位增加值到某一最终需求产品部门（最终需求产品部门组合）所经历的平均阶段数。广义增加值平均传递步长与其他文献中定义的平均传递步长、上游度、下游度等测度指标相同，或者只是相差某一固定值。广义增加值平均传递步长的测度方法基本上囊括了现有全球价值链位置的测度方法。由于倪红福（2016）从增加值传递步长角度定义的生产位置与 Wang 等（2017b）、Fally（2012）的定义不完全一致，相差一个常数，因此本章将进一步改进倪红福（2016）的方法，把初始增加值创造阶段的生产阶段数设为 1，由此得到的上游度和下游度与 Wang 等（2017b）具有一致性，也从增加值传递视角重新阐述了 Wang 等（2017b）定义的生产位置的经济学含义。

此外，Muradov（2016）基于产出传递视角提出了更为综合的价值链位置和结构的分解框架，且把生产位置分解为中间品生产阶段与最终生产阶段，甚至区分了跨境中间品生产阶段和跨境最终品生产阶段。显然，从计算公式来看，Muradov（2016）基于产出和增加值的传递步长（生产长度）的定义具有一定等价性。基于此，我们借鉴 Muradov（2016）的结构分解方法，从广义增加值传递步长视角定义的生产位置进行结构分析。这也是本章的创新之一。

最后，值得注意的是，基于投入产出模型测度的价值链位置与我们真实经济中生产链中的顺序（或上下游）不存在完全对应关系。价值链位置与真实经济中的生产链顺序仅在宏观上和相对次序上存在一定的相关性。宏观产品部门层面的位置测度都是基于投入产出模型测算的。然而投入产出表毕竟是基于统计调查数据编制的，记录的是特定时期的交易流量，而并没有记录交易顺序，也就很难反映生产链顺序。实际上，在投入产出表中各产品部门都处于同等地位，从某种程度上，任何一部门使用了其他部门的中间品，该部门就是其他部门的下游部门。然而，在现实经济中，我们想到的是生产链条上的上下游关系。除非在特殊的情形下（如简单的蛇形生产链），投入产出表并不能追溯生产链的顺序（Nomaler 和 Verspagen，2014）。如果存在循环和迂回，许多不同的生产网络结构可以构成相同的投入产出表。

三 测算方法和数据说明

（一）宏观位置测度模型及其结构

本部分将进一步拓展倪红福（2016）对广义增加值平均传递步长的定义方法，利用三国每国两部门的全球投入产出模型，来阐述产品部门的上游度和下游度的测算公式，并根据 Muradov（2016）的结构分解方法进行分解，并讨论该结论与 Wang 等（2017b）的差异。

1. 增加值贸易核算系数矩阵——三国每国两部门全球投入产出模型

假设有三个国家，中国（C）、美国（U）和日本（J），每个国家有两个产品部门，工业部门 1 和非工业部门 2。表 16-1 是三国每国两部门的全球投入产出表。显然，三国每国两部门模型可以推广到多国多部门的全球投入产出模型。

表 16-1 三国每国两部门全球投入产出表

		中间使用						最终使用			总产出
		C		J		U		C	J	U	
		1	2	1	2	1	2	Y^C	Y^J	Y^U	X
C	1	z_{11}^{CC}	z_{12}^{CC}	z_{11}^{CJ}	z_{12}^{CJ}	z_{11}^{CU}	z_{12}^{CU}	y_1^{CC}	y_1^{CJ}	y_1^{CU}	x_1^C
	2	z_{21}^{CC}	z_{22}^{CC}	z_{21}^{CJ}	z_{22}^{CJ}	z_{21}^{CU}	z_{22}^{CU}	y_2^{CC}	y_2^{CJ}	y_2^{CU}	x_2^C
J	1	z_{11}^{JC}	z_{12}^{JC}	z_{11}^{JJ}	z_{12}^{JJ}	z_{11}^{JU}	z_{12}^{JU}	y_1^{JC}	y_1^{JJ}	y_1^{JU}	x_1^J
	2	z_{21}^{JC}	z_{22}^{JC}	z_{21}^{JJ}	z_{22}^{JJ}	z_{21}^{JU}	z_{22}^{JU}	y_2^{JC}	y_2^{JJ}	y_2^{JU}	x_2^J
U	1	z_{11}^{UC}	z_{12}^{UC}	z_{11}^{UJ}	z_{12}^{UJ}	z_{11}^{UU}	z_{12}^{UU}	y_1^{UC}	y_1^{UJ}	y_1^{UU}	x_1^U
	2	z_{21}^{UC}	z_{22}^{UC}	z_{21}^{UJ}	z_{22}^{UJ}	z_{21}^{UU}	z_{22}^{UU}	y_2^{UC}	y_2^{UJ}	y_2^{UU}	x_2^U
增加值		va_1^C	va_2^C	va_1^J	va_1^J	va_1^U	va_1^U				
总投入		x_1^C	x_2^C	x_1^J	x_2^J	x_1^U	x_2^U				

注：有关全球投入产出表的具体阐述可参见 Dietzenbacher 等（2013）。

基于全球投入产出模型①，三国每国两部门的全球投入产出模型可表示为：

---

① 可参见 Timmer 等（2015）、Koopman 等（2014）。

$$\begin{bmatrix} x_1^C \\ x_2^C \\ x_1^J \\ x_2^J \\ x_1^U \\ x_2^U \end{bmatrix} = \begin{bmatrix} a_{11}^{CC} & a_{12}^{CC} & a_{11}^{CJ} & a_{12}^{CJ} & a_{11}^{CU} & a_{12}^{CU} \\ a_{21}^{CC} & a_{22}^{CC} & a_{21}^{CJ} & a_{22}^{CJ} & a_{21}^{CU} & a_{22}^{CU} \\ a_{11}^{JC} & a_{12}^{JC} & a_{11}^{JJ} & a_{12}^{JJ} & a_{11}^{JU} & a_{12}^{JU} \\ a_{21}^{JC} & a_{22}^{JC} & a_{21}^{JJ} & a_{22}^{JJ} & a_{21}^{JU} & a_{22}^{JU} \\ a_{11}^{UC} & a_{12}^{UC} & a_{11}^{UJ} & a_{12}^{UJ} & a_{11}^{UU} & a_{12}^{UU} \\ a_{21}^{UC} & a_{22}^{UC} & a_{21}^{UJ} & a_{22}^{UJ} & a_{21}^{UU} & a_{22}^{UU} \end{bmatrix} \begin{bmatrix} x_1^C \\ x_2^C \\ x_1^J \\ x_2^J \\ x_1^U \\ x_2^U \end{bmatrix} + \begin{bmatrix} y_1^C \\ y_2^C \\ y_1^J \\ y_2^J \\ y_1^U \\ y_2^U \end{bmatrix}$$

即：

$$X = AX + Y \tag{16-1}$$

其中，A 为直接消耗系数矩阵，X 为总产出列向量，Y 为最终需求列向量。[1] A 中元素 a_{ij}^{gh} 表示 h 国 j 产品部门生产单位总产出直接消耗 g 国 i 产品的价值。进行简单矩阵运算可以得到：

$$X = (I-A)^{-1} Y = BY \tag{16-2}$$

其中，$B = (I-A)^{-1}$ 一般称为（全局）Leontief 逆矩阵。[2] 进一步定义增加值率系数 v_i^g 为：

$$v_i^g = \frac{va_i^g}{x_i^g} = 1 - \sum_{h,j} a_{ji}^{hg} \tag{16-3}$$

其中，va_i^g 为 g 国 i 部门的增加值（附加值）。增加值率系数构成列向量 V。这样，增加值贸易核算系数矩阵可表示为：

$$\hat{V}B = \begin{bmatrix} v_1^C b_{11}^{CC} & v_1^C b_{12}^{CC} & v_1^C b_{11}^{CJ} & v_1^C b_{12}^{CJ} & v_1^C b_{11}^{CU} & v_1^C b_{12}^{CU} \\ v_2^C b_{21}^{CC} & v_2^C b_{22}^{CC} & v_2^C b_{21}^{CJ} & v_2^C b_{22}^{CJ} & v_2^C b_{21}^{CU} & v_2^C b_{22}^{CU} \\ v_1^J b_{11}^{JC} & v_1^J b_{12}^{JC} & v_1^J b_{11}^{JJ} & v_1^J b_{12}^{JJ} & v_1^J b_{11}^{JU} & v_1^J b_{12}^{JU} \\ v_2^J b_{21}^{JC} & v_2^J b_{22}^{JC} & v_2^J b_{21}^{JJ} & v_2^J b_{22}^{JJ} & v_2^J b_{21}^{JU} & v_2^J b_{22}^{JU} \\ v_1^U b_{11}^{UC} & v_1^U b_{12}^{UC} & v_1^U b_{11}^{UJ} & v_1^U b_{12}^{UJ} & v_1^U b_{11}^{UU} & v_1^U b_{12}^{UU} \\ v_2^U b_{21}^{UC} & v_2^U b_{22}^{UC} & v_2^U b_{21}^{UJ} & v_2^U b_{22}^{UJ} & v_2^U b_{21}^{UU} & v_2^U b_{22}^{UU} \end{bmatrix} \tag{16-4}$$

---

① 统一说明：变量的上标一般表示国家（地区），用 c，g，h，f 表示，其中 c，g，h，f $\in$ |C，J，U|，变量的下标表示产品部门，用 i，j，k，m，n 表示，其中 i，j，k，m，$n \in$ |1，2|。上标 gh 中 g 是来源地，h 是目的地。下标 ij 中 i 是产品来源部门，j 是产品使用部门。

② Leontief 逆矩阵实际上是总需求矩阵，表示增加 1 单位价值最终需求所带来其他部门总产出的变化。进一步 Leontief 逆矩阵可表示为指数序列：$B = (I-A)^{-1} = I + A + A^2 + A^3 + \cdots$。这样最终需求变化对总产出的影响可以分解三部分：①初始效应（Y）；②直接效应（AY）；③间接效应 [（$A^2 + A^3 + A^4 + \cdots$）Y]。

其中，$\hat{V}$ 表示国家部门的增加值率（附加值率）的对角化矩阵；增加值贸易核算系数矩阵（$\hat{V}B$）[1] 中元素 $v_i^g b_{ij}^{gh}$ 表示生产 h 国 j 部门 1 单位价值最终产品中来自 g 国 i 部门的直接和间接的增加值之和。在式（16-4）中，行方向表示所有其他部门生产 1 单位最终产品来自该行对应的产品部门的增加值；列方向表示所有其他各产品部门对生产 1 单位价值列向对应产品部门最终产品的增加值贡献率，且列向之和为 1。[2] 即：

$$v_1^C b_{1i}^{Cg} + v_2^C b_{2i}^{Cg} + v_1^J b_{1i}^{Jg} + v_2^J b_{2i}^{Jg} + v_1^U b_{1i}^{Ug} + v_2^U b_{2i}^{Ug} = 1 \qquad (16-5)$$

2. 广义增加值平均传递步长方法

为了测度宏观层面世界各国产品部门的位置，本章沿着倪红福（2016）的增加值平均传递步长的方法和思路，考虑初始增加值创造阶段的生产阶段数为 1，重新定义和阐述国家产品部门的上游度和下游度指标。这样使得本章定义的产品部门上游度和下游度与 Wang 等（2017b）的计算结果保持一致。以下具体介绍测算方法。

本章分别从产品部门对产品部门、产品部门对产品部门组、产品部门组对产品部门、产品部门组对产品部门组的不同组合来定义广义增加值平均传递步长。[3]

从全球价值链位置的角度来看，C 国产品部门 1 的增加值到达 U 国产品部门 2 最终需求的距离越长，表明相对于 U 国产品部门 2，C 国产品部门 1 处于生产链的上游位置。接下来利用投入产出模型中无穷级数的形式，简要阐述增加值传递过程经历的阶段数。不失一般性，假设生产 1 单位价值最终产品（U_2），即 $y_2^U = 1$，来自产品部门（C_1）的完全增加值为 $v_1^C b_{11}^{CU}$，具体表达式为：$[\hat{V}(I + A + A^2 + A^3 + \cdots A^n + \cdots)]_{12}^{CU} = v_1^C b_{12}^{CU}$。这里认为产品部门的初始增加值创造就经历了 1 个阶段（步长），作为中间投入用于生产另一部门产品时经历了 2 个阶段。[4] 于是，可以具体分解为：

经由 1 阶段传递 C_1 产品部门的增加值：v_1^C；

---

① 　∧表示对角化。
② 　证明可参见 Koopman 等（2014）。
③ 　Ye 等（2015）从增加值传递过程来定义增加值平均传递步长，且分别从前向和后向的视角定义了两种增加值平均传递长度。与本章的定义相似，但是该研究没有拓展到产品部门组、产品部门等混合组合情况。
④ 　此处的生产阶段数（步长）取法与倪红福（2016）不同。

经由 2 阶段传递的 C_1 产品部门的增加值：$v_1^C \cdot a_{12}^{CU} \cdot 1 = v_1^C \cdot a_{12}^{CU} \cdot y_2^U = \left[\widehat{VA} \right]_{12}^{CU}$；①

经由 3 阶段传递的 C_1 产品部门的增加值：

$$v_1^C \cdot \left(a_{11}^{CC} a_{12}^{CU} + a_{12}^{CC} a_{22}^{CU} + a_{11}^{CJ} a_{12}^{JU} + a_{12}^{CJ} a_{22}^{JU} + a_{11}^{CU} a_{12}^{UU} + a_{12}^{CU} a_{22}^{UU} \right) \cdot 1 = \left[\widehat{VA}^2 \right]_{12}^{CU};$$

以此类推，经由 n 阶段传递的 C_1 产品部门的增加值：$\left[\widehat{VA}^{n-1} \right]_{12}^{CU}$。

即从 C_1 传递到 U_2 的 $v_1^C b_{12}^{CU}$ 单位增加值中，v_1^C 经过 1 个阶段传递，$v_1^C \cdot a_{12}^{CU}$ 经过 2 阶段传递，$v_1^C \cdot \left(a_{11}^{CC} a_{12}^{CU} + a_{12}^{CC} a_{22}^{CU} + a_{11}^{CJ} a_{12}^{JU} + a_{12}^{CJ} a_{22}^{JU} + a_{11}^{CU} a_{12}^{UU} + a_{12}^{CU} a_{22}^{UU} \right)$ 经过 3 阶段传递，等等。以各阶段传递的增加值占传递的总增加值的比重为权重，加权各生产阶段数，这样得到的从 C_1 传递 1 单位增加值到 U_2 的广义增加值平均传递步长为：②

$$vapl_{|C_1 \to U_2|} = \frac{\left[\widehat{V}(1 \cdot I + 2 \cdot A + 3 \cdot A^2 + 4 \cdot A^3 + \cdots) \right]_{12}^{CU}}{\left[\widehat{VB} \right]_{12}^{CU}} = \frac{\left[\widehat{VB} B \right]_{12}^{CU}}{\left[\widehat{VB} \right]_{12}^{CU}} \tag{16-6}$$

这里的广义增加值平均传递步长是按产品部门到产品部门（点对点）来定义的。实际上，上述推理过程也可以按产品部门到产品部门组（点对面）、产品部门组到产品部门（面对点）、产品部门组到产品部门组（面对面）进行推导。这样可以得到多国多部门的一般情形：

$$vapl_{|E \to Y|} = \frac{E^{\mathrm{T}} \cdot \left[\widehat{VB} B \right] \cdot Y}{E^{\mathrm{T}} \cdot \left(\widehat{VB} \right) \cdot Y} \tag{16-7}$$

其中，E 是由 0 和 1 构成的列向量，被选为增加值来源的产品部门取值为 1，否则为 0；Y 为最终需求产品部门组合列向量，不妨将所有元素之和标准化为 1。这样，当取 $E = (1\ 0\ 0\ 0\ 0\ 0)^{\mathrm{T}}$ 和 $Y = (0\ 0\ 0\ 0\ 0\ 1)^{\mathrm{T}}$ 时，可以得到前述的点（C_1）对点（U_2）的广义增加值平均传递步长。当 E 和 Y 取特殊值时，按式（16-17）定义的广义增加值平均传递步长与其他文献中定义的平均传递步长、上游度、下游度等测度指标相同。总而言之，广义增加值平均传递步长的定义方法提供了位置测度的统一逻辑框架。以下具体阐述上游和下游度的取法和定义。

当按点对面形式定义，如 $E(1) = (1\ 0\ 0\ 0\ 0)^{\mathrm{T}}$，$E(i)$ 表示第

---

① $\left[\widehat{VA} \right]_{12}^{CU}$ 表示取 $\widehat{VA}$ 中元素 $v_1^C a_{12}^{CU}$，即取矩阵中 $_{12}^{CU}$ 位置的元素。

② $(I-A)(I+2A+3A^2+4A^3+\cdots) = I+A+A^2+A^3+\cdots = B \Rightarrow I+2A+3A^2+4A^3+\cdots = B^2$。

i 个分量为 1，其他为 0 的列向量。$Y^{\mathrm{T}} = \begin{pmatrix} y_1^C & y_2^C & y_1^J & y_2^J & y_1^U & y_2^U \end{pmatrix}^{\mathrm{T}}$。可以得到：

$$vapl_{|i \to Y|} = \frac{E^{\mathrm{T}}(i) \cdot [\widehat{V(B^2)}] \cdot Y}{E^{\mathrm{T}}(i) \cdot (\widehat{VB}) \cdot Y} = \frac{v_i \cdot E^{\mathrm{T}}(i) \cdot B^2 \cdot Y}{v_i \cdot E^{\mathrm{T}}(i) \cdot (B) \cdot Y}$$

$$= \frac{E^{\mathrm{T}}(i) \cdot [(B^2)] \cdot Y}{E^{\mathrm{T}}(i) \cdot (B) \cdot Y} = E^{\mathrm{T}}(i) B^2 Y / E^{\mathrm{T}}(i) BY = U_i \qquad (16\text{-}8)$$

其中，U_i 为 Antràs 等（2012）定义的全球投入产出模型框架下的上游度。从式（16-8）可以看出，若按点对面的方式定义广义增加值平均传递步长，其与 Antràs 等（2012）的上游度测算公式一致；同时，本章的产品部门对所有最终需求产品部门的广义增加值传递步长与 Wang 等（2017b）对前向生产长度的定义是一致的。

按面对点的方式定义的广义增加值平均传递步长，如取 $E = \begin{pmatrix} 1 & 1 & 1 & 1 & 1 & 1 \end{pmatrix}^{\mathrm{T}}$，$Y(1)^{\mathrm{T}} = \begin{pmatrix} 1 & 0 & 0 & 0 & 0 & 0 \end{pmatrix}^{\mathrm{T}}$。$Y(i)$ 表示第 i 个分量为 1，其他为 0 的列向量。可以得到：

$$vapl_{|E \to i|} = \frac{E^{\mathrm{T}} \cdot [\widehat{V(B^2)}] \cdot Y(i)}{E^{\mathrm{T}} \cdot (\widehat{VB}) \cdot Y(i)} = \frac{E^{\mathrm{T}} \cdot \widehat{VB} \cdot B \cdot Y(i)}{E^{\mathrm{T}} \cdot (\widehat{VB}) \cdot Y(i)}$$

$$= \frac{E^{\mathrm{T}} \cdot B \cdot Y(i)}{E^{\mathrm{T}} \cdot Y(i)} = E^{\mathrm{T}} BY(i) = D_i \qquad (16\text{-}9)$$

其中，D_i 为 i 产品部门的下游度，如当取 $Y(1)^{\mathrm{T}} = \begin{pmatrix} 1 & 0 & 0 & 0 & 0 & 0 \end{pmatrix}^{\mathrm{T}}$，就得到 C_1 产品部门的下游度。很容易验证，按面对点的方式定义的广义增加值平均传递步长与 Fally（2012）的生产阶段数（下游度）、Wang 等（2017b）的后向生产长度是一致的。

3. 全球价值链位置的结构分解

（1）广义增加值平均传递步长的结构分解。

借鉴 Muradov（2016）基于产出视角的位置结构分解方法，我们对广义增加值传递步长定义的位置进行结构分解。式（16-8）和式（16-9）对位置的分解，主要是对 Leontief 逆矩阵 B 的结构分解。① 本章主要从矩阵分块的数学方法进行阐述。

---

① 参见 Muradov（2016）的附录 A 中的递推循环方法，即把产出分配到目的地的幂级数方法。

由于 $B=(I-A)^{-1}$ 和 $A=A^{D}+A^{F}$，[①] 这样 Leontief 逆矩阵 B 可以分解为：

$$B=(I-A)^{-1}=(I-A^{D}-A^{F})^{-1}=[(I-A^{D}-A^{F}(I-A^{D})^{-1}(I-A^{D})]^{-1}$$
$$=(I-A^{D})^{-1}(I-A^{F}(I-A^{D})^{-1})^{-1},$$

记 $H=(I-A^{F}(I-A^{D})^{-1})^{-1}$，$L=(I-A^{D})^{-1}$，且 L 一般称为局部逆矩阵，则上式变为：$B=LH$。

以三国每国两部门模型为例，L 的具体形式为：

$$L=\begin{bmatrix} 1-a_{11}^{CC} & -a_{12}^{CC} & 0 & 0 & 0 & 0 \\ -a_{21}^{CC} & 1-a_{22}^{CC} & 0 & 0 & 0 & 0 \\ 0 & 0 & 1-a_{11}^{JJ} & -a_{12}^{JJ} & 0 & 0 \\ 0 & 0 & -a_{21}^{JJ} & 1-a_{22}^{JJ} & 0 & 0 \\ 0 & 0 & 0 & 0 & 1-a_{11}^{UU} & -a_{12}^{UU} \\ 0 & 0 & 0 & 0 & -a_{21}^{UU} & 1-a_{22}^{UU} \end{bmatrix}^{-1}$$

显然，从数学上可以得到：

$$B=LH=I+(L-I)+(H-I)+(L-I)(H-I) \tag{16-10}$$

以下从增加值传递视角对初始增加值生产部门到最终需求部门的传递步长进行结构分解。根据式（16-10）可以将增加值贸易核算系数矩阵分解为：

$$\hat{V}B=\hat{V}LH=\hat{V}I_{SN\times SN}+\hat{V}(L-I_{SN\times SN})+\hat{V}(H-I_{SN\times SN})+\hat{V}(L-I_{SN\times SN})(H-I_{SN\times SN}) \tag{16-11}$$

以下我们讨论式（16-11）中四个分解项中每项的经济含义和增加值平均传递步长的定义方法。

①$\hat{V}I_{SN\times SN}$，某一国家部门的增加值直接传递到某一最终需求国家部门产品，没有经历中间品生产过程，仅经历一个最终产品生产阶段。

②$\hat{V}(L-I_{SN\times SN})=\hat{V}(A^{D}+(A^{D})^{2}+(A^{D})^{3}+(A^{D})^{4}+\cdots)$，某一具体国家部门的增加值仅通过国内生产过程传递到最终产品。该增加值传递过程仅经历国内中间品生产阶段，且至少传递一个国内中间品阶段，无跨境中间品传递阶段。

③$\hat{V}(H-I_{SN\times SN})=\hat{V}[A^{F}(I-A^{D})^{-1}+A^{F}(I-A^{D})^{-1}A^{F}(I-A^{D})^{-1}+\cdots]$，从增加值产生地的视角看，出口中间品中包含的增加值，且这些出口中间品被贸易伙

---

① 这里我们规定，上标 D 表示取矩阵的对角的分块小矩阵，F 表示取矩阵非对角的分块小矩阵，且一般是按国家（地区）来划分。本章后续阐述中，除特别说明外，对于矩阵进行 D 运算一般表示取分块对角矩阵，对于矩阵进行 F 运算一般表示取分块非对角矩阵。

伴国用来生产最终产品。增加值传递过程中，需至少经历一次中间品生产阶段和一次跨境中间品生产阶段。

④$\hat{V}$ $(L-I_{SN \times SN})$ $(H-I_{SN \times SN})$ $= \hat{V}$ $(A^D + A^D A^D + \cdots)$ $\left[A^F (I-A^D)^{-1} + A^F (I-A^D)^{-1} A^F (I-A^D)^{-1} + \cdots \right]$。从增加值产生地的视角看，增加值隐含在为国内生产者提供的中间品中，利用这些中间品生产的产品再作为中间品出口到贸易伙伴国（直接或间接贸易伙伴国），贸易伙伴国用来生产最终品。这些增加值传递到最终需求产品经历至少两个中间生产阶段，至少跨越一次边境。

显然，第一项、第二项与国际价值链的联系不大，产品主要在国内生产，至多涉及跨境的最终品贸易。第三项、第四项包含较长和复杂的国际价值链，产品传递涉及贸易伙伴国内部的中间品生产阶段和跨境中间品生产阶段。

以下根据式（16-11）中的各分项来定义从生产者到最终需求者的增加值传递步长（如国家部门到所有最终需求部门的上游度）。这里我们区分中间品生产阶段和最终品生产阶段，并根据是否跨越地区（国家）来区分跨境次数。

①$\hat{V}I_{SN \times SN}$，增加值直接传递到最终产品中，经历 1 个最终品生产阶段。以 C_1 传递到 U_2 为例，该分解项中，传递增加值为 0，我们定义传递步长为 0。当 C_1 传递到 C_1，此时该分解项中传递增加值为 v_1^c，不经过中间品生产阶段的传递步长（我们称之为最终传递步长）为 1。因此，定义该分解项的增加值最终传递步长为：$vapl^{fps}_{|g_i \to h_j|, T_1} = (\hat{V}I_{SN \times SN} \cdot 1) / \hat{V}I_{SN \times SN} = I_{SN \times SN}$。其中 $vapl^{fps}_{|g_i \to h_j|, T_1}$ 表示第 1 个分解项中 g 国 i 部门到 h 国 j 部门增加值的最终传递步长。

②$\hat{V}$ $(L-I_{SN \times SN})$ $= \hat{V}$ $(A^D + (A^D)^2 + (A^D)^3 + (A^D)^4 + \cdots)$。这一分解项中，由于进入最终需求部门都要经历一次最终生产阶段，因此，这一项的增加值最终传递步长为 1。接下来我们以 $\hat{V}$ $(L-I_{SN \times SN})$ 中第一个元素 $\cdot_{11}^{cc}$ 为例来阐述增加值中间传递步长。

经过 1 个国内中间品生产阶段传递到最终产品的增加值为：$v_1^c a_{11}^{cc}$；

经过 2 个国内中间品生产阶段传递到最终产品的增加值为：$v_1^c (a_{11}^{cc} a_{11}^{cc} + a_{12}^{cc} a_{21}^{cc})$；

以此类推，我们以 n 个生产阶段传递产品价值占总产品价值的比重作为权重加权，可以得到国内最终使用的中间品传递步长为：

$$\frac{v_1^c \left[1 \cdot a_{11}^{cc} + 2 \cdot (a_{11}^{cc} a_{11}^{cc} + a_{12}^{cc} a_{21}^{cc}) + \cdots \right]}{\left[\hat{V}(L-I) \right]_{11}^{cc}}$$

其中，$\lVert \rVert_{ij}^{gh}$ 或 $[\ ]_{ij}^{gh}$ 表示取括号中矩阵的 $\frac{gh}{ij}$ 位置的元素。写成矩阵的形式，

可以得到：

$$vapl^{ips,O}_{|c_1 \to c_1|,T_2} = \frac{[\hat{V}(1A^D + 2A^D A^D + \cdots)]^{cc}_{11}}{[\hat{V}(L-I)]^{cc}_{11}} = \frac{[\hat{V}(L-I)L]^{cc}_{11}}{[\hat{V}(L-I)]^{cc}_{11}}$$

其中，$vapl^{ips,O}_{|c_1 \to c_1|,T_2}$ 表示第二个分解项（T_2）中 C_1 到 C_1 的国内生产过程中的增加值中间传递步长。把增加值最终传递步长和中间传递步长合起来可以得到：

$$vapl^{ps}_{|c_1 \to c_1|,T_2} = vapl^{ps,O}_{|c_1 \to c_1|,T_2} = 1 + \frac{[\hat{V}(L-I)L]^{cc}_{11}}{[\hat{V}(L-I)]^{cc}_{11}} = \frac{[\hat{V}(LL-I)]^{cc}_{11}}{[\hat{V}(L-I)]^{cc}_{11}}$$

对矩阵中其他元素的增加值的最终传递步长与中间传递步长的定义类似。

③ $\hat{V}(H - I_{SN \times SN}) = \hat{V}[A^F(I - A^D)^{-1} + A^F(I - A^D)^{-1}A^F(I - A^D)^{-1} + \cdots]$。首先，我们计算与增加值产生国发生直接贸易的伙伴国的中间品生产阶段（在直接贸易伙伴国内发生的中间品生产阶段）：

$$vapl^{ips,p1}_{|c_1 \to c_1|,T_3} =$$

$$\frac{\{\hat{V}[A^F(I + 2A^D + \cdots) + A^F(I + 2A^D + \cdots)A^F(I - A^D) + A^F(I + 2A^D + \cdots)A^F(I - A^D)A^F(I - A^D) + \cdots]\}^{cc}_{11}}{[\hat{V}(H-I)]^{cc}_{11}}$$

$$= \frac{[\hat{V}(A^F LLH)]^{cc}_{11}}{[\hat{V}(H-I)]^{cc}_{11}}$$

以此类推，可以得到在向前的第二轮贸易伙伴国的中间品生产阶段：

$$vapl^{ips,p2}_{|c_1 \to c_1|,T_3} = \frac{\{[\hat{V}[A^F LA^F(I + 2A^D + \cdots) + A^F LA^F(I + 2A^D + \cdots)A^F(I - A^D) + \cdots]\}^{cc}_{11}}{[\hat{V}(H-I)]^{cc}_{11}}$$

$$= \frac{\{[\hat{V}(A^F LA^F LLH)]^{cc}_{11}}{[\hat{V}(H-I)]^{cc}_{11}}$$

$$vapl^{ips,pn}_{|c_1 \to c_1|,T_3} = \frac{\{[\hat{V}[A^F LA^F(I + 2A^D + \cdots) + A^F LA^F(I + 2A^D + \cdots)A^F(I - A^D) + \cdots]\}^{cc}_{11}}{[\hat{V}(H-I)]^{cc}_{11}}$$

$$= \frac{[\hat{V}((A^F L)^n LH)]^{cc}_{11}}{[\hat{V}(H-I)]^{cc}_{11}}$$

因此，我们可以得到在贸易伙伴国（国外）发生的中间品生产阶段合计为：

$$vapl^{ips,p}_{|c_1 \to c_1|,T_3} = \frac{\left[\hat{V}((H-I)LH)\right]^{cc}_{11}}{\left[\hat{V}(H-I)\right]^{cc}_{11}}$$

若加上对应的最终品生产阶段 1，可以得到在所有贸易伙伴国发生的增加值传递步长为：

$$vapl^{ips,p}_{|c_1 \to c_1|,T_3} = 1 + \frac{\left[\hat{V}((H-I)LH)\right]^{cc}_{11}}{\left[\hat{V}(H-I)\right]^{cc}_{11}} + \frac{\left[\hat{V}(H-I)(I+LH)\right]^{cc}_{11}}{\left[\hat{V}(H-I)\right]^{cc}_{11}}$$

④ $\hat{V}(L-I_{SN \times SN})(H-I_{SN \times SN}) = \hat{V}(A^D + A^D A^D + \cdots)[A^F(I-A^D)^{-1} + A^F(I-A^D)^{-1}A^F$ $(I-A^D)^{-1} + \cdots]$。首先，增加值产生地的中间品生产阶段：

$$vapl^{ips,O}_{|c_1 \to c_1|,T_4} = \frac{\{\hat{V}(A^D + 2A^D A^D + \cdots)(H-I)\}^{cc}_{11}}{\left[\hat{V}(L-I)(H-I)\right]^{cc}_{11}}$$

$$= \frac{\{\hat{V}L(L-I)(H-I)\}^{cc}_{11}}{\left[\hat{V}(L-I)(H-I)\right]^{cc}_{11}}$$

其次，贸易伙伴国内的中间品生产阶段：

$$vapl^{ips,p1}_{|c_1 \to c_1|,T_4} = \frac{\{\hat{V}(L-I)[A^F(1I+2A^D + \cdots) + A^F(1I+2A^D + \cdots)A^F L + \cdots]\}^{cc}_{11}}{\left[\hat{V}(L-I)(H-I)\right]^{cc}_{11}}$$

$$= \frac{\{\hat{V}(L-I)A^F LLH\}^{cc}_{11}}{\left[\hat{V}(L-I)(H-I)\right]^{cc}_{11}}$$

以此类推可以得到：

$$vapl^{ips,pn}_{|c_1 \to c_1|,T_4} = \frac{\{\hat{V}(L-I)[A^F(1I+2A^D + \cdots) + A^F(1I+2A^D + \cdots)A^F L + \cdots]\}^{cc}_{11}}{\left[\hat{V}(L-I)(H-I)\right]^{cc}_{11}}$$

$$= \frac{\{\hat{V}(L-I)(A^F L)^n LH\}^{cc}_{11}}{\left[\hat{V}(L-I)(H-I)\right]^{cc}_{11}}$$

于是，我们可以得到所有直接和间接贸易伙伴的中间品生产阶段：

$$vapl^{ips,p}_{|c_1 \to c_1|,T_4} = \frac{\{\hat{V}(L-I)(H-I)LH\}^{cc}_{11}}{\left[\hat{V}(L-I)(H-I)\right]^{cc}_{11}}$$

把生产地和贸易伙伴国的增加值中间传递步长加起来，可以得到第四项的增加值中间传递步长：

$$vapl^{ips}_{|c_1 \to c_1|,T_4} = \frac{\{\hat{V}(L-I)(H-I)LH\}^{cc}_{11}}{[\hat{V}(L-I)(H-I)]^{cc}_{11}} + \frac{\{\hat{V}L(L-I)(H-I)\}^{cc}_{11}}{[\hat{V}(L-I)(H-I)]^{cc}_{11}}$$

进一步加上最终品生产阶段，可以得到：

$$vapl^{ps}_{|c_1 \to c_1|,T_4} = \frac{\{\hat{V}(L-I)(H-I)LH\}^{cc}_{11}}{[\hat{V}(L-I)(H-I)]^{cc}_{11}} + \frac{\{\hat{V}L(L-I)(H-I)\}^{cc}_{11}}{[\hat{V}(L-I)(H-I)]^{cc}_{11}} + \frac{\{\hat{V}(L-I)(H-I)\}^{cc}_{11}}{[\hat{V}(L-I)(H-I)]^{cc}_{11}}$$

$$= \frac{\{\hat{V}(BB-HB+B-LL-H+I)\}^{cc}_{11}}{[\hat{V}(L-I)(H-I)]^{cc}_{11}}$$

（2）从生产到最终需求：以上生产阶段的进一步综合。

我们将各自的份额作为权重加总各类传递步长，以得到更为综合的传递步长（生产阶段数）。我们把上述各种增加值的传递步长以它们各自传递的增加值占传递总增加值的比重为权重进行加总，可以得到：

$$vapl^{ips}_{|c_1 \to c_1|} = vapl^{ips}_{|c_1 \to c_1|,T_1} \frac{[\hat{V}I_{SN \times SN}]^{cc}_{11}}{[\hat{V}B]^{cc}_{11}} + vapl^{ps,o}_{|c_1 \to c_1|,T_2} \frac{[\hat{V}(L-I)]^{cc}_{11}}{[\hat{V}B]^{cc}_{11}}$$

$$+ vapl^{ps,p}_{|c_1 \to c_1|,T_3} \frac{[\hat{V}(H-I)]^{cc}_{11}}{[\hat{V}B]^{cc}_{11}} + vapl^{ps}_{|c_1 \to c_1|,T_4} \frac{[\hat{V}(L-I)(H-I)]^{cc}_{11}}{[\hat{V}B]^{cc}_{11}}$$

$$= \frac{[\hat{V}BB]^{cc}_{11}}{[\hat{V}B]^{cc}_{11}} \qquad (16-12)$$

显然，式（16-12）的点到点的测算公式与式（16-6）是一致的，即把所有的中间品生产阶段加总，等价于直接根据 Leontief 逆矩阵基于广义增加值传递视角直接测度的中间品传递步长。这也佐证了我们的结构分解是合理的、可行的。

①增加值传递的总中间品生产阶段，该项为：

$$vapl^{ips}_{|c_1 \to c_1|} = vapl^{ips,o}_{|c_1 \to c_1|,T_2} \frac{[\hat{V}(L-I)]^{cc}_{11}}{[\hat{V}(B-I)]^{cc}_{11}} + vapl^{ips,p}_{|c_1 \to c_1|,T_3} \frac{[\hat{V}(H-I)]^{cc}_{11}}{[\hat{V}(B-I)]^{cc}_{11}}$$

$$+ vapl^{ips,o}_{|c_1 \to c_1|,T_4} \frac{[\hat{V}(L-I)(H-I)]^{cc}_{11}}{[\hat{V}(B-I)]^{cc}_{11}} + vapl^{ips,p}_{|c_1 \to c_1|,T_4} \frac{[\hat{V}(L-I)(H-I)]^{cc}_{11}}{[\hat{V}(B-I)]^{cc}_{11}}$$

$$= \frac{\left[\hat{V}(B-I)B\right]_{11}^{cc}}{\left[\hat{V}(B-I)\right]_{11}^{cc}} \qquad (16-13)$$

②增加值传递的国内中间品生产阶段（国内中间品传递步长），该项为：

$$vapl_{|c_1 \to c_1|}^{ips,o} = vapl_{|c_1 \to c_1|,T_2}^{ips,o} \frac{\left[\hat{V}(L-I)\right]_{11}^{cc}}{\left[\hat{V}(L-I)H\right]_{11}^{cc}}$$

$$+ vapl_{|c_1 \to c_1|,T_4}^{ips,o} \frac{\left[\hat{V}(L-I)(H-I)\right]_{11}^{cc}}{\left[\hat{V}(L-I)H\right]_{11}^{cc}}$$

$$= \frac{\left[\hat{V}(L-I)B\right]_{11}^{cc}}{\left[\hat{V}(L-I)H\right]_{11}^{cc}} \qquad (16-14)$$

③增加值传递的国外中间品生产阶段（国际价值链的中间品传递步长或国外中间品传递步长），该项为：

$$vapl_{|c_1 \to c_1|}^{ips,p} = vapl_{|c_1 \to c_1|,T_3}^{ips,p} \frac{\left[\hat{V}(H-I)\right]_{11}^{cc}}{\left[\hat{V}L(H-I)\right]_{11}^{cc}} + vapl_{|c_1 \to c_1|,T_4}^{ips,p} \frac{\left[\hat{V}(L-I)(H-I)\right]_{11}^{cc}}{\left[\hat{V}L(H-I)\right]_{11}^{cc}}$$

$$= \frac{\left[\hat{V}B(B-L)\right]_{11}^{cc}}{\left[\hat{V}L(H-I)\right]_{11}^{cc}} \qquad (16-15)$$

④最终品生产阶段一般恒为 1，根据不同的最终品生产地，可以区分增加值来源地的最终品生产阶段（国内）和贸易伙伴国（国外）的最终品生产阶段，且都为 1。

综上，可以得到以下几点结论。第一，与增加值传递步长的定义相似，可以把结构分解项扩展到点到面、面到点和面到面的组合。这样可以将上游度分解为总中间品传递步长和总最终品传递步长，总中间品传递步长又可以分为国内中间品传递步长（国内价值链上游度）和国外中间品传递步长（国际价值链上游度），对于下游度可以进行类似的分解。第二，本章基于广义增加值传递的定义和分解方法，与 Muradov（2016）直接基于产出传递视角而定义的位置具有相似性，故可以借鉴 Muradov（2016）的分解方法，进一步分解。同时，本章从增加值传递的视角重新解释了生产位置，且本章分解方法与 Wang 等（2017b）的方法是不同的，是一种新的分解方法。第三，本章基于 Leontief 逆矩阵来定义增加值传递步长并进行分解，也可以基于 Ghosh 逆矩阵从另一个角度定义各种类型的增加值传递步长，具体可参加 Muradov（2016），且计算结果具有一致性。第四，本章根据增加值来源地和贸易伙伴国的中间品生产阶段的分解，定义了一系列新的位置指标，这些指标部分地回答了以下问题：总中间品传递步长中国外中间品生产阶段所占比重是多少？国外生产阶段在整个生产链中的重要性和位置如何？从前述可知，某一国家部门的增加值到达最终需求部门经历的生产阶段数，可以划分为来源地中间品生产阶段数、在贸易伙伴国的中间品生产阶段数和最终品生产阶段数，这种把位置分解为国内生产阶段和国际生产阶段的方法，与倪红福（2016）具有一定的相似性，但是比倪红福（2016）的分解方法更为精细，也算本章在分解方法上的改进。第五，由于按增加值平均传递步长方法定义的产品部门上游度和产品部门下游度，与 Wang 等（2017b）中的上游度和下游度是一致的，故我们可以根据 Wang 等（2017b）的方法对从增加值平均传递步长的角度定义的上游度或下游度进行分解。本章根据 Wang 等（2017b）对前向生产长度（上游度）和后向生产长度（下游度）的分解，将生产长度分为传统国内生产长度、传统（李嘉图）生产长度和 GVC 生产长度。[①] 基于 Wang 等（2017b）的分解方法，将上游度（下游度）分为 GVC 上游度（下游度）和非 GVC 上游度（下游度）。[②] 在此基础上，同样可对企业位置进行类似的分解。

（二）微观位置的测算方法：企业在全球价值链中的位置

本章关于企业在全球价值链中位置的测算思路来自 Alfaro 等（2018）和 Chor 等（2014）。他们根据企业外购的中间产品所属的产品部门，得到企业外购产品上游度，然后再对企业外购产品的上游度加权得到企业上游度，其权重为外购产品占总外购产品的比重。然而，他们都是以单国（区域）投入产出表计算产品部门上游度，且没有区分产品的来源国（区域）。本章的测算方法对以上缺陷做了修正。进一步，本章以企业的产品出口价值占企业总出口价值的比重作为权重，加权企业出口产品所属（对应的）的投入产出表中的产品部门的上游度，以此来定义企业的出口上游度，这是基于出口产品离最终需求的距离的考虑。以企业的进口产品价值占总进口价值的比重为权重，加权企业进口产品所属（对应的）的投入产出表中的进口国产品部门的下游度，以此来定义企业的进口下游度，这是基于进口产品离初始价值创造阶段的距离的考虑。相

---

① 具体可参见 Wang 等（2017b）。
② 非 GVC 上游度（下游度）包括国内上游度（下游度）、传统（或李嘉图）上游度（下游度）。

应地，这两种企业位置又可以进一步分解并定义非 GVC 位置和 GVC 位置，或国内中间品位置和国外中间品位置。

1. 企业出口上游度

本章分别从企业的出口和进口角度来测度企业在全球价值链中的位置（出口上游度和进口下游度）。[①] 企业的出口上游度测算公式为：

$$U_{ft}^E = \sum_{i=1}^{N} \frac{E_{ift}}{E_{ft}} vapl_{i \to Y} \qquad (16-16)$$

其中，$E_{ft} = \sum_{i=1}^{N} E_{ift}$ 为企业 f 在 t 期的总出口额；N 为企业 f 出口的产品种类；E_{ift} 为企业属于 i 产品部门的产品出口额；U_{ft}^E 为企业 f 在全球价值链中的出口上游度；$vapl_{i \to Y}$ 为全球投入产出模型中企业所在国家 i 产品部门的上游度。如果用 GVC 生产长度和非 GVC 生产长度代替 $vapl_{i \to Y}$，那么，我们称为企业 GVC 出口上游度 $U_{ft,GVC}^E$ 和企业非 GVC 出口上游度 $U_{ft,nGVC}^E$。考虑到企业会出口多种产品，我们以企业的各种产品的出口额占企业总出口额的比重为权重，加权计算企业出口产品所属的产品部门的上游度。由测算公式可知，企业出口上游度的变化一般是由两个因素引起的：一是企业出口产品所属的产品部门的上游度；二是企业的出口产品结构。企业出口上游度的值越大，说明出口产品越处于上游。也就是说，企业出口的产品离最终需求的距离较远，企业的出口产品更多是作为中间投入品。

2. 企业进口下游度

与企业出口上游度的定义方式相似，企业进口下游度的测算公式为：

$$U_{ft}^I = \sum_{r,i} \frac{I_{ift}^r}{I_{ft}} vapl_{E \to ri} \qquad (16-17)$$

其中，$I_{ft} = \sum_{i=1}^{N} I_{ift}$ 为企业 f 在 t 期的总进口额；I_{ift}^r 为企业从 r 国 i 产品部门进口的产品价值；U_{ft}^I 为企业 f 的进口下游度；$vapl_{E \to ri}$ 为 r 国 i 产品部门在全球投入产出模型中的下游度。进口下游度越大，说明企业的进口产品越处于下游。也就是说，企业进口产品离所有产品部门的初始价值创造端的距离越远。从生产阶段数来看，这说明企业进口产品经历的生产阶段数越大，进口产品的生产复杂度越高。但从另一个角度来，如果进口产品下游度越大，进口产品离最终

---

① 中国海关进出口数据库提供了 HS 产品分类。根据 HS 代码分类与全球投入产出表（WIOT）中产品部门的协调对应关系，可将企业的进出口产品归类到 WIOT 中对应的国家产品部门。

需求端可能较近，可能反映该企业更多的是从事加工组装。

值得注意的是，Chor 等（2014）定义的出口上游度和进口上游度都是利用单国投入产出表计算得出的，因此其上游度和下游度是无法区分国别的。本章关于企业出口上游度的定义与 Chor 等（2014）一致，但定义的进口下游度与其存在差异。本章使用进口产品的下游度指标来定义，且区分了产品来源国。我们认为，制造业企业的进口产品一般是作为中间投入品，需要更多关注后向联系，所有产品部门的初始增加值需要经过多少阶段传递到该产品部门，即该进口产品部门的下游度。因此，本章对于企业进口下游度的测度优于 Chor 等（2014），能够更好地衡量企业的位置。

此外，本章构建的微观企业在全球价值链中的位置测度指标，在一定程度上能较好地反映企业的上下游水平。但该指标不能与我们日常中认为的"上下游"生产顺序完全对应，即不是从具体某一产品的市场价值实现过程中——从开始到结束这一过程中——的先后顺序来定义"上下游"，而是从功能视角来阐述的。而本章的产品部门层次的上下游主要是从投入产出表中产品部门离最终需求的距离来定义，是高度抽象的，可以说是对产业间联系的复杂程度的衡量，而且测算大小受部门维数的影响。这种抽象的增加值传递步长与现实经济中认为的"上下游"具有一定的联系，但不是等价的。① 我们更倾向于认为本章的出口上游度、进口下游度指标能更好地反映企业出口产品和进口产品的生产复杂程度。

3. 企业综合进出口位置

与测算宏观层面的产品部门上游度和产品部门下游度一样，我们发现某一企业的出口上游度很大，且其进口下游度也很大，即从出口上游度来看，企业处于上游，从进口下游度来看，企业处于下游，这样这两个指标衡量的企业位置就存在矛盾之处。Wang 等（2017b）、Miller 和 Temurshoev（2015）等也发现，一些产品部门的上游度和下游度存在不一致。实际上，上游度和下游度是相对于不同参考端来定义的，一种是离最终需求端的距离，另一种是离初始投入端的距离。因此，上游度和下游度出现不一致是很正常的。进一步，如果要全面衡量企业的位置，我们需要综合考虑上游度和下游度这两个指标。根据 Wang 等（2017b）对国家产品部门的综合位置的定义（上游度/下游度），我们

---

① 有关基于投入产出模型的上下游与我们现实经济中认为的上下游的异同，也可参考倪红福（2019）。

定义了一种衡量企业位置的总括性指标，即综合进出口位置＝出口上游度/进口下游度，具体表达式为：

$$U_{ft}^A = U_{ft}^E / U_{ft}^I \qquad (16-18)$$

其中，U_{ft}^A 为企业综合进出口位置。综合进出口位置的值越大，该企业就越处于上游。对于某一企业，如果出口上游度大，而进口下游度小，则该企业在全球价值链中的前向和后向都处于上游位置，那么综合来看，其在全球价值链中位置就偏向上游。因此，本章定义的综合进出口位置不仅能综合地衡量企业在全球价值链中的相对上游位置，还避免了上游度和下游度之间出现的看似矛盾的现象。Chor 等（2014）对企业的位置也定义了一种总括性指标（即出口上游度–进口上游度），该指标具有一定的意义，但其取值可能为正也可能为负，这与我们的直觉和经济学常识不相符。

最后，为了从整体上考察一国（区域）的出口在全球价值链中位置，我们对所有的出口企业进行加权加总。以各企业的出口占全国总出口的比重为权重，可以得到一国整体的出口位置：

$$U_{gt}^E = \sum_{f=1}^{F} \left[\frac{E_{ft}}{E_t} \sum_{i=1}^{N} \left(\frac{E_{ift}}{E_{ft}} vapl_i \right) \right] \qquad (16-19)$$

其中，$E_t = \sum_{f=1}^{F} E_{ft}$ 为国家（区域）总出口，f 为出口企业个数。U_{gt}^E 为 g 国 t 期的整体出口上游度。整体进口下游度的计算方式与整体出口上游度相似，其以各企业进口比重作为权重。其他的各种类型的出口上游度和进口下游度的计算都是以对应的出口或进口比重为权重进行加总。

（三）数据来源和处理方法

本章主要使用了三类数据。一是 2000~2014 年的中国海关进出口数据库数据。在该时期，该数据库记录了企业以美元计价的按国家、HS8 位码、企业所有制类型和贸易方式分类的出口额和进口额，我们把各月的贸易数据加总得到年度的贸易数据。考虑到国际 HS 编码主要为 6 位码，根据 United Nation 网站上提供的 HS6 分位转换码，将中国海关进出口数据库中的 HS8 分位编码调整到 HS6 分位。二是全球投入产出数据。该数据项目编制了 2000~2014 年的全球投入产出表。WIOT 2016 提供了包括 2000~2014 年 43 个国家（或地区）的 56 个产品部门的全球投入产出表，比 2012 年发布的全球投入产出表包含了更多国家和产品部门，数据覆盖年份从 1995～2011 年变为 2000～2014 年。三是 2000～2007 年中国工业企业数据库数据。该数据库由国家统计局建立。本章参考已有文献做法去除异常样本，如企业员工少于 10 人的样本，总资产、净固定资产和销售额等关键变量缺失的样本，以及一些数据逻辑关系不合理的样本（如流动资产大于总资产，总固定资产大于总资产）。同时，遵循 Brandt 等（2012）的做法，对主要变量进行了价格指数平减。

不同数据之间的匹配方法大致如下：鉴于 WIOD 中的行业分类标准为 ISIC 标准，我们在联合国统计数据库中，找到了 HS 编码和 ISIC 编码之间的对应关系，随之进行了匹配。[①] 这样我们得到中国海关进出口数据中各企业进出口产品的产品部门上游度和下游度。在此基础上，我们可以利用中国海关进出口数据，计算各企业的出口上游度、进口下游度和综合进出口位置。对中国海关进出口数据库中企业的位置进行加总和分类，可以得到中国整体的出口上游度、进口下游度和综合进出口位置，也可以得到不同贸易类型（一般贸易和加工贸易）的出口上游度、进口下游度和综合进出口位置。需要特别说明的是，中国海关进出口数据库中进出口国家的数目多于 WIOD，导致一些国家产品部门没有对应的产品部门上游度和下游度。本章对此进行了标准化处理，以全球投入产出表中世界其他地区的上游度和下游度代替中国海关进出口数据中有而 WIOD 中无的国家的产品部门，并根据中国海关进出口数据库中企业的所有制类型、行业和地区进行分类汇总分析。最后，将匹配好的 WIOD 行业的中国海关进出口数据库中的企业，与中国工业企业数据库中的企业进行匹配。本章利用企业名称对这两个数据库进行匹配。这样，基于中国工业企业数据库中的企业资产负债表、利润表中丰富的财务指标，分析制造业企业的特征变量与企业位置的关系。

四　测算结果分析

根据前述有关企业在全球价值链中的位置测算方法，我们利用最新公布的

[①] 在具体匹配过程中，我们发现，因为统计口径和统计技术的改进，截至 2021 年底，HS 编码共有 1988 年、1992 年、1996 年、2002 年、2007 年、2012 年 6 个版本，而联合国统计数据库只给出了 HS1996 和 ISIC Rev. 3 对应版本以及 HS2002 和 ISIC Rev. 3. 1 对应版本。考虑到我们的数据区间中 HS2007 年以后的数据无法和 WIOD 进行匹配，为寻求匹配结果的准确性，我们根据 UN Statistics 中 HS2002 和 HS2007 编码之间的对应关系，在将二者进行匹配后，找到了 HS2007 和 WIOD 中的行业的对应关系。

WIOD 数据计算了 2000~2014 年宏观层面的产品部门的上游度和下游度等位置及其结构。然后，与 2000~2014 年的中国海关进出口数据匹配，测算分析了 2000~2014 年中国企业的位置及其结构变化。

（一）宏观层面的位置及其结构变化

本部分主要展示了宏观层面中国产品部门出口的上游度及其结构。

1. 中国整体上游度

图 16-1 显示了中国整体上游度变化情况。总体上，2000~2014 年，中国整体上游度和生产复杂度显著提高，产业链向上游延伸。具体来看，中国整体上游度从 2000 年的 2.505 上升到 2014 年的 2.891，上升了 15.41%。因为中间品上游度和最终品上游度的加权和等于整体上游度，且最终品上游度恒为 1，所以中间品上游度与整体上游度的值非常接近，且变化趋势基本一致。国外中间品上游度和国内中间品上游度也分别从 2000 年的 3.005 和 2.222 上升到 2014 年的 3.659 和 2.577。这一变化趋势表明：进入 21 世纪以来，尤其是加入 WTO 后，伴随着中国经济的飞速发展和改革开放的深入推进，中国产业通过 FDI、国际贸易、外包等方式积极参与全球产业链分工，从而拉长了国内和国外的生产链条，产业之间的关联程度增强，生产网络结构日益复杂。与此同时，中国产业整体逐步向上游延伸，呈现一定程度的产业升级。

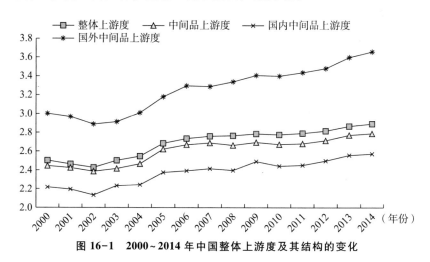

图 16-1　2000~2014 年中国整体上游度及其结构的变化

2000~2014 年，中国各类上游度指标变化呈阶段性特征，大致可以分为 3 个阶段。（1）2000~2002 年，中国整体上游度呈下降态势。如中间品上游度从 2000 年的 2.450 下降到 2002 年的 2.386，下降幅度为 2.61%。究其原因可能是，1998～2003 年国有企业兼并重组等带来的结构性变革的影响。大量国有企业被兼并重组或破产退出，企业数量大幅减少①，经济系统中的分工结构随之改变，原来由多个企业完成的关联较强的生产环节，被重新组合到一个企业内部进行，以前企业间的中间产品市场交易转为企业内部交易，导致产业间的中间投入联系减弱，产业的上游度减少。（2）2003～2006 年，各类整体上游度指标稳步上升。2001 年中国加入 WTO 后，世界和中国经济快速发展，国际贸易规模空前扩大，中国参与全球价值链分工体系，承接国外产业转移和外包，中国作为世界制造业基地的地位确立，成为"世界工厂"。这一过程导致中国产业分工深化细化，国内外产业链不断延长，在此过程中中国慢慢扩大了中间品生产，逐步向上游延伸。（3）2007～2014 年，中国整体上游度先出现短暂的下降，随即迅速反弹呈相对平稳趋势。究其原因是，2007 年到 2008 年，国际金融危机导致全球经济增长下滑，中国也出现中小企业倒闭潮，再加上发达国家"制造业回归"的影响，产业之间的联系强度下降，上游度出现了短暂性下滑，不久后国际产业之间的联系迅速恢复，中国产业上游度稳步回升。此外，中国整体下游度与上游度变化趋势基本相似，但变化幅度略有差异，导致综合位置的变化趋势有所差异。不过，中国整体综合位置的变化比较平稳。②

此外，本章也比较了几个典型国家上游度的变化情况（见图 16-2）③。研究发现，中国整体上游度最大，而美国整体上游度相对较小。Antràs 和 Chor（2017）的发现与本章结论相似，其研究表明，中国产品部门到最终需求的上游度是世界最大的，而美、日、英等发达国家的上游度基本上处于最低水平。单从上游度的大小来看，中国处于全球价值链的上游，主要提供中间投入产品，离最终需求产品端的距离相对较远。可是现实告诉我们，美国、日本、英国等发达国家一般提供核心零部件等关键中间产品，处于价值链的上游，这种看似矛盾的情况，在一定程度上说明了基于投入产出模型的位置测度指标与真实经济中生产链的上下游位置不是完全等同的。基于投入产出模型的位置更多反映的是中间品交易的复杂性或经济系统的复杂性。同时，利用投入产出模型测度

---

① 企业单位数来自国家统计局网站（http://data.stats.gov.cn/workspace/index? m=hgnd）。独立核算工业企业单位数从 1996 年的 506445 个下降到 2002 年的 181557 个，减少了 324888 个，降幅达 64.15%。

② 限于篇幅，我们没有详细列出相关数据。文中所有未展示的数据资料，若有需要，可向作者索取。

③ 由于各国的上游度和下游度指标变化趋势相似，再加上篇幅限制，我们仅选取主要发达国家的中间上游度指标进行比较。

的位置（如上游度、下游度）与本国的投入产出联系密切相关，这些位置指标即使能用来近似代替产业的上下游关系，也只局限于各国内部各产业之间的上下游关系比较，跨国比较是没有意义的。另外，从变化趋势来看，中国和韩国的上游度（包括中间品上游度、国内外中间品上游度）总体呈上升趋势，而美国、日本等发达国家的上游度变化不大。这一有关发达国家的生产位置下降的结论与Fally（2012）、倪红福等（2016b）的结论相似。这与美国等发达国家产业外迁和外包导致其国内生产链条缩短的现实相符。

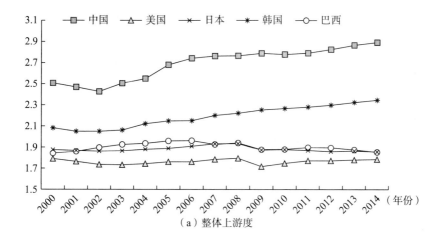

（a）整体上游度

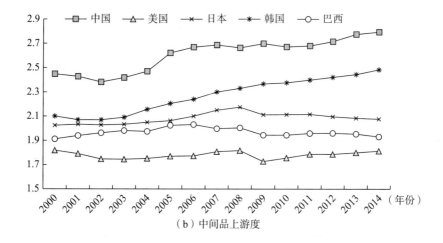

（b）中间品上游度

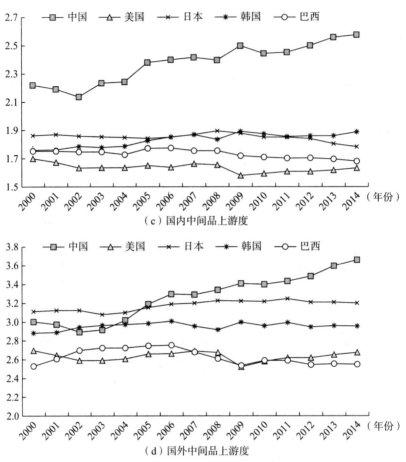

图 16-2　2000~2014 年典型国家上游度

2. 中国细分产业的上游度

表 16-2 显示了中国细分产业的上游度。可以发现，（1）总体上，第二产业的上游度大于第一产业和第三产业，如 2005 年，第一产业、第二产业和第三产业的中间品上游度分别为 2.563、2.685 和 2.583。这与常识相符，一般认为第二产业中制造业之间的联系复杂，且大部分制造业行业生产的产品离最终需求端较远。第三产业中大部分行业直接为最终需求端提供服务，且其无形性使得产业之间的关联程度相对较低，故服务业产业链相对较短。第一产业部门的很多产品为第二产业和第三产业提供原材料，但也有一部分农业产品可直接服务最终需求，故第一产业的上游度总体上应比第二产业低。当然，各产业内部的细分行业的上游度存在较大差异。（2）从 2000~2014 年的变化趋势来看，几乎所有产业的上游度都呈上升趋势，但第一产业的上升幅度大于第二产业和第三

产业。这可能因为，近 10 多年来，农业部门利用现代工业、科学技术和现代管理方式推动农业现代化，使得农业与工业、服务业深度融合，延长了农业产业链。此外，与一些典型国家细分产业的比较也发现，中国细分产业的上游度总体大于这些国家相应细分产业的上游度，且中国细分产业的上游度变化幅度较大，与整体上游度的变化趋势相似。

表 16-2 中国细分产业的上游度

产业部门	上游度				中间品上游度			
	2000 年	2005 年	2010 年	2014 年	2000 年	2005 年	2010 年	2014 年
第一产业	2.453	2.848	3.220	3.360	2.261	2.563	2.823	2.967
第二产业	2.916	3.037	3.159	3.309	2.539	2.685	2.768	2.909
制造业	2.936	2.978	3.103	3.254	2.518	2.594	2.669	2.806
食品、饮料和烟草制品的制造	1.961	2.198	2.486	2.681	2.160	2.407	2.609	2.769
化学品及化学制品的制造	3.879	3.968	4.211	4.432	2.989	3.091	3.312	3.527
计算机、电子产品和光学产品的制造	2.344	2.579	2.920	3.177	2.429	2.584	2.757	2.960
第三产业	2.463	2.534	2.559	2.679	2.459	2.583	2.569	2.690
批发贸易，但汽车和摩托车除外	2.892	2.635	2.894	3.101	2.582	2.587	2.663	2.818
陆路运输与管道运输	3.189	3.300	3.269	3.401	2.794	2.818	2.773	2.920
法律和会计活动；总公司的活动；管理咨询活动	3.086	3.222	3.645	3.931	2.423	2.559	2.802	3.039
产业部门	国内中间品上游度				国外中间品上游度			
	2000 年	2005 年	2010 年	2014 年	2000 年	2005 年	2010 年	2014 年
第一产业	2.140	2.362	2.637	2.782	3.541	3.725	4.198	4.636
第二产业	2.364	2.425	2.528	2.678	2.999	3.057	3.249	3.365
制造业	2.344	2.340	2.434	2.582	2.857	2.836	3.004	3.121
食品、饮料和烟草制品的制造	2.056	2.235	2.450	2.618	3.149	3.549	4.005	4.380
化学品及化学制品的制造	2.754	2.723	2.985	3.207	3.059	3.050	3.277	3.519
计算机、电子产品和光学产品的制造	2.162	2.155	2.338	2.538	2.198	2.378	2.502	2.679
第三产业	2.197	2.331	2.344	2.474	3.106	3.312	3.296	3.567
批发贸易，但汽车和摩托车除外	2.414	2.345	2.440	2.597	2.712	2.507	2.621	2.882
陆路运输与管道运输	2.588	2.520	2.532	2.684	3.252	3.514	3.327	3.569
法律和会计活动；总公司的活动；管理咨询活动	2.287	2.315	2.571	2.794	2.013	2.577	2.548	3.056

数据来源：作者测算。

以上从宏观的整体和产业层面对上游度的变化和结构进行分析，鉴于投入产出方法测算的位置指标在产业部门层面难以从不同贸易方式（一般贸易、加工贸易）、不同类型企业（国有、民营）、不同区域的角度分析全球价值链的位置，对此以下主要从微观企业层面来测度和分析全球价值链中的企业位置。

（二）中国贸易企业在全球价值链中的位置

由于中国海关进出口数据主要统计的是制造业部门的进出口数据，该部分内容实际上反映的是中国制造业的上游度变化情况。由于中国海关统计数据中区分加工贸易和一般贸易，我们也分别计算了加工贸易企业和一般贸易企业的出口上游度、进口下游度和综合进出口位置。

从图16-3可知，（1）中国贸易企业整体出口上游度、进口下游度都出现了一定程度的上升，且出口上游度的上升幅度略大于进口下游度，但在2000~2002年和2008年国际金融危机时期出现了短暂性下降。总体上，中国企业出口产品和进口产品的复杂程度都在提高。但是，从另一个侧面来看，由于进口产品的下游度很大，可能产品离最终需求较近，说明中国这些企业更多地从事简单的加工组装活动。（2）企业GVC上游度（GVC下游度）高于相应的出口上游度（进口下游度）。GVC上游度主要是考察跨国的生产长度（上游度），1单位增加值在国际价值链中经历的生产阶段数一般较大，因此企业的GVC上游度高于出口上游度。（3）国内中间品上游度的波动幅度低于国外中间品上游度，如贸易企业整体的国内中间品上游度几乎从2000年的2.244一直上升到2014年的2.512，上升了0.268，而贸易企业整体的国外中间品上游度从2000年的2.663下降到2003年的2.474，再上升到2008年的2.891，再短暂下降到2009年的2.827，再微上升到2014年的2.897。国内中间品下游度的波动幅度也低于国外中间品下游度。这在一定程度上反映了中国国内的生产复杂程度稳步上升，国外价值链虽然复杂程度快速提高，但也面临着风险。（4）一般贸易企业的出口上游度总体上都高于加工贸易企业，而一般贸易企业的进口下游度低于加工贸易企业。这也说明了中国一般贸易出口产品更多是作为中间投入品使用，离最终需求的距离相对较远。而加工贸易企业一般进口相对下游的产品进行简单组装加工后再出口。

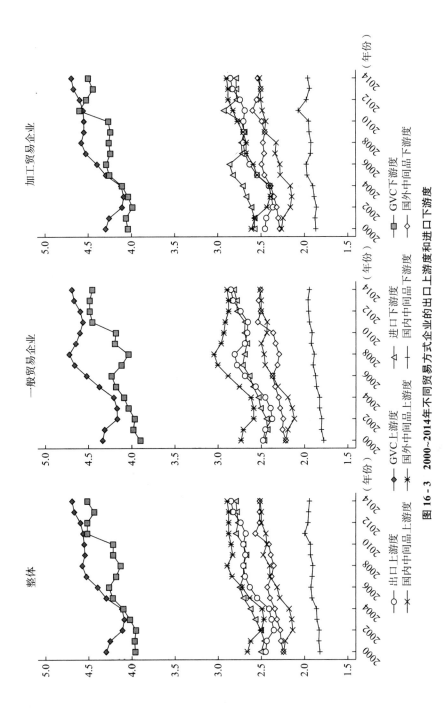

图 16 - 3　2000~2014年不同贸易方式企业的出口上游度和进口上游度和进口下游度

图 16-4 给出了中国贸易企业各类综合进出口位置的变化情况。可以看出，（1）一般贸易企业的综合进出口位置高于加工贸易企业的综合进出口位置。究其原因可能是，加工贸易企业主要生产服装、玩具等劳动密集型产品，而这些产品的复杂程度较低，产品的上游度低。本章前述测算的 2000 年的纺织品、服装以及皮革和相关产品的制造的上游度为 2.216，而化学品及化学制品的制造的上游度为 3.879。（2）中国贸易企业的综合进出口位置呈阶段性变化，整体综合进出口位置与一般贸易企业和加工贸易企业的综合进出口位置变化极其相似。①2000～2004 年，中国贸易企业的综合进出口位置呈现一定程度的下降。可能的原因是，一方面，中国加入 WTO 后，进口自由化使得中国企业进口产品的下游度上升。中国从国外进口的产品相对成形，主要处于下游水平，即加入 WTO 初期中国制造业企业主要从事加工组装环节。另一方面，出口产品的上游度下降，出口产品离最终需求的距离变小。加入 WTO 后，中国纺织品等低上游度的劳动密集型产品的出口及其比重迅速增加，导致出口上游度下降。总之，企业出口上游度下降和进口下游度上升，使得这一时期的中国贸易企业的综合进出口位置出现了下降趋势。②2004～2008 年，中国贸易企业的综合进出口位置呈上升趋势。这一时期，中国企业出口产品的上游度上升，出口产品更多地用于中间投入，离最终需求距离较远，出口产品及其结构不断升级，这主要体现在高上游度的计算机、电子等产品的出口和比重不断快速增加。而企业进口产品更多转向上游的原材料，导致企业进口下游度下降，进而导致综合进出口位置上升。③2008 年国际金融危机后，综合进出口位置出现了短暂的急剧下降，随后迅速反弹，这可能是进出口结构变化所致。金融危机期间，中间品贸易出现大幅下降，最终产品贸易下降幅度不大。这种进出口结构的变化导致金融危机时期中国企业整体位置短暂下降。

（三）企业在全球价值链中的位置及变化

1. 按行业分类的位置特征及变化

图 16-5 给出了中国制造业分行业的各种类型位置特征及变化情况。可以发现，（1）总体上，中国制造业各行业的出口上游度呈上升趋势，出口产品作为中间投入的比重提升，出口产品复杂度提高，呈现一定的产业升级趋势，但升幅存在明显的差异。造纸及纸制品业的出口上游度从 2000 年的 3.69 上升到 2014 年的 4.39，提高了 0.70，升幅为 18.97%。通信设备、计算机及其他电子设备制造业的出口上游度从 2000 年 2.34 上升到 2014 年 3.17，提高了 0.83，升

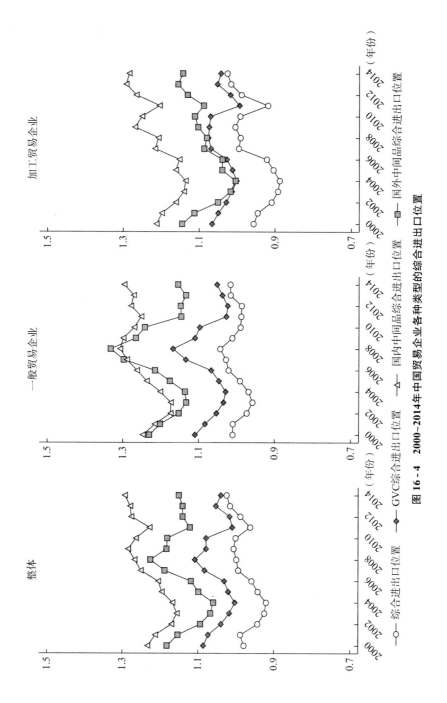

图 16 - 4　2000~2014年中国贸易企业各种类型的综合进出口位置

幅为 35.47%。（2）从变化趋势的阶段性来看，在 2001 年加入 WTO 后的 1~3 年内，中国制造业各行业的出口上游度出现了短暂性下降。2003~2007 年，大部分中国制造业行业的出口上游度呈稳步上升趋势。而 2008 年国际金融危机后，大部分制造业行业的出口上游度在出现短暂的下降后迅速恢复。（3）总体上看，中国制造业各行业的进口下游度变化差异较大，大部分行业呈现上升趋势，但升幅较小，一般低于相应的出口上游度。中国制造业各行业进口产品下游度的提升，表明进口产品离增加值的初始生产端越远，进口产品的复杂程度越高。此外，从变化阶段来看，制造业各行业的进口下游度变化趋势与出口上游度相似。

总之，制造业分行业出口上游度和进口下游度呈现一定程度的正相关性。这一结论与 Antràs 和 Chor（2017）中产品最终需求/产品总产出和产品增加值/产品总产出、上游度和下游度分别正相关的结论是一致的。世界各国深度融入全球价值链，各国产品的生产复杂程度都呈上升趋势，导致中国制造业企业的进口下游度和出口上游度同时上升。此外，从微观企业层面加总得到的制造业分行业的出口上游度与前述宏观层面的中国产品部门的上游度的变化趋势基本一致。

图 16-6 给出了中国制造业分行业的综合进出口位置。总体上看，中国制造业各行业的综合进出口位置变化不大，阶段性特征不明显。部分行业由于出口上游度的上升幅度略大于进口下游度，综合进出口位置呈现上升趋势，但上升幅度较小。与之相反，部分行业综合进出口位置下降，如化学原料及化学制品制造业（2000 年 1.00，2014 年 0.84）和医药制造业（2000 年 0.87，2014 年 0.79）。

根据 Wang 等（2017b）的方法和新分解方法，本章分别测算了中国制造业行业层面的全球价值位置、中间品位置、国内中间品和国外中间品位置等（见图 16-5 和图 16-6）。我们发现制造业各行业的 GVC 上游度和 GVC 下游度比相应的出口上游度、进口下游度都要大，前者约为后者的 2 倍。这是因为利用全球投入产出表测算国家产品部门层面的上游度和下游度时，上游度和下游度都相应低于 GVC 上游度和 GVC 下游度。从各行业的变化趋势来看，总体上各种类型的位置指标变化的阶段性特征基本相似，但国内中间品上游度的上升幅度大于国外中间品上游度。总体上，各种类型的综合进出口位置相差不大，大部分都在 1~2 范围内波动，且变化相对平稳。

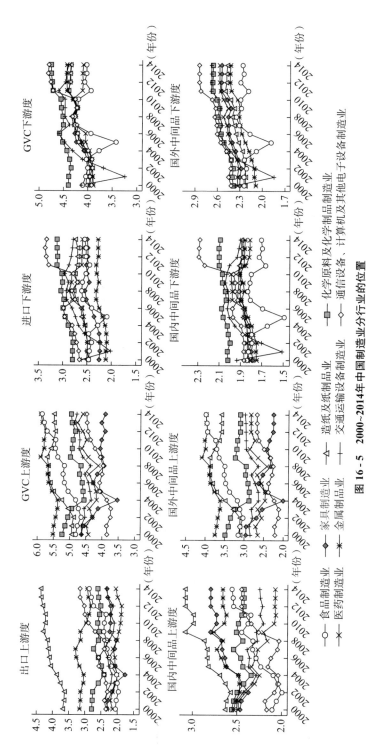

图 16-5　2000~2014年中国制造业分行业的位置及其结构

注：限于篇幅，本章仅显示了8个行业的位置及其结构。

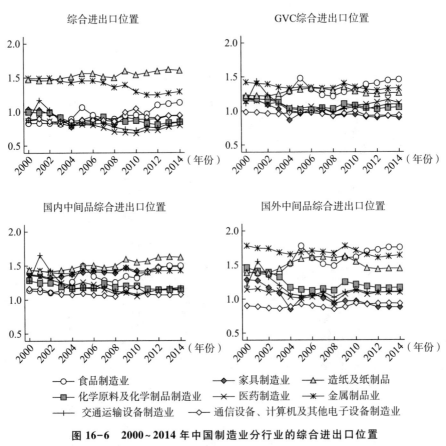

图 16-6 2000~2014 年中国制造业分行业的综合进出口位置

注：限于篇幅，本章仅显示了 8 个行业的位置及其结构。

2. 按企业所有制分类的位置特征及变化

本部分借鉴 Yu（2015）的做法，根据中国海关数据库中企业注册登记类型，将企业分为民营企业、国有企业和外资企业。图 16-7 显示了不同所有制企业在全球价值链中的位置情况。可以看出，（1）国有企业的各种类型的出口上游度明显高于其他所有制类型企业，而国有企业的各种类型进口下游度则普遍低于其他所有制类型企业，进而导致国有企业的综合进出口位置普遍高于其他所有制类型企业。例如，国有企业 2014 年的出口上游度为 3.02，外资企业和民营企业分别为 2.91 和 2.80；国有企业的进口下游度为 2.76，外资企业和民营企业分别为 2.84 和 2.79。可能的原因是，中国的国有企业主要分布在石油、化工、机械、电子、冶金、有色和建材等重要产业，主要提供原材料、生产资料和工具，出口产品相对处于上游，离最终产品需求的距离较远。经过 40 多年的改革开放，中国的国有企业和民营企业已经形成了一种产业链的特殊格局：大型超大型国有企业多处于产业链的上游，在基础产业和重型制造业等领域发挥作用，而民营企业越来越多地提供制造业产品特别是最终消费品（刘志彪，2019）。因此，国有企业的出口上游度较高。而国有企业一般集中于进口国外的原材料、石油等上游产品，离初始增加值生产端的距离较近，故国有企业进口下游度相对较小。（2）2008年国际金融危机期间，国有企业的出口上游度和综合进出口位置都出现一定程度的短暂下降，而进口下游度出现了短暂的小幅上升。受危机的影响，上游度较高产品的出口占比大幅降低，这引起企业出口上游度下降。与之相反，企业进口产品的下游度却在小幅上升。事实上，危机期间，石油、原材料的价格急剧下降，即使进口量不变或者增加，也会导致这些产品的进口额下降，进而引起这些下游度低的产品的进口额的相对比重下降，从而导致进口下游度上升。

3. 按企业所在区域分类的位置特征及变化

根据企业注册地所在省份，将企业分为东部地区企业、中部地区企业、西部地区企业和东北地区企业。从图16-8可知，（1）2008年国际金融危机之前，东部地区企业的出口上游度最小，而进口下游度最大，进而使得东部地区企业的综合进出口位置最低。这一事实可能说明：2008年之前，中国东部地区企业主要从事简单的组装加工活动，生产的产品大部分直接出口到最终产品市场，离最终需求的距离较短，故东部地区企业出口上游度最小。同时，东部地区企业进口的产品接近最终需求，进口的产品离初始增加值生产端的距离较远，因此其进口下游度较大。与之相反，而中部、西部和东北地区企业的出口产品偏上游，进口的产品也更多是原材料，离初始增加值生产端的距离较近（即进口下游度较小）。（2）2008年国际金融危机后，东部、中部、西部和东北地区企业的各种类型的位置指标都呈收敛的趋势，各地区企业的全球价值链位置指标值接近。这也在一定程度上说明，金融危机后，全球经济增速放缓，中国经济面临下行压力，东部地区综合成本快速上升，传统竞争优势不断下降，东部地区企业被迫加速转型升级，逐步从以前的下游产品的加工组装向上游产业链延伸。与此同时，西部、中部和东北地区企业依托产业基础和劳动力、资源等优势，完善基础设施，加强公共服务平台建设，为承接产业转移营造良好的环境，因地制宜承接并发展优势特色产业，进一步壮大产业规模，加快产业结构调整。非东部地区企业加快发展消费型轻工业，产业逐渐从上游向下游延伸。

（四）典型制造业行业的解构

不同行业企业嵌入全球价值链的模式和程度存在异质性，这样其在全球价

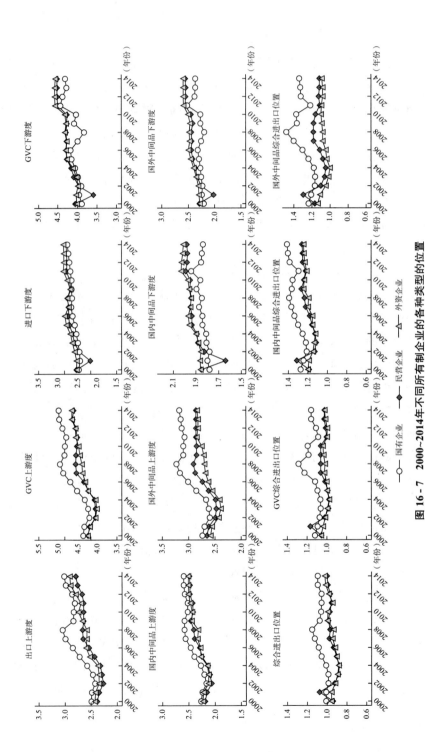

图16-7 2000~2014年不同所有制企业的各种类型的位置

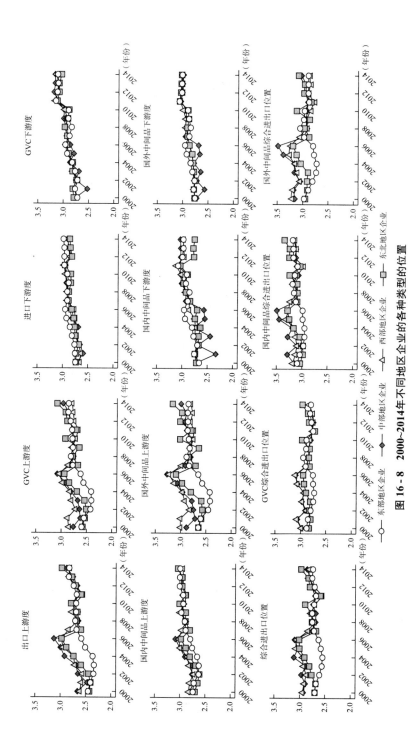

图16-8　2000~2014年不同地区企业的各种类型的位置

值链中的位置也会存在差异。为了更为细致地剖析中国企业在全球价值链中的位置，本部分选取纺织业和通信设备、计算机及其他电子设备制造业两个典型行业进行分析。

1. 纺织业企业在全球价值链中的位置

纺织业是典型的劳动密集型行业，是低收入国家发展的重要助力器，也是出口导向型国家工业化战略的典型启动产业。改革开放以来，中国纺织业得到了快速发展，虽然在 20 世纪 90 年代前后曾出现短暂的供过于求和经营困难的局面，但后来逐步摆脱了困境，尤其是 2001 年之后，中国利用加入 WTO 的良好机遇，大力发展对外贸易，成为世界第一大纺织业生产和出口国，中国纺织业在全球价值链中越来越处于上游，生产过程变得日益复杂。图 16-9 和图 16-10 分别显示了分所有制类型和分地区的纺织业企业的位置变化趋势。可以发现，（1）不同所有制类型或地区的纺织业企业的出口上游度的变化趋势基本相同，纺织业企业的综合进出口位置几乎没有差异。这说明中国纺织业企业出口产品的技术含量、出口市场在不同所有制企业或地区之间没有显著的差异，这也说明在纺织产品出口市场上，不同地区和不同所有制类型的企业都处于同样的市场竞争环境。（2）从纺织业企业进口下游度来看，各所有制类型企业的进口下游度的变化趋势相同；从地区分布来看，各地区纺织业进口下游度相似。总之，中国纺织业企业在所有制、地区之间的差异小，企业在全球价值链中的位置基本相同。

2. 通信设备、计算机及其他电子设备制造业企业在全球价值链中的位置

通信设备、计算机及其他电子设备制造业是典型的高新技术产业，也是全球价值链分工程度最深和中国近年来出口额最大的制造业行业之一。由图 16-11 和图 16-12 可以发现，（1）从出口上游度来看，国有企业的出口上游度相对高于其他所有制类型的企业，但各地区之间的企业出口上游度差异比较小。这也充分说明国有企业出口的产品相对处于上游水平，产品更多作为中间投入。这也与不同所有制类型纺织业企业的出口上游度基本相同的事实不同。（2）从进口下游度来看，外资企业进口下游度最高，这也反映了外资企业在生产过程中进口的中间投入品处于偏下游水平，离初始增加值创造端较远。这在一定程度上反映了外资企业主要是进口快完工的中间投入品进行简单组装加工，再出口到国外最终产品市场的情况。（3）从综合进出口位置来看，通信设备、计算机及其他电子设备制造业企业的综合进出口位置在波动中变化，且水平值变化不大。国有企业的综合进出口位置总体上高于其他类型所有制的企业，中

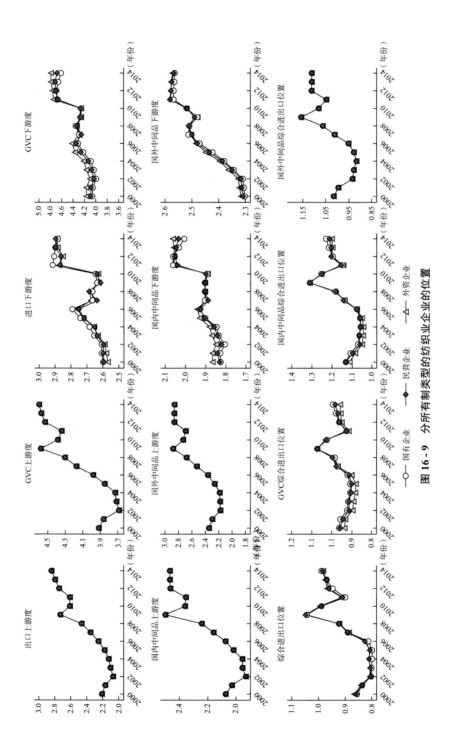

图16-9　分所有制类型的纺织业企业的位置

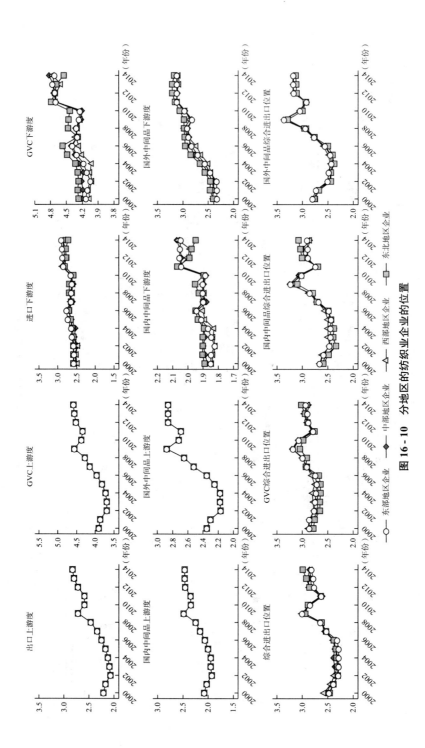

图 16 - 10　分地区的纺织业企业的位置

部、西部等欠发达地区企业的综合进出口位置总体上高于其他地区的企业。这与纺织业企业的综合进出口位置的变化趋势不同，纺织业企业的综合进出口位置在 2003 年之后出现了明显的上升趋势，纺织业在全球价值链中的位置相对向上游延伸，呈现一定程度的产业升级。

五　企业全球价值链位置影响因素的计量分析

本部分主要分析制造业企业的位置（出口上游度、进口下游度、综合进出位置）的影响因素。严格来说，更多的是一种相关关系的考察，以为后续详细探讨全球价值链企业位置的原因和影响提供经验事实。

（一）计量模型和数据说明

计量模型如下：

$$YU_{fidt} = \alpha_1 + \alpha_2 X_{ft} + \eta_i + \varphi_d + \lambda_t + \varepsilon_{ifdt} \tag{16-20}$$

其中，f 为企业，i 为行业，d 为城市，t 为年份，YU_{fidt} 表示企业出口上游度（企业上游度、企业全球价值链上游度、企业国内中间品上游度、企业国外中间品上游度）。η_i 为 CIC2 位码行业固定效应，φ_d 为省份固定效应，λ_t 为年份固定效应。X_{ft} 为企业特征变量，包括：①全要素生产率（tfp），使用 Olley 和 Pakes（1996）的方法进行估算[①]；②企业规模（$size$），用取自然对数的企业年平均就业人数来衡量；③人均工资水平（$lnwage$），用取自然对数的企业人均工资来衡量；④资本密集度（$lncap$），用取自然对数的固定资产合计与员工人数之比来衡量；⑤企业所有制类型（$ownership$），根据企业登记注册类型，将企业分为国有企业（soe）、民营企业（pri）、港澳台企业（hmt）和外资企业（fie），为相应类型则赋值为 1，否则为 0。表 16-3 给出了变量的描述性统计。[②]

---

① 产出用销售额衡量，劳动用企业年平均就业人数衡量，中间投入用企业报告值衡量，资本用固定资产净值衡量。投资根据永续盘存法计算，$I_{it} = K_{it} - (1-\delta) K_{it-1}$，其中折旧率 δ 设为 15%。

② 由于中国海关进出口数据库缺乏企业特征数据，因此我们需要与中国工业企业数据库匹配。考虑到中国工业企业数据库 2007 年之后的数据质量较差，本部分我们只利用 2000~2007 年中国海关进出口数据库与中国工业企业数据库匹配得到的企业层面的非平衡面板数据进行计量回归。

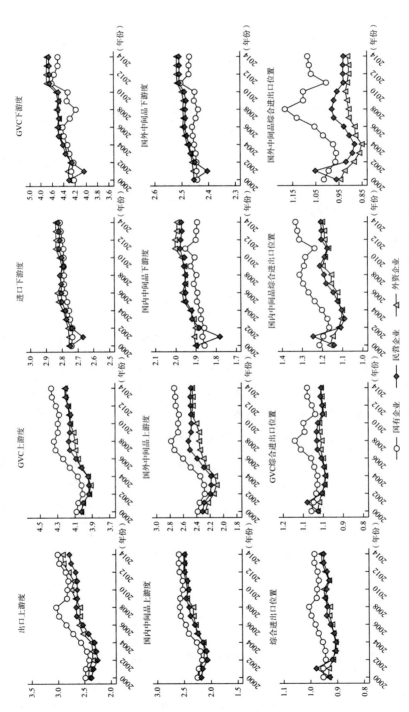

图 16 - 11　分所有制类型的通信设备、计算机及其他电子设备制造业企业的位置

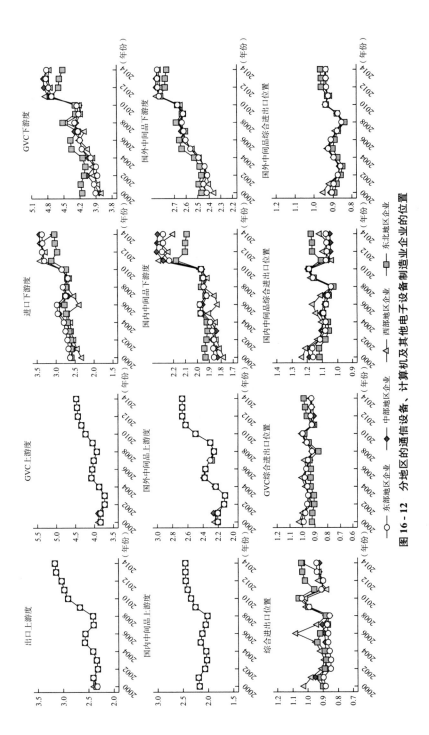

图 16-12　分地区的通信设备、计算机及其他电子设备制造业企业的位置

表 16-3　变量的描述性统计

变量	含义	均值	标准差	最小值	最大值
up_firm	企业上游度	2.482	0.677	0	4.895
up_gvc_firm	企业全球价值链上游度	4.363	1.042	0	6.666
up_gnzjp	企业国内中间品上游度	2.303	0.512	0	3.647
up_gwzjp	企业国外中间品上游度	2.730	0.774	0	4.849
tfp	全要素生产率	2.953	1.098	-11.819	10.206
size	企业规模	5.189	1.158	2.079	12.145
lnwage	人均工资水平	2.738	0.658	-5.298	7.530
lncap	资本密集度	3.868	1.392	-6.613	11.877
soe	国有企业	0.027	0.163	0	1
pri	民营企业	0.358	0.479	0	1
hmt	港澳台企业	0.270	0.444	0	1
fie	外资企业	0.345	0.475	0	1

对于式（16-20）的估计，如果直接采用 OLS 回归可能会导致较为严重的内生性问题。原因如下：一是企业出口上游度与解释变量可能互为因果，如出口上游度更高的企业，可能因为具有更强的出口学习效应而具有更高的生产效率；二是本章对企业位置的测算虽尽可能地做到精确，但不可避免地存在测算误差；三是虽然本章尽量控制了各类影响企业位置的变量，但如研发投入等变量在中国工业企业数据库中未进行全部统计，存在遗漏变量问题。

针对以上内生性问题，我们采用系统 GMM 方法进行估计。该方法的基本原理是：一方面用差分方程来消除固定效应，并使用自变量的水平滞后项作为差分项的工具变量；另一方面使用差分项的滞后项作为水平项的工具变量，以此来增加工具变量的个数，从而解决水平滞后项的弱工具变量问题。理论上已经证明，在时间跨度较长且样本数量有限的情况下，由于系统 GMM 方法能够同时利用差分方程和水平方程的信息，工具变量的有效性会更强，因此相对于差分 GMM 的参数估计结果更加有效。

（二）估计结果

表 16-4 给出了估计结果。Arellano-Bond AR（2）检验以及 Hansen 检验的伴随概率全部都大于 0.1，说明本章工具变量的设定是恰当的。全要素生产率（tfp）的系数显著为正，原因在于全要素生产率高的企业可以更好地组织生产，

降低产品生产的可变成本，同时生产更为复杂的产品，从而出口产品的复杂度相对高，进而出口产品上游度相对较高。企业规模（*size*）的系数显著为负［第（1）列回归系数不显著］，表明企业规模的扩大并不利于企业出口上游度的提升，原因可能是大规模企业存在转型困难，组织惰性导致企业规模反而成为出口产品技术升级的内在障碍。人均工资水平（lnwage）的系数显著为正，人均工资水平一方面反映企业用工成本，另一方面可以反映企业的人力资本水平，高素质的劳动力会直接提高劳动生产效率，进而提升出口上游度。资本密集度（lncap）的估计系数显著为正，表明资本密集度的提高有利于企业出口上游度，这主要是因为从中国企业的发展阶段来看，资本积累仍然是大部分企业进行技术研发和结构调整的重要物质基础。相比民营企业（*pri*），国有企业（*soe*）的系数显著为正，可能的原因如前文所述，国有企业主要分布在石油、化工、机械、电子、冶金、有色和建材等重要行业，主要提供原材料、生产资料和工具，出口产品相对处于上游，离最终产品需求的距离较远，上游度较高。港澳台企业（*hmt*）和外资企业（*fie*）的系数显著为负，意味着相比民营企业，港澳台企业和外资企业的出口上游度更低，可能的原因在于港澳台企业和外资企业主要利用廉价劳动力进行生产，出口产品更贴近消费市场。最后，OLS 其他回归方法、分样本量的回归结果，与前述基本相似。限于篇幅，其他类型的位置指标的回归分析结果此处不再赘述。

表 16-4　企业特征变量影响出口上游度的回归结果

解释变量	(1) 企业上游度	(2) 企业全球价值链 上游度	(3) 企业国内中间品 上游度	(4) 企业国外中间品 上游度
tfp	3.171 ***	5.125 ***	2.898 ***	4.272 ***
	(0.169)	(0.247)	(0.125)	(0.188)
size	−0.011	−0.052 ***	−0.016 **	−0.049 ***
	(0.008)	(0.012)	(0.006)	(0.009)
lnwage	0.123 ***	0.110 ***	0.089 ***	0.074 ***
	(0.011)	(0.016)	(0.008)	(0.012)
lncap	0.035 ***	0.075 ***	0.016 ***	0.073 ***
	(0.005)	(0.008)	(0.004)	(0.006)
soe	0.037	0.197 ***	0.000	0.191 ***
	(0.043)	(0.062)	(0.030)	(0.047)

续表

解释变量	（1）	（2）	（3）	（4）
	企业上游度	企业全球价值链上游度	企业国内中间品上游度	企业国外中间品上游度
hmt	−0.086 ***	−0.163 ***	−0.059 ***	−0.145 ***
	（0.014）	（0.021）	（0.011）	（0.016）
fie	−0.093 ***	−0.108 ***	−0.058 ***	−0.096 ***
	（0.014）	（0.020）	（0.010）	（0.015）
滞后一期	0.378 ***	0.312 ***	0.456 ***	0.349 ***
	（0.037）	（0.039）	（0.036）	（0.036）
常数项	0.099	1.002 ***	0.076	0.150
	（0.140）	（0.235）	（0.112）	（0.154）
AR（1）	［0.000］	［0.000］	［0.000］	［0.000］
AR（2）	［0.941］	［0.187］	［0.287］	［0.209］
Hansen 检验	［0.973］	［0.901］	［0.976］	［0.987］
样本量	22,536	22,536	22,536	22,536

注：*** 、** 、* 分别表示在1%、5%、10%的水平下显著，（ ）内为稳健标准误，［ ］内为检验统计量的 P 值。

六　本章小结

一国企业在全球生产网络体系中位置，是学术界和政策制定者共同关注的重大问题。虽然已有研究利用投入产出模型对宏观产业层面的位置进行了大量的讨论，但这些测算方法相对零散，且对企业层面全球价值链位置的研究乏善可陈。本章在倪红福（2016）、Muradov（2016）和 Chor 等（2014）等文献的基础上，提出了一种基于广义增加值传递视角的位置测算和结构分解方法，并尝试结合产业层面测度的位置，构建企业层面的出口上游度、进口下游度和综合进出口位置等测度指标，并利用 WIOD、中国海关进出口数据库和中国工业企业数据库的匹配数据，测算分析了 2000~2014 年中国企业的位置及其结构变化，实证分析了企业特征变量与全球价值链位置的关系。

（一）主要结论

（1）2000~2014 年，中国整体上游度和生产复杂度显著提高，产业链向上游延伸。这意味着进入 21 世纪以来，尤其是加入 WTO 后，伴随着中国经济飞速发展和改革开放深入推进，中国产业通过 FDI、国际贸易、外包等方式积极参与全球产业链分工，从而拉长了国内和国外的生产链条，产业之间的关联程度增强，生产网络结构日益复杂。

（2）在所选取的国家中，中国整体上游度最大，而美国整体上游度相对较小。从变化趋势来看，中国和韩国的上游度总体呈上升趋势，而美国、日本等发达国家的上游度变化不大。

（3）一般贸易企业的出口上游度总体上高于加工贸易企业，而一般贸易企业的进口下游度低于加工贸易企业。一般贸易企业的综合进出口位置高于加工贸易企业的综合进出口位置，意味着中国一般贸易企业的出口产品更多用于中间投入，离最终需求的距离相对较远，企业主要进口相对上游的产品（如原材料）进行生产。而加工贸易企业一般进口相对下游的产品进行简单组装加工后再出口。

（4）总体上，中国制造业各行业的出口上游度呈上升趋势，出口产品作为中间投入的比重提升，出口产品复杂度提高，呈现一定的产业升级趋势，但升幅存在明显的差异。从各行业的变化趋势来看，各种类型的位置指标变化的阶段性特征基本相似，但国内中间品上游度的上升幅度大于国外中间品上游度。

（5）从企业所有制类型看，国有企业的各种类型的出口上游度普遍高于其他所有制类型企业，而国有企业各种类型进口下游度则普遍低于其他所有制类型企业，进而导致国有企业的综合进出口位置高于其他所有制类型企业。

（6）从区域分布来看，2008 年国际金融危机之前，东部地区企业的出口上游度最小，而进口下游度最大，进而使得东部地区企业的综合进出口位置最低。2008 年国际金融危机后，东部、中部、西部和东北地区企业的各种类型的全球价值链位置指标都呈收敛的趋势。

（二）启示与进一步讨论

第一，将促进我国产业迈向全球价值链中高端作为"十四五"时期乃至更长时期产业发展的政策方向和发展目标。虽然中国大部分出口企业都呈现一定程度的位置提升，出口产品和进口产品的生产复杂程度提升，但是一些行业的出口产品和进口产品的复杂度出现持续下降趋势。从本章测算的出口上游度指标来看，许多企业的出口上游度上升幅度非常有限，甚至停滞。在过去对外开放过程中，中国企业出口可能过度注重数量，而忽视了质量，未来中国除了需继续扩大对外开放，放宽市场准入，加快形成全面开放新格局，中国企业也应该更加注重产品质量的提升，实现中国贸易的高质量发展。因此，在"十四五"时期乃至更长时期，对于以5G为代表的新一代电子信息技术产业等已经在国际上属于技术并行者或领跑者的产业，要依托先进的产业技术和强大的配套能力，利用庞大的市场规模和产业规模优势，有效聚集全球创新资源，研发出国际前沿技术，牢牢占据价值链的高端；对于纺织业等技术水平相对落后的传统制造业，要积极促进传统产业转型升级和创新发展，引导企业开展数字化、网络化、智能化改造，不断强化技术创新能力和综合服务能力，使其尽快从传统产品制造商向综合成套服务提供商转变。

第二，促进产业迈向全球价值链中高端的产业政策要更加精准，突出差异性、针对性。一是鉴于国有企业和民营企业已经形成了一种产业链的特殊格局，未来在竞争型行业中，各类型企业作为平等的市场主体，要充分发挥各自优势，展开竞争，优胜劣汰。二是鉴于地区间产业链位置具有趋同特征，中西部地区要进一步优化营商环境，不断提升劳动力素质，创造更好条件以承接东部地区的产业转移。三是鉴于一般贸易企业在全球价值链中具有更好的表现，要加快加工贸易企业的转型升级，为高价值环节的加工贸易企业发展创造更好的政策环境和监管环境，加强对低附加价值或"两高一资"加工贸易活动的管理，提高准入门槛。

第三，大力提升人力资本水平，提高企业全要素生产率。基于实证研究的发现，人力资本水平、全要素生产率显著提高了企业在全球价值链中的位置，未来一段时期，要将提升人力资本水平、提高全要素生产率作为促进中国产业迈向中高端的重要抓手。要加大力度普及高中教育，尤其是加快农村和贫困地区高中阶段教育的发展，努力实现使绝大多数城乡新增劳动力接受高中阶段教育的目标；把握经济社会发展形势和劳动力市场信号的变化，提高人力资本投资的针对性，完善职业教育和培训体系；在宏观层面，应建立以鼓励企业创新和提质增效为导向的市场激励机制，进一步消除生产要素自由流动的体制机制障碍，优化资源配置，提高全要素生产率。

最后，虽然本章对位置测算方法和结构分解进行了深入的研究，并实证分析了中国企业在全球价值链中所处位置的特征化事实，但是仍存在一些不足，需要进一步拓展，具体有以下几个方面。一是基于投入产出模型的位置的测算方法存在一些缺陷，不能完全与我们生活中认为的生产链中的上下游等价。在实证中应用这些位置指标可能遇到难以解释的情况，故需要进一步拓展的新位置测算方法。二是目前关于企业融入全球价值链的影响研究，主要使用企业是否有进出口行为、企业国内增加值率等变量衡量企业的参与程度，这一做法略显粗糙，没有考虑到企业的参与位置。未来的研究可以基于本章的测算方法和数据，进一步考察企业在全球价值链中的位置对企业全要素生产率、技术创新、利润率、用工状况以及对劳动者工资水平、工作时间、健康状况等的影响。三是本章在测算企业全球价值链位置的基础上，对影响因素做了初步的计量分析，未来的研究可以构建相关的理论模型，在计量可信性的框架下深入考察产业政策、贸易自由化政策、投资自由化政策、国有企业产权制度改革、劳动力市场制度改革等一些制度与政策的变革对企业全球价值链位置的影响，进一步提高研究问题的聚焦度和结论的针对性。此外，本章企业的进出口位置实际上与产品复杂度和质量也密切相关。在一定程度上，出口位置越高，产品复杂度和质量越高，这也是值得关注的问题。

第十七章 "双循环"新发展格局的
全球价值链测度分析[*]

本章从经济循环的视角阐述"新发展格局",进而构建了基于供给和需求端的国际国内循环测度指标和基于全球价值链的国内国际循环 GDP 分解新方法,并利用 WIOD 数据进行了实证测算分析。在此基础上,对新发展格局的本质特征进行了深入分析。研究发现,无论是从最终品国内最终需求率和中间品的本国供给率来看,还是从全球价值链 GDP 分解来看,中国国内经济循环的程度都在 90% 上下;从国际比较角度看,依赖国内循环的 GDP 占比中国排在第 5位。这些都说明了如果单纯基于国内经济循环和国际经济循环的新增经济流量看,在数量上国内经济循环的主体地位基本确立。但是,并不能由此认为新发展格局已经基本形成。新发展格局的关键内涵是畅通经济循环,本质特征是实现高水平自立自强。新发展格局的"以国内大循环为主体"不仅体现为中国经济国内循环流量在整体经济循环流量中占比高、中国 GDP 增长主要依赖国内经济循环,还主要体现为以国内高水平自主创新为主驱动经济循环畅通无阻、以持续扩大国内需求为主不断做大经济循环流量、以发挥国内大循环主导作用为主促进国内国际双循环畅通。基于此,本章提出构建新发展格局的相关政策建议:要着力扩大消费以调整内需结构,实现内需结构的合理化、高级化;要发挥超大规模市场优势、加快建设统一开放有序的国内大市场;要积极扩大开放水平,在国内国际双循环中充分发挥国内大循环主导作用;要加快自主创新以提升产业链现代化水平,形成数字化智能化创新驱动下的双循环新发展格局。

一 引言

2020 年 4 月 10 日,在中央财经委员会第七次会议上,习近平总书记提出要

---

* 本章部分内容发表在《管理世界》2022 年第 12 期。

形成以国内大循环为主体、国内国际双循环相互促进的新发展格局。2020 年 10 月 29 日，党的十九届五中全会将构建新发展格局作为"十四五"规划《建议》的"纲"提出（刘鹤，2020），2021 年 3 月 11 日闭幕的全国人民代表大会通过的"十四五"规划《纲要》，以《建议》为基础对构建新发展格局进行了规划部署。2021 年 1 月 11 日，习近平总书记在省部级主要领导干部学习贯彻党的十九届五中全会精神专题研讨班开班式上指出："进入新发展阶段、贯彻新发展理念、构建新发展格局，是由我国经济社会发展的理论逻辑、历史逻辑、现实逻辑决定的""加快构建以国内大循环为主体、国内国际双循环相互促进的新发展格局，是'十四五'规划《建议》提出的一项关系我国发展全局的重大战略任务，需要从全局高度准确把握和积极推进""构建新发展格局的关键在于经济循环的畅通无阻"。[1]

作为经济现代化战略，新发展格局的提出可以认为是内生要求与外部变化同时作用的结果。一方面，内生要求的含义是以国内需求为主。新发展格局的动力来源明显侧重于国内供给和需求的对接，这也是以国内大循环为主体的直观含义。改革开放以来，中国经济的巨大成就孕育了超大规模的市场优势，内需潜力巨大。中国有 14 亿多人口，有最大规模的中等收入群体。自 2008 年国际金融危机以来，中国经济已经在向以国内大循环为主体转变，经常项目顺差同国内生产总值的比率由 2007 年的 9.9%降至现在的不到 1%，国内需求对经济增长的贡献率有 7 个年份超过 100%。内需现在是中国经济发展的主要动力。长期以来，出口被认为是中国经济增长的"三驾马车"之一，被认为是外部需求，其发挥的增长作用现今已经大大减弱。从国民经济核算角度来看，只有净出口才被算作 GDP。以 2019 年的数据为例，中国进出口总额为 31.5583 万亿元，GDP 为 99.0865 万亿元，进出口贸易占 GDP 的比重达到 31.85%；然而进出口贸易顺差仅有 2.9177 万亿元，仅占 GDP 的 2.94%。[2]改革开放以来实施的出口导向的外向型发展战略，符合当时经济发展的实际情况。当时国内市场不够成熟，人民生活水平较低，而外部市场成熟和外部需求旺盛，这样也就形成了市场和资源两头在外的国际大循环。以外需促内需，以开放促改革，这种发展格局更适应中国当时的经济发展阶段。得益于国际大循环带来的建设资金与其吸纳农村富余劳动人口的作用，中国经济快速发展，造就了今天中国的超大

① 《习近平在省部级主要领导干部学习贯彻党的十九届五中全会精神专题研讨班开班式上发表重要讲话》，人民网，http://jhsjk.people.cn/article/31996276，2021 年 1 月 11 日。
② http://www.customs.gov.cn/customs/302249/302274/302277/302276/2910857/index.html。

规模国内市场优势和内需潜力。另一方面，外部变化的含义是不确定性所导致的外部需求下降与高级生产要素外部供给风险增大。从全球生产和贸易来看，以前的分工体系和利益格局已经无法持续。全球贸易和分工以及全球价值链贸易占比都出现停滞和下降，全球价值链和产业链正在经历重要的调整和重组。中美贸易摩擦和新冠疫情无疑会加重对全球价值链重构的影响，全球生产分工的内化趋势明显，全球价值链呈现出区域化、本土化和智能化的特征。2008年国际金融危机以来，发达国家经济增长乏力导致其国内需求市场增长缓慢，进而导致中国产品的外部需求失速。美国对中国高科技企业的围剿，制约了中国对像芯片等"卡脖子"高科技产品这一类高级要素的获取能力。疫情带来供应链断裂和重构的同时，直接的影响是商品和要素流通受阻，外部需求断崖式下降。面对这一不利外部环境，世界各国都在寻求经济发展方案，中国的战略则是形成以扩大内需为战略基点的国内国际双循环相互促进的新发展格局。

针对新发展格局，学界、政策界进行了一系列的政策解读和理论探讨。（1）有关新发展格局含义的研究。黄群慧（2021）提出了"阶段—模式—动力"的三维理论，认为构建新发展格局是与新阶段相适应的经济现代化路径，是中国基于自身资源禀赋和发展路径而探索出来的、以自立自强为本质特征的、突破"依附性"、具有"替代性"的一种经济现代化模式，是一种充分利用大国经济优势、围绕着自主创新驱动经济循环畅通无阻的经济现代化战略。刘志彪（2020）指出"双循环"战略的基本逻辑为：扩大内需—虹吸全球资源—发展创新经济—以基础产业高级化、产业链现代化为目标，构建以国内经济为主体的大循环格局—促进形成国内国际双循环相互促进的新发展格局。倪红福（2020b）对国内大循环、国际大循环和双循环进行了初步的探讨。"国内大循环"是指再生产活动的每一个环节，即投资、生产、分配、流通、消费这种有机过程的循环，都是以满足国内需求为出发点，同时也以此为落脚点。与此相对应的"国际大循环"是指通过参与国际循环，以外部需求拉动国内经济增长。"双循环"是指国内大循环与国际大循环之间有机的联系与沟通。（2）有关如何构建双循环新发展格局的研究。已有研究主要从向内开放与制度完善，提高自主创新能力和扩大消费能力，建立国内统一、顺畅、有活力的大市场，并寻求与国际外循环相互促进的视角展开。黄群慧（2020）指出，"主动型"的双循环新发展格局不是一蹴而就的。围绕着加快形成双循环新发展格局，当前在政策安排上，一方面要从需求侧入手扩大有效投资和促进消费，重点是加快对"两新一重"（新基建、新型城镇化和重大工程建设）的投资和积极出台一系列针对居民的消费激励方案；另一方面要从供给端发力，深化供给侧结构性改革，通过技术创新和制度创新解决我国经济循环中的技术"卡脖子"问题和体制机制障碍，提高供给质量。具体而言，现在有必要下决心对长期以来阻碍国内经济循环的结构性问题与体制机制问题"动手术"。此外，黄群慧（2021）、高培勇（2021）、倪红福（2020b）等进行了一些理论、政策方面的探讨和解读。但是，这些对双循环新发展格局的研究大多是基于经济理论的定性分析，对双循环的现状没有进行系统的定量分析，在理论、实证数据和测算方面的深化研究不多。

鉴于此，本章首先从经济循环的概念和理论逻辑的视角阐述新发展格局，进而构建基于供给和需求端的国内国际循环测度指标和基于全球价值链的 GDP 国内国际循环分解新方法，并利用全球投入产出数据库进行了实证测算分析。在此基础上，诠释新发展格局的本质特征，并提出相关政策建议。

二 中国经济国内国际循环测度：分别以需求和供给端为逻辑起点

（一）经济学中的循环概念及分析逻辑

新发展格局的关键词是"经济循环"（黄群慧，2021）。经济活动本质上是一个基于经济分工和价值增值的信息、资金和商品（含服务）在居民、企业和政府等不同主体之间流动循环的过程。经济循环的概念最早可追溯到弗朗斯瓦·魁奈的循环思想。1766 年，他在《经济表》中把社会再生产的循环原理引入到国民经济运动研究中，开创了经济学循环理论研究的先河。《经济表》分析了当时法国社会总产品的流通和再生产问题，也开创了分析社会再生产问题的先河。恩格斯将它称为经济学上的"司芬克斯之谜"。马克思把《经济表》中的再生产循环原理赞誉为"重农学派的最大功劳"，是"政治经济学至今所提出的一切思想中最有天才的思想"。经济表分析方法在一定意义上是现代国民经济核算的思想源泉，也是投入产出表和一般均衡分析的理论渊源。马克思在创建无产阶级政治经济学过程中，尤其在研究社会总资本的再生产和流通问题时，对《经济表》做了反复和透彻的研究，充分肯定了它的成就和地位，同时也明确指出了其中的缺陷和不足。

虽然《资本论》中没有直接谈及"双循环"，但马克思多次使用和谈及循环。实际上，马克思从资本循环的角度对经济循环进行了相关阐述，这成为以国内大循环为主体、国内国际双循环相互促进的新发展格局的理论支撑。马克思在《资本论》第 1 卷中提到，从生产过程来看，资本家利用手中的货币购买包括劳动力在内的生产要素，由此开启资本生产过程，连续不断的生产过程构成了资本循环，这也正是《资本论》第 1 卷"资本的生产过程"这一副标题的逻辑所在。其中，产业资本的循环是包括货币资本、生产资本和商品资本空间上并存和时间上继起的闭环过程，即 $G—W \cdots P \cdots W'—G'$（其中 G、P 和 W 分别表示货币资本、生产资本和商品资本）。从空间上说，这三类资本必须同时存在，以满足循环所需的条件；从时间上说，这三类资本的循环必须保持前后有序衔接。因此，它们只有在时间和空间两个维度上满足这个条件，资本循环才称得上是有效的。展开而言，它包括货币资本、生产资本和商品资本三个方面的循环过程，并且彼此互相依赖、互相关联。货币资本的循环体现出货币职能和资本职能的双重特征，其不仅以"一般等价物"的形式出现在流通过程中，而且以资本的形态向生产资本转化从而执行生产额外剩余价值的职能；生产资本循环集中体现了生产过程的环节，不仅包括劳动过程，即资本与劳动按照一定的技术比例或有机构成进行组合，同时也包括价值形成过程和价值增殖过程，体现资本家生产的最终目的；商品资本是生产过程的成果，具有一定的使用价值，以便作为下一个流通过程的起点与货币或者货币资本相对立，进而进入下一个生产过程或最终的消费过程。马克思认为，生产过程决定流通过程，流通过程是为生产过程服务的，这也是他在经济领域构建辩证唯物主义哲学的具体体现。因此，资本在自身循环过程中将生产、分配、交换和消费四个环节纳入其中，这成为宏观经济有效运行的重要基石。反言之，其中任何一类资本的循环出现梗阻，比如商品资本无法实现"惊险的跳跃"转化为货币资本，则表现为商品积压；货币资本无法购买商品资本，则表现为生产过程的预备阶段不顺畅，进而影响社会简单再生产和扩大再生产，由此则会影响整体的资本循环过程，从而导致宏观经济出现各种问题。由此推演，资本在世界范围内进行的循环，使得三个子循环以及生产过程、流通过程在更大的范围和更高的层次上完成循环，从而实现自身增殖的资本逻辑，这同时也是双循环得以实现的重要基础。总之，马克思《资本论》中提出的社会再生产理论，将社会再生产过程描述为由生产、分配、交换和消费等环节构成的经济循环，还给出了生产资本循环从货币转换为商品、从购买商品到生产新商品、从新商品再转换为货币的三个过程和公式。从经济循环角度来刻画新发展格局，一方面抓住了经济运行的本质特征，另一方面也进一步丰富和发展了当代马克思主义政治经济学（黄群慧，2021）。

基于经济表的思想，Leontief 对经济循环也进行了深入分析，并在此基础上构建了一套投入产出表数据和投入产出分析方法。Leontief 在《循环流动的经济》一文中阐述投入产出理论时指出，在任何经济系统中，个体要素之间往往存在一定的因果联系。在生产过程中某一要素由其他要素生产出来，又被进一步的生产过程所使用与消耗，这样整个经济现象存在多种多样的因果联系，某一特定商品的生产过程中可能使用多个部门的投入，而反过来一种商品也同样被用于多个部门的生产过程，这形成了复杂的相互联系的生产网络。正是由于这种生产网络的复杂结构，循环这一概念和分析方法应运而生。在可视化层面，经济联系系统可以表现为一条长循环路径，沿着这条路径它产生许多分支，其中一些分支以各种形式交织在一起，一些分支也可能指向非经济领域。

因此，作为研究者，我们研究经济循环，需要从循环中找到一个切入点，也就是找到起始点，从起始点沿着循环路径分析经济联系，最后返回到起始点。循环分析方法要求我们重点考察和分析那些返回到初始起点的一系列经济关系，从而形成对完整循环的认识，进而指导实践。以最终需求作为起始点，同时也以此作为落脚点的循环分析方法，恰好与凯恩斯宏观经济的总需求理论的逻辑框架一致。相对于强调经济需求的凯恩斯主义而言，着重从供给方面考察经济现状和经济对策的供给学派的循环分析起始点和落脚点是生产供给侧。从经济循环的视角出发，经济循环的内外可根据经济活动的范围做区分，当经济循环发生在封闭空间内，可称之为国内循环；当经济循环发生在外部，则称之为国际循环。内外循环一般相互联系、彼此依赖。就"循环"一词本身来讲，其所阐述的是一种经济发展格局，经济循环的本质体现的是供需对接。无论是从传统西方经济学"市场出清"理论的分析框架看，抑或是从马克思主义政治经济学社会再生产四大环节的角度进行分析，经济发展自始至终都是一个动态的循环过程。但这一循环过程不应是原地不动的"内卷化"流转，而应该是一种螺旋式的上升。

基于此，本章将分别以供给侧和需求侧作为分析起点来剖析"新发展格局"，并进一步从全球价值链中增加值分解的视角审视双循环的变化趋势，主要通过最新的全球价值链核算框架对 GDP 进行依赖国内和国际循环的分解分析。

（二）国内大循环

1. 本国生产产品的国内需求情况

（1）最终品的国内最终需求率。一般来说，本国生产的最终产品既可以被用作国内最终需求，也可用作国外最终需求。因此，本章定义的中国[①]最终品的国内需求率为中国国内最终需求部门对中国生产的最终产品需求额占中国生产的所有最终产品价值的比重。中国最终品的国内需求率越高，反映中国生产的最终产品越依赖国内最终需求。表 17-1 显示了 2000~2014 年中国最终品的国内需求率。①整体来看，2000~2014 年中国最终品的国内需求率呈阶段性特征，2000~2007 年呈下降趋势，而 2008~2009 年快速上升，而后到 2014 年呈现相对平稳且略有上升趋势。②中国制造业最终产品高度依赖国际循环。制造业最终品的国内需求率最低，均低于 70%，且呈现先下降后上升的趋势，与中国整体最终品的国内需求率的变化趋势相同。这说明 2008 年国际金融危机后，中国制造业出现了明显的内需化趋势，且中国整体内需化主要是由制造业内需化导致的。③中国农业和服务业最终品的国内需求率相对较高，在 98% 左右，且在 2000~2014 年基本上无变化。而采矿业最终品的国内需求率呈下降趋势。

表 17-1　2000~2014 年中国最终品的国内需求率

单位：%

年份	农业	采矿业	制造业	服务业	总体
2000	98.81	97.78	68.87	97.40	88.37
2001	98.75	97.71	69.04	97.48	81.71
2002	98.51	98.78	65.66	97.33	87.63
2003	98.04	97.29	60.23	97.56	85.29
2004	98.15	95.58	55.93	97.33	83.10
2005	97.79	93.21	52.10	97.32	81.12
2006	97.12	92.69	49.81	97.05	79.92
2007	97.49	87.41	51.49	97.08	80.43
2008	97.86	83.64	57.05	96.82	82.55
2009	97.59	86.42	64.23	97.49	86.20
2010	97.47	82.31	62.66	97.49	85.42
2011	97.65	80.80	65.09	97.52	86.36

①　为便于描述，文中的"中国"指中国大陆。

续表

年份	农业	采矿业	制造业	服务业	总体
2012	98.06	80.90	66.59	97.61	87.08
2013	97.91	79.30	68.44	97.92	88.05
2014	98.12	80.21	68.54	98.05	88.51

图 17-1 列示了 2000~2014 年主要国家最终品的国内需求率。美国、日本、俄罗斯、巴西等国家的最终品的国内需求率较高，且变化不大，经济的内需化特征非常明显。中国和德国的最终品的国内需求率是最低的，且德国的最终品国内需求率总体上呈下降趋势。总体层面，中国生产的最终品的内需化水平在 2013 年已经超过意大利，逼近法国、英国和加拿大。中国生产的最终品的内需化程度处于中等偏下水平，且略呈上升趋势。

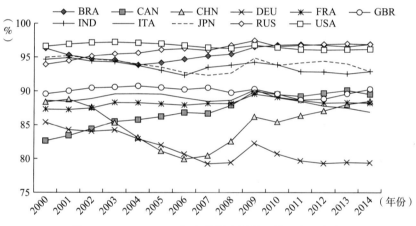

图 17-1 2000~2014 年主要国家最终品的国内需求率

注：BRA：巴西；CAN：加拿大；CHN：中国；DEU：德国；FRA：法国；GBR：英国；IND：印度；ITA：意大利；JPN：日本；RUS：俄罗斯；USA：美国；下同。

从主要国家制造业最终品的国内需求率来看（见表 17-2），总体上制造业最终品的国内需求率比整体最终品的国内需求率低，但两者的变化趋势基本相似。加拿大、德国、法国和英国的制造业最终品的国内需求率相对较低，而美国、俄罗斯、印度等大国的制造业最终品的国内需求率都比较高。美国、俄罗斯、印度等大国的制造业最终品的国内需求率都高于中国，在一定意义上，中国制造业最终品对内循环的依赖相对较弱，但增长趋势明显。相对于西方发达经济体，中国在制造业最终品的国内市场上还有一定提升空间，中国构建以国内需求为主导的经济发展格局具有进一步提升的空间和现实基础。

表 17-2　2000~2014 年主要国家制造业最终品的国内需求率

单位：%

国家	2000 年	2001 年	2002 年	2003 年	2004 年	2005 年	2006 年	2007 年	2008 年	2009 年	2010 年	2011 年	2012 年	2013 年	2014 年
BRA	88.47	84.28	81.65	82.65	81.30	82.09	83.66	85.65	86.99	88.92	89.95	90.20	89.44	88.57	89.56
CAN	31.79	31.19	32.01	36.12	38.14	40.60	40.70	39.48	45.61	52.29	52.73	51.22	49.79	51.96	49.69
CHN	68.87	69.04	65.66	60.23	55.93	52.10	49.81	51.49	57.05	64.23	62.66	65.09	66.59	68.44	68.54
DEU	55.78	52.72	50.77	51.00	48.38	46.61	44.70	42.26	42.43	42.75	42.13	42.62	40.38	39.97	39.11
FRA	50.91	50.01	49.08	49.69	49.77	48.54	45.89	46.44	45.78	45.75	44.50	45.83	42.54	41.22	40.74
GBR	57.55	56.84	57.36	56.13	56.13	56.07	54.80	54.91	48.88	50.87	45.41	43.24	45.18	52.84	53.32
IND	87.91	87.57	86.58	87.99	87.97	87.55	87.37	90.29	90.30	89.27	89.76	89.29	87.79	85.77	85.86
ITA	65.53	63.73	64.22	65.13	64.89	64.65	63.23	61.98	61.73	60.39	55.03	53.81	48.82	47.84	45.02
JPN	79.09	79.18	76.12	75.76	74.50	73.14	70.87	69.72	72.01	76.85	73.76	74.04	75.35	71.23	67.14
RUS	87.76	89.94	90.44	90.75	91.52	92.05	92.38	91.69	92.75	92.10	92.48	93.09	91.26	90.43	87.97
USA	85.88	86.20	87.14	87.18	86.97	86.68	85.32	83.82	82.71	84.04	83.84	83.33	83.07	83.48	83.77

（2）中间品的国内需求率。一般来说，一国生产的中间品一部分作为国内生产者的中间投入使用，一部分作为国外生产者的中间投入使用，这样本章定义一国中间品的国内需求率为本国使用的国内中间品占该国生产的中间品的比重。中间品的国内需求率越高，表明该国中间品生产越依赖国内需求。图17-2显示了2000~2014年中国各行业中间品的国内需求率。①从整体来看，2000~2014年中国中间品的国内需求率呈阶段性特征，2000~2006年呈下降趋势，2007~2009年呈现快速上升趋势，2010年有所下降，之后趋于平稳。②相对于农业、服务业和采矿业，制造业中间品的国内需求率最低，最低达到88.9%（2006年），之后又呈上升趋势，其与中国整体的中间品的国内需求率变动趋势基本一致，也与中国整体的最终品的国内需求率变动趋势基本一致。这在一定程度上反映了中国制造业深度参与全球价值链，制造业中间品有相当一部分提供给国外生产者，制造业相对依赖国际生产循环。③中国农业部门的中间品国内需求率最高，2014年达到99.5%；服务业中间品的国内需求率也基本保持稳定，维持在93%~96%之间；采矿业中间品的国内需求率上升趋势明显，2009年后趋于平稳，2014年达到99.2%，中国作为制造业大国，对原材料和初级产品的需求旺盛，这一变动合乎常理。

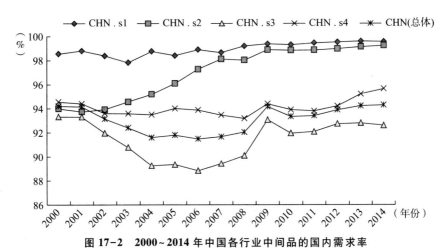

图17-2　2000~2014年中国各行业中间品的国内需求率

注：s1表示农业，s2表示采矿业，s3表示制造业，s4表示服务业；下同。

图17-3显示了2000~2014年主要国家制造业的中间品的国内需求率。除加拿大和英国以外，美国、德国、日本等发达国家的中间品的国内需求率呈下降趋势，特别是德国和意大利，其为全球供给高端中间品的能力较强。反观中国、印度、巴西和俄罗斯等金砖国家，中间品的国内需求率处于高位，其中中

国在所有国家中最高，这表明发展中国家的中间品绝大部分由本国使用，主要依赖国内需求和内循环。这在一定程度上反映了中国制造业生产的中间品的国际市场供给能力较弱，中间品的国际竞争力较弱。

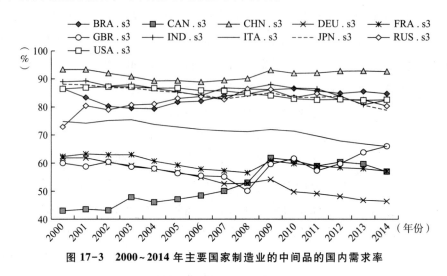

图 17-3　2000~2014 年主要国家制造业的中间品的国内需求率

2. 本国使用的中间投入品的国内供给情况

从产品生产过程来看，生产投入包括初始要素投入和中间品投入。中间品投入又可分为来自国内的中间品投入和国外的中间品投入。初始要素一般仅限于在本国的经济领土，属于内循环，而中间投入品有一部分可能来自国外。因此，我们可以以本国生产过程中使用的中间品投入额中来自国内企业生产的中间品投入额的比重大小，来衡量经济生产依赖国内外供给的程度。具体定义中间投入品的本国供给率为该国生产过程中使用的来自国内中间品投入额占总中间品投入额的比重。

图 17-4 显示了 2000~2014 年中国中间投入品的本国供给率。①中国各行业中间投入品的本国供给率从低到高依次为制造业、采矿业、服务业和农业。制造业生产过程的中间投入品对国外中间品的依赖性相对较强，也就是说，中国制造业生产过程中投入的中间品相对依赖外循环。②从变化趋势来看，中间投入品的本国供给率呈阶段性变化趋势，2000~2007 年，中间投入品的本国供给率总体上呈下降趋势，而后在 2008 年国际金融危机后出现了快速上升，在短暂下降后呈现稳步上升趋势，除采矿业外的其他行业均已上升到或超过加入WTO 之前的中间投入品的本国供给率的水平。这些历史变动趋势说明，中国自1988 年以来持续参与国际大循环，对国内循环形成拉动效应的同时，推动了中

国的工业化进程，中国已成为拥有联合国产业门类最齐全的国家，中国生产的中间品对外国中间品的替代能力逐渐增强。但不可否认的是，以工业"四基"为代表的产业基础还比较薄弱，核心技术受制于人的现状短期难以改变（黄群慧和倪红福，2020）。③从与主要国家的比较来看（见图 17-5），2008 年后中国制造业中间投入品的本国供给率较高，且呈上升趋势，而其他发展中国家和多数发达国家则是下降趋势。2008 年国际金融危机后，全球价值链扩张已经陷入停滞，中国转向生产可由自身提供的中间品。

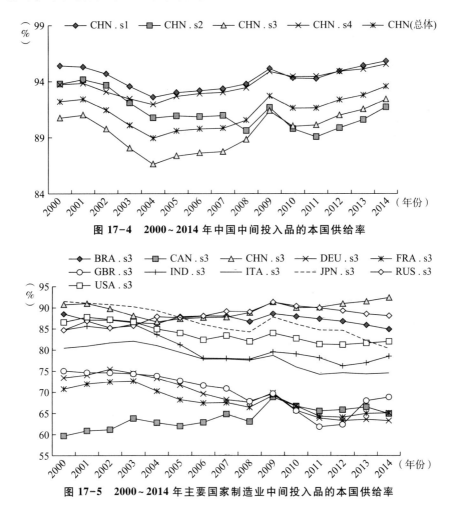

图 17-4　2000~2014 年中国中间投入品的本国供给率

图 17-5　2000~2014 年主要国家制造业中间投入品的本国供给率

（三）国际循环

1. 国外需求端

相对于最终品的国内需求率，本章将最终品的国外需求率定义为出口到国

外的最终需求除以总最终产品额。最终品的国外需求率越高，表明中国最终品
对外循环的依赖越大。同理，相对中间品的国内需求率，将中间品的国外需求
率定义为供外国使用的中间品除以中国生产的总中间品。中间品的国外需求率
越高，表明中国中间品对外循环的依赖越大。

　　表 17-3 显示了 2000~2014 年中国最终品的国外需求率和中间品的国外需
求率。①与国内需求率相反，从中国整体来看，国外需求率在 2006 年达到顶
峰，随后呈下降趋势。但值得注意的是，在 2014 年，对中国最终品的国外需求
率最大的已不再是发达国家，发展中国家对中国最终品的需求超过了发达国家。
这意味着，随着发展中国家的消费市场逐渐成长起来，中国最终产品涉及发展
中国家的外循环更大。②中国中间品的国外需求率在 2000~2014 年呈先上升后
下降的趋势，且在 2006 年达到最大值，在 2014 年下降到加入 WTO 之前的水
平。值得注意的是，中国中间品的发展中国家需求率在 2007 年已经稳定超过中
国中间品的发达国家需求率，且二者差距在缓慢拉大。这同样意味着在总量层
面，中国的中间品的外部需求也更依赖发展中国家。③相对而言，中国最终品
的国外需求率明显高于中国中间品的国外需求率，中国的最终产品相比于中间
品在国际市场更具有优势。美国作为全球最大消费的市场，对中国最终品的国
外需求率有很大影响，2014 年中国最终品的美国需求率为 2.10%，占中国最终
产品的发达国家需求率的比重为 37.50%，且这两个比重在其他年份更高，即最
终品对美国的依赖程度有所下降，这预示着中国最终品的国外需求结构改善，
需求目的地更加多元化。美国对中国中间品的需求也占据较大比重，中国中间
品的发达国家需求率约 20% 是来自美国。总之，美国是对中国产品的外部需求
影响最大的国家。

表 17-3　2000~2014 年中国最终品和中间品的国外需求率

单位：%

年份	中国最终品的国外需求率				中国中间品的国外需求率			
	总体	发展中国家	发达国家	美国	总体	发展中国家	发达国家	美国
2000	11.60	4.10	7.60	2.90	5.80	2.70	3.10	0.70
2001	11.20	3.90	7.30	2.80	5.90	2.90	3.00	0.70
2002	12.40	4.30	8.00	3.30	6.90	3.60	3.30	0.80
2003	14.70	5.00	9.70	3.80	7.60	3.80	3.80	0.90
2004	16.90	5.90	11.00	4.30	8.40	4.00	4.40	1.00
2005	18.90	6.60	12.20	5.00	8.20	3.80	4.40	1.00

续表

年份	中国最终品的国外需求率				中国中间品的国外需求率			
	总体	发展中国家	发达国家	美国	总体	发展中国家	发达国家	美国
2006	20.10	7.90	12.20	4.90	8.50	4.20	4.30	1.10
2007	19.60	8.10	11.50	4.50	8.30	4.20	4.10	0.90
2008	17.50	7.70	9.80	3.60	8.00	4.00	3.90	0.80
2009	13.80	6.10	7.80	3.00	5.80	3.10	2.70	0.60
2010	14.60	6.70	7.80	3.10	6.70	3.50	3.10	0.60
2011	13.60	6.60	7.10	2.60	6.60	3.60	3.10	0.60
2012	12.90	6.40	6.50	2.60	6.10	3.50	2.60	0.50
2013	12.00	6.00	5.90	2.10	5.80	3.20	2.60	0.60
2014	11.50	5.90	5.60	2.10	5.70	3.20	2.50	0.60

2. 国外供给端

本章将最终品的国外供给率定义为进口的最终需求额除以本国的总最终需求额。最终产品的国外供给率越大，中国对国外的最终产品的依赖程度越大。同理，将中间投入品的国外供给率定义为进口的中间品额除以总中间品投入。中间品的国外供给率越大，中国对国外的中间品的依赖程度越大。表 17-4 显示了 2000~2014 年中国最终品的国外供给率和中国中间品的国外供给率。总体上，中国最终品的发达国家供给率和发展中国家供给率经历先上升后下降的变化，同样在 2006 年前后达到最大值，随后下降。其中发展中国家供给率在 2006 年后缓慢下降，2014 年为 1.50%，发达国家供给率在 2006 年下降速度较快，2014 年为 3.30%，但后者远高于前者。这说明中国最终品对外部的依赖逐渐下降，在有限的最终需求国外供给中，发展中国家所生产的产品并不能满足中国的最终需求，在这一点上发达国家更具优势。对于中间品的国外供给率变动趋势，中间品的发展中国家供给率和发达国家供给率均表现为先上升后下降的趋势，与最终品的国外供给率不同的是，中间品的发展中国家的供给率在 2010 年稳定超过发达国家的供给率。这说明中国对发展中国家的中间品需求逐渐增强，而对发达国家的中间品需求出现明显的下降趋势。究其原因可能是中国工业体系能力的提升使得中国在一些中间产品上对发达国家的产品形成替代，但随着本国要素价格的上涨，中国也增加了对发展中国家的低端中间品的进口。

表 17-4   2000~2014 年中国最终品和中间品的国外供给率

单位：%

年份	中国最终品使用的国外供给率				中国中间品投入使用的国外供给率			
	总体	发展中国家	发达国家	美国	总体	发展中国家	发达国家	美国
2000	0.53	0.21	3.10	0.50	7.80	3.80	4.00	0.30
2001	5.60	2.20	3.40	0.60	7.60	3.60	4.00	0.40
2002	6.30	2.30	4.00	0.40	8.60	4.10	4.50	0.40
2003	7.60	2.60	5.00	0.50	9.90	4.60	5.30	0.40
2004	8.50	2.70	5.70	0.60	11.00	5.10	5.90	0.50
2005	8.40	2.60	5.80	0.60	10.40	5.10	5.30	0.50
2006	8.50	2.70	5.70	0.70	10.20	5.20	5.00	0.50
2007	6.40	1.80	4.60	0.60	10.20	5.00	5.20	0.50
2008	5.80	1.60	4.10	0.50	9.50	4.70	4.70	0.50
2009	5.40	1.50	3.90	0.50	7.30	3.60	3.70	0.40
2010	6.10	1.70	4.50	0.50	8.40	4.50	3.90	0.40
2011	6.10	1.80	4.30	0.50	8.40	4.90	3.50	0.40
2012	5.50	1.80	3.70	0.50	7.60	4.60	3.00	0.40
2013	4.90	1.50	3.30	0.50	7.20	4.30	2.90	0.30
2014	4.80	1.50	3.30	0.50	6.40	3.70	2.80	0.30

总之，我们利用 WIOD 数据，从需求端的国内外需求率和供给端的国内外供给率对中国经济循环的依赖关系进行了分析。但这种分析没有深入到内外循环对一国经济的贡献。对此，接下来我们将利用全球价值链的分解方法，试图区分国际循环和国内循环对 GDP 的贡献。

三   中国 GDP 国内国际循环分解与国际比较

（一）基于全球价值链的国内国际循环分解方法

随着全球价值链的深入发展，国民经济核算中的一些概念和测度方法已经难以充分描述和解释国际贸易模式①，尤其是国内国际循环对经济的贡献。近年来，涌现了大量基于全球投入产出模型的贸易增加值来源分解和增加值贸易

———————
①　中间品贸易（据统计全球贸易中近 2/3 属于中间品贸易）导致的"重复统计"问题。

核算的研究，这些研究的核心是把增加值贸易流量与总值出口贸易流量区分开来，这与国民经济核算中区分增加值和总产出的做法类似，且更有利于识别国际贸易中增加值的来源地和目的地。尽管这些方法已经相对完善，但是仍然存在对总出口核算的其他改进方法。从 Muradov（2016）的出口分解框架来看，其提供了一个相对简单的隐含国际贸易中累积增加值的分解框架，且计算效率高；同时，相对于 Wang 等（2013）对直接出口流量分解为增加值构成部分，Muradov（2016）提供了从出口和贸易伙伴国的角度进行核算的方式。倪红福（2020）基于 Muradov（2016）对累积关税成本率进行了详细的分解分析。鉴于此，本章综合 Muradov（2016）、Wang 等（2013，2017a，2017b）的思路，对一国的 GDP 进行分解，区分国内循环和国际循环。[①]

根据 Muradov（2016）对 Leontief 逆矩阵的结构分解[②]，我们可以对一国GDP 按国内和国际循环进行生产结构分解，共分为四大项。（1）T1 项，国内最终品生产的国内简单循环的直接增加值。最终产品最后生产阶段中的直接国内增加值。增加值传递到国内最终需求者，没有经历中间品生产阶段，没有跨境传递。这一生产过程主要是国内简单的生产循环，故可称为纯国内简单循环生产的 GDP。（2）T2 项，国内最终品生产的国内复杂循环的间接增加值。国内最终品在国内生产过程中通过中间品循环而形成的间接增加值。本国增加值仅通过供应国内生产者的中间品传递到国内最终产品。该增加值传递过程仅经历国内中间品生产阶段，且至少传递一次，无跨境传递阶段，故可称为国内复杂循环生产的 GDP。（3）T3 项，国际最终品生产的国际简单循环的增加值。从增加值发生地视角来看，出口中间品中包含着增加值，这些出口中间品被贸易伙伴国生产者用来生产最终产品。增加值传递过程中，需至少经历一次中间品生产阶段和一次跨境生产阶段。因此，可以称为简单国际循环生产的 GDP。（4）T4项，国际最终品生产的国际复杂循环的增加值。从增加值发生地视角来看，隐含在为国内生产者提供的中间品中的增加值，利用这些中间品生产的产品再作为中间品出口到贸易伙伴国（直接或间接贸易伙伴国），贸易伙伴国用来生产最终品。这些增加值传递到最终需求者，至少经历两次中间生产阶段和一次跨境生产阶段。因此可称为复杂国际循环生产的 GDP。进一步，我们把 T1 项与 T2项合计称为依赖国内循环的 GDP，T3 项和 T4 项合计称为依赖国际循环的 GDP。

---

① 具体分解方法可向作者索取。
② 基于 Ghosh 逆矩阵的结构分解，若需要可向作者索取。

（二）国内循环和国际循环的 GDP 分解结果

根据上述 GDP 分解公式，利用最新的全球投入产出数据并用 matlab 编程进行计算。

1. 中国 GDP 的国内循环和国际循环分解

表 17-5 显示了 2000～2014 年按国内循环和国际循环的中国 GDP 分解结果。具体分析如下。（1）2014 年中国的 GDP 主要依赖国内循环，表明中国以国内大循环为主体的新发展格局在量上已经具有较高水平。2014 年中国 GDP 为 10.398650 万亿美元。其中，依赖国内循环的 GDP 为 9.389700 万亿美元，占比为 90.30%；依赖国际循环的 GDP 为 1.008950 万亿美元，占比为 9.70%。实际上从需求端的"三驾马车"来看，2014 年中国的最终消费率、资本形成率分别为 52.3% 和 45.6%，而净出口率为 2.1%。倪红福等（2020）指出，2013 年以来，最终消费支出和资本形成总额对 GDP 增长的贡献率和拉动百分点较高，净出口的贡献率和拉动百分点大部分年份为负。这也表明，从数量上看，中国经济增长基本是以内需为主体的。（2）2000～2014 年，依赖国际循环的 GDP 的占比先上升再下降。依赖国际循环的 GDP 的占比从 2000 年的 8.10% 逐步上升到 2007 年 12.57%，2008 年国际金融危机后，缓慢下降到 2014 年 9.70%。与此相对应，依赖国内循环的 GDP 占比先下降再上升，从 2000 年的 91.9% 下降到 2007 年 87.43%，再缓慢上升到 2014 年的 90.30%。

表 17-5　2000～2014 年中国 GDP 按国内循环和国际循环的四项分解

单位：亿美元，%

年份	T1	T2	T3	T4	T1+T2	T3+T4	合计
2000	4830.60	6296.60	377.02	604.14	11127.20	981.16	12108.36
2001	5428.10	6881.00	421.88	648.83	12309.10	1070.71	13379.81
2002	6021.30	7355.50	544.28	782.13	13376.80	1326.41	14703.21
2003	6752.20	8220.10	672.00	1000.40	14972.30	1672.40	16644.70
2004	7886.50	9549.40	853.93	1358.40	17435.90	2212.33	19648.23
2005	8918.10	11306.00	1005.00	1735.60	20224.10	2740.60	22964.70
2006	10443.00	13659.00	1231.30	2264.70	24102.00	3496.00	27598.00
2007	13359.00	17763.00	1560.90	2912.70	31122.00	4473.60	35595.60
2008	16976.00	23426.00	1939.40	3654.00	40402.00	5593.40	45995.40

续表

年份	T1	T2	T3	T4	T1+T2	T3+T4	合计
2009	18608.00	27214.00	1621.90	3113.50	45822.00	4735.40	50557.40
2010	22039.00	31765.00	2182.50	4137.40	53804.00	6319.90	60123.90
2011	27239.00	39439.00	2710.30	5164.40	66678.00	7874.70	74552.70
2012	30568.00	45174.00	2886.40	5548.10	75742.00	8434.50	84176.50
2013	34303.00	51363.00	2928.10	6224.90	85666.00	9153.00	94819.00
2014	37196.00	56701.00	3145.80	6943.70	93897.00	10089.50	103986.50

占比

年份	T1	T2	T3	T4	T1+T2	T3+T4	合计
2000	39.89	52.00	3.11	4.99	91.90	8.10	100
2001	40.57	51.43	3.15	4.85	92.00	8.00	100
2002	40.95	50.03	3.70	5.32	90.98	9.02	100
2003	40.57	49.39	4.04	6.01	89.95	10.05	100
2004	40.14	48.60	4.35	6.91	88.74	11.26	100
2005	38.83	49.23	4.38	7.56	88.07	11.93	100
2006	37.84	49.49	4.46	8.21	87.33	12.67	100
2007	37.53	49.90	4.39	8.18	87.43	12.57	100
2008	36.91	50.93	4.22	7.94	87.84	12.16	100
2009	36.81	53.83	3.21	6.16	90.63	9.37	100
2010	36.66	52.83	3.63	6.88	89.49	10.51	100
2011	36.54	52.90	3.64	6.93	89.44	10.56	100
2012	36.31	53.67	3.43	6.59	89.98	10.02	100
2013	36.18	54.17	3.09	6.57	90.35	9.65	100
2014	35.77	54.53	3.03	6.68	90.30	9.70	1

2. 主要经济体的 GDP 分解

表 17-6 显示了 WIOD 中经济体 2014 年依赖国内循环和国际循环的 GDP 占比情况，从中可以得出以下结论。（1）一般来说，经济体的体量越大，其依赖国际循环的 GDP 占比就相对较小，即呈现"大国大内循环"特征。如 GDP 规模最大的美国，其依赖国际循环的 GDP 的占比为 6.31%，而 GDP 规模最小的塞浦路斯，其依赖国际循环的 GDP 占比高达 21.40%。同时简单计算发现 GDP 与依赖国际循环的 GDP 占比的相关系数为 0.27。（2）2014 年，中国依赖国内循环的 GDP 占比低于美国、巴西、日本、印度，排在第 5 位，但高于韩国、英国、德国等国家。WIOD 中的经济体依赖国际循环的 GDP 占比的算术平均值为

20.25%，而中国为9.70%。相对来说，从数量上看，中国的经济循环基本上是以国内大循环为主体。

表17-6　2014年主要经济体的GDP按国内循环和国际循环的四项分解占比

单位：%

国家或地区	T1	T2	T3	T4	合计	T1+T2	T3+T4
澳大利亚	50.98	34.03	8.63	6.36	100.00	85.01	14.99
奥地利	54.59	24.07	13.01	8.33	100.00	78.66	21.34
比利时	51.39	21.75	16.87	10.00	100.00	73.13	26.87
保加利亚	46.89	27.50	14.42	11.20	100.00	74.39	25.61
巴西	58.17	33.99	4.36	3.48	100.00	92.16	7.84
加拿大	53.74	28.12	11.52	6.61	100.00	81.86	18.14
瑞士	51.32	26.50	13.08	9.10	100.00	77.82	22.18
中国大陆	35.77	54.53	3.03	6.68	100.00	90.30	9.70
塞浦路斯	58.81	19.80	12.31	9.09	100.00	78.60	21.40
捷克	45.03	27.27	16.22	11.48	100.00	72.30	27.70
德国	52.66	28.28	10.70	8.36	100.00	80.94	19.06
丹麦	57.64	23.72	11.41	7.23	100.00	81.36	18.64
西班牙	58.77	30.19	5.60	5.45	100.00	88.95	11.05
爱沙尼亚	48.13	22.28	17.49	12.09	100.00	70.41	29.59
芬兰	54.70	27.36	8.64	9.30	100.00	82.06	17.94
法国	59.75	28.08	6.42	5.75	100.00	87.83	12.17
英国	55.40	30.64	8.18	5.78	100.00	86.04	13.96
希腊	61.35	26.56	6.69	5.40	100.00	87.91	12.09
克罗地亚	52.99	26.49	12.59	7.93	100.00	79.48	20.52
匈牙利	52.54	20.50	18.52	8.44	100.00	73.04	26.96
印度尼西亚	48.35	36.69	8.56	6.40	100.00	85.04	14.96
印度	55.45	36.30	4.43	3.82	100.00	91.75	8.25
爱尔兰	51.85	14.55	26.25	7.35	100.00	66.40	33.60
意大利	54.98	33.16	5.31	6.55	100.00	88.14	11.86
日本	60.39	31.52	3.72	4.36	100.00	91.91	8.09
韩国	47.70	32.15	9.57	10.59	100.00	79.85	20.15
立陶宛	53.31	18.75	19.53	8.41	100.00	72.07	27.93
卢森堡	42.27	11.91	30.38	15.44	100.00	54.18	45.82
拉脱维亚	49.12	26.70	12.67	11.51	100.00	75.82	24.18
墨西哥	62.53	26.20	7.01	4.26	100.00	88.73	11.27

国家	T1	T2	T3	T4	合计	T1+T2	T3+T4
马耳他	56.77	20.21	16.22	6.79	100.00	76.99	23.01
荷兰	47.23	20.64	21.23	10.89	100.00	67.88	32.12
挪威	49.09	22.88	20.59	7.44	100.00	71.97	28.03
波兰	49.92	29.61	11.42	9.04	100.00	79.53	20.47
葡萄牙	58.07	26.16	8.96	6.81	100.00	84.23	15.77
罗马尼亚	50.35	29.19	11.09	9.36	100.00	79.55	20.45
俄罗斯	43.40	32.40	14.35	9.85	100.00	75.80	24.20
斯洛伐克	48.10	25.47	16.48	9.95	100.00	73.57	26.43
斯洛文尼亚	49.79	23.71	16.35	10.16	100.00	73.49	26.51
瑞典	54.35	25.50	11.57	8.58	100.00	79.85	20.15
土耳其	53.77	33.57	6.35	6.31	100.00	87.34	12.66
中国台湾	48.75	20.31	18.91	12.03	100.00	69.06	30.94
美国	59.06	34.63	3.43	2.88	100.00	93.69	6.31
世界其他国家	47.06	32.77	10.37	9.80	100.00	79.83	20.17
简单平均	52.32	27.42	12.15	8.11	100.00	79.75	20.25

表 17-7 显示了 2000~2014 年部分主要经济体依赖国际循环的 GDP 占比的情况，从中可以得出以下结论。（1）制造业大国（如德国、中国）、自然资源丰富大国（俄罗斯）的 GDP 实现更多依赖国际循环。俄罗斯依赖国际循环的 GDP 占比平均达 25.75%，加拿大、德国、法国、中国等国家依赖国际循环的 GDP 的占比也都在 10% 以上。而美国、日本、巴西等国家的依赖国际循环的 GDP 的占比反而在 10% 以下。（2）从各国的变化趋势来看，俄罗斯、加拿大等依赖国际循环的 GDP 占比较高的国家，其占比有所下降。巴西、日本、美国等依赖国际循环的 GDP 占比较低的国家，其占比出现了一定程度的上升。（3）相对于美国、日本、巴西等国家，中国 GDP 依赖国际循环的程度较高，而相对于德国、俄罗斯、加拿大、法国、英国、意大利等国家，中国 GDP 依赖国际循环的程度较低。总之，从横向比较来看，中国 GDP 依赖国际循环的程度处于中间位置，但是相对于俄罗斯、德国、法国、加拿大等国家，中国 GDP 依赖国际循环的程度还需提高，而相对于美国、日本、巴西等国家，中国 GDP 依赖国际循环的程度已处于较高水平。综上，我们认为从数量上中国以国内大循环为主体的格局初步成形。

表 17-7　2000~2014 年部分主要经济体依赖国际循环的 GDP 占比的情况

单位：%

年份	巴西	加拿大	中国	德国	法国	英国	印度	意大利	日本	俄罗斯	美国
2000	5.97	18.85	8.10	13.71	11.59	12.86	6.91	10.47	5.42	32.52	4.98
2001	7.09	18.32	8.00	13.71	11.32	13.04	6.87	10.60	5.30	25.98	4.61
2002	8.30	17.83	9.02	14.59	11.08	12.55	7.85	10.08	5.55	25.60	4.43
2003	9.11	17.64	10.05	14.79	10.70	12.66	7.82	9.82	5.88	26.70	4.42
2004	9.65	18.42	11.26	15.66	10.64	12.61	9.66	10.34	6.50	26.54	4.65
2005	9.03	18.77	11.93	16.35	10.68	12.84	10.36	10.53	6.74	27.79	4.73
2006	8.88	18.23	12.67	17.32	10.92	13.35	10.96	11.04	7.37	27.07	5.04
2007	8.21	17.97	12.57	18.34	11.14	13.30	11.11	11.52	8.21	23.90	5.46
2008	8.67	18.92	12.16	18.37	11.16	14.06	10.78	11.13	8.12	25.67	6.02
2009	7.29	15.97	9.37	16.72	10.14	13.58	9.15	9.25	6.50	23.11	5.42
2010	7.54	15.97	10.51	17.82	11.04	14.05	10.53	10.04	7.43	24.32	6.00
2011	8.34	17.09	10.56	18.32	11.74	14.78	9.29	10.72	7.36	25.29	6.49
2012	8.40	17.18	10.02	18.68	11.84	14.44	8.97	11.54	7.24	24.29	6.39
2013	8.04	17.57	9.65	18.85	11.98	14.61	9.14	11.60	7.82	23.27	6.32
2014	7.84	18.14	9.70	19.06	12.17	13.96	8.25	11.86	8.09	24.20	6.31

3. 中国制造业的国内循环和国际循环分解及国际比较

表 17-8 和表 17-9 显示了制造业的增加值分解结果。① （1）在行业层面，中国制造业各行业增加值主要依赖国内循环。2014 年中国制造业依赖国内循环的增加值占比为 85.64%，总体上制造业对国内循环的依赖程度低于农业、采矿业和服务业。制造业中依赖国内循环的增加值占比最高的 5 个行业分别为：食品、饮料和烟草制品的制造，基本医药产品和医药制剂的制造，其他运输设备的制造，汽车、挂车和半挂车的制造，其他非金属矿物制品的制造。（2）与一些发达国家比较，中国制造业增加值依赖国内循环的占比高于加拿大、德国、法国、英国、意大利、日本、美国和俄罗斯，略低于印度、巴西。这与我们前述的基于需求和供给端的简单投入产出指标的分析结论一致。像德国、英国、日本等制造业发达国家，其制造业发展相对更依赖国际循环。

---

① 限于篇幅，我们只展示了部分经济体和行业的数据。若需要其他行业和经济体的数据，可向作者索取。

表 17-8　2014 年中国制造业各行业增加值按国内循环和国际循环的四项分解占比

单位：%

	行业	T1	T2	T3	T4	合计	T1+T2	T3+T4
M1	食品、饮料和烟草制品的制造	39.28	55.99	0.59	4.13	100	95.28	4.72
M2	纺织品、服装以及皮革和相关产品的制造	32.70	55.03	4.98	7.29	100	87.73	12.27
M3	木材、木材制品及软木制品的制造（家具除外）、草编制品及编织材料物品的制造	2.86	83.92	3.95	9.27	100	86.78	13.22
M4	纸和纸制品的制造	2.03	80.08	4.58	13.30	100	82.11	17.89
M5	记录媒介物的印制及复制	2.38	84.06	2.85	10.71	100	86.43	13.57
M6	焦炭和精炼石油产品的制造	5.25	79.04	2.62	13.09	100	84.29	15.71
M7	化学品及化学制品的制造	2.68	76.78	6.53	14.01	100	79.46	20.54
M8	基本医药产品和医药制剂的制造	14.72	79.49	3.67	2.12	100	94.21	5.79
M9	橡胶和塑料制品的制造	4.18	74.61	8.21	12.99	100	78.80	21.20
M10	其他非金属矿物制品的制造	1.60	89.23	4.40	4.77	100	90.83	9.17
M11	基本金属的制造	1.19	82.55	4.40	11.87	100	83.73	16.27
M12	金属制品的制造，但机械设备除外	12.53	69.14	9.17	9.15	100	81.68	18.32
M13	计算机、电子产品和光学产品的制造	26.46	46.50	14.35	12.69	100	72.96	27.04
M14	电力设备的制造	26.71	54.81	10.09	8.39	100	81.52	18.48
M15	未另分类的机械和设备的制造	39.95	46.92	6.26	6.87	100	86.87	13.13
M16	汽车、挂车和半挂车的制造	40.39	51.49	2.84	5.28	100	91.89	8.11
M17	其他运输设备的制造	56.36	36.51	3.16	3.97	100	92.87	7.13
M18	家具的制造和其他制造业	53.82	30.28	11.38	4.52	100	84.10	15.90

表 17-9　部分经济体制造业增加值依赖国内循环的占比

行业	BRA	CAN	CHN	DEU	FRA	GBR	IND	ITA	JPN	RUS	USA
M1	90.00	86.86	95.28	89.27	91.30	89.09	96.23	94.30	98.04	97.96	95.70
M2	91.44	62.53	87.73	57.57	74.75	79.15	88.56	69.98	76.83	95.45	87.68
M3	72.26	36.40	86.78	62.40	73.08	85.80	90.70	73.31	93.77	60.83	87.30
M4	66.75	45.40	82.11	37.79	57.76	76.04	88.93	61.61	82.64	58.06	79.91
M5	93.70	63.83	86.43	73.48	85.51	84.10	94.48	78.04	89.88	—	90.15
M6	87.20	67.46	84.29	63.82	69.07	72.10	73.17	70.32	80.10	61.27	82.78
M7	81.11	31.99	79.46	25.01	39.23	48.31	69.33	46.71	51.96	56.98	75.45
M8	96.37	85.79	94.21	60.18	70.50	80.12	94.67	67.08	96.13	—	80.38

续表

行业	BRA	CAN	CHN	DEU	FRA	GBR	IND	ITA	JPN	RUS	USA
M9	86.19	32.00	78.80	42.62	53.51	68.57	82.81	56.91	64.05	77.71	82.52
M10	89.20	72.21	90.83	61.54	76.43	81.01	91.06	58.75	74.78	90.03	85.81
M11	62.76	30.76	83.73	31.71	29.04	5.42	79.76	36.02	55.04	54.03	73.37
M12	90.42	64.51	81.68	58.27	69.29	73.51	85.31	61.55	74.62	—	82.65
M13	97.09	58.76	72.96	51.54	43.99	71.82	87.72	69.29	58.33	85.23	80.03
M14	92.68	53.02	81.52	48.32	42.68	58.52	87.07	57.27	68.63	—	77.13
M15	91.46	64.64	86.87	65.90	58.90	63.80	89.44	64.80	80.62	82.89	83.65
M16	93.94	81.59	91.89	74.33	60.20	86.41	91.68	66.21	78.95	88.53	88.50
M17	95.25	59.55	92.87	74.03	77.81	28.12	85.56	76.51	85.52	—	78.98
M18	90.44	84.35	84.10	79.20	84.04	81.99	90.73	81.42	88.95	90.15	92.70
算术平均	87.13	60.09	85.64	58.72	64.28	68.55	87.07	66.11	77.71	76.86	83.59

注：—表示该行业增加值相关数据不存在。

以下我们主要选取纺织品、服装以及皮革和相关产品制造业作为低技术制造业的代表，选择计算机、电子产品和光学产品制造业作为高技术制造业的代表进行动态比较分析。图 17-6 和图 17-7 显示了这两个制造业依赖国内循环的情况。（1）法国、德国、英国、意大利、加拿大的纺织品、服装以及皮革和相关产品制造业增加值依赖国内循环的占比相对较低，俄罗斯、巴西对内循环依赖程度最高。中国、美国、印度相差不大。（2）法国、德国、英国、加拿大的计算机、电子产品和光学产品制造业增加值依赖国内循环的增加值占比相对较低，法国和德国对国内循环的依赖程度总体上呈下降趋势。法国从 2000 年的 63.23%下降到 2014 年 43.99%，德国从 2000 年的 59.69%下降到 2014 年的 51.54%。巴西、俄罗斯、印度的计算机、电子产品和光学产品制造业对内循环的依赖程度最高，且俄罗斯和巴西总体呈上升趋势。（3）中国的计算机、电子产品和光学产品制造业增加值依赖国内循环的占比从 2000 年的 81.65%下降到 2014 年 72.96%，但中间略有波动，美国却出现了小幅上升，从 2000 年的 76.33%上升到 2014 年的 80.03%，中国计算机、电子产品和光学产品制造业对内循环的依赖程度略低于美国。（4）总体上，世界各国的低技术的纺织品、服装以及皮革和相关产品制造业对内依赖程度高于高技术的计算机、电子产品和光学产品制造业。如中国和美国 2014 年的纺织品、服装以及皮革和相关产品制造业对内依赖程度分别为 87.73%和 87.68%，而计算机、电子产品和光学产品制造业的对内依赖程度却分别为 72.96% 和 80.03%。这也反映出高技术的计算机、电子产品和光学产品制造业融入全球产业链的程度较深,各国在这些高科技产品的生产方面形成了"你中有我,我中有你"的格局。正是由于高技术制造业深入融入全球产业链,高新技术行业面临着较大的断链风险,产业链安全问题相对突出。

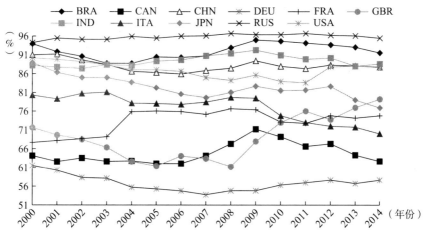

图 17-6 2000~2014 年纺织品、服装以及皮革和相关产品制造业的国内循环占比

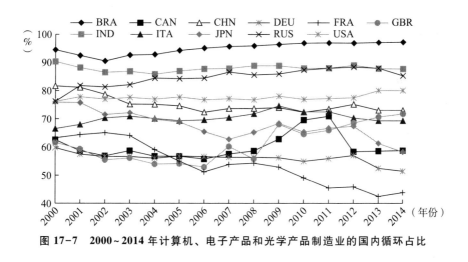

图 17-7 2000~2014 年计算机、电子产品和光学产品制造业的国内循环占比

四 从经济循环测度结果看新发展格局的本质特征

(一)"以国内大循环为主体"的"悖论":质变和量变分析视角

从前文测度分析的结果看,无论是从最终品国内最终需求率和中间品本国

供给率看，还是从基于全球价值链的国内国际循环的 GDP 分解结果看，中国国际循环依赖程度最高是 2006 年，之后总体上国内经济循环程度逐步提高，各方面指标都表明国内经济循环的程度在 90% 上下。WIOD 中的经济体依赖国际循环的 GDP 占比的算术平均值为 20.25%，而中国占比不及该算术平均值的一半。也就是相对来说，从 GDP 数量上看，中国的经济循环基本上是以国内大循环为主体。同样，如果单纯基于国内经济循环和国际经济循环的新增经济流量看，国内经济循环的主体地位基本确立。实际上，我们这里基于复杂的国内国际经济循环量的分解所得到的基本结论也得到了一些简单统计指标的支持，如外贸依存度从 2006 年的 67% 下降到 2019 年的近 32%，经常项目顺差同国内生产总值的比率由 2007 年的 9.9% 降至 2019 的不到 1%。2008 年后国内需求对经济增长的贡献率有 7 年超 100%。这一切都表明，从量上看，现在中国经济国内循环流量在整体经济循环流量中已经占据主体地位，中国的 GDP 增长主要依赖国内经济循环。

进一步的问题是，如果基于上述结论，我们是否可以认为"加快构建以国内大循环为主体、国内国际双循环相互促进的新发展格局"的要求，总体上已经基本达到了呢？显然，我们不能下定论。实际上，从"新发展格局"一提出就有一种观点，即我国经济历来是以内循环为主的，我国改革开放以来内循环与外循环一直是息息相关的。也就是说，我们不能单纯以经济循环中 GDP 的国内和国际占比来判断"新发展格局"是否形成。习近平总书记指出："构建新发展格局的关键在于经济循环的畅通无阻"，"构建新发展格局最本质的特征是实现高水平的自立自强"。这意味着新发展格局是否形成关键取决于经济循环是否畅通，本质表现在高水平的自立自强是否实现。现在学界比较流行以"双循环"来替代"新发展格局"，实际上并没有很好地把握新发展格局的关键内涵和本质特征（黄群慧，2021），"新发展格局"重点在"格局"，不在"双循环"。我们这里的测度分析也表明，如果仅仅把"构建新发展格局"理解为经济增长中国内循环流量在数量上占比的提高，那么在国内经济循环流量占比 90% 左右的情况下，必然认为"新发展格局"已经形成，显然这已经严重偏离构建新发展格局的根本要求。因此，深刻理解构建新发展格局的关键，牢牢把握构建新发展格局最本质的特征，对加快构建新发展格局至关重要。

实际上，在质上我们还没完全实现"以国内大循环为主体"，中国经济循环中存在大量堵点、难点，产业链供应链存在安全风险。总体上我国产业附加值和竞争力还有待提高，尤其是以工业"四基"为代表的产业基础还比较薄弱，核心和关键技术受制于人。受逆全球化、新工业革命和新冠疫情的冲击，中国产业链的安全面临新的挑战。自改革开放以来，依靠巨大的市场规模、后发模仿技术、低成本要素供给等比较优势，中国经济实现快速发展，创造了中国经济奇迹，但是也带来一些问题。例如，高端产业发展不足，处于产业价值链中低端环节，产业的数字化、智能化、绿色化和服务化的水平低；关键装备设备、核心零部件和基础软件等高度依赖进口；产品档次偏低，标准水平和可靠性不高，高品质、个性化、高复杂性、高附加值的产品的供给不足。中国产业基础能力薄弱一直是最大的短板，包括计量、标准、认证、信息服务等的基础服务体系不完善，信息化背景下的基础软件、操作系统、算法等产业的核心技术主要依赖国外。《中国制造2025》中明确提出，到2025年，70%的核心基础零部件和关键基础材料实现自主保障，80种标志性先进工艺得到推广应用，一部分达到国际领先水平，建成较为完善的产业技术基础服务体系，逐步建成整机牵引和基础支撑协调互动的产业创新发展新格局。这也从侧面反映了中国产业体系的短板还比较突出。当前中国许多产业存在"缺芯""少核""弱基"的问题，"卡脖子"的关键技术也成为中国的"阿喀琉斯之踵"（Achilles' Heel）。2018年，《科技日报》在"亟待攻克的核心技术"的系列报道中，列举了35项"卡脖子"技术。这些"卡脖子"的关键技术掌握在美欧日等发达经济体手中。关键技术和核心零部件高度依赖进口，关键零部件、关键材料和关键元器件等的自给率仅为1/3。高端数控机床、芯片、光刻机、操作系统、医疗器械、发动机、高端传感器等存在"卡脖子"问题，中国制造在这些领域的研发和生产依然存在亟须攻破的技术难关。2019年，芯片进口总额为3040亿美元，自给率不足3%。总之，核心基础零部件设计能力不强、先进制造工艺应用不足、关键基础材料缺乏和基础工业制造软件自主性差等，这些产业基础和核心技术都高度依赖国外，在质量和安全方面，我国经济还没有达到"以国内大循环为主体"的新发展格局的要求。

（二）如何把握新发展格局的本质特征和关键内涵

新发展格局不仅仅体现为中国经济国内循环流量在整体经济循环量中占比高、中国GDP增长主要依赖国内经济循环，更体现为以国内高水平自主创新为主驱动经济循环畅通无阻、以持续扩大国内需求为主不断做大经济循环流量、以发挥国内大循环主导作用为主促进国内国际双循环畅通。

第一，新发展格局是以国内高水平自主创新为主驱动经济循环畅通无阻的发展格局。进入新发展阶段，我国经济形势发生了巨大变化，劳动力低成本的比较优势正在逐步减弱，传统发展方式已经难以持续，亟须通过破坏式创新实现新的生产组合。经济全球化也正遭遇强势逆流，低成本出口导向工业化战略难以为继，关键核心技术受制于人，经济安全风险加大，我国经济循环中出现了许多新的堵点和瓶颈。无论是从促进经济循环畅通无阻看，还是从进一步培育经济新动能看，都需要通过深化供给侧结构性改革，通过制度创新培育高水平自主技术创新能力，突破产业发展瓶颈，全面优化升级产业结构，提升创新能力、竞争力和综合实力，形成更高效率和更高质量的投入产出关系，实现经济循环畅通无阻与高水平的供需动态平衡。

第二，新发展格局是以持续扩大内需为主不断做大经济循环流量的发展格局。中国经济形势的另外一个巨大的变化是，中国已经发展成拥有 14 亿人口、超过 100 万亿元经济总量、人均 GDP 达到 1 万美元的超大规模国内市场的世界第二大经济体，拥有巨大的内需潜力，具备了依靠扩大内需持续做大经济循环流量、推动经济增长的条件。但是，由于体制机制和发展阶段的约束，内需挖掘还不充分。从投资看，面对新一轮科技革命和产业变革，经济结构升级对投资需求还很大；从消费看，居民收入还亟待提升，以居民消费为主体的消费格局还需要构建。构建新发展格局要求围绕着扩大内需，加强需求侧管理，深化经济体制机制改革，建立扩大内需的有效制度，加快培育完整的内需体系，释放内需潜力，通过持续建设超大规模的国内市场，形成不断扩大的国内经济大循环。

第三，新发展格局是以发挥国内大循环主导作用为主促进国内国际双循环畅通的发展格局。构建新发展格局，仍要求实行高水平对外开放，持续深化商品、服务、资金、人才等要素流动型开放，稳步拓展规则、规制、管理、标准等制度型开放，在全面开放新格局下进一步加强中国同世界经济的联系，吸引更多国际商品和要素资源进入中国市场，以此主动挖掘超大规模市场优势和内需潜力。这意味着，构建新发展格局，要在国内国际双循环相互促进中，通过构建强大的国内大循环经济体系，发挥国内大循环在双循环中的主导作用，在新发展阶段塑造中国参与国际合作和竞争的新优势，形成对全球要素资源的强大吸引力、在激烈国际竞争中的强大竞争力、在全球资源配置中的强大推动力。新发展格局下，中国经济发展动力更加动态平衡持续稳定，发展战略由低成本出口导向工业化向高质量创新导向工业化转变。从产业看，构建新发展格局要求中国产业在全球价值链中走向中高端，占据主导地位，产业链供应链现代化水平得到提升，形成安全高效的产业基础。

五　相关政策建议

基于上述对新发展格局关键内涵和本质特征的认识，加快构建新发展格局关键在于实现经济循环流转和产业关联畅通，根本要求是提升供给体系的创新力，解决各类"卡脖子"问题，畅通国民经济循环。而做到这一点，必须深化改革、扩大开放、推动科技创新和产业结构升级。同时，抓住主要矛盾，着力打通堵点，贯通生产、分配、流通、消费各环节，实现高水平供求动态均衡。

第一，着力扩大消费以调整内需结构，实现内需结构的合理化、高级化。发挥内需潜力更重要的方面是调整内需结构，扩大居民消费在内需中的比重。当前中国所面临的突出问题是由劳动报酬较低、储蓄率过高带来的消费能力不足。同时，供给侧服务业产品结构单一，消费结构失衡，如健康、文化、信息等服务产业存在需求旺盛而高质量服务不足的难题。此外，城乡、区域、群体之间也存在消费不平等问题。要对这些问题提出有针对性的解决方案，以释放消费潜力和发挥消费的基础性作用。应释放制度红利，完善社会保障体系，推动收入分配制度改革，提高初次分配比重，优化再次分配制度，实现公平与效率的结合；健全信用体系，扩大信贷消费；调节税收，刺激广大中等收入群体进行消费；通过健全消费法律体系保障居民的消费；创造就业机会，提高居民收入；提升居民金融消费，进一步发挥互联网商业在打造新业态、新模式上的作用，发展数字服务业，改善消费的供给与需求结构不匹配的现状；打造消费型社会，以扩大消费畅通内循环，实现内需结构的合理化、高级化。

第二，发挥超大规模市场优势，加快建设统一开放有序的国内大市场。我们要把满足国内需求作为发展的出发点和落脚点，充分发挥我国超大规模的市场优势，以国内市场效应作为国内经济循环和国际经济循环连接的"桥梁"。加快构建完整的内需体系。构建国内市场大循环，亟须破除阻碍要素自由流动的各方面限制，加快建设统一开放有序的国内大市场。加快要素价格市场化改革，健全要素市场运行机制。凡是能由市场形成价格的都要交给市场，政府不进行过多干预，通过市场竞争形成价格，调节供求关系，优化资源配置。稳步落实区域发展战略。基于我国地域辽阔、人口众多、区域差别大的基本国情，推进国内大循环必须要建立在统筹国内区域发展的基础之上。长期来看，打通国内大循环，应审慎解决供给过度集中的问题，促进区域协调发展，着重推进西部地区形成区域性甚至全国性的供给中心，通过打造产业链集群等方式提高中西部地区的供给地位，以形成各地区联动的国内大循环格局。要优化产业布局，推动东部、中部、西部与东北地区基于自身优势形成一批具有全国甚至全球竞争力的产业链集群。

第三，加快自主创新以提升产业链现代化水平，形成数字化智能化创新驱动的双循环新发展格局。"创新始终是推动一个国家、一个民族向前发展的重要力量。"实施创新驱动发展战略，是应对发展环境变化、把握发展自主权、提高核心竞争力的必然选择，是更好引领我国经济发展新常态、保持我国经济持续健康发展的必然选择。中国目前许多产品仍然高度依赖进口，中国在一些领域的研发和生产依然存在难以攻破的技术难关，如在高端数控机床、芯片、发动机、高端传感器等领域都存在"卡脖子"问题。为了实现以国内大循环为主体的新发展格局，创新驱动成为题中之义。巨大的内需可以通过虹吸效应引致全球创新要素在国内聚集，但关键基础技术、设备、零部件的突破，还得需要自主创新。中国工业体系完整，但关键产业能力有待提高。以工业"四基"为代表的产业基础还比较薄弱，核心技术受制于人的现状短期难以改变。要提升产业基础能力和产业链现代化水平，可从以下五个方面着手。一要从思想上高度重视提升产业基础能力和产业链水平，从"两个大局"高度认识其必要性。二要从战略上区分不同路径，有效提升产业基础能力和产业链水平。主要从生产者驱动路径、购买者驱动路径和培育"隐形冠军"入手，有针对性地提高中国企业在全球价值链的治理能力，实现产业转型升级。以国内价值链为依托，培育本土的"链主"企业和"隐形冠军"企业。三要畅通和融合创新链、供应链、产业链和价值链，创新整体发展环境，打造有利于提升产业基础能力和产业链水平的产业创新生态。以现代化产业集群为载体，实现产业链与创新链的融合发展。畅通产学研之间的联系，打通我国创新的市场障碍，构建自主可控的创新链。四要充分发挥我国新型举国体制优势，不断完善我国新型举国体制，对于投入巨大、技术难度高、市场主体单独难以攻克的重大的战略性、基础性技术问题进行攻关。高度重视基础研究及共性技术、关键技术、前瞻技术和战略性技术的研究，进一步深化科研体制改革，构建开放、协同、高效的共性技术研发平台，健全以需求为导向、以企业为主体的产学研一体化创新机制。五要正确处理产业政策与竞争政策的关系，充分发挥竞争政策对提升产业基础能力与产业链水平的基础性作用。

第四，积极提高对外开放水平，在国内国际双循环中充分发挥国内大循环主导作用。新发展格局绝不是封闭的国内循环，而是开放的国内国际双循环。我国在世界经济中的地位将持续上升，同世界经济的联系会更加紧密，为其他国家提供的市场将更加广阔，我国将成为吸引国际商品和要素资源的巨大引力场。因此，以国内大循环为主体，绝不是关起门来封闭运行，而是通过发挥内需潜力，使国内市场和国际市场更好联通，更好利用国际国内两个市场、两种资源，实现更加强劲可持续的发展。从长远看，经济全球化仍是历史潮流，各国分工合作、互利共赢是长期趋势。我们要站在历史正确的一边，坚定不移扩大对外开放，增强国内国际经济联动效应，统筹发展和安全，全面防范风险。推动高水平对外开放，从商品和要素流动型开放走向制度型开放，不断优化营商环境，吸引国际投资、人才等资源要素。积极共建"一带一路"，在资金、技术、人才、管理等方面扩大与发展中国家以及发达国家的交流合作。积极参与全球产业链重构进程，充分利用自身的资金和产业链优势，优化产业链供应链结构，积极参与全球产业链供应链调整，不断强化中国在全球产业链中的地位，增强中国企业的竞争优势。加强国际供应链的协调与合作，搭建国家供应链平台，积极发挥宏观政策的调整作用，保持经济金融的基本稳定。

第十八章　中国经济双循环的动态
变迁与国际比较

一　引言与文献综述

准确认识中国现阶段的经济发展格局，是制定中国未来较长一段时间经济发展政策的基础。2001 年加入 WTO 后，中国对外贸易规模迅速发展扩大，外循环（或称国际循环）呈现"两头在外、大进大出"的特征，外循环对中国经济的增长做出了突出贡献。但自 2008 年国际金融危机以来，发达国家经济增长乏力导致其国内需求市场缓慢增长，中国产品的外部需求失速。面对供应链安全风险的上升，世界各国都在寻求经济发展战略和方案，中国的战略则是形成以扩大内需为战略基点的国内国际双循环相互促进的新发展格局。因此，对中国经济"双循环"（或称国内国际循环、内外循环）的科学和系统测度具有重要的理论和现实意义。科学测度国内国际经济循环有助于回答以下问题：中国经济"双循环"的演变趋势是怎样的？如何从定量角度定义和衡量中国是否已经实现了以国内大循环为主体的新发展格局？国内循环与国际循环对中国 GDP 增长的贡献如何？并通过与以国内大循环为主体的典型先进国家进行比较，理解当前中国经济发展新格局，准确地找到构建新发展格局的政策着力点。

当前关于新发展格局的讨论都是基于经济理论的定性分析，对如何扩大内需、新格局的实践路径是什么、如何通过供给侧结构性改革实现对内需的有效供给、如何兼顾内外循环等内容进行了广泛讨论，如刘鹤（2020）、杨伟民（2021）、黄群慧（2021）、刘志彪（2020）、裴长洪和刘洪魁（2021）、倪红福（2020b）、倪红福等（2022）等。对新发展格局的理论和政策关注推动了中国经济"双循环"的测度方法探讨，涌现出一些基于"三驾马车"、传统贸易统计和全球价值链贸易统计数据的测度方法，且主要是基于一国经济对国内和国外的依赖程度来测度"双循环"。但是，全球价值链时代的商品贸易不仅包含本国增加值，还包含国外增加值，导致了增加值重复统计问题。而以传统贸易统计数据来衡量的方法主要是总量层面的，忽略了经济循环的结构和环节的影响，无法深入到内外循环的结构，如无法分析中间品贸易的贡献。因此，这种衡量方式容易造成偏误，如对外依存度（进出口贸易总额/GDP）易高估外循环的贡献，净出口占 GDP 比重的衡量方法易低估外循环的贡献。随着基于投入产出模型的全球价值链测度方法逐渐发展，为从增加值这一净值概念分析一国经济对国内和国外的依赖程度提供了解决方案。Koopman 等（2014）的出口中增加值分解的研究搭建起传统贸易统计与国民经济核算的桥梁，同时这类基于投入产出模型的增加值贸易核算方法涵盖了要素投入、以中间品贸易联系为代表的生产活动和以最终品贸易为代表的销售活动，与经济循环主要包含的生产、分配、流通、消费四个环节能够形成较好的对应。因此，基于全球价值链核算方法的内外循环测度不但能够从总量层面进行衡量，也可以对内外循环的结构深入分析，是一种更为精确、科学的方法，逐渐成为主流方法。

全球价值链测度领域的发展为国内国际经济循环测度提供了理论基础。全球价值链核算的出口分解主要是将一国出口中所含外国要素和本国要素的价值分离出来，以测度国内要素在本国出口中的重要性。为了解释序贯式多国生产行为，Hummels 等（1998）、Hummels 等（2001）创造性地利用出口中的进口中间品投入比重来衡量这种垂直专业化联系，进口中间品投入比重越大，表明该国参与全球价值链的程度越高。该指标就是著名的"垂直专业化率"，是基于投入产出表测度全球价值链特征的开创性研究，后续一系列研究以此为基础展开。Koopman 等（2012）、Johnson 和 Noguera（2012）、Koopman 等（2014）分别放松了 Hummels 等（2001）中销往国内和国外产品的进口投入密集度相同的假设、出口产品完全被国外吸收的强假设、进口产品 100% 都是国外增加值的假设，相应地测度了出口中的本国增加值和外国增加值、双边贸易中的增加值含量、各类出口增加值项，并搭建起总出口与 GDP 核算之间的桥梁。随后Wang 等（2013）将 Koopman 等（2014）提出的一国总出口核算分解框架拓展到部门、双边和双边部门层面，并定义前向和后向增加值出口。基于此，Wang等（2017b）在生产分解的框架下将增加值按价值链活动类型进行分解，将一国增加值分解为生产和消耗完全在国内的增加值、生产完全在国内而吸收在国外的增加值、涉及跨境生产的全球价值链活动的增加值。生产分解框架将 GDP中依赖国内生产活动和国际生产活动的部分置于统一框架下，这对于当前的双循环而言是一个较好的测度框架。随着 OECD 对跨国公司活动分析的国家间投入产出表（AMNE-ICIO）的构建成功，全球价值链测度向区分要素的企业权属发展。Miroudot 和 Ye（2020）利用该数据将所有权维度纳入到出口增加值核算框架中，从增加值视角来评估跨国公司在全球价值链中的重要性。祝坤福等（2022）提出了一个能够识别和测度跨国公司活动的全球价值链核算新框架，并识别出传统框架中"被忽视"的 FDI 相关全球价值链生产活动，同时也在增加值贸易核算中实现了从"属地原则"向"属权原则"的转变，进一步考察了跨国公司投资收益的分配情况。另外，Gao 等（2021）、Meng 和 Ye（2022）等也在纳入企业异质性后分别测度价值链活动和"微笑曲线"。基于此，国内一些研究将全球价值链测度方法应用于内外循环的测度。

大量研究利用已有全球价值链核算方法从不同角度来度量内外循环。黄群慧和倪红福（2021）从供给端和需求端出发，在对生产网络进行国内和国际区分的基础上分解了 GDP，并以中间品是否跨境来定义内外循环。陈全润等（2021）利用投入产出模型从增加值这一净值概念测度中国经济的国内循环程度和国际循环程度。其思路为，一国的增加值通过投入产出联系最终到达并在该国吸收的最终品中的增加值，被认为是一国 GDP 中的内循环部分，反之到达国外最终需求的增加值，被认为是一国 GDP 中的外循环部分。黎峰（2021）认为就供给配套及营销市场的来源差异而言，国内循环是指整个生产流程在主权国家内部开展并完成的经济系统，而国际循环是指国内生产流程借助了国外原材料、国外生产制造或国外消费市场开展并完成的经济系统。因此其在考虑国内循环和国际循环的内涵及边界的情境下，在 Koopman 等（2014）的出口分解框架基础之上提出了总产出分解模型，对本国局部 Leontief 逆矩阵和全局 Leontief 逆矩阵所代表的生产活动区位进行识别，将一国总产出分解为国内循环和国际循环，并依据各类生产链条中资源与市场的边界，将国际循环分解为三个类型。此外，陆江源等（2022）基于 ADB 全球投入产出表，在区分了最终需求地理区位后构建了双循环的测度框架；刘翔瑞和徐瑾（2022）基于嵌入中国地区间投入产出表的全球投入产出模型，构建了国内国际循环下剔除增加值重复核算项的增加值核算框架。

虽然以上研究从不同角度和方法对内外循环进行测度，有利于从定量角度认识双循环新发展格局，但是有进一步改进的空间。王建（1988）从产品市场和投入供给来源的角度，将内循环理解为向国内市场提供产品服务和使用国内生产要素，此时投入和市场同时在内；将外循环理解为向国外市场提供产品服务和使用国外的生产要素，此时投入和市场同时在外，也被称为国际大循环。他对国内国际循环的定义相对合理，也符合内国际循环的含义，但其与已有的双循环全球价值链核算方法和思路存在不同。总而言之，现有"双循环"新发展格局的测度方法要么没有基于 GDP 的视角，要么没有考虑生产活动区位和最终产品的去向，特别是没有考虑外国要素投入的影响。此外，现有双循环的测度研究中无时间维度的因素结构分解分析，从而也就无法探究内外循环对 GDP 增长的贡献。

OECD 发布的跨国公司国家间投入产出表（简称 AMNE-ICIO）的数据显示，跨国公司增加值在全球经济中占有重要地位，2005～2016 年占比维持在 9.00%左右。中国总增加值中跨国公司增加值的比重从 2005 年的 7.10%下降到 2016 年的 4.47%，2016 年与美国基本持平，但仍高于日本和印度。世界银行发展指标的数据显示，2017 年以后中国外资净流入的比重又呈现缓慢增长的趋势，在外资存量和增量的共同增长作用下，跨国公司对中国经济的影响不容小觑。AMNE-ICIO 的开发，为我们提供了识别投入要素的国民所有权权属的可能性。跨国公司国家间投入产出表将行业部门区分为本国公司和跨国公司的附属公司两大类，其中跨国公司的附属公司（或外资企业）所在行业的资本要素报酬应为跨国公司母国所有。[①] 从国民经济核算原理来看，这部分增加值虽然是跨国公司母国的国民生产总值的一部分，但属于东道国 GDP 的一部分。Wang 等（2017b）的前向分解框架给出了增加值投入所涉及的生产活动区位以及最终产品去向，我们认为该框架能对双循环进行较好的测度。但 Wang 等（2017b）的生产分解框架没有考察内资企业和跨国公司的附属公司的差异（即企业的异质性），也就无法识别增加值投入的国内和国外影响。此外，祝坤福等（2022）提出了一个能够识别和测度跨国公司活动的全球价值链核算新框架，但没有用来测度内外循环，也没有区分内资企业和外资公司的投入要素的权属差异。基于此，本章基于 Wang 等（2017b）的生产分解框架，构建纳入要素投入国民权属异质性的 GDP 分解新模型。本章从要素投入的国民权属、生产活动所涉及的区位、最终需求的去向 3 个方面来区分价值链条，并将这些价值链条与一国 GDP 所包含的内外经济循环对应起来。

相对于已有文献，本章有以下几点边际贡献。（1）本章基于 Wang 等

---

① 跨国公司活动数据库中，将外资所有权超过 50%的外资企业定义为跨国公司的附属公司或外资企业。

（2017b）的生产分解模型，构建了纳入要素国民所有权属的增加值分解框架，对中国经济依赖国内国际循环的程度进行测度。拓展了从全球价值链视角测度国内国际经济循环的分解方法，也为"双循环"测度研究提供一种新的视角。具体地，利用识别企业异质性的国际投入产出表，区分资本要素的国民和非国民的权属特征，将外资企业的资本要素的贡献归属为外循环，从而更为科学地衡量国际循环对中国经济的影响。（2）结合不同数据库，编制与分解模型匹配的包含要素投入国民权属的全球投入产出表。利用 WIOD 中的社会经济核算数据库（Social Economic Account，SEA）提供的劳动和资本报酬信息，将 OECD 的 AMNE-ICIO 数据库（2019 版）的增加值细分为劳动和资本报酬，形成一套新的既包含企业异质性（内资与外资企业），也包含要素投入报酬国民权属异质性的新国际投入产出表，丰富了国际投入产出表数据。（3）从时间动态维度，对中国 GDP 变动按照各类经济循环和因素进行结构分解，试图探究各类经济循环对中国 GDP 增长的贡献，尝试探究要素份额变化、生产网络结构变化、最终需求变化等因素对中国 GDP 变动的贡献。（4）形成了一套研究双循环的基础数据。本章测度了 2005~2016 年 43 个国家或地区、34 个行业的"双循环"指标。这既有助于探究中国新发展格局的现状，也为后续的政策分析和实证研究提供了丰富的数据基础。

二　测算模型框架

本章构建的纳入要素投入国民权属维度的增加值（GDP）生产分解框架，是对经济循环活动全流程较为完整的刻画。该框架根据要素投入的来源、生产活动和最终品销售活动的国内外区位来区分国内国际循环，与国内国际循环的基本内涵和含义更接近。其主要思路是：将要素投入为本国国民所有、生产活动和最终品销售活动区位全部位于国内的 GDP 部分定义为内循环；将要素投入、生产活动和最终品销售活动区位任一环节涉及外国的 GDP 部分定义为外循环。

（一）基本模型框架

本章在 Wang 等（2017b）的生产分解框架的基础上，对一国 GDP 按要素投入的国民权属、生产活动所涉及的区位、最终需求的去向三个维度进行分解，以测度一国 GDP 中的国内经济循环和国际经济循环贡献。为了便于理解本章的

GDP 分解模型框架，我们展示一个 G 国 2 种所有权企业（内资企业和外资企业）N 部门的国家间投入产出模型（如表 18-1 所示）。

表 18-1　典型的 G 国 2 种所有权企业 N 部门的国家间投入产出模型

投入＼产出			中间品使用							最终需求				总产出
			国家 1		国家 2		$\cdots$	G		1	2	$\cdots$	G	
			D	F	D	F		D	F					
中间品投入	1	D	Z_{DD}^{11}	Z_{DF}^{11}	Z_{DD}^{12}	Z_{DF}^{12}	$\cdots$	Z_{DD}^{1G}	Z_{DF}^{1G}	Y_D^{11}	Y_D^{12}	$\cdots$	Y_D^{1G}	X_D^1
		F	Z_{FD}^{11}	Z_{FF}^{11}	Z_{FD}^{12}	Z_{FF}^{12}	$\cdots$	Z_{FD}^{1G}	Z_{FF}^{1G}	Y_F^{11}	Y_F^{12}	$\cdots$	Y_F^{1G}	X_F^1
	2	D	Z_{DD}^{21}	Z_{DF}^{21}	Z_{DD}^{22}	Z_{DF}^{22}	$\cdots$	Z_{DD}^{2G}	Z_{DF}^{2G}	Y_D^{21}	Y_D^{22}	$\cdots$	Y_D^{2G}	X_D^2
		F	Z_{FD}^{21}	Z_{FF}^{21}	Z_{FD}^{22}	Z_{FF}^{22}	$\cdots$	Z_{FD}^{2G}	Z_{FF}^{2G}	Y_F^{21}	Y_F^{22}	$\cdots$	Y_F^{2G}	X_F^2
	$\vdots$		$\vdots$	$\vdots$	$\vdots$	$\vdots$	$\cdots$	$\vdots$	$\vdots$	$\vdots$	$\vdots$		$\vdots$	$\vdots$
	G	D	Z_{DD}^{G1}	Z_{DF}^{G1}	Z_{DD}^{G2}	Z_{DF}^{G2}	$\cdots$	Z_{DD}^{GG}	Z_{DF}^{GG}	Y_D^{G1}	Y_D^{G2}	$\cdots$	Y_D^{GG}	X_D^G
		F	Z_{FD}^{G1}	Z_{FF}^{G1}	Z_{FD}^{G2}	Z_{FF}^{G2}	$\cdots$	Z_{FD}^{GG}	Z_{FF}^{GG}	Y_F^{G1}	Y_F^{G2}	$\cdots$	Y_F^{GG}	X_F^G
劳动报酬			Vl_D^1	Vl_F^1	Vl_D^2	Vl_F^2	$\cdots$	Vl_D^G	Vl_F^G					
资本报酬			Vk_D^1	Vk_F^1	Vk_D^2	Vk_F^2	$\cdots$	Vk_D^G	Vk_F^G					
增加值			VA_D^1	VA_F^1	VA_D^2	VA_F^2	$\cdots$	VA_D^G	VA_F^G					
总投入			$(X_D^1)^T$	$(X_F^1)^T$	$(X_D^2)^T$	$(X_F^2)^T$	$\cdots$	$(X_D^G)^T$	$(X_F^G)^T$					

表 18-1 中，各变量上标表示国家，下标表示对应国家的企业所有权，D 表示本国公司，即内资企业，F 表示跨国公司投资的外国公司，即跨国公司的附属企业，我们也称为"外资企业"。Z_{DF}^{SR} 是 $N \times N$ 维中间品贸易流块矩阵，表示 S 国本国公司向 R 国跨国公司的附属企业的中间品出口；Y_D^{SR} 是 $N \times 1$ 维最终需求块矩阵，表示 S 国本国公司向 R 国出口的最终品；X_D^S 是 $N \times 1$ 维总产出列向量，表示 S 国本国公司各部门的总产出；VA_D^S 是 $1 \times N$ 维 S 国本国公司总增加值行向量；相应的，Vl_D^S 是 $1 \times N$ 维 S 国本国公司劳动报酬行向量；Vk_D^S 是 $1 \times N$ 维 S 国本国公司资本报酬行向量。① 进一步可以定义：直接消耗系数矩阵 $A_{DF}^{SR} = \dfrac{Z_{DF}^{SR}}{X_F^R}$，为 $N \times N$ 维块矩阵，表示 R 国跨国公司的附属企业生产 1 单位价值产出所需要 S 国本国公司的中间品投入价值额；总增加值系数矩阵 $V_D^S = \dfrac{VA_D^S}{X_D^S}$，是 $1 \times N$ 维行向量，表示 S 国本国公司生产 1 单位价值产出所需要 S 国本国公司的总初始投入

---

① 总的增加值由劳动报酬和资本报酬构成。很显然，S 国的总增加值可以表示为：$VA^S = Vl^S + Vk^S$。

价值，相应地定义劳动报酬系数矩阵 $V_{D,l}^S = \dfrac{Vl_D^S}{X_D^S}$ 和资本报酬系数矩阵 $V_{D,k}^S =$

$\dfrac{Vk_D^S}{X_D^S}$，均为 $1 \times N$ 维行向量。如果对要素投入报酬的国民权属进行区分，本国国民所有的要素投入报酬包括本国公司的劳动和资本要素报酬，以及跨国公司的附属企业（外资企业）的劳动要素报酬，外国国民所有的要素投入报酬则为跨国公司的附属企业（外资企业）的资本要素报酬。

总产出平衡方程可表示为：[①]

$$X = Z + Y = AX + Y \tag{18-1}$$

总产出 X 等于中间品贸易流（$Z = AX$）和最终产品（Y）之和。对式（18-1）移项可得：

$$X = (I - A)^{-1}Y = BY \tag{18-2}$$

$B = (I - A)^{-1}$ 为 Leontief 逆矩阵，表示生产一单位价值最终产品所需的直接和间接投入价值，或者拉动的经济产出额。进一步将总产出的中间品使用去向区分为本国使用和国外使用（出口），可以将式（18-1）写为：

$$X = AX + Y = A^L X + Y + A^E X \tag{18-3}$$

其中，式（18-3）中 A^L 是本国中间投入系数的对角分块矩阵，表示生产一单位价值产出时需要来自本国中间品的价值，A^E 是进口中间品投入系数矩阵的非对角分块矩阵，表示生产一单位价值产出时需要来自国外中间品的价值，$A^E X$ 表示中间品出口。[②] 对式（18-3）进行移项处理，并将式（18-2）代入，方程两边同乘 $(I - A^L)^{-1}$，整理可得：

$$
\begin{aligned}
BY &= -1^Y + -1^{A^E}BY \\
&= LY + LA^E BY
\end{aligned}
\tag{18-4}
$$

其中，式（18-4）中 $L = (I - A^L)^{-1}$ 为本国 Leontief 逆矩阵，是（$G \times 2 \times N$）

---

① 在推导一般性的 GDP 分解模型过程中，为了简化表达，我们先省略各变量的角标。

② A 的上标 L 特指本国，E 表示出口。其中 A^L 是（$G \times 2 \times N$）×（$G \times 2 \times N$）维的本国中间投入系数对角块矩阵；A^E 是（$G \times 2 \times N$）×（$G \times 2 \times N$）维的进口中间投入系数的非对角块矩阵，$A^E = A - A^L$。$Y = \left[\sum\limits_R^G Y^{1R} \sum\limits_R^G Y^{2R} \cdots \sum\limits_R^G Y^{GR} \right]^T$ 是（$G \times 2 \times N$）×1 维的最终产品和服务的列向量。此处为了简化相关表达，未标识所有权维度。

$\times (G \times 2 \times N)$ 维的对角分块矩阵。将增加值系数对角矩阵 $(\hat{V})$，即对角线元素为增加值系数，其他位置元素为 0 的矩阵，左乘式（18-4），可以得到生产分解模型。

$$SGDP = \hat{V}BY = \hat{V}LY + \hat{V}LA^E BY \qquad (18-5)$$

其中，$SGDP$ 为列向量，每一个元素表示各行业部门的增加值，将一个国家的所有行业部门的增加值加总可得到该国的国内生产总值（收入法衡量 GDP）。式（18-5）中的 $\hat{V}B$ 表示增加值贸易核算系数矩阵，表示最终产品生产过程中，来自各产品部门的直接和间接增加值之和。在 $\hat{V}B$ 中，行方向显示了其他部门生产一单位最终产品来自该行对应的产品部门的增加值；列方向显示了其他各产业部门对生产一单位价值的该列对应产品部门最终产品的增加值贡献，且列向之和为 1。$\hat{V}LY$ 表示经历纯国内投入产出联系而嵌入本国生产且供给本国最终需求的产品中的增加值。因为中间品不参与跨境贸易活动，其生产活动全部位于一国经济领土内，可以称 $\hat{V}LY$ 为国内价值链活动的增加值。$\hat{V}LA^E BY$ 表示经历包含中间品出口的国际投入产出联系而嵌入本国供给的本国最终需求产品中的增加值。因为嵌入来源国增加值的中间品参与了跨境贸易活动，这种生产活动需要跨国协作，可以称 $\hat{V}LA^E BY$ 为国际价值链活动的增加值。

（二）增加值的"双循环"分解

生产分解模型将一国增加值分解成不同的价值链条。每条价值链描述的是从产品生产的上游投入到下游产品销售的整个流程，与经济循环活动所刻画的从生产到销售的流程极为相似，因此用价值链刻画经济循环活动具有可行性。从价值链视角既可以用各类价值链条对各类经济循环活动进行刻画，又可以通过测度每条价值链条中的增加值占 GDP 的比重，测度各类经济循环所含增加值占 GDP 的比重，从而对各类经济循环对一国经济贡献的程度进行测度。

内含于每条价值链条中的增加值在价值链中传递，可以在各类价值链中识别增加值的国民所有权属性，对要素投入的本国国民所有和外国国民所有的划分有利于理解一国经济中的本国国民所属要素贡献和外国国民所属要素贡献；通过投入产出联系（L 和 B）来识别的国内国际生产联系，有利于增加对一国 GDP 生产活动区位的理解；通过中间品贸易活动（A^E）和最终品贸易（Y）刻画产品使用去向。根据以上区分，可以将国内国际经济循环结构进一步细分，从而测度一国经济对国内和国外的依赖程度。

对于要素投入，可以依据是否属于本国国民所有将其区分为本国要素投入（ $\hat{V}_{va}$ ）和国外要素投入（ $\hat{V}_{F,k}$ ）。从国民所有的角度来看，本国要素投入包括一国本国企业的资本（ $\hat{V}_{D,k}$ ）和劳动要素价值（ $\hat{V}_{D,l}$ ）。对于同一国家内的外资企业使用的劳动要素投入（ $\hat{V}_{F,l}$ ），因一般雇用本国居民，故其为本国国民所有，也就应该属于本国要素投入；国外要素投入包括外资企业提供的资本要素投入（ $\hat{V}_{F,k}$ ），其为外资企业的母国国民所有。① 这样增加值系数可以表示为：

$$\hat{V} = \hat{V}_D + \hat{V}_F = (\hat{V}_{D,l} + \hat{V}_{D,k} + \hat{V}_{F,l}) + \hat{V}_{F,k} = \hat{V}_{va} + \hat{V}_{F,k} \tag{18-6}$$

对于生产活动而言，可以依据投入产出联系是否与国外相关区分为国内投入产出联系（ L ）和国际投入产出联系（ LA^EB ），进一步识别生产活动所涉及的区位。注意，这里我们对生产活动不依据国内企业和外资企业区分国内和国际投入产出联系。因为这些企业都在本国经济领土上生产，形成的生产资产存量难以外移。

由式（18-4）可知：

$$B = L + LA^EB \tag{18-7}$$

与倪红福等（2016b）区分国内生产阶段数与国际生产阶段数的思路相似， L 被认为没有国际中间品贸易联系，称之为纯国内投入产出联系， LA^EB 存在国际中间品贸易联系，称之为国际投入产出联系，可视为与国际经济循环相关的部分。

根据最终产品的供给来源和使用去向，一国的增加值将最终嵌入以下 4 类最终需求产品中：本国供给的最终需求（ Y^{LL} ），即本国最终需求中由本国最终产品供给的部分；外国供给的最终需求（ Y^{EL} ），本国最终需求中由国外进口满足的最终需求；本国最终产品的出口（ Y^{LE} ），本国所生产的最终产品不在本国消费的部分；与本国没有直接贸易联系的最终需求部分（ Y^{EE} ），简称其他最终需

① 以国家 1 为例，本国企业（国内企业）的增加值系数矩阵为： $V_D = [V_D^1 \ 0 \ 0 \ \cdots \ 0]$ ，外资企业的增加值系数矩阵为： $V_F = [0 \ V_F^1 \ 0 \ \cdots \ 0]$ ；区分劳动和资本要素，也可以进行类似的表示，如本国企业的劳动要素价值系数矩阵 $V_{D,l} = [V_{D,l}^1 \ 0 \ 0 \ \cdots \ 0]$ ，本国企业的资本要素价值系数矩阵 $V_{D,k} = [V_{D,k}^1 \ 0 \ 0 \ \cdots \ 0]$ ，外资企业的劳动要素价值系数矩阵 $V_{F,l} = [0 \ V_{F,l}^1 \ 0 \ \cdots \ 0]$ ，外资企业的资本要素价值系数矩阵 $V_{F,k} = [0 \ V_{F,k}^1 \ 0 \ \cdots \ 0]$ 。

求。具体从一国角度来看，这四类最终需求互斥，加总等于全球最终需求。[①] 因此，全球最终需求可以表示为：

$$Y = Y_D + Y_F = (Y_D^{LL} + Y_D^{EL} + Y_D^{LE} + Y_D^{EE}) + (Y_F^{LL} + Y_F^{EL} + Y_F^{LE} + Y_F^{EE})$$
$$= Y^{LL} + Y^{EL} + Y^{LE} + Y^{EE} \tag{18-8}$$

将式（18-6）、式（18-7）、式（18-8）代入式（18-5），可以基于要素投入国民权属、投入产出联系、最终需求类别共同确定生产分解模型：

$$SGDP = \underbrace{\hat{V}_{va} L Y^{LL}}_{\text{纯国内经济循环}} + \underbrace{\hat{V}_{F,k} L Y^{LL}}_{\text{外国国民所有要素投入的内循环}} + \underbrace{\hat{V}_{va} L Y^{LE}}_{\text{本国国民所有要素投入的简单外循环}}$$

$$+ \underbrace{\hat{V}_{va} L A^E B Y^{LL} + \hat{V}_{va} L A^E B Y^{EL} + \hat{V}_{va} L A^E B Y^{LE} + \hat{V}_{va} L A^E B Y^{EE}}_{\text{本国国民所有要素投入的复杂外循环}}$$

$$+ \underbrace{\hat{V}_{F,k} L Y^{LE}}_{\text{外国国民所有要素投入的简单外循环}} \tag{18-9}$$

$$+ \underbrace{\hat{V}_{F,k} L A^E B Y^{LL} + \hat{V}_{F,k} L A^E B Y^{EL} + \hat{V}_{F,k} L A^E B Y^{LE} + \hat{V}_{F,k} L A^E B Y^{EE}}_{\text{外国国民所有要素投入的复杂外循环}}$$

其中，式（18-9）将行业部门的增加值分解为 16 项[②]，将上述代表价值链条的每一项看作一种类型的经济循环活动，可依据生产要素的国民所有权属、生产活动和销售活动所处区位识别国内经济循环和国际经济循环。总体上，我们将要素投入国民权属、生产活动和销售活动全部发生在一国经济领土之内的分解项定义为国内经济循环；将要素投入国民权属、生产活动和销售活动任一涉及跨境的分解项定义为国际经济循环。

具体地，依据式（18-9）的分解结果，本章定义了国内国际经济循环类型。如果认为 L 表示国内生产活动，则我们定义 2 种类型的国内经济循环（"国

[①] 同样以国家 1 为例，理解一国增加值所嵌入的最终需求类别。$Y = \begin{bmatrix} Y^{LL} & Y^{LE} \\ Y^{EL} & Y^{EE} \end{bmatrix}$ 是 $(G \times 2 \times N) \times 2$ 维最终产品矩阵，$Y^{LL} = \begin{bmatrix} Y^{11} & 0 & 0 & \cdots & 0 \end{bmatrix}^T$ 是 $(G \times 2 \times N) \times 2$ 维矩阵，为在 1 国本国消费的最终产品和服务的列向量；$Y^{LE} = \begin{bmatrix} (\sum_{R}^{G} Y^{1R} - Y^{11}) & 0 & 0 & \cdots & 0 \end{bmatrix}^T$ 是 $(G \times 2 \times N) \times 1$ 维矩阵，表示 1 国用于出口的最终产品；$Y^{EL} = \begin{bmatrix} 0 & Y^{21} & \cdots & Y^{G1} \end{bmatrix}^T$ 是 $(G \times 2 \times N) \times 1$ 维矩阵，表示 1 国进口的最终需求部分；$Y^{EE} = \begin{bmatrix} 0 & \sum_{R \neq 1}^{G} Y^{2R} & \cdots & \sum_{R \neq 1}^{G} Y^{GR} \end{bmatrix}^T$ 是 $(G \times 2 \times N) \times 1$ 维矩阵，表示与 1 国无直接贸易联系的其他最终需求。

[②] 其中 $\hat{V}_{va} L Y^{EL}$、$\hat{V}_{va} L Y^{EE}$、$\hat{V}_{F,k} L Y^{EL}$、$\hat{V}_{F,k} L Y^{EE}$ 增加值为 0，因此未在式（18-9）中展示。

内经济循环"亦可以简称为"内循环"）。一是纯国内经济循环（$\hat{V}_{va}LY^{LL}$）。经历纯国内投入产出联系而嵌入（隐含）本国供给的本国最终需求产品中的本国国民所有的要素（资本和劳动）价值。此时要素投入由本国国民所有，生产活动、最终品销售地点均位于国内。二是在本国经济领土上外国国民所有要素投入的内循环（$\hat{V}_{F,k}LY^{LL}$）。经历国内投入产出联系而隐含在本国供给的本国最终需求产品中的外国国民所有的资本要素价值。此时要素投入由跨国公司母国国民所有，生产活动、最终品销售地点均位于东道国。值得注意的是，一方面，考虑跨国公司可以看作东道国市场上的常驻单位，就经济领土而言不能将外国公司的资本要素归为投入在外，所以可以看作一经济领土上内循环的一部分。另一方面，又考虑外国公司的资本要素确由资本跨境而来，该部分 GDP 在一定程度上与国外有关，因此也可称之为一种最简单的国际经济循环。

同样我们也可以定义 4 种类型的国际经济循环（"国际经济循环"亦可简称为"外循环"）。一是本国国民所有要素投入的简单外循环（$\hat{V}_{va}LY^{LE}$）。经历纯国内投入产出联系嵌入本国出口最终品中的本国国民所有的要素（资本和劳动）价值。此时生产活动位于国内，仅最终品销售活动与国外有关。二是本国国民所有要素投入的复杂外循环（$\hat{V}_{va}LA^{E}BY$）[①]。经历包含中间品出口的国际投入产出联系而嵌入全球最终需求产品中的本国国民所有的要素（资本和劳动）价值。此时生产活动和销售活动均可能与国外有关。三是外国国民所有要素投入的简单外循环（$\hat{V}_{F,k}LY^{LE}$）。经历纯国内投入产出联系而嵌入出口最终品中的外国国民所有的资本要素价值。外国国民所有要素投入用于本国中间品的生产，中间品用作出口最终品的生产。此时仅有最终品销售活动跨境，而生产活动位于东道国经济领土之内。四是外国国民所有要素投入的复杂外循环（$\hat{V}_{F,k}LA^{E}BY$）。包含中间品出口的国际投入产出联系嵌入全球最终需求中的外国国民所有的资本要素价值。此时涉及中间品的跨境活动，生产和销售活动均可能与外国相关。

综上可知，以上 6 类经济循环活动中仅有纯国内经济循环不涉及与国外经济相关的经济协调活动，其他五项均与国际经济循环有关。以上对经济循环的区分有丰富的经济学含义：将经济循环按要素的国民所有权属差异分类，可以看到本

---

① 为了得到简洁的表达形式，我们将各类最终需求加总。尽管各类最终需求情形的经济含义都很明确，但各类最终需求情形下的经济循环较为一致，都是以出口中间品参与国际生产分工的国际经济循环。$\hat{V}_{va}LA^{E}BY = \hat{V}_{va}LA^{E}BY^{LL} + \hat{V}_{va}LA^{E}BY^{LE} + \hat{V}_{va}LA^{E}BY^{EL} + \hat{V}_{va}LA^{E}BY^{EE}$。$\hat{V}_{F,k}LA^{E}BY$ 也做同样的理解。

国国民所有要素和外国国民所有要素对一国经济内循环的贡献；将国际经济循环按照是否涉及中间品跨境活动分类，可以看到一国 GDP 对国外依赖的结构和路径差异，即到底是直接依赖国外最终品市场，还是依赖国外中间品市场（也可以看作对全球价值链的依赖）。此外，从形式上看，本章的全球价值链生产分解模型与 Wang 等（2017b）的生产分解模型较为相似，但是本章引入了企业异质性，从而导致了投入产出联系，并区分了国内企业和外资企业。本章的生产分解框架至少包含了三类投入产出关系，本国公司之间、跨国公司之间、本国公司与跨国公司之间，这就与不进行所有权区分的生产分解模型有了本质的区别。[1]

（三）数据说明和处理方法

本章以 OECD 的跨国公司国家间投入产出表（Analytical Activity of Multinational Enterprises，AMNE-ICIO）为基础，匹配 WIOD2016 版社会经济核算数据库（SEA）的要素结构信息，得到样本期为 2005 ~ 2016 年、43 个国家或地区、34 个行业，同时区分要素投入类别（劳动和资本）和所有权的国家间投入产出表。[2] 在此基础上，对一国 GDP（或部门增加值）进行基于要素国民所有、国内国际投入产出联系、最终需求类别的分解，并利用 R 程序测度了 2005 ~ 2016 年各类经济循环。[3]

三 测算结果分析

（一）中国经济双循环的演变及国际比较

1. 中国经济双循环的动态演变

为得到各类经济循环对中国 GDP 的贡献，我们计算各类经济循环所含增加值占 GDP 的比重。[4] 图 18-1 表明以下几点。（1）从数量上看，中国纯国内经济循环对 GDP 的贡献非常大，以国内大循环为主体的新发展格局基本形成。

---

① 两类模型的比较细节可向作者索取。
② 数据处理细节可向作者索取。
③ 加工贸易的外资更多，且其出口所含的国内增加值较少，即使到 2016 年货物加工贸易仍占中国货物贸易的 30%，加工贸易仍旧非常重要。但受限于数据的可得性，本章暂不考察加工贸易对双循环测度的影响，仅重点考察本国公司和跨国公司对双循环测度的影响。
④ 将式（18-9）中 SGDP 和各项的列向量中各行业对应的元素加总，即可得到各国 GDP 和 GDP 分解中各类经济循环的贡献。

2016 年中国经济中纯国内经济循环贡献率达 83.40%，略低于日本、美国（见表 18-2）。（2）从变化趋势来看，2005~2016 年纯国内经济循环贡献率具有明显的阶段性特征，先下降后上升，保持相对平稳后又快速上升。纯国内经济循环贡献率从 2005 年的 74.08% 下降到 2007 年最低点 72.39%，其后受 2008 年国际金融危机的影响，国际贸易大幅下滑，纯国内经济循环贡献率急剧上升到 2009 年的 78.96%，随后 2010 年有所下降，且 2010~2014 年纯国内经济循环贡献率平稳变化略有上升。2014~2016 年上升趋势更为明显，到 2016 年纯国内经济循环占比达到 83.40%。2007 年和 2014 年是中国经济国内和国际循环变化的转折点，2007 年与国际金融危机外部影响有关，而 2014 年可能与中国经济内部结构因素变化有关。（3）按是否区分要素投入国民权属的两种方法测算的国内经济循环贡献率存在一定差异，且在不同阶段较为稳定。不区分要素国民所有权属的国内经济循环测度没有将属于外国国民的资本要素价值剔除出来，从而造成测算的国内经济循环贡献率较低。2005~2014 年，两种测度方法下的国内经济循环贡献率差异随内循环比例变化的波动较小，这主要是因为这一时期跨国公司的附属企业在中国国民经济中的比重较小且基本处于稳定状态（6.5% 左右）。当跨国公司的附属企业（外资企业）在国民经济中的比重发生较大波动时，二者的差异会进一步发生变化。如 2015~2016 年跨国公司增加值下降且稳定在 4.5% 左右，这也导致了两种方法测度国内经济循环贡献率的差异变小。（4）中国经济的纯国内经济循环贡献率的这一变化趋势，与用进出口总额占 GDP 的比重衡量的贸易开放度（或对外依存度，见图 18-2）的变化趋势正好相反。以增加值分解为基础测度的内外循环更符合中国国内国际循环的真实情况。贸易开放度指标面临着商品和服务的中间品在多次跨境中的重复核算和进出口不进行区分的问题，这导致了贸易开放度在衡量内外循环时存在不准确和波动较大的问题，且无法进行结构分析，而本章以增加值分解为基础的内外循环测度更有利于把握内循环的真实程度，并能进行结构分解和精细分析。

图 18-3 给出与外循环相关的 5 类国际经济循环对中国经济贡献率的动态变化。结果显示，① 本国国民所有要素投入的简单外循环和复杂外循环的变化趋势相似，且它们对 GDP 的贡献率在 10% 左右，在 5 类国际经济循环中它们的贡献率排在前两位。本国国民所有要素投入的简单外循环以向国外出口最终品的方式参与国际经济循环，其对中国经济的贡献率整体上表现出先上升后下降的趋势。具体地，贡献率从 2005 年的 9.89% 先上升到 2007 年的 10.68%，随后受 2008 年国际金融危机的影响迅速下降到 2009 年的 8.29%，之后波动下降到

图 18-1 2005~2016 年国家层面两种方法计算的国内经济循环比较

（差异约为 2%）

注：图 18-1 同时给出了不区分所有权的国内经济循环测度结果，这一结果直接基于 Wang 等 （2017b） 的增加值分解框架中不涉及贸易的增加值 （$\widehat{VLY}^{LL}$） 占总增加值的比重得到。当增加值系数中不对本国要素价值和外国要素价值进行区分时，国家层面的测度结果要比区分要素国民所有权属的测度结果高 2% 左右。这一差异在行业层面具有更强的异质性，在部分行业的差异达到了 7% 左右。

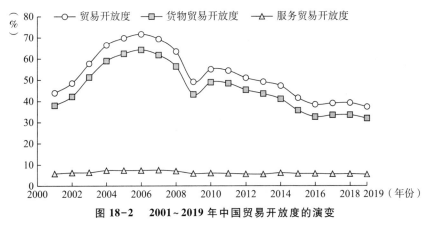

图 18-2 2001~2019 年中国贸易开放度的演变

数据来源：国家统计局的各年《中国统计年鉴》，http://www.stats.gov.cn/tjsj/ndsj/。

2016 年的 6.79%。本国国民所有要素投入的复杂外循环以向国外出口中间品的形式参与国际经济循环，其贡献率略高于本国国民所有要素投入的简单外循环。②2005~2016 年，外国国民所有要素投入的内循环、外国国民所有要素投入的简单外循环、外国国民所有要素投入的复杂外循环的贡献率的变化趋势基本相似，略呈下降趋势。如 2005~2014 年外国国民所有要素投入的内循环对中国经济的贡献率保持稳定，常年维持在 2.50% 左右，2015 年下降到 1.40%，随后保

持稳定。2005～2008 年，外国国民所有要素投入的简单外循环和外国国民所有
要素投入的复杂外循环的贡献率都稳定在 1%左右，随后受国际金融危机的影响
下降到 2009 年的 0.64%，之后缓慢下降到 2016 年的 0.41%。总之，国际经济
循环对中国经济的贡献率出现了一定程度的下降，本国国民所有要素投入的简
单外循环和复杂外循环对中国经济的贡献率占主导，中国经济领土上的外国国
民所有资本要素的国际循环的贡献率并不大。

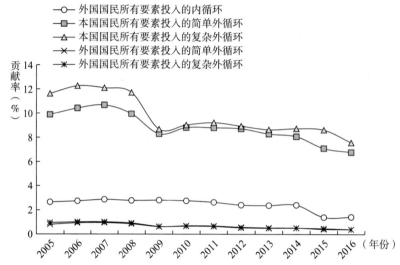

图 18-3　2005～2016 年 5 类国际经济循环对中国经济贡献率的动态变化

2. 国家层面各类经济循环的国际比较

党中央做出"构建以国内大循环为主体、国内国际双循环相互促进的新发
展格局"的战略决策，但是并没有明确回答：以国内大循环为主体、国内国际
双循环相互促进的新发展格局到底需要多大的内循环比重？也就是需要从定量
的角度对"以国内大循环为主体"设定一个判断标准。理论上，由于各国的国
情不同，难以设定一个统一的标准，但是通过与发达国家（地区）的比较，可
以初步得到"以国内大循环为主体"的大致规模和比重，以从国际比较和定量
的角度认识双循环新发展格局。

为理解中国国内经济循环的发展水平，本部分比较了纯国内经济循环和国
内经济循环（纯国内经济循环与外国国民所有要素投入的内循环之和）两个指
标。表 18-2 给出了 2005 年和 2016 年国内经济循环对一国 GDP 的贡献率情况
（国内经济循环增加值占 GDP 的比重，按从大到小顺序排列）。（1）总体上呈
现出规模大的国家具有大国内循环的特征。人口规模比较大、领土范围比较广

的国家，国内经济循环的贡献率一般比较大。2016 年国内经济循环贡献率最大的前 5 个国家为：美国、巴西、日本、中国、印度，最小的 5 个国家为：卢森堡、爱尔兰、马耳他、匈牙利、爱沙尼亚。这与钱纳里（1989）的观点一致，即小国更依赖国外贸易，而大国更依赖国内市场规模。（2）中国经济国内经济循环的贡献率在 2005~2016 年迅速提高，相比其他国家，中国经济的内循环特征十分明显。从 2005 年的第 15 名上升到 2016 年的第 4 名。2016 年中国的纯国内经济循环贡献率为 83.4%，仅比日本（85.9%）低 2.5 个百分点，比美国（88.4%）仍低 5 个百分点。据此可以判断，从数量上，中国以内循环为主体的判断基本成立。

表 18-2　2005 年和 2016 年国内经济循环的国际比较

单位：%

排名	2005 年				2016 年			
	国家（地区）代码	纯国内经济循环	国家（地区）代码	国内经济循环	国家（地区）代码	纯国内经济循环	国家（地区）代码	国内经济循环
1	USA	90.2	USA	91.8	USA	88.4	USA	90.3
2	JPN	87.2	JPN	88.0	JPN	85.9	BRA	88.9
3	IND	83.1	BRA	86.3	BRA	85.8	JPN	86.7
4	BRA	82.7	IND	84.2	CHN	83.4	CHN	84.8
5	GRC	82.5	GRC	83.9	IND	82.8	IND	84.0
6	ESP	80.0	AUS	83.3	IDN	81.6	IDN	83.1
7	PRT	78.1	TUR	82.2	ROW	81.2	AUS	81.8
8	AUS	78.1	ESP	81.8	TUR	78.0	TUR	81.5
9	TUR	78.1	GBR	81.5	AUS	78.0	ROW	80.8
10	ITA	77.4	PRT	81.3	GRC	77.1	GRC	79.0
11	FRA	77.1	ITA	80.3	FRA	76.8	FRA	78.7
12	GBR	76.7	FRA	79.8	RUS	76.4	GBR	78.1
13	KOR	74.8	ROU	79.3	ITA	74.2	ITA	77.5
14	MEX	74.2	MEX	78.8	CAN	73.3	RUS	77.3
15	CHN	74.1	CHN	76.7	GBR	73.2	CAN	76.6
16	ROU	72.9	KOR	75.8	FIN	72.1	ESP	75.6
17	ROW	72.2	POL	75.5	ESP	71.9	FIN	74.8
18	DEU	72.0	DEU	74.6	KOR	70.2	MEX	74.2
19	IDN	71.8	HRV	73.9	MEX	68.5	ROU	72.3
20	RUS	70.6	IDN	73.5	PRT	68.4	PRT	72.2

续表

排名	2005 年				2016 年			
	国家（地区）代码	纯国内经济循环	国家（地区）代码	国内经济循环	国家（地区）代码	纯国内经济循环	国家（地区）代码	国内经济循环
21	POL	70.6	LVA	73.1	DEU	66.6	NOR	71.5
22	HRV	70.1	CAN	72.5	SWE	66.2	KOR	71.0
23	FIN	69.1	BGR	71.9	NOR	66.1	SWE	70.3
24	CAN	68.6	ROW	71.8	DNK	66.0	DEU	70.1
25	DNK	67.2	LTU	71.5	NLD	62.6	DNK	68.2
26	NLD	66.6	RUS	71.5	AUT	62.5	HRV	68.2
27	LVA	66.0	FIN	71.4	HRV	61.0	AUT	66.1
28	CYP	65.8	NLD	69.3	BEL	60.7	LVA	66.0
29	LTU	65.8	DNK	69.2	CYP	60.4	NLD	65.6
30	AUT	64.6	AUT	68.4	ROU	59.8	POL	65.3
31	SVN	63.8	SWE	67.6	POL	59.7	BEL	62.9
32	SWE	63.2	HUN	66.8	LVA	58.7	CYP	61.3
33	BEL	62.9	CYP	66.7	CHE	57.0	LTU	61.0
34	BGR	62.3	SVN	65.4	LTU	55.9	CHE	59.9
35	HUN	60.4	BEL	64.8	SVN	55.8	BGR	58.8
36	CHE	60.4	CZE	63.9	EST	53.4	SVN	57.8
37	EST	57.5	CHE	63.7	BGR	51.4	CZE	57.6
38	NOR	56.1	EST	63.1	SVK	50.8	SVK	57.6
39	SVK	55.6	SVK	62.1	CZE	49.2	EST	56.6
40	CZE	55.3	NOR	61.9	HUN	48.9	HUN	55.6
41	MLT	52.4	MLT	53.3	MLT	41.0	MLT	42.9
42	IRL	46.9	IRL	53.2	IRL	33.6	IRL	39.5
43	LUX	36.5	LUX	39.9	LUX	33.3	LUX	35.3

注：AUS 澳大利亚，AUT 奥地利，BEL 比利时，CAN 加拿大，CZE 捷克共和国，DNK 丹麦，EST 爱沙尼亚，FIN 芬兰，FRA 法国，DEU 德国，GRC 希腊，HUN 匈牙利；IRL 爱尔兰，ITA 意大利，JPN 日本，KOR 韩国，LVA 拉脱维亚，LTU 立陶宛，LUX 卢森堡，MEX 墨西哥，NLD 荷兰，NOR 挪威，POL 波兰，PRT 葡萄牙，SVK 斯洛伐克共和国，SVN 斯洛文尼亚，ESP 西班牙，SWE 瑞典，CHE 瑞士，TUR 土耳其，GBR 英国，USA 美国，BRA 巴西，BGR 保加利亚，CHN 中国，HRV 克罗地亚，CYP 塞浦路斯，IND 印度，IDN 印度尼西亚，MLT 马耳他，ROU 罗马尼亚，RUS 俄罗斯，ROW 其他国家。下同。作者也对中国台湾进行了测算，其在 2005 年和 2016 年的纯国内经济循环、国内经济循环对经济的贡献率分别为 63.8%、63.8% 和 60.1%、10.0%。

　　为了进一步比较各类国际经济循环的贡献情况，主要选取 GDP 排名前四的美国、中国、日本、德国进行国际比较，试图找到中国与这些国家在国际经济循环上的差异。

图 18-4 显示了外国国民所有要素投入的内循环情况。可以看到，总体上，外国国民所有要素投入的内循环对本国经济的贡献率均不高。德国的外国国民所有要素投入的内循环对经济的贡献最大，且在样本期波动上升，从 2005 年的 2.65% 增长到 2016 年的 3.43%；中国外国国民所有要素投入的内循环对经济的贡献率居于次位，在样本期呈现缓慢下降趋势，从 2005 年的 2.65% 下降到 2016 年的 1.42%；美国和日本的外国国民所有要素投入的内循环对经济的贡献分居第三位和第四位，在样本期基本保持稳定，美国在 1.40% ~ 1.89% 范围内波动增长，日本则稳定在 0.69% ~ 0.96%。

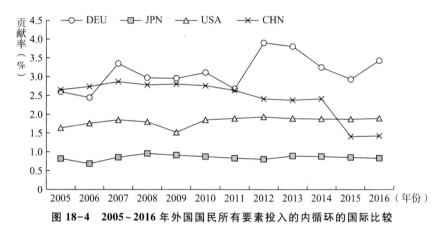

图 18-4　2005~2016 年外国国民所有要素投入的内循环的国际比较

从本国国民所有要素投入的简单外循环、复杂外循环的国际比较中[1]，可以发现，总体上，各国本国国民所有要素投入的简单外循环和复杂外循环较为接近，变动趋势基本相同，但后者对经济的贡献率相对更大。德国本国国民所有要素投入的复杂外循环对经济的贡献率最大，远高于其他国家，在样本期缓慢增长，从 2005 年的 12.92% 增长到 2016 年的 14.84%；中国本国国民所有要素投入的复杂外循环对经济的贡献率居于次位，在样本期呈现明显的下降趋势，从 2005 年的 11.63% 下降到 2016 年的 7.58%；日本和美国的本国国民所有要素投入的复杂外循环对经济的贡献率分居第三位和第四位，在样本期基本保持稳定，美国在 4.08% ~ 5.48% 范围内波动增长，日本则稳定在 6.04% ~ 8.62%。从外国国民所有要素投入的简单外循环和复杂外循环的国际比较来看[2]，外国国民所有要素投入的外循环的贡献率都比较低，并且其动态变化趋势与对应本国

---

①　限于篇幅，正文中没有列示相关图表数据，若有需要可向作者索取。
②　限于篇幅，正文中没有列示相关图表数据，若有需要可向作者索取。

国民所有要素投入的外循环极其相似。

总之，从国际经济循环的国际比较可以看出：一定意义上，制造业强国大国的国际经济循环对其经济流量的重要性更大。作为制造业强国，德国的各类国际循环的贡献率要显著高于日本、美国。在某种意义上，德国经济具有典型和较强的国际循环特征，而美国、日本经济则是以国内大循环为主。德国是第一个提出"工业 4.0"的国家，是名副其实的制造业强国，其制造业增加值占 GDP 的比重达 22%。据工信部统计数据，2019 年中国制造业占比约为 27.17%。从可比较的意义上看，如果中国要成为制造业强国，其国际循环特征可能会与德国相似。这也从反面说明在数量上，中国以国内大循环为主体的新发展格局基本形成。

（二）行业部门层面中国经济双循环的演变及国际比较

上述我们测算分析了国家层面的国内外经济循环对一国 GDP 的贡献，本部分展示产业（行业部门）层面的测度结果。具体而言，按行业大类、制造业区技术水平、典型行业三个层面展示中国产业的测度结果，并进行国际比较。

1. 中国产业层面的双循环演变趋势

图 18-5 给出了 2005~2016 年中国农业、矿业、制造业和服务业的纯国内经济循环的动态变化。总体上中国各行业的内循环特征在样本期持续强化，且制造业纯国内经济循环的比重最低。农业从 2005 年的 86.84% 增长到 2016 年 90.51%；服务业从 2005 年的 82.35% 增长到 2016 年的 89.62%；矿业从 2005 年的 66.45% 增长到 2016 年的 77.11%；制造业从 2005 年的 58.04% 增长到 2016 年的 68.80%。矿业处于全球价值链最上游环节，其增加值会向下游流动，供给国内和全球市场；制造业作为全球价值链分工特征最为明显的行业，跨国生产合作特征非常明显。因此，制造业和矿业对海外市场的依赖程度相对较高。此外，这一发现与制造业产品一般是有形的、贸易性强的特征密切相关。

进一步将制造业按照研发强度划分为高、中、低技术水平三类，以探究中国制造业经济循环的演变趋势。[①]表 18-3 显示了各类技术水平制造业的国内外经济循环的动态变化。各技术水平制造业的纯国内经济循环在持续加强，相较

---

① OECD 按各行业的研发强度，将制造业行业依次区分为低研发强度、中低研发强度、中高研发强度、高研发强度四类，研发强度体现了制造业的技术水平。在此，我们将低研发强度制造业看作低技术行业，中低研发强度制造业看作中技术行业，中高和高研发强度制造业看作高技术行业。各制造业对应的技术分类可向作者索取。

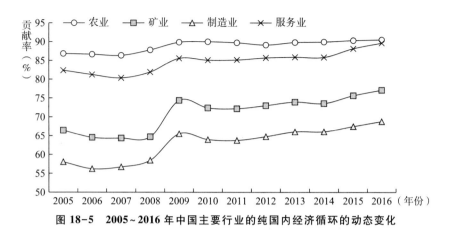

图 18-5　2005~2016 年中国主要行业的纯国内经济循环的动态变化

而言，中技术制造业的纯国内循环比重最高，高技术则最低。从 2005 年到 2016 年，低技术、中技术、高技术制造业的纯国内循环的贡献率分别提高了 12.2 个百分点、10.6 个百分点、9.9 个百分点。总体来看，高技术制造业的国际循环贡献率在整个样本中最高，表明其对国际经济循环的依赖要更强。在高技术制造业，外国国民所有要素投入的经济循环的贡献率 2016 年仍达 7.4%，其中外国国民所有要素投入的内循环贡献率从 2005 年的 2.8% 增长到 3.6%。在中国经济迅速发展的背景下，高技术制造业内循环总量最小、比重上升速度最慢的事实，不仅意味着跨国公司资本投入在中国高技术产业的发展中发挥着重要作用，也可能预示着中国在高技术产业自身发展能力的不足，中国高技术产业的发展更多地"受制于人"。对中国计算机和电子设备行业国际循环的变化趋势（见图 18-6）的展示，将从典型行业视角揭示这一特征。

表 18-3　按技术水平分类的中国制造业的双循环动态变化

单位：%，个百分点

年份	行业	纯国内经济循环	外国国民所有要素投入的内循环	本国国民所有要素投入的简单外循环	本国国民所有要素投入的复杂外循环	外国国民所有要素投入的简单外循环	外国国民所有要素投入的复杂外循环
2005	低技术	58.4	3.8	20.4	14.3	1.9	1.2
	中技术	63.1	2.2	11.0	21.3	0.6	1.8
	高技术	54.3	2.8	17.9	18.9	3.0	3.1
2008	低技术	61.2	3.5	19.4	13.0	1.9	1.0
	中技术	61.6	2.0	11.1	22.7	0.5	2.1
	高技术	54.4	2.8	18.5	18.3	3.1	3.0

续表

年份	行业	纯国内经济循环	外国国民所有要素投入的内循环	本国国民所有要素投入的简单外循环	本国国民所有要素投入的复杂外循环	外国国民所有要素投入的简单外循环	外国国民所有要素投入的复杂外循环
2012	低技术	65.0	3.0	17.7	12.0	1.5	0.7
	中技术	69.5	1.7	10.3	17.0	0.4	1.0
	高技术	61.1	3.2	16.6	15.0	2.2	1.9
2016	低技术	70.6	3.2	14.4	10.2	1.1	0.5
	中技术	73.8	1.7	8.5	15.0	0.3	0.8
	高技术	64.2	3.6	13.8	14.6	1.9	1.9
变化	低技术	12.2	-0.6	-6.0	-4.1	-0.8	-0.7
	中技术	10.6	-0.5	-2.5	-6.3	-0.3	-1.0
	高技术	9.9	0.9	-4.1	-4.3	-1.1	-1.2

由图 18-6 可知，对于这一深度参与全球价值链的高端制造行业，其对国际循环的依赖程度要显著高于高技术制造业平均水平。（1）计算机行业的国际经济循环比重非常高，本国国民所有要素投入的外循环占主导。从 2016 年的数据来看，国际经济循环占比达到 58.74%，远高于高技术行业的平均水平 35.8%，其中本国国民所有要素投入的外循环占 GDP 的比重为 50.39%。（2）中国计算机和电子设备行业国内循环对跨国公司的依赖程度在上升。除外国国民所有要素投入的内循环占比持续上升外，其他均呈波动下降趋势。本国国民所有要素投入的简单外循环、复杂外循环占比和外国国民所有要素投入的简单外循环、复杂外循环占比分别从 2005 年的 32.09%、30.01%、6.31%、5.89% 下降到 2016 年的 25.32%、25.07%、4.21%、4.14%，而外国国民所有要素投入的内循环占比则从 2005 年的 0.39% 上升到的 2016 年的 2.55%。

2. 制造业双循环的国际比较

制造业是全球价值链分工特征最为明显的行业，其对国际经济循环的依赖性强。表 18-4 显示了 2005 年和 2016 年各国（地区）制造业纯国内循环份额的动态变化情况。（1）制造业大国的大国内循环特征非常明显。大国的纯国内循环份额更高，而小国更低。从 2005 年和 2016 年的排名情况来看，美国、日本、印度、巴西等大国纯国内经济循环贡献较大，而东欧小国家的纯国内循环贡献较小。（2）绝大多数国家的纯国内循环份额下降，仅有巴西、印度尼西亚、中国、俄罗斯、加拿大、瑞典等国的纯国内循环份额上升。其中，中国和印度尼西亚增长最快，分别从 2005 年的 58.0%、60.4% 增长到 2016 年的 68.8%、

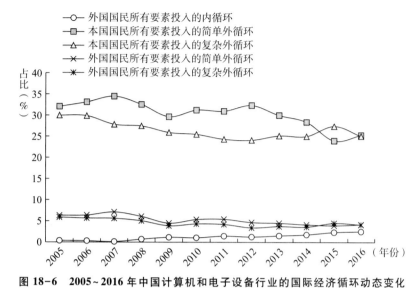

- ─○─ 外国国民所有要素投入的内循环
- ─□─ 本国国民所有要素投入的简单外循环
- ─△─ 本国国民所有要素投入的复杂外循环
- ─✕─ 外国国民所有要素投入的简单外循环
- ─✳─ 外国国民所有要素投入的复杂外循环

图 18-6　2005~2016 年中国计算机和电子设备行业的国际经济循环动态变化

71.7%。这意味着绝大多数国家都深度参与全球价值链，而中国和印度尼西亚逐步从深度参与向内向化发展转变，也在一定程度上反映了中国国内生产配套产品和中间品的水平上升。

表 18-4　2005 年和 2016 年各国（地区）制造业纯国内循环份额的动态变化

单位：%

排名	2005 年		2016 年	
	国家（地区）	纯国内循环	国家（地区）	纯国内循环
1	USA	74.6	BRA	72.2
2	JPN	71.8	IDN	71.7
3	GRC	70.3	ROW	70.6
4	IND	70.2	USA	69.4
5	CYP	68.1	CHN	68.8
6	BRA	64.2	IND	68.7
7	TUR	64.2	JPN	65.9
8	ROW	63.5	TUR	62.3
9	AUS	61.3	RUS	62.0
10	IDN	60.4	AUS	59.3
11	ESP	59.0	GRC	57.6
12	HRV	58.5	NOR	55.7
13	CHN	58.0	CYP	54.3

续表

排名	2005 年		2016 年	
	国家（地区）	纯国内循环	国家（地区）	纯国内循环
14	NOR	56.5	GBR	50.5
15	GBR	56.3	HRV	49.1
16	ITA	56.0	ITA	46.3
17	MEX	55.5	ESP	44.7
18	ROU	52.4	CAN	44.5
19	BGR	52.3	FRA	43.0
20	PRT	51.7	MEX	41.6
21	RUS	50.2	ROU	40.4
22	LVA	48.8	KOR	40.2
23	POL	47.3	FIN	38.4
24	KOR	46.7	LVA	36.3
25	FRA	46.7	DEU	35.6
26	LTU	45.7	POL	34.1
27	DEU	44.1	NLD	34.1
28	CAN	40.7	PRT	33.9
29	DNK	38.5	SWE	33.7
30	NLD	37.8	DNK	33.2
31	FIN	37.1	BGR	31.9
32	AUT	34.8	LTU	30.9
33	EST	33.7	BEL	29.9
34	TWN	31.5	AUT	29.7
35	BEL	30.5	TWN	28.2
36	SVN	30.3	CHE	25.7
37	CHE	30.1	EST	24.4
38	MLT	29.8	LUX	23.0
39	SWE	28.5	MLT	22.2
40	HUN	27.8	SVN	22.1
41	CZE	27.3	CZE	21.0
42	LUX	24.3	SVK	16.4
43	SVK	23.9	HUN	15.1
44	IRL	12.9	IRL	12.6

同样，本章按低技术、中技术、高技术制造业进行了国际比较。[①]（1）总体来看，低技术制造行业的国际经济循环占比不及中、高技术行业，且高技术行业的国际循环占比最高。这一现象可能的原因是对技术水平高的产品，一国独立完成所有生产环节的可能性越小，就越倚仗国际生产分工。（2）中国制造业对国际循环依赖程度下降，而德国、美国、日本在样本期都有不同程度的上升。中国在低技术行业、中技术行业、高技术行业的国际经济循环贡献率分别从 2005 年的 41.59%、36.86%、45.64% 下降到 2016 年的 29.38%、26.24%、35.79%，逐步向美日的国际经济循环的贡献率接近。（3）从计算机和电子设备细分行业来看，美国的国际经济循环占比在样本期基本保持稳定，日本和德国有较小幅度的上升，中国表现出下降趋势。值得注意的是，中国该行业对国际循环的依赖程度高，而美国和日本表现出明显的内循环特征。这与中国当前主要以加工组装参与全球价值链，出口贸易技术含量仍较低的现实情况（倪红福，2017）有关。目前中国自身无法主导高技术行业的全球价值链。一方面，贸易摩擦和"卡脖子"技术制裁等外部不确定性，易对产业链安全造成负面影响；另一方面，随着中国高技术行业的升级，其对国际经济循环的依赖程度将下降。

综上所述，中国农业、服务业、矿业的内循环依赖程度都相对更高，而制造业的国际循环依赖程度相对较高，且中国制造业的内循环特征正在强化。

四　内外循环对 GDP 增长的贡献

本部分利用对各类经济循环的因素结构分解方法，分析要素投入、生产网络结构、最终需求变化对 GDP（或行业增加值）增长的贡献大小，以从动态视角分析各类经济循环对 GDP 增长的贡献。

（一）GDP 增长的分解模型

1. 行业增加值增长的各类经济循环分解

首先我们对行业增加值增长按照经济循环类型进行分解，基于式（18-9）可以得到：

[①]　限于篇幅，正文中没有列示相关图表数据，如需要可向作者索取。

$$\Delta(SGDP) = C(\Delta(\hat{V}_{va}LY^{LL})) + C(\Delta(\hat{V}_{F,k}LY^{LL})) + C(\Delta(\hat{V}_{va}LY^{LE}))$$

$$+ C(\Delta(\hat{V}_{va}LA^{E}BY)) + C(\Delta(\hat{V}_{F,k}LY^{LE})) + C(\Delta(\hat{V}_{F,k}LA^{E}BY))$$

(18-10)

其中，式（18-10）将 GDP 的增长分解为 6 个部分，可以依次看到不同的经济循环对 GDP 增长的贡献：纯国内经济循环的贡献 $C(\Delta(\hat{V}_{va}LY^{LL})) = (\hat{V}_{va\,t}L_{t}Y^{LL}_{t} - \hat{V}_{va\,t-1}L_{t-1}Y^{LL}_{t-1})$；外国国民所有要素投入的内循环的贡献 $C(\Delta(\hat{V}_{F,k}LY^{LL}))$；本国国民所有要素投入的简单外循环贡献 $C(\Delta(\hat{V}_{va}LY^{LE}))$；本国国民所有要素投入的复杂外循环贡献 $C(\Delta(\hat{V}_{va}LA^{E}BY))$；外国国民所有要素投入的简单外循环贡献 $C(\Delta(\hat{V}_{F,k}LY^{LE}))$；外国国民所有要素投入的复杂外循环贡献 $C(\Delta(\hat{V}_{F,k}LA^{E}BY))$。

2. 经济循环的因素结构分解模型

式（18-10）中的每一项都可以从要素投入、生产网络结构、最终需求变化三个方面进行因素结构分解。限于篇幅，我们以第（1）项（$C(\Delta(\hat{V}_{va}LY^{LL}))$）为例进行说明。[①]

纯国内经济循环部分（$\hat{V}_{va}LY^{LL}$）受到本国国民所有要素的投入（V_{va}）、本国生产网络结构（L）和本国供给本国需求的最终需求（Y^{LL}）的影响。这意味着本国国民所有要素投入系数的变化、本国 Leontief 逆矩阵 L 的变化、本国生产的最终品产品用于本国消费量的变化会影响纯国内经济循环。本国直接消耗系数 A^{L} 的变化，将导致 L 变化（$L=(I-A^{L})^{-1}$）。A^{L} 也被称为本国技术系数矩阵，是对本国生产网络的定量描述。因此，L 的变化也体现了本国中间品投入产出结构的变化，即可表示本国生产网络结构的变化。这一结构分解具有一定的政策含义，国内生产网络结构主要由投入产出联系所代表的生产技术和偏好决定，一般情况下政府难以干预，而政府可以调整生产要素的本国供给和最终产品的本国使用。具体地，如果纯国内经济循环受本国投入产出结构的影响大，从生产要素投入和最终产品使用的方向进行政策实践将收效甚微。因此，考察本国国民要素投入变化、本国生产网络结构变化、最终需求的本国供给变化的贡献率具有丰富的政策含义（倪红福，2020）。结构分解中的分解形式是多样的，本章参考了 Dietzenbacher 和 Los（1998）对两类分解形式取平均值的做法，于是得到：

---

① 其他各项可向作者索取。

$$C(\Delta(\hat{V}_{va}LY^{LL})) = \underbrace{\frac{1}{2}[(\Delta\hat{V}_{va})(L_tY^{LL}_{\ t} + L_{t-1}Y^{LL}_{\ t-1})]}_{\text{本国国民所有要素投入变化}C(\Delta\hat{V}_{va})}$$

$$+ \underbrace{\frac{1}{2}[\hat{V}_{va\,t}(\Delta L)Y^{LL}_{\ t-1} + \hat{V}_{va\,t-1}(\Delta L)Y^{LL}_{\ t}]}_{\text{本国生产网络结构变化}C(\Delta L)} \qquad (18-11)$$

$$+ \underbrace{\frac{1}{2}[(\hat{V}_{va\,t}L_t + \hat{V}_{va\,t-1}L_{t-1})(\Delta Y^{LL})]}_{\text{本国供给的最终需求的变化}C(\Delta Y^{LL})}$$

$$= C1 + C1 + C1$$

对于其他分项的因素分解思路相似，这里不再赘述。将各分项的对应结构项相加可以得到一国（行业）增加值的因素结构分解公式。对各国所属行业加总，就可以进行各国 GDP 变化的因素结构分析。影响 GDP 增长的三大类因素，分别是要素投入的变化、生产网络结构的变化、最终需求的变化。具体地，要素投入变化又可以分为两类：本国国民所有要素投入的变化和国外国民所有要素投入的变化。生产网络结构的变化也可以分为两类：本国生产网络的变化和国际生产网络结构的变化。最终需求的变化则可以分为三类：本国供给本国需求的最终需求的变化、本国最终产品出口的变化、全球最终需求的变化。

（二）结构分解结果分析

本章主要展示两个方面的测算结果。一是各类经济循环对 GDP 增长的贡献；二是要素投入、生产网络结构和最终需求三大结构因素的分解结果。

1. 各类经济循环对 GDP 增长的贡献及国际比较

表 18-5 表明如下几点。（1）各类经济循环对典型国家[①]的 GDP 增长都起到积极作用，中国和美国的纯国内经济循环对 GDP 增长发挥主导作用，而德国和日本的 GDP 增长主要是由国际经济循环驱动。德国 58.6% 的 GDP 增长来自国际经济循环，而日本的这一比重是 61.0%；中国 85.8% 的 GDP 增长来自纯国内经济循环，而美国的这一比重是 84.2%。以上结果意味着各类经济循环对 GDP 增长的贡献与各国各类经济循环的体量并不一定对应。日本是规模层面内

---

① 构建以国内大循环为主体、国内国际双循环相互促进的新发展格局是中国未来较长一段时间推动经济高质量发展的重大战略部署。考虑到可比性，我们主要选取一些在经济规模、产业完备程度、历史发展过程与中国相似的一些国家，且它们一般都实现了经济现代化。通过与这些国家进行比较以发现异同，为中国未来经济发展提供经验启示。因此，我们选取美国、日本和德国作为典型国家，进行国际比较。

循环特征最为明显的发达国家之一，但是其纯国内经济循环仅贡献了 39.0% 的
GDP 增长。（2）国际经济循环对 GDP 增长的贡献中，本国国民所有要素投入
的简单外循环和本国国民所有要素投入的复杂外循环在各国都发挥了主导作用。
在德国，本国国民所有要素投入的简单外循环和本国要素投入的复杂外循环的贡
献分别为 20.3% 和 23.9%，日本的这两者分别为 29.4% 和 28.9%，美国的占比虽
然低，但也达到了 5.9% 和 6.3%，中国与美国情况类似，贡献分别为 6.0% 和
6.6%。这意味着国内与国际协调促进 GDP 增长的主要渠道是将嵌入本国生产要
素的最终品或者中间品出口或嵌入全球生产网络，用于满足全球的最终需求。

表 18-5　典型国家各类经济循环对 GDP 增长的贡献（2005~2016 年）

单位：百万美元

国家	GDP 的增长	纯国内经济循环	外国国民要素投入的内循环	本国国民要素投入的简单外循环	本国国民要素投入的复杂外循环	外国国民要素投入的简单外循环	外国国民要素投入的复杂外循环
DEU	547038	2265518	40150	111314	130739	17180	21104
	100%	41.4%	7.3%	20.3%	23.9%	3.1%	3.9%
JPN	134404	52459	1623	39483	38888	551	1402
	100%	39.0%	1.2%	29.4%	28.9%	0.4%	1.0%
USA	5397658	4542591	134554	318499	341361	30346	30308
	100%	84.2%	2.5%	5.9%	6.3%	0.6%	0.6%
CHN	7577626	6499248	84231	454684	496359	22745	20358
	100%	85.8%	1.1%	6.0%	6.6%	0.3%	0.3%

进一步，我们考察了 2005~2007 年、2008~2009 年、2010~2016 年[①]中国
各类经济循环对 GDP 增长的贡献。分时间段的考察发现：中国经济对纯国内经
济循环的依赖是逐步增强的。中国纯国内经济循环在 2005~2007 年的贡献是
69.3%，而 2010~2016 年是 89.7%；本国国民所有要素投入的简单外循环和复杂
外循环的贡献分别从 2005~2007 年的 12.1%、13.0% 下降到 2010~2016 年的
4.4%、5.9%。

2.GDP 增长的因素结构分解及国际比较

表 18-6 和表 18-7 分别给出典型国家 GDP 增长的因素分解结果和各类因素
的贡献。研究有以下发现：

---

① 这三个时期的分解结果可向作者索取。

（1）最终需求变化是导致各类经济循环对 GDP 增长的贡献产生变动最重要的因素，除日本外，其他国家受本国供给的最终需求变化的影响更大。在本国供给最终需求变化的贡献中，中国、美国、德国、日本分别达到了 83.7%、83.8%、62.1%、67.0%，在全球需求变化的贡献中，中国、美国、德国、日本分别为 2.5%、6.7%、31.9%、197.4%，日本和德国本国最终品出口变化的贡献要显著高于美国和中国。这一结果预示着中国和美国经济对本国需求的依赖程度更高，国内超大规模的需求市场在 GDP 增长过程发挥着重要作用。日本和德国受国际需求的影响较大，两者通过中间品出口参与全球的生产活动，其 GDP 增长易受全球经济波动的影响。

（2）生产网络结构变化的贡献在各典型国家中的差异较大，中国是唯一一个生产网络结构变化对 GDP 增长有促进作用的国家。日本的 GDP 增长受生产网络结构变化的影响较大，在纯国内经济循环中，本国生产网络结构变化对 GDP 增长的贡献达到 10.4%，但在本国国民所有要素投入的复杂外循环中，国际生产网络结构变化对 GDP 增长的贡献则为 −169.6%。本国国民要素投入的复杂外循环中的国际生产网络变动（$\Delta(LA^E B)$）体现了国内生产网络（L）与全球生产网络（B）的联系强弱变化，当这一联系变强时会促进一国 GDP 增长。过去 20 多年，中国取代日本成为东亚全球价值链中心（Li et al.，2019）。中间品出口是使国内生产网络嵌入全球生产网络的关键，其变动会影响国际生产网络对 GDP 的拉动作用。2007~2016 年，日本总出口从约 7340 亿美元下降到约 6750 亿美元，出口下降约 8%，其中中间品份额基本维持在 57% 左右[①]，日本中间品出口额在样本期呈现明显下降趋势。事实上，日本国家层面的国际生产网络值（$LA^E B$）从 2005 年的 60.68 下降到 2016 年的 39.91，下降幅度高达 34.23%，日本与全球生产网络的联系显著减弱，其造成的 GDP 下降也会较大。2005~2016 年，日本 GDP 增长额仅为 1344.04 亿美元，本国国民要素投入的复杂外循环中的国际生产网络变动导致 GDP 的下降额则达到 2279.97 亿美元，从而导致了其对日本 GDP 增长的负贡献较大。总体而言，中国本国生产网络结构变化和国际生产网络结构变化对 GDP 增长的贡献都为正，两者对中国 GDP 增长的贡献达到 12.6%。反观美国、日本、德国，其生产网络结构变化对 GDP 增长的贡献分别为 −8.2%、−162.9%、−20%。中国本国生产网络结构变化的贡献这一结论与 Kee 和 Tang（2016）关于

[①]　数据来源于 BACI，与 BEC5 进行匹配，在 6 位数层面识别产品大类（中间品、固定资本、消费品）。

本地上游供应体系的发展导致出口中本国增加值提高的观点是一致的。[①]

（3）在各类经济循环中，要素投入一般不会成为推动 GDP 增长的主导力量，本国国民所有要素投入变化对 GDP 增长的影响要比外国国民所有要素投入变化大，总体来看，仅美国国民所有要素投入变化对其 GDP 增长的贡献为正。在各类经济循环中，除美国的纯国内经济循环的本国要素投入贡献（$C(\Delta \hat{V}_{va})_1$）达到 9.6%，其他国家各类经济循环中的要素投入变化的贡献均较小，甚至为负。如日本纯国内经济循环的本国要素投入变化的贡献达到-33.8%。除德国外，中国、美国、日本的本国要素投入变化贡献的绝对值都要显著大于外国要素投入变化的贡献。总体而言，美国要素投入变化对 GDP 增长的贡献达到 11.4%，中国、日本、德国分别为-4.4%、-32.9%、-1.0%。中国要素投入变化的贡献为负与中国要素投入份额在样本期出现下降的典型事实是一致的。根据 AMNE-ICIO 的测算，中国总体的要素投入份额从 2005 年的 36% 上升到 2010 年的 38%，随后下降到 2014 年的 35%，反映中国生产过程中中间品投入份额的增加。

表 18-6　典型国家 GDP 增长的因素分解（2005~2016 年）

单位：百万美元

国家	$C(\Delta \hat{V}_{va})_1$	$C(\Delta L)_1$	$C(\Delta Y^{LL})_1$	$C(\Delta \hat{V}_{F,k})_2$	$C(\Delta L)_2$	$C(\Delta Y^{LL})_2$	$C(\Delta \hat{V}_{va})_3$	$C(\Delta L)_3$	$C(\Delta Y^{LE})_3$
DEU	-16276	-65947	308775	-6253	15354	31049	10987	-33035	133362
	-3.0%	-12.1%	56.4%	-1.1%	2.8%	5.7%	2.0%	-6.0%	24.4%
JPN	-45398	13919	83938	-6565	2051	6137	3358	-4867	40991
	-33.8%	10.4%	62.5%	-4.9%	1.5%	4.6%	2.5%	-3.6%	30.5%
USA	519221	-400041	4423410	32799	682	101073	21774	-17081	313806
	9.6%	-7.4%	82.0%	0.6%	0.0%	1.9%	0.4%	-0.3%	5.8%
CHN	-223762	491658	6231353	-20264	-6041	110537	-32525	91791	395418
	-3.0%	6.5%	82.2%	-0.3%	-0.1%	1.5%	-0.4%	1.2%	5.2%

国家	$C(\Delta \hat{V}_{va})_4$	$C(\Delta(LA^E B))_4$	$C(\Delta Y)_4$	$C(\Delta \hat{V}_{F,k})_5$	$C(\Delta L)_5$	$C(\Delta Y^{LE})_5$	$C(\Delta \hat{V}_{F,k})_6$	$C(\Delta(LA^E B))_6$	$C(\Delta Y)_6$
DEU	5243	-33821	159317	1013	1470	14696	-575	6429	15250
	1.0%	-6.2%	29.1%	0.2%	0.3%	2.7%	-0.1%	1.2%	2.8%

[①] 笔者测算发现，2005~2016 年，中国的 DVAR 从 64.5% 增长到 72.5%，其中本国公司的 DVAR 从 56.7% 增长到 64.8%，增长速度略快于中国整体的 DVAR。然而，跨国公司的 DVAR 在样本期稳定在 8.00% 左右。出口中本国增加值率的提升很大程度上体现本国上游供给能力的提升，这体现了本国生产网络的完善，而这种提升主要由本国公司的迅速成长导致。区分要素权属的 DVAR 测度公式和测度结果可向作者索取。

续表

国家	$C(\Delta \hat{V}_{va})_4$	$C(\Delta(LA^E B))_4$	$C(\Delta Y)_4$	$C(\Delta \hat{V}_{F,k})_5$	$C(\Delta L)_5$	$C(\Delta Y^{LE})_5$	$C(\Delta \hat{V}_{F,k})_6$	$C(\Delta(LA^E B))_6$	$C(\Delta Y)_6$
JPN	6206	-227997	260679	-998	293	1256	-881	-2357	4640
	4.6%	-169.6%	194.0%	-0.7%	0.2%	0.9%	-0.7%	-1.8%	3.5%
USA	35345	-31803	337820	3684	-75	26736	3203	4438	22667
	0.7%	-0.6%	6.3%	0.1%	0.0%	0.5%	0.1%	0.1%	0.4%
CHN	-42902	358930	180331	-8136	1696	29185	-8524	17681	11202
	-0.6%	4.7%	2.4%	-0.1%	0.0%	0.4%	-0.1%	0.2%	0.1%

注：表中的各类因素分解项主要是各类经济循环中要素投入变化、生产网络结构变化、最终需求变化对 GDP 增长的贡献。

表 18-7 典型国家 GDP 增长的因素分解汇总 (2005~2016 年)

单位：%

国家	本国供给最终需求 变化的贡献	本国最终品出口 变化的贡献	全球最终需求 变化的贡献	最终需求变化的贡献
DEU	62.1	27.1	31.9	96.7
JPN	67.0	31.4	197.4	295.8
USA	83.8	6.3	6.7	96.8
CHN	83.7	5.6	2.5	91.8

国家	本国生产网络结构 变化的贡献	国际生产网络结构 变化的贡献	生产网络结构 变化的贡献	
DEU	-15.0	-5.0	-20.0	
JPN	8.5	-171.4	-162.9	
USA	-7.7	-0.5	-8.2	
CHN	7.6	5.0	12.6	

国家	本国国民所有要素 投入变化的贡献	外国国民所有要素 投入变化的贡献	要素投入变化的贡献	
DEU	0.0	-1.0	-1.0	
JPN	-26.7	-6.3	-32.9	
USA	10.7	0.7	11.4	
CHN	-3.9	-0.5	-4.4	

为了分析中国不同发展阶段各类因素对 GDP 增长的贡献，我们也进一步对 2005~2007 年、2008~2009 年、2010~2016 年中国 GDP 增长的因素进行分解①。研究发现，2005~2016 年本国市场和本国生产网络对中国 GDP 增长有突出贡献。本国供给的最终需求变化和本国生产网络结构变化对中国经济的贡献要远

---

① 限于篇幅，正文中没有列出，可向作者索取。

超要素投入。2005~2007 年，本国供给最终需求和本国生产网络结构变化对这一时期中国 GDP 增长的贡献分别为 72.4%、3.8%，而在 2010~2016 年，这两者的贡献分别为 86.4%、23.1%。这一变化的出现可能是本国市场规模的扩大和生产配套体系的完善所致。本国市场规模的扩大进一步提高了内需在中国 GDP 增长中的重要性，生产配套体系完善使得生产的上游中间投入品可以更多地从中国本土企业获取。这在一定程度上反映了中国国内产业升级，在一定意义上说明中国经济的内向化趋势明显，国内循环对 GDP 增长的重要性日益提高。

五　结论与启示

（一）主要结论

构建双循环新发展格局，需要定量认识国内大循环、国际大循环对中国经济的影响程度。只有准确测度国内国际循环的比重，才能科学判断到什么程度才是"以国内大循环为主体"。鉴于此，本章从全球价值链视角测度中国国内国际循环及其贡献，构建了一个同时考虑企业所有权和要素投入国民权属异质性的 GDP 分解框架，将 GDP 按价值链类型分解为纯国内经济循环、外国国民所有要素投入内循环、本国国民所有要素投入的简单外循环、本国国民所有要素投入的复杂外循环、外国国民所有要素投入的简单外循环、外国国民所有要素投入的复杂外循环。进一步利用 AMNE 国家间投入产出表和 WIOD 的 SEA 数据，测度分析了 2005~2016 年国家、行业层面的中国经济双循环演变动态和国际比较情况，并对各类循环贡献度进行因素结构分解分析，主要得到以下结论。第一，从数量上看，中国基本上形成了以国内大循环为主体的新发展格局，内需正在发挥推动中国 GDP 增长的主要作用。第二，从国际比较视角来看，总体上呈现大国大国内经济循环的特征。小国更依赖国外贸易，而大国更依赖国内市场规模。中国经济向内循环发展符合大国经济发展的国际经济规律。第三，中国制造业的内循环占比相对最低，对国际经济循环的依赖程度还较大。各国制造业国际经济循环占比都比较高，这是由制造业需要跨国分工以提高效率的属性所致。但值得注意的是，中国高技术制造业的内循环程度低于制造业的总体水平，高技术制造业的国际循环依赖程度相对较高。高技术制造业在大国竞争背景下面临较严重的产业链安全问题。第四，从 GDP 变动的因素结构分解可知，在内循环经济中，中国内需和本国生产网络结构是推动经济发展的主要力量。这意味着中国以国内大循环为主体的新发展格局的着力点应该是扩大国内需求和构建完备、高质量的国内生产分工体系。第五，从数量上看中国以国内大循环为主体的新发展格局初步成型，其比重和贡献与美日等国家相差不大，但从质量上看，中国以国内大循环为主体的新发展格局可能还没有实现高水平高质量的动态经济循环。

（二）启示与进一步讨论

基于本章研究结论可以得到以下几点启示。（1）构建双循环新发展格局不是国内循环、国际循环的规模和比重问题，而是国内循环和国际循环的高质量、高水平发展和自立自强问题。本章的价值链分解结果表明，从数量上看中国以国内大循环为主体的新发展格局初步成型，但还没有实现高水平高质量的循环。因此，构建新发展格局最本质的特征是实现高水平的自立自强。推进自主创新，最紧迫的是破除一切制约科技创新的思想障碍和制度藩篱，最大限度解放和激发科技作为第一生产力所蕴藏的巨大潜能。（2）作为制造业大国，实现高水平的国际循环是构建新发展格局的应有之义。以国内大循环为主体，并不是说不要国际循环，而是通过发挥内需潜力，使国内市场和国际市场更好联通，更好利用国际国内两个市场、两种资源，实现更高水平的对外开放，构建开放型经济体系，实现更加强劲可持续的发展。一般来说，制造业强国大国的国际经济循环对其经济增长较为重要，如德国是国际循环特征最为明显的发达国家，德国经济对国际经济循环的依赖程度大于中国、日本、美国等国家。因此，一定意义上，如果中国要实现制造业强国，并不是说要降低中国经济对国际经济循环的依赖程度，而是实现高水平的对外开放，维护产业链安全和稳定，推动自主创新，减少关键生产环节的对外依赖度，打造自主可控的全球产业链，实现制造业国内国际良性互动。（3）建设强大而有韧性的国民经济循环体系。在国民经济循环体系中，产业体系发挥了生产和再生产的关键作用，具有驱动经济循环畅通无阻的基础性作用。建设强大而有韧性的国民经济循环体系，要加快推动产业体系现代化转型，要形成发达的商品市场和完善的要素市场。营造公平开放、竞争有序的全国统一大市场。深入推进要素市场化配置改革，创新要素供给方式，完善要素交易平台，深化要素价格改革。破除人口、资本、土地、数据等要素在城乡之间、城市之间、区域之间自由流动的体制机制障碍，实现城市治理体系和治理能力的现代化，有效应对收入差距等挑战。

最后，本章也存在一些不足之处，值得进一步讨论。一是，文中的数据和测算结果需谨慎使用。基于全球价值链的分解方法，本章将 GDP 进行国内国际经济循环的分解具有一定的合理性，但是投入产出模型本身存在一些缺陷，我们在分解中认为局部 Leontief 逆矩阵（L）代表着国内经济投入产出联系，实际上这是值得质疑的。从现实经济来看，一种产品的生产既有国内中间品也有国外中间品投入。这样忽略国外中间品，可能生产就无法进行。因此对 L 以及相关分解项的解释需要谨慎对待。二是，本章的测度分析只是从数量上对 2005~2016 年中国国内国际经济循环的动态演变情况进行了分析，对其形成原因以及未来变化趋势缺乏深度研究，此外对如何构建双循环新发展格局的探讨也不多。未来对新发展格局的研究重心应该是如何疏通国内大循环、国民经济循环的堵点，如何解决高端供给或有效供给能力不足的问题，如何通过利用好中国超大规模市场和内需，攻克"卡脖子"技术，提高产业链供应链现代化水平，促进就业，提高收入水平，实现高质量发展。这些都是后续有待研究的重要问题。

第十九章　全球价值链的未来研究方向

在全球价值链深入发展的背景下，有关垂直专业化的理论和模型研究开始兴起，GVC 测度和理论是相互联系的：理论指导 GVC 的测度，而完善的测度方法将推动理论创新。然而，GVC 测度和理论仍然是相对分开的，这方面是重要的研究领域。利用全球价值链测度指标进行实证研究和在模型中引入跨境投入产出中间联系成为未来许多研究领域的新方向。

一　价格联系和贸易成本
——实际有效汇率和累积关税

通过生产过程的跨境联系，全球价值链体系中产生了价格溢出效应，即上游的成本或贸易摩擦的变化会溢出到下游产品的成本中。虽然这个机制非常明显，并且传统的投入产出价格模型已有探讨，但是在全球投入产出模型框架下的价格联系和贸易成本的研究相对较少，如实际有效汇率的测算、累积关税等问题。

二　国际经济与投入产出联系

全球价值链是经济周期联动的重要影响因素（唐宜红等，2018）。一方面，GVC 所带来的一体化会使得各国面临共同的供给和需求冲击，因此由冲击所带来的全球经济波动在 GVC 上的国家表现较为一致，使全球经济周期联动性增强。另一方面，从垂直和水平贸易来看，已有研究表明，双边贸易以水平分工为主时，贸易的替代效应会大于互补效应，贸易增多会使全球经济周期的联动性下降；相反，当双边贸易以垂直分工为主时，贸易的互补效应会大于替代效应，贸易增多会使全球经济周期的联动性增强。而在全球价值链深入发展的背景下，垂直专业化分工较为明显，因此 GVC 下的贸易互补效应明显，增强了全球经济周期的联动性（Iossifov，2014）。

此处"国际经济与投入产出联系"主要是指在国际贸易和宏观模型中考虑 GVC 的作用。实际上，投入产出表数据已经被广泛应用于可计算一般均衡模型的模拟分析中，如 GTAP（Global Trade Anlysis Project）的可计算一般均衡模型已经成为贸易政策分析工具超过 30 年。近年来，微观模拟与 CGE 模型的结合成为研究的热点。在一般均衡模型框架下的理论和实证研究还需要进一步深入，尤其重要的是在动态一般均衡模型中引入"迂回生产"模式，这是一个非常有意义的研究领域，几乎将改写所有传统的宏观经济一般均衡模型。在传统的宏观经济模型中，一般是基于增加值构建生产函数，不考虑生产的产品同时可以作为最终消费品和其他产品生产的中间投入品的情形。在标准的宏观经济教材中，经济模型基本上都是增加值经济①。然而，在现实经济中，一种产品既可作为最终消费品，也可作为中间投入品，也就是我们所说的"迂回生产"模式。因此，最好能在生产结构中引入投入产出结构框架。按这种方式构建的经济模型，我们称为"投入产出经济"。为了清楚地辨识增加值经济和投入产出经济，我们需要深刻地认识投入产出经济系统的两个重要特征。（1）区分行业层面上行业增加值和行业产品的最终消费（需求）。在行业层面上，增加值与最终消费就可能不等了。行业增加值可能大于对行业产品的最终消费，这意味着行业部门的一些增加值间接隐含在其他产品中供最终消费。（2）一种产品的总产出既可直接作为最终消费品，也可作为其他部门生产的中间投入品。因此，一部门的产出可以通过投入产出的中间投入联系，间接地为最终消费做贡献。因此，不同行业对经济的影响程度是不同的，而影响程度又受到行业间中间投入联系的影响。这也意味着某一行业的影响程度越高，其在投入产出经济网络中的作用也越大。

用全球价值链核算数据代替总值出口数据和校准模型，为解决某些传统国际经济问题提供了新思路。相对价格的变化将对来源于特定国家的增加值的需求量产生怎样的影响？例如，人民币升值将在多大程度上降低对中国增加值的需求？如果人民币对日元升值，但对美元保持不变，结果又会如何？我们应怎样将这些双边相对价格的变化加总，从而评估中国竞争力的变化？这就是全球

---

① 一般将生产函数设定为 $Y = AK^\alpha L^\beta$，我们称这种模型框架为增加值经济（Value-Added Economics）。

价值链实际有效汇率的研究。一般认为，全球价值链分工可能改变了实际相对价格变化对经济活动的影响方式和大小，没有考虑中间投入联系的传统实际有效汇率存在较大偏差，正如 Klau 和 Fung（2006）指出，不考虑垂直专业化的传统总值贸易权重方法存在较大偏差。倪红福（2018）进一步进行了拓展研究，并重点分析了中国的全球价值链实际有效汇率的变化趋势。虽然全球价值链实际有效汇率的理论模型和指标测算取了一定的成果，但是全球价值链实际有效汇率应用方面的研究相对缺乏，这是一个值得进一步研究的方向，如探讨全球价值链实际有效汇率对贸易的影响，以及什么因素影响全球价值链实际有效汇率。

全球价值链的兴起已经从多个角度改变了贸易保护的成本与收益。然而，贸易政策和全球价值链之间双向互动的实证研究却相对较少。随着全球投入产出数据的进一步完善以及增加值贸易核算方法的新发展，未来这方面的研究将得到更大发展。如进口中国内增加值的存在使民众倾向于贸易自由化政策。由于全球价值链变得越来越重要，从增加值视角来对贸易政策进行分析便显得越来越重要。此外，随着全球投入产出数据越来越完善，探究贸易政策的影响因素便提上了日程。

此外，我们一直关注国际贸易中的增加值部分。增加值贸易背后是要素贸易或者污染物排放。如果我们知道各部门生产单位 GDP 所需的要素量（污染物排放，如 CO_2），那么我们就可以将增加值出口流量转化为要素（污染物）流量，也可以测算按生产者的隐含要素（污染物）和按消费者的隐含要素（污染物，与增加值出口类似）。隐含碳排放是环境经济领域的研究热点之一，也一直是争论的焦点：实施生产者碳排放目标还是消费者碳排放目标，这需要利用投入产出模型测算最终需求吸收的碳排放。

三 产业和企业层面的理论和实证研究

微观层面的财务和进出口数据，适当结合宏观层面的投入产出数据，可以对国际外包、垂直专业化和跨国公司 GVC 活动的测度指标进行改进，以得到更加精确的计量结果。（1）外包和投入采购。20 世纪 90 年代，国际外包（国外投入替代国内投入）曾经是国际贸易和政策的主要议题之一。Feenstra 和 Hanson（1996，1999）将外包定义为国外投入占总投入的比重。已有文献大部分利用投入产出表数据从产业层面衡量外包程度。显然，这里外包指标测度是基于产出而非增加值测算的，故我们可以利用全球投入产出模型测算的国外增加值率（1-国内增加值率）指标来替代传统的外包测算指标。（2）贸易壁垒（关税、倾销和反倾销）、GVC 和企业绩效之间的关系研究。如研究进口关税自由化对企业生产率、增长率的影响，Amiti 和 Konings（2007）、Goldberg 等（2010）考察了 GVC 对生产率、就业的影响，这些研究在理论和实证上都值得进一步深入讨论。关于反倾销理论，已有文献中几乎没有对全球价值链和反倾销的研究。随着全球价值链的深入发展，对全球价值链联系和反倾销问题进行深入研究迫在眉睫。国内也开始出现了相关研究，如王孝松等（2017）利用全球反倾销数据库和 WIOD 数据对全球价值链和反倾销进行了研究。（3）产业和企业层面的价值链的企业组织理论和实证。如在企业层面，Antràs 和 Chor（2013）提供了一个企业产权模型来预测企业在价值链中是如何选择一体化和外包的。然而，有关跨国公司与其附属机构和非附属机构之间联系数据的缺乏，使得检验跨国公司的企业组织行为的研究存在不足之处。Ramondo 等（2016）质疑产业层面的投入产出联系不能代表跨国企业与其他机构之间的联系。当然，随着有关跨国公司的企业层面数据日益丰富，将极大地丰富我们对企业在全球价值链中的行为的分析，该方面的实证研究具有重要的价值和意义。

四　全球价值链与国内价值链链接

诸多学者进行了一系列全球价值链研究，而对一国内部区域价值链分工的研究尚显不足。事实上，从测度方法来看，国内价值链的测度类似于全球价值链测度，重在厘清不同区域价值链分工特征。但在研究层面和研究内容方面，国内价值链更为复杂：从研究层面来看，国内价值链属于全球价值链的次区域层面；从研究内容来看，相对于全球价值链，国内价值链更为复杂，主要原因在于国内价值链不仅包括国内区域的进出口贸易，还涵盖了区域间调入调出贸易。国内价值链研究主要包括宏观测度与微观计量两个维度。

宏观测度主要依据投入产出模型分析国内价值链分工问题，包括中国区域间投入产出表与嵌入中国区域投入产出表的全球投入产出表两类。前者直接运用区域间投入产出表探讨省际出口贸易价值链和省际贸易增加值；而后者则主要用于探讨省际出口与省际贸易增加值。Meng 等（2013）将中国 2007 年区域投入产出表嵌入全球投入产出表，以核算中国国内价值链分工布局特征。倪红福和夏杰长（2016）将中国 1997 年、2002 年和 2007 年的区域投入产出表嵌入全球投入产出表，构建出全球次区域投入产出表，并进一步拓展了 Wang 等（2013）出口增加值分解方法，探讨我国东北地区、京津地区、北部沿海、东部沿海、南部沿海、中部沿海、西部地区和西南地区共计八大区域的国内价值链动态演变。潘文卿和李跟强（2018）运用的投入产出表是由中国国家信息中心、日本经济研究所（IDE-JETRO）和韩国银行等共同编制的 2005 年各国或各区域投入产出表（TIIO），该表兼具国际投入产出表和国内或区域间投入产出表的特点，其中将中国划分为东北地区、华北地区、华东地区、华南地区、华中地区、西北地区、西南地区共计七大地区。李善同等（2018）将 2007 年中国区域投入产出表嵌入全球投入产出表，并运用 Wang 等（2013）的方法进一步分析探讨国内价值链变化趋势，提出国内省份出口和省际调出贸易的统一分解框架。Chen 和 Hou（2018）运用增值税数据估计区域间贸易数据，并分离出不同类型的劳动者数据，完善了 2002 年和 2012 年投入产出表，以评估出口贸易中的国内增加值活动。

与宏观测算相对应，部分学者基于微观计量探讨国内价值链的诸多问题，主要分为两大类。（1）区域投入产出表价值链分解后进行微观计量分析；（2）借助中国海关数据和中国工业企业数据库数据进行微观计量分析。邵朝对和苏丹妮（2017）运用 2002 年、2007 年和 2010 年中国 30 个省际投入产出表，考察了国内价值链与经济周期的联动性，指出区际贸易的 Frankel-Rose 效应主要由国内价值链贸易引起。苏丹妮等（2019）运用 2002 年、2007 年和 2010 年中国 30 个省（区市）区域间投入产出表，探讨国内价值链对地区经济增长的溢出效应。黎峰（2020）则将全球价值链与国内价值链置于统一的框架下进行探讨，并对国内价值链分工对全球价值链参与度的影响机制进行分析。高敬峰和王彬（2020）则将国内价值链嵌入国际价值链，并实证检验了国内价值链分工对全球价值链的重要作用。

现阶段，在宏观层面和微观层面对国内价值链的测度都取得了阶段性进展，并开始广泛应用于贸易、产业、环境和区域等研究领域，但这些测度方法仍有待完善。

五　微观层面和宏观层面测度链接

不管是宏观还是微观层面，测度全球价值链的方法都取得了较大的进步，但是，这两种方法几乎是平行发展，两者之间很少有交叉。然而，这两种方法在理论上是一致的，因此，两种方法的互相收敛是未来的研究趋势。微观企业数据将改善投入产出模型方法，而投入产出分析将改进微观企业数据的调查和量化。

首先，我们发现在编制全球投入产出表时，没有有关跨境的中间投入的细分数据，即本国生产的国外中间投入的分行业数据是缺乏的，这是因为投入产出统计调查中没有区分国外和国内采购的中间投入。因此，我们可以在以下几个方面进行改进。（1）改进统计调查方法，尽量区分国外和国内采购的中间投入，以从微观企业层面提供更为详细的企业与企业之间的中间投入联系，也为全球投入产出表的编制提供数据基础。（2）最大化地利用已有数据（如 BEC 的中间品和最终品的区分方法），创造性地提高现有投入产出表中相关数据估计的质量和精确度，以更加精确地测度全球价值链联系。如 Feenstra 和 Jensen（2012）利用美国企业贸易数据库（US Linked/Longitudinal Firm Trade Transaction Database）构建了产品部门层面的进口投入矩阵。此外，加总产业层面的数据也可以应用到企业层面，实现宏观层面与微观层面的融合。倪红福和王海成（2022）把根据全球投入产出模型测算的国家产品部门层次的位置匹配到企业的进出口产品，进而根据企业出口（进口）产品的权重来加权产品所属产品部门的位置，以测度微观企业的位置。这些结合宏观和微观的方法来测度全球价值链的参与程度和位置的研究是非常重要的研究领域。（3）利用微观数据，把全球投入产出表中的部门进一步细分。现有投入产出表中产品部门数相对较少，如 2016 年版的 WIOD 只有 56 个部门。而在政策层面，我们需要更细致的全球价值链数据，进而需要细化全球投入产出表。此外，由于出口产品和国内使用产品的生产过程中使用国外中间品的强度不同，因此在投入产出表中区分加工贸易，才能更为精确地测度出口产品中的国内增加值。

六　与全球价值链结合的结构模型

投入产出的复杂联系，使得微观小冲击放大为宏观大冲击。2007 年美国房地产部门的次贷冲击迅速波及其整个经济系统，导致了全球经济危机，这使得经济学界开始反思和探索宏观波动的微观来源及其跨部门传导机制，带来了生产网络结构经济学的兴起和发展，尤其是基于投入产出经济框架的生产网络结构一般均衡模型研究成为宏观经济的研究热点。较早讨论投入产出生产网络的是 Long 和 Plosser（1983），他们在经济周期框架下讨论了多部门生产和消费。Acemoglu 等（2012）在生产网络框架下讨论微观冲击与宏观波动问题，给出了标准的生产网络分析范式。随后 Acemoglu 等（2016）对该框架进行了比较全面的介绍。在静态生产网络结构分析框架中，在代表性消费者最大化效用、给定产品价格和劳动工资下每个行业代表性企业利润最大化、市场出清的条件下，可以得到均衡状态解。求解分析时引入了 Domar 权重（份额），即产业销售值占 GDP 的比重，并在这一概念基础上得到两个重要定理。第一个定理是，行业产出的对数值变化可以表示技术冲击的加权值与独立于技术冲击的常数之和。第二个定理是，整体经济增加值的对数值变化近似等于以 Domar 权重对冲击的线性加总。这些生产网络框架主要讨论技术冲击对行业和整体经济的影响，也构成了生产网络结构一般均衡模型的基本理论框架，后续 Liu（2019）等都借鉴了这一个基本框架的思路和方法。

近年来，基于投入产出的生产网络结构基本框架，大量文献从广义生产技术、市场摩擦与不完备性、生产网络内生化、生产网络动态化等方面进行拓展研究。（1）广义生产技术。大量文献探讨了行业层面的技术冲击与总体产出的相互关系。Julio（2015）利用生产网络结构经济模型，全面揭示了哪些部门导致了整体生产率下降[*]，并进一步探讨了资源错配对生产率的影响。科布道格拉斯形式的生产函数是常替代弹性生产函数（CES）的特例，因此把 C-D 情形拓展到 CES 基本情形，得到了更丰富的结论。Carvalho 等（2016）讨论了 CES 情形，当中间投入和要素投入替代弹性不等于 1 时，生产率对产业的冲击不会和 C-D 情形一样局限于下游产业，且会存在直接冲击效应和间接的部门间资源配置效应。Baqee 和 Farhi（2018）讨论了更广义的情形，把非线性的 Hulten 定理拓展至包含二阶效应的情形，这一、二阶效应取决于经济的生产网络、CES 替代弹性等。（2）市场摩擦和不完备性。市场摩擦与不完备性的最简单形式是引入企业成本加成（markup）。Bigio 和 La'O（2016）、Fadinger 等（2018）研究了 C-D 生产技术情形下技术冲击和成本加成在生产网络中的效应，发现资源错配和整体生产率效率的降低取决于生产网络中成本加成的分布情况。Caliendo 等（2018）、Baqee 和 Farhi（2020）在 CES 情形下进一步讨论了市场不完备性问题。虽然这些研究都使用生产网络结构一般均衡模型，但是 HA-IO 模型是在封闭经济下的模型，完全可以将 HA-IO 模型扩展到开放经济下，结合 Baqee 和 Farhi（2019）讨论贸易收益的方法，构建全球生产网络结构一般均衡模型。（3）生产网络内生化、生产网络动态化。在基准分析框架中，假设生产网络结构是独立于技术冲击的，是外生给定的。然而，现实经济中，企业面对经济冲击会调整生产行为，从而可能改变贸易对象，比如采购新的中间投入品或与新客户建立关系等。这种情形下，生产网络即为生产冲击的内生变量。囿于生产网络结构的复杂性，生产网络内生化的理论探讨面临巨大挑战，但是也有一些讨论文献，如 Carvalho 等（2016）、Acemoglu 和 Azar（2020）。此外，随着生产网络理论的不断发展，基于产业和企业数据的数量研究也不断丰富。行业层面的生产网络中的出度（outdegrees）和中心度（centralities）的研究，所使用的数据主要有美国的 BEA、OCED 的 STAN 等，如 Acemoglu 等（2012）、Blöchl 等（2011）、Fadinger 等（2018）等的研究表明美国和欧洲国家生产网络的出度和中心度呈现显著差异性。囿于数据，企业层面的研究相对较少，主要有 Carvalho 等（2016）等。

　　从全球价值链研究路径来看，生产网络结构一般均衡模型实际上是全球价值链研究在宏观一般均衡模型方面的拓展。虽然国外利用生产网络结构模型进行了大量研究，但据所查资料，国内除倪红福（2021）利用改进的生产网络结构模型探讨了减税降费的福利效应外，没有利用生产网络结构模型探讨中国开放经济政策和重大事件的宏观经济效应的研究，更没有把贸易、国内外循环和一般均衡模型融合到生产网络结构模型中的研究。

　　最后，传统的可计算一般均衡模型（Computable General Equilibrium，CGE）是政策模拟的主要工具之一，CGE 模型得到广泛的研究、拓展和应用，如扩展为一国之内多区域的可计算一般均衡模型。然而这些传统的可计算一般均衡模型，几乎都没有真正地刻画全球生产网络结构，而且也没有考虑一国之内的区域差异。但是，要深入分析外生冲击（如疫情、贸易壁垒）对全球价值链重构和宏观经济的影响，在一般均衡模型中必须刻画投入产出生产网络结构，并能内生化投入产出结构，传统 CGE 模型一般缺乏这方面的机制和假设，也无法直接映射到全球投入产出表。虽然 Caliendo 和 Parro（2015）提供了一种对于给定年份的 WIOD 中所有记录数据的结构阐释，但是他们仅利用了道格拉斯函数形式，从而无法刻画中间投入的份额变化，进而无法研究外生冲击对中国内外循环的影响。因此，一方面，可在模型中加入经济政策的影响机制模块，在 Caliendo 和 Parro（2015）的基础上，扩展到 CES 生产函数形式的多国多部门的类 EK 一般均衡模型，并与 WIOT 中的数据完美匹配。另一方面，将上述方法交叉应用，搭建开放经济下多国多部门的生产网络结构的一般均衡模型框架，并将中国区域层面的数据嵌入生产网络结构模型中，以实现微观与宏观的协调一致。

参考文献

安苑，王珺．2012．财政行为波动影响产业结构升级了吗？——基于产业技术复杂度的考察［J］．管理世界，9：19-35+187．

巴曙松，吴博，朱元倩．2007．关于实际有效汇率计算方法的比较与评述——兼论对人民币实际有效汇率指数的构建［J］．管理世界，5：24-29．

北京大学中国经济研究中心课题组．2006．中国出口贸易中的垂直专门化与中美贸易［J］．世界经济，5：3-11+95．

陈全润．2018．广义平均传播长度指标及在全球生产链分析中的应用［J］．管理评论，5：39-46．

陈全润，许健，夏炎，季康先．2021．国内国际双循环的测度方法及我国双循环格局演变趋势分析［J］．中国管理科学．

陈锡康，杨翠红等编著．2011．投入产出技术［M］．北京：科学出版社．

程大中．2008．中国生产性服务业的水平、结构及影响——基于投入——产出法的国际比较研究［J］．经济研究，1：76-88．

程宏伟，冯茜颖，张永海．2008．资本与知识驱动的产业链整合研究——以攀钢钒钛产业链为例［J］．中国工业经济，3：143-151．

丁小义，胡双丹．2013．基于国内增值的中国出口复杂度测度分析——兼论"Rodrik 悖论"［J］．国际贸易问题，4：40-50．

杜传忠，张丽．2013．中国工业制成品出口的国内技术复杂度测算及其动态变迁——基于国际垂直专业化分工的视角［J］．中国工业经济，12：52-64．

杜修立，王维国．2007．中国出口贸易的技术结构及其变迁：1980~2003［J］．经济研究，7：138-152．

段玉婉，刘丹阳，倪红福．2018．全球价值链视角下的关税有效保护率——兼评美国加征关税的影响［J］．中国工业经济，7：62-79．

樊纲，关志雄，姚枝仲．2006．国际贸易结构分析：贸易品的技术分布［J］．经济研究，8：78-82．

高敬峰，王彬．2020．国内区域价值链、全球价值链与地区经济增长 [J]．经济评论，2：20-35．

高培勇．2021．构建新发展格局：在统筹发展和安全中前行 [J]．经济研究，3：4-13．

高翔，田开兰，杨翠红．2018．从供给侧探寻我国就业变化成因 [J]．管理评论，5：187-196．

高越，高峰．2005．垂直专业化分工及我国的分工地位 [J]．国际贸易问题，3：16-20．

关志雄．2002．从美国市场看"中国制造"的实力——以信息技术产品为中心 [J]．国际经济评论，4：6-13．

国家统计局国民经济核算司编．2019．2017 年中国投入产出表 [M]．北京：中国统计出版社．

黄徽，任若恩．2008．中国价格竞争力变动趋势分析：基于单位劳动成本的实际有效汇率测算研究 [J]．世界经济，6：19-28．

黄群慧．2020．从当前经济形势看我国"双循环"新发展格局 [N]．学习时报，2020 年 7 月 8 日第 6 版．

黄群慧．2021．新发展格局的理论逻辑、战略内涵与政策体系——基于经济现代化的视角 [J]．经济研究，4：4-23．

黄群慧，倪红福．2020．基于价值链理论的产业基础能力与产业链水平提升研究 [J]．经济体制改革，5：11-21．

黄群慧，倪红福．2021．中国经济国内国际双循环的测度分析——兼论新发展格局的本质特征 [J]．管理世界．

江小涓．2007．我国出口商品结构的决定因素和变化趋势 [J]．经济研究，5：5-17．

江小涓．2020．"人文清华"讲坛 | 江小涓：数字经济，解构与链接 [EB/OL]．https：//www. iyiou. com/analysis/202011251011636．

江小涓，孟丽君．2021．内循环为主、外循环赋能与更高水平双循环——国际经验与中国实践 [J]．管理世界，1：1-19．

黎峰．2020．双重价值链嵌入下的中国省级区域角色——一个综合理论分析框架 [J]．中国工业经济，1：136-154．

黎峰．2021．国内国际双循环：理论框架与中国实践 [J]．财经研究，4-18．

李宏彬等．2011．人民币汇率对企业进出口贸易的影响——来自中国企业的实证研究〔J〕.金融研究，2：1-16.

李华香，李善同.2014.中国城市服务业空间分布的特征及演变趋势分析〔J〕. 管理评论，8：22-30.

李江帆，朱胜勇.2008."金砖四国"生产性服务业的水平、结构与影响——基于投入产出法的国际比较研究〔J〕.上海经济研究，9：3-10.

李善同，何建武，刘云中.2018.全球价值链视角下中国国内价值链分工测算研究〔J〕.管理评论，5：9-18.

李昕，徐滇庆.2013.中国外贸依存度和失衡度的重新估算——全球生产链中的增加值贸易〔J〕.中国社会科学，1：30-56+206.

刘功润.2020.疫情倒逼数字经济加速新旧动能转换〔EB/OL〕.https://ishare.if-eng.com/c/s/7umXfZIMwdl.

刘贵富，赵英才.2006.产业链：内涵、特性及其表现形式〔J〕.财经理论与实践，3：114-117.

刘鹤.2020.加快构建以国内大循环为主体、国内国际双循环相互促进的新发展格局〔N〕.人民日报.

刘起运，陈璋，苏汝劼编著.2011.投入产出分析：第二版〔M〕.中国人民大学出版社.

刘庆林，高越，韩军伟.2010.国际生产分割的生产率效应〔J〕.经济研究，2：33-44+109.

刘瑞翔，徐瑾.2022.国内外双循环体系下的贸易核算：一种新型框架及其应用〔J〕.统计研究，6：101-116.

刘尧成，周继忠，徐晓萍.2010.人民币汇率变动对我国贸易差额的动态影响〔J〕.经济研究，5：33-41.

刘元春.2020.正确认识和把握双循环新发展格局〔N〕.学习时报.

刘志彪.2020.重塑中国经济内外循环的新逻辑〔J〕.探索与争鸣，7：42-49+157-158.

刘遵义等.2007.非竞争型投入占用产出模型及其应用——中美贸易顺差透视〔J〕.中国社会科学，5：36-55.

卢向前，戴国强.2005.人民币实际汇率波动对我国进出口的影响：1994～2003〔J〕.经济研究，5：31-39.

陆江源，相伟，谷宇辰.2022."双循环"理论综合及其在我国的应用实践〔J〕.财贸经济，2：54-67.

吕越，陈帅，盛斌 .2018. 嵌入全球价值链会导致中国制造的"低端锁定"吗？[J]. 管理世界，8：11-29.

吕越，吕云龙，包群 .2017. 融资约束与企业增加值贸易——基于全球价值链视角的微观证据 [J]. 金融研究，5：63-80.

马丹，许少强 .2006. 中国国际竞争力的历史变迁与冲击来源——来自"制造业单位劳动成本指数测算的人民币实际有效汇率"的证据 [J]. 国际金融研究，1：23-32.

毛其淋，盛斌 .2013. 贸易自由化、企业异质性与出口动态——来自中国微观企业数据的证据 [J]. 管理世界，3：54-74.

毛其淋，许家云 .2015. 中间品贸易自由化、制度环境与生产率演化 [J]. 世界经济，9：80-106.

毛日昇 .2006. 中国制造业贸易竞争力及其决定因素分析 [J]. 管理世界，8：71-81.

倪红福 .2016. 全球价值链中产业"微笑曲线"存在吗？——基于增加值平均传递步长方法 [J]. 数量经济技术经济研究，11：111-126.

倪红福 .2017. 中国出口技术含量动态变迁及国际比较 [J]. 经济研究，1：44-57.

倪红福 .2018. 全球价值链测度理论及应用研究新进展 [J]. 中南财经政法大学学报，3：115-126.

倪红福 .2019. 全球价值链位置测度理论的回顾和展望 [J]. 中南财经政法大学学报，3：105-117+160.

倪红福 .2020a. 全球价值链中的累积关税成本率及结构：理论与实证 [J]. 经济研究，10：89-105.

倪红福 .2020b. 构建新发展格局，保障经济行稳致远 [R].《时事资料手册》.

倪红福 .2021. 生产网络结构、减税降费与福利效应 [J]. 世界经济，1：25-53.

倪红福 .2022. 中国间接税的效率损失——基于中国生产网络结构一般均衡模型方法 [J]. 管理世界，5：36-56.

倪红福，龚六堂，陈湘杰 .2018. 全球价值链中的关税成本效应分析——兼论中美贸易摩擦的价格效应和福利效应 [J]. 数量经济技术经济研究，8：74-90.

倪红福，龚六堂，王茜萌 .2016a. "营改增"的价格效应和收入分配效应 [J]. 中国工业经济，12：23-39.

倪红福，龚六堂，夏杰长 .2016b. 生产分割的演进路径及其影响因素——基于

生产阶段数的考察 [J]. 管理世界, 4: 10-23.

倪红福, 龚六堂, 夏杰长. 2019. 什么削弱了中国出口价格竞争力？——基于全球价值链分行业实际有效汇率新方法 [J]. 经济学（季刊）, 1: 367-392.

倪红福, 李善同, 何建武. 2012. 贸易隐含 CO_2 测算及影响因素的结构分解分析 [J]. 环境科学研究, 1: 103-108.

倪红福, 王海成. 2022. 企业在全球价值链中的位置及其结构变化 [J]. 经济研究, 2: 107-124.

倪红福, 王文斌, 田野. 2022. 新发展格局的演变逻辑和实践路径: 国际比较视角 [J]. 学习与探索, 2: 95-107.

倪红福, 王晓星, 王欠欠. 2020. 贸易限制指数的动态演变及增加值贸易效应 [J]. 中国工业经济, 12: 140-158.

倪红福, 夏杰长. 2016. 垂直专业化与危机中的贸易下滑 [J]. 世界经济, 4: 95-119.

潘文卿, 李跟强. 2018. 中国制造业国家价值链存在"微笑曲线"吗？——基于供给与需求双重视角 [J]. 管理评论, 5: 19-28.

裴长洪, 刘洪愧. 2021. 构建新发展格局科学内涵研究 [J]. 中国工业经济, 6: 5-22.

平新乔. 2005. 产业内贸易理论与中美贸易关系 [J]. 国际经济评论, 5: 12-14.

齐俊妍. 2006. 基于产品技术含量和附加值分布的国际贸易结构分析方法研究 [J]. 现代财经, 8: 64-68.

钱纳里. 1989. 工业化和经济增长的比较研究 [M]. 上海: 上海三联书店.

邵昶, 李健. 2007. 产业链"波粒二象性"研究——论产业链的特性、结构及其整合 [J]. 中国工业经济, 9: 5-13.

邵朝对, 苏丹妮. 2017. 全球价值链生产率效应的空间溢出 [J]. 中国工业经济, 4: 94-114.

盛斌, 陈帅. 2015. 全球价值链如何改变了贸易政策: 对产业升级的影响和启示 [J]. 国际经济评论, 1: 85-97+6.

苏丹妮, 盛斌, 邵朝对. 2019. 国内价值链、市场化程度与经济增长的溢出效应 [J]. 世界经济, 10: 143-168.

苏庆义. 2016. 中国省级出口的增加值分解及其应用 [J]. 经济研究, 1: 84-98+113.

屠新泉, 刘斌. 2019. 变革中的全球化: 科技革命与国际生产分工 [J]. 清华金融评论, 8: 48-50.

王慧敏，任若恩，王惠文.2004.中国基于单位劳动成本的多边竞争力指标研究 [J].国际金融研究，11：4-16.

王建.1988.选择正确的长期发展战略——关于"国际大循环"经济发展战略的 构想 [N].经济日报.

王岚.2014.融入全球价值链对中国制造业国际分工地位的影响 [J].统计研究， 5：17-23.

王岚，李宏艳.2015.中国制造业融入全球价值链路径研究——嵌入位置和增值 能力视角 [J].中国工业经济，2：76-88.

王恕立，吴楚豪.2018."一带一路"倡议下中国的国际分工地位——基于价值 链视角的投入产出分析 [J].财经研究，8：18-30.

王孝松，吕越，赵春明.2017.贸易壁垒与全球价值链嵌入——以中国遭遇反倾 销为例 [J].中国社会科学，1：108-124+206-207.

王云飞，李之旭，高运胜.2020.中欧垂直专业化分工结构与就业效应研究 [J]. 世界经济研究，2：121-134+137.

王直，魏尚进，祝坤福.2015.总贸易核算法：官方贸易统计与全球价值链的度 量 [J].中国社会科学，9：108-127+205-206.

魏如青，郑乐凯，程大中.2018.中国参与全球价值链研究——基于生产分解模 型 [J].上海经济研究，4：107-117.

文东伟，冼国明.2010.中国制造业的垂直专业化与出口增长 [J].经济学（季 刊），2：467-494.

吴灿，许健，佟仁城.2010.金融危机通过对外贸易渠道对我国经济增长和就业 的影响分析 [J].数学的实践与认识，16：14-24.

吴楚豪，王恕立.2019.省际经济融合、省际产品出口技术复杂度与区域协调发 展 [J].数量经济技术经济研究，11：121-139.

夏杰长，倪红福.2017.服务贸易作用的重新评估：全球价值链视角 [J].财贸 经济，11：115-130.

项明，严广乐.2003.基于VMI的库存控制策略模型的研究 [J].现代管理科 学，3：56-57.

徐大举，张海燕.2018.Leontief逆矩阵和Ghosh逆矩阵性质应用的再研究 [J]. 管理评论，5：101-111.

徐建炜，田丰.2013.中国行业层面实际有效汇率测算：2000~2009 [J].世界 经济，5：21-36.

许宪春.2020.中国国民经济核算核心指标的变迁——从 MPS 的国民收入向 SNA 的国内生产总值的转变 [J].中国社会科学，10：48-70+205.

许宪春，刘起运.2005.中国投入产出理论与实践 [M].北京：中国统计出版社，2005.

闫俊娜，赵涛，张欣.2015.基于 Ghosh 投入-产出模型的敏感性分析——以中国高耗能行业为例 [J].管理评论，3：39-48+66.

杨蕙馨，高新焱.2019.中国制造业融入垂直专业化分工全球价值链研究述评 [J].经济与管理评论，1：34-44.

杨伟民.2021.构建新发展格局：为什么，是什么，干什么 [J].比较，2.

姚洋，张晔.2008.中国出口品国内技术含量升级的动态研究——来自全国及江苏省、广东省的证据 [J].中国社会科学，2：67-82+206.

唐宜红，张鹏杨，梅冬州.2018.全球价值链嵌入与国际经济周期联动：基于增加值贸易视角 [J].世界经济，11：49-73.

余淼杰，袁东.2016.贸易自由化、加工贸易与成本加成——来自我国制造业企业的证据 [J].管理世界，9：33-43，54.

余淼杰，智琨.2016.进口自由化与企业利润率 [J].经济研究，8：57-71.

张斌.2005.人民币真实汇率：概念、测量与解析 [J].经济学（季刊），1：317-334.

张杰，陈志远，刘元春.2013.中国出口国内附加值的测算与变化机制 [J].经济研究，10：124-137.

张为付，戴翔.2017.中国全球价值链分工地位改善了吗？——基于改进后出口上游度的再评估 [J].中南财经政法大学学报，4：90-99.

张小蒂，李晓钟.2002.我国出口商品结构变化的实证分析 [J].数量经济技术经济研究，8：109-112.

郑胜利.2005.产业链的全球延展与我国地区产业发展分析 [J].当代经济科学，1：87-112.

周华，李飞飞，赵轩，李品芳.2016.非等间距产业上游度及贸易上游度测算方法的设计及应用 [J].数量经济技术经济研究，6：128-143.

周静.2016.全球产业链演进新模式研究 [J].上海行政学院学报，3：79-87.

周玲玲，张恪渝.2019.美国减税对中美全球价值链参与度重构效应研究 [J].云南财经大学学报，10：29-42.

周玲玲，张恪渝.2019.特朗普税改对中美价值链重构的影响 [J].财贸经济，

11：20-34.

周玲玲，张恪渝 . 2020. 美国税改对全球生产格局的重构效应研究——基于生产长
　　度和嵌入位置视角 ［J］. 中国地质大学学报（社会科学版），1：130-145.

朱钟棣，鲍晓华 . 2004. 反倾销措施对产业的关联影响——反倾销税价格效应的
　　投入产出分析 ［J］. 经济研究，1：83-92.

祝坤福，余心玎，魏尚进，王直 . 2022. 全球价值链中跨国公司活动测度及其增
　　加值溯源 ［J］. 经济研究，3：136-154.

邹宏元，罗大为 . 2014. 人民币分行业实际有效汇率及其对我国各行业出口量的
　　影响 ［J］. 数量经济技术经济研究，11：37-52.

Acemoglu D, Akcigit U, and Kerr W. 2016. Networks and the macroeconomy: An em-
　　pirical exploration ［R］. NBER Marcroeconomics Annual, 30 (1): 273-335.

Acemoglu D, Akcigit U, Bloom N, et al. 2013. Innovation, reallocation and growth
　　［R］. NBER Working Papers No. 18993.

Acemoglu D, Antràs P, and Helpman E. 2007. Contracts and technology adoption
　　［J］. The American Economic Review, 97 (3): 916-943.

Acemoglu D, Azar P D. 2020. Endogenous production networks ［J］. Econometrica,
　　88 (1): 33-82.

Acemoglu D, Carvalho V M, and Ozdaglar A, et al. 2012. The network origins of
　　aggregate fluctuations ［J］. Econometrica, 80 (5): 1977-2016.

Adao R, Arnaud C, and Dave D. 2017. Nonparametric counterfactual predictions in
　　neoclassical models of international trade ［J］. The American Economic Review,
　　107 (3): 633-689.

Adelman M A. 1955. Concept and statistical measurement of vertical integration ［M］.
　　Business Concentration and Price Police, Princeton: Princeton University Press.

Alessandria G, Kaboski J P, and Midrigan V. 2010. Inventories, lumpy trade, and
　　large devaluations ［J］. American Economic Review, 100 (5): 2304-2339.

Alexandre F, Bacao P, Cerejeira J, and Portela M. 2008. Aggregate and sector-spe-
　　cific exchange rate indexes for the Portuguese economy ［R］. NIPE Working Pa-
　　pers, 13.

Alfaro L, Alejandro C, Harald F, Liu Y P. 2018. The Real exchange rate, innova-
　　tion and productivity: Regional heterogeneity, asymmetries and hysteresis ［R］.
　　NBER Working Papers No. 24633.

Alfaro L, Antràs P, Chor D, Conconi P. 2015. Internalizing global vaule chains: A firm-level analysis [R]. NBER Working Papers No. 21582.

Alfaro L, Chen M X. 2014. The global agglomeration of multinational firms [J]. Journal of International Economics, 94 (2): 263-276.

Amador J, Cabral S. 2009. Vertical specialization across the world: A relative measure [J]. North American Journal of Economics and Finance, 2009, 20 (3): 267-280.

Amiti M, Konings J. 2007. Trade liberalization, intermediate inputs, and productivity: Evidence from Indonesia [J]. American Economic Review, 97 (5): 1611-1638.

Amiti M, Weinstein D E. 2011. Exports and Financial Shocks [J]. Quarterly Journal of Economics, 126 (4): 1841-1877.

Anderson J E, Van Wincoop, E. 2004. Trade costs [J]. Journal of Economic Literature, 42 (3): 691-751.

Antonelli C. 1998. Localized technological change, new information technology and the knowledge-based economy: The European evidence [J]. Journal of Evolutionary Economics, 8: 177-198.

Antràs P, Chor D. 2013. Organizing the global value chain [J]. Econometrica, 2013, 81 (6): 2127-2204.

Antràs P, Chor D. 2017. On the measurement of upstreamness and downstremness in global value chains [R]. NBER Working Papers No. 12549.

Antràs P, Chor D, Fally T, and Hillberry R. 2012. Measuring the upstreamness of production and trade flows [J]. The American Economic Review, 3: 412-416.

Antràs P, Chor D T, Fally T, and Hillberry R. 2012. Measuring the upstreamness of production and trade flows [R]. NBER Working Papers No. 17819.

Antràs P. 2003. Firms, contracts, and trade structure [J]. Quarterly Journal of Economics, 4: 1375-1418.

Antràs P. 2005. Incomplete contracts and the product cycle [J]. The Amercian Economic Review, 4: 1054-1073.

Antràs P. 2019. Conceptual aspects of global value chains [R]. NBER Working Papers No. 26539.

Antràs P. 2020. Conceptual aspects of global value chains [J]. The World Bank Economic Review, 34 (3): 551-574.

Antràs P. 2014. Global production: A contracting persperctive [R]. Unpublished

Manuscript，Harvard University.

Antràs P，Foley C. 2011. Poultry in motion：A study of international trade finance practices [R]. NBER Working Papers No. 17091.

Antràs P，Gortari A D. 2017. On the geography of global value chains [R]. NBER Working Papers No. 23456.

Arellano M，Bover O. 1995. Another look at the instrumental variable estimation of error-components models [J]. Journal of Econometrics，68（1）：29-51.

Armington P S. 1969. A theory of demand for products distinguished by place of production [J]. IMF Staff Papers，（16）：159-78.

Arto I，Dietzenbacher E，and Rueda-Cantuche J M. 2019. Measuring bilateral trade in terms of value added [R]. Joint Research Centre（Seville site）.

Atalay，E. 2017. How important are sectoral shocks？ [R]. American Economic Journal：Macroeconomics，9（4）：254-280.

Augustinovics M. 1970. Methods of international and intertemporal comparison of structure [J]. Contributions to Input-Output Analysis，1：249-269.

Baldwin R E，Jaimovich D. 2012. Are free trade agreements contagious？ [J]. Journal of International Economics，88（1）：1-16.

Baldwin R E. 2016. The world trade organization and the future of multilateralism [J]. Journal of Economic Perspectives，30（1）：95-116.

Baldwin R. 2006. Globalization：The great unbundling（s）[J]. Economic Council of Finland.

Baldwin R. 2011. Trade and industrialisation after globalisation's 2nd unbundling：How building and joining a supply chain are different and why it matters [R]. NBER Working Papers No. 17716.

Baldwin R. 2013. Global supply chains：Why they emerged，why they matter，and where they are going. In global vaule chains in a changing world [J]. edited by Elms D. and Low P. 2013，13-59. Geneva：World trade organization.

Baldwin R，Robert-Nicoud F. 2014. Trade-in-goods and trade-in-tasks：An integrating framework [J]. Journal of International Economics，92（1）：51-62.

Baldwin R，Venables A J. 2013. Spiders and snakes：Offshoring and agglomeration in the global economy [J]. Journal of International Economics，90（2）：245-254.

Baqaee D R，Farhi E. 2018. Macroeconomics with heterogeneous agents and input-output networks [R]. NBER Working Papers No. 24684.

Baqaee D R, Farhi E. 2019. The macroeconomic impact of microeconomic shocks: Beyond Hulten's theorem [J]. Econometrica, 87 (4): 1155–1203.

Baqaee D R, Farhi E. 2020. Productivity and misallocation in general equilibrium [J]. The Quarterly Journal of Economics, 135 (1): 105–163.

Bart Los, Reitze Gouma, Marcel Timmer and Pieter Ijtsma. 2014. Note on the Construction of WIOTs in Previous Year's Prices [R]. WIOD Technical Report.

Bayoumi M T, Saito M, and Turunen M J. 2013. Measuring competitiveness: Trade in goods or tasks? [R]. International Monetary Fund Working papers No. 13100.

Bayoumi T, Jaewoo L, and Sarma J. 2006. New rates from new weights [R]. International Monetary Fund Staff Papers, 53 (2): 272–305.

Bems R, Johnson R C. 2012. Value-added exchange rates [R]. NBER Working Papers No. 18498.

Bems R, and Johnson R C. 2015. Demand for value added and value-added exchange rates [R]. NBER Working Papers No. 21070.

Bems R, Johnson RC, and Yi K M. 2011. Vertical linkages and the collapse of global trade [J]. The American Economic Review, 101 (3): 308–312.

Bems R, Johnson RC, Yi K M. 2010. Demand spillovers and the Collapse of trade in the Global Recession [J]. IMF Economic Review, 58 (2): 295–326.

Bems R, Johnson R C, & Yi K M. 2010. Demand spillovers and the collapse of trade in the global recession [J]. IMF Economic Review, 58 (2): 295–326.

Bems R, Johnson R, & Yi K M. 2011. Vertical linkages and the collapse of global trade [J]. The American Economic Review, 101: 308–312.

Bems R, Johnson R C, Yi K M. 2012. The great trade collapse [R]. NBER Working Papers No. 18632.

Bennett H Z, Zarnic Z. 2008. International competitiveness of the mediterranean quartet: A heterogeneous-product approach [R]. IMF Working Papers.

Bennett H Z, Zarnic Z. 2009. International competitiveness of the Mediterranean quartet: Aheterogeneous-product approach [J]. IMF Staff Papers, 56 (4): 919–957.

Berman N, Marin P, and Mayer T. 2010. How do different exporters react to exchange rate changes? Theory, empirics and aggregate implications [R]. Society for Economic Dynamics Series, Meeting Papers, No. 1338.

Bigio S，La'O J. 2016. Distortions in production networks ［R］. NBER Working Papers No. 22212.

Blanchard E J. 2013. What global fragmentation means for the WTO：Article XXIV behind-the-border concessions，and a new case for WTO limits on investment incentives ［J］. SSRN Elctroninc Journal.

Blanchard O，Kremer M. 1997. Disorganization ［J］. Quarterly Journal of Economics，112 (4)：1091-1126.

Blöchl F，Theis F J，Vega-Redondo F，and et al. 2011. Vertex centralities in input-output networks reveal the structure of modern economies ［J］. Physical Review. E，Statistical，Nonlinear&Soft Matter Physics，83 (4)：1451-1463.

Blundell R，Bond S. 1998. Initial conditions and moment restrictions in dynamic panel data models ［J］. Journal of Econometrics，87：115-143.

Boehm C E，Flaaen A，and Pandalai-Nayar N. 2019. Input linkages and the transmission of shocks：Firm-level evidence from the 2011 Tōhoku earthquake ［J］. The Review of Economics and Statistics，101 (1)：60-75.

Brandt L，Biesebroeck J V，and Zhang Y. 2012. Creative accounting or creative destruction? Firm-Level productivity growth in Chinese manufacturing ［J］. Journal of Development Economics，97 (2) ：339-351.

Bridgman B. 2012. The rise of vertical specialization trade ［J］. Journal of International Economics，86 (1)：133-140.

Burstein A，Kurz C，and Tesar L. 2008. Trade，production sharing，and the international transmission of business cycles ［J］. Journal of Monetary Economics，55 (4)：775-795.

Cadestin C，K Backer，S Miroudot，et al. 2018a. Multinational enterprises and global value chains：New Insights on the trade-investment nexus.

Cadestin C，K Backer，S Miroudot，et al. 2018b. Multinational enterprises and global value chains：The OECD analytical AMNE database.

Cadestin C，K Backer，S Miroudot，et al. 2019. Multinational enterprises in domestic value chains.

Caliendo L，Parro F，and Tsyvinski A. 2017. Distortions and the structure of the world economy ［R］. NBER Working Papers No. 23332.

Caliendo L，Parro F. 2012. Estimates of the trade and welfare effects of NAFTA ［R］.

NBER working papers No. 18508.

Caliendo L, Parro F. 2015. Estimates of the trade and welfare effects of NAFTA [J]. The Review of Economic Studies, 82 (1): 1-44.

Caliendo L, Parro F, Rossi-Hansberg E, et al. 2018. The impact of regional and sectoral productivity changes on the US economy [J]. The Review of Economic Studies, 85 (4): 2042-2096.

Cardenete M A, Sancho F. 2012. The role of supply constraints in multiplier analysis [J]. Eeconomic Systems Research, 24 (1): 21-34.

Carvalho C, Ferrero A, and Nechio F. 2016. Demographics and real interest rates: Inspecting the mechanism [J]. European Economic Review, 88: 208-226.

Cattaneo O, Gereffi G, and Staritz C. 2010. Global value chains in a postcrisis world: A development perspective [M]. Washington, D. C. : World Bank Group.

ChenB, Hou J B. 2018. Trade liberalization and cross-firm wage heterogeneity: Theory and evidence from China [J]. World Economy, 41 (12): 3467-3481.

Chen B, Ma H. 2012. Trade restrictiveness and deadweight loss in China's Imports [J]. Frontiers of Economics in China, 7 (3): 498-495.

Chen Q. 2014. The average propagation length: An extended analysis [R]. 22nd International Input-Output Conference.

Chinn M D. 2006. A primer on real effective exchange rates: Determinants, overvaluation, trade flows and competitive devaluation [J]. Open Economies Review, 17 (1): 115-143.

Chor D, Kalina M. 2012. Off the cliff and back? Credit conditions and international trade during the global financial crisis [J]. Journal of International Economics, 87 (1): 117-113.

Chor D, Manova K, and Yu Z. 2014. The global production line position of Chinese firms [C]. Industrial Upgrading and Urbanization Conference. Stockholm, 28-29.

Chor D, Manova K, and Yu Z. 2021. Growing like China: Firm performance and global production line position [J]. Journal of International Economics.

Costinot A. 2009. An Elementary Theory of Comparative Advantage [J]. Econometrica, 77: 1165-1192.

Costinot A. 2009. An elementary theory of comparative advantage [J]. Econometrica, 77: 1165-1192.

Costinot A, Donaldson D, and Komunjer I. 2011. What goods do countries trade? A quantitive exploration of Ricardos ideas [J]. The Review of Economics Studies, 2: 581-608.

Costinot A, Rodriguez-Clare A. 2014. Trade theory with numbers: Quantifying the concequences of globalization, in Gopinath G, Helpman E, and Rogoff K. (eds): Handbook of international economics [M]. 4: 197-261.

Costinot A, Vogel J, and Wang S. 2013. An elementary theory of global supply chains [J]. The Review of Economic Studies, 80: 109-144.

Daudin G, Rifflart C, and Schweisguth D. 2009. Who produces for whom in the World Economy? [R]. OFCE Working Paper No. 2009-18.

Daudin G, Rifflart C, and Schweisguth D. 2011. Who produces for whom in the world economy? [J]. Canadian Journal of Economics, 44 (4): 1403 -1437.

Dean J M, Fung K C, and Wang Z. 2007. Measuring the vertical specialization in Chinese trade [R]. US international trade commission working paper.

Dean J M, Fung K C, and Wang Z. 2011. Measuring vertical specialization: The case of China [J]. Review of International Economics, 19 (4): 609-625.

Dedrick J, Kraemer K L, and Linden G. 2010. Who profits from Innovation in global value chains? A study of the IPod and Notebook PCs [J]. Industrial and Corporate Change, 19 (1): 81-116.

Diakantoni A, Escaith H, Roberts M, and Verbeet T. 2017. Accumulating trade costs and competitiveness in global value chains [R]. World Trade Organization working paper ERSD-2017-02.

Dietzenbacher E and B Los. 1998. Structural decomposition techniques: Sense and sensitivity [J]. Economic Systems Research, 10 (4): 307-324.

Dietzenbacher E and Hoen A R. 1998. Deflation of input-output tables from the user's point of view: A heuristic approach [J]. Review of Income and Wealth, 44: 111-122.

Dietzenbacher E, Joaquim M G, and Denise I. 2014. The role of Brazilian regions in the global value chain [R]. MPRA Paper No. 54368.

Dietzenbacher E, Los B, and Stehrer R, et al. 2013. The construction of world Input-Output tables in the WIOD Project [J]. Economic Systems Research, 25 (1): 71-98.

Dietznbacher E, Romero I, and Bosma N S. 2005. Using average propagation lengths to identify production chains in the Andalusian economy [J]. Estudies De Economia aplicada, 23 (2): 405-422.

Dietznbacher E, Romero I. 2007. Production Chains in an interregional framework: Identification by means of average propagation lengths [J]. International Regional Science Review, 30 (4): 362-383.

Di Giovanni J, Levchenko A A. 2010. Putting the parts together: Trade, vertical linkages, and business cycles comovement [J]. American Economic Journal: Macroeconomics, 2 (2): 95-124.

Eaton J, Kortum S, Neiman B, and Romalis J. 2011. Trade and the global recession [R]. NBER Working Papers No. 16666.

Eaton J, Kortum S, Neiman B, and Romalis J. 2016. Trade and the global recession [J]. The American Economic Review, 106 (11): 3401-3438.

Eaton J, Kortum S S. 2002. Technology, geography, and trade [J]. Econometrica, 70 (5): 1741-1779.

Egger M, Smith G D, and Altman D G. 2001. Systematic reviews in health care: Meta-Analysis in context [R]. London, UK: BMJ Publishing Group.

Egger P, Pfaffermayr M, Wolfmayr-Schnitzer Y. 2001. The international fragmentation of Austrian manufacturing: The effects of outsourcing on productivity and wages [J]. North American Journal of Economics and Finance, 12: 257-272.

Eichengreen B. 2009. Comments in "collapse in world trade: A symposium of views" [J]. The International Economy.

Escaith H. 2008. Measuring trade in value added in the new industrial economy: Statistical implications [R]. MPRA Working Paper No. 14454.

Escaith H, and Inomata S. 2013. Geometry of global value chains in east Asia: The role of industrial networks and trade policies. In Elms D K, Low P. Global value chains in a changing world [R]. WTO Secretariat, Switzerland, 135-159.

Fadinger H, Ghiglino C, and Teteryatnikova M. 2018. Income Differences and Input-Output Structure [R]. Working Paper, University of Mannheim.

Fally T. 2011. On the fragmentation of production in the US [Z]. Groenewold N, Lee G P, and Chen A. 2007. Regional output spillovers in China: estimates from a VAR model [J]. Papers in Regional Science, 86 (1): 101-122.

Fally T. 2012. Production staging: Measurement and facts [R]. University of Colorado-Boulder.

Fally T, Hillberry R. 2013. Quantifying upstreamness in East Asia: Insights from a coasian model of production staging [R]. Mimeo.

Findlay R. 1978. An "Austrian" model of international trade and interest rate equalization [J]. Journal of Political Economy, 86 (6): 989-1007.

Feenstra R C. 1998. Integration of trade and disintegration of production in the global economy [J]. Journal of Economic Perspectives, 1998, 12 (4): 31-50.

Feenstra R C, Hanson G H. 1996. Globalization, outsourcing, and wage inequality [J]. The American Economic Review, 2: 240-245.

Feenstra R C, Hanson G H. 1999. The impact of outsourcing and high-technology capital on wages: Estimates for the United States, 1979-1990 [J]. Quarterly Journal of Economics, 3: 907-940.

Feenstra R C, Inklaar R, and Timmer M P. 2015. The next generation of the Penn World Table [J]. American Economic Review, 105 (10): 3150-3182.

Feenstra R, Jensen B. 2012. Evaluating estimates of materials offshoring from U. S. manufacturing [J]. Economics Letters, 117 (1): 170-173.

Feinberg R M, Kaplan S. 1993. Fishing downstream: The political economy of effective administered protection [J]. Canadian Journal of Economics, 26 (1): 150-158.

Fernandez-Stark K, Gereffi G. 2019. Global value chain analysis: A primer [M]. Edward Elgar Publishing.

Ferrantino M J. 2012. Using supply chain analysis to examine the costs of Non-Tariff Measures (NTMs) and the benefits of trade facilitation [J]. Social Science Electronic Publishing.

Frederick S. 2014. Combining the global value chain and global IO approaches [C] //A paper presented at the International Conference on the Measurement of International Trade and Economic Globalization, Aguascalientes, Mexico.

Gao Y, Meng B, Suder G, et al. 2021. Who dominates global value chains? Multinationals vs domestic firms [R]. Institute of Developing Economies, Japan External Trade Organization (JETRO).

Gereffi G. 1999. International trade and industrial upgrading in the apparel commodity chain [J]. Journal of International Economics, 1: 37-70.

Gereffi G. 2013. Economic and social upgrading and workforce development in the apparel global value chain [R]. Korea Labor Institute.

Gereffi G, and J Lee 2016. Economic and social upgrading in global value chains and industrial clusters: Why governance matters [J]. Journal of Business Ethics, 133 (1): 25-38.

Gereffi G, Humphrey J and Sturgeon T. 2005. The governance of global value chains [J]. Review of International Political Economy, 12 (1) : 78-104.

Gereffi G, J Lee. 2016. Economic and social upgrading in global value chains and industrial clusters: Why governance matters [J]. Journal of Business Ethics, 133 (1): 25-38.

Gereffi G, Korzeniewicz M, eds. 1994. Commodity chains and global capitalism [M]. Westport, CT: Praeger.

Goldberg L S. 2004. Industry specific exchange rates for the United States [J]. Economic Policy Review, 1 (10): 1-16.

Goldberg P K, Khandelwal A K, Pavcnik N, and Topalova P. 2010. Imported intermediate inputs and domestic product growth: Evidence from India [J]. The Quarterly Journal of Economics, 125 (4): 1727-1767.

Grether J M, Mathys N A. 2013. The pollution terms of trade and its five components [J]. Journal of Development Economics, 1: 19-31.

Grossman G M, Helpman E. 2002. Integration versus outsourcing in industry equilibrium [J]. The Quarterly Journal of Economics, 117 (1): 85-120.

Grossman G M, Helpman E. 2004. Managerial incentives and the international organization of production [J]. Journal of International Economics, 63 (2): 237-262.

Grossman G M, Helpman E. 2005. Outsourcing in a global economy [J]. The Review of Economic Studies, 72 (1): 135-159.

Grossman G M, Rossi-Hansberg E. 2008. Trading tasks: A simple theory of offshoring [J]. American Economic Review, 98 (5): 1978-1997.

Handbook on global value chains [M]. Edward Elgar Publishing, 2019.

Hausmann R, Hwang J, and Rodrik D. 2007. What you export matters [J]. Journal of Economic Growth, 12 (1): 1-25.

Hoekman B M, Leidy M P. 1992. Cascading contingent protection [J]. European economic review, 36 (4): 883-892.

Hsieh C T，Klenow P J. 2009. Misallocation and Manufacturing TFP in China and India [J]. Quarterly Journal of Economics，124：1403-1448.

Hummels D L，Ishii J，and Yi K M. 2001. The nature and growth of vertical specialization in world trade [J]. Journal of International Economics，54（1）：75-96.

Hummels D L，Rapoport D，and Yi K M. 1998. Vertical specialization and the changing nature of world trade [J]. Economic Policy Review，4（2）：79-99.

Inomata S. 2008. A new measurement for international fragmentation of production process：An international Input-output approach [R]. IDE Discussion Papers No. 175.

Inomata S，Kraemer K L and Derick J. 2009. Analytical frameworks for global value chains：An overview [J]. Global Value Chain Development Report.

Iossifov P K. 2014. Cross-Border production chains and business cycle co-movement between central and eastern European countries and Euro area member states [J]. European Central Bank Working Paper.

Johnson R C. 2014. Five facts about value-added exports and implications for macroeconomics and trade research [J]. Journal of Economic Perspectives，28（2）：119-142.

Johnson R C. 2017. Measuring global value chains [R]. NBER Working Papers No. 24027.

Johnson R C，Noguera G. 2012. Accounting for intermediates：production sharing and trade in value added [J]. Journal of International Economics，86（2）：224-236.

Jones C I. 2011a. Misallocation，economic growth，and input-output economics [R]. NBER working papers No. 16742.

Jones C I. 2011b. Intermediate goods and weak links in the theory of economic development [J]. American Economic Journal：Macroeconomics，3（2）：1-28.

Jones L P. 1976. The measurement of hirshmanian linkages [J]. The quarterly journal of economics，90（2）：323-333.

Julio L. 2015. Which sectors make poor countries so unproductive? A perspective from inter-sectoral linkages [R]. Working paper.

Karlsson S，Lundin N，Sjöholm F and He P. 2009. Foreign Firms and Chinese Employment [J]. World Economy，32：178-201.

Karlsson S，Lundin N，Sjoholm F and He P. 2009. Foreign firms and Chinese employment ［J］. World Economy, 32: 178-201.

Kee H L, Tang H. 2016. Domestic value added in exports: Theory and firm evidence from China ［J］. American Economic Review, 106 (6): 1402-1436.

Khayum M F. 1995. The impact of science sector growth on intersector linkages in the United States ［J］. Service Industries Journal, 15 (1): 35-49.

Klau M, Fung S S. 2006. The new BIS effective exchange rate indices ［J］. BIS Quarterly Review, 21 (3): 51-65.

Koopman R, Powers W, Wang Z, and Wei S J. 2010. Give credit where credit is due: Tracing value addeed in global production chains ［R］. NBER Working Papers No. 16426.

Koopman R, Wang Z, and Wei S J. 2008. How much of Chinese exports is really made in China? Assessing domestic value-added when processing trade is pervasive ［R］. NBER Working Papers No. 14109.

Koopman R, Wang Z, and Wei S J. 2012. Estimating domestic content in exports when processing trade is pervasive ［J］. Journal of development economics, 1: 178-189.

Koopman R, Wang Z, and Wei S J. 2014. Tracing value-added and double counting in gross exports ［J］. American Economic Review, 104 (2): 459-494.

Kose M A, Yi K M. 2001. International trade and business cycles: Is vertical specialization the missing link? ［J］. American Economic Review, 91 (2): 371-375.

Kremer M. 1993. The O-ring theory of economic development ［J］. The Quarterly Journal of Economics, 108 (3): 551-575.

Krugman P. 1979. Increasing returns, Monopolistic competition, and international trade ［J］. Journal of International Economics, 9: 469-479.

Krugman P. 1980. Scale economics, product differentiation, and the pattern of trade ［J］. American Economic Review, 5: 950-959.

Krugman P. 1981. Intraindustry specialization and the gains from trade ［J］. Journal of Political Economy, 5: 959-973.

Krugman P. 1995. Growing world trade: Causes and consequences ［C］. Brookings Papers on Economic Activity.

Kummritz V, Taglioni D, Winkler D E. 2017. Economic upgrading through global value chain participation: Which policies increase the value added gains? ［R］.

World Bank Policy Research Working Paper, No. 8007.

Kummritz V, Taglioni D, & Winkler D E. 2017. Economic upgrading through global value chain participation: Which policies increase the value added gains? [R]. World Bank Policy Research Working Paper, No. 8007.

Lall S. 2000. The technological structure and performance of developing country manufactured exports: 1995 – 1998 [J]. Oxford Development Studies, Taylor and& Francis Journals, 28 (3): 337–369.

Lall S, John W, and Zhang J L. 2006. The sophistication of exports: A new trade measure [J]. World Development, 34 (2): 222–237.

Lee J, Yi B C. 2006. Industry level real effective exchange rates for Korea [J]. Economic Paper, 9 (1): 143–185.

Leontief W. 1936. Quantitative input and output relations in the economic system of the United States [J]. Review of Economics and Statistics, 18 (3): 105–125.

Linden G, Kraemer K L, and Dedrick J. 2009. Who captures value in a global innovation network? The case of Apple's iPod [J]. Communications of the ACM, 52 (3): 140–144.

Liu E. 2019. Industrial policies in production networks [J]. The Quarterly Journal of Economics, 134 (4): 1883–1948.

Li X, Meng B, Wang Z. 2019. Recent patterns of global production and GVC participation [J]. Global Value Chain Development Report.

Long J, Plosser C. 1983. Real business cycles [R]. Journal of Political Economy, 91 (1): 39–69.

Lopes J C, Dias J, and Amaral J F. 2008. Assessing economic complexity with input-output based measures [R]. Department of Economics of Technical University of Lisbon Working Paper No. 23.

Los B, Timmer M P, and Vries G J D. 2016. Tracing value-added and double counting in gross exports: Comment [J]. American Economic Review, 106 (7): 1958–1966.

Marshall J N. 1988. Services and Uneven Devlopment [M]. Oxford University press.

McGuirk A K. 1987. Measuring price competitiveness for industrial country trade in manufactures [R]. IMF Working Paper.

Mckenzie M D. 1999. The impact of exchange rate volatility on international trade flows [J]. Journal of Economic Surveys, 13 (1): 71–106.

Melitz M J. 2003. The impact of trade on intra-industry reallocations and aggregate industry productivity [J]. Econometrica, 6: 1695–1725.

Meng B, Wang Z, and Koopman R. 2013. How are global value chains fragmented and extended in China's domestic production networks? [R]. IDE Discussion Papers No. 424.

Meng B, Ye M. 2022. Smile curves in global value chains: Foreign-vs. domestic-owned firms: the US vs. China [J]. Structural Change and Economic Dynamics, 60: 15–29.

Meng B, Zhang Y, and Guo J, et al. 2012. China's regional economics and value chains: An interregional input-output analysis [R]. IDE Discussion Papers, No. 359.

Michaely M. 1984. Trade income levels and dependence [M]. Amsterdam: North-Holland Press.

Miller R E, Blair P D. 2009. Input-Output analysis: Foundations and extensions [M]. Cambridge university press.

Miller R E, Temurshoev U. 2015. Output upstreamness and input downstreamness of industries/countries in world production [J]. Social Science Electronic Publishing, 40 (5): 443–475.

Milner R E, Temurshove U. 2017. Output streamness and input downstreamness of industries/countries in world production [J]. International Regional Science Review, 40 (5): 443–475.

Miroudot S, Ye M. 2020. Multinational production in value-added terms [J]. Economic Systems Research, 32 (3): 395–412.

Muradov K. 2015. Input-Output calculus of international trade [R]. Working Paper.

Muradov K. 2016. Structure and length of value chains [J]. SSRN Electroninc Journal.

Muradov K. 2017. Trade costs and borders in global value chains [J]. Review of World Economics, 153 (2): 1–23.

Nomaler Ö, Verspagen B. 2014. Analysing global value chains using input-output economics: Proceed with care [R]. UNU-MERIT Working Papers No. 070.

OECD. 2013. Interconnected economies: Benefiting from global value chains [M]. Paris: OECD Publishing.

Olley G S, Pakes A. 1996. The dynamics of productivity in the telecommunications equipment industry [J]. Econometrica, 64 (6): 1263.

Olley G S & Pakes A. 1996. The dynamics of productivity in the telecommunications equipment industry [J]. Econometrica, 64 (6): 1263.

Oosterhaven J, Bouwmeester M C. 2013. The average propagation length: Conflicting macro, intra-industry, and interindustry conclusions [J]. International Regional Science Review, 36 (4): 481-491.

Park A, Nayyar G, and Low P. 2013. Supply chain perspectives and issues: A Literature Review [R]. WTO and Fung Global Institute.

Patel N, Wang Z, and Wei S J. 2014. Global value chains and effective exchange rates at the country-sector level [R]. NBER Working Papers No. 20236.

Pisano G P, Shih W C. 2009. Restoring American competitiveness [J]. Harvard Business Review, 87 (7/8): 114-125.

Ponte S, Gereffi G, and Raj-Reichert G. 2019. Introduction to the Handbook on Global Value Chains [M] //Handbook on Global Value Chains. Edward Elgar Publishing.

Ramondo N, Rappoport V, and Ruhl K J. 2016. Intrafirm trade and vertical fragmentation in U. S. multinational corporations [J]. Journal of International Economics, 98 (1): 51-59.

Restuccia D, Rogerson R. 2008. Policy distortions and aggregate productivity with heterogeneous plants [J]. Review of Economic Dynamics, 11 (4): 707-720.

Robert S, 2005. US economic policy institute, Author of a report presented to the US-China Economic and Security Review Commission [EB/OL]. Quoted in au. biz. yahoo. com/050111/33/2x8r/html, January 12.

Rodrik D. 2006. What's so special about China's exports? [J]. China and World Economy, 14 (5): 1-19.

Romero I, Dietzenbacher E, and Hewings G J D. 2009. Fragmentation and complexity: Analyzing structural change in the Chicage region economy [J]. Revista De Economia Mundial, 23 (4): 15-23.

Rotemberg J J, Woodford M. 1996. Imperfect competition and the effects of energy price increases on economic activity [J]. Journal of Money, Credit and Banking, 28 (4): 549-577.

Rouzet D, Miroudot S. 2013. The cumulative impact of trade barriers along the value chain: An empirical assessment using the OECD Inter-Country Input-Output model [R]. OECD Working paper.

Sato K, Shimize J, and Nagendra S, et al. 2012. Industry-Specific real effective exchange rates for Japan [R]. RIETI Discussion Papers Series 12-E-044.

Schott P K. 2006. The relative sophistication of Chinese exports [R]. NBER Working Papers No. 12173.

Smith A. 1776. An inquiry into the nature and causes of the wealth of nations [M]. W. Strahan and T. Cadell, London.

Stolzenburg V, Taglioni D, and Winkler D. 2017. Economic upgrading through global value chain participation: Which policies increase the value added gains? [R]. World Bank Policy Research Working Paper, No. 8007.

Sturgeon T J, Memedovic O, Biesebroeck J V, and Gereffi G. 2009. Globalisation of the automotive industry: Main features and trends [J]. International Journal of Technological Learning, Innovation and Development, 1: 7-24.

Sturgeon T, Kawakami M. 2010. Global value chains in the electronics industry [R]. Policy Research Working Paper No. 5417.

Taglioni D, Winkler D. 2016. Making global value chains work for development [M]. The World Bank.

Tamamura C. 2010. Cost reduction effects of "pseudo FTAs" in Asia-Application of a price model based on a multilateral I/O table [R]. IDE Discussion Papers, No. 226.

Tempest R. 1996. Barbie and the world economy [EB/OL]. http://articles. latimes. com/1996-09-22/news/mn-46610_1_hong-kong.

Thorbecke W. 2011. Investigating the effect of exchange rate changes on China's processed exports [J]. Journal of the Japanese and International Economies, 25 (2):, 33-46.

Timmer M P, Dietzenbacher E, Los B, et al. 2015. An illustrated user guide to the world input-output database: The case of global automotive production [J]. Review of International Economics. , 23: 575-605.

Timmer M P, Dietzenbacher E, Los B, et al. 2015. An illustrated user guide to the world input-output database: The case of global automotive production [J]. Review of International Economics, 23 (3): 575-605.

Timmer M P, Los B, Stehrer R, et al. 2013. Fragmentation, incomes and jobs: An analysis of European competitiveness [R]. European Central Bank Working Paper No. 1615.

Tong S Y, Zheng Y. 2008. China's trade acceleration and the deepening of an east Asian regional production network [J]. World Economy, 16 (1): 66-81.

Turner P, Dack J V. 1993. Measuring international price and cost competitiveness [R]. BIS Economic Papers, No. 39.

UNIDO. 2002. Competing through innovation and learning-the focus of UNIDO's industrial development 2002/2003 [R]. Vinna.

Unteroberdoerster O, Mohommad A, and Vichyanond J. 2011. Implications of Asia's regional supply chain for rebalancing growth. Chapter 3, Regional Economic Outlook: Asia and Pacific, April [M]. Washington: Internaional Monetary Fund.

Upward R, Wang Z, and Zheng J. 2013. Weighing China's export basket: The domestic content and technology intensity of Chinese exports [J]. Journal of Comparative Economics, 41 (2): 527-543.

Wang Z, Wei S J, and Yu X, et al. 2017a. Measures of participation in global value chains and global business cycles [R]. NBER Working Papers No. 23222.

Wang Z, Wei S J, and Yu X, et al. 2017b. Characterizing global value chains: Production length and upstreamness [R]. NBER Working Papers No. 23261.

Wang Z, Wei S J, Zhu K. 2013. Quantifying international production sharing at the bilateral and sector levels [R]. NBER Working Papers No. 19677.

Windrum P, Tomlinson M. 1999. Knowledge-Intensive service and international competitiveness: A four country comparison [J]. Technology Analysis and Strategic Management, 11 (3): 391-408.

World Bank, IDE JETRO, OECD, UIBE. 2017. Global value chain development report: Measuring and analyzing the impact of GVCs on Economic Development [M]. World Bank Publications.

WTO. 2015. Speeding up trade: benefits and challenges of implementing the WTO trade facilitation agreement [EB/OL]. https://www.wto.org/english/res_e/publications_e/wtr15_e.htm.

Xing Y. 2012. Processing trade, exchange rates, and China's bilateral trade balances

[J]. Journal of Asian Economics, 23 (5): 540-47.

Xing Y, Detert N. 2010. How the iPhone widens the United States trade deficit with the People's Republic of China [R]. ADBI Working Papers No. 257.

Yamashita N. 2011. The People's Republic of China's currency and product fragmentation [R]. ADBI Working Papers No. 327.

Ye M, Meng B, and Wei S J. 2015. Measuring smile curves in global value chains [R]. IDE Discussion Papers No. 530.

Yi K M. 2003. Can vertical specialization explain the growth of world trade? [J]. Journal of Political Economy, 111 (1): 52-102.

Yi K M. 2009. The collapse of global trade: The role of vertical specialization. In the collapse of global trade, murky protectionism, and the Crisis: Recommendations for the G20 [M]. edited by Richard Baldwin and Simon Evenett.

Yi K M. 2010. Can multi-stage production explain the home bias in trade? [J]. American Economic Review, 100 (1): 364-393.

Yu M. 2015. Processing trade, tariff reductions and firm productivity: Evidence from Chinese firms [J]. Economic Journal, 125 (585): 943-988.

后　记

本书是近 10 年来我关于全球价值链领域的研究成果和心得的系统集成。

书稿的组织是按两个线索进行。一是以全球价值的测度研究方法为主线，先介绍研究的预备和基础知识，即全球价值链研究用到的基本概念、基本方法和模型，再利用拓展的方法和工具深入研究现实中的重大问题，如出口技术含量问题、人民币实际汇率和双循环新发展格局测度问题。二是重大现实问题研究遵循定性认识—定量分析—再定性结论的路径，也即从现实问题的定性分析出发，到理论阐述和科学定量测度，再实证分析，最后回到解决现实问题。

书稿的主要特色和创新之处如下。一是全面系统地介绍全球价值链研究前沿，尤其是全球价值链测度方法体系。二是从全球价值链视角客观理性认识中国问题。通过全球价值链理论和方法，对中国参与全球价值链面临的问题（如中美贸易摩擦、人民币汇率问题、双循环测度等）进行深入分析，为中国经济发展转型以及发展中国家参与全球价值链分工提供参考。三是形成一套分析全球价值链问题的完整理论和方法工具，构建一套与模型匹配的基础数据库和工具包。

鉴于此，本书非常适合想全面系统深入学习全球价值链理论和应用方面知识的研究者，同时适合对全球价值链及从价值链视角解释中国问题感兴趣的学者阅读。此外，本书也可作为全球价值链研究专题课的教材。

本书的出版得到中国社会科学院创新工程项目的支持。值此出版之际，作者感谢在研究写作中给予帮助和鼓励的中国社会科学院同事及学界同仁；感谢我们研究团队成员的支持和辅助工作，如钟道诚、周玲玲、田野、冀承，等等；感谢社会科学文献出版社的支持以及相关工作人员的出色编辑工作，特别是陈凤玲、李真巧的督促和编辑工作。当然，由于写作时间仓促和水平所限，书中难免存在错误和遗漏之处，敬请读者批评指正。

倪红福

2024 年 12 月 1 日

图书在版编目（CIP）数据

全球价值链理论与测度：中国经验 / 倪红福著. --
北京：社会科学文献出版社，2025.1
ISBN 978-7-5228-2979-1

Ⅰ.①全… Ⅱ.①倪… Ⅲ.①中国经济-经济发展-
研究 Ⅳ.①F124

中国国家版本馆 CIP 数据核字（2023）第 229259 号

全球价值链理论与测度：中国经验

著　　者／倪红福

出 版 人／冀祥德
责任编辑／陈凤玲　李真巧
责任印制／岳　阳

出　　　版／社会科学文献出版社·经济与管理分社（010）59367226
　　　　　　地址：北京市北三环中路甲 29 号院华龙大厦　邮编：100029
　　　　　　网址：www.ssap.com.cn
发　　　行／社会科学文献出版社（010）59367028
印　　　装／三河市龙林印务有限公司

规　　　格／开　本：787mm×1092mm　1/16
　　　　　　印　张：34.25　字　数：610 千字
版　　　次／2025 年 1 月第 1 版　2025 年 1 月第 1 次印刷
书　　　号／ISBN 978-7-5228-2979-1
定　　　价／158.00 元

读者服务电话：4008918866